D1671785

Michalski †/Römermann (Hrsg.)

PartGG

PartGG

Kommentar zum Partnerschaftsgesellschaftsgesetz

4., neu bearbeitete Auflage

2014

von

Professor Dr. Lutz Michalski, Bayreuth †

und

Rechtsanwalt
Professor Dr. Volker Römermann, Hamburg/Hannover

bearbeitet von

Jan-Philipp Praß, RA Prof. Dr. Volker Römermann,
RA Dr. Achim Zimmermann

RWS Verlag Kommunikationsforum GmbH · Köln

Die Deutsche Bibliothek verzeichnet diese Publikation in der Deutschen Nationalbibliografie; detaillierte bibliografische Daten sind im Internet über http://dnb.ddb.de abrufbar.

Postfach 27 01 25, 50508 Köln
E-Mail: info@rws-verlag.de, Internet: http://www.rws-verlag.de

Satz und Datenverarbeitung: SEUME Publishing Services GmbH, Erfurt
Druck und Bindung: Druckerei C.H. Beck, Nördlingen

Vorwort zur 4. Auflage

Die Neuauflage war im Jahre 2013 dringend erforderlich geworden, nachdem der Gesetzgeber sich – nach einigem politischen Hin und Her – letztlich doch dazu durchringen konnte, in § 8 Abs. 4 PartGG eine ganz neue Variante der Haftungsbeschränkung einzuführen. Als das PartGG im Jahre 1995 in Kraft trat, fiel das Urteil der Autoren dieses Kommentars über die ursprüngliche Haftungsverfassung vernichtend aus. Nachdem der Gesetzgeber 1998 nachgebessert hatte, war das ein deutlicher Fortschritt und die Kommentatoren erheblich milder, zuweilen sogar freundlich gestimmt. Die rigide, allein an Verbraucherschutz orientierte, dabei die legitimen Interessen freiberuflicher Unternehmer oftmals negierende Rechtsprechung des BGH führte dann allerdings im Ergebnis dazu, dass § 8 Abs. 2 PartGG der Idee nach begrüßenswert, in der Praxis hingegen als Haftungsbeschränkung weitgehend unbrauchbar geworden war. Die Vorteile der Neuerung des Jahres 1998 wurden durch die Rechtsprechung insoweit deutlich relativiert.

Insbesondere die Anwaltsorganisationen waren es, die seit 2012 auf weitere Neuerungen drangen. Sie führten die Limited Liability Partnership ins Feld und argumentierten mit einem Szenario, in dem die LLP die deutschen Rechtsformen eines Tages verdrängen würde. Ob dieses Argument näherer Betrachtung standgehalten hätte, braucht nicht mehr untersucht zu werden, nachdem es Erfolg hatte: Die PartG mbB erblickte das Licht des gesellschaftsrechtlichen Tages. Sie wirft Fragen auf, stellt aber für die Praxis eine hoch attraktive Art der Haftungsbeschränkung dar. Die PartG mbB ist heute neben GmbH und AG die einzige Rechtsform für Freiberufler, die den gebotenen Schutz vor einer oft existenzbedrohenden Haftungsgefahr bietet. Sie weist flexible Strukturen auf, die gleichzeitig ein – im besten Sinne des Wortes – partnerschaftliches Miteinander der Berufsträger erlauben. Viele Sozietäten werden dieses Angebot des Gesetzgebers nutzen. Ihnen soll die Neuauflage bei dem Umgang mit der neuen Rechtsformvariante konkreten Nutzen bringen.

Lutz Michalski ist während der Schaffung der Neuauflage verstorben. Er war es, der 1993 angesprochen worden war, einen Kommentar zu dem Gesetz zu schreiben, das erst ein Jahr später verabschiedet und ein weiteres Jahr später in Kraft treten sollte. Wir realisierten schon die erste Auflage gemeinsam. *Lutz Michalski* als Wegbereiter des Rechts der freien Berufe in Deutschland, als liberaler Vordenker, verkrustete Strukturen stets in Frage stellend. Wer mit *Lutz Michalski* gearbeitet hat, weiß, dass ein kreativeres und menschlich angenehmeres Zusammenwirken kaum vorstellbar ist. Als *Lutz Michalski* schon von der Krankheit gezeichnet war, holte er *Achim Zimmermann* von seinem Bayreuther Lehrstuhl als weiteren Mitautor hinzu. Gleichzeitig trat *Jan-Philipp Praß* aus Hamburg in den Kreis der Autoren ein. Wir werden versuchen, auch in zukünftigen Auflagen dem Geist von *Lutz Michalski* als Initiator dieses Werkes gerecht zu werden.

Hamburg/Hannover, im September 2013 Volker Römermann

Inhaltsübersicht

Bearbeiterverzeichnis

Jan-Philipp Praß .... §§ 6–7

Wissenschaftlicher Mitarbeiter

Seminar für Handels-, Schifffahrts- und
Wirtschaftsrecht an der Universität Hamburg

Prof. Dr. Volker Römermann .... Einführung, §§ 8–10

Rechtsanwalt, FA Handels- und Gesellschaftsrecht,
FAInsR, FAArbR

Honorarprofessor an der Humboldt-Universität zu Berlin

Dr. Achim Zimmermann .... §§ 1–5, § 11

Rechtsanwalt, Wissenschaftlicher Mitarbeiter

Lehrstuhl für Bürgerliches Recht, Handels-,
Gesellschafts- und Wirtschaftsrecht an der Universität Bayreuth

Literaturverzeichnis

Themenspezifische Literatur, Beiträge in Zeitschriften und Sammelbänden sind in den Literaturübersichten zu Beginn der einzelnen Vorschriften aufgeführt

Bärmann, Wohnungseigentumsgesetz, 12. Aufl., 2013

Bassenge/Roth, FamFG/RPflG, 12. Aufl., 2009

Baumbach/Hopt, HGB, Kommentar, 35. Aufl., 2012

Baumbach/Hueck, GmbHG, 19. Aufl., 2010

Beck'scher Online Kommentar BGB, hrsg. v. Bamberger/Roth, Stand: 1.8.2013 Ed. 28 (zit.: *Bearbeiter* in: BeckOK-BGB)

Beck'scher Online Kommentar BORA, hrsg. v. Römermann, Stand: 1.10.2013 Ed. 2 (zit.: *Bearbeiter* in: BeckOK-BORA)

Beck'scher Online Kommentar StPO, hrsg. v. Graf, Stand: 1.2.2013 Ed. 13 (zit.: *Bearbeiter* in: BeckOK-StPO)

Bluhm, Zum Partnerschaftsgesellschaftsgesetz und seiner Bedeutung für die Berufsgruppe der Rechtsanwälte, 2000

Blümich, EStG/KStG/GewStG, Kommentar, Loseblatt, 119. Aufl., 2013 Stand: 06/2013

Borggreve, Die partnerschaftliche gemeinschaftliche Ausübung freier rechts- und wirtschaftsberatender Berufe, Diss., 1982

Bösert/Braun/Jochem, Leitfaden zur Partnerschaftsgesellschaft, 1996

Breithaupt/Ottersbach, Kompendium Gesellschaftsrecht, 2010

Bumiller/Harders, FamFG, Gesetz über das Verfahren in Familiensachen und in den Angelegenheiten der freiwilligen Gerichtsbarkeit (FamFG), 10. Aufl., 2011

Deutsch, Arztrecht und Arzneimittelrecht, 1991

Dombek/Ottersbach/Schulze zur Wiesche, Die Anwaltssozietät, 2012 (zit.: Dombek u. a.-*Bearbeiter*, Die Anwaltssozietät)

Ebenroth/Boujong/Joost/Strohn, HGB, Kommentar, 2. Aufl., 2008

Eggesiecker, Die Partnerschaftsgesellschaft für Freie Berufe, Loseblatt, Stand: 199. Aufl., 2001

Feddersen/Meyer-Landrut, PartGG, Kommentar, 1995

Feuerich/Weyland, Bundesrechtsanwaltsordnung, 8. Aufl., 2012

Frankfurter Kommentar zum Kartellrecht, hrsg. v. Jaeger/Pohlmann/Schroeder, Loseblatt, Stand: 12/2012, 77. Lfg.
(zit.: *Bearbeiter* in: FK-KartR)

Gaier/Wolf/Göcken, Anwaltliches Berufsrecht, Kommentar, 2009

Gail/Overlack, Anwaltsgesellschaften, 2. Aufl., 1996

Ganster, Freier Beruf und Kapitalgesellschaft – das Ende der freien Professionen?, 2000

Literaturverzeichnis

Gehre/Koslowski, Steuerberatungsgesetz, Kommentar, 6. Aufl., 2009

Glanegger/Güroff, GewStG, Kommentar, 7. Aufl., 2009

Gleiss/Hirsch (Hrsg.), Kommentar zum EG-Kartellrecht, Bd. 1, 4. Aufl., 1993
(zit.: Gleiss/Hirsch-*Bearbeiter*, EG-KartR)

Greger/Unberath, Mediationsgesetz, 2012

Hannich/Appl/Diemer u. a., Karlsruher Kommentar zur Strafprozessordnung, 6. Aufl., 2008
(zit.: *Bearbeiter* in: KarlsruherKomm-StPO)

Hense/Ulrich, WPO, Kommentar, 2008

Henssler, PartGG, Kommentar zum Partnerschaftsgesellschaftsgesetz, 2. Aufl., 2008

Henssler/Prütting, BRAO, Kommentar, 3. Aufl., 2010

Henssler/Strohn, Gesellschaftsrecht, 2011
(zit.: GesR)

Herrmann/Heuer/Raupach, EStG und KStG, Kommentar, Loseblatt, Stand: 06/2013, 257. Lfg.

Immenga/Mestmäcker, Wettbewerbsrecht, Bd. 2, GWB, Kommentar, 4. Aufl., 2007

Kallmeyer, Umwandlungsgesetz, 5. Aufl., 2013

Keidel, FamFG, 17. Aufl., 2011

Kirchhof/Söhn/Mellinghoff (Hrsg.), EStG, Kommentar, Bd. 8, Loseblatt, Stand: 06/2013, 240. Lfg.
(zit.: *Bearbeiter* in: Kirchhof/Söhn/Mellinghoff)

Kleine-Cosack, BRAO, 6. Aufl., 2009

Köbler, Die Beteiligung Berufsfremder an Arztpraxen, Apotheken und anderen Heilberufsunternehmen, Berlin 2011

Köhler/Bornkamm, Gesetz gegen den unlauteren Wettbewerb, 31. Aufl., 2013

Krafka/Kühn, Registerrecht, 9. Aufl., 2013

Krejci, EGG, Kommentar zum Erwerbsgesellschaftengesetz, 1991

Krenzler, Rechtsdienstleistungsgesetz – RDG, 1. Aufl., 2010

Kuhls/Meurer/Maxl/Schäfer/Goez, StBerG, Kommentar, 2. Aufl., 2004
(zit.: Kuhls u. a.-*Bearbeiter*)

Lach, Formen freiberuflicher Zusammenarbeit, Diss. München, 1970

Lademann, EStG, Kommentar, Loseblatt, Stand: 07/2013, 197. Lfg.

Landmann/Rohmer, GewO, Kommentar, Loseblatt, 64. Aufl., 2013, Stand: 06/2013

Langen/Bunte, Kommentar zum deutschen und europäischen Kartellrecht, 11. Aufl., 2011
(zit.: KartR)

Langheid/Wandt (Hrsg.), Versicherungsvertragsgesetz, 2011

Laufs/Kern, Handbuch des Arztrechts, 4. Aufl., 2010
(zit.: Hdb. Arztrecht)

Laurent/Vallée, Sociétés d'exercice libéral, 1994
(zit.: SEL)

Lenz/Braun, Partnerschaftsgesellschaftsvertrag (Heidelberger Musterverträge, Bd. 83), 2. Aufl., 1997

Lingenberg/Hummel/Zuck/Eich, Kommentar zu den Grundsätzen des anwaltlichen Standesrechts, 2. Aufl., 1988

Littmann/Bitz/Pust, Das Einkommensteuerrecht, Bd. 2, Loseblatt, Stand: 08/2013, 100. Lfg.

Loewenheim (Hrsg.)/*Meessen/Riesenkampff*, GWB, Kommentar, 2. Aufl., 2009

Lutter, Umwandlungsgesetz, 4. Aufl., 2009

Meilicke/Graf v. Westphalen/Hoffmann/Lenz/Wolff, PartGG, Kommentar, 2. Aufl., 2006
(zit.: Meilicke u. a.-*Bearbeiter*)

Meurer, Die Partnerschaftsgesellschaft, 1997, Diss. Göttingen, 1996

Michalski, Kommentar zum GmbHG, 2. Aufl., 2010

Michalski, Der Begriff des freien Berufs im Standes- und im Steuerrecht, 1989
(zit.: Der Begriff des freien Berufs)

Michalski, Das Gesellschafts- und Kartellrecht der berufsrechtlich gebundenen freien Berufe, 1989
(zit.: Das Gesellschafts- und Kartellrecht)

Michalski, Gesellschaftsrechtliche Gestaltungsmöglichkeiten zur Perpetuierung von Unternehmen, 1980
(zit.: Gesellschaftsrechtliche Gestaltungsmöglichkeiten)

Michalski/Römermann, Vertrag der Partnerschaftsgesellschaft, RWS-Vertragsmuster, 3. Aufl., 2002

Müller-Henneberg/Schwartz, Gesetz gegen Wettbewerbsbeschränkungen und Europäisches Kartellrecht, Gemeinschaftskommentar, 5. Aufl., 1999–2006

Münchener Handbuch des Gesellschaftsrechts, Bd. 1, hrsg. v. Gummert/Riegger/Weipert, 3. Aufl., 2009
(zit.: *Bearbeiter* in: MünchHdb. GesR)

Münchener Kommentar zum BGB, Bd. 1: Red.: Säcker, 3. Aufl., 2012; Bd. 5: Red.: Habersack, 6. Aufl., 2013
(zit.: *Bearbeiter* in: MünchKomm-BGB)

Münchener Kommentar zum Handelsgesetzbuch, Red.: K. Schmidt, Bd. 1: 3. Aufl., 2010; Bd. 2: 3. Aufl., 2011
(zit.: *Bearbeiter* in: MünchKomm-HGB)

Münchener Kommentar zum VVG, Bd. II, hrsg. v. Langheid/Wandt, 2011
(zit.: *Bearbeiter* in: MünchKomm-VVG)

Münchener Kommentar zur ZPO, hrsg. v. Rauscher, Bd. 4: FamFG, 2010

Narr, Ärztliches Berufsrecht, Bd. 2, Loseblatt, Stand: 04/2013, 21. Lfg.

Palandt, BGB, 72. Aufl., 2013

Prölss/Martin, Versicherungsvertragsgesetz, 28. Aufl., 2010

Prütting/Helms, FamFG, 2. Aufl., 2011

Ring, Die Partnerschaftsgesellschaft, 1997
(zit.: Partnerschaftsgesellschaft)

Röhricht/Graf v. Westphalen, HGB, Kommentar, 3. Aufl., 2008

Römermann, Entwicklungen und Tendenzen bei Anwaltsgesellschaften – Eine vergleichende Studie zu EWIV, Sozietät und Kapitalgesellschaft –, 1995
(zit.: Entwicklungen und Tendenzen)

Roth/Altmeppen, GmbHG, Kommentar, 7. Aufl., 2012

Sasse, Der Heilpraktiker, Ein Gesundheitsberuf ohne Berufsausübungsrecht?, 2011

Schmid, K., Gesellschaftsrecht, 4. Aufl., 2002
(zit.: GesR)

Schmidt, L. (Hrsg.), EStG, Kommentar, 32. Aufl., 2013

Schnitzler, Das Recht der Heilberufe, 2004

Schönke/Schröder, StGB, Kommentar, 28. Aufl., 2010

Schwenter-Lipp, Die französische Zivilrechtsgesellschaft für Freiberufler, 1984

Seibert (Hrsg.), Die Partnerschaft – Eine neue Gesellschaftsform für die Freien Berufe, Text – Einführung – Materialien, 1994
(zit.: *Seibert*, Die Partnerschaft)

Semler/Stengel, UmwG, Kommentar, 3. Aufl., 2012

Soergel, BGB, Kommentar, Bd. 11, Red. Hadding, 13. Aufl., 2011

Staub, Großkommentar zum HGB, hrsg. v. Habersack/Canaris/Schäfer, 5. Aufl., 2008

Staudinger, BGB, Kommentar, Titel 16 Gesellschaft, Neubearb. 2003

Stuber, Die Partnerschaftsgesellschaft, Beck'sche Musterverträge, Bd. 25, 2. Aufl., 2001
(zit.: Partnerschaftsgesellschaft)

Wehrheim/Wirtz, Die Partnerschaftsgesellschaft, 5. Aufl., 2013

Westermann, Handbuch der Personengesellschaften, Loseblatt, Stand: 07/2013, 56. Lfg.

Graf v. Westphalen, Vertragsrecht und AGB-Klauselwerke, Loseblatt, Stand: 05/2013, 33. Lfg.

Wiedemann, Gesellschaftsrecht, Bd. I, 1980

Windbichler, Gesellschaftsrecht, 23. Aufl., 2013

Gesetz über Partnerschaftsgesellschaften Angehöriger Freier Berufe (Partnerschaftsgesellschaftsgesetz – PartGG)

vom 25. Juli 1994, BGBl. I, 1744
zuletzt geändert durch
Artikel 1 des Gesetzes vom 15. Juli 2013, BGBl. I, 2386

§ 1

Voraussetzungen der Partnerschaft

(1) [1]Die Partnerschaft ist eine Gesellschaft, in der sich Angehörige Freier Berufe zur Ausübung ihrer Berufe zusammenschließen. [2]Sie übt kein Handelsgewerbe aus. [3]Angehörige einer Partnerschaft können nur natürliche Personen sein.

(2) [1]Die Freien Berufe haben im allgemeinen auf der Grundlage besonderer beruflicher Qualifikation oder schöpferischer Begabung die persönliche, eigenverantwortliche und fachlich unabhängige Erbringung von Dienstleistungen höherer Art im Interesse der Auftraggeber und der Allgemeinheit zum Inhalt.*) [2]Ausübung eines Freien Berufs im Sinne dieses Gesetzes ist die selbständige Berufstätigkeit der Ärzte, Zahnärzte, Tierärzte, Heilpraktiker, Krankengymnasten, Hebammen, Heilmasseure, Diplom-Psychologen, Mitglieder der Rechtsanwaltskammern, Patentanwälte, Wirtschaftsprüfer, Steuerberater, beratenden Volks- und Betriebswirte, vereidigten Buchprüfer (vereidigte Buchrevisoren), Steuerbevollmächtigten, Ingenieure, Architekten, Handelschemiker, Lotsen, hauptberuflichen Sachverständigen, Journalisten, Bildberichterstatter, Dolmetscher, Übersetzer und ähnlicher Berufe sowie der Wissenschaftler, Künstler, Schriftsteller, Lehrer und Erzieher.

(3) Die Berufsausübung in der Partnerschaft kann in Vorschriften über einzelne Berufe ausgeschlossen oder von weiteren Voraussetzungen abhängig gemacht werden.

(4) Auf die Partnerschaft finden, soweit in diesem Gesetz nichts anderes bestimmt ist, die Vorschriften des Bürgerlichen Gesetzbuchs über die Gesellschaft Anwendung.

§ 2

Name der Partnerschaft

(1) [1]Der Name der Partnerschaft muß den Namen mindestens eines Partners, den Zusatz „und Partner" oder „Partnerschaft" sowie die Berufsbezeichnungen aller in der Partnerschaft vertretenen Berufe enthalten. [2]Die Beifügung von Vornamen ist nicht erforderlich. Die Namen anderer Personen als der Partner dürfen nicht in den Namen der Partnerschaft aufgenommen werden.**)

(2) § 18 Abs. 2, §§ 21, 22 Abs. 1, §§ 23, 24, 30, 31 Abs. 2, §§ 32 und 37 des Handelsgesetzbuchs sind entsprechend anzuwenden; § 24 Abs. 2 des Handelsgesetzbuchs

*) § 1 Abs. 2 Satz 1 eingefügt durch Gesetz v. 22.7.1998, BGBl. I 1998, 1878, 1881.
**) § 2 Abs. 1 Sätze 2 und 3 eingefügt durch HRefG v. 22.6.1998, BGBl. I 1998, 1474, 1480.

gilt auch bei Umwandlung einer Gesellschaft bürgerlichen Rechts in eine Partnerschaft. *)

§ 3
Partnerschaftsvertrag

(1) Der Partnerschaftsvertrag bedarf der Schriftform.

(2) Der Partnerschaftsvertrag muß enthalten

1. den Namen und den Sitz der Partnerschaft;
2. den Namen und den Vornamen sowie den in der Partnerschaft ausgeübten Beruf und den Wohnort jedes Partners;
3. den Gegenstand der Partnerschaft.

§ 4
Anmeldung der Partnerschaft

(1) [1]Auf die Anmeldung der Partnerschaft in das Partnerschaftsregister sind § 106 Abs. 1 und § 108 des Handelsgesetzbuchs entsprechend anzuwenden. [2]Die Anmeldung hat die in § 3 Abs. 2 vorgeschriebenen Angaben, das Geburtsdatum jedes Partners und die Vertretungsmacht der Partner zu enthalten.**) [3]Änderungen dieser Angaben sind gleichfalls zur Eintragung in das Partnerschaftsregister anzumelden.

(2) [1]In der Anmeldung ist die Zugehörigkeit jedes Partners zu dem Freien Beruf, den er in der Partnerschaft ausübt, anzugeben. [2]Das Registergericht legt bei der Eintragung die Angaben der Partner zugrunde, es sei denn, ihm ist deren Unrichtigkeit bekannt.

(3) Der Anmeldung einer Partnerschaft mit beschränkter Berufshaftung nach § 8 Absatz 4 muss eine Versicherungsbescheinigung gemäß § 113 Absatz 2 des Gesetzes über den Versicherungsvertrag beigefügt sein.***)

§ 5
Inhalt der Eintragung; anzuwendende Vorschriften

(1) Die Eintragung hat die in § 3 Abs. 2 genannten Angaben, das Geburtsdatum jedes Partners und die Vertretungsmacht der Partner zu enthalten.****)

(2) Auf das Partnerschaftsregister und die registerrechtliche Behandlung von Zweigniederlassungen sind die §§ 8, 8a, 9, 10 bis 12, 13, 13d, 13h und 14 bis 16 des

*) § 2 Abs. 2 geändert durch HRefG v. 22.6.1998, BGBl. I 1998, 1474, 1480.
**) § 4 Abs. 1 Satz 2 geändert durch ERJuKoG v. 10.12.2001, BGBl. I 2001, 3422.
***) § 4 Abs. 3 eingefügt durch Gesetz v. 15.7.2013, BGBl. I 2013, 2386.
****) § 5 Abs. 1 geändert durch ERJuKoG v. 10.12.2001, BGBl. I 2001, 3422.

Handelsgesetzbuchs über das Handelsregister entsprechend anzuwenden; eine Pflicht zur Anmeldung einer inländischen Geschäftsanschrift besteht nicht.*)

§ 6

Rechtsverhältnis der Partner untereinander

(1) Die Partner erbringen ihre beruflichen Leistungen unter Beachtung des für sie geltenden Berufsrechts.

(2) Einzelne Partner können im Partnerschaftsvertrag nur von der Führung der sonstigen Geschäfte ausgeschlossen werden.

(3) [1]Im übrigen richtet sich das Rechtsverhältnis der Partner untereinander nach dem Partnerschaftsvertrag. [2]Soweit der Partnerschaftsvertrag keine Bestimmungen enthält, sind die §§ 110 bis 116 Abs. 2, §§ 117 bis 119 des Handelsgesetzbuchs entsprechend anzuwenden.

§ 7

Wirksamkeit im Verhältnis zu Dritten; rechtliche Selbständigkeit; Vertretung

(1) Die Partnerschaft wird im Verhältnis zu Dritten mit ihrer Eintragung in das Partnerschaftsregister wirksam.

(2) § 124 des Handelsgesetzbuchs ist entsprechend anzuwenden.

(3) Auf die Vertretung der Partnerschaft sind die Vorschriften des § 125 Abs. 1 und 2 sowie der §§ 126 und 127 des Handelsgesetzbuchs entsprechend anzuwenden.**)

(4) [1]Die Partnerschaft kann als Prozess- oder Verfahrensbevollmächtigte beauftragt werden. [2]Sie handelt durch ihre Partner und Vertreter, in deren Person die für die Erbringung rechtsbesorgender Leistungen gesetzlich vorgeschriebenen Voraussetzungen im Einzelfalle vorliegen müssen, und ist in gleichem Umfang wie diese postulationsfähig. [3]Verteidiger im Sinne der §§ 137 ff. der Strafprozessordnung ist nur die für die Partnerschaft handelnde Person.***)

(5) Für die Angabe auf Geschäftsbriefen der Partnerschaft ist § 125a Absatz 1 Satz 1, Absatz 2 des Handelsgesetzbuchs mit der Maßgabe entsprechend anzuwenden, dass bei einer Partnerschaft mit beschränkter Berufshaftung auch der von dieser gewählte Namenszusatz im Sinne des § 8 Absatz 4 Satz 3 anzugeben ist.****)

---

*) § 5 Abs. 2 geändert durch Gesetz v. 10.11.2006, BGBl. I 2006, 2553 und durch Gesetz v. 23.10.2008, BGBl. I 2008, 2036.

**) § 7 Abs. 3 geändert durch ERJuKoG v. 10.12.2001, BGBl. I 2001, 3422.

***) § 7 Abs. 4 eingefügt durch Art. 2 des 2. FGOÄndG v. 19.12.2000, BGBl. I 2000, 1757.

****) Eingefügt als § 7 Abs. 4 durch Gesetz v. 22.6.1998, BGBl. I 1998, 1474. § 7 Abs. 5 neu gefasst durch Gesetz v. 15.7.2013, BGBl. I 2013, 2386.

§ 8

Haftung für Verbindlichkeiten der Partnerschaft

(1) [1]Für Verbindlichkeiten der Partnerschaft haften den Gläubigern neben dem Vermögen der Partnerschaft die Partner als Gesamtschuldner. [2]Die §§ 129 und 130 des Handelsgesetzbuchs sind entsprechend anzuwenden.

(2) Waren nur einzelne Partner mit der Bearbeitung eines Auftrags befaßt, so haften nur sie gemäß Absatz 1 für berufliche Fehler neben der Partnerschaft; ausgenommen sind Bearbeitungsbeiträge von untergeordneter Bedeutung.[*)]

(3) Durch Gesetz kann für einzelne Berufe eine Beschränkung der Haftung für Ansprüche aus Schäden wegen fehlerhafter Berufsausübung auf einen bestimmten Höchstbetrag zugelassen werden, wenn zugleich eine Pflicht zum Abschluß einer Berufshaftpflichtversicherung der Partner oder der Partnerschaft begründet wird.

(4) [1]Für Verbindlichkeiten der Partnerschaft aus Schäden wegen fehlerhafter Berufsausübung haftet den Gläubigern nur das Gesellschaftsvermögen, wenn die Partnerschaft eine zu diesem Zweck durch Gesetz vorgegebene Berufshaftpflichtversicherung unterhält. [2]Für die Berufshaftpflichtversicherung gelten § 113 Absatz 3 und die §§ 114 bis 124 des Versicherungsvertragsgesetzes entsprechend. [3]Der Name der Partnerschaft muss den Zusatz „mit beschränkter Berufshaftung“ oder die Abkürzung „mbB“ oder eine andere allgemein verständliche Abkürzung dieser Bezeichnung enthalten; anstelle der Namenszusätze nach § 2 Absatz 1 Satz 1 kann der Name der Partnerschaft mit beschränkter Berufshaftung den Zusatz „Part“ oder „PartG“ enthalten.[**)]

§ 9

Ausscheiden eines Partners; Auflösung der Partnerschaft

(1) Auf das Ausscheiden eines Partners und die Auflösung der Partnerschaft sind, soweit im folgenden nichts anderes bestimmt ist, die §§ 131 bis 144 des Handelsgesetzbuchs entsprechend anzuwenden.

(2) *(weggefallen)*[***)]

(3) Verliert ein Partner eine erforderliche Zulassung zu dem Freien Beruf, den er in der Partnerschaft ausübt, so scheidet er mit deren Verlust aus der Partnerschaft aus.

(4) [1]Die Beteiligung an einer Partnerschaft ist nicht vererblich. [2]Der Partnerschaftsvertrag kann jedoch bestimmen, daß sie an Dritte vererblich ist, die Partner im Sinne des § 1 Abs. 1 und 2 sein können. [3]§ 139 des Handelsgesetzbuchs ist nur insoweit anzuwenden, als der Erbe der Beteiligung befugt ist, seinen Austritt aus der Partnerschaft zu erklären.

*) § 8 Abs. 2 neu gefasst durch Gesetz v. 22.7.1998, BGBl. I 1998, 1878, 1881.
**) § 8 Abs. 4 eingefügt durch Gesetz v. 15.7.2013, BGBl. I 2013, 2386.
***) § 9 Abs. 2 aufgehoben durch HRefG v. 22.6.1998, BGBl. I 1998, 1474, 1480.

§ 10

Liquidation der Partnerschaft; Nachhaftung

(1) Für die Liquidation der Partnerschaft sind die Vorschriften über die Liquidation der offenen Handelsgesellschaft entsprechend anwendbar.

(2) Nach der Auflösung der Partnerschaft oder nach dem Ausscheiden des Partners bestimmt sich die Haftung der Partner aus Verbindlichkeiten der Partnerschaft nach den §§ 159, 160 des Handelsgesetzbuchs.

§ 11

Übergangsvorschriften*)

(1) [1]Den Zusatz „Partnerschaft" oder „und Partner" dürfen nur Partnerschaften nach diesem Gesetz führen. [2]Gesellschaften, die eine solche Bezeichnung bei Inkrafttreten dieses Gesetzes in ihrem Namen führen, ohne Partnerschaft im Sinne dieses Gesetzes zu sein, dürfen diese Bezeichnung noch bis zum Ablauf von zwei Jahren nach Inkrafttreten dieses Gesetzes weiterverwenden. [3]Nach Ablauf dieser Frist dürfen sie eine solche Bezeichnung nur noch weiterführen, wenn sie in ihrem Namen der Bezeichnung „Partnerschaft" oder „und Partner" einen Hinweis auf die andere Rechtsform hinzufügen.

(2) [1]Die Anmeldung und Eintragung einer dem gesetzlichen Regelfall entsprechenden Vertretungsmacht der Partner und der Abwickler muss erst erfolgen, wenn eine vom gesetzlichen Regelfall abweichende Bestimmung des Partnerschaftsvertrages über die Vertretungsmacht angemeldet und eingetragen wird oder wenn erstmals die Abwickler zur Eintragung angemeldet und eingetragen werden. [2]Das Registergericht kann die Eintragung einer dem gesetzlichen Regelfall entsprechenden Vertretungsmacht auch von Amts wegen vornehmen. [3]Die Anmeldung und Eintragung des Geburtsdatums bereits eingetragener Partner muss erst bei einer Anmeldung und Eintragung bezüglich eines der Partner erfolgen. **)

(3) [1]Die Landesregierungen können durch Rechtsverordnung bestimmen, dass Anmeldungen und alle oder einzelne Dokumente bis zum 31. Dezember 2009 auch in Papierform zum Partnerschaftsregister eingereicht werden können. [2]Soweit eine Rechtsverordnung nach Satz 1 erlassen wird, gelten die Vorschriften über die Anmeldung und die Einreichung von Dokumenten zum Partnerschaftsregister in ihrer bis zum Inkrafttreten des Gesetzes über elektronische Handelsregister und Genossenschaftsregister sowie das Unternehmensregister vom 10. November 2006 (BGBl. I S. 2553) am 1. Januar 2007 geltenden Fassung. [3]Die Landesregierungen können durch Rechtsverordnung die Ermächtigung nach Satz 1 auf die Landesjustizverwaltungen übertragen. ***)

---

*) Überschrift geändert durch ERJuKoG v. 10.12.2001, BGBl. I 2001, 3422.

**) § 11 Abs. 2 neu eingefügt durch ERJuKoG v. 10.12.2001, BGBl. I 2001, 3422.

***) § 11 Abs. 3 eingefügt durch Gesetz v. 10.11.2006, BGBl. I 2006, 2553.

Verordnung über die Einrichtung und Führung des Partnerschaftsregisters (Partnerschaftsregisterverordnung – PRV)

vom 16. Juni 1995, BGBl I, 808
zuletzt geändert durch
Artikel 5 Abs. 3 des Gesetzes vom 10. November 2006, BGBl. I 2006, 2553

§ 1
Anwendbares Recht

(1) Die Einrichtung und Führung des Partnerschaftsregisters bestimmen sich nach den Vorschriften der Handelsregisterverordnung, soweit nicht nachfolgend etwas anderes vorgeschrieben ist.*)

(2) Dabei steht die Partnerschaft einer offenen Handelsgesellschaft gleich; an die Stelle der persönlich haftenden Gesellschafter treten die Partner, an die Stelle der Firma der offenen Handelsgesellschaft tritt der Name der Partnerschaft.

§ 2
Einteilung und Gestaltung des Registers

(1) [1]Jede Partnerschaft ist unter einer fortlaufenden Nummer (Registerblatt) in das Register einzutragen. [2]Das Register wird nach dem beigegebenen Muster in Anlage 1 geführt.

(2) Bei der Führung des Registers sind die beigegebenen Muster (Anlagen 1 bis 3) zu verwenden.**)

§ 3
Anmeldung

(1) [1]In der Anmeldung der Partnerschaft zur Eintragung in das Register ist die Zugehörigkeit jedes Partners zu dem Freien Beruf, den er in der Partnerschaft ausübt, anzugeben. [2]Bedarf die Berufsausübung der staatlichen Zulassung oder einer staatlichen Prüfung, so sollen die Urkunde über die Zulassung oder das Zeugnis über die Befähigung zu diesem Beruf in Urschrift, Ausfertigung oder öffentlich beglaubigter Abschrift vorgelegt werden. [3]Besteht für die angestrebte Tätigkeit keine anerkannte Ausbildung oder ist zweifelhaft, ob die angestrebte Tätigkeit als freiberuflich im Sinne von § 1 Abs. 2 des Partnerschaftsgesellschaftsgesetzes einzustufen ist, können die anmeldenden Partner die Ausübung freiberuflicher Tätigkeit auf sonstige Weise, notfalls auch durch schlichte Erklärung, darlegen. [4]Das Gericht legt in diesem Fall bei der Eintragung die Angaben der Partner zugrunde, es sei denn, ihm ist deren Unrichtigkeit bekannt (§ 4 Abs. 2 Satz 2 des Partnerschaftsgesellschaftsgesetzes).

---

*) § 1 Abs. 1 geändert durch Verordnung vom 11.12.2001, BGBl I, 3688, 3695.

**) § 2 Abs. 2 geändert durch Gesetz vom 10.11.2006, BGBl. I 2006, 2553.

(2) [1]Die anmeldenden Partner sollen eine Erklärung darüber abgeben, daß Vorschriften über einzelne Berufe (§ 1 Abs. 3 des Partnerschaftsgesellschaftsgesetzes), insbesondere solche über die Zusammenarbeit von Angehörigen verschiedener Freier Berufe, einer Eintragung nicht entgegenstehen. [2]Absatz 1 Satz 4 gilt entsprechend.

(3) Bedarf die Partnerschaft auf Grund von Vorschriften über einzelne Berufe (§ 1 Abs. 3 des Partnerschaftsgesellschaftsgesetzes) der staatlichen Zulassung, so tritt an die Stelle der in Absatz 1 und 2 genannten Nachweise die Bestätigung der zuständigen Behörde, daß eine solche Zulassung erfolgen kann.

(4) Die Absätze 1 bis 3 gelten bei Anmeldung des Eintrittes eines Partners in eine bestehende Partnerschaft oder der Umwandlung in oder auf eine Partnerschaft entsprechend.*)

§ 4
Stellungnahme der Berufskammer

[1]Bestehen für in der Partnerschaft ausgeübte Berufe Berufskammern, so soll das Gericht diesen in zweifelhaften Fällen vor Eintragung Gelegenheit zur Stellungnahme geben. [2]Die anmeldenden Partner sollen dem Gericht mit der Anmeldung mitteilen, ob und welche Berufskammern für die in der Partnerschaft ausgeübten Berufe bestehen. [3]Dabei sollen auch die Anschriften der Berufskammern mitgeteilt werden. [4]Weicht das Gericht von einer Stellungnahme ab, so hat es seine Entscheidung der Berufskammer, die die Stellungnahme abgegeben hat, unter Angabe der Gründe mitzuteilen.

§ 5
Inhalt der Eintragungen

(1) In Spalte 1 ist die laufende Nummer der die Partnerschaft betreffenden Eintragungen anzugeben.

(2) [1]In Spalte 2 sind unter Buchstabe a der Name, unter Buchstabe b der Sitz und die Errichtung oder Aufhebung von Zweigniederlassungen, und zwar unter Angabe des Ortes einschließlich der Postleitzahl und, falls dem Namen der Partnerschaft für eine Zweigniederlassung ein Zusatz beigefügt ist, unter Angabe dieses Zusatzes und unter Buchstabe c der Gegenstand der Partnerschaft und die sich jeweils darauf beziehenden Änderungen anzugeben. [2]Zum Namen der Partnerschaft gehören auch die Berufsbezeichnungen aller in der Partnerschaft vertretenen Berufe (§ 2 Abs. 1 des Partnerschaftsgesellschaftsgesetzes). [3]Dies gilt auch für Partnerschaften, an denen Steuerberater, Steuerbevollmächtigte, Wirtschaftsprüfer oder vereidigte Buchprüfer beteiligt sind, es sei denn, die Partnerschaft soll als Steuerberatungs-, Wirtschaftsprüfungs- oder Buchprüfungsgesellschaft anerkannt werden (§ 53 des Steuerberatungsgesetzes, §§ 31, 130 Abs. 2 der Wirtschaftsprüferordnung).

(3) [1]In Spalte 3 ist unter Buchstabe a die allgemeine Regelung zur Vertretung der Partnerschaft durch die Partner und die Liquidatoren einzutragen. In Spalte 3 unter

---

*) § 3 Abs. 4 geändert durch Gesetz vom 22.7.1998, BGBl I, 1878, 1881.

Buchstabe b sind die Partner und die als solche bezeichneten Liquidatoren mit Familiennamen, Vornamen, Geburtsdatum, dem in der Partnerschaft ausgeübten Beruf und Wohnort einzutragen. Ferner ist in Spalte 3 unter Buchstabe b jede Änderung in den Personen der Partner oder Liquidatoren einzutragen. Weicht die Vertretungsbefugnis der in Spalte 3 unter Buchstabe b einzutragenden Personen im Einzelfall von den Angaben in Spalte 3 unter Buchstabe a ab, so ist diese besondere Vertretungsbefugnis bei den jeweiligen Personen zu vermerken.

(4) [1]In Spalte 4 ist unter Buchstabe a die Rechtsform einzutragen. [2]In Spalte 4 unter Buchstabe b sind einzutragen:

1. die Auflösung, Fortsetzung und die Nichtigkeit der Partnerschaft; das Erlöschen des Namens der Partnerschaft sowie Löschungen von Amts wegen;
2. Eintragungen nach dem Umwandlungsgesetz;
3. die Eröffnung, Einstellung und Aufhebung des Insolvenzverfahrens sowie die Aufhebung des Eröffnungsbeschlusses; die Bestellung eines vorläufigen Insolvenzverwalters unter den Voraussetzungen des § 32 Abs. 1 Satz 2 Nr. 2 des Handelsgesetzbuchs sowie die Aufhebung einer derartigen Sicherungsmaßnahme; die Anordnung der Eigenverwaltung durch den Schuldner und deren Aufhebung sowie die Anordnung der Zustimmungsbedürftigkeit bestimmter Rechtsgeschäfte des Schuldners nach § 277 der Insolvenzordnung; die Überwachung der Erfüllung eines Insolvenzplans und die Aufhebung der Überwachung

und die sich jeweils darauf beziehenden Änderungen.

(5) In Spalte 5 erfolgt unter a die Angabe des Tages der Eintragung, unter b sonstige Bemerkungen.*)

(6) Enthält eine Eintragung die Nennung eines in ein öffentliches Unternehmensregister eingetragenen Rechtsträgers, so sind Art und Ort des Registers und die Registernummer dieses Rechtsträgers mit zu vermerken.**)

§ 6

Mitteilungen an Berufskammern

Besteht für einen in der Partnerschaft ausgeübten Beruf eine Berufskammer, so sind dieser sämtliche Eintragungen mitzuteilen.

§ 7

Bekanntmachungsblätter

(1) Die Bekanntmachungen erfolgen in dem für das Handelsregister bestimmten Veröffentlichungssystem (§ 10 des Handelsgesetzbuchs).***)

(2) *(weggefallen)*****)

---

*) § 5 Abs. 2 und 5 geändert durch Gesetz vom 10.11.2006, BGBl. I 2006, 2553.

**) § 5 Abs. 2–5 neu gefasst und Abs. 6 eingefügt durch Verordnung vom 11.12.2001, BGBl I, 3688, 3695.

***) § 7 Abs. 1 geändert durch Gesetz vom 10.11.2006, BGBl. I 2006, 2553.

****) § 7 Abs. 2 aufgehoben durch Gesetz vom 10.11.2006, BGBl. I 2006, 2553.

§ 8

Namenslöschung wegen Nichtausübung freiberuflicher Tätigkeit

Wird der Name einer Partnerschaft gelöscht, weil unter diesem keine freiberufliche Tätigkeit ausgeübt wird, so kann auf Antrag der Gesellschafter in der Bekanntmachung der Grund der Löschung erwähnt werden.

§ 9

Übergangsregelung

(weggefallen) *)

§ 10

Inkrafttreten

Diese Verordnung tritt am 1. Juli 1995 in Kraft.

*) § 9 neu gefasst durch Verordnung vom 11.12.2001, BGBl I, 3688, 3695. Aufgeboben durch Gesetz vom 10.11.2006, BGBl. I 2006, 2553.

Anlage 1 (zu § 2 Abs. 1 und 2)*)

Partnerschaftsregister des Amtsgerichts Nummer der Partnerschaft: PR

Nummer der Eintragung	a) Name b) Sitz, Zweigniederlassung c) Gegenstand	a) Allgemeine Vertretungsregelung b) Partner, Vertretungsberechtigte und besondere Vertretungsbefugnis	a) Rechtsform b) Sonstige Rechtsverhältnisse	a) Tag der Eintragung b) Bemerkungen
1	2	3	4	5
1	a) Müller und Partner, Rechtsanwälte und Steuerberater b) München c) Ausübung rechtsanwaltlicher und steuerberatender Tätigkeit	a) Jeder Partner ist zur Vertretung der Partnerschaft berechtigt b) Müller, Peter, Rechtsanwalt, Starnberg, geb. 1. Januar 1966; Schmidt, Christian, Steuerberater, München, geb. 12. Mai 1967; Dr. Mittler, Gabriele, Rechtsanwältin, Dachau, geb. 25. April 1968	a) Partnerschaft	a) 28. Juli 2001 Röcken
2		b) Jung, Ute, Rechtsanwältin, Augsburg, geb. 15. Oktober 1965. Ute Jung ist als Partnerin in die Partnerschaft eingetreten.*) Ute Jung ist nur gemeinsam mit Peter Müller oder Christian Schmidt vertretungsberechtigt.		a) 10. Oktober 2001 Schirmer
3		b) Jung, Ute, ist nun einzelvertretungsberechtigt.*)		a) 1. Januar 2002 Schirmer

*) Anlage 1 geändert durch Gesetz vom 10.11.2006, BGBl. I 2006, 2553.

4	b) In Augsburg ist eine Zweigniederlassung (Amtsgericht Augsburg, PR 345) errichtet.			a) 5. Februar 2002 Schirmer
5	a) Müller, Schmidt und Partner, Rechtsanwälte und Steuerberater		b) der Name der Partnerschaft ist geändert.*)	a) 18. Oktober 2002 Schirmer
6		a) Die Liquidatoren sind nur gemeinsam zur Vertretung der Partnerschaft berechtigt b) Liquidatoren: Schmidt, Christian, Steuerberater, München, geb. 12. Mai 1967; Jung, Ute, Rechtsanwältin, Augsburg, geb. 15. Oktober 1965	b) Die Partnerschaft ist aufgelöst.	a) 10. Januar 2003 M. Schmidt
7			b) Der Name der Partnerschaft ist erloschen.++)	a) 30. April 2003 Scholz

Anmerkung: Die Kopfzeile und die Spaltenüberschriften müssen bei Abruf der Registerdaten auf dem Bildschirm stets sichtbar sein.

*) Als nicht in den aktuellen Ausdruck aufzunehmen kenntlich gemacht gemäß § 1 der Partnerschaftsregisterverordnung i. V. m. § 16a der Handelsregisterverordnung.

++) Die Durchkreuzung oder die auf sonstige Weise erfolgte Kenntlichmachung des Registerblattes als gegenstandslos ist hier weggelassen.

Anlage 2 (zu § 2 Abs. 2)

Partnerschaftsregister des Amtsgerichts . . .	Nummer der Partnerschaft: PR

Wiedergabe des aktuellen Registerinhalts

1. Anzahl der bisherigen Eintragungen:
2. a) Name:
   b) Sitz, Zweigniederlassungen:
   c) Gegenstand:
3. a) Allgemeine Vertretungsregelung:
   b) Partner, Vertretungsberechtigte und besondere Vertretungsbefugnis:
4. a) Rechtsform:
   b) Sonstige Rechtsverhältnisse:
5. Tag der letzten Eintragung:

Anmerkung: Die beiden Kopfzeilen müssen beim Abruf der Registerdaten auf dem Bildschirm stets sichtbar sein.

Anlage 3 (zu § 2 Abs. 2)

Amtsgericht — Partnerschaftsregister — Stand:

Detailanzeige aus dem Namensverzeichnis

Registernummer:

Der vollständige Name der Partnerschaft lautet:

Geschäftsadresse (ohne Gewähr):

Straße/Hausnummer:

Postfach:

PLZ/Ort:

Anlage 4 (zu § 7) Muster für Bekanntmachungen*)

Amtsgericht München – Registergericht –, Aktenzeichen: PR 1292

Die in ( ) gesetzten Angaben der Geschäftsanschrift und des Unternehmensgegenstandes erfolgen ohne Gewähr:

Neueintragungen

27.06.2004

PR 1292 Müller und Partner, Rechtsanwälte und Steuerberater, München (Junkerstr. 7, 80117 München). Partnerschaft. Gegenstand: Ausübung rechtsanwaltlicher und steuerberatender Tätigkeit. Jeweils zwei Partner vertreten gemeinsam. Partner: Müller, Peter, Rechtsanwalt, Starnberg, * 18.05.1966; Schmidt, Christian, Steuerberater, München, * 13.01.1966.

Bekannt gemacht am: 30.06.2004

---

*) Anlage 4 geändert durch Gesetz vom 10.11.2006, BGBl. I 2006, 2553.

Einführung

Literatur: *Ahlers*, Die GmbH als Zusammenschluß Angehöriger freier Berufe zur gemeinsamen Berufsausübung, in: Festschrift für Heinz Rowedder, 1994, S. 1; *Arnold*, Die Tragweite des § 8 Abs. 2 PartGG vor dem Hintergrund der Haftungsverfassung der Gesellschaft bürgerlichen Rechts, BB 1996, 597; *Basedow*, Umsetzung der Beschlüsse der Koalitionsarbeitsgruppe Deregulierung, EuZW 1992, 542; *Bayer/Imberger*, Nochmals: Die Rechtsformen freiberuflicher Tätigkeit, DZWIR 1995, 177; *Bayer/Imberger*, Die Rechtsformen freiberuflicher Tätigkeit, DZWIR 1993, 309; *Beck*, Der Referentenentwurf und der Regierungsentwurf zur Einführung einer Partnerschaftsgesellschaft mit beschränkter Berufshaftung, DZWIR 2012, 447; *Beckmann*, Für eine Partnerschaft Freier Berufe, in: Festschrift für Detlef Kleinert, 1992, S. 210; *Beckmann*, Ringen um das Partnerschaftsgesetz für Freie Berufe, der freie beruf 4/1992, S. 19; *Bellstedt*, Die Rechtsanwalts-GmbH, AnwBl 1995, 573; *Beuthien*, Warum eigentlich keine GbR mbH?, WM 2012, 1; *v. Bockelberg*, Die Partnerschaft – Eine Gesellschaftsform für freie Berufe, DStB 1971, 65; *Boin*, Die Partnerschaftsgesellschaft für Rechtsanwälte, 1996; *Böhringer*, Das neue Partnerschaftsgesellschaftsgesetz, BWNotZ 1995, 1; *Bösert*, Das Gesetz über Partnerschaftsgesellschaften Angehöriger Freier Berufe (Partnerschaftsgesellschaftsgesetz – PartGG), ZAP Fach 15, S. 137 (= ZAP 1994, 765); *Bösert*, Der Regierungsentwurf eines Gesetzes zur Schaffung von Partnerschaftsgesellschaften (Partnerschaftsgesellschaftsgesetz – PartGG), DStR 1993, 1332; *Braun*, Contra Anwalts-GmbH, MDR 1995, 447; *Burret*, Das Partnerschaftsgesellschaftsgesetz, WPK-Mitt. 1994, 201; *Carl*, Die Partnerschaftsgesellschaft – eine neue Rechtsform für die Freien Berufe, StB 1995, 173; *Coester-Waltjen*, Besonderheiten des neuen Partnerschaftsgesellschaftsgesetzes, Jura 1995, 666; *Dahns*, Vorschläge für eine Reform der anwaltlichen Haftung, NJW-Spezial 2011, 574; *Dauner-Lieb*, Durchbruch für die Anwalts-GmbH, GmbHR 1995, 259: *Deutler*, Diskussionsbeitrag, in: Verhandlungen des 10. Österreichischen Juristentages, 1988, Bd. II/1, S. 143; *v. Falkenhausen*, Brauchen die Rechtsanwälte ein Partnerschaftsgesellschaftsgesetz?, AnwBl 1993, 479; *Franz*, Verordnung über die Einrichtung und Führung des Partnerschaftsregisters (Partnerschaftsregisterverordnung – PRV), ZAP Fach 15, 187 (= ZAP 1995, 1139); *Funke*, Der Regierungsentwurf zur Rechtsanwalts-GmbH, AnwBl 1998, 6; *Gerlt*, Der Gesetzentwurf zur Anwalts-GmbH: Ein Abschreckungsversuch?, MDR 1998, 259; *Gilgan*, Auswirkungen des Partnerschafts-Gesellschaftsgesetzes auf die Angehörigen des steuerberatenden Berufs, Stbg 1995, 28; *Glenk*, Die Rechtsanwalts-GmbH, INF 1995, 691 (Teil I), 718 (Teil II); *Gres*, Die neue Partnerschaftsgesellschaft, der freie beruf 6/1994, 23; *Gres*, Partnerschaftsgesellschaft, Maßgeschneiderte Gesellschaftsform für die Bedürfnisse der Freiberufler, Handelsblatt vom 19.5.1994; *Gres*, Partnerschaftsgesetz für Freie Berufe – Gesetzesvorhaben mit Vorgeschichte, Der Selbständige, 12/1992, S. 6; *Grunewald*, Die Partnerschaftsgesellschaft mit beschränkter Berufshaftung – sinnvolle Ergänzung des PartGG oder systemwidrige Privilegierung einiger Weniger?, ZIP 2012, 1115; *Grüninger*, Die deutsche Rechtsanwaltssozietät als Mitglied einer Europäischen Wirtschaftlichen Interessenvereinigung (EWIV), DB 1990, 1449; *Gummert*, Zur Zulässigkeit einseitiger Haftungsbeschränkung auf das Vermögen der BGB-Außengesellschaft, ZIP 1993, 1063; *Haas*, Neue Gesellschaftsform, BRAK-Mitt. 1994, 1; *Hartstang*, Anwaltliche Berufsausübung in Form einer GmbH, ZAP Fach 23, S. 192 (= ZAP 1994, 1223); *Hellfrisch*, Das Partnerschaftsgesellschaftsgesetz und seine Bedeutung für die Berufsstände der Wirtschaftsprüfer, Steuerberater und Rechtsanwälte, StB 1995, 253; *Hellwig*, Haftpflichtversicherung statt Handelndenhaftung bei der Partnerschaftsgesellschaft, NJW 2011, 1557; *Henssler*, Der Gesetzentwurf zur Regelung der Rechtsanwalts-GmbH, ZIP 1997, 1481; *Henssler*, Rechtsanwalts-GmbH oder Partnerschaft? – Vorteilhafte Kooperationsmodelle für Rechtsanwälte –, ZAP Fach 23, 285 (= ZAP 1997, 861); *Henssler*, Die Haftung der Partnerschaft und ihrer Gesellschafter, in: Festschrift für Ralf Vieregge, 1995, S. 361; *Henssler*, Neue Formen anwaltlicher Zusammenarbeit – Anwalts-

GmbH und Partnerschaft im Wettbewerb der Gesellschaftsformen –, DB 1995, 1549; *Henssler*, Rezension von Michalski/Römermann, PartGG, 1. Aufl., GmbHR 1995, 756; *Henssler*, Die Rechtsanwalts-GmbH, JZ 1992, 697; *Henssler/Mansel*, Die Limited Liability Partnership als Organisationsform anwaltlicher Berufsausübung, NJW 2007, 1393; *Hoffmann*, Bemühungen um ein Partnerschaftsgesetz, JBl 1987, 570; *Hölscher*, Die Professional Corporation – die „amerikanische Form der Partnerschaft", RIW 1995, 551; *Hölzle*, Die „erleichterte Sanierung von Unternehmen" in der Nomenklatur der InsO – ein hehres Regelungsziel des RefE-ESUG, NZI 2011, 124; *Hornung*, Partnerschaftsgesellschaft für Freiberufler, (Teil 1), Rpfleger 1995, 481 und (Teil 2), Rpfleger 1996, 1; *Jung*, Firmen von Personenhandelsgesellschaften nach neuem Recht, ZIP 1998, 677; *Kastner*, Zu den legistischen Aufgaben auf dem Gebiet des österreichischen Gesellschaftsrechts, JBl 1990, 545; *Kempter*, Das Partnerschaftsgesellschaftsgesetz, BRAK-Mitt. 1994, 122; *Knoll/Schüppen*, Die Partnerschaftsgesellschaft – Handlungszwang, Handlungsalternative oder Schubladenmodell, (Teil 1) DStR 1995, 608 und (Teil 2) DStR 1995, 646; *Koch*, Pro Anwalts-GmbH, MDR 1995, 447; *Kosek/Hess*, Gemeinschaftspraxis: kräftiger Rückenwind aus Bonn, Ärztliche Praxis Nr. 30 vom 12.4.1994, 35; *Krejci*, Gutachten: Partnerschaft, Verein, Konzern – Zur Harmonisierung und Modernisierung des Gesellschafts- und Unternehmensrechtes, in: Verhandlungen des 10. Österreichischen Juristentages, 1988, Bd. I/1; *Kreße*, Die neue Partnerschaftsgesellschaft mit beschränkter Berufshaftung im Kontext der Rechtsanwaltshaftung, NJ 2013, 45; *Krieger*, Partnerschaftsgesellschaftsgesetz, MedR 1995, 95; *Lach*, Formen freiberuflicher Zusammenarbeit, Diss., 1970; *Landry*, Die Anwalts-Kapitalgesellschaft – eine Replik auf Braun, MDR 1995, 447 –, MDR 1995, 558; *Laufs*, Arzt und Recht im Umbruch der Zeit, NJW 1995, 1590; *Laufs*, Die Ärzte-GmbH und das Berufsrecht, MedR 1995, 11; *Lenz*, Die Partnerschaft – alternative Gesellschaftsform für Freiberufler, MDR 1994, 741; *Leutheusser-Schnarrenberger*, Maßgeschneiderte Gesellschaftsform für Freie Berufe, recht 4/1995, S. 61; *Leutheusser-Schnarrenberger*, Partnerschaftsgesellschaftsgesetz – ab 1. Juli ´95 in Kraft, der freie beruf 7–8/1994, 20; *Leutheusser-Schnarrenberger*, Die Partnerschaftsgesellschaft – nationale und EG-rechtliche Bestrebungen zu einem Sondergesellschaftsrecht für die freien Berufe, in: Festschrift für Herbert Helmrich, 1994, S. 677; *Leutheusser-Schnarrenberger*, Ein wichtiger Tag für die Freien Berufe, AnwBl 1994, 334; *Leutheusser-Schnarrenberger*, Partnerschaftsgesetz – der neue Entwurf ist besser, der freie beruf 1–2/1993, 9; *Lohbeck*, Die geplante Partnerschaftsgesellschaft mit beschränkter Berufshaftung, JSE 2013, 5; *Mahnke*, Das Partnerschaftsgesellschaftsgesetz, WM 1996, 1029; *Martin*, Déontologie de l'avocat, 1995; *Michalski*, Zum Regierungsentwurf eines Partnerschaftsgesellschaftsgesetzes, ZIP 1993, 1210; *Mittelsteiner*, Kommentierung zum PartGG, DStR 1994, Beihefter zu Heft 37, S. 37; *Müller, U.*, Die Partnerschaftsgesellschaft – Eine Rechtsform für freie Berufe aus der Sicht der freiberuflichen Leistung, FR 1995, 402; *Müller-Gugenberger*, Bringt die „Partnerschaft" für die freien Berufe Wettbewerbsgleichheit im Gemeinsamen Markt? – Ein Vergleich zwischen der französischen société civile professionnelle und dem Entwurf eines „Partnerschafts"-Gesetzes, DB 1972, 1517; *Neye*, Partnerschaft und Umwandlung, ZIP 1997, 722; *Neye*, Referentenentwurf des Bundesjustizministeriums zur Umwandlung von Partnerschaften, GmbHR 1997, R 125; *Niederleithinger*, Handels- und Wirtschaftsrecht in der 13. Legislaturperiode, ZIP 1995, 597; *Oppenhoff*, Anwaltsgemeinschaften, ihr Sinn und Zweck, AnwBl 1967, 267; *Oppermann*, Grenzen der Haftung in der Anwalts-GmbH und der Partnerschaft, AnwBl 1995, 453; *Preißler*, Zulassung neuer Kooperationsformen zur vertrags-(zahn-)ärztlichen Versorgung und Abrechnung der in diesen Zusammenschlüssen erbrachten Leistungen, MedR 1995, 100; *Raisch*, Freie Berufe und Handelsrecht, in: Festschrift für Fritz Rittner, 1991, S. 471; *Raisch*, Handelsgesellschaft auf Einlagen als neue Gesellschaftsform für Vereinigungen von Handelsgewerbetreibenden, Landwirten und Angehörigen freier Berufe, in: Festschrift für Alexander Knur, 1972, S. 165; *Rittner*, Teamarbeit bei freien Berufen – Berufsrecht und Gesellschaftsrecht, DStB 1967, 2; *Römermann*, Dogmatisches Chaos und unabsehbare Haftungsgefahren bei der Freiberufler-GmbH (& Co. KG), GmbHR 2012,

64; *Römermann*, PartG mbB – die anwaltliche Rechtsform der Zukunft?!, AnwBl 2012, 288; *Römermann*, Neues Insolvenz- und Sanierungsrecht durch das ESUG, NJW 2012, 645; *Römermann*, Das Ende für die Anwalts-KG vor dem BGH – das letzte Wort?, AnwBl 2011, 750; *Römermann*, Anwalts-GmbH im Wettbewerb, GmbHR 1998, 966; *Römermann*, Der neue Regierungsentwurf zum AnwaltsGmbH-Gesetz, NZG 1998, 81; *Römermann*, Anwalts-GmbH als „theoretische Variante" zur Partnerschaft?, GmbHR 1997, 530; *Römermann/Praß*, Die Partnerschaftsgesellschaft mit beschränkter Berufshaftung, NZG 2012, 601; *Römermann/Spönemann*, Gesellschaftsformen für Rechtsanwälte – Berufsrecht, Gesellschaftsrecht, Steuerrecht, NZG 1998, 15; *Saller*, Rechtliche Grundlagen der BGB-Gesellschaft im Hinblick auf die Möglichkeiten einer Haftungsbegrenzung, DStR 1995, 183; *Sandberger/Müller-Graff*, Die rechtliche Form freiberuflicher Zusammenarbeit, ZRP 1975, 1; *Sauren/Haritz*, Anwalts-GmbH: Gründung oder Einbringung im Steuerrecht, MDR 1996, 109; *Schaub*, Das neue Partnerschaftsregister, NJW 1996, 625; *Schauf*, „Kundschaft" durch Partnerschaft?, DGVZ 1995, 55; *Schirmer*, Berufsrechtliche und kassenarztrechtliche Fragen der ärztlichen Berufsausübung in Partnerschaftsgesellschaften, MedR 1995, 341 (Teil 1), 383 (Teil 2); *Schmidt, K.*, Die Freiberufliche Partnerschaft, NJW 1995, 1; *Schmidt, K.*, Partnerschaftsgesetzgebung zwischen Berufsrecht, Schuldrecht und Gesellschaftsrecht, ZIP 1993, 633; *Schroeder*, Die „Gesellschaft bürgerlichen Rechts mit Haftungsbeschränkung" – eine sinnvolle Gestaltungsvariante?, DStR 1992, 507; *Schulze-Wilk*, Neues Gesetz sichert Status der Freien Berufe, zm 84, Nr. 13 v. 1.7.1994; *Seibert*, Gemeinsame Berufsausübung von Freiberuflern: neue Perspektiven durch die Partnerschaftsgesellschaft, Mitt. Dt. Patentanwälte 1996, 107; *Seibert*, Das neue Partnerschaftsgesellschaftsgesetz, BuW 1995, 100; *Seibert*, Die Partnerschaft für die Freien Berufe, DB 1994, 2381; *Seibert*, Das Partnerschaftsgesellschaftsgesetz, NWB Fach 18, S. 3365 (= NWB 1994, 3831); *Seibert*, Zum neuen Entwurf eines Partnerschaftsgesellschaftsgesetzes, AnwBl 1993, 155; *Siepmann*, Die Partnerschaftsgesellschaft im Zivil- und Steuerrecht, FR 1995, 601; *Sommer*, Die neue Partnerschaftsgesellschaft – Eine zweckmäßige Rechtsform für Steuerberater?, DSWR 1995, 181; *Sommer*, Anwalts-GmbH oder Anwalts-Partnerschaft?, GmbHR 1995, 249; *Sotiropoulos*, Partnerschaftsgesellschaft: Haftung der Partner und Haftungsbeschränkungswege, ZIP 1995, 1879; *Sproß*, Die Rechtsanwalts-Gesellschaft in der Form der GmbH & Co KG, AnwBl 1996, 201; *Stebreit*, Die Rechtsanwalts-Aktiengesellschaft, NZG 1998, 452; *Stuber*, Das Partnerschaftsgesellschaftsgesetz unter besonderer Berücksichtigung der Belange der Anwaltschaft, WiB 1994, 705; *Taupitz*, Das Berufsrisiko des Arztes: Entwicklung, Steuerung und Risikominimierung, MedR 1995, 475; *Taupitz*, Die Partnerschaft als neue Kooperationsform für Ärzte, Arztrecht 1995, 123; *Taupitz*, Rechtsanwalts-GmbH zugelassen: Durchbruch oder Intermezzo?, NJW 1995, 369; *Taupitz*, Berufsständische Satzungen als Verbotsgesetze im Sinne des § 134 BGB, JZ 1994, 221; *Taupitz/Schelling*, Das apothekenrechtliche Verbot des „Mehrbesitzes" – auf ewig verfassungsfest?, NJW 1999, 1751; *Thümmel*, Die Partnerschaft – Eine neue Gesellschaftsform für Freiberufler, WPg 1971, 399; *Torggler*, Partnerschaft für Freie Berufe, ÖJZ 1988, 428; *Triebel/Silny*, Die persönliche Haftung der Gesellschafter einer in Deutschland tätigen englischen Rechtsanwalts-LLP, NJW 2008, 1034; *Uwer/Roeding*, Wege in die Partnerschaftsgesellschaft mit beschränkter Berufshaftung, AnwBl 2013, 309; *Volmer*, Die Partnerschaft als Gesellschaftsform für die Teamarbeit im freien Beruf, DStB 1967, 25; *Vorbrugg/Salzmann*, Überregionale Anwaltskooperationen, AnwBl 1996, 129; *Wertenbruch*, Partnerschaftsgesellschaft und neues Umwandlungsrecht, ZIP 1995, 712; *Weyand*, Partnerschaftsgesellschaften als neue Organisationsform für die freiberufliche Praxis, INF 1995, 22; *Wiedemann*, Rechtsverhältnisse der BGB-Gesellschaften zu Dritten, WM 1994, Beilage 4; *Wüst*, Ausbaubedürfnisse im Gesellschaftsrecht, JZ 1989, 270.

Einführung

Übersicht

A. Vorgeschichte des Gesetzes

I. Frühere Entwürfe

1. Erste Initiativen

1 Das Thema **Partnerschaftsgesetz** (so die durchgängige Bezeichnung bis zum Referentenentwurf 1993)[1)] ist in Deutschland in den fünfziger Jahren aufgekommen.[2)] Das Institut der **Wirtschaftsprüfer** in Deutschland e. V. hatte im Jahre **1956** bei dem Bundesjustizministerium angeregt, für die Angehörigen der freien Berufe eine neue, eigene Gesellschaftsform zu schaffen. Gleichzeitig erklärte sich das Institut zur Leistung der dafür erforderlichen Vorarbeiten bereit.[3)]

2 Das **Bundesjustizministerium** schrieb daraufhin am 16.4.1957 mehrere Berufsverbände der Freiberufler an, um festzustellen, ob dort für eine solche **neue Gesellschaftsform** ein **Bedürfnis** gesehen werde, das den erforderlichen Aufwand an Rechts- und Verwaltungsvorschriften, die zusätzlichen Aufgaben der Verwaltungsbehörden sowie die durch die Führung eines besonderen Gesellschaftsregisters eintretende Zusatzbelastung der Gerichte rechtfertigen würde. Der **Deutsche Anwaltverein** griff die Überlegungen bezüglich eines neuen Gesetzesvorhabens in seinem Antwortschreiben vom 24.6.1957 nur zögernd auf. Der Bundesverband der Freien Berufe bezweifelte in seinem Schreiben vom 29.5.1957, dass die Zeit für ein solches Partnerschaftsgesetz schon reif sei. Da das Bundesjustizministerium keinen Gesetzentwurf für nur eine kleine Zahl von Interessierten eines bestimmten freien Berufes

---

1) Vgl. *Bösert*, ZAP Fach 15, S. 137, 142.

2) *Thümmel*, WPg 1971, 399; unzutreffend *Gres*, Der Selbständige, 12/1992, 6 (70er Jahre).

3) *Thümmel*, WPg 1971, 399, auch zum Folgenden.

erarbeiten wollte, sondern voraussetzte, dass ein neues Gesetz einem **größeren Personenkreis** aus verschiedenen freien Berufen zugutekommen sollte, wurde das Vorhaben nach Eingang dieser eher negativen Reaktionen zunächst nicht weiter verfolgt; zu einem Gesetzentwurf kam es nicht.

3 Ein knappes Jahrzehnt später lebte die Diskussion über ein Partnerschaftsgesetz wieder auf,[4] auch unter dem Eindruck der Schaffung einer speziellen Gesellschaftsform für Angehörige freier Berufe in **Frankreich**.[5] Man befürchtete damals in Deutschland, dass die französischen Freiberufler hierdurch gegenüber den Berufsangehörigen aus den anderen Mitgliedstaaten der Europäischen Gemeinschaft **Wettbewerbsvorteile** erlangt hätten, die nur durch ein spezielles Gesetz für die deutschen Angehörigen freier Berufe ausgeglichen werden könnten.

4 Der deutsche **Anwaltstag 1967** in Bremen machte die Teamarbeit von Rechtsanwälten zu einem der Hauptthemen. Nahezu gleichzeitig veröffentlichte *Volmer* – angeregt durch einen Vortrag von *Rittner*[6] – einen eigenen **Entwurf** für ein Partnerschaftsgesetz.[7] Dieser Entwurf enthielt in 58 Paragraphen eine eingehende Regelung der neuen Gesellschaftsform, wobei die Bestimmungen sich jedoch eng an die entsprechenden **Vorschriften des HGB** anlehnten. Auch wurde bereits die Einführung eines speziellen Partnerschaftsregisters vorgeschlagen. Ausgehend von diesem Entwurf erarbeiteten das Institut der Wirtschaftsprüfer in Deutschland e. V. und die **Wirtschaftsprüferkammer** in einem gemeinsamen Ausschuss[8] eine Diskussionsgrundlage für Erörterungen, die **ab September 1969** in einem Sonderausschuss des **Bundesverbandes der Freien Berufe** stattfanden.[9] **Ziel** der Überlegungen[10] war es, eine Gesellschaftsform zu schaffen, die

- im Außenverhältnis **als rechtliche Einheit** unter Wahrung einer personalistischen Innenstruktur auftreten konnte und so für die Durchführung von Großprojekten, für die Investitionsrentabilität teurer Hilfsmittel sowie für die Kooperation von Spezialisten zur Verfügung stand,[11]
- auch den Rahmen für eine verstärkte **interdisziplinäre Zusammenarbeit** abgab[12] und
- eine angemessene **Haftungsbegrenzung** ermöglichte.[13]

---

4) Vgl. *Thümmel*, WPg 1971, 399, 400; *Krejci*, EGG, Vorb. 10.
5) Société civile professionnelle; loi no. 66–879 v. 29.11.1966, J. O. v. 30.11.1966, S. 10451.
6) *Rittner*, DStB 1967, 2.
7) *Volmer*, DStB 1967, 25; kritisch hierzu *Oppenhoff*, AnwBl 1967, 267, 274, der – in Übereinstimmung mit der zuständigen Kommission der BRAK – auch das Bedürfnis für ein solches Gesetz verneinte; zum Entwurf ferner *Lach*, Formen freiberuflicher Zusammenarbeit, S. 150 ff., der auf S. 179 ebenfalls zu dem Ergebnis gelangt, es fehle an einem Bedarf.
8) *Lach*, Formen freiberuflicher Zusammenarbeit, S. 150.
9) *Thümmel*, WPg 1971, 399.
10) Vgl. insgesamt *v. Bockelberg*, DStB 1971, 65.
11) *Sandberger/Müller-Graff*, ZRP 1975, 1.
12) *Thümmel*, WPg 1971, 399, 400; E 1971, BT-Drucks. VI/2047.
13) *Sandberger/Müller-Graff*, ZRP 1975, 1; *Thümmel*, WPg 1971, 399, 400.

5 Nach der Diskussion im Bundesverband der Freien Berufe wurde der Gesetzentwurf in den Arbeitskreis „Freie Berufe" der **Mittelstandsvereinigung der CDU/CSU** eingeführt.[14] Im Beirat gelang es, auch die grundsätzliche Zustimmung der bis dahin ablehnenden **freiberuflichen Verbände** zu erlangen. Der Diskussionskreis Mittelstand der CDU/CSU hat dann den Gesetzentwurf an die CDU/CSU-Bundestagsfraktion weitergeleitet.

2. Der Entwurf von 1971

6 Am 1.4.1971 brachten 93 Abgeordnete der CDU/CSU-Fraktion den Entwurf eines Partnerschaftsgesetzes als Gruppenantrag in den Deutschen Bundestag ein.[15] Die Partnerschaft war danach gesellschaftsrechtlich als **juristische Person** (§ 1 Abs. 1), steuerrechtlich aber als Personengesellschaft (§ 26) ausgestaltet. Die Bestimmungen über den **Namen** der Partnerschaft, den **Partnerschaftsvertrag** und das **Partnerschaftsregister** näherten sich bereits den Regelungen des PartGG an. In der Frage der **Haftung** für fehlerhafte Berufsausübung hingegen wagte der damalige Entwurf (§ 9) – ausgehend von der Grundkonzeption einer juristischen Person – den Schritt hin zu einer generellen Haftungsbegrenzung auf 500.000 DM für jeden Schadensfall. Auf diese Summe musste die Partnerschaft eine Haftpflichtversicherung abschließen. Das Ausscheiden von Partnern und die Abwicklung regelte der Entwurf umfassend, ohne auf Bestimmungen des HGB oder des BGB zu verweisen.

7 Der Entwurf wurde am 28.4.1971 in erster Lesung behandelt und an den Rechtsausschuss federführend überwiesen, wo er ein positives Echo fand.[16] Nach einer Anhörung von Kammern und Verbänden durch das Bundesjustizministerium konnte der Entwurf dann aber wegen der Auflösung des 6. Deutschen Bundestages nicht mehr verabschiedet werden.

3. Die Entwürfe von 1975/1976

8 In der folgenden Legislaturperiode wurde 1975 von Abgeordneten der Fraktionen CDU/CSU, SPD und FDP ein neuer Entwurf für ein Partnerschaftsgesetz eingebracht.[17] Grundlagen dafür waren der Entwurf von 1971 sowie die Ergebnisse mehrwöchiger Diskussionen mit den Kammern und **Verbänden der freien Berufe** i. R. der Parlamentarischen Gesellschaft.[18]

---

14) Hierzu und zum Folgenden *v. Bockelberg*, DStB 1971, 65.

15) E 1971, BT-Drucks. VI/2047; vgl. auch *Wüst*, JZ 1989, 270, 276; *Beckmann*, der freie beruf 4/1992, 19; *Bayer/Imberger*, DZWIR 1995, 177, 178; *Meurer*, Partnerschaftsgesellschaft, S. 24 ff.; Einzelkritik von Vorschriften bei *Sandberger/Müller-Graff*, ZRP 1975, 1, 6, welche eine neue Gesellschaftsform für „überflüssig" hielten, da die damit verbundenen Zielvorstellungen nicht verwirklicht werden könnten.

16) Berichtet von MdB *v. Bockelberg* in der Bundestagsdebatte v. 1.7.1976, Sten. Ber. Plenarprotokoll 7/256, S. 18429 (B); hierzu und zum Folgenden *Beckmann* in: FS Kleinert, S. 210, 211; *Beckmann*, der freie beruf 4/1992, 19.

17) E 1975, BT-Drucks. 7/4089; Überblick über die wichtigsten Regelungen bei *Wüst*, JZ 1989, 270, 276; *Beckmann* in: FS Kleinert, 1992, S. 210, 211; *Beckmann*, der freie beruf 4/1992, 19, 20; *Henssler*, JZ 1992, 697, 701; *Meurer*, Partnerschaftsgesellschaft, S. 33 ff.

18) MdB *v. Bockelberg* in der Plenardebatte des Deutschen Bundestages v. 1.7.1976, Sten. Ber. Plenarprotokoll 7/256, 18429 (B).

9 Der Anwendungsbereich des neuen Entwurfs beschränkte sich auf die in **Berufskammern** zusammengeschlossenen Angehörigen freier Berufe (§ 1 Satz 2).[19] Die Konzeption der Partnerschaft als juristischer Person wurde aufgegeben, ebenso die summenmäßige **Haftungsbegrenzung**. Statt dessen sollte die Partnerschaft für fehlerhafte Berufsausübung der Partner haften, soweit nicht die alleinige Haftung eines Partners im Einzelfall schriftlich vereinbart war (§ 10 Abs. 1 Satz 1). Im Übrigen blieb es weitgehend bei den bereits im Entwurf aus dem Jahre 1971 vorgesehenen Regelungen, so etwa in der Frage der Haftpflichtversicherung, des Namens, des Partnerschaftsregisters sowie der umfangreichen Bestimmungen über das Ausscheiden von Partnern und die Abwicklung der Partnerschaft. Auch die Begründung des Gesetzentwurfes lehnte sich eng an die Begründung des Entwurfs von 1971 an.

10 In der ersten Lesung im Deutschen Bundestag am 24.10.1975 wurde der Entwurf an den Rechtsausschuss (federführend) sowie den Finanz- und den Wirtschaftsausschuss überwiesen.[20] Die Behandlung im Rechtsausschuss führte zur Erarbeitung eines neuen Entwurfs.[21] Dieser Entwurf war mit insgesamt 35 Paragraphen umfangreicher als die früheren Gesetzentwürfe, blieb aber in der Sache weit hinter den Reformbestrebungen seiner Vorgänger zurück. Insbesondere wurde die weitreichende **Haftungsbeschränkung** der früheren Vorschläge aufgegeben, da dies als ein Problem des allgemeinen Schuldrechts angesehen wurde. Davon ausgehend verbot sich jede Spezialregelung für Angehörige freier Berufe.[22] Damit war „über ein zentrales Anliegen der Partnerschaft negativ entschieden" worden.[23] Der Entwurf regelte im Wesentlichen nur noch das **Innenverhältnis** der Partner und wies gegenüber der GbR schließlich nur noch die **Parteifähigkeit** (§ 15) als einzigen nennenswerten Vorteil auf.[24]

11 Dennoch verabschiedete der Bundestag den Entwurf auf Empfehlung des Rechtsauschusses – nach der Behandlung im Finanz- und Wirtschaftsausschuss sowie unter Einbeziehung einer Stellungnahme des mitberatenden Ausschusses für Jugend, Familie und Gesundheit – einstimmig in der dritten Lesung am 1.7.1976 als Partnerschaftsgesetz.[25]

12 Im **Bundesrat** traf der Entwurf dann allerdings auf Ablehnung.[26] Die Organisationen der freien Berufe waren zwischenzeitlich von dem Gesetzesvorhaben so weit abgerückt, dass der federführende **Rechtsausschuss** des Bundesrates dessen „einhellige Ablehnung durch die Organisationen zahlreicher betroffener freier Berufe"

---

19) Dies bezeichnete MdB *v. Bockelberg* in der Bundestagsdebatte v. 1.7.1976 als erheblichen Nachteil des Gesetzentwurfs, Sten. Ber. Plenarprotokoll 7/256, S. 18429 (D).

20) Hierzu und zum Folgenden ausführlich *Beckmann* in: FS Kleinert, 1992, S. 210, 211 f.; *Beckmann*, der freie beruf 4/1992, 19, 20 f.

21) E 1976, BT-Drucks. 7/5402, und RA zum E 1976, BT-Drucks. 7/5413.

22) RA zum E 1976, BT-Drucks. 7/5413, S. 2; *Wüst*, JZ 1989, 270, 277; *Beckmann* in: FS Kleinert, S. 210, 212.

23) *Wüst*, JZ 1989, 270, 277.

24) *Henssler*, JZ 1992, 697, 701; vgl. dazu auch BR-Ausschüsse zum E 1976, BR-Drucks. 444/1/76, S. 1 f.

25) Sten. Ber. Plenarprotokoll 7/256, S. 18431 (C); *Beckmann* in: FS Kleinert, S. 210, 212; *Kempter*, BRAK-Mitt. 1994, 122; *Seibert*, AnwBl 1993, 155; *Krejci*, EGG, Vorb. 10.

26) Ausführlich dazu *Beckmann* in: FS Kleinert, S. 210, 212.

feststellte.[27] Der Abgeordnete *Metzger*, Berichterstatter des Rechtsausschusses des Deutschen Bundestages für das Partnerschaftsgesetz, sagte dazu in der Bundestagsdebatte vom 1.7.1976, das Gesetz habe

> „in den letzten 14 Tagen einen kleinen Sturm im Wasserglas verursacht, ausgelöst von einigen Funktionären und einigen Berufsverbänden und Standesorganisationen ..., die aus unterschiedlichen Gründen an althergebrachten, vielfach aber überholten und mit unserer modernen Leistungsgesellschaft und mit dem freiheitlichen und demokratischen Grundprinzip unserer Staats- und Gesellschaftsordnung nicht mehr übereinstimmenden Vorstellungen festhalten wollen ...“.[28]

13 Einige Länder standen dem Entwurf aus Kostengründen ablehnend gegenüber.[29] Einzelkritiken des Rechtsausschusses und des Ausschusses für Jugend, Familie und Gesundheit des Bundesrates sowie Einwände des Freistaates Bayern betrafen die als verfehlt angesehene Einbeziehung der Heilberufe in das Gesetz bzw. die als zu weitgehend oder gar verfehlt eingestufte Zulassung interprofessioneller Partnerschaften.[30] Die **Gesetzestechnik** wurde als zu perfektionistisch und damit eine Rechtszersplitterung fördernd kritisiert.[31] Vor allem aber sah man nach Entfallen der Haftungsbegrenzung angesichts der weitgehenden Nähe zur GbR für eine neue Gesellschaftsform kein echtes **Bedürfnis** mehr.[32]

14 Der Rechtsausschuss des Bundesrates empfahl schließlich, dem Gesetz gemäß Art. 84 Abs. 1 GG nicht zuzustimmen.[33] Dem ist der Bundesrat durch Beschuss vom 16.7.1976 in seiner 437. Sitzung gefolgt.[34] Da weder der Bundesrat noch der Bundestag den Vermittlungsausschuss anriefen, war das Gesetz damit endgültig gescheitert. Die damals einhellige Ansicht, dass das Gesetz **zustimmungsbedürftig** sei, trifft indessen nach einer neueren Einschätzung aus dem Bundesjustizministerium nicht zu.[35] Das Gesetz soll sich daher verfassungsrechtlich mangels Ausferti-

---

27) BR-Ausschüsse zum E 1976, BR-Drucks. 444/1/76, S. 2; dazu auch *Beckmann* in: FS Kleinert, S. 210, 212; vgl. auch *Mittelsteiner*, DStR 1994, Beihefter zu Heft 37, S. 37; *Leutheusser-Schnarrenberger*, der freie beruf 7–8/1994, 20; *Seibert*, Die Partnerschaft, S. 37.

28) Sten. Ber. Plenarprotokoll 7/256, S. 18428 (A) und (B); vgl. auch S. 18430 (D) und S. 18431 (A): MdB *v. Bockelberg*; Anlage 2, S. 18453: Erklärung des MdB *Neumeister*; *Borggreve*, S. 117.

29) BR-Ausschüsse zum E 1976, BR-Drucks. 444/1/76, S. 3, *Kempter*, BRAK-Mitt. 1994, 122.

30) Vgl dazu die BR-Ausschüsse zum E 1976, BR-Drucks. 444/1/76, S. 3 ff., und den Antrag des Freistaates Bayern, BR-Drucks. 444/2/76; zu einzelnen Kritikpunkten auch *Schwenter-Lipp*, S. 53 f.

31) BR-Ausschüsse zum E 1976, BR-Drucks. 444/1/76, S 2; vgl. *Seibert*, AnwBl 1993, 155; *Seibert*, NWB Fach 18, S. 3365.

32) BR-Ausschüsse zum E 1976, BR-Drucks. 444/1/76, S. 1 f.; vgl. auch die Begr. zum RegE PartGG, BT-Drucks. 12/6152, S. 7; *Leutheusser-Schnarrenberger*, der freie beruf 7–8/1994, 20; *Henssler*, JZ 1992, 697, 701; *Deutler* in: Verhandlungen des 10. ÖJT, Bd. II/1, S. 143; *Seibert*, NWB Fach 18, S. 3365.

33) BR-Ausschüsse zum E 1976, BR-Drucks. 444/1/76, S. 1.

34) Beschluss des BRats zum Partnerschaftsgesetz, BR-Drucks. 444/76; vgl. hierzu die von Niedersachsen und Rheinland-Pfalz zu Protokoll des BRats gegebenen Erklärungen, Bericht über die 437. Sitzung des BRats, Anlagen 10 und 11, S. 363.

35) *Seibert*, AnwBl 1993, 155; ausführlich *Leutheusser-Schnarrenberger* in: FS Helmrich, S. 677 f.; dem folgend *Mahnke*, WM 1996, 1029, 1030.

gung durch den Bundespräsidenten noch immer in einem Schwebezustand befinden.[36)]

II. Das PartGG 1994

1. Entwicklung bis zur Koalitionsvereinbarung 1991

15 Bedingt durch die Entwicklungen auf dem Sektor freiberuflicher Dienstleistungen – zu nennen sind hier nur die Öffnung des Binnenmarktes, die Vergrößerung der Praxiseinheiten und deren überregionale Ausbreitung –, lebte die Diskussion Ende der 80er Jahre erneut auf. Im Gegensatz zu der Situation von 1976 bestand jetzt bei den **Verbänden** der freien Berufe ein **weitgehender Konsens** über die Notwendigkeit für ein solches, speziell für die Angehörigen freier Berufe zu schaffendes Gesetz. Verschiedene, insbesondere wirtschaftsnahe **freiberufliche Organisationen** trugen, koordiniert durch den Bundesverband der Freien Berufe, an das **Bundesministerium für Wirtschaft** den Wunsch nach einer Wiederbelebung des Partnerschaftsgedankens heran.[37)] Wiederum waren die **Hauptanliegen** die Bildung von Gesellschaften unter Beteiligung auch verschiedener freier Berufe sowie die Möglichkeit einer Haftungsbeschränkung.

16 Das Bundeswirtschaftsministerium kontaktierte daraufhin das für gesellschaftsrechtliche Fragen zuständige Bundesministerium der Justiz und man kam überein, dass das **Wirtschaftsministerium** die Situation und den **Bedarf** bei den wirtschaftsnahen Angehörigen freier Berufe sondieren solle. Nach den Erfahrungen mit dem Scheitern des Entwurfs von 1976 legten beide Ressorts Wert darauf, die Interessen der betroffenen Berufsgruppen bei der Schaffung und Gestaltung dieser neuen Gesellschaftsform zu berücksichtigen und eng mit deren **Verbänden** zusammenzuarbeiten.

17 Noch vor der tatsächlichen Durchführung entsprechender Erhebungen wurde das Vorhaben eines Partnerschaftsgesetzes in die **Koalitionsvereinbarung** der Regierungsparteien CDU/CSU und FDP vom 16.1.1991 aufgenommen. Dort heißt es unter Punkt I 2 (Wirtschaftspolitik – Mittelstandspolitik):

> „... für eine zeitgemäße Zusammenarbeit zwischen den Freien Berufen bedarf es der Vorbereitung eines sog. Partnerschaftsgesetzes.“[38)]

18 Damit war das **politische Ziel**, eine **eigenständige Gesellschaftsform** für die freien Berufe zu schaffen, festgelegt. Die Entscheidung gegen weitergehende Modelle, wie

---

36) Näher *Leutheusser-Schnarrenberger* in: FS Helmrich, S. 677 f., die das endgültige Scheitern des Gesetzes daraus ableitet, dass es zu der Ausfertigung aufgrund des Grundsatzes der Verfassungsorgantreue heute nicht mehr kommen könne.

37) Vgl. hierzu und zum Folgenden *Schulze-Wilk*, zm 84, Nr. 13, v. 1.7.1994, S. 1447; *Beckmann* in: FS Kleinert, S. 210, 212 f.; *Beckmann*, der freie beruf 4/1992, 19, 20: *Burret*, WPK-Mitt. 1994, 201, 202; *Leutheusser-Schnarrenberger*, der freie beruf 7–8/1994, 20.

38) Zit. nach *Beckmann* in: FS Kleinert, S. 210, 213; vgl. *Gres*, Der Selbständige, 12/1992, 6, sowie die Fortschreibung des Berichts der BReg über die Lage der Freien Berufe in der Bundesrepublik Deutschland v. 3.1.1991, BT-Drucks. 12/21, S. 45.

etwa die Öffnung der Handelsgesellschaften für Angehörige freier Berufe oder der Ausbau der GbR zu einer allgemeinen „Erwerbsgesellschaft“, war getroffen.[39)]

2. Sondierungen

19 Im Februar 1991 wurden dann die bundesweit tätigen **freiberuflichen Organisationen** durch das Referat Freie Berufe des Bundeswirtschaftsministeriums zu einem ersten Gespräch eingeladen. Bereits bei dieser Unterredung zeigt sich, dass die freiberuflichen Verbände die GbR aus verschiedenen Gründen für unzureichend hielten,[40)] gleichzeitig aber auch den Kapitalgesellschaften sowie den Handelsgesellschaften eher abgeneigt gegenüberstanden. Die Idee einer neuen Gesellschaftsform stieß daher im Grundsatz auf breite Zustimmung.[41)] Bei den vertiefenden Sondierungsgesprächen traten allerdings auch mehr und mehr die Schwierigkeiten bei den zwei **Hauptanliegen** der Freiberufler, der Haftungsbeschränkung und der interprofessionellen Zusammenarbeit, zutage.[42)] Schließlich gelang innerhalb der von den beteiligten wirtschaftsnahen freiberuflichen Organisationen gebildeten **Redaktionsgruppe** auch eine Einigung über diese Punkte. Die Redaktionsgruppe legte am 2.9.1991 ein nach ihrem Vorsitzenden *Rudolf Jochem* als „Jochem-Papier“ bezeichnetes Abschlusspaket vor, das über eine Entschließung des Arbeitskreises „Berufsrechte“ des Bundesverbandes der Freien Berufe vom 8.10.1991 Eingang in das offizielle Sondierungsergebnis, einen **Neun-Punkte-Katalog**[43)], fand, den das Bundeswirtschaftsministerium im November 1991 dem Justizministerium übermittelte.

20 In der **Frage der Haftungsbeschränkung** (Punkt 8 des Kataloges) waren noch immer verschiedene Modelle in der Diskussion, die Frage der **interprofessionellen Zusammenschlussmöglichkeiten** wurde ganz ausgeklammert. In der Folgezeit führte auch das Bundesministerium der Justiz noch eigene **Umfragen** bei den freiberuflichen Verbänden durch, die generell weiterhin deren weitgehende Zustimmung zeigten, in der Frage der Haftungsbegrenzung aber gleichzeitig die sehr unterschiedlichen Vorstellungen der Verbände offenbarten.[44)]

3. Referentenentwurf

21 Währenddessen hatte die **Bundesregierung** inzwischen bei mehreren Gelegenheiten öffentlich zum Ausdruck gebracht, dass sie dem Anliegen der freien Berufe nachkommen wolle. Der Wirtschaftsausschuss des Deutschen Bundestages schließlich hatte am 22.1.1992 eine Beschlussempfehlung[45)] vorgelegt, welche in der De-

---

39) *Seibert*, NWB Fach 18, S. 3365; *Seibert*, BuW 1995, 100; *K. Schmidt*, NJW 1995, 1, 2; bedauernd *Knoll/Schüppen*, DStR 1995, 608, 611; im BMJ wurde allerdings nach der Verabschiedung des PartGG über eine parallele Regelung für gewerbliche Gesellschaften nachgedacht, hierzu *Niederleithinger*, ZIP 1995, 597, 600.

40) Vgl. i. E. *Beckmann* in: FS Kleinert, S. 210, 213; *Beckmann*, der freie beruf 4/1992, 19, 22.

41) *Bösert*, DStR 1993, 1332; *Gres*, Der Selbständige, 12/1992, 6 zu den Einzelheiten.

42) *Beckmann* in: FS Kleinert, 1992, S. 210, 213; *Gres*, Der Selbständige, 12/1992, 6.

43) Einzelheiten bei *Beckmann* in: FS Kleinert, S. 210, 214 f.; *Beckmann*, der freie beruf 4/1992, 19, 23 ff.; *Gres*, Der Selbständige, 12/1992, 6.

44) Einzelheiten bei *Gres*, Der Selbständige, 12/1992, 6; *Beckmann*, der freie beruf 4/1992, 19, 26; vgl. auch *Seibert*, NWB Fach 18, S. 3365, 3370.

45) Wirtschaftsausschuss zum Bericht der BReg zur Lage der freien Berufe, BT-Drucks. 12/2017, S. 3, Ziffer 2.8.

batte des Berichts zur Lage der freien Berufe[46] vom 3.6.1992 einstimmig vom **Bundestag** verabschiedet wurde.[47] Es heißt darin:

> „Der Deutsche Bundestag ersucht die Bundesregierung, alsbald den Entwurf des Partnerschaftsgesetzes vorzulegen, durch das eine zusätzliche Rechtsform für eine gemeinschaftliche Berufsausübung von Angehörigen der Freien Berufe für diejenigen Gruppen der Freien Berufe geschaffen wird, die dieses wünschen."

22 Am 24.6.1992 fasste das Bundeskabinett den Beschluss, dem Vorschlag der **Deregulierungskommission** folgend, durch das Bundesjustizministerium Einzelheiten der neuen Rechtsform der Partnerschaft erarbeiten zu lassen.[48]

23 Im Bundesministerium der Justiz wurde in der Folgezeit der **Referentenentwurf** vom 8.1.1993[49] erstellt und an die Länder, über 60 Verbände sowie die Wissenschaft versandt.[50] Während der Entwurf bei den **freiberuflichen Organisationen** sehr positiv aufgenommen wurde,[51] äußerten sich u. a. die **Länder** und die vom Ministerium konsultierten **Gutachter** durchaus kritisch, und zwar sowohl hinsichtlich einzelner juristischer Probleme als auch bezüglich der Grundkonzeption des Entwurfs.[52] Es wurde von Seiten der Rechtswissenschaft insbesondere die weitgehende Vermischung von berufs- und gesellschaftsrechtlichen Bestimmungen beklagt und auf wesentliche Vereinfachungsmöglichkeiten durch großzügigere Verweise auf das Recht der OHG aufmerksam gemacht. Beiden Forderungen trug der **Regierungsentwurf** des PartGG,[53] der am 20.7.1993 vom Bundeskabinett verabschiedet wurde, zum Teil Rechnung.[54]

4. Behandlung im Parlament

24 Der Gesetzentwurf[55] wurde mit Schreiben des Bundeskanzlers vom 11.11.1993 dem **Deutschen Bundestag** zugeleitet. Zuvor hatte bereits am 24.9.1993 der **Bundesrat** im ersten Durchgang in seiner 660. Sitzung eine **Stellungnahme** zu dem Entwurf abgegeben,[56] der in Anlage zum Regierungsentwurf durch eine **Gegenäußerung** der Bundesregierung[57] beantwortet wurde. Die **Länder** hatten generelle Be-

46) Bericht der BReg zur Lage der freien Berufe, BT-Drucks. 12/21.

47) Sten. Ber. Plenarprotokoll 12/94, S. 7769 (D).

48) *Seibert*, NWB Fach 18, S. 3365; *Basedow*, EuZW 1992, 542 mit Abdruck des Vorschlages Nr. 64 sowie des Beschlusses des Bundeskabinetts.

49) RefE PartGG, abgedruckt in ZIP 1993, 153 = DZWIR 1993, 86 = MedR 1993, 365 (Auszug) und bei *Seibert*, Die Partnerschaft, S. 85.

50) *Salger* in: MünchHdb. GesR, § 36 Rz. 2.

51) Zu den Einzelheiten vgl. *Seibert*, ZIP 1993, 1197, 1198.

52) Vgl. dazu *K. Schmidt*, ZIP 1993, 633; *Michalski*, ZIP 1993, 1210.

53) RegE PartGG, BT-Drucks. 12/6152 = ZIP 1993, 1197, m. Einführung *Seibert* = DStR 1993, 1139, m. Aufsatz *Bösert* = WiB 1994, 53, m. Einführung *Henssler*; allgemeiner Teil der Begr. auch in ZRP 1993, 450.

54) *Leutheusser-Schnarrenberger*, der freie beruf 7–8/1994, 20; *v. Falkenhausen*, AnwBl 1993, 479, 480; *Bösert*, DStR 1993, 1332, 1334; *Bösert*, ZAP Fach 15, S. 137, 142; *Michalski*, ZIP 1993, 1210, 1211; *Seibert*, Die Partnerschaft, S. 38; vgl. aber auch *Kempter*, BRAK-Mitt. 1994, 122, 125.

55) RegE PartGG, BT-Drucks. 12/6152.

56) Stellungnahme des BRats zum RegE PartGG, BT-Drucks. 12/6152, Anlage 2, S. 25–27.

57) Gegenäußerung der BReg zum RegE PartGG, BT-Drucks. 12/6152, S. 28 ff.

denken wegen einer weiteren Rechtszersplitterung durch die neue Gesellschaftsform erhoben, darüber hinaus aber auch die Regelung der Haftungskonzentration und vor allem die kostenträchtige Einrichtung eines eigenen Partnerschaftsregisters kritisiert. Ihrer Ansicht nach war die daraus erwachsende Mehrbelastung der AG als Registergerichte nicht vertretbar.

25 Demgegenüber verlief die Behandlung des Entwurfes im Bundestag „nahezu problemlos".[58] Die erste Lesung fand am 9.12.1993 ohne Aussprache statt, der Gesetzentwurf wurde federführend an den **Rechtsausschuss** sowie mitberatend an den Finanzausschuss, den Ausschuss für Wirtschaft und den Ausschuss für Gesundheit überwiesen. Die Ausschüsse haben die Annahme des Gesetzes empfohlen, der Finanz- und der Wirtschaftsausschuss allerdings mit der Maßgabe, Änderungen des StbG sowie der WPO einzufügen. Diese Änderungswünsche hat sich auch der Rechtsausschuss bei seiner Empfehlung, das Gesetz anzunehmen, zu eigen gemacht.[59] Am **26.5.1994** wurde das Gesetz nach nur geringfügigen Modifikationen in zweiter und dritter Lesung mit den Stimmen aller Fraktionen einstimmig **verabschiedet**.[60]

26 Danach wurde das Gesetz dem **Bundesrat** zugeleitet. Dort stellte das Land Rheinland-Pfalz gemäß Art. 77 Abs. 2 Satz 1 GG den Antrag auf Anrufung des Vermittlungsausschusses, um das Gesetz schließlich ganz zu Fall zu bringen. Die Ablehnung konzentrierte sich nunmehr ganz auf die **Einführung des Partnerschaftsregisters**. Auch die schließlich sogar „gewinnträchtig" ausgestaltete Gebührenregelung „änderte an dieser Einstellung nichts, da angeblich die Finanzminister das Geld vereinnahmen und den Landesjustizverwaltungen keine Stellen genehmigen würden."[61] Dem Antrag des Landes Rheinland-Pfalz schloss sich zwar die Mehrheit der Länder an, diese stellten jedoch aufgrund der unterschiedlichen Gewichtung nach Art. 51 Abs. 2 i. V. m. Art. 52 Abs. 3 GG nicht die Mehrheit der Stimmen dar. Am 10.6.1994 stimmte der Bundesrat dem Gesetz mit großer Mehrheit zu.[62] Das Gesetz wurde am 25.7.1994 vom Bundespräsidenten ausgefertigt und am 30.7.1994 im Bundesgesetzblatt verkündet.[63] Gemäß seinem Art. 9 trat es größtenteils am 1.7.1995, in Teilen bereits am 1.5.1995 in Kraft.

27 Hinsichtlich des verfassungsmäßigen **Gesetzgebungsverfahrens** gab es eine Meinungsverschiedenheit zwischen dem Bundesrat auf der einen und der Bundesregierung bzw. dem Bundestag auf der anderen Seite. Die Bundesregierung hatte in der Begründung zum Gesetzentwurf die **Zuständigkeit des Bundesgesetzgebers** zum Erlass des PartGG aus Art. 74 Nr. 1 GG gefolgert, wonach das bürgerliche Recht einen Teil der konkurrierenden Gesetzgebung bildet.[64] Wie die bisherigen Gesellschaftsformen bedürfe auch die Rechtsform der Partnerschaft einer bundeseinheit-

58) *Leutheusser-Schnarrenberger*, der freie beruf 7–8/1994, 20.

59) Vgl. RA zum RegE PartGG, BT-Drucks. 12/7642, S. 1, 11.

60) Sten. Ber. Plenarprotokoll 12/230, S. 20020 (B), bei Enthaltung der PDS/Linke Liste.

61) *Seibert*, Die Partnerschaft, S. 38.

62) *Seibert*, Die Partnerschaft, S. 38.

63) Gesetz zur Schaffung von Partnerschaftsgesellschaften und zur Änderung anderer Gesetze v. 25.7.1994, BGBl. I, 1744.

64) RegE PartGG, BT-Drucks. 12/6152, S. 8; so auch *Seibert*, AnwBl 1993, 155; *Bösert/Braun/Jochem*, Leitfaden zur Partnerschaftsgesellschaft, S. 11.

lichen Normierung. Der **Bundesrat** vertrat demgegenüber in seiner Stellungnahme die Auffassung, dass das Gesetz gemäß Art. 84 Abs. 1 GG der **Zustimmung** des Bundesrates bedürfe. Zur Begründung wurde Art. 2 Nr. 2 des Gesetzes angeführt, der durch die Änderung des § 160b Abs. 1 Satz 2 und 3 FGG auch das Verwaltungsverfahren von Landesbehörden regelt, indem u. a. Polizei- und Gemeindebehörden sowie Organe des Berufsstandes zur Mitwirkung und zur Unterstützung des Partnerschaftsregistergerichts berechtigt und verpflichtet werden.[65)] Demgegenüber wies die **Bundesregierung** in ihrer Gegenäußerung darauf hin, dass die Registergerichte zwar Landeseinrichtungen, jedoch funktionell keine Verwaltungsbehörden, sondern Gerichte seien. Nach der Rechtsprechung des BVerfG[66)] liege deshalb kein Verwaltungsverfahren i. S. des Art. 84 Abs. 1 GG, sondern ein gerichtliches Verfahren vor, das der Bund gemäß Art. 74 Nr. 1 GG ohne Zustimmung der Länder regeln dürfe. Auch die Mitwirkungspflichten nach den §§ 125a, 126, 160b Abs. 1 FGG seien gerichtsverfassungsrechtlicher Natur.[67)]

28 Das Gesetz ist schließlich ohne die vom Bundesrat gewünschte Zustimmungsformel **verabschiedet** worden. Da der Bundesrat dem PartGG aber ausdrücklich zugestimmt hat, war dadurch der verfassungsrechtliche Streit de facto erledigt und ist nunmehr für die Gültigkeit des Gesetzes ohne Bedeutung.[68)] Das Gesetz wurde am 30.7.1994 durch den Bundespräsidenten ausgefertigt und anschließend im Bundesgesetzblatt verkündet.

5. Die Partnerschaftsregisterverordnung (PRV)

29 Erst nach der Verabschiedung des PartGG wurde erkannt, dass ab dem 1.7.1995 mit Inkrafttreten des Gesetzes erste Eintragungen von Partnerschaften vorzunehmen sein würden, während die als Grundlage für das Registerverfahren benötigte PRV erst ab dem 1.7.1995 erlassen werden könnte, da sich die **Ermächtigungsgrundlage** für die Verordnung in § 160b Abs. 1 Satz 2 FGG in der Fassung des Art. 2 Nr. 2 PartGG fand. Vor der Verabschiedung dieser Verordnung konnte aber keine vollständige Klarheit über das einzuhaltende Registerverfahren geschaffen werden. Um für die Vorbereitungen auf das Inkrafttreten eine sichere Grundlage zu haben, insbesondere aber zur Vorbereitung der Registergerichte, drangen die Länder darauf, dass die Verordnung noch vor dem 1.7.1995 erlassen würde. Hierfür musste das Inkrafttreten der Ermächtigungsgrundlage vorgezogen werden. Kurzerhand wurde daraufhin Art. 2 Abs. 2 des gerade in der Beratung im Verkehrsausschuss des Deutschen Bundestages befindlichen Entwurfs eines Ausführungsgeset-

65) Näher hierzu die Stellungnahme des BRats zum RegE PartGG, BT-Drucks. 12/6152, S. 25.

66) Die BReg verweist auf BVerfG, Beschl. v. 8.6.1960 – 1 BvR 580/53, BVerfGE 11, 192, 199; BVerfG, Urt. v. 24.7.1962 – 2 BvF 4/61, 2 BvF 5/61, 2 BvF 1/62, 2 BvF 2/62, BVerfGE 14, 197, 219.

67) Ausführlich hierzu die Gegenäußerung der BReg zum RegE PartGG, BT-Drucks. 12/6152, Anlage 3, S. 28.

68) So auch *Seibert*, Die Partnerschaft, S. 38.

zes zum Seerechtsübereinkommen 1982/1994[69] abgeändert und um einen weiteren Absatz 2a ergänzt.[70] In Art. 2 Abs. 2a Nr. 2 wurde nunmehr das Inkrafttreten der Ermächtigungsgrundlage in Art. 1 § 5 Abs. 2 und Art. 2 PartGG auf den 1.5.1995 festgelegt. Das Ausführungsgesetz zum Seerechtsübereinkommen wurde vom Deutschen Bundestag am 17.3.1995 ohne Aussprache in zweiter und dritter Lesung angenommen.[71] Noch vor Inkrafttreten der Ermächtigungsgrundlage, nämlich am 18.4.1995, brachte die Bundesregierung den Entwurf der PRV in den Bundesrat ein, um die Zustimmung nach Art. 80 Abs. 2 GG herbeizuführen.[72] Die Zustimmung wurde in der Sitzung des Bundesrates vom 2.6.1995 erteilt. Die PRV vom 16.6.1995 wurde schließlich am 21.6.1995 verkündet.

III. Gesetzliche Änderungen seit 1998

30 Unmittelbar nach Inkrafttreten des PartGG am 1.7.1995 setzte eine heftige Literaturkontroverse[73] über die Auslegung der Kernvorschrift des Gesetzes, nämlich die **Haftungsbegrenzungsmöglichkeit** durch § 8 Abs. 2 PartGG, ein. Als äußerst problematisch erwiesen sich insbesondere die **Praktikabilität** der auf immer neuen Vereinbarungen mit den Klienten basierenden Haftungsbeschränkungsmöglichkeit und speziell bei Rechtsanwälten das Verhältnis von § 8 Abs. 2 PartGG zu § 51a BRAO a. F. (jetzt § 52 BRAO), mit dem eine inhaltlich vergleichbare Haftungskonzentrationsmöglichkeit zur Verfügung stand. Die **Kritik an dem PartGG** wuchs angesichts der seit Verabschiedung des Gesetzes wesentlich erweiterten Möglichkeiten für Angehörige freier Berufe, die **Form einer Kapitalgesellschaft** zu wählen. Vor allem die Anwaltschaft wollte sich nicht mit der unzureichenden Haftungsbeschränkungslösung des § 8 Abs. 2 PartGG abfinden und drängte in die seit November 1994 als zulässig erkannte **Anwalts-GmbH**.[74] Die Bundesregierung sah sich in dieser Situation zum Eingreifen aufgerufen, um angesichts des Wettbewerbs mit der Freiberufler-GmbH die Partnerschaft vor der Bedeutungslosigkeit zu bewahren.

31 Ein im März 1997 vorgelegter **Referentenentwurf**[75] eines AnwaltsGmbH-Gesetzes aus dem Bundesjustizministerium schlug zunächst vor, das Verhältnis zwischen § 8 Abs. 2 PartGG und § 51a Abs. 2 BRAO a. F. zugunsten der Regelung im PartGG festzuschreiben. Gleichzeitig sollte eine gesetzliche Handelndenhaftung

69) Entwurf eines Gesetzes zur Ausführung des Seerechtsübereinkommens der Vereinten Nationen v. 10.12.1982 sowie des Übereinkommens v. 29.7.1994 zur Durchführung des Teils XI des Seerechtsübereinkommens (Ausführungsgesetz Seerechtsübereinkommen 1982/1994), BT-Drucks. 13/193.

70) Beschlussempfehlung und Bericht des Ausschusses für Verkehr, BT-Drucks. 13/696, S. 8, mit Bericht des Abgeordneten *Kunick* auf S. 26.

71) Bei Enthaltung des Bündnis 90/Die Grünen und der PDS, Sten. Ber. Plenarprotokoll 13/28 v. 17.3.1995, S. 1987 (C).

72) Entwurf einer Verordnung über die Einrichtung und Führung des Partnerschaftsregisters (Partnerschaftsregisterverordnung – PRV), BR-Drucks. 213/95.

73) Dazu eingehend noch die Vorauflage, 1995, § 8 Rz. 16 ff.

74) Zur historischen Entwicklung der Anwalts-GmbH umfassend *Römermann* in: BeckOK-BORA, § 59c BRAO Rz. 11 ff.

75) RefE AnwaltsGmbH-Gesetz, unveröffentlicht; dazu *Henssler*, ZIP 1997, 1481; *Römermann*, GmbHR 1997, 530.

die bisherige Vereinbarungslösung ersetzen. In einer ersten Anmerkung zu diesem Referentenentwurf wurde darauf hingewiesen, dass dies widersprüchlich sei, denn nach Einführung der Handelndenhaftung stellte sich das Problem der Gesetzeskonkurrenz nicht mehr.[76] Der **Regierungsentwurf** vom Oktober 1997[77] verzichtete daraufhin zu Recht auf eine Vorschrift über das Verhältnis zu § 51a Abs. 2 BRAO a. F. Er wurde am 18.11.1997 durch das Bundeskabinett gebilligt und am 29.12.1997 dem Bundesrat zugeleitet. In der Literatur wurde die grundlegende Änderung, die das Modell der **gesellschaftsrechtlichen Haftungsbegrenzung** einführt, einhellig begrüßt.[78] Nach einer kurzen Kontroverse zwischen dem Bundesrat, der an der ursprünglichen Gesetzesfassung festhalten wollte, und der Bundesregierung gab der Rechtsausschuss des Deutschen Bundestages eine positive Beschlussempfehlung ab.[79] Aus gesetzestechnischen Gründen wurde die Regelung gleichzeitig aus dem Anwalts-GmbH-Gesetz herausgenommen und in das Gesetz zur Änderung des Umwandlungsgesetzes und des Partnerschaftsgesellschaftsgesetzes integriert.

32 Ursprünglich sollte der zuletzt genannte Gesetzentwurf nur Bestimmungen des UmwG ändern und so die Einbeziehung von Partnerschaften in Umwandlungsvorgänge ermöglichen.[80] Im Rechtsausschuss des Bundestages kamen dann nicht nur die Neufassung des § 8 Abs. 2 PartGG hinzu, sondern zudem die Einfügung des neuen § 1 Abs. 2 Satz 1 PartGG. Mit dieser Vorschrift sollte die Eigenständigkeit der Gruppe der freien Berufe noch einmal besonders betont werden.

33 Das Gesetz zur Änderung des Umwandlungsgesetzes und des Partnerschaftsgesellschaftsgesetzes wurde am 18.6.1998 vom Bundestag einstimmig (bei Enthaltung der Abgeordneten von Bündnis 90/Die Grünen und der PDS) verabschiedet. Am 10.7.1998 hat der Bundesrat zugestimmt. Nach Verkündung im Bundesgesetzblatt[81] ist das Gesetz am 1.8.1998 in Kraft getreten.

34 Weitere wesentliche Veränderungen der §§ 2, 7 und 9 PartGG wurden durch das **Handelsrechtsreformgesetz (HRefG)**[82] ebenfalls zum 1.8.1998 vorgenommen. In § 2 Abs. 2 PartGG ist die Verweisung auf § 19 Abs. 3 und 4 HGB a. F. entfallen; die frühere Regelung wird dafür als § 2 Abs. 1 Satz 2 und 3 in den Text des PartGG aufgenommen. Nach § 2 Abs. 1 Satz 2 PartGG ist die Beifügung von **Vornamen** im Namen der Partnerschaft nicht erforderlich, allerdings auch nicht ausgeschlossen. Die bisher verbreitete Praxis („Müller und Partner") wird damit bestätigt. Nach § 2 Abs. 1 Satz 3 PartGG dürfen die **Namen anderer Personen** als der Partner nicht im

76) *Römermann*, GmbHR 1997, 530, 536.

77) RegE AnwaltsGmbH-Gesetz, BT-Drucks. 13/9820, abgedruckt bei *Römermann*, NZG 1998, 81.

78) *Gerlt*, MDR 1998, 259; *Henssler*, ZIP 1997, 1481, 1489 f.; *Henssler*, ZAP Fach 23, 285, 292 f.; *Funke*, AnwBl 1998, 6, 8 f.; *Römermann*, GmbHR 1997, 530, 531 f.; *Römermann*, NZG 1998, 81, 83.

79) RA zum RegE 3. Gesetz zur Änderung der BNotO, BT-Drucks. 13/11035.

80) RegE 1. UmwÄndG, BT-Drucks. 13/8808.

81) Gesetz zur Änderung des UmwG, des PartGG und anderer Gesetze v. 22.7.1998, BGBl. I, 1878.

82) Handelsrechtsreformgesetz – HRefG, v. 22.6.1998, BGBl. I, 1474.

Partnerschaftsnamen erscheinen. Das entspricht dem bisherigen § 19 Abs. 4 HGB a. F. und ist zum Teil enger als die berufsrechtlichen Möglichkeiten, etwa bei Rechtsanwälten (§ 9 BORA).

35 § 7 PartGG wurde um einen neuen Absatz 4 (heute Absatz 5) ergänzt, der erstmals **Pflichtangaben auf den Geschäftsbriefen** der Partnerschaft vorschreibt. Gemäß § 7 Abs. 4 PartGG a. F. i. V. m. § 125a Abs. 1 Satz 1 HGB n. F. müssen auf diesen Briefen u. a.

- die Rechtsform,
- der Sitz,
- das Registergericht und
- die Nummer der dortigen Eintragung

angegeben werden.

36 Die Sonderregelung des § 9 Abs. 2 PartGG konnte gestrichen werden, da nach der Neufassung des § 131 HGB die dort genannten Ereignisse wie insbesondere der Tod eines Partners auch nach allgemeinen gesellschaftsrechtlichen Regeln nicht mehr zur Auflösung der Gesellschaft, sondern nur noch zum Ausscheiden des betroffenen Partners führen.

37 Änderungen im Recht der Partnerschaft haben sich für den Beruf der **Wirtschaftsprüfer** durch eine Ergänzung des § 44b Abs. 1 WPO ergeben. In dieser Vorschrift wurde nun die – bis dahin umstrittene – Zulässigkeit der sog. einfachen, also nicht als Wirtschaftsprüfungsgesellschaft anerkannten Partnerschaft unter Beteiligung von Wirtschaftsprüfern ausdrücklich anerkannt (näher *Zimmermann*, § 1 Rz. 153 ff.).

38 Im Jahre **2001** wurden zwei bedeutsame Änderungen des PartGG vorgenommen. Am 1.1.2001 trat der jetzige § 7 Abs. 4 PartGG in Kraft, der vormalige Absatz 4 wurde zu § 7 Abs. 5 PartGG.[83] Durch die neue Vorschrift wurde die **Postulationsfähigkeit** der Partnerschaft statuiert, die jeweils durch zugelassene Berufsträger handelt.

39 Zum 15.12.2001 wurden Ergänzungen der §§ 4 und 5 PartGG wirksam, wonach nunmehr insbesondere die **Vertretungsverhältnisse** der Partnerschaft angemeldet und im Partnerschaftsregister eingetragen werden müssen.[84]

40 Im Jahre 2006 wurden durch Art. 12 Abs. 12 des Gesetzes über elektronische Handelsregister und Genossenschaftsregister sowie das Unternehmensregister (**EHUG**)[85] in § 5 Abs. 2 PartGG redaktionelle Änderungen vorgenommen und ein neuer § 11 Abs. 3 PartGG eingefügt. Bis zum 31.12.2009 konnte danach durch Rechtsverordnung bestimmt werden, dass Anmeldungen und andere Dokumente auch in Papierform zum Partnerschaftsregister eingereicht werden können. Das Gesetz zur Modernisierung des GmbH-Rechts und zur Bekämpfung von Missbräuchen (**MoMiG**)[86] bewirkte 2008 eine Ergänzung des § 5 Abs. 2 PartGG dahingehend, dass für Zweig-

83) Art. 2 FGOÄndG v. 19.12.2000, BGBl. I, 1757.

84) Art. 4 ERJuKoG v. 10.12.2001, BGBl. I, 3422.

85) EHUG v. 10.11.2006, BGBl. I, 2553.

86) MoMiG v. 23.10.2008, BGBl. I, 2026.

niederlassungen eine Pflicht zur Anmeldung einer inländischen Geschäftsanschrift nicht besteht.

41 Durch das am 19.7.2013 in Kraft getretene Gesetz zur Einführung einer Partnerschaftsgesellschaft mit beschränkter Berufshaftung und zur Änderung des Berufsrechts der Rechtsanwälte, Patentanwälte, Steuerberater und Wirtschaftsprüfer[87] erfolgten erhebliche Änderungen des Rechts der Partnerschaft. Durch Einführung der §§ 8 Abs. 4 und 4 Abs. 3 PartGG sowie durch Änderung des § 7 Abs. 5 PartGG wurde die **PartG mbB** als neue Rechtsformvariante der Partnerschaft geschaffen. Mit Bearbeitungsstand vom 3.2.2012 hatte das Bundesjustizministerium einen entsprechenden **Referentenentwurf** vorgelegt.[88] Zentrales Anliegen des Entwurfes war es, mit der „Partnerschaftsgesellschaft mit beschränkter Berufshaftung“ kurz: „PartG mbB“, eine „deutsche Alternative zur Limited Liability Partnership (LLP)“[89] Die Haftung für berufliche Fehler sollte auf das Gesellschaftsvermögen beschränkt sein, wenn für berufliche Fehler eine Berufshaftpflichtversicherung von der Partnerschaft unterhalten wird. Der **Regierungsentwurf** vom 15.8.2012[90] wich nur geringfügig vom Referentenentwurf ab.[91] Erheblichere Änderungen enthielt die **Beschlussempfehlung des Rechtsausschusses**[92]; das grundsätzliche Modell „Versicherung statt Haftung“ blieb aber bestehen (zur Normentwicklung ausführlich § 8 Rz. 71 ff.).

42 Die Beschlussempfehlung des Rechtsausschusses bildete die Grundlage des zustimmenden **Bundestagsvotums** am 14.6.2013.[93] Nachdem ein redaktioneller Fehler in § 7 Abs. 5 PartGG berichtigt worden war[94] und der Bundesrat die Anrufung des Vermittlungsausschusses ablehnte,[95] konnte das Gesetz zur Einführung einer Partnerschaftsgesellschaft mit beschränkter Berufshaftung und zur Änderung des Berufsrechts der Rechtsanwälte, Patentanwälte, Steuerberater und Wirtschaftsprüfer nach der Verkündung im Bundesgesetzblatt[96] **am 19.7.2013 in Kraft treten**.

B. Motive für die Gesellschaftsform der Partnerschaft

I. Überblick

43 Bei der seit den 50er Jahren andauernden Reformdiskussion haben mehrere **Motive** eine Rolle gespielt, die sich im Grundsatz – um ein weiteres Motiv vermehrt – noch

87) BGBl. I 2013, Nr. 38, S. 2386.

88) Als pdf abrufbar unter: http://gesetzgebung.beck.de/node/1019015 (Abrufdatum: 27.9.2013). Im Folgenden „RefE PartG mbB“.

89) RefE PartG mbB, S. 1, 10.

90) BT-Drucks. 17/10487 = Anhang, S. 387 ff.

91) Vgl. zu den Änderungen *Römermann/Praß*, Stbg 2012, 319 ff.

92) BT-Drucks. 17/13944 = Anhang, S. 393 ff.

93) BR-Drucks. 497/13.

94) Berichtigung zur BR-Drucks. 497/13 v. 3.7.2013, s. dazu unten *Praß*, § 7 Rz. 67.

95) Beschluss des BRats v. 5.7.2013, BR-Drucks. 497/13.

96) BGBl. I 2013, Nr. 38, S. 2386.

in nahezu unveränderter Weise in der Phase der Gesetzgebung im Jahre 1994 wiederfinden lassen. Es geht um

1. die für größere Zusammenschlüsse unzureichende **Struktur** der BGB-Gesellschaft,
2. die **Wettbewerbsfähigkeit** der deutschen Angehörigen freier Berufe im Vergleich zur **internationalen Konkurrenz**,
3. die Schaffung einer **spezifisch freiberuflichen** Gesellschaftsform als **Alternative** zur Kapitalgesellschaft,
4. die **nationale** Regelung **interprofessioneller** Zusammenarbeit in **überörtlichen** und **internationalen** Zusammenschlüssen.

II. Einzelheiten

1. Defizite der GbR

44 Nach jedenfalls bis zum Jahre 2001 klar überwiegender Ansicht reicht die GbR als **Unternehmensträger** nicht für alle wirtschaftlich wünschenswerten Zusammenschlüsse von Freiberuflern aus. Sie mag zwar für kleinere Sozietäten mit einem überschaubaren Kreis von Gesellschaftern und einem relativ geringen Kapitalaufwand noch geeignet sein. Für die angesichts zunehmender Spezialisierung tendenziell immer bedeutsameren Zusammenschlüsse einer **Vielzahl von Partnern** aber, die auch **kapitalintensive Großprojekte** durchzuführen in der Lage sein müssen, beinhaltete insbesondere das reine Gesamthandsprinzip entscheidende Mängel.[97] An der herkömmlichen GbR wurde – und zum Teil wird – insbesondere kritisiert:

a) Früherer Einwand: Fehlende Rechts- und Namensfähigkeit

45 Die GbR kann sich zwar einen bürgerlich-rechtlichen Namen i. S. des **§ 12 BGB** zulegen, konnte unter diesem aber nach der bis 2001 in der Rechtsprechung h. M. weder im Prozess auftreten noch im Grundbuch eingetragen werden. Die GbR war daher nach dem bis 2001 erreichten Meinungsstand nicht als eigenständiges Rechtssubjekt parteifähig,[98] sie war nicht grundbuchfähig und deliktsfähig. Gemäß § 11 Abs. 2 Nr. 1 InsO kann inzwischen allerdings das Insolvenzverfahren über das Vermögen einer GbR eröffnet werden. Das früher vorgebrachte Argument der fehlenden Insolvenz- bzw. Konkursfähigkeit ist damit hinfällig geworden. „Ihre fehlende Rechtsfähigkeit kann allenfalls bei kleineren Zusammenschlüssen durch ein Dickicht an kautelarischen Hilfsregelungen noch etwas kaschiert werden", hieß es noch im Jahre 1994 während der Erörterungen im Zuge der Schaffung des neuen PartGG.[99]

46 Die strukturbedingt mangelnde Beweglichkeit der GbR im Rechtsverkehr wurde teilweise ihrer mangelnden Namensfähigkeit zugeschrieben. Rechtlich handelte es

---

97) Vgl. nur *Seibert*, AnwBl 1993, 155; *Seibert*, NWB Fach 18, S. 3365, 3366; *Seibert*, BUW 1995, 100; *Seibert*, Die Partnerschaft, S. 43; *Bösert*, DStR 1993, 1332; *Bösert*, ZAP Fach 15, S. 137, 138 ff.; *Leutheusser-Schnarrenberger*, der freie beruf 7–8/1994, 20, 21; grundlegend a. A. *Henssler*, ZIP 1997, 1481, 1489; krit. auch *Mahnke*, WM 1996, 1029: Mängel wurden „bisher zumeist unterstellt".

98) A. A. *Wiedemann*, WM-Sonderbeilage 4/1994, S. 9 f.

99) So *Leutheusser-Schnarrenberger*, der freie beruf 7–8/1994, 20, 21; *Bösert*, ZAP Fach 15, S. 137, 139.

sich jedoch tatsächlich um ein Problem mangelnder Rechtsfähigkeit, aus der die fehlende Namensfähigkeit zu resultieren schien.[100] In der Praxis hatten sich GbRs allerdings schon in der Vergangenheit Bezeichnungen auf Grundlage des allgemeinen Namensrechts gemäß § 12 BGB[101] zugelegt, ohne dass dies rechtliche Schwierigkeiten aufgeworfen hätte. Seit der Anerkennung der Rechts- und Parteifähigkeit der GbR im Jahre 2001[102] hat sich dieser frühere Einwand gegen die Praxistauglichkeit der GbR als Unternehmensform im Vergleich zur Partnerschaft im Wesentlichen erledigt.

b) Zu wenig verfestigte Innenstruktur

47 Die Innenstruktur der GbR ist nach Auffassung der Gesetzesverfasser zu wenig verfestigt und auch **nicht dauerhaft**.[103] Die GbR biete „von ihrer Struktur her einen nur losen Verband …, der eher auf Zufalls- und Gelegenheitskooperationen, denn auf Dauer angelegte Dienstleistungsgemeinschaften, zugeschnitten ist.“[104] Dies ist besonders dort sehr nachteilig, wo ein erheblicher **Kapitalbedarf** eine stabile gesellschaftsrechtliche Basis erzwingt:

- Zu denken ist insoweit etwa an die hohen Anschaffungskosten für die von Ärzten zum Teil benötigten medizinischen Geräte oder
- an umfangreiche EDV-Anlagen von Architekten für deren computerunterstützte Planungen und Entwürfe;[105]
- zu erwähnen sind ferner größere Zusammenschlüsse, in denen viele und nicht nur an einem Ort tätige Partner und Angestellte zusammenarbeiten.

48 Daraus ergeben sich erhebliche Schwierigkeiten, mit den durch die GbR vorgegebenen rechtlichen Strukturen auszukommen. Dies betrifft vor allem die großen Anwaltssozietäten.[106] Die Kritik ist durchaus berechtigt, indes lassen sich die Probleme **vertraglich** lösen.

c) Fehlende Haftungsbegrenzungsmöglichkeit

49 Wie die vielfältigen Versuche der Einführung einer GbR mit beschränkter Haftung zeigen, besteht auch für die GbR der Wunsch nach einer Haftungsbegrenzung.[107]

---

100) Zur Diskussion dieser Strukturdefizite der GbR vgl. die Begr. zum RegE PartGG, BT-Drucks. 12/6152, S. 7; *Sandberger/Müller-Graff*, ZRP 1975, 1 f.; *Seibert*, DB 1994, 2381, 2383; *Bösert*, DStR 1993, 1332; *Leutheusser-Schnarrenberger*, der freie beruf 7–8/1994, 20, 21, 23; zur Gesetzgebungsgeschichte *Beckmann* in: FS Kleinert, S. 210, 213; zur vergleichbaren Kritik an der österreichischen Gesellschaft bürgerlichen Rechts vgl. nur *Hoffmann*, JBl 1987, 570, 571; *Torggler*, ÖJZ 1988, 428, 429.

101) *Wiedemann*, WM-Sonderbeilage 4/1994, S. 8.

102) BGH, Beschl. v. 18.2.2002 – II ZR 331/00, ZIP 2002, 614 = DB 2001, 423, m. Anm. *Römermann*.

103) Begr. zum RegE PartGG, BT-Drucks. 12/6152, S. 7; vgl. dazu auch *Gres*, der freie beruf 6/1994, 23; *Bösert*, DStR 1993, 1332; *Seibert*, DB 1994, 2381, 2382.

104) So *Bösert*, ZAP Fach 15, S. 137, 139.

105) *Bösert*, ZAP Fach 15, S. 137, 138.

106) *Seibert*, DB 1994, 2381, 2382.

107) Vgl. *Bösert*, ZAP Fach 15, S. 137, 139; *Bösert*, DStR 1993, 1332; *Leutheusser-Schnarrenberger*, der freie beruf 7–8/1994, 20, 21; *Gres*, der freie beruf 6/1994, 23.

Die Versuche in dieser Richtung sind fehlgeschlagen.[108] Tatsächlich ist die Einführung einer Haftungsbeschränkung zumindest im Bereich überregionaler oder gar internationaler Gesellschaften als **angemessen** anzusehen. Ohne diese Möglichkeit bestehen für jeden Partner unkalkulierbare Risiken dadurch, dass er nach dem Recht der GbR auch für berufliche Fehler von Gesellschaftern an einem anderen, seiner Kontrolle entzogenen Ort voll haftet. Durch eine **Vereinbarung** der Gesellschafter untereinander lässt sich die **Außenhaftung** nach der neueren, strengen Rechtsprechung des BGH jedoch nicht beschränken.[109] Möglich ist allenfalls eine **individuelle Abrede** mit dem jeweiligen Gläubiger.[110]

d) Fehlende Registrierung

50 Wegen der mangelnden Registrierung kann sich der **Rechtsverkehr** über die GbR **nicht informieren**, und zwar weder über die internen Rechtsverhältnisse noch über etwaige Zweigniederlassungen. Auch zugunsten der Gesellschafter – etwa hinsichtlich des Zeitpunktes ihres Ausscheidens – gibt es keine Publizitätswirkung eines Registers.[111] Über den Fall des Ausscheidens einzelner Gesellschafter hinaus könnte eine Registrierung bspw. bei der Errichtung von Zweigniederlassungen im Ausland von Vorteil sein.

2. Internationaler Wettbewerb

51 Das Argument, die Wettbewerbssituation für die deutschen Freiberufler sei angesichts zunehmender **internationaler Konkurrenz** insbesondere i. R. der Europäischen Union, aber auch von Übersee her, dringend verbesserungsbedürftig, findet sich bereits in der Diskussion der 1960er Jahre[112] sowie in den Begründungen für die Gesetzentwürfe aus den Jahren 1971[113] und 1975.[114] Damals hieß es, Staaten mit einer speziellen Rechtsform für Angehörige freier Berufe, wie etwa Frankreich nach dem Gesetz aus dem Jahre 1966, hätten „eine erheblich günstigere wettbewerbsmäßige Ausgangsposition im gesamten EWG-Raum, weil diese über eingearbeitete und deshalb leistungsfähige Teams verfügen werden.“[115] Nachdem *Müller-Gugenberger* allerdings nachgewiesen hatte, dass die französischen Angehörigen

---

108) Vgl. BGH, Urt. v. 10.5.2012 – IX ZR 125/10, NJW 2013, 2435, 2442 = ZIP 2012, 1413, dazu EWiR 2012, 553 *(Weipert)*; zur Diskussion *Bösert*, ZAP Fach 15, S. 137, 139 m. w. N.; *Gummert*, ZIP 1993, 1063; *Schroeder*, DStR 1992, 507; *Saller*, DStR 1995, 183.

109) BGH, Urt. v. 27.9.1999 – II ZR 371/98, ZIP 1999, 1755, m. Anm. *Altmeppen*, S. 1758 = NJW 1999, 3483, dazu EWiR 1999, 1053 *(Keil)*; BGH, Urt. v. 29.1.2001 – II ZR 331/00, ZIP 2001, 330, m. Bespr. *Ulmer*, S. 585 = DB 2001, 423, m. Anm. *Römermann*, dazu EWiR 2001, 341 *(Prütting)*.

110) Näher *Gummert* in: MünchHdb. GesR, Bd. 1, § 18 Rz. 84 ff.

111) Vgl. *Leutheusser-Schnarrenberger*, der freie beruf 7–8/1994, 20, 21; *Bösert*, ZAP Fach 15, S. 137, 139; *Seibert*, Die Partnerschaft, S. 43.

112) Näher *Rittner*, DStB 1967, 2.

113) E 1971, BT-Drucks. VI/2047, S. 6.

114) E 1975, BT-Drucks. 7/4089, S. 8.

115) So gleichlautend E 1971, BT-Drucks. VI/2047, S. 6, und E 1975, BT-Drucks. 7/4089, S. 8; ähnlich *v. Bockelberg*, DStB 1971, 65, 66, und auch noch *Leutheusser-Schnarrenberger*, der freie beruf 1–2/1993, 9.

freier Berufe durch das Gesetz von 1966[116] gerade erst den Stand erreicht hatten, der für die deutschen Freiberufler in der Sozietät seit langem zur Normalität gehörte, und es daher nicht um den Ausgleich von Nachteilen, sondern nur um die Schaffung von Wettbewerbsvorteilen für die deutschen Berufsangehörigen gehen konnte,[117] verlor das Argument der internationalen Wettbewerbsfähigkeit erheblich an Zugkraft.[118]

52 Durch die zunehmende **Liberalisierung des internationalen Dienstleistungs- und Niederlassungsverkehrs** haben die Bemühungen um eine Stärkung der deutschen Konkurrenzsituation allerdings wieder Auftrieb bekommen.[119] Das „Einwandern" ausländischer Berufsträger und – vor allem – ausländischer Gesellschaftsformen hat der Gesetzgeber i. R. des MoMiG 2008 sowie bei der jüngst vorgenommenen Enführung der PartG mbB zum Handeln bewegt (vgl. oben Rz. 40 ff.)

3. Spezifisch freiberufliche Alternative zur GmbH

53 Nach traditioneller, allerdings kaum mehr vertretener Ansicht ist die

> „Leistungserbringung innerhalb einer Kapitalgesellschaft … mit dem Wesen freiberuflicher Tätigkeit nur schwer zu vereinbaren."[120] Die Kapitalgesellschaft sei „gerade für die rechtsberatenden und die Heilberufe – zumindest heute noch – nicht konsensfähig. Verschwindet der Freiberufler hinter dem Schleier der juristischen Person, so steht dies im Kontrast zu dem persönlich-vertrauensvollen Verhältnis des Freiberuflers zu seinem Mandanten, Patienten etc. Diese Auffassung, die auch in anderen Berufsgruppen, wie z. B. bei den freischaffenden Architekten, Anhänger hat, war von der Politik respektiert worden."[121]

54 Aus diesem Grunde war mit der neuen Rechtsform der Partnerschaft von seiten der Initiatoren die **Hoffnung verbunden** worden, dass diese „dem bisherigen Streben mancher Freiberufler, auf die GmbH auszuweichen, stark entgegenwirken" werde.[122]

55 Die Partnerschaft ist daher konzipiert als speziell für die Bedürfnisse der freien Berufe **„maßgeschneiderte" Gesellschaftsform**. Sie soll dem hergebrachten, durch den persönlichen Charakter der Zusammenarbeit mit Mandanten oder Patienten gekennzeichneten Berufsbild der freien Berufe entsprechen, zugleich aber eine moderne und flexible Organisationsform bieten,[123] ohne dabei in die Nähe zum Gewerbe zu geraten.[124]

---

116) Loi no. 66–879 v. 29.11.1966, J. O. v. 30.11.1966.

117) *Müller-Gugenberger*, DB 1972, 1517, 1523.

118) Zutreffend *Krejci* in: Verhandlungen des 10. ÖJT, Bd. I/1, S. 19.

119) Zur Entwicklung in den 90er-Jahren noch die Vorauflage, 1995, Rz. 32 f.

120) RegE PartGG, BT-Drucks. 12/6152, S. 1; ähnlich *Gres*, der freie beruf 6/1994, 23; *Bösert*, ZAP Fach 15, S. 137, 139.

121) *Seibert*, NWB Fach 18, S. 3365; ähnlich *Seibert*, Die Partnerschaft, S. 42; *Seibert*, DB 1994, 2381 f.; *Seibert*, BuW 1995, 100; vgl. auch *Braun*, MDR 1995, 447; dagegen die zutreffende Replik von *Landry*, MDR 1995, 558; *Haas*, BRAK-Mitt. 1994, 1.

122) *Leutheusser-Schnarrenberger*, der freie beruf 7–8/1994, 20, 23; *Leutheusser-Schnarrenberger* in: FS Helmrich, S. 677, 680; *Bösert*, ZAP Fach 15, S. 137, 150.

123) *Leutheusser-Schnarrenberger*, AnwBl 1994, 334; *Kempter*, BRAK-Mitt. 1994, 122.

124) *Seibert*, Die Partnerschaft, S. 43.

56 **Worin** aber konkret die **spezifisch freiberuflichen Elemente** des PartGG bestehen sollen, wird in den Quellen zumeist vage angesprochen:[125)]

- Eindeutige Regelungen enthält das Gesetz in den § 1 Abs. 1 Satz 1, Abs. 2 PartGG und § 9 Abs. 3, Abs. 4 Satz 2 PartGG, die den partnerschaftsfähigen Personenkreis auf **Angehörige freier Berufe** beschränken.
- Spezifisch freiberuflich sollen ferner sein § 1 Abs. 1 Satz 3 PartGG, der nur **natürlichen Personen** die Mitgliedschaft gestattet, die **Namensregelung** in § 2 Abs. 1 PartGG, das Gebot der Beachtung des **Berufsrechts** in § 1 Abs. 3 PartGG und § 6 Abs. 1 PartGG, die **Geschäftsführungsregelung** in § 6 Abs. 2 PartGG und § 8 PartGG mit der Anordnung grundsätzlich **unbeschränkter persönlicher Haftung** für die jeweils eigene Leistung (letzterer Punkt hat sich seit der Einführung der PartG mbB allerdings erübrigt).
- Hinzu kommt, dass nach h. M. die Zugehörigkeit zur Partnerschaft ausschließlich **aktiven Freiberuflern** vorbehalten ist, eine ebenfalls als spezifisch freiberuflich angesehene Charakteristik.[126)]
- Seit der Einfügung von § 1 Abs. 2 Satz 1 PartGG i. d. F. von 1998 erscheint im Gesetz zudem ein politischer **Programmsatz**, der eine Aussage über freie Berufe ohne normativen Gehalt enthält.

4. Überregionale interprofessionelle Partnerschaften

57 Während des Gesetzgebungsverfahrens wurde darauf verwiesen, dass die Angehörigen freier Berufe ihre Dienste zunehmend überregional und sogar international erbringen, so dass ihnen eine hierfür geeignete Rechtsform zur Verfügung gestellt werden müsse.[127)] Ein damit verbundenes weiteres Hauptziel, das von Anfang an mit der Schaffung freiberuflicher Partnerschaften angestrebt wurde, war die Eröffnung neuer Möglichkeiten für interdisziplinäre Zusammenschlüsse. Diese Argumentation ist allerdings wenig verständlich, zumal in einer Partnerschaft genauso international oder interprofessionell agiert werden kann wie in jeder anderen Gesellschaftsform.

5. Politische Signalwirkung

58 Unabhängig von den inhaltlichen Zielsetzungen im Einzelnen bestand darüber hinaus ein deutliches Interesse an der Verabschiedung eines nationalen Partnerschaftsrechts. Zeitlich parallel zu den deutschen Reformbestrebungen arbeitete auch die EG-Kommission darauf hin, eine **europäische Gesellschaftsform** für die Angehörigen freier Berufe zu schaffen. Die europäische Regelung hatte zum Ziel, i. S. eines wirtschaftsliberalen Ausbaus des Binnenmarktes die durch verkrustete Standesrechte der Mitgliedstaaten bereiteten Hemmnisse zu beseitigen und so die grenzüberschreitende Zusammenarbeit wesentlich zu fördern.[128)] Dieses Vorhaben scheiterte schließlich, was aber während des Gesetzgebungsverfahrens zunächst noch nicht absehbar war. Die deutschen Berufsorganisationen betrachteten die europäische

125) Vgl. *Müller*, FR 1995, 402 ff.
126) Vgl. nur *Gres*, der freie beruf 6/1994, 23, 24.
127) Statt aller *Bösert*, ZAP Fach 15, S. 137, 138; *Lenz*, MDR 1994, 741, 742.
128) Näher *EG-Kommission*, Konsultationsdokument, S. 1 f.

Rechtsentwicklung daher zum Teil mit Sorge, und ihre Hoffnung richtete sich darauf, dass eine nationale Gesetzgebung dazu beitragen könnte, die Bestrebungen hin zu einer europäischen Rechtsform zu bremsen.[129)]

59 Ebenfalls nicht zuletzt im Hinblick auf die Europäische Union sollte das PartGG offenbar zudem den Gedanken der Freiberuflichkeit als solchen stärken:

> „Die Partnerschaft ist eine Referenz gegenüber der Bedeutung und Eigenständigkeit der freien Berufe. Der Gesetzgeber hat ein deutliches Signal gegen die Kommerzialisierung und Verwischung des freien Berufs mit dem Gewerbe gesetzt. Das ist auch mit Blick auf Brüssel von Gewicht, wo dieser Unterschied mitunter völlig ausgeblendet wird".[130)]

C. Motive für die Schaffung der PartG mbB

60 Nach Aussage der Entwurfsverfasser war die Hauptmotivation zur Schaffung der PartG mbB, dass eine deutsche Alternative zur Limited Liability Partnership (LLP) geschaffen werden sollte.[131)] Mit der Einführung der PartG mbB reagiert der Gesetzgeber somit erneut auf die Folgen der europäischen Niederlassungsfreiheit (Art. 49, 54 AEUV), wie er es bereits 2008 durch „Bekämpfung" der Limited durch das MoMiG tat. Es wurde beobachtet, dass die LLP gerade von Anwälten zunehmend gewählt wurde. Der Gesetzgeber sah sich deshalb dazu veranlasst, den Freiberuflern eine vergleichbare deutsche Rechtsform anzubieten.

61 Der tatsächliche Hauptgrund für die Schaffung der PartG mbB wird aber gewesen sein, dass sich insgesamt die **Rechtsformwahl für Freiberufler** äußerst schwierig gestaltet hatte. Insbesondere für Rechtsanwälte war es unmöglich, die (insbesondere steuerlichen) Vorteile einer Personengesellschaft mit der Haftungsbeschräkung einer Kapitalgesellschaft zu kombinieren, wie es ansonsten mittels der GmbH & Co. KG möglich ist.[132)] So bestehen bei der **GbR** Haftungsbeschränkungen für berufliche Fehler der Gesellschafter außerhalb der stets möglichen Individualvereinbarungen mit den Mandanten nicht.[133)] Gerade für größere Gesellschaften mit einer für den einzelnen Partner unübersichtlichen Gesellschafterstruktur ist diese Gesellschaftsform daher ungeeignet. Jeder Gesellschafter ist unkalkulierbaren Risiken ausgesetzt, die von ihm eventuell gänzlich unbekannten Personen ausgehen.

62 Auch die **"klassische" Partnerschaft** (ohne Haftungsbeschränkung nach § 8 Abs. 4 PartGG) kann für viele Berufsträger, wie sich mittlerweile herausgestellt hat, nicht die nötige Sicherheit gewährleisten. Die Durchsetzung der in § 8 Abs. 2 PartGG erkennbaren Grundidee, dass nur verantwortliche Partner für berufliche Fehler (neben dem Gesellschaftsvermögen) haften sollen, stößt in der Praxis auf Hürden,

---

129) *Leutheusser-Schnarrenberger* in: FS Helmrich, S. 677, 682; *Beckmann* in: FS Kleinert, S. 210, 213.

130) *Seibert*, Mitt. dt. Patentanwälte 1996, 107, 108.

131) Begr. RegE, BT-Drucks. 17/10487, S. 11 = Anhang, S. 388.

132) Zur Unzulässigkeit der Anwalts-KG BGH, Urt. v. 18.7.2011 – AnwZ (Brfg) 18/10, GmbHR 2011, 1035 = ZIP 2011, 1664, dazu EWiR 2011, 705 *(J. Keller)*; dazu *Römermann*, AnwBl 2011, 750 ff.

133) Zur Unzulässigkeit einer „GbR mbH" BGH, Urt. v. 27.9.1999 – II ZR 371/98, DStR 1999, 1704 = ZIP 1999, 1755, dazu EWiR 1999, 1053 *(T. Keil)*; dieses Ergebnis jüngst erneut in Frage stellend *Beuthien*, WM 2012, 1 ff.

zumal einige Auslegungsfragen im Gesetz angelegt sind.[134] Die Haftungskonzentration entfällt etwa, wenn Angestellte einen beruflichen Fehler machen und ihr Tätigwerden keinem Partner zugerechnet werden kann (§ 8 Rz. 42). Nach der Rechtsprechung des BGH sollen selbst Partner, die einen Fehler eines Kollegen zu retten versucht haben, für den Fehler haften, da sie (auch) mit dem Mandat befasst waren.[135] Insbesondere für größere Kanzleien kann die Partnerschaft vor dem Hintergrund der offenen Fragen und einer haftungsfreundlichen Rechtsprechung **wenig Sicherheit** in Haftungsfragen bieten.[136] Im Übrigen haftet mindestens ein Partner für einen beruflichen Fehler immer auch persönlich.

63 Um die Vorteile von Personen- und Kapitalgesellschaft zu kombinieren, haben Berufsträger, denen die **GmbH & Co. KG** gesetzlich offensteht, diese Rechtsform gewählt. Insbesondere für **Steuerberatungsgesellschaften** ist die Kommanditgesellschaft gesetzlich ausdrücklich erlaubt (§§ 49 Abs. 2, 50 Abs. 1 StBerG). Die Zulässigkeit einer anwaltlichen (GmbH & Co.) KG hat der **BGH**[137] indes verneint. Diese Entscheidung könnte sich jedoch auch auf die Zulässigkeit einer Steuerberatungs-KG auswirken. Denn der BGH könnte mit dieser Entscheidung der Steuerberatungs-GmbH & Co. KG ihr bislang vermutetes rechtliches Fundament entzogen haben, was die (dramatische) Folge hätte, dass solche Gesellschaften tatsächlich als GbR mit unbeschränkter persönlicher Haftung aller Gesellschafter zu behandeln wären.[138] Der BGH argumentiert nämlich, dass eine Steuerberatungsgesellschaft die Voraussetzungen der §§ 161 Abs. 3, 105 HGB deswegen und insoweit erfülle, weil und soweit sie hauptsächlich handelsgewerblicher Tätigkeit nachgehe. Das ist indes fernliegend, weil Ausübung einer gewerblichen Tätigkeit grundsätzlich gemäß §§ 46 Abs. 2 Nr. 1, 57 Abs. 4 StBerG den Verlust ihrer Bestellung zur Folge hätte.

64 Denkt man die Argumentation des BGH folgerichtig zu Ende, käme man also zu dem **überraschenden Ergebnis**, dass jede heutige Steuerberatungs-GmbH & Co. KG

- entweder fälschlicherweise im Handelsregister eingetragen ist, da sie die Anforderungen der § 105 HGB, § 49 Abs. 2 StBerG nicht erfüllt,
- oder dass den tätigen Steuerberatern die Bestellung wegen Ausübung einer gewerblichen Tätigkeit entzogen werden müsste.[139]

65 Die dadurch verursachte Rechtsunsicherheit hat sogar den **Bundessteuerberaterverband** e. V. (DStV) dazu bewogen, i. R. der Einführung der PartG mbB eine

134) Vgl. auch Begr. RegE, BT-Drucks. 17/10487, S. 11 = Anhang, S. 387 f.

135) BGH, Urt. v. 19.11.2010 – IX ZR 12/09, NJW 2010, 1360 ff. = ZIP 2010, 124, dazu EWiR 2010, 89 *(Henssler/Deckenbrock)*.

136) Begr. RegE, BT-Drucks. 17/10487, S. 11 = Anhang, S. 387 f.

137) BGH, Urt. v. 18.7.2011 – AnwZ (Brfg) 18/10, GmbHR 2011, 1035 = ZIP 2011, 1664; dazu *Römermann*, AnwBl 2011, 750 ff.; das BVerfG hat die Verfassungsbeschwerde aufgrund formeller Mängel nicht angenommen, BVerfG, Beschl. v. 6.12.2011 – 1 BvR 2280/11, GmbHR 2012, 341, m. Komm. *Römermann*.

138) Vgl. Baumbach/Hopt-*Hopt*, HGB, § 105 Rz. 7; zur Umdeutung (§ 140 BGB) eines „KG-Vertrages" in einen „GbR-Vertrag" ferner BGH, Urt. v. 15.12.1995 – II ZR 204/54, BGHZ 19, 269.

139) Dazu bereits *Römermann*, GmbHR 2012, 64, 67.

Klarstellung in § 49 Abs. 2 StBerG zu fordern, dass Steuerberatungsgesellschaften „als Handelsgesellschaften gelten".[140] Diesem Wunsch ist der Gesetzgeber nicht nachgekommen. Eine Rechtsunsicherheit für Steuerberatungs-GmbH & Co. KG bleibt damit.

66 Die **Kapitalgesellschaft** bietet insoweit mehr Sicherheit, denn ob ein Handelsgewerbe betrieben wird, ist insoweit unerheblich.[141] Außerdem besteht eine umfassende Haftungsbeschränkung. Dennoch überwiegen für viele die **Nachteile** dieser Rechtsformen. So fällt etwa Gewerbesteuer an, es gibt gewisse Liquiditätsnachteile durch die Soll-Besteuerung bei der Umsatzsteuer, es wird Publizität und Transparenz verlangt und die Ausschüttung von Gewinnen unterliegt strengeren Vorschriften als bei den Personengesellschaften.

67 Insbesondere Rechtsanwälte haben daher die **LLP** als neue Rechtsform endeckt. Die LLP ist eine steuerlich privilegierte Personengesellschaft, bei der aber die Haftung auf das Gesellschaftsvermögen beschränkt ist. Auch die LLP hat jedoch einen Makel. Es ist noch nicht abschließend geklärt, ob die Gesellschafter der LLP ihren Mandanten gegenüber **für berufliche Fehler doch persönlich haften**,[142] denn in **England** haften die Gesellschafter einer LLP nach dortigem Deliktsrecht *(tort of negligence)*, und damit persönlich und unbeschränkt. Eine Privilegierung der deutschen Partner könnte eintreten, nur weil die Anwaltshaftung in Deutschland vor allem als vertragliche Haftung ausgestaltet ist. Die eigentlich unbeschränkte Haftung würde also unter Anwendung deutschen Vertragsrechts im Ergebnis zu einer beschränkten. Das ist im Ergebnis fragwürdig und auch die unveränderte Übertragung des Rechtsbegriffs *tort of negligence* auf das deutsche Deliktsrecht ist nicht gesichert. Bis diese Frage geklärt ist, ist also auch die LLP eine riskante Rechtsform.

68 Die sich aus diesen Ausführungen ergebenden Probleme will der Gesetzgeber mit der Einführung der PartG mbB lösen.

D. Die Partnerschaft im System des Gesellschaftsrechts

69 Nach dem Willen der Gesetzesverfasser soll die Partnerschaft als rechtsfähige Personengesellschaft eine **Lücke** zwischen der GbR und den Kapitalgesellschaften schließen. Die außergewöhnlich lange Entwicklungszeit für dieses neue Gesetz und sein, im Verhältnis zu früheren Entwürfen vergleichsweise geringes Regelungsvolumen von nur elf Paragraphen geben indessen Anlass zu kritischen Beobachtungen.

I. Bedürfnisprüfung

70 Es kann mit gutem Grund bezweifelt werden, ob wirklich ein dringendes **Bedürfnis** für eine sektorale Erweiterung der bisherigen Gesellschaftstypen für Angehörige

140) DStV e. V., Stellungnahme v. 5.6.2012, S. 5 f.

141) Baumbach/Hueck-*Hueck/Fastrich*, GmbHG, § 1 Rz. 6; Roth/Altmeppen-*Roth*, GmbHG, § 1 Rz. 6; Michalski-*Michalski*, GmbHG, § 1 Rz. 4.

142) Bejahend *Henssler/Mansel*, NJW 2007, 1393, 1396 f.; ablehnend *Triebel/Silny*, NJW 2008, 1034.

freier Berufe bestand.[143] Allenfalls die nach früherer Rechtsprechung fehlende **Rechtsfähigkeit** der GbR mochte im Prozess und in Grundbuchangelegenheiten einen gewissen Mehraufwand mit sich bringen. Ferner war bei Grundeigentum schon früher an die Möglichkeit einer **GmbH als Besitzgesellschaft** zu denken. Daran ändert sich auch durch die Partnerschaft nichts.[144]

71 Im Übrigen wurde die **GmbH** – ebenso wie die AG – auch als **Berufsausübungsgesellschaft** für Angehörige freier Berufe durch die **jüngere Rechtsprechung** seit den 90er Jahren immer weitgehender zugelassen.[145] Damit steht der überwiegenden Zahl der Freiberufler schon seit langem eine rechtsfähige Gesellschaft zur gemeinsamen Berufsausübung zur Verfügung, so dass die häufig beschworene „Lücke" insoweit schon vor 2001 nicht mehr bestand.[146] Diese neuere Rechtsprechung war im Zeitraum der Konzeption und der Beratung des PartGG noch kaum abzusehen. Nur so ist wohl das gesetzgeberische Motiv erklärbar, die Angehörigen freier Berufe durch die Gewährung der Partnerschaft von den **Kapitalgesellschaften** „abzulenken". Nachdem jedoch das **BayObLG** durch Beschluss vom 24.11.1994 die **Rechtsanwalts-GmbH** für **zulässig** erklärt hatte,[147] mussten derartige Bemühungen als gescheitert angesehen werden. Im Zuge dieser Entwicklung musste sich die Partnerschaft nun also – für die Gesetzesverfasser überraschend[148] – hinsichtlich nahezu aller freien Berufe mit der GmbH messen lassen.[149] Die Strategie, die Einführung der Partnerschaft als „politisches Alibi" zu nutzen, „um der kontroversen Diskus-

143) So auch *Burret*, WPK-Mitt. 1994, 201, 207; *Feddersen/Meyer-Landrut*, PartGG, Einl. S. 11; ähnlich für Österreich *Kastner*, JBl 1990, 545, 549 f.; vgl. ferner *Müller-Gugenberger*, DB 1972, 1517, 1519; *Knoll/Schüppen*, DStR 1995, 608, 610 f.; Deregulierungskommission, Marktöffnung, S. 110 Nr. 453.

144) Vgl. die Begr. zum RegE PartGG, BT-Drucks. 12/6152, S. 8; *Krieger*, MedR 1995, 95.

145) Zahnbehandlungs-GmbH: BGH, Urt. v. 25.11.1993 – I ZR 281/91, BGHZ 124, 224 = ZIP 1994, 381 GmbHR 1994, 325, dazu EWiR 1994, 785 *(Kleine-Cosack)*; vgl dazu auch die Anm. von *Brötzmann*, WiB 1994, 270; Ärzte-GmbH: AG Bremen, HReg. Abt. B Nr. 14954, Eintragung v. 27.7.1993, vgl. *Ahlers* in: FS Rowedder, S. 1, 13 f.; hierzu *Laufs*, MedR 1995, 11; die zunehmende Tendenz der Landesgesetzgeber, die Ärzte-GmbH ausdrücklich zu untersagen, ist verfassungsrechtlich äußerst bedenklich, da ohne rechtfertigenden Grund in die Berufsfreiheit eingegriffen wird, vgl. zu dieser Tendenz *Taupitz*, Arztrecht 1995, 123; *Taupitz*, MedR 1995, 475, 478; *Schirmer*, MedR 1995, 341; *Lenz* in: Meilicke u. a., PartGG, § 1 Rz. 8; *Salger* in: MünchHdb. GesR, § 36 Rz. 20; *Laufs*, NJW 1995, 1590, 1595.

146) So bereits hier in der 2. Auflage, Rz. 39.

147) BayObLG, Beschl. v. 24.11.1994 – 3Z BR 115/94, ZIP 1994, 1868, m. Anm. *Henssler* = AnwBl 1995, 35, m. Anm. *Ahlers*, S. 3 = BB 1994, 2433 = BRAK-Mitt. 1995, 34, m. Anm. *Kempter*, S. 4 = DZWIR 1995, 110, m. Anm. *Michalski* = GmbHR 1995, 42, m. Anm. *Dauner-Lieb*, S. 259 = MDR 1995, 95, m. Anm. *Koch*, S. 446 = NJW 1995, 199, m. Anm. *Taupitz*, S. 369, und *Boin*, S. 371 = Rpfleger 1995, 215, m. Anm. *Gerken* = WiB 1995, 115, m. Anm. *Hommelhoff/Martin Schwab*; dazu EWiR 1995, 151 *(Kleine-Cosack)*; vgl. ferner die Anmerkungen von, *Hartstang*, ZAP Fach 23, S. 193, und *Emmerich*, JuS 1995, 261.

148) Vgl. z. B. *Bösert*, ZAP Fach 15, S. 137, 139 f.; *Seibert*, BuW 1995, 100 f.; s. a. *Glenk*, INF 1995, 691, 692.

149) Vgl. *Hellfrisch*, StB 1995, 253, 257.

sion um die Rechtsanwalts-GmbH auszuweichen“,[150] hatte sich mit der Entwicklung richterlicher Rechtsfortbildung auch für andere freie Berufe erledigt.

72 Der Gesetzgeber war nun zur Nachbesserung aufgerufen, um die von der Rechtsprechung vollzogene Zulassung freiberuflicher Kapitalgesellschaften im nachhinein in eine gesetzliche Form zu gießen.[151] Dass die (klassische) Partnerschaft „kein vollwertiger Ersatz für die Kapitalgesellschaft“[152] sein kann, haben die freiberuflichen Organisatoren frühzeitig bemerkt. So hat etwa der Bundesverband praktischer Tierärzte e. V. kurz nach Verabschiedung des PartGG seinen Vorschlag zur gesetzlichen Regelung der Kapitalgesellschaft für Angehörige freier Berufe damit begründet, dass die Rechtsform der Partnerschaft nicht ausreiche.[153]

73 Für die Freiberufler hingegen, die nicht aufgrund konkreter wirtschaftlicher Gegebenheiten die GmbH anstreben, erweisen sich die weiteren Argumente für die angebliche **Unzulänglichkeit der GbR** bei näherem Hinsehen ebenfalls als wenig stichhaltig.[154] Soweit ersichtlich, versagt kein Berufsrecht seinen Angehörigen die Führung eines bürgerlich-rechtlichen **Namens**, der auch die Namen ausgeschiedener Gesellschafter enthalten kann.

74 Soweit an der GbR eine zu wenig verfestigte und nicht dauerhafte **Innenstruktur** bemängelt wird, bleibt dies in aller Regel eine pauschale Behauptung. Denn wo ein Bedürfnis für eine komplexe Organisationsstruktur besteht, wird sie vertraglich geschaffen.[155] Dem Recht der GbR kann im Übrigen eine zeitliche Begrenzung nicht entnommen werden. Die Behauptung der fehlenden Dauerhaftigkeit dieser Gesellschaftsform gründet daher weder in rechtlicher Notwendigkeit noch wird sie von der Rechtswirklichkeit bestätigt. Wie z. B. die kontinuierliche Existenz einiger – gerade auch größerer – Anwaltssozietäten von der Zeit um die Jahrhundertwende bis heute beweist, hindert das Recht der GbR dauerhafte Kooperationsstrukturen nicht.[156] Auch insofern ist keine grundlegende Neuerung durch das Recht der Partnerschaft erkennbar.[157] Die Mitgliedschaftsregelung bei der Partnerschaft ist gegenüber der GbR zwar etwas verfestigt, hierdurch aber weniger flexibel. Ein allmähliches „Hineinwachsen“ von Partnern in das Unternehmen wird durch das Eintragungserfordernis verhindert.[158]

---

150) So zu Recht kritisch *v. Falkenhausen*, AnwBl 1993, 479; ähnlich *Sproß*, AnwBl 1996, 201, 202 („überflüssig geworden“) und *Stuber*, WiB 1994, 705, 710: „Vorwand für die Untätigkeit des Gesetzgebers in Sachen Anwalts-GmbH“; so im Anschluss an Stuber auch *Glenk*, INF 1995, 691, 692; *Mahnke*, WM 1996, 1029, 1037; anders allerdings die Darstellung bei *Seibert*, BuW 1995, 100; vgl. ferner *Knoll/Schüppen*, DStR 1995, 608, 646, 651; *Feddersen/Meyer-Landrut*, PartGG, Einl. S. 11.

151) Krit. auch *Sotiropoulos*, ZIP 1995, 1879, 1885 f.

152) *Henssler*, ZIP 1994, 1871, 1872.

153) Näher *Taupitz*, JZ 1994, 1100, 1101, m. Fn. 3.

154) Vgl. *Henssler*, ZIP 1997, 1481, 1490; *Sauren/Haritz*, MDR 1996, 109, 113; *Müller-Gugenberger*, DB 1972, 1517, 1519; *Knoll/Schüppen*, DStR 1995, 608, 646, 651; *Vorbrugg/Salzmann*, AnwBl 1996, 129, 134.

155) Vgl. *Vorbrugg/Salzmann*, AnwBl 1996, 129, 133, m. Fn. 55.

156) So auch *Lenz*, MDR 1994, 741, 746.

157) Vgl. *v. Falkenhausen*, AnwBl 1993, 479, 480; *Lenz*, MDR 1994, 741, 746.

158) *Vorbrugg/Salzmann*, AnwBl 1996, 129, 134.

75 Zuzustimmen ist allerdings der Auffassung, dass die GbR praktisch keine geeignete Möglichkeit der **Haftungsbegrenzung** besitzt, obwohl es hierfür durchaus ein dringendes Bedürfnis (auch) bei den Freiberuflern gibt. Das PartGG stellte insoweit zunächst eine rein schuldrechtliche Regelung zur Verfügung, die systematisch besser in das BGB gepasst hätte, jedenfalls aber kein Bedürfnis für eine neue Gesellschaftsform eigener Art begründen konnte. Erst das Änderungsgesetz 1998 brachte insoweit wesentliche Neuerungen durch die Änderung von § 8 Abs. 2 PartGG und die damit verbundene Handelndenhaftung, die rechtsformbedingt nur durch Wahl der Partnerschaft zur Anwendung gelangt. Die Forderung nach einer wirklich praxistauglichen Haftungsbeschränkungsmöglichkeit für Freiberufler, ohne dass eine Kapitalgesellschaft als Rechtsform gewählt werden muss, ist jedoch bis heute nicht abgerissen. Mit der **PartG mbB** verspricht sich der Gesetzgeber insoweit Besserung.

II. Regelungsinhalt

76 Die Partnerschaft steht **zwischen GbR und Kapitalgesellschaft**, in der Nähe zur **OHG**; die Rechtsformvariante der **PartG mbB** steht demgegenüber zugleich in der Nähe der GmbH. Regelungstechnisch erfolgte diese Standortbestimmung weitgehend durch integrierende Verweisung auf Vorschriften des HGB und – subsidiär – des BGB.

77 Die Partnerschaft ist nur als **Angebot** zu verstehen, d. h. angesichts der auch vom Gesetzgeber anerkannten Pluralität der freien Berufe soll kein Zwang zur Bildung einer Partnerschaft bei Vorliegen bestimmter Voraussetzungen begründet werden. Den Partnern bleibt nach dem PartGG die Freiheit, für ihre freiberufliche Berufsausübung diese oder eine der anderen zugelassenen Gesellschaftsformen zu wählen.[159)] Demgegenüber verfügen aber die **Berufsrechte** über die Kompetenz, für ihre jeweiligen Berufsangehörigen zu entscheiden, ob und in welcher Weise sie die Partnerschaft nutzen können.[160)] Auch wird die GbR nicht von der Partnerschaft verdrängt. Lediglich die hergebrachte Bezeichnung bürgerlich-rechtlicher Gesellschaften mit dem Zusatz „und Partner“ ist gemäß § 11 PartGG seit 1995 ausschließlich den Partnerschaftsgesellschaften vorbehalten. Dies begründete für die GbR einen Anpassungszwang (siehe unten *Zimmermann*, § 11 Rz. 12).[161)]

1. Zwischen GbR und Kapitalgesellschaft

78 Der **GbR** hatte die Partnerschaft die gesetzlich geregelte Rechtsfähigkeit nach § 7 Abs. 1 PartGG i. V. m. § 124 Abs. 1 HGB voraus, was sie in den Genuss der damit verbundenen Vorteile, wie z. B. der Parteifähigkeit im Prozess, kommen lässt. Dieser Vorteil besteht für die Praxis seit Anerkennung der Rechts- und Parteifähigkeit der

---

159) *Seibert*, AnwBl 1993, 155, 156; *Seibert*, NWB Fach 18, S. 3365, 3366; *Seibert*, Die Partnerschaft, S. 41 f.; *Seibert*, DB 1994, 2381; *Seibert*, BuW 1995, 100; *Leutheusser-Schnarrenberger* in: FS Helmrich, S. 677, 681 f.

160) *Bösert*, ZAP Fach 15, S. 137, 144; *Leutheusser-Schnarrenberger* in: FS Helmrich, S. 677, 681 f.; *Krieger*, MedR 1995, 95, 98.

161) *Knoll/Schüppen*, DStR 1995, 608, 609.

GbR durch den BGH im Jahre 2001[162] allerdings nicht mehr. Insbesondere in der Frage der Haftung geht die Partnerschaft allerdings noch nicht so weit wie die **GmbH**, da nach der Konzeption des § 8 Abs. 1 und 2 PartGG ein völliger Ausschluss der persönlichen Haftung aller Gesellschafter nicht möglich sein soll (zur Möglichkeit der Haftungsbegrenzung nach § 8 Abs. 4 PartGG siehe aber Rz. 94 ff.). Gleichzeitig werden Fragen der Kapitalaufbringung, des Kapitalersatzes und der Kapitalerhaltung vermieden.[163]

79 Die Partnerschaft unterliegt auch nicht der Pflicht zur Jahresrechnungslegung nach den §§ 238, 242 HGB. Mit dem Vorteil der Erleichterungen durch die Möglichkeit einer Einnahme-Überschuss-Rechnung nach § 4 Abs. 3 EStG[164] geht allerdings der entscheidende Nachteil einher, keine steuerlich wirksamen Pensionsrückstellungen bilden zu können.[165] Während des Gesetzgebungsverfahrens hatte man zwar erwogen, der Partnerschaft diese Möglichkeit zur Verfügung zu stellen, dies war jedoch wegen des Gedankens der Einheitlichkeit des Personengesellschaftsrechts zugunsten einer umfassenden Reform verworfen worden.[166] **Steuerlich günstig** ist hingegen, dass die Partnerschaft weder der Körperschaftsteuer noch aufgrund ihrer Rechtsform der Gewerbesteuer unterliegt (hierzu näher *Zimmermann*, § 1 Rz. 38).[167]

80 Ob die Partnerschaft tatsächlich einen **Image-Vorteil** gegenüber der GmbH für sich buchen kann,[168] ist eher zu bezweifeln. Von der **persönlichen und eigenverantwortlichen Berufsausübung** jedenfalls befreit – einigen Unkenrufen zum Trotz – auch die Rechtsform der Kapitalgesellschaft nicht. Problematisch, weil real möglicherweise nicht verfügbar, wird die Organisation als GmbH allerdings dort, wo das jeweilige **Berufsrecht** dies explizit untersagt oder erschwert.[169] Wohl vor allem

162) BGH Beschl. v. 18.2.2002 – II ZR 331/00, ZIP 2002, 614 = DB 2001, 423, m. Anm. *Römermann*; BGH, Urt. v. 29.1.2001 – II ZR 331/00, ZIP 2001, 330, m. Bespr. *Ulmer*, S. 585 = DB 2001, 423, m. Anm. *Römermann*, dazu EWiR 2001, 341 *(Prütting)*.

163) Soweit *Seibert*, NWB Fach 18, S. 3365, 3367, ähnlich *Seibert*, BuW 1995, 100, 101; *Seibert*, Mitt. dt. Patentanwälte 1996, 107, 110, allerdings als weiteren Vorteil der Partnerschaft gegenüber der Kapitalgesellschaft erwähnt, dass „die Publizität einer Haftungsbeschränkung im Gesellschaftsnamen entbehrlich … [sei], was sicher ein Seriositäts- und Imagevorteil ist", kann dies nicht überzeugen; vielmehr hat die Partnerschaft, welche keine gesellschaftsrechtliche Haftungsbeschränkung kennt, gar nichts, was insoweit publiziert werden könnte.

164) *Seibert*, Die Partnerschaft, S. 51; *Seibert*, DB 1994, 2381, 2382; *Gilgan*, Stbg 1995, 28.

165) Allgemeine Kritik bei *Salger* in: MünchHdb. GesR, Bd. 1, § 37 Rz. 14; Ebenroth/Boujong/Joost-*Salger*, HGB, 1. Aufl., § 1 PartGG Rz. 3.

166) *Seibert*, Die Partnerschaft, S. 51; *Salger* in: MünchHdb. GesR, Bd. 1, § 37 Rz. 14; vgl. *Carl*, StB 1995, 173, 174.

167) *Seibert*, DB 1994, 2381, 2382; *Mittelsteiner*, DStR 1994, Beihefter zu Heft 37, S. 37.

168) So *Seibert*, DB 1994, 2381, 2382; *Seibert*, BuW 1995, 100, 101; *Salger* in: MünchHdb. GesR, Bd. 1, § 36 Rz. 25; vgl. auch *Knoll/Schüppen*, DStR 1995, 608, 646, 651 f.; *Stuber*, Partnerschaftsgesellschaft, S. 22.

169) Dazu ausführlich *Bösert*, ZAP Fach 15, S. 137, 140; *Brötzmann*, WiB 1994, 270; *Preißler*, MedR 1995, 100 f.

aus steuerlichen Gründen scheinen sich zuweilen bestehende freiberufliche GmbHs für eine Umwandlung in die Partnerschaft zu interessieren.[170)]

81 Unbeschadet des jeweiligen Berufsrechts ist es der Partnerschaft nicht verwehrt, selbst **anderen Gesellschaften beizutreten**, z. B. einer GmbH[171)] oder einer GbR.[172)] Die Partnerschaft kann sich auch an einer Wirtschaftsprüfungs- oder Steuerberatungsgesellschaft beteiligen, sofern bei ihr die jeweiligen Voraussetzungen als Gesellschafterin gegeben sind.[173)] Nach Auffassung des BGH[174)] können freiberufliche Unternehmen herrschende Unternehmen i. S. des **Konzernrechts** sein. Dies gilt auch für die Partnerschaft.[175)]

82 Schließlich ist die **Aufspaltung** in eine Kapitalgesellschaft als **Besitzgesellschaft** und eine Partnerschaft als Berufsausübungsgesellschaft denkbar.[176)] Bei dieser Konstruktion sind – alle oder einige – Partner gleichzeitig Gesellschafter der GmbH, die z. B. als Geräte-GmbH aufgrund eines Nutzungsvertrages einer Ärzte-Partnerschaft die erforderlichen medizinischen Gerätschaften steuerlich absetzbar zur Verfügung stellt.[177)] Im Grunde ist dies die Umkehrung der ansonsten üblichen Betriebsaufspaltung, bei der der Betrieb durch die Kapitalgesellschaft geführt wird, die das Anlagevermögen (Grundstück, Maschinen) von einer Personengesellschaft als bloßer Besitzgesellschaft pachtet.[178)]

2. Nähe zur OHG

83 Die OHG und die KG stehen den Angehörigen freier Berufe nach überwiegender Ansicht[179)] grundsätzlich nicht als Rechtsformen für einen Zusammenschluss zur Verfügung. Sie sind angeblich wegen ihres Zuschnitts auf die Bedürfnisse **Gewerbetreibender** für den Zusammenschluss von Freiberuflern ungeeignet.[180)] Auch der BGH hat diese Sichtweise jüngst bestätigt, indem er die **Rechtsanwalts-KG** für **unzulässig** erachtet hat.[181)] Diese Ansicht verwunderte bereits früher, da die OHG bspw. für Steuerberater (§ 1 Abs. 3 Satz 1 PartGG i. V. m. § 49 Abs. 1 StBerG), Wirtschaftsprüfer (§ 1 Abs. 3 Satz 1 PartGG i. V. m. § 27 Abs. 1 WPO) und Apo-

---

170) *Seibert*, DB 1994, 2381, 2382; Vergleich von GmbH und Partnerschaft unter steuerrechtlichem Aspekt bei *Sommer*, GmbHR 1995, 249, 256 ff.; *Sauren/Haritz*, MDR 1996, 109, 113 und ausführlich bei *Gail/Overlack*, Anwaltsgesellschaften, Rz. 371 ff.

171) *Seibert*, NWB Fach 18, S. 3365, 3367; *Seibert*, DB 1994, 2381, 2383.

172) *Salger* in: MünchHdb. GesR, Bd. 1, § 36 Rz. 12.

173) Bei Wirtschaftsprüfungsgesellschaften also nach §§ 27 ff. WPO, vgl. *Burret*, WPK-Mitt. 1994, 201, 203.

174) BGH, Urt. v. 19.9.1994 – II ZR 237/93, ZIP 1994, 1690, m. Anm. *K. Schmidt*, S. 1741 = DZWIR 1995, 69, m. Anm. *Kulka*, S. 45; dazu EWiR 1995, 15 *(H. P. Westermann)*.

175) *K. Schmidt*, ZIP 1994, 1741, 1742, 1746.

176) Begr. zum RegE PartGG, BT-Drucks. 12/6152, S. 8; *Böhringer*, BWNotZ 1995, 1.

177) *Kosek/Hess*, Ärztliche Praxis Nr. 30 v. 12.4.1994, S. 35.

178) Näher *Bellstedt*, AnwBl 1995, 573, 578.

179) Abweichend allerdings *Michalski*, Gesellschafts- und Kartellrecht, S. 118 ff., 250 f.; vgl. *Grüninger*, DB 1990, 1449, 1451; *Raisch* in: FS Rittner, S. 471, 474 ff.; *Bayer/Imberger*, DZWIR 1993, 309, 315.

180) *Seibert*, AnwBl 1993, 155; *Seibert*, NWB Fach 18, S. 3365.

181) BGH, Urt. v. 18.7.2011 – AnwZ (Brfg) 18/10, GmbHR 2011, 1035 = ZIP 2011, 1664; dazu *Römermann*, AnwBl 2011, 750 ff.

theker (§ 8 ApG)[182] ausdrücklich gesetzlich zugelassen war.[183] Nach der Verabschiedung des PartGG ist sie vollkommen hinfällig geworden. Es handelt sich nämlich bei der Partnerschaft um eine **„Schwesterfigur" der OHG,**[184] die einige **strukturelle Gemeinsamkeiten** mit ihr aufweist.[185] Die Partnerschaft wird daher zum Teil sogar als „unechte OHG"[186] bezeichnet. Ein Unterschied liegt nur darin, dass die Partnerschaft keinen Prokuristen bestellen kann und nicht den strengen Rechnungslegungs- und Buchführungspflichten der Personenhandelsgesellschaften unterliegt.[187] Grundlegende Differenzen zwischen der OHG und der Partnerschaft, die zunächst nicht erkennbar waren, sind erst durch das Änderungsgesetz von 1998 geschaffen worden, das die Haftungsstruktur vollständig erneuert und gegenüber der OHG anders ausgestaltet hat.

84 **Übernommen wurden** aus dem Recht der OHG:

- der Grundsatz der **Selbstorganschaft,**
- die Einzelvertretungsbefugnis,
- die **persönliche Haftung** der Gesellschafter (insoweit seit 1998 unterschiedlich ausgestaltet),
- die weitgehende Annäherung der Gesamthand an eine juristische Person durch die **Rechts- und Parteifähigkeit** sowie die Trägerschaft des Gesellschaftsvermögens und
- die Zulässigkeit von **Zweigniederlassungen.**

85 Insgesamt wurde somit eine **weitgehende Angleichung** von OHG und Partnerschaft erreicht. Warum die Vorschriften über die **Prokura** nicht im Zuge einer Generalverweisung i. S. *Karsten Schmidts*[188] mit aufgenommen wurden, ist kaum verständlich,[189]

182) Die fehlende Aufnahme der Apotheker in den Katalog der partnerschaftsfähigen Berufe in § 1 Abs. 2 PartGG ist offenbar im Wesentlichen darauf zurückzuführen, dass sich die Apothekerverbände politisch mit ihrer Auffassung durchsetzen konnten, dass die GbR und die OHG für Apotheker die einzigen zulässigen Gesellschaftsformen bleiben sollten; näher *Taupitz/Schelling*, NJW 1999, 1751, 1755.

183) Unzutreffend *Siepmann*, FR 1995, 601, wonach es „den Freiberuflern" verwehrt sei, eine OHG oder KG zu gründen.

184) *K. Schmidt*, ZIP 1993, 633, 635; *Leutheusser-Schnarrenberger*, der freie beruf 7–8/1994, 20.

185) *Leutheusser-Schnarrenberger*, der freie beruf 7–8/1994, 20; *Bösert*, DStR 1993, 1332, 1333, *Bösert*, ZAP Fach 15, S. 137, 142; *Stuber*, WiB 1994, 705, 710; *Seibert*, NWB Fach 18, S. 3365, 3367; *Seibert*, Die Partnerschaft, S. 43.; vgl. auch *Bayer/Imberger*, DZWIR 1995, 177, 178.

186) *Oppermann*, AnwBl 1995, 453, 454.

187) Vgl. *Bösert*, DStR 1993, 1332; *Bösert*, ZAP Fach 15, S. 137, 141.

188) *K. Schmidt*, ZIP 1993, 633.

189) So früher bereits *Raisch* in: FS Knur, S. 165, 179; wie hier jetzt auch *Mahnke*, WM 1996, 1029, 1032.

zumal die Freiberufler-GmbH diesen Regeln unterliegt.[190] Im Übrigen können die Wirkungen der Prokura durch eine entsprechend umfassende Bevollmächtigung problemlos erreicht werden.[191] Hiergegen sind auch keine Bedenken ersichtlich, soweit der Prokurist oder der Bevollmächtigte nur über die notwendige berufliche Qualifikation verfügt.

86 Trotz der weitgehenden Übernahme des Rechts der Handelsgesellschaften bedient sich das Gesetz nicht etwa – wie man hätte vermuten können[192] – einer Generalverweisung auf das HGB unter Herausnahme einzelner Bestimmungen. Vielmehr verweist § 1 Abs. 4 PartGG subsidiär auf die Vorschriften der **GbR**, während primär die eigenständigen Regelungen des PartGG sowie über eine Reihe von Verweisungen eine Vielzahl einzelner Paragraphen des HGB zur Anwendung kommen. Dadurch sind von der Globalverweisung des § 1 Abs. 4 PartGG tatsächlich nur noch wenige Bestimmungen des BGB erfasst. Diese recht eigenartige Technik[193] soll offenbar zeigen, dass die Partnerschaft als eine **Sonderform der GbR** angesehen werden soll, die sich nahtlos in das bestehende System der Personengesellschaften einfügt.[194] In der Literatur wurde der im PartGG gewählte Weg der Einzelverweisungen als „unübersichtlich" kritisiert.[195]

87 Eine angeblich spezifisch freiberufliche Besonderheit der Partnerschaft in Abgrenzung zu Handelsgesellschaften besteht darin, dass nur natürliche Personen, also insbesondere keine Kapitalgesellschaften Gesellschafter sein können (§ 1 Abs. 1 Satz 3 PartGG). Auch die Haftungsbeschränkung bestimmter Partner auf ihre Einlage („Kommanditpartnerschaft") ist ausgeschlossen.[196]

III. Rechtspolitische Würdigung

88 Im Gegensatz zum Referentenentwurf hatte **das PartGG** in seiner ursprünglichen Fassung weitgehend darauf verzichtet, eigenständige Regelungen oder **Korrekturen** dort einzufügen, wo sich das **Recht der OHG**, auf das verwiesen wird, als **reformbedürftig** erwiesen hat (z. B. §§ 108 Abs. 2, 117, 127, 133, 140 HGB). Hierdurch

---

190) Für die Rechtsanwalts-GmbH § 59f Abs. 3 BRAO n. F. und dazu auch im Hinblick auf die Partnerschaft *Römermann*, GmbHR 1998, 966, 968; vgl. *Ahlers* in: FS Rowedder, S. 1, 17; § 45 WPO schreibt sogar vor, dass Wirtschaftsprüfer als Angestellte einer Wirtschaftsprüfungsgesellschaft Prokura erhalten „sollen"; dies zeigt im übrigen deutlich, dass die Prokura keineswegs derart auf Handel und Gewerbe zugeschnitten ist, dass sie im Bereich der freien Berufe nicht verwendbar wäre; a. A. etwa *Bösert*, ZAP Fach 15, S. 137, 141; *Feddersen/Meyer-Landrut*, PartGG, § 7 Rz. 6; *Coester-Waltjen*, Jura 1995, 666, 667; *Schaub*, NJW 1996, 625, 626.

191) Für ausgeschlossen hält dies offenbar *Weyand*, INF 1995, 22, 23.

192) Ähnlich *Knoll/Schüppen*, DStR 1995, 608, 610 („überraschend").

193) Kritisch auch *K. Schmidt*, NJW 1995, 1, 2 f.; *Hornung*, Rpfleger 1995, 481, 484 („schwer durchschaubares Recht").

194) *Bösert*, ZAP Fach 15, S. 137, 146; auf einen gewissen Gegensatz zur gesetzgeberischen Behandlung der EWIV weist *K. Schmidt*, NJW 1995, 1, 2 hin; *Raisch* in: FS Rittner, S. 471, 488 f., will sogar einen Verstoß gegen Art. 3 GG darin sehen, dass auf europäischer Ebene tätige EWIV dem Handelsrecht unterliegen, nationalen Anwaltskanzleien dies aber versagt ist.

195) *Mahnke*, WM 1996, 1029, 1032.

196) Dazu *Bösert*, DStR 1993, 1332, 1336.

wurde im Gegensatz zu früherem Regelungsperfektionismus eine Reduktion auf das Wesentliche, schlankes Recht („**lean law**"), erreicht.[197] Dies war für eine Übergangszeit vertretbar, zumal inzwischen am 1.7.1998 die grundlegende Handelsrechtsreform in Kraft getreten ist.

89 Auf erste Sicht erscheint es verwunderlich, dass von der so lange diskutierten Idee einer **spezifisch freiberuflichen Gesellschaftsform** in der schließlich verabschiedeten Fassung des Gesetzes kaum noch etwas wiederzufinden ist. Dies ist jedoch leicht durch den Umstand erklärlich, dass in der Endphase der Gesetzgebung insbesondere aufgrund der Kritik *Karsten Schmidts*[198] schließlich doch noch eine weitgehende Trennung von **Berufs- und Gesellschaftsrecht** vorgenommen wurde, die berufsrechtlichen Vorschriften also bis auf einige wenige[199] aus dem Entwurf eliminiert worden waren. Wären die Gesetzesverfasser nun konsequent geblieben und hätten sie das PartGG auch von den als schwer begründbarem Torso zurückgebliebenen berufsrechtlichen Regelungen befreit, dann hätte man damit gleichzeitig die Existenzberechtigung des neuen Gesetzes als solches in Frage stellen müssen.[200] Da dies in der Spätphase der Gesetzgebung nicht mehr beabsichtigt war, wurde schließlich ein halbherziges Gesetz verabschiedet. Erst die notwendigen Korrekturen im Jahre 1998 haben dem PartGG zu einer erheblichen Bedeutung verholfen.

90 So ist das PartGG schließlich ein eindrucksvolles Beispiel für die Tatsache, dass sich das Gesellschaftsrecht nicht für berufsrechtliche Spezifika einer heterogenen Berufsgruppe eignet. Die wenigen verbliebenen berufsrechtlichen Regelungen wie etwa die Beschränkung der Beitrittsmöglichkeit auf natürliche Personen oder die Vorschriften über die Namensführung unter Angabe der Berufsbezeichnungen sind im Gesellschaftsrecht unangebracht. Sie hätten – soweit überhaupt erforderlich – allenfalls im jeweiligen Berufsrecht einen angemessenen Ort gehabt. Das angeblich im Recht der freien Berufe geltende **„Prinzip der persönlichen Haftung"**[201] konnte in Wirklichkeit bereits lange vor der jüngeren Rechtsprechung zugunsten freiberuflicher GmbHs nicht mehr anerkannt werden und kann jedenfalls seit der Möglichkeit der Haftungsbeschränkung in § 8 Abs. 4 PartGG keine Geltung mehr beanspruchen.

91 Die bloße Tatsache, dass eine Reihe von freien Berufen sich über Jahrzehnte hinweg ausschließlich in Rechtsformen organisiert haben, die eine unbeschränkte persönliche Haftung bedingen, führt im Übrigen noch zu keinem *„Prinzip"*. Ein Prinzip kann zudem schon aus tatsächlichen Gründen dort nicht anerkannt werden, wo – wie schon früher – der Kreis der Ausnahmen sich von Unternehmensberatern über Wirtschaftsprüfer bis hin zu Steuerberatern über eine breite Palette freier Berufe

197) *Seibert*, Die Partnerschaft, S. 45; *Seibert*, Mitt. dt. Patentanwälte 1996, 107, 108; *Schaub*, NJW 1996, 625, 626; hierbei ist allerdings nicht zu übersehen, dass dieser Trend – wie bei *Seibert* deutlich wird – nicht zuletzt auf die Furcht des modernen Gesetzgebers vor der Schaffung von Angriffsflächen und somit zeitraubenden Komplikationen bei der Gesetzgebung zurückzuführen ist.

198) *K. Schmidt*, ZIP 1993, 633, 634 ff.; vgl. auch *Michalski*, ZIP 1993, 1210, 1211 ff.

199) Z. B. die obligatorische Nennung der Berufe nach § 2 Abs. 1 PartGG wird man eher dem Berufsrecht zurechnen müssen; vgl. auch etwa §§ 9 Abs. 3, 6 Abs. 1 PartGG.

200) Vgl. *K. Schmidt*, ZIP 1993, 633, 635 f.

201) So z. B. *Bösert*, ZAP Fach 15, S. 137, 139; *Kulka*, DZWIR 1995, 45, 51; *Taupitz*, MedR 1995, 475, 480.

erstreckt. Das gilt um so mehr heutzutage, da nach der Zulassung der GmbH für Rechtsanwälte, Ärzte und Zahnärzte kaum noch ein Beruf existiert, der diesem „Prinzip“ unterworfen wäre.

92 Erstaunlicherweise finden sich in den weiteren Artikeln des Gesetzes, mit dem das PartGG im Jahre 1994 verabschiedet worden und deren Gegenstand die Anpassung korrespondierender Normen in anderen Gesetzen ist, **kaum Änderungen berufsrechtlicher Vorschriften**. Auch die parallel zum Gesetzgebungsverfahren des PartGG überarbeiteten Berufsgesetze, insbesondere das der Rechtsanwälte, enthalten – mit Ausnahme der neugefassten WPO – keine weitergehenden, die bisherigen Möglichkeiten der Berufsausübung qualitativ ausdehnenden Öffnungsklauseln. Dies hätte sich vor allem im Hinblick auf die ebenfalls mit dem Gesetz intendierte Förderung **interprofessioneller Zusammenschlüsse** angeboten. Von der seit Beginn des Partnerschaftsgedankens anvisierten Rechtsform, die sich speziell für multiprofessionelle Sozietäten eignen sollte,[202] war von Anfang an im Gesetz an keiner Stelle etwas wiederzufinden. Der allgemeine Berufsrechtsvorbehalt in § 1 Abs. 3 PartGG bewirkt vielmehr gerade das **Gegenteil**. Er stellt sicher, dass das herkömmliche Berufs- und Standesrecht, das interprofessionelle Zusammenarbeit regelmäßig blockiert und möglichst gänzlich zu unterbinden sucht, in keiner Weise beschränkt oder zurückgedrängt wird.[203] Ein wichtiges und sinnvolles Anliegen des Partnerschaftsgedankens wird dadurch vollständig verfehlt. Dies lässt sich auch nicht durch einen Appell der damaligen Bundesjustizministerin *Leutheusser-Schnarrenberger* kaschieren, wonach

> „die freiberuflichen Organisationen ... die Chance dieses neuen Gesetzes ... ergreifen und die Anpassung der einzelnen Berufsrechte an die Partnerschaft zugleich zu einer Modernisierung ... nutzen [sollten]. Dies gilt insbesondere für Fragen der interprofessionellen Zusammenarbeit von Freiberuflern verschiedener Berufsbereiche in der Partnerschaft: Auch hierzu soll die Partnerschaft einen Anstoß geben, denn moderne Dienstleistungsunternehmen sollen komplexe Dienstleistungen aus einer Hand liefern können.“[204]

93 **Insgesamt** ist festzuhalten, dass die weitreichenden **Hoffnungen**, die früher vonseiten der Freiberufler in die neue Gesellschaftsform gesetzt worden waren, sich zumindest **bei Verabschiedung des PartGG** (und vor Inkrafttreten der Veränderungen zum 1.8.1998) nicht erfüllt hatten.[205] Lediglich in der Frage der Rechtsfähigkeit wurde durch die Übernahme der OHG-Regelung gegenüber der früher für die GbR angenommenen Rechtslage eine tatsächliche Verbesserung erzielt. Die Frage der Haftungsbegrenzung wurde zwar behandelt, aber zunächst kaum zu einem befriedigenden und den Ansprüchen der Angehörigen freier Berufe genü-

---

202) So bereits *v. Bockelberg*, DStB 1971, 65.

203) Vgl. *Müller-Gugenberger*, DB 1972, 1517, 1519; *Mahnke*, WM 1996, 1029, 1032 f. („Chance einer Liberalisierung verschenkt“).

204) *Leutheusser-Schnarrenberger*, recht 4/95, S. 61.

205) Vgl. *v. Falkenhausen*, AnwBl 1993, 479, 480 f.; *Stuber*, WiB 1994, 705, 710; *Lenz*, MDR 1994, 741, 746; *Gerken*, Rpfleger 1995, 217, 218; *Sauren/Haritz*, MDR 1996, 109, 113; *Sproß*, AnwBl 1996, 201, 202; *Sommer*, DSWR 1995, 181, 184; *Henssler*, DB 1995, 1549, 1556; *Henssler*, GmbHR 1995, 756, 758; *Hellfrisch*, StB 1995, 253, 256; *Lenz* in: Meilicke u. a., PartGG, § 1 Rz. 13; in der Tendenz positiver *Oppermann*, AnwBl 1995, 453, 456.

genden Ergebnis geführt. Im Hinblick auf § 130 HGB stand die Partnerschaft haftungsrechtlich zunächst sogar schlechter da als die GbR.[206] Dieser Unterschied ist inzwischen aufgehoben worden, da der BGH in seiner jüngsten Rechtsprechung § 130 HGB analog auch auf die GbR anwendet.[207] Eine wesentliche Verbesserung konnte allerdings durch das **Änderungsgesetz von 1998** erreicht werden, das wegen § 8 Abs. 2 PartGG n. F. eine Art der Haftungsbeschränkung ermöglichte. Die Problemkreise der internationalen und vor allem interprofessionellen Zusammenarbeit blieben allerdings – entgegen allen wortreichen Willensbekundungen – bis heute vollständig ausgeklammert.

E. Die PartG mbB im System des Gesellschaftsrechts

I. Bedürfnisprüfung

94 Aufgrund der unbefriedigenden Situation bei der Rechtsformwahl der Freiberufler (ausführlich dazu oben Rz. 61 ff.) gab es ganz sicher ein praktisches Bedürfnis für eine Rechtsform, die einerseits eine sichere Haftungsbeschränkung ermöglicht, andererseits aber nicht die Nachteile einer Kapitalgesellschaft aufweist. Weniger überzeugend ist die häufig anzutreffende Darstellung, dass die PartG mbB als **„Gegenmodell zur LLP“** geschaffen werden sollte.[208] Ob die PartG mbB wirklich die LLP verdrängen kann, ist höchst fraglich. Die (ohnehin wenigen) Kanzleien, welche derzeit als LLP organisiert sind, werden vermutlich nicht in eine PartG mbB umwandeln. Denn einerseits haben sich die Gesellschafter meist schon seit Jahren mit den vermeintlich von der LLP ausgehenden Haftungsgefahren arrangiert, andererseits wollen international tätige Kanzleien meist eine international bekannte Rechtsform nach dem Recht des Gesellschaftssitzes. Nichtsdestotrotz wird die Freiberuflern zur Verfügug stehende Auswahl von Gesellschaftsformen mit der PartG mbB um eine attraktive Rechtsformvariante ergänzt.

95 Die PartG mbB wirkt gerade für Rechtsanwälte eigentlich eher als **Kompensation** dafür, dass ihnen die KG als Rechtsform nicht offensteht. Anders als teilweise geschrieben wurde, ist die PartG mbB damit keine Privilegierung der Freiberufler gegenüber gewerblichen Unternehmern.[209] Ein Bedürfnis für eine PartG mbB hätte es insoweit weniger gegeben, wenn allen Freiberuflern die KG als Rechtsform angeboten worden wäre.[210] Diesen Schritt, der einer endgültigen Angleichung von „freiberuflichem“ und „gewerblichem“ Gesellschaftsrecht gleichkäme, wollte der Gesetzgeber aber (noch) nicht gehen.

96 Vor allem aber können die Probleme aufgrund der **Unzulängleichkeiten der Haftungskonzentration** nach § 8 Abs. 2 PartGG durch den Zusammenschluss in einer PartG mbB vermieden werden.

---

206) Krit. daher *Mahnke*, WM 1996, 1029, 1036.

207) BGH, Urt. v. 7.4.2003 – II ZR 56/02, ZIP 2003, 899 = ZVI 2003, 273, dazu EWiR 2003, 513 *(Westermann)*.

208) Begr. RegE BT-Drucks. 17/10487, S. 11 = Anhang, S. 388.

209) Vgl. die Überschrift eines Artikels der FAZ v. 7.11.2012, Nr. 260, S. 19 zur Einführung der PartG mbB: „Anwälte sollen weniger streng haften als Unternehmer“.

210) Vgl. *Grunewald*, ZIP 2012, 1115 ff.

97 In der **rechtspolitischen Diskussion** zeigte sich schnell, dass die Rechtsform der PartG mbB insgesamt positiv bewertet wurde.[211] Nachdem in letzter Zeit vermehrt auf notwendige Änderungen des PartGG hingewiesen wurde,[212] zeichnete sich die Tendenz ab, dass eine Haftungsbeschränkung in Form einer **„Versicherungslösung"** die wohl am leichtesten in das freiberufliche Gesellschaftsrecht zu integrierende Lösung war.[213] Gerade in Zeiten, in denen Mandaten immer häufiger eine berufsrechtliche Haftung geltend machen,[214] musste ein adäquater Schutz der Berufsträger vor der täglichen beruflichen Existenzbedrohung geschaffen werden, ohne dass die Mandanten darunter leiden. Die PartG mbB erfüllt diesen Zweck.

II. Systematische Einordnung im Gesellschaftsrecht

98 Die PartG mbB bewegt sich wie auch die reguläre Partnerschaft (dazu oben Rz. 76) im Bereich zwischen der GbR und der Kapitalgesellschaft, wobei sie aufgrund der Haftungsbeschränkung im berufsausübungsbezogenen Bereich am ehesten der GmbH gleichkommt. Sie ist gleichwohl eine **Personengesellschaft.** Durch die Haftungsbeschränkung gemäß § 8 Abs. 4 PartGG wird sie nicht zur juristischen Person oder zur Körperschaft.[215] Sie ist stattdessen eine auf dem Recht der GbR bzw. OHG aufbauende Partnerschaft, bei der nur für bestimmte Verbindlichkeiten das Gesellschaftsvermögen als alleinige Haftungsmasse von dem Vermögen der Gesellschafter getrennt wird.

99 Bewusst oder unbewusst schreibt der Gesetzgeber mit der PartG mbB eine **Entwicklung im Recht der Haftungsbeschränkung** von Organisationen fort, die schon seit Jahren einen grundlegenden Systemwechsel im Gesellschaftsrecht zur Folge hat. Denn um in den Genuss einer Haftungsbeschränkung zu gelangen, musste man in Deutschland traditionell folgende Kriterien erfüllen:

1. „Erkaufen" der Haftungsbeschränkung durch ein Mindeststammkapital,
2. Befolgung strenger Vorgaben bei der Kapitalaufbringung und
3. Absicherung des Gesellschaftsvermögens durch Einhaltung der Kapitalerhaltungsvorschriften.[216]

100 Die PartG mbB erfüllt **keine dieser Kriterien.** Sie kennt weder ein Mindeststammkapital noch Kapitalaufbringungs- oder Kapitalerhaltungsvorschriften. So radikal wie es auf den ersten Blick scheinen mag, ist der vermeintliche Systembruch jedoch nicht.

---

211) *Römermann*, AnwBl 2012, 288 ff.; *Römermann/Praß*, NZG 2012, 601 ff.; *Lohbeck*, JSE 2013, 5 ff.; *Uwer/Roeding*, AnwBl 2013, 309 ff.; *Beck*, DZWIR 2012, 447 ff.; s. ferner die Nachweise bei § 8 Fn. 135; die Notwendigkeit der PartG mbB ablehnend aber *Kreße*, NJ 2013, 45 ff.; *Grunewald*, ZIP 2012, 1115 ff.

212) Etwa *Dahns*, NJW-Spezial 2011, 574 f.; *Hellwig*, NJW 2011, 1557 ff.

213) Vgl. *Lohbeck*, JSE 2013, 5.

214) Dazu *Hirte*, Stellungnahme zum RegE v. 7.11.2012, S. 3 f.

215) Ausführlich *Römermann/Praß*, NZG 2012, 601, 606.

216) Michalski-*Michalski*, GmbHG, Überbl. Rz. 40; Scholz-*Emmerich*, GmbHG, § 13 Rz. 55 f.; *K. Schmidt*, Gesellschaftsrecht, § 18 IV; vgl. auch BGH, Urt. v. 24.6.2002 – II ZR 300/00, (KBV), BGHZ 151, 181, 186 = ZIP 2002, 1578.

101 Das „**Erkaufen der Haftungsbeschränkung**" durch ein Stammkapital hatte bereits dadurch erheblich an Gehalt verloren, dass mit dem MoMiG 2008[217)] das Mindeststammkapital bei einer GmbH-Variante auf 1 € abgesenkt wurde (§ 5a Abs. 1 Satz 1 GmbHG).

102 Das zweite Element, nämlich die Strenge bei der **Kapitalaufbringung** durch den Grundsatz der realen Kapitalaufbringung, hat der Gesetzgeber jüngst ebenfalls aufgeweicht: Eine Falschbewertung einer Sacheinlage (in diesem Fall einer Forderung) bei der Kapitalaufbringung wird nach einem neuen § 254 Abs. 4 InsO insoweit hingenommen, als eine Differenzhaftung des Inferenten wegen einer Falschbewertung (§§ 56 Abs. 2, 9 Abs. 1 GmbHG) gesetzlich ausgeschlossen ist, wenn die Forderung i. R. einer Kapitalmaßnahme des Insolvenzplans (z. B. *Debt-Equity-Swap*) eingebracht wurde. In einem Gedankenspiel könnte damit eine Sacheinlage mit einem Wert von null zu einem fiktiven Wert i. H. von 1 Mio. € eingebracht werden; von dem Grundsatz der realen Kapitalaufbringung bleibt dann ersichtlich nicht viel übrig.[218)]

103 Neu war bislang, dass für das Privileg einer Haftungsbeschränkung auch keine **Kapitalerhaltungsvorschriften** eingehalten werden müssen. Als Korrelat dient insoweit die **Berufshaftpflichtversicherung** („Prinzip: Versicherung statt Haftung")[219)]. Aus systematischer Sicht ist Grundlage für die Haftungsbeschränkung also nicht die Pflicht zur generellen Sicherung von Gesellschaftsvermögen vor dem Zugriff der Gesellschafter auf durch ein Stammkapital gebundenes Vermögen (abstaktbilanzielle Betrachtung), sondern die Pflicht zur vorausschauenden Absicherung der Gläubiger in konkreten Schadenssituationen (situative Betrachtung).

---

217) Gesetz zur Modernisierung des GmbH-Rechts und zur Bekämpfung von Missbräuchen (MoMiG), BGBl. I, 2026.

218) Vgl. *Hölzle*, NZI 2011, 124, 129; *Römermann*, NJW 2012, 645, 651.

219) *Hirte*, Stellungnahme zum RegE v. 7.11.2012, S. 4 f.

Gesetz über Partnerschaftsgesellschaften Angehöriger Freier Berufe (Partnerschaftsgesellschaftsgesetz – PartGG)

vom 25. Juli 1994, BGBl. I, 1744
zuletzt geändert durch
Artikel 1 des Gesetzes vom 15. Juli 2013, BGBl. I, 2386

§ 1
Voraussetzungen der Partnerschaft

(1) [1]Die Partnerschaft ist eine Gesellschaft, in der sich Angehörige Freier Berufe zur Ausübung ihrer Berufe zusammenschließen. [2]Sie übt kein Handelsgewerbe aus. [3]Angehörige einer Partnerschaft können nur natürliche Personen sein.

(2) [1]Die Freien Berufe haben im allgemeinen auf der Grundlage besonderer beruflicher Qualifikation oder schöpferischer Begabung die persönliche, eigenverantwortliche und fachlich unabhängige Erbringung von Dienstleistungen höherer Art im Interesse der Auftraggeber und der Allgemeinheit zum Inhalt.*) [2]Ausübung eines Freien Berufes im Sinne dieses Gesetzes ist die selbständige Berufstätigkeit der Ärzte, Zahnärzte, Tierärzte, Heilpraktiker, Krankengymnasten, Hebammen, Heilmasseure, Diplom-Psychologen, Mitglieder der Rechtsawaltskammern, Patentanwälte, Wirtschaftsprüfer, Steuerberater, beratenden Volks- und Betriebswirte, vereidigten Buchprüfer (vereidigte Buchrevisoren), Steuerbevollmächtigten, Ingenieure, Architekten, Handelschemiker, Lotsen, hauptberuflichen Sachverständigen, Journalisten, Bildberichterstatter, Dolmetscher, Übersetzer und ähnlicher Berufe sowie der Wissenschaftler, Künstler, Schriftsteller, Lehrer und Erzieher.

(3) Die Berufsausübung in der Partnerschaft kann in Vorschriften über einzelne Berufe ausgeschlossen oder von weiteren Voraussetzungen abhängig gemacht werden.

(4) Auf die Partnerschaft finden, soweit in diesem Gesetz nichts anderes bestimmt ist, die Vorschriften des Bürgerlichen Gesetzbuchs über die Gesellschaft Anwendung.

Die Bestimmungen des **BGB**, die gemäß § 1 Abs. 4 PartGG entsprechend anwendbar sind, lauten:

§ 705 Inhalt des Gesellschaftsvertrages

Durch den Gesellschaftsvertrag verpflichten sich die Gesellschafter gegenseitig, die Erreichung eines gemeinsamen Zweckes in der durch den Vertrag bestimmten Weise zu fördern, insbesondere die vereinbarten Beiträge zu leisten.

§ 706 Beiträge der Gesellschafter

(1) Die Gesellschafter haben in Ermangelung einer anderen Vereinbarung gleiche Beiträge zu leisten.

*) § 1 Abs. 2 Satz 1 eingefügt durch Gesetz v. 22.7.1998, BGBl. I 1998, 1878, 1881.

(2) Sind vertretbare oder verbrauchbare Sachen beizutragen, so ist im Zweifel anzunehmen, dass sie gemeinschaftliches Eigentum der Gesellschafter werden sollen. Das Gleiche gilt von nicht vertretbaren und nicht verbrauchbaren Sachen, wenn sie nach einer Schätzung beizutragen sind, die nicht bloß für die Gewinnverteilung bestimmt ist.

(3) Der Beitrag eines Gesellschafters kann auch in der Leistung von Diensten bestehen.

§ 707 Erhöhung des vereinbarten Beitrags

Zur Erhöhung des vereinbarten Beitrags oder zur Ergänzung der durch Verlust verminderten Einlage ist ein Gesellschafter nicht verpflichtet.

§ 708 Haftung der Gesellschafter

Ein Gesellschafter hat bei der Erfüllung der ihm obliegenden Verpflichtungen nur für diejenige Sorgfalt einzustehen, welche er in eigenen Angelegenheiten anzuwenden pflegt.

§ 712 Entziehung und Kündigung der Geschäftsführung

(1) Die einem Gesellschafter durch den Gesellschaftsvertrag übertragene Befugnis zur Geschäftsführung kann ihm durch einstimmigen Beschluss oder, falls nach dem Gesellschaftsvertrag die Mehrheit der Stimmen entscheidet, durch Mehrheitsbeschluss der übrigen Gesellschafter entzogen werden, wenn ein wichtiger Grund vorliegt; ein solcher Grund ist insbesondere grobe Pflichtverletzung oder Unfähigkeit zur ordnungsmäßigen Geschäftsführung.

(2) Der Gesellschafter kann auch seinerseits die Geschäftsführung kündigen, wenn ein wichtiger Grund vorliegt; die für den Auftrag geltende Vorschrift des § 671 Abs. 2, 3 findet entsprechende Anwendung.

§ 717 Nichtübertragbarkeit der Gesellschafterrechte

Die Ansprüche, die den Gesellschaftern aus dem Gesellschaftsverhältnis gegeneinander zustehen, sind nicht übertragbar. Ausgenommen sind die einem Gesellschafter aus seiner Geschäftsführung zustehenden Ansprüche, soweit deren Befriedigung vor der Auseinandersetzung verlangt werden kann, sowie die Ansprüche auf einen Gewinnanteil oder auf dasjenige, was dem Gesellschafter bei der Auseinandersetzung zukommt.

§ 718 Gesellschaftsvermögen

(1) Die Beiträge der Gesellschafter und die durch die Geschäftsführung für die Gesellschaft erworbenen Gegenstände werden gemeinschaftliches Vermögen der Gesellschafter (Gesellschaftsvermögen).

(2) Zu dem Gesellschaftsvermögen gehört auch, was auf Grund eines zu dem Gesellschaftsvermögen gehörenden Rechts oder als Ersatz für die Zerstörung, Beschädigung oder Entziehung eines zu dem Gesellschaftsvermögen gehörenden Gegenstands erworben wird.

§ 719 Gesamthänderische Bindung

(1) Ein Gesellschafter kann nicht über seinen Anteil an dem Gesellschaftsvermögen und an den einzelnen dazu gehörenden Gegenständen verfügen; er ist nicht berechtigt, Teilung zu verlangen.

(2) Gegen eine Forderung, die zum Gesellschaftsvermögen gehört, kann der Schuldner nicht eine ihm gegen einen einzelnen Gesellschafter zustehende Forderung aufrechnen.

§ 720 Schutz des gutgläubigen Schuldners

Die Zugehörigkeit einer nach § 718 Abs. 1 erworbenen Forderung zum Gesellschaftsvermögen hat der Schuldner erst dann gegen sich gelten zu lassen, wenn er von der Zugehörigkeit Kenntnis erlangt; die Vorschriften der §§ 406 bis 408 finden entsprechende Anwendung.

§ 721 Gewinn- und Verlustverteilung

(1) Ein Gesellschafter kann den Rechnungsabschluss und die Verteilung des Gewinns und Verlusts erst nach der Auflösung der Gesellschaft verlangen.

(2) Ist die Gesellschaft von längerer Dauer, so hat der Rechnungsabschluss und die Gewinnverteilung im Zweifel am Schluss jedes Geschäftsjahrs zu erfolgen.

§ 722 Anteile am Gewinn und Verlust

(1) Sind die Anteile der Gesellschafter am Gewinn und Verlust nicht bestimmt, so hat jeder Gesellschafter ohne Rücksicht auf die Art und die Größe seines Beitrags einen gleichen Anteil am Gewinn und Verlust.

(2) Ist nur der Anteil am Gewinn oder am Verlust bestimmt, so gilt die Bestimmung im Zweifel für Gewinn und Verlust.

§ 725 Kündigung durch Pfändungspfandgläubiger

(1) Hat ein Gläubiger eines Gesellschafters die Pfändung des Anteils des Gesellschafters an dem Gesellschaftsvermögen erwirkt, so kann er die Gesellschaft ohne Einhaltung einer Kündigungsfrist kündigen, sofern der Schuldtitel nicht bloß vorläufig vollstreckbar ist.

(2) Solange die Gesellschaft besteht, kann der Gläubiger die sich aus dem Gesellschaftsverhältnis ergebenden Rechte des Gesellschafters, mit Ausnahme des Anspruchs auf einen Gewinnanteil, nicht geltend machen.

§ 732 Rückgabe von Gegenständen

Gegenstände, die ein Gesellschafter der Gesellschaft zur Benutzung überlassen hat, sind ihm zurückzugeben. Für einen durch Zufall in Abgang gekommenen oder verschlechterten Gegenstand kann er nicht Ersatz verlangen.

§ 738 Auseinandersetzung beim Ausscheiden

(1) Scheidet ein Gesellschafter aus der Gesellschaft aus, so wächst sein Anteil am Gesellschaftsvermögen den übrigen Gesellschaftern zu. Diese sind verpflichtet, dem Ausscheidenden die Gegenstände, die er der Gesellschaft zur Benutzung überlassen hat, nach Maßgabe des § 732 zurückzugeben, ihn von den gemeinschaftlichen Schulden zu befreien und ihm dasjenige zu zahlen, was er bei der Auseinandersetzung erhalten würde, wenn die Gesellschaft zur Zeit seines Ausscheidens aufgelöst worden wäre. Sind gemeinschaftliche Schulden noch nicht fällig, so können die übrigen Gesellschafter dem Ausscheidenden, statt ihn zu befreien, Sicherheit leisten.

(2) Der Wert des Gesellschaftsvermögens ist, soweit erforderlich, im Wege der Schätzung zu ermitteln.

§ 739 Haftung für Fehlbetrag

Reicht der Wert des Gesellschaftsvermögens zur Deckung der gemeinschaftlichen Schulden und der Einlagen nicht aus, so hat der Ausscheidende den übrigen Gesellschaftern für den Fehlbetrag nach dem Verhältnis seines Anteils am Verlust aufzukommen.

§ 740 Beteiligung am Ergebnis schwebender Geschäfte

(1) Der Ausgeschiedene nimmt an dem Gewinn und dem Verlust teil, welcher sich aus den zur Zeit seines Ausscheidens schwebenden Geschäften ergibt. Die übrigen Gesellschafter sind berechtigt, diese Geschäfte so zu beendigen, wie es ihnen am vorteilhaftesten erscheint.

(2) Der Ausgeschiedene kann am Schluss jedes Geschäftsjahrs Rechenschaft über die inzwischen beendigten Geschäfte, Auszahlung des ihm gebührenden Betrags und Auskunft über den Stand der noch schwebenden Geschäfte verlangen.

Literatur: *Ahlers*, Die GmbH als Zusammenschluß Angehöriger freier Berufe zur gemeinsamen Berufsausübung, in: Festschrift Rowedder, 1994, S. 1; *Appel*, Gesellschaftsvertrag einer Partnerschaft, Stbg 1995, 203; *Bakker*, Rechtsanwaltsgesellschaften in England, AnwBl 1993, 245; *Bayer/Imberger*, Nochmals: Die Rechtsformen freiberuflicher Tätigkeit, DZWIR 1995, 177; *Bayer/Imberger*, Die Rechtsformen freiberuflicher Tätigkeit, DZWIR 1993, 309; *Beckmann*, Für eine Partnerschaft Freier Berufe, in: Festschrift für Detlef Kleinert, 1992, S. 210; *Binz*, Betriebsaufspaltung bei Dienstleistungsunternehmen, DStR 1996, 565; *v. Bockelberg*, Die Partnerschaft – Eine Gesellschaftsform für freie Berufe, DStB 1971, 65; *Bogdan*, IPR-Aspekte der schwedischen Eingetragenen Partnerschaft für Homosexuelle, IPRax 1995, 56; *Böhringer*, Das neue Partnerschaftsgesellschaftsgesetz, BWNotZ 1995, 1; *Bösert*, Das Gesetz über Partnerschaftsgesellschaften Angehöriger Freier Berufe (Partnerschaftsgesellschaftsgesetz – PartGG), ZAP Fach 15, S. 137 (= ZAP 1994, 765); *Bösert*, Der Regierungsentwurf eines Gesetzes zur Schaffung von Partnerschaftsgesellschaften (Partnerschaftsgesellschaftsgesetz – PartGG), DStR 1993, 1332; *Brötzmann*, Zulässigkeit einer Heilbehandlungs-GmbH für zahnärztliche Leistungen, WiB 1994, 270; *Burret*, Tätigkeitsbericht des Präsidenten der Wirtschaftskammer anläßlich der Beiratssitzung am 21. Juni 1995, WPK-Mitt. 1995, 160; *Burret*, Das Partnerschaftsgesellschaftsgesetz, WPK-Mitt. 1994, 201; *Carl*, Die Partnerschaftsgesellschaft – eine neue Rechtsform für die Freien Berufe, StB 1995, 173; *Coester-Waltjen*, Besonderheiten des neuen Partnerschaftsgesellschaftsgesetzes, Jura 1995, 666; *Dann*, Begrüßungsansprache, in: BStBerK (Hrsg.): Steuerberaterkongreßreport 1993; *Depping*, Insolvenzverwalter – freiberufliche oder gewerbliche Tätigkeit?, DStR 1995, 1337; *Dux*, Dänemark: Bericht der Kommission für die Reform des Anwaltsrechts veröffentlicht, AnwBl 2007, 285; *Ehlermann*, Wettbewerb und freie Berufe: Antagonismus oder Kompatibilität?, in: Festschrift für Wolfgang Dieter Budde, 1995, 157; *Ehlermann*, Concurrence et professions libérales: antagonisme ou compatibilité?, Revue du Marché commun et de l'Union européenne, no. 365, février 1993, 136; *Ehmann*, Praxisgemeinschaft/Gemeinschaftspraxis, MedR 1994, 141; *Erdweg*, Zur Abgrenzung der freiberuflichen von der gewerblichen Tätigkeit, FR 1978, 217; *Ewer*, Interdisziplinäre Zusammenarbeit, AnwBl 1995, 161; *v. Falkenhausen*, Brauchen die Rechtsanwälte ein Partnerschaftsgesellschaftsgesetz?, AnwBl 1993, 479; *Felix*, Der freiberuflich tätige beratende Betriebswirt, KÖSDI 1989, 7736; *Felix*, Coaching und Steuer, BB 1996, 1529; *Feuerich*, Neuordnung des Berufsrechts der Rechtsanwälte, ZAP Fach 23, S. 183 (= ZAP 1994, 1011); *Fitzner*, Die berufliche Zusammenarbeit von Patentanwälten – Eine Betrachtung im Lichte der Entwicklung von Gesetz und Rechtsprechung, GRUR 2009, 252; *Förster*, EDV-Schuler als gewerblich tätiger EDV-Berater?, DStR 1998, 635; *Fritz/Pielsticker*, Mediationsgesetz, 2013; *Gilgan*, Auswirkungen des Partnerschafts-Gesellschaftsgesetzes auf die Angehörigen des steuerberatenden Berufs, Stbg 1995, 28; *Gleiss*, Soll ich Rechtsanwalt werden?, 3. Aufl., 1992; *Graf*, Neues zur Tätigkeit des EDV-Beraters, Inf 1990, 457; *Graf*, § 18 EStG und die Tätigkeit des EDV-Beraters, Inf 1990, 49; *Graf/Ehlers*, Das deutsche Seelotswesen, Hansa 1979, 1342 und 1422; *Greger/Unberath*, Mediationsgesetz, 2012; *Gres*, Die neue Partnerschaftsgesellschaft, der freie beruf 6/1994, 23; *Gres*, Partnerschaftsgesellschaft, Maßgeschneiderte Gesellschaftsform für die Bedürfnisse der Freiberufler, Handelsblatt vom 19.5.1994; *Gres*, Partnerschaftsgesetz für Freie Berufe – Gesetzesvorhaben mit Vorgeschichte, Der Selbständige, 12/1992, 6; *Grunewald*, Zur Verfassungswidrigkeit der Gewerbesteuerpflicht selbständiger EDV-Berater, StB 1998, 221; *Haage*, Berufsrechtliche Beurteilung des neuen Psychotherapeutengesetzes, MedR 1998, 291; *Hamlin/Ellinger/Beattie*, The emergent ‚coaching industry': a wake-up call for HRD professionals, Human Resource Development International 2008, Vol. 11, No. 3, 287; *Hartung*, Fremdbesitz an Kanzleien: Weniger Nebelkerzen – Weitblick zählt, AnwBl 2012, 727; *Haurand*, Berufserlaubnis und Approbation im Heilwesen, NWB Fach 30, S. 891 (= NWB 1993, 2065); *Heinrich/Steinicke*, Seelotswesen, 3. Aufl., 2011; *Hellfrisch*, Das Partnerschaftsgesellschaftsgesetz und seine Bedeutung für die Berufsstände der Wirtschaftsprüfer, Steuerberater und Rechtsanwälte, StB 1995, 253; *Henssler*, Das französische Recht der Anwaltsgesellschaften, NJW 2010, 1425; *Henssler*, Die Kapitalbeteiligung an Anwaltsgesellschaften (Teil 2), BRAK-Mitt. 2007, 238; *Henssler*, Rechtsanwalts-GmbH oder Partnerschaft?, ZAP Fach 23, S. 285 (= ZAP 1997, 861); *Henssler*, Neue Formen anwaltlicher Zusammenarbeit – Anwalts-GmbH und Partnerschaft im Wettbewerb der Gesellschaftsformen, DB 1995, 1549; *Henssler*, Rezension zu: Michalski/Römermann, PartGG 1. Aufl., GmbHR 1995, 756; *Henssler*, Anwaltsgesellschaften, NJW 1993, 2137; *Heuer*, Qualitätsanforderungen an eine künstlerische Tätigkeit i. S. d. § 18 Abs. 1 Satz 2 EStG, DStR 1983, 638; *Hornung*, Partnerschaftsgesellschaft für Freiberufler (Teil 1), Rpfleger 1995, 481, (Teil 2), Rpfleger 1996, 1; *Horschitz/Kurtenbach*, Hebammengesetz, 3. Aufl., 2003; *Jürgenmeyer*, Berufsrechtliche Diskriminierungen der interprofessionell tätigen Rechtsanwälte, BRAK-Mitt. 1995, 142; *Kanzler*, Der Rechtsanwalt als Konkursverwalter oder zu den Gefahren einer gemischten Tätigkeit, FR 1994, 114; *Kempermann*, „Ähnliche Berufe" i. S. des § 18 Abs. 1 EStG – Zur Problematik des Autodidakten, FR 1990, 535; *Kempter*, Das Partnerschaftsgesellschaftsgesetz, BRAK-Mitt. 1994, 122; *Kilian/Lemke*, Anwaltsgesellschaften mit berufsfremder Kapitalbeteiligung, AnwBl 2011, 800; *Kleine-Cosack*, Liberalisierung des Gesellschaftsrechts der Freiberufler, DB 2007, 1851; *Kleine-Cosack*, Gesellschaftsrecht der freien Berufe auf dem Prüfstand, AnwBl 2007, 737; *Knoll/Schüppen*, Die Partnerschaftsgesellschaft – Handlungszwang, Handlungsalternative oder Schubladenmodell, DStR 1995, 608, 646; *Korff/Martens*, Der Fall „Ingo Steuer": Freiberufliche Sporttrainer als „Gewerbebetriebe", Causa Sport 2013, 38; *Korn*, Erweiterung des Anwendungsbereichs von § 18 EStG durch die Rechtsprechung, KÖSDI 2012, Nr. 1, 17755; *Korn*, Probleme bei der ertragsteuerlichen Abgrenzung zwischen freier Berufstätigkeit und Gewerbe, DStR 1995, 1249; *Kosek/Hess*, Gemeinschaftspraxis: kräftiger Rückenwind aus Bonn, Ärztliche Praxis Nr. 30 vom 12.4.1994, S. 35; *Krejci*, Gutachten: Partnerschaft, Verein, Konzern – Zur Harmonisierung und Modernisierung des Gesellschafts- und Unternehmensrechtes, in: Verhandlungen des 10. Österreichischen Juristentages, 1988, Bd. I/1, S. 3; *Krieger*, Partnerschaftsgesellschaftsgesetz, MedR 1995, 95; *Kupfer*, Freiberufler-Gesellschaften: Partnerschaft, Anwalts- und Ärzte-GmbH, KÖSDI 1995, 10130; *Kupfer*, Geklärte und strittige Einkommensteuerfragen bei der Abgrenzung zwischen Freiberuf und Gewerbe, KÖSDI 1990, 8066; *Lenz*, Die „Ausübung" des Freien Berufes i. S. d. Partnerschaftsgesellschaftsgesetzes, WiB 1995, 529; *Lenz*, Die Partnerschaft – alternative Gesellschaftsform für Freiberufler, MDR 1994, 741; *Leutheusser-Schnarrenberger*, „Maßgeschneiderte Gesellschaftsform für Freie Berufe", recht 4/95, S. 61; *Leutheusser-Schnarrenberger*, Partnerschaftsgesellschaftsgesetz – ab 1. Juli '95 in Kraft, der freie beruf 7–8/1994, 20; *Leutheusser-Schnarrenberger*, Die Partnerschaftsgesellschaft – nationale und EG-rechtliche Bestrebungen zu einem Sondergesellschaftsrecht für die freien Berufe, in: Festschrift für Herbert Helmrich, 1994, S. 677; *Leutheusser-Schnarrenberger*, Ein wichtiger Tag für die Freien Berufe, AnwBl 1994, 334; *Lichtner/Korfmacher*, Das Dritte Gesetz zur Änderung der Wirtschaftsprüferordnung, WPK-Mitt. 1994, 207; *List*, Unternehmensberater in steuerlicher Sicht, in: Festschrift für Karl Beusch, 1993, 495; *List*, Neue Berufe aus steuerrechtlicher Sicht, BB 1993, 1488; *Löhr/Richter*, Fortführung einer freiberuflichen Praxis bei fehlender beruflicher Qualifikation des Erben, BB 1980, 673; *Longing*, Steuerliche Besonderheiten der freien Berufe, StKongrRep 1974, 161; *Lux*, Gesellschaftsrechtliche Abfindungsklauseln – Feststellung der Unwirksamkeit oder Anpassung an veränderte Verhältnisse?, MDR 2006, 1203; *Mahnke*, Das Partnerschaftsgesellschaftsgesetz, WM 1996, 1029; *März*, Die Besteuerung der Bergführer, DStR 1994, 1177; *Maxl*, Die Berufsordnung der Steuerberater, NWB Fach 30, S. 1101 (= NWB 1997, 2837); *Meng*, Die Bedeutung des Partnerschaftsgesellschaftgesetzes für den Steuerberaterbedarf, SteuerStud., 1995, 55; *Meudt*, Ein neues Berufsrecht ermöglicht Ärzten erweiterte Kooperation, Ärzte-Zeitung vom 26./27.5.1995; *Michalski*, Zur Zulässigkeit von Mehrpersonensozietäten bei Nur-Notaren, ZIP 1996, 11; *Michalski*, Unzulässigkeit von Forderungseinziehung durch konzerngebundene Inkassounternehmen, ZIP 1994, 1501; *Michalski*, Zum Regierungsentwurf eines Partnerschaftsgesellschaftsgesetzes, ZIP 1993, 1210; *Michalski*, Zulässigkeit und „Firmierung" überörtlicher Anwaltssozietäten, ZIP 1991, 1551; *Michalski*,

Die freiberufliche Zusammenarbeit im Spannungsfeld von Gesellschafts- und Berufsrecht, AnwBl 1989, 65; *Mittelsteiner*, Kommentierung zum PartGG, DStR 1994, Beihefter zu Heft 37, S. 37; *Müller-Dietz*, Allgemeines Berufsrecht für Psychologen, in: Hans-Heiner Kühne (Hrsg.), Berufsrecht für Psychologen, 1987, S. 18 ff.; *Müller-Gugenberger*, Bringt die „Partnerschaft" für die freien Berufe Wettbewerbsgleichheit im Gemeinsamen Markt? – Ein Vergleich zwischen der französischen société civile professionnelle und dem Entwurf eines „Partnerschafts"-Gesetzes, DB 1972, 1517; *Nerlich*, Anwaltssozietäten in Europa, AnwBl 1994, 529; *OECD*, Politique de la concurrence et professions libérales, 1985; *Oppermann*, Grenzen der Haftung in der Anwalts-GmbH und der Partnerschaft, AnwBl 1995, 453; *Paus*, Freiberufliche Tätigkeit einer Personengesellschaft, DStZ 1986, 120; *Poll*, Der Begriff der Freien Berufe, JR 1996, 441; *Pump*, Abgrenzungskriterien für die Feststellung des „einem Ingenieur ähnlichen Berufs" gemäß § 18 Abs. 1 EStG in der Rechtsprechung, StBp 1992, 91; *Reischmann*, Die Freiberufler-OHG von Ärzten ist noch mit vielen Fragezeichen versehen, Ärzte-Zeitung vom 10.11.1994; *Reiter/Weyand*, Die Entwicklung der höchstrichterlichen Rechtsprechung zur Qualifizierung der Einkünfte des EDV-Beraters, Inf 1995, 553; *Rittner*, Teamarbeit bei freien Berufen – Berufsrecht und Gesellschaftsrecht, DStB 1967, 2; *Römermann*, Anwaltliche Berufsordnung – Ende oder Neuanfang?, NJW 1998, 2249; *Römermann*, Berufsordnungen freier Berufe als verbotene Kartelle, MDR 1998, 1149; *Römermann*, Verfassungswidrigkeit des Sozietätsverbots zwischen Anwaltsnotaren und Wirtschaftsprüfern, MDR 1998, 821; *Rösener*, Neue Rechtsform für Gemeinschaftspraxen – Partnerschaften, Deutsches Tierärzteblatt 1995, 418; *Roth/Fitz*, Das neue EGG: Absichten löblich, Gesetzeskunst mangelhaft, WBl 1990, 189; *Ruppert*, Die novellierte Berufsordnung der Steuerberater, DStR 2011, 138; *Sauren/Haritz*, Anwalts-GmbH: Gründung oder Einbringung im Steuerrecht, MDR 1996, 109; *Schaper/Neufang*, Beschäftigung von Mitarbeitern durch Freiberufler, Inf 1992, 154; *Schauf*, „Kundschaft" durch Partnerschaft?, DGVZ 1995, 55; *Schick*, Der Konkursverwalter – berufsrechtliche und steuerrechtliche Aspekte, NJW 1991, 1328; *Schick*, Die freien Berufe im Steuerrecht, 1973; *Schirmer*, Berufsrechtliche und kassenarztrechtliche Fragen der ärztlichen Berufsausübung in Partnerschaftsgesellschaften, MedR 1995, 341 (Teil 1), MedR 1995, 383 (Teil 2); *Schirmer*, Regelungen für die Übergangszeit bis zum Inkrafttreten der Begleitregelungen in der ärztlichen Berufsordnung, Deutsches Ärzteblatt vom 19.5.1995, B-1063; *Schmid*, Gesellschaften als Wohnungseigentumsverwalter, NZG 2012, 134; *Schmidt, K.*, Die Freiberufliche Partnerschaft, NJW 1995, 1; *Schmidt, K.*, Partnerschaftsgesetzgebung zwischen Berufsrecht, Schuldrecht und Gesellschaftsrecht, ZIP 1993, 633; *Schnitzler*, Heilhilfsberufe: Erlaubnispflicht nach dem Heilpraktikergesetz?, MedR 2010, 828; *Schoor*, Zusammenarbeit von Freiberuflern, STwK Gr 7, S. 77 ff. (vom 26.11.1987); *Schulze-Wilk*, Neues Gesetz sichert Status der Freien Berufe, zm 84, Nr. 13 vom 1.7.1994; *Seibert*, Das neue Partnerschaftsgesellschaftsgesetz, BuW 1995, 100; *Seibert*, Die Partnerschaft für die Freien Berufe, DB 1994, 2381; *Seibert*, Das Partnerschaftsgesellschaftsgesetz, NWB Fach 18, 3365 (= NWB 1994, 3831); *Seibert*, EG-Gesellschaftsrecht – Die grenzüberschreitende Ausübung freiberuflicher Tätigkeiten in einer besonderen Rechtsform?, WR 1993, 185; *Seibert*, Zum neuen Entwurf eines Partnerschaftsgesellschaftsgesetzes, AnwBl 1993, 155; *Segelken*, Kapitänsrecht, 2. Aufl., 1974; *Singer*, Urknall Bastille-Beschlüsse – Auswirkungen auf die Unabhängigkeit der Anwaltschaft, BRAK-Mitt 2012, 145; *Sommer*, Anwalts-GmbH oder Anwalts-Partnerschaft?, GmbHR 1995, 249; *Sommer*, Die neue Partnerschaftsgesellschaft – Eine zweckmäßige Rechtsform für Steuerberater?, DSWR 1995, 181; *Steinhauff*, BFH erweitert Kreis der Freiberufler im Bereich der EDV, NWB 2010, 819; *Stober*, Die Berufsfreiheit der freien Berufe, NJW 1981, 1529; *Streck*, Der Steuerberater als Testamentsvollstrecker und Vermögensverwalter, DStR 1991, 592; *Stuber*, Das Partnerschaftsgesellschaftsgesetz unter besonderer Berücksichtigung der Belange der Anwaltschaft, WiB 1994, 705; *Tamm*, Plädoyer für eine Neuregelung des Heilpraktikergesetzes, VuR 2008, 465; *Taupitz*, Die Partnerschaft als neue Kooperationsform für Ärzte, Arztrecht 1995, 123; *Taupitz*, Berufsständische Satzungen als Verbotsgesetze

i. S. des § 134 BGB, JZ 1994, 221; *Taupitz*, Integrative Gesundheitszentren: neue Formen interprofessioneller ärztlicher Zusammenarbeit, MedR 1993, 367; *Taupitz*, Die Standesordnungen der freien Berufe, 1991; *Taupitz/Schelling*, Das apothekenrechtliche Verbot des „Mehrbesitzes“ – auf ewig verfassungsfest?, NJW 1999, 1751; *Thümmel*, Die Partnerschaft – Eine neue Gesellschaftsform für Freiberufler, WPg 1971, 399; *Torggler*, Partnerschaft für Freie Berufe, ÖJZ 1988, 428; *Voß*, Die Anerkennung als beratender Betriebswirt, FR 1992, 68; *Wehrheim/Brodthage*, Die Abfärbetheorie bei teilweise gewerblich tätigen Personengesellschaften, DStR 2003, 485; *Weyand*, Partnerschaftsgesellschaften als neue Organisationsform für die freiberufliche Praxis, INF 1995, 22; *Withol*, Aus der Rechtsprechung der Finanzgerichte zur Gewerbesteuer, FR 1977, 372; *Wolff-Diepenbrock*, Zur Begriffsbestimmung der „Katalogberufe“ und der ihnen ähnlichen Berufe in § 18 Abs. 1 Nr. 1 EStG, DStZ 1981, 333; *Wüst*, Ausbaubedürfnisse im Gesellschaftsrecht, JZ 1989, 270; *Wüstenberg*, Das Ausscheiden des Betreuten aus einer BGB-Erwerbsgesellschaft oder einer Partnerschaftsgesellschaft, Rpfleger 2002, 295; *Zaumseil*, Abgrenzungsmerkmale der den Katalogberufen ähnlichen freien Berufe, FR 2010, 353.

Übersicht

A. Überblick

1 Die Bestimmung definiert in ihrem ersten Absatz die Partnerschaft und umreißt sodann in Absatz 1 Satz 3 sowie Absatz 2 grundsätzlich den personellen Anwendungsbereich des Gesetzes. Absatz 3 enthält einen **allgemeinen Berufsrechtsvorbehalt**, der den jeweiligen Standes- und Berufsregeln der Angehörigen freier Berufe hinsichtlich etwaiger weiterer Zugangsvoraussetzungen zu der neuen Gesellschaftsform den Vorrang einräumt. Es handelt sich hierbei um eine **zentrale Bestimmung** des Gesetzes, da hieraus folgt, dass das PartGG niemals isoliert betrachtet werden kann, sondern stets vor dem Hintergrund des jeweiligen **Berufsrechts** gesehen und interpretiert werden muss. In Absatz 4 wird schließlich die subsidiäre Geltung der Vorschriften über die BGB-Gesellschaft angeordnet.

B. Die Partnerschaft (§ 1 Abs. 1 Satz 1 PartGG)

I. Begriffsentwicklung

2 Der Begriff der Partnerschaft findet sich bereits zu Beginn der Diskussion über die Einführung einer neuen Gesellschaftsform. Damals wurde er wohl in Anlehnung an die angelsächsische „**partnership**" verwandt.[1] Die Entwürfe der 70er Jahre wurden demgemäß auch jeweils als **Partnerschaftsgesetz** bezeichnet. Erstmalig der **Referentenentwurf** von 1993 trägt die Überschrift „Referentenentwurf eines Gesetzes zur Schaffung von Partnerschaftsgesellschaften ...".[2] Die **neue Bezeichnung** wurde gewählt, um „tatsächliche oder absichtsvolle"[3] Missverständnisse derart, dass es sich um eine neue Form nichtehelicher oder gleichgeschlechtlicher Lebensgemeinschaften handeln könne, von vornherein auszuschließen.[4] Nach dem Willen der Gesetzesverfasser soll sich aber in der Praxis nicht der umständliche und „amts-

1) Vgl. *Thümmel*, WPg 1971, 399; *Krejci* in: Verhandlungen des 10. ÖJT, Bd. I/1, S. 16.

2) In der Begr. des RefE ist allerdings noch von dem „Partnerschaftsgesetz" die Rede, vgl. z. B. Begr. zu § 10 RefE PartGG, ZIP 1993, 153, 155.

3) So *Seibert*, AnwBl 1993, 155.

4) *Leutheusser-Schnarrenberger*, der freie beruf 7–8/1994, 20, 22; *Seibert*, AnwBl 1933, 155; *Bösert*, ZAP Fach 15, S. 137, 142; vgl. *Coester-Waltjen*, Jura 1995, 666; *Salger* in: MünchHdb. GesR, Bd. 1, § 38 Rz. 1; in der Tat ermöglicht etwa das schwedische Partnerschaftsgesetz eine eheähnliche gleichgeschlechtliche Familienbildung, vgl. hierzu *Bogdan*, IPRax 1995, 56.

deutsch"[5] klingende Name **„Partnerschaftsgesellschaft"** durchsetzen, sondern der in dem Gesetz auch ansonsten – wenngleich nicht ganz konsequent – bereits verwandte Begriff der **Partnerschaft.**[6] Daher wurde auch dem Antrag des Bundesrates, den Zusatz „Partnerschaftsgesellschaft" im Namen für verbindlich zu erklären, nicht gefolgt,

> „da dies die Akzeptanz der neuen Gesellschaftsform verschlechtert hätte, wobei nicht auszuschließen ist, dass das mit diesem Antrag gerade beabsichtigt war."[7]

3 Auch die **österreichische** Diskussion wurde zunächst stets über eine zu ermöglichende Partnerschaft geführt, bis man sich im Zusammenhang mit einer grundlegenden Neuorientierung des Konzepts in der letzten Phase der Gesetzgebung dann für den – mittlerweile überholten – Begriff der eingetragenen Erwerbsgesellschaft entschieden hat.[8]

4 Die Legaldefinition der Partnerschaft hat sich im Verlauf der Gesetzgebungsgeschichte gewandelt. In dem **Entwurf** aus dem Jahre **1971** war die Partnerschaft noch als *rechtsfähige* Berufsgesellschaft zur gemeinschaftlichen Berufsausübung von Angehörigen freier Berufe definiert (§ 1 Abs. 1), die i. S. der Steuergesetze als freiberufliche Personengesellschaft gelten sollte (§ 26). Auch der Entwurf von **1975** hielt zunächst an der rechtsfähigen Berufsgesellschaft fest (§ 1 Satz 1 Halbs. 1). In der Fassung von **1976** wurde auf den Begriff der Rechtsfähigkeit verzichtet und eine Formulierung gewählt (§ 1 Abs. 1 Satz 1), die der jetzt geltenden Fassung des Gesetzes bereits sehr nahe kommt.

5 Die Bezeichnung als Gesellschaft zur gemeinschaftlichen Berufsausübung dient der **Abgrenzung** zu anderen möglichen Formen beruflicher Zusammenarbeit, wie sie von Angehörigen freier Berufe etwa in Form von

- Bürogemeinschaften (so z. B. bei Rechtsanwälten),
- Arbeitsgemeinschaften (so z. B. bei Architekten und Ingenieuren), Praxisgemeinschaften (so z. B. bei Ärzten),
- Interessenvereinigungen (so z. B. die EWIV) oder
- **anderen Kooperationsformen** praktiziert wird.[9]

6 Das maßgebliche Unterscheidungsmerkmal liegt darin, dass die Partnerschaft eine **Berufsausübungsgesellschaft**[10] ist, in der mehrere Berufsangehörige unter gemeinsamem Namen – häufig in gemeinsamen Räumlichkeiten, mit gemeinsamer Praxisein-

---

5) Vgl. *Henssler*, NJW 1993, 2137, 2142; ähnlich *v. Falkenhausen*, AnwBl 1993, 479 in Fn. 1 „Wortmonstrum".

6) *Leutheusser-Schnarrenberger*, der freie beruf 7–8/1994, 20, 22; *Bösert*, ZAP Fach 15, S. 137, 142; *Seibert*, Die Partnerschaft, S. 42 in Fn. 34 und S. 49; vgl. auch *Knoll/Schüppen*, DStR 1995, 608 in Fn. 8.

7) *Seibert*, Die Partnerschaft, S. 42 in Fn. 34 und S. 49.

8) Kritisch zur Beibehaltung der möglichen Bezeichnung „Partnerschaft" gemäß § 6 Abs. 2 Satz 2 EGG für freiberufliche Erwerbsgesellschaften daher *Krejci*, EGG, § 2 Rz. 22.

9) Vgl. *K. Schmidt*, NJW 1995, 1, 2; *Sommer*, GmbHR 1995, 249, 255; *Stuber*, Partnerschaftsgesellschaft, S. 3.

10) Begr. RegE PartGG, BT-Drucks. 12/6152, S. 8; *Seibert*, Die Partnerschaft, S. 52; *Carl*, StB 1995, 173, 175; *Henssler*, DB 1995, 1549, 1552; *Henssler*, PartGG, § 1 Rz. 12.

richtung und einer Fachbibliothek sowie mit gemeinsamem Hilfspersonal – eine **gemeinsame Klientel** auf Rechnung für die **Gesamtheit** der Gesellschafter, welche sich Gewinn und Verlust teilen, betreuen[11] – bei Rechtsanwälten, Steuerberatern und Wirtschaftsprüfer also in Form einer Sozietät, bei Ärzten als Gemeinschaftspraxis.[12] Dementsprechend spricht die Musterberufsordnung der Ärzte[13] in ihrem Kap. B § 18 Abs. 1 Satz 1 insbesondere von „Berufsausübungsgemeinschaften", in denen sich Ärzte zusammenschließen können. Demgegenüber präsentieren sich die **übrigen Kooperationsformen**, deren Zweck sich auf die gemeinsame Benutzung der sachlichen und personellen Hilfsmittel beschränkt, als **bloße Betriebsgemeinschaften**.

7 In der Praxis ist eine exakte Abgrenzung nicht immer möglich, da einige Sozietäten die Einnahmenverteilung an den individuellen Kosten und Leistungen jedes Partners orientieren und sich daher einer Bürogemeinschaft annähern. Um solchen Sozietäten den Zugang zur Partnerschaft nicht zu verschließen, ist bei § 1 Abs. 1 PartGG eine großzügige Betrachtung angebracht.[14]

II. Zur Ausübung ihrer Berufe

1. Aktive Berufsausübung erforderlich?

a) Herrschende Ansicht

8 Unter dem Begriff der Ausübung der Berufe der Partner soll nach dem Willen der Gesetzesverfasser nur die **aktive Ausübung**, d. h. die **tatsächliche Mitarbeit** zu verstehen sein.[15] Hierdurch sollen eine bloße Kapitalbeteiligung oder eine Beteiligung als stiller Gesellschafter ausgeschlossen werden.[16] Dieses Anliegen findet sich bereits in dem Neun-Punkte-Katalog des Bundeswirtschaftsministeriums von 1991.[17] Ähnliche Formulierungen wie in Absatz 1 Satz 1 sind in den Entwürfen aus den 70er Jahren anzutreffen.[18]

9 Der beabsichtigte Ausschluss jeder anderen Gesellschafterstellung als der einer selbst praktizierenden Mitarbeit wird aus **den Wesensmerkmalen des freien Berufs** gefolgert. Eine bloße Beteiligung wie in einer Kapitalgesellschaft sei den Angehörigen freier Berufe fremd,[19] sie trage zu einer nicht gewünschten **Kommerzialisierung** der freien Berufe bei.[20] Deshalb halte das Fremdbesitzverbot auch einer europa- wie verfassungsrechtlichen Überprüfung stand.[21] Diese Auffassung kann sich auch

---

11) Hierzu und zum Folgenden näher *Michalski*, AnwBl 1989, 65 m. w. N.

12) Vgl. *Rösener*, Deutsches Tierärzteblatt 1995, 418; *Taupitz*, Arztrecht 1995, 123, 124; *Schirmer*, MedR 1995, 341, 342, 347.

13) (Muster-)Berufsordnung für die in Deutschland tätigen Ärztinnen und Ärzte – MBO-Ä 1997 – in der Fassung der Beschlüsse des 114. Deutschen Ärztetages 2011 in Kiel.

14) Meilicke u. a.-*Meilicke*, PartGG, § 6 Rz. 30; *Feddersen/Meyer-Landrut*, PartGG, § 4 Rz. 6.

15) Begr. RegE PartGG, BT-Drucks. 12/6152, S. 9; *Bösert*, ZAP Fach 15, S. 137, 143.

16) Begr. RegE PartGG, BT-Drucks. 12/6152, S. 7, 9; *Bösert*, ZAP Fach 15, S. 137, 143; *Leutheusser-Schnarrenberger* in: FS Helmrich, S. 677, 682.

17) *Beckmann* in: FS Kleinert, S. 210, 214.

18) § 1 Abs. 1 E 1971; § 1 Satz 1 Halbs. 1 E 1975; § 1 Abs. 1 Satz 1 E 1976.

19) Vgl. nur *Kempter*, BRAK-Mitt. 1994, 122.

20) *Seibert*, DB 1994, 2381, 2382; *Salger* in: MünchHdb. GesR, Bd. 1, § 36 Rz. 12.

21) BFH, Beschl. v. 4.9.2012 – VII R 54/10, DStR 2013, 111 = BFH/NV 2013, 594.

auf die Formulierung in einigen Berufsrechten stützen, wonach sich die Berufsangehörigen nur in einer Gesellschaft zusammenschließen dürfen, wenn sie „ihren Beruf ... ausüben", so Kap. B § 18 Abs. 2 Satz 1 der Musterberufsordnung der Ärzte (MBO-Ä 1997); ähnlich § 59a Abs. 1 BRAO. Gerade bei der Anwaltschaft müsse dem Rechtssuchenden eine neutrale Beratung gewährleistet werden, was aber bei einer Fremdbeteiligung gefährdet sei.[22] Die früher h. A. stimmte im Grundsatz mit den Gesetzesverfassern darin überein, dass die aktive Berufsausübung Voraussetzung für eine Mitgliedschaft in der Partnerschaft, eine **bloße Beteiligung** somit **unmöglich** sei.[23] Während die Gesetzesverfasser dies aus der Bestimmung des Absatzes 1 Satz 1 folgern,[24] sieht *Kempter* die Begründung für seine zum gleichen Ergebnis gelangende Ansicht in § 1 Abs. 4, § 3 Abs. 2 Nr. 2 und § 4 Abs. 2 Satz 1 PartGG,[25] *Weyand* in § 6 Abs. 1 PartGG,[26] *Sommer* in § 6 Abs. 2 PartGG.[27] Zwischenzeitlich ist die hier bereits in der 1. Auflage vertretene **Gegenmeinung** im Vordringen und im neueren Schrifttum herrschend.[28]

b) Eigene Stellungnahme

10 Entgegen der Auffassung der Gesetzesverfasser und den ihnen folgenden Literaturstimmen ist eine **bloße Beteiligung** ohne aktive Berufsausübung auch in der Partnerschaft **möglich**. Für einen Teilbereich kommt dies ansatzweise auch bereits in der Begründung des Regierungsentwurfs zum Ausdruck.[29] Dort heißt es, dass ein Partner, der seine **aktive Mitarbeit einstelle**, „unter Umständen" gemäß § 9 Abs. 1 i. V. m. § 140 HGB durch gerichtliche Entscheidung oder – bei entsprechender Gestaltung des Partnerschaftsvertrages – auch durch Beschluss aus der Partnerschaft **ausgeschlossen werden könne**. Es ist dann weiter zu lesen:

22) *Singer*, BRAK-Mitt 2012, 145, 150.

23) Vgl. nur *Burret*, WPK-Mitt. 1994, 201, 202; *Kempter*, BRAK-Mitt. 1994, 122; *Stuber*, Partnerschaftsgesellschaft, S. 20; *Stuber*, WiB 1994, 705 f., aber auch S. 707; *Schulze-Wilk*, zm 84, Nr. 13, v. 1.7.1994, S. 1448; *Weyand*, INF 1995, 22, 24; *Krieger*, MedR 1995, 95, 96; *Kupfer*, KÖSDI 1995, 10130, 10132; *Carl*, StB 1995, 173, 175; *Appel*, StbG 1995, 203, 204; *Rösener*, Deutsches Tierärzteblatt 1995, 418; *Bayer/Imberger*, DZWIR 1995, 177, 179; *Taupitz*, Arztrecht 1995, 123, 124; *Schauf*, DGVZ 1995, 55, 56; *Schirmer*, MedR 1995, 341, 350; *Böhringer*, BWNotZ 1995, 1; *Feddersen/Meyer-Landrut*, PartGG, § 1 Rz. 3, anders aber dort Rz. 4.

24) Begr. RegE PartGG, BT-Drucks. 12/6152, S. 9.

25) *Kempter*, BRAK-Mitt. 1994, 122, 123.

26) *Weyand*, INF 1995, 22, 24; dies ist allerdings zu Recht eine Einzelmeinung geblieben, die auf einem Zirkelschluss beruht; in § 6 Abs. 1 PartGG ist nämlich nur (deklaratorisch! s. dazu näher *Praß* § 6 Rz. 7) die berufsrechtliche Bedingung genannt, *wenn* Leistungen erbracht werden; eine solche Tätigkeit wird aber dadurch nicht verlangt.

27) *Sommer*, DSWR 1995, 181, 182; in § 6 Abs. 2 PartGG wird jedoch nur die Kerngeschäftsführungs- und damit die Berufsausübungs-*Befugnis* garantiert, ohne gleichzeitig eine Verpflichtung zu beruflicher Aktivität zu begründen.

28) *Mahnke*, WM 1996, 1029, 1032; *Lenz*, WiB 1995, 529; Meilicke u. a.-*Lenz*, PartGG, § 1 Rz. 89 ff.; *Gail/Overlack*, Anwaltsgesellschaften, Rz. 42 ff.; *Schäfer* in: MünchKomm-BGB, § 1 PartGG Rz. 13 f.; *Wehrheim/Wirtz*, Partnerschaftsgesellschaft, S. 37 ff.; *Feddersen/Meyer-Landrut*, PartGG, § 1 Rz. 4, anders dort Rz. 3; Ebenroth/Boujong/Joost-*Seibert*, HGB, 1. Aufl., § 1 PartGG Rz. 5.

29) Begr. RegE PartGG, BT-Drucks. 12/6152, S. 9.

> „Eine **flexible Handhabung** in Fällen, in denen ein Partner sich aus gesundheitlichen oder Altersgründen aus der aktiven Mitarbeit zurückzieht, ist danach möglich."[30] (Hervorhebung durch den Verfasser).

Burret formuliert im gleichen Zusammenhang den Rat:

> „Es empfiehlt sich also eine vertragliche Regelung, um gesundheitlichen Belangen oder Altersgründen der in der Gesellschaft tätigen Partner Rechnung zu tragen."[31]

11 Allerdings wird in beiden Fällen nicht näher präzisiert, wie eine flexible Handhabung oder eine **vertragliche Regelung** im Einzelnen aussehen könnte. Da es auch i. R. der Partnerschaft nur eine Selbstverständlichkeit darstellt, dass die Partner in unterschiedlichem Maße beruflich aktiv sind, kann hiermit allerdings nicht eine lediglich quantitative Einschränkung der Berufstätigkeit aufgrund Alters oder Krankheit gemeint sein. Vielmehr wird offenbar auch von der Begründung zum Regierungsentwurf im Grundsatz **anerkannt**, dass zumindest für eine Übergangszeit die **Partnerstellung** selbst bei der **völligen Einstellung der beruflichen Aktivität** aufrechterhalten bleiben kann.

12 Dies ergibt sich im Übrigen bereits aus der **Systematik** des Gesetzes. § 9 Abs. 2 und 3 PartGG nennen abschließend die gesetzlichen Fälle des **automatischen Ausscheidens** aus der Partnerschaft. Hierzu gehört z. B. der Verlust einer erforderlichen Zulassung (§ 9 Abs. 3 PartGG), jedoch **nicht** die **Einstellung der Berufstätigkeit**.[32] Zu Recht hebt bereits die Begründung des Regierungsentwurfs daher hervor, dass hier nur die Möglichkeit verbleibt, den betroffenen Partner durch gerichtliche Entscheidung nach § 9 Abs. 1 PartGG i. V. m. § 140 HGB oder aber durch Beschluss nach entsprechender gesellschafts-vertraglicher Regelung **auszuschließen**. Die bloße Möglichkeit ist aber **kein Zwang**. Demgemäß haben es die übrigen Partner in der Hand, ob sie einen Ausschluss betreiben wollen oder nicht. Dem Gesetz lässt sich noch nicht einmal eine Vorgabe dergestalt entnehmen, dass etwa ein solches Verfahren notwendig einzuleiten wäre. Etwas anderes ergibt sich auch nicht aus § 9 Abs. 1 PartGG i. V. m. §§ 140 Abs. 1, 133 HGB, da die Bestimmungen des HGB nur eine **Möglichkeit** einräumen, aber keine Verpflichtung begründen. Auch muss die fehlende Berufsausübung eines Partners nicht zwangsläufig einen **wichtigen Grund** darstellen, der nach § 133 HGB eine Ausschließung rechtfertigt. Dies gilt insbesondere dann nicht, wenn im Partnerschaftsvertrag bereits der Fall vorgesehen ist, dass ein Partner seinen Beruf nicht oder nicht mehr aktiv ausübt.[33]

13 Festzuhalten ist daher zunächst, dass ein Mitglied der Partnerschaft auch dann Partner bleiben kann, wenn es – aus welchen Gründen auch immer – seine aktive Berufsausübung aufgibt und die übrigen Partner nichts unternehmen, um seinen

---

30) Begr. RegE PartGG, BT-Drucks. 12/6152, S. 9.

31) *Burret*, WPK-Mitt. 1994, 201, 202; so auch *Seibert*, NWB Fach 18, S. 3365, 3370; *Seibert*, BuW 1995, 100, 103; *Kupfer*, KÖSDI 1995, 10130, 10132; *Taupitz*, Arztrecht 1995, 123, 124.

32) So auch *Feddersen/Meyer-Landrut*, PartGG, § 1 Rz. 4; Ebenroth/Boujong/Joost-*Seibert*, HGB, 1. Aufl., § 1 PartGG Rz. 5.

33) Vgl. *Rösener*, Deutsches Tierärzteblatt 1995, 418: „Wer nicht (mehr) berufstätig ist, kann aus der Partnerschaft ausgeschlossen werden, sofern der Gesellschaftsvertrag nichts anderes bestimmt."

Ausschluss aus der Gesellschaft zu bewirken. Darüber hinaus muss dies aber in gleicher Weise gelten, wenn ein Partner die **berufliche Aktivität** in der Partnerschaft **erst gar nicht aufnimmt**. Da es keinen gesetzlichen Mechanismus gibt, der notwendig zum Ausscheiden des **nur „passiven" Mitglieds** führen würde, kommt es nämlich gar nicht darauf an, ob zu Beginn der Mitgliedschaft eine berufliche Aktivität ausgeübt wurde oder überhaupt nicht. Lediglich bei der Aufnahme eines Partners muss wegen § 1 Abs. 1 Satz 1, § 3 Abs. 2 Nr. 2 Alt. 3, § 4 Abs. 1 Satz 2, Abs. 2 Satz 1, § 5 Abs. 1 PartGG die **Ausübung** eines Berufs in irgendeiner Weise **intendiert oder zumindest als möglich vorgesehen** sein. Die Formulierung „zur Ausübung ihrer Berufe" bedeutet nämlich, dass im Moment des **Abschlusses des Partnerschaftsvertrages** oder des Aufnahmevertrages mit einem neuen Partner das Ziel einer gemeinsamen Berufsausübung bestanden haben muss. Dieser Augenblick ist strikt von der Folgezeit zu unterscheiden, in der es nach dem gefundenen Ergebnis ohne zwangsläufige Konsequenz bleibt, wenn es schließlich doch nicht zur vorgesehenen tatsächlichen Berufsausübung kommt.

14 Im Ergebnis gilt also in der Partnerschaft nichts anderes als in der **BGB-Gesellschaft.**[34] In Sozietäten z. B. von Rechtsanwälten ist es nicht außergewöhnlich, dass ein Seniorpartner sich aus der aktiven Berufstätigkeit zurückzieht, ohne aber auf seine Zulassung oder seine Stellung als Sozius in der Gesellschaft zu verzichten. Sein Anteil am Gewinn der Sozietät, der Höhe nach reduziert, rechtfertigt sich auch weiterhin aus der Tatsache, dass er in langen Jahren maßgeblich an der Entwicklung des good will und des Mandantenstammes der Kanzlei mitgewirkt hat, eine Leistung, die sich häufig noch durch die Nennung seines Namens in der Bezeichnung der Sozietät widerspiegelt. Die übrigen Sozien können diesen **Seniorpartner** nun weitgehend von der Führung der Geschäfte der Kanzlei ausschließen, haben aber ansonsten **kein Interesse** daran, ihn aus der Sozietät zu **entfernen**. Steuerrechtlich können allerdings negative Folgen eintreten. Soweit sich ein Freiberufler nur kapitalmäßig beteiligt, liegen nämlich stets gewerbliche Einkünfte vor.[35]

15 Aus Gründen der Unternehmenskontinuität kann ein erhebliches Interesse an dem Verbleib des Seniorpartners in der Sozietät bestehen.[36] Ferner müsste der von der Gegenauffassung angenommene Zwang zum Ausscheiden den Verkauf der – regelmäßig erheblichen – Gesellschaftsanteile oder die Zahlung einer **Abfindung** nach sich ziehen, eine für die Finanzkraft der Unternehmung insgesamt äußerst nachteilige Konsequenz.[37] Auch ist die Unabhängigkeit der freiberuflichen Partner durch die Kapitaleinlage eines ehemals aktiven Gesellschafters sicherlich weniger gefährdet als durch externe **Kreditgeber** wie z. B. Banken, welche häufig de facto einen nicht

---

34) Für die Rechtsanwalts-GmbH verlangt das BayObLG allerdings, dass sich sämtliche Geschäftsanteile in der Hand von Anwälten befinden, die ihren Beruf aktiv in der Gesellschaft ausüben; BayObLG, Beschl. v. 24.11.1994 – 3Z BR 115/94, BayObLGZ 1995, 353 = ZIP 1994, 1868, 1871, dazu EWiR 1995, 151 (*Kleine-Cosack*); so auch die am 1.3.1999 in Kraft getretene Vorschrift des § 59e Abs. 1 Satz 2 BRAO, eingefügt durch das Gesetz zur Änderung der Bundesrechtsanwaltsordnung, der Patentanwaltsordnung und anderer Gesetze v. 31.8.1998, BGBl. I 1998, 2600.

35) Schmidt-*Wacker*, EStG, § 18 Rz. 44; *Siepmann*, FR 1995, 601, 603.

36) Zutreffend *Bakker*, AnwBl 1993, 245, 248.

37) *Nerlich*, AnwBl 1994, 529, 534.

zu unterschätzenden Einfluss auf die unternehmerischen Entscheidungen in der Gesellschaft ausüben. Mit dem endgültigen Weggang eines Partners wird der Rückgriff auf seinen Rat und seine **Erfahrung** für die übrigen Gesellschafter und Mitarbeiter erschwert,[38] und die durch ihn unterhaltenen persönlichen Beziehungen der Gesellschaft zu Dritten drohen ebenfalls darunter zu leiden.[39]

16 Wenn alle Sozien einverstanden sind, kann durch die Beibehaltung der Gesellschafterstellung eine individuell auf die Kanzlei zugeschnittene Form der **Altersvorsorge** getroffen werden. Dies ist vor allem (aber nicht immer) unter einer zeitlichen Begrenzung denkbar, z. B. noch fünf Jahre nach der Aufgabe der aktiven Tätigkeit.[40] Es ist kein Grund ersichtlich, warum eine solche Regelung in der BGB-Gesellschaft unzulässig sein sollte. Sie muss auch i. R. der Partnerschaft möglich sein. Nachdem der Gesetzgeber der Partnerschaft wie auch der GbR die Möglichkeit steuerlich relevanter Pensionsrückstellungen versagt hat, besteht für diese Gesellschaftsformen ein Bedarf nach alternativen Gestaltungsvarianten für eine Altersversorgung. Mit dem Status des Freiberuflers hat dies im Übrigen ersichtlich nichts zu tun, da der Partner, der seine Zulassung behält, weiterhin seinem **Berufsstand** angehört.

17 Dass dies nicht nur für den Fall des Ruhestandes eines Partners gilt, sondern ganz allgemein, zeigen im Übrigen auch noch folgende Beispiele, wobei stets von der Beibehaltung der Zulassung ausgegangen wird:

- Der Partner, welcher für längere Zeit, z. B. über ein Jahr lang, **erkrankt** ist;
- der Partner, der seine Qualifikation durch ein einjähriges LL.M.-Studium in den USA vergrößert;
- der Partner, der ein Bundes- oder Landtagsmandat als **Abgeordneter** wahrnimmt;
- der **„managing partner“**, der sich in einer großen Kanzlei ausschließlich dem Management und der Organisation widmet.[41]

In allen diesen Fällen liegt es allein am Willen der Partner, ob der Betroffene aus der Gesellschaft ausscheiden soll oder nicht. Es ist nicht Aufgabe des Gesellschaftsrechts, in der Interessenlage zuwiderlaufender Weise in die **autonome Entscheidung der Gesellschafter** einzugreifen.[42] Daran hat sich auch mit dem PartGG nichts geändert.

18 Die Beteiligung nicht selbst aktiver Partner ist somit unter den oben (Rz. 13) genannten Voraussetzungen möglich. Jede andere Lösung wäre interessenwidrig und könnte in der Praxis auch nicht gegen den Willen der Partner erzwungen werden.[43]

---

38) So die Erwägung der *EG-Kommission*, Konsultationsdokument, S. 14.

39) *Nerlich*, AnwBl 1994, 529, 534.

40) Vgl. das Modell der französischen „société d'exercice libérale“, Rz. 15.

41) Wie hier *Salger* in: MünchHdb. GesR, Bd. 1, § 41 Rz. 2.

42) Zustimmend *Mahnke*, WM 1996, 1029, 1032.

43) So auch Meilicke u. a.-*Lenz*, PartGG, § 1 Rz. 98 ff.; *Lenz*, WiB 1995, 529, 530; *Bakker*, AnwBl 1993, 245, 248; hinsichtlich der Erzwingbarkeit ebenso *Stuber*, WiB 1994, 705, 706 f.; die englischen „Solicitors' Incorporated Practice Rules“ (SIPR) 1988 der Law Society haben dementsprechend auch auf eine „Mitarbeitsklausel“ bewusst verzichtet, vgl. hierzu *Bakker*, AnwBl 1993, 245, 248.

Die **Ausübung des Berufs i. S. des Gesetzes** ist daher so auszulegen, dass bereits die Möglichkeit der Ausübung, d. h. die entsprechende Qualifikation oder Zulassung zu dem Beruf, mit anderen Worten die **Berufszugehörigkeit** zu einem freien Beruf ausreicht.[44)] Dies gilt umso mehr, da auch die Vertreter der Auffassung, eine Mitgliedschaft ohne aktive Berufsausübung sei unmöglich, kein greifbares Kriterium dafür anzugeben wissen, welches das für die aktive Tätigkeit erforderliche Mindestmaß sein könnte.[45)] Eine minimale, nur gelegentlich erfolgende Aktivität muss daher in jedem Fall ausreichen. Es wäre aber eine bloße Förmelei, etwa von einem Arzt oder Rechtsanwalt eine Untersuchung oder ein Beratungsgespräch in beliebigem Zeitabstand zu verlangen, damit er seine Partnerstellung aufrechterhalten könne. Auch auf die Absicht, den Beruf weiterhin aktiv auszuüben, sollte grundsätzlich – abgesehen vom Moment des Vertragsabschlusses (dazu Rz. 13 a. E.) – nicht abgestellt werden, da damit nur Manipulationen Tür und Tor geöffnet würde, zumal keine Kontrollmöglichkeit existiert.

19 Das Fremdbesitz- und Beteiligungsverbot begegnet auch **europa- und verfassungsrechtlichen Bedenken**, insbesondere im Hinblick auf die Niederlassungs- und Berufsfreiheit. Hinter dem angeführten Schutz des Gemeinwohls verbirgt sich vielfach ein bloßer Konkurrenzschutz. Durch eine strikte Trennung zwischen der freiberuflichen Berufsausübung einerseits und der Eigentumsfrage andererseits ließe sich dieses Ziel ebenso verwirklichen.[46)] Das oft angeführte Argument, ein Beteiligungsverbot sei wesentlicher Bestandteil der freien Berufe, verblasst bei näherer Betrachtung. Wenn dem so wäre, dann hätte der Gesetzgeber nicht erst in den 1980er Jahren, für die Rechtsanwaltschaft gar erst 1999, ein solches Verbot einführen müssen, zumal für vor diesen Zeiten bestehende Beteiligungen Bestandschutz gewährt wurde, wie § 154 StBerG zeigt.[47)]

c) Rechtsvergleichung

20 Die **EG-Kommission** war im Jahre 1992 zu einer Entscheidung gegen die Verpflichtung zur aktiven Mitarbeit in der europäischen freiberuflichen Gesellschaft gekommen. Nach ihren Vorstellungen[48)] sollten die aktiven Partner mindestens 51 % der Gesellschaftsanteile halten, während sich die restlichen maximal 49 % aufteilen sollten primär unter anderen Berufsangehörigen im Unternehmen (aber ohne Partnerstatus), dann unter anderen Berufsangehörigen außerhalb der Gesellschaft sowie ehemalige Berufsangehörige (im Ruhestand), und schließlich der (auf die maximal 49 % anzurechnende) Rest unter sonstigen Personen.

21 Ähnlich ist die Regelung für die seit 1992 existierende **französische** „Société d'Exercice Libérale" (SEL).[49)] Nach deren Art. 5 müssen über 50 % der Stimmrechte von akti-

44) Vgl. Meilicke u. a.-*Lenz*, PartGG, § 1 Rz. 96 ff.; *Lenz*, WiB 1995, 529, 531.

45) Vgl. *Stuber*, WiB 1994, 705, 707; *Kupfer*, KÖSDI 1995, 10130, 10132; *Carl*, StB 1995, 173, 175; Meilicke u. a.-*Lenz*, PartGG, § 1 Rz. 98 f.

46) *Kleine-Cosack*, AnwBl 2007, 737, 739.

47) *Kleine-Cosack*, DB 2007, 1851, 1854 f.

48) Hierzu *EG Kommission*, Konsultationsdokument, S. 15.

49) Vgl. *Laurent/Vallée*, SEL, S. 29; *Henssler*, NJW 2010, 1425, 1426; *Henssler*, BRAK-Mitt. 2007, 238, 241.

von Partnern gehalten werden, allerdings dürfen auch außerhalb der Gesellschaft tätige Anwälte einen mehrheitlichen Kapitalanteil halten. Die restlichen Stimmen- und/oder Kapitalanteile können entweder anderen Angehörigen freier Berufe gehören oder ehemaligen Partnern bis zu zehn Jahren nach deren Ausscheiden aus der Gesellschaft. Darüber hinaus können seit 2005 auch externe Investoren einen Kapitalanteil von 25 % erwerben, was jedoch nur bei Freiberuflergesellschaften der Fall ist, in denen keine juristischen Berufe ausgeübt werden. Eine Beteiligung ist nicht nur für natürliche, sondern auch juristische Personen vorgesehen. Seit 2001 können alle freien Berufe eine Holdinggesellschaft in Form einer „Société de Participation Financière de Profession Libérale" (SPFPL) gründen. Diese Möglichkeiten bedeuten eine wesentliche Liberalisierung gegenüber der Rechtslage in der „société civile professionnelle", wo zur Verhinderung einer standeswidrigen Verpachtung der freiberuflichen Klientel nach wie vor eine aktive Mitarbeit gefordert wird.[50]

22 Vergleichbar ist die Situation in **Dänemark**, wo Mitglieder freiberuflicher Kapitalgesellschaften ebenfalls zur eigenen Mitarbeit gezwungen sind.[51] In diesem Zusammenhang hat eine Reformkommission zum anwaltlichen Berufsrecht im Jahre 2006 u. a. vorgeschlagen, eine maximal 10 %ige Minderheitsbeteiligung an einer Anwaltssozietät auch Nicht-Anwälten zu gestatten.[52] Die **englischen** „Solicitors' Incorporated Practice Rules" (SIPR) der „Law Society" haben demgegenüber bewusst auf eine solche Mitarbeitsklausel verzichtet.[53] Mit Einführung der „Alternative Business Structures" (ABS) im Oktober 2011 kann sich nun auch berufsfremdes Kapital unabhängig von der Höhe des Anteils an einer Anwaltsgesellschaft beteiligen. Dabei spielt es keine Rolle, ob der Anteil von einer natürlichen oder juristischen Person gehalten wird. Dies kann dazu führen, dass in einer ABS mehrheitlich Nicht-Anwälte engagiert sind.[54] Allerdings hat der Gesetzgeber einzelne Einschränkungen vorgesehen. Dazu zählt insbesondere der sog. „fit and proper test", anhand dessen die Zulassung von Nicht-Anwälten durchgeführt wird.[55] Grundlage für die englische Reform waren die Erfahrungen mit der **australischen** „Incorporated Legal Practice" (ILP). In dieser Form können seit 2001 Anwälte sogar börsennotierte Kapitalgesellschaften mit Beteiligung von Fremdkapital gründen und/oder ihren Beruf interprofessionell ausüben. Im Gegenzug dazu wurden sowohl auf gesellschaftsrechtlicher wie auch berufsrechtlicher Ebene Sicherungssysteme eingeführt.[56] Auch der **belgische** Gesetzentwurf stellte nur darauf ab, ob ein Gesellschafter alle gesetzlichen Voraussetzungen für die Berufsausübung, wie etwa eine Zulassung, erfüllte, ohne aber eine aktive Mitarbeit zu fordern.[57]

---

50) *Schwenter-Lipp*, S. 57 f.

51) *Nerlich*, AnwBl 1994, 529, 534.

52) *Dux*, AnwBl 2007, 285.

53) *Bakker*, AnwBl 1993, 245, 248; *Nerlich*, AnwBl 1994, 529, 535.

54) *Kilian/Lemke*, AnwBl 2011, 800, 805; *Hartung*, AnwBl 2012, 727.

55) *Kilian/Lemke*, AnwBl 2011, 800, 805; vgl. auch *Henssler*, BRAK-Mitt. 2007, 238, 240.

56) *Kilian/Lemke*, AnwBl 2011, 800, 802; *Henssler*, BRAK-Mitt. 2007, 238 f.

57) Entwurf, Chambre des Représentants, sess. 1984–85, doc. 1108-1, Text S. 31 f. (Art. 4 Abs. 1, 2) und Begr. auf S. 7.

23 Insgesamt ist eine **starke Tendenz** im anwaltlichen Gesellschaftsrecht dahingehend zu erkennen, die **Beteiligung externer Personen** – wenn auch unter Einschränkungen – grundsätzlich zuzulassen. Für den australischen Gesetzgeber bestand die Motivation für seine Reform darin, den dortigen Anwälten die Beschaffung des nötigen Kapitals für eine „aggressive Expansion auf dem Weltmarkt"[58] zu ermöglichen. Im Konkurrenzkampf der europäischen Rechtssysteme wird diese Liberalisierung ebenso eine Rolle spielen und früher oder später auch den deutschen Gesetzgeber mit der Frage nach einer externen Kapitalbeteiligung beschäftigen.

2. Ausübung gewerblicher Tätigkeiten

24 Die Partner müssen bei Abschluss des Partnerschaftsvertrages (§ 3 Abs. 2 Nr. 2 PartGG) und auch bei der Anmeldung der Partnerschaft zur Eintragung (§ 4 Abs. 2 Satz 1 PartGG) angeben, **welchen freien Beruf** sie in der Gesellschaft ausüben. Grund hierfür war, dass dem Partner bei Ausübung mehrerer freier Berufe ermöglicht werden sollte, nicht alle Berufe in die Partnerschaft einbeziehen zu müssen.[59] Dies schließt jedoch nicht aus, dass einzelne Gesellschafter unter Beibehaltung ihrer Stellung in der Partnerschaft tatsächlich **anderen, z. B. gewerblichen Aktivitäten** nachgehen,[60] sei es nebenberuflich, sei es ausschließlich. Dies ist grundsätzlich zulässig,[61] solange und soweit die gewerbliche Tätigkeit der freiberuflichen dient und ihr **untergeordnet** ist; die Problematik ist parallel zu derjenigen des sog. Nebenzweckprivilegs im Vereinsrecht zu sehen.[62] Solange der Partner seine Zulassung zum freien Beruf behält, ändert sich auch durch eine Veränderung seines Tätigkeitsfeldes an der Eigenschaft als Gesellschafter nichts, das Einverständnis der übrigen Partner natürlich vorausgesetzt.

25 Sofern der Partner entsprechende **gewerbliche Geschäfte i. R. seiner Vertretungsmacht** im Namen der Partnerschaft abschließt, sind auch diese grundsätzlich wirksam. Eine ultra-vires-Lehre des Inhalts, dass eine Überschreitung des freiberuflichen Tätigkeitsbereichs oder des Gegenstandes der Partnerschaft nach § 3 Abs. 2 Nr. 3 PartGG die Unwirksamkeit des jeweiligen Geschäftes zur Folge hätte, ist auch hier nicht anzuerkennen.[63] Auch eine Parallele zu der im **Steuerrecht** auf § 15 Abs. 3 Nr. 1 EStG fußenden „Abfärbetheorie" lässt sich nicht ziehen. Nach dieser Vorschrift wird die in einer Personengesellschaft ausgeübte Tätigkeit insgesamt als gewerblich angesehen, auch wenn nur ein Teil davon gewerblich, ansonsten aber

58) *Henssler*, BRAK-Mitt. 2007, 238.

59) Begr. RegE PartGG, DT-Drucks. 12/6152, S. 13.

60) Hierzu und zum Verhältnis der Zugehörigkeit der freiberuflichen Tätigkeit zu einem freien Beruf näher *Michalski*, Der Begriff des freien Berufs, S. 154 ff.; vgl. ferner Kirchhof/Söhn/Mellinghoff-*Stuhrmann*, EStG, § 18 Rz. B 43, der darauf hinweist, dass durch die fortschreitende Rationalisierung und Mechanisierung und das damit zusammenhängende Zurücktreten der schöpferischen Persönlichkeit immer weitere, an sich gewerbliche Tätigkeiten in die freie Berufsausübung einbezogen werden.

61) A. A. *Eggesiecker*, Partnerschaftsgesellschaft, Fach D Rz. 1.850 ff.: § 1 Abs. 1 Satz 2 sei ein „Reinheitsgebot".

62) Überzeugend *Schäfer* in: MünchKomm-BGB, § 1 PartGG Rz. 19 f.

63) Ebenso für den österreichischen Entwurf eines Partnerschaftsgesetzes *Torggler*, ÖJZ 1988, 428, 433.

freiberuflich geprägt ist.[64] Weil zwischen Steuer- und Gesellschaftsrecht ein funktionaler Unterschied besteht, der sich alleine schon aus der Fiktionswirkung der steuerrechtlichen Norm ergibt, verbietet sich eine Übertragung der steuerrechtlichen Überlegungen.[65]

26 Aufgrund des Wortlautes des § 1 Abs. 1 Satz 1 PartGG („… Angehörige Freier Berufe zur Ausübung ihrer Berufe") muss **im Moment des Zusammenschlusses** oder Beitritts in jedem Fall zu der bloßen Berufszugehörigkeit die **Absicht** hinzukommen, tatsächlich freiberuflich tätig zu werden. Die ausschließlich gewerbliche Betätigung ist also kein legitimer Zweck der Gründung einer Partnerschaft.[66] Wenn allerdings einmal eine Partnerschaft gegründet ist, dann bleibt sie unabhängig vom Charakter ihrer wirtschaftlichen Aktivität bis zu einer Löschung als solche bestehen und kann daher selbstverständlich die namens- und haftungsrechtlichen Vorteile dieser Gesellschaftsform in Anspruch nehmen.[67]

27 Die **Ausübung einer gewerblichen**, von der freiberuflichen Aktivität nicht gedeckten **Tätigkeit** führt daher nur zu folgenden möglichen **Konsequenzen:**

28 **Steuerrechtlich** ist eine gewerbliche Tätigkeit anzunehmen, so dass die entsprechenden (bei untrennbaren gemischten Tätigkeiten sogar die gesamten)[68] Einkünfte als Einkünfte aus Gewerbebetrieb behandelt werden (näher Rz. 38).[69] Daraus kann unter den Voraussetzungen des § 141 AO eine Buchführungspflicht unter sinngemäßer Anwendung der wichtigsten Vorschriften der §§ 238 ff. HGB resultieren.[70]

29 Die Berufsaufsicht, z. B. die einschlägige Kammer, kann bei Verstoß gegen das **Berufsrecht** – Inkompatibilität des freien Berufs mit der gewerblichen Tätigkeit – ggf. einschreiten,[71] sofern eine Rechtsgrundlage hierfür besteht; sie kann ferner beim Registergericht die Löschung nach § 395 FamFG beantragen. Bei Rechtsanwälten ist bspw. gemäß § 14 Abs. 1 BRAO i. V. m. § 7 Nr. 8 BRAO die Zulassung im Falle der Ausübung einer unvereinbaren, insbesondere gewerblichen Tätigkeit mit Wirkung für die Zukunft zurückzunehmen.[72]

30 Das **Registergericht** kann zwar nicht gemäß § 392 FamFG, § 37 Abs. 1 HGB im Firmenmissbrauchsverfahren[73] einschreiten, da der Gesellschaftsname „… und Partner" wegen der fortbestehenden Eintragung im Partnerschaftsregister auch bei einer etwaigen Änderung des Gesellschaftszwecks zutreffend ist. In gravierenden Fällen, in denen sich die Gesellschaft nicht mehr als Zusammenschluss zur Aus-

---

64) Schmidt-*Wacker*, EStG, § 15 Rz. 185.

65) *Schäfer* in: MünchKomm-BGB, § 1 PartGG Rz. 20.

66) Meilicke u. a.-*Lenz*, PartGG, § 1 Rz. 80.

67) A. A. *Salger* in: MünchHdb. GesR, Bd. 1, § 38 Rz. 6.

68) Näher Kirchhof/Söhn/Mellinghoff-*Stuhrmann*, EStG, § 18 Rz. B 30 ff.; Schmidt-*Wacker*, EStG, § 18 Rz. 43; gegen eine Anwendung der steuerrechtlichen Infizierungstheorie auf die Partnerschaft *Knoll/Schüppen*, DStR 1995, 608, 613.

69) Vgl. bereits die Begr. RegE PartGG, BT-Drucks. 12/6152, S. 10.

70) Meilicke u. a.-*Meilicke*, PartGG, § 6 Rz. 18; Meilicke u. a.-*Lenz*, PartGG, § 1 Rz. 82.

71) Vgl. zur österreichischen Rechtslage *Torggler*, ÖJZ 1988, 428, 433.

72) Rechtsprechungsübersicht bei Henssler/Prütting-*Henssler*, BRAO, § 7 Rz. 105 f.

73) Dazu näher *Krafka/Kühn*, Registerrecht, Rz. 2389 ff.

übung freier Berufe i. S. des § 1 Abs. 1 Satz 1 PartGG darstellt, kann das Gericht jedoch gemäß § 395 Abs. 1 Satz 1 FamFG die Löschung von Amts wegen aus dem Partnerschaftsregister vornehmen, da dort nur Partnerschaften in diesem Sinne eingetragen sein dürfen.[74)]

31 Die Tätigkeit kann unter Umständen gleichzeitig einen **Wettbewerbsverstoß** i. S. der §§ 3 und 5 UWG darstellen.[75)] Die Partner verschaffen sich nämlich den Anschein der Freiberuflichkeit, einen damit verbundenen Imagevorteil und ggf. eine Haftungsbeschränkung nach § 8 Abs. 2 PartGG, obgleich sie als materiell Gewerbetreibende diesen Wettbewerbsvorsprung gegenüber ihren Konkurrenten eigentlich nicht in Anspruch nehmen könnten.

3. Wettbewerbsverbot und Mehrfachqualifikation

32 Anders als z. B. das französische Gesetz von 1966[76)] verlangt das PartGG nicht, dass die Partner ihren Beruf ausschließlich i. R. der Partnerschaft ausüben; allerdings gilt das Wettbewerbsverbot der §§ 112, 113 HGB gemäß § 6 Abs. 3 Satz 2 PartGG mangels anderweitiger partnerschaftsvertraglicher Regelung entsprechend.

33 Es gibt auch entgegen dem zu engen Wortlaut der § 3 Abs. 2 Nr. 2, § 4 Abs. 2 Satz 1 PartGG keine Beschränkung auf nur *einen* freien Beruf. Soweit **Mehrfachqualifikationen** eines Partners vorhanden sind, z. B. als Wirtschaftsprüfer und Steuerberater, steht der Angabe und der Ausübung mehrerer Berufe gesellschaftsrechtlich nichts entgegen. Auch berufsfremde Aktivitäten können, soweit nicht berufs- oder wettbewerbsrechtliche Vorschriften entgegenstehen, verfolgt werden (oben Rz. 24 f.).

C. Kein Handelsgewerbe (§ 1 Abs. 1 Satz 2 PartGG)

I. Normentwicklung

34 Der Entwurf von 1971 wie auch derjenige von 1975 hatten § 2 Abs. 3 GewStG dahingehend ergänzt, dass die Tätigkeit der Partnerschaft kein Gewerbebetrieb sei.[77)] Beide Entwürfe sahen ferner eine Änderung von § 18 Abs. 1 Nr. 1 EStG dahingehend vor, dass Einkünfte aus einer Beteiligung an einer Partnerschaft Einkünfte aus freiberuflicher Tätigkeit sein sollten.[78)] Der Entwurf von 1971 ordnete in seinem § 26 darüber hinaus an, dass die Partnerschaft i. S. der Steuergesetze als freiberufliche Personengesellschaft zu gelten habe. Alle diese steuerrechtlichen Vorschriften entfielen in der Fassung des Entwurfs von 1976. Im Neun-Punkte-Katalog von 1991 wurde lediglich festgestellt, dass die Partnerschaft als solche oder die einzel-

---

74) *Stuber*, Partnerschaftsgesellschaft, S. 81 Anm. 39; seit Inkrafttreten des FamFG ist nunmehr klargestellt, dass davon auch der Fall einer Änderung der Verhältnisse nach der Eintragung mit der Folge einer nachträglichen Unzulässigkeit erfasst ist, vgl. Bassenge/Roth-*K. Walter*, FamFG, § 395 Rz. 6.

75) Vgl. die Begr. RegE PartGG, BT-Drucks. 12/6152, S. 20; *Sommer*, DSWR 1995, 181; Köhler/Bornkamm-*Bornkamm*, UWG, § 5 Rz. 2.124.

76) Art. 4 loi no. 66–879 v. 29.11.1966, J. O. v. 30.11.1966; vgl. *Müller-Gugenberger*, DB 1972, 1517, 1520.

77) § 27 Nr. 6 E 1971, § 26 Nr. 6 E 1975.

78) § 27 Nr. 3 E 1971, § 26 Nr. 3 E 1975.

nen Partner so besteuert werden sollten wie ein einzelner berufstätiger Freiberufler oder ein Angehöriger eines freien Berufs in einer Sozietät.[79)]

35 Die Vorschrift entspricht einer Reihe von berufsrechtlichen Regelungen[80)] und wirkt sich auch im Kontext anderer Gesetze aus. § 1 Abs. 1 Satz 2 PartGG nimmt die in den Entwürfen von 1971 und 1975 enthaltenen Bestimmungen wieder auf. Nach der Begründung im Regierungsentwurf[81)] handelt es sich hierbei nur um eine **Klarstellung** des Inhalts, dass die Partnerschaft nicht kraft ihrer Rechtsform der **Gewerbesteuer** unterliegt.[82)] Im Einzelfall soll die Partnerschaft aber dann doch gewerbesteuerpflichtig sein können, falls die Partner i. R. der Gesellschaft einer gewerblichen Tätigkeit nachgehen (siehe Rz. 27).[83)]

II. Rechtswirkungen

1. Gesellschaftsrecht

36 Der Sinn des § 1 Abs. 1 Satz 2 PartGG ist nicht eindeutig.[84)] In der Literatur wird darüber gestritten, ob die Beachtung dieser Vorschrift Voraussetzung für die **Gründung**[85)] oder **Folge** der Rechtsformwahl[86)] ist. Richtigerweise wird man zu differenzieren haben. Die Freiberuflichkeit, also grundsätzlich die fehlende Gewerblichkeit, ist bereits nach § 1 Abs. 1 Satz 1 PartGG die Voraussetzung für die Gründung einer Partnerschaft. Sie ist aber zum Teil auch Folge der Rechtsformwahl. Zwar wird die Einschätzung als gewerbliche Aktivität etwa unter steuerlichen Gesichtspunkten nicht allein durch die bloße Tatsache der Eintragung im Partnerschaftsregister verhindert. Wegen § 1 Abs. 1 Satz 2 PartGG kann die Gesellschaft aber nicht gemäß § 105 Abs. 1 HGB automatisch als OHG qualifiziert werden, wenn sie (auch) gewerblichen Tätigkeiten nachgeht.[87)] Während der fortdauernden Eintragung im Partnerschaftsregister kann daher keine Eintragungspflicht nach § 106 Abs. 1 HGB bestehen. Vielmehr ist – notfalls über § 395 FamFG – zunächst die Löschung der Gesellschaft im Partnerschaftsregister herbeizuführen. Die analoge Anwendung weiterer Vorschriften aus dem HGB etwa über die Form von Vertrags-

---

79) Punkt 9 des Kataloges; hierzu *Beckmann* in: FS Kleinert, S. 210, 215; *Gres*, Der Selbständige, 12/1992, 6.

80) Vgl. z. B. § 1 Abs. 2 Satz 2 WPO; § 32 Abs. 2 Satz 2 StBerG; § 2 Abs. 2 BRAO; § 2 Abs. 2 HebammenG v. 21.12.1938, RGBl I 1938, 1893; § 1 Abs. 2 Halbs. 1 BTÄO; § 1 Abs. 1 Satz 2 MBO-Ä; § 1 Abs. 4 ZHG; § 21 Abs. 1 SeeLG; landesrechtliche Berufsordnungen der Öffentlich bestellten Vermessungsingenieure, z. B. § 1 Abs. 1 Satz 3 BerufsO-ÖbVI des Landes Schleswig-Holstein v. 29.6.1982, GVBl. S. 148.

81) Begr. RegE PartGG, BT-Drucks. 12/6152, S. 9; vgl. auch *Bösert*, DStR 1993, 1332, 1337.

82) So auch *Bösert*, ZAP Fach 15, S. 137, 143; *Seibert*, Die Partnerschaft, S. 44; *Seibert*, DB 1994, 2381, 2382; *Burret*, WPK-Mitt. 1994, 201, 203.

83) *Seibert*, Die Partnerschaft, S. 44 mit Fn. 51; *Burret*, WPK-Mitt. 1994, 201, 203; Begr. RegE PartGG, BT-Drucks. 12/6152, S. 10.

84) *Mahnke*, WM 1996, 1029, 1033; *Coester-Waltjen*, Jura 1995, 666.

85) So etwa *Coester-Waltjen*, Jura 1995, 666; *Eggesiecker*, Partnerschaftsgesellschaft, Fach D Rz. 1.853.

86) So etwa *Schäfer* in: MünchKomm-BGB, § 1 PartGG Rz. 18.

87) *K. Schmidt*, NJW 1995, 1, 3; *Schäfer* in: MünchKomm-BGB, § 1 PartGG Rz. 19; *Coester-Waltjen*, Jura 1995, 666; a. A. Meilicke u. a.-*Lenz*, PartGG, § 1 Rz. 85 ff.; *Knoll/Schüppen*, DStR 1995, 608, 613 in Fn. 69; *Henssler*, DB 1995, 1549, 1555.

schlüssen und Bestätigungsschreiben ist durch § 1 Abs. 1 Satz 2 PartGG hingegen nicht zwingend ausgeschlossen.[88)]

2. Kartellrecht

Schrifttum: *Ehlermann*, Wettbewerb und freie Berufe: Antagonismus oder Kompatibilität?, in: Festschrift für Wolfgang Dieter Budde, 1995, S. 157; *Ehlermann*, Concurrence et professions libérales: Antagonisme ou compatibilité?, Revue du Marché commun et de l'Union européenne, no. 365, février 1993, 136; *Kilian*, Die Selbstverwaltung in den Zeiten der EU-Agenda „Dekartellierung", AnwBl 2007, 645; *Lammel*, Wettbewerbsrecht contra Standesrecht, WuW 1864, 853; *Michalski/Römermann*, Preiswettbewerb unter Rechtsanwälten?, AnwBl 1996, 242; *Michalski/Römermann*, Das europäische Kartellrecht der Freien Berufe, AnwBl 1996, 191; *Michalski/Römermann*, Wettbewerbsbeschränkungen zwischen Rechtsanwälten, ZIP 1994, 433; *OECD*, Politique de la concurrence et professions libérales, 1985; *Römermann*, Berufsordnungen freier Berufe als verbotene Kartelle, MDR 1998, 1149; *Taupitz*, Das berufsordnende Kammerrecht der freien Berufe in der freiheitswahrenden Zwangsjacke des Kartellrechts, ZHR 153 (1989), 681.

Weiterführendes Schrifttum: *Deregulierungskommission*, Marktöffnung und Wettbewerb, 1991; *Esser-Wellié*, Die Anwendung der Artikel 85 und 86 EG-Vertrag durch nationale Gerichte, WuW 1995, 457; *Harms*, Gebührenwettbewerb unter Architekten und Rechtsanwälten? Zur Anwendung des GWB auf Freie Berufe, NJW 1976, 1289; *Hitzler*, Kartellrechtsweg gegen berufsrechtliche Maßnahmen einer Landesapothekerkammer, GRUR 1982, 474; *Hitzler*, Berufsrechtliche Maßnahmen der Berufsvertretungen der freien Berufe als Problem der Wettbewerbsbeschränkung, GRUR 1981, 110; *Kämmerer*, Die Zukunft der freien Berufe zwischen Deregulierung und Neuordnung, Gutachten H zum 68. DJT, 2010; *Storf*, Nachvertragliche Wettbewerbsverbote bei den freien Berufen, 2007; *Tribunal de Defensa de la Competencia*, Informe sobre el libre ejercicio de las profesiones – Propuesta para adecuar la normative sobre las profesiones colegiadas al régimen de libre competencia vigente en España, Junio 1992.

37 Die Bestimmung des § 1 Abs. 1 Satz 2 PartGG, wonach die Partnerschaft kein Handelsgewerbe betreibt, bedeutet keine Herausnahme aus dem Anwendungsbereich des Kartellrechts. Insoweit gilt für Absatz 1 Satz 2 nichts anderes als für die entsprechenden Vorschriften in einzelnen Berufsrechten, etwa § 2 Abs. 2 BRAO. Der Unternehmensbegriff des Kartellrechts ist – anders als in den übrigen Rechtsgebieten – **funktional** zu definieren.[89)] Entscheidend ist für die Anwendung, dass ein Freiberufler in erwerbswirtschaftlicher Weise seine Dienstleistung am Markt anbietet und auf diese Weise **am Wirtschaftsverkehr teilnimmt**. In welcher Rechtsform dies geschieht, ob in einer Einzelpraxis oder in einer Partnerschaftsgesellschaft, spielt kartellrechtlich keine Rolle.[90)] Es kommt darauf an, dass die Freiberufler **Unternehmer i. S. des Kartellrechts** sind. Bei Art. 101 Abs. 1 AEUV ist dies noch eindeutiger als bei § 1 GWB, der auf den Verkehr mit Waren oder gewerblichen Leistungen abstellt.[91)] Art. 57 Abs. 2 lit. d. AEUV setzt nämlich die freiberufliche Tätigkeit mit den übrigen – gewerblichen, kaufmännischen oder handwerk-

---

88) *K. Schmidt*, NJW 1995, 1, 3; *Coester-Waltjen*, Jura 1995, 666 f.; vgl. auch *Meurer*, Partnerschaftsgesellschaft, S. 54.

89) *Roth/Ackermann* in: FK-KartR, § 1 GWB Rz. 11, 62 und EG Art. 81 Abs. 1 Rz. 63 ff.; Langen/Bunte-*Langen*, KartR, § 1 GWB Rz. 19; *Römermann*, MDR 1998, 1149.

90) *Michalski/Römermann*, AnwBl 1996, 191, 192.

91) Zu § 1 GWB *Michalski/Römermann*, ZIP 1994, 433, 438; ausführlich *Michalski*, Das Gesellschafts- und Kartellrecht, S. 417 ff.

lichen – Dienstleistungen gleich und verhindert jede Sonderrolle der Angehörigen freier Berufe.[92] Auch im Anwendungsbereich des § 1 GWB geht die inzwischen ganz h. A. im Einklang mit der Rechtsprechung davon aus, dass Freiberufler eine unternehmerische Tätigkeit i. S. des Kartellrechts verrichten und daher nicht generell vom Kartellverbot freigestellt sind.[93]

3. Steuerrecht

38 Steuerlich geht es bei der Partnerschaft vor allem um folgende Aspekte:[94]

– **Einkommensteuer:** Die Gesellschaft als solche unterliegt gemäß § 1 Abs. 1 Satz 1 EStG in keinem Fall der Einkommensteuer. Die Frage, ob die Einnahmen der Partner aus freiberuflicher Tätigkeit i. S. des § 18 Abs. 1 Nr. 1 Satz 2 EStG resultieren oder aus Gewerbebetrieb,[95] wird durch § 1 Abs. 1 Satz 2 weder entschieden noch präjudiziert.[96] Auch die Registereintragung ändert daran nichts.[97] Es muss daher jeweils im **Einzelfall** festgestellt werden, ob die erwirtschafteten Einkünfte gewerblicher Natur sind oder nicht. Aufgrund des nur geringen Umfangs der Prüfungspflichten des Registergerichts bei der Eintragung einer Partnerschaft in das Partnerschaftsregister kommt hierbei den weitaus intensiveren und regelmäßig wiederkehrenden steuerlichen Überprüfungen die entscheidende Bedeutung zu.[98] Die Einkünfte der Partnerschaft werden gemäß den §§ 179 ff. AO einheitlich gesondert festgestellt und den Partnern anteilig zugerechnet. Bereits durch nur geringfügige gewerbliche Tätigkeiten wird eine ansonsten freiberufliche Partnerschaft steuerlich insgesamt wie ein Gewerbebetrieb behandelt. Diese sog. **Abfärbe- oder Infizierungstheorie** des § 15 Abs. 3 Nr. 1 EStG ist im Schrifttum[99] umstritten, wurde aber durch die ständige Rechtsprechung des BFH in vielfacher Hinsicht konkretisiert.[100]

---

92) Vgl. Gleiss/Hirsch-*Hirsch/Burkert*, EG-KartR, Art. 85 (1) Rz. 24; *Ehlermann* in: FS Budde, S. 157, 173 f.

93) BGH, Urt. v. 16.12.1976 – KVR 5/75, GRUR 1977, 739 = WuW/E 1474, 1476 ff – Architektenkammer; BGH, Urt. v. 19.3.1991 – KVR 4/89, GRUR 1991, 622 = WuW/E 2688, 2690 – Warenproben in Apotheken; *Michalski*, Das Gesellschafts- und Kartellrecht, S. 427 m. N. zur früheren Diskussion; Immenga/Mestmäcker-*Zimmer*, Wettbewerbsrecht, Bd. 2, § 1 GWB Rz. 65, 69; *Hootz* in: Gemeinschaftskommentar zum GWB, § 1 Rz. 19; Langen/Bunte-*Langen*, KartR, § 1 GWB Rz. 30 ff.; *Taupitz*, ZHR 153 (1989), 681, 682 f.

94) Ausführlich *Gail/Overlack*, Rz. 402 ff.; *Wehrheim/Wirtz*, Partnerschaftsgesellschaft, S. 109 ff.; *Siepmann*, FR 1995, 601 ff.; *Salger* in: MünchHdb. GesR, Bd. 1, § 37 Rz. 9 ff.

95) Zur Abgrenzung näher BFH, Urt. v. 21.3.1995 – XI R 85/93, BStBl. II 1995, 732 = DB 1995, 2146 f.

96) Begr. RegE PartGG, BT-Drucks. 12/6152, S. 10; *Burret*, WPK-Mitt. 1994, 201, 203; *Hornung*, Rpfleger 1995, 481, 483;

97) Schmidt-*Wacker*, EStG, § 18 Rz. 41.

98) Begr. RegE PartGG, BT-Drucks. 12/6152, S. 10.

99) Z. B. *Sauren/Haritz*, MDR 1996, 109, 112; zur gesamten Problematik vgl. *Wehrheim/Brodthage*, DStR 2003, 485.

100) Z. B. BFH, Urt. v. 21.4.1994 – IV R 99/93, BStBl. II 1994, 650 = DStR 1994, 1649; BFH, Urt. v. 10.8.1994 – I R 133/93, BStBl. II 1995, 171 = DStR 1994, 1887; BFH, Urt. v. 23.11.2000 – IV R 48/99, BStBl. II 2001, 241 = EStB 2001, 83; BFH, Urt. v. 8.10.2008 – VIII R 53/07, FR 2009, 429; BFH, Urt. v. 28.10.2008 – VIII R 69/06, FR 2009, 667; vgl. *Salger* in: MünchHdb. GesR, Bd. 1, § 37 Rz. 10.

- Die **Gewinnermittlung** kann durch eine Einnahmen-Überschussrechnung gemäß § 4 Abs. 3 EStG erfolgen. Diese Ermittlungsart erweist sich häufig als vorteilhaft im Vergleich zur Bilanzierung, da insbesondere bei hohen Außenständen die Liquidität der Gesellschaft geschont wird.[101] Die Partnerschaft kann den Gewinn nicht nach einem vom Kalenderjahr abweichenden Wirtschaftsjahr ermitteln.[102] Die von § 4a Abs. 1 Satz 1 Nr. 2 EStG geforderte Eintragung im Handelsregister liegt bei einer Partnerschaftsgesellschaft nicht vor. Nichts anderes gilt, wenn die Einkünfte steuerrechtlich als gewerbliche zu qualifizieren sind.[103]
- **Gewerbesteuer:** Solange die in der Gesellschaft zusammengeschlossenen Partner allein ihren jeweiligen freien Berufen nachgehen, unterliegen sie, wie auch die Partnerschaft selbst, wegen der Maßgeblichkeit des Einkommensteuerrechts gemäß § 15 Abs. 2 Satz 1, § 18 Abs. 1 Nr. 1 Satz 2 EStG, § 2 Abs. 1 Satz 2 GewStG nicht der Gewerbesteuer. Soweit dies tatsächlich anders ist, kann eine Gewerbesteuerpflicht eintreten;[104] siehe oben zur Einkommensteuer.
- **Pensionsrückstellungen** werden bei Personengesellschaften generell nicht anerkannt, so auch bei der Partnerschaft. In der Literatur stößt dies zum Teil auf heftige Kritik.[105]
- **Umsatzsteuer:** Die Partnerschaft ist Unternehmer und unterliegt daher selbst der Umsatzsteuer gemäß § 2 Abs. 1 UStG. Einzelne freie Berufe sind allerdings von der Umsatzsteuer befreit, so etwa Ärzte, Zahnärzte und ähnliche Heilberufe, § 4 Nr. 14 UStG.[106]

D. Nur natürliche Personen (§ 1 Abs. 1 Satz 3 PartGG)

I. Motive der Begrenzung der Mitgliedschaft auf natürliche Personen

39 Absatz 1 Satz 3 begrenzt die Mitgliedschaft in der Partnerschaft auf natürliche Personen.[107] Dies soll nach der Begründung des Regierungsentwurfs[108] „am ehesten dem Leitbild der auf ein persönliches Vertrauensverhältnis zum Auftraggeber aus-

---

101) Ebenso *Eggesiecker*, Partnerschaftsgesellschaft, Fach C Rz. 7.410; vgl. Meilicke u. a.-*Meilicke*, PartGG, § 6 Rz. 17.

102) BMF v. 21.12.1994, DStR 1995, 181; *Stuber*, Partnerschaftsgesellschaft, S. 29 und S. 81 Anm. 45; kritisch Meilicke u. a.-*Meilicke*, PartGG, § 6 Rz. 24 f.; *Lenz/Braun*, S. 7 in Fn. 10; vgl. auch zur Freiberufler-KG BFH, Urt. v. 18.5.2000 – IV R 26/99, BStBl. II 2000, 498 = DStR 2000, 1431.

103) Schmidt-*Heinicke*, EStG, § 4a Rz. 7.

104) Vgl. BVerfG, Beschl. v. 24.3.2000 – 1 BvR 2130/09, ZIP 2010, 1174 = NJW 2010, 2116.

105) *Henssler*, GmbHR 1995, 756, 758; *Henssler*, DB 1995, 1549, 1552; *Salger* in: MünchHdb. GesR, Bd. 1, § 37 Rz. 14; a. A. *Sauren/Haritz*, MDR 1996, 109, 113; vgl. näher *Römermann/Spönemann*, NZG 1998, 15, 19 f.

106) Vgl. *Eggesiecker*, Partnerschaftsgesellschaft, Fach C Rz. 7.210.

107) Dies entspricht der Regelung für die „société civile professionnelle“ durch Art. 1 des französischen Gesetzes von 1966; vgl. hierzu *Müller-Gugenberger*, DB 1972, 1517, 1518.

108) Begr. RegE PartGG, BT-Drucks. 12/6152, S. 9.

gerichteten freiberuflichen Berufsausübung" entsprechen.[109] *Bayer/Imberger* schreiben in diesem Zusammenhang:

> „In seinen [gemeint: des Rechts der Freiberufler] Augen ist der Mensch diejenige ‚Person' oder ‚Form', die am ehesten zur Ausübung einer freiberuflichen Tätigkeit befugt ist ... Der Freiberufler ist im Zweifel eine natürliche Person, ein Einzel-Freiberufler, der Inhaber einer ‚Einzelpraxis', ein Einzelanwalt usw."[110]

40 Abgesehen von solchen Erwägungen aus dem Charakter der Freiberuflichkeit wird eine weitere Funktion des § 1 Abs. 1 Satz 3 PartGG darin gesehen, sicherzustellen, dass die Partnerschaft nicht als gewerblich geprägte Personengesellschaft qualifiziert wird mit der Folge der Anwendbarkeit von § 15 Abs. 3 Nr. 2 EStG.[111] Schließlich sollte auch das Entstehen einer „GmbH & Partner" verhindert werden.[112]

II. Kritik

> „Diese Regelung ist überflüssig und ... nur aus der Vermischung von Gesellschafts- und Standesrecht erklärlich".[113]

41 Die Frage, ob eine juristische Person Partner werden kann, gehört zum **Berufsrecht**. Warum sollte eine Wirtschaftsprüfungs-GmbH nicht Mitglied einer Wirtschaftsprüfer-Partnerschaft sein können, zumal ihr ein Zusammenschluss mit einem Wirtschaftsprüfer zu gemeinsamer beruflicher Tätigkeit bereits nach heute geltendem Recht i. R. einer GbR möglich ist?[114] Warum soll ein Übersetzer oder ein Bildberichterstatter partnerschaftsfähig sein, eine Übersetzungsbüro-GmbH oder Bildreport-GmbH aber nicht?[115]

42 Die Begründung des Regierungsentwurfs[116] plädiert selbst dafür, dass Angehörigen freier Berufe grundsätzlich auch Kapitalgesellschaften zur Verfügung stehen sollten. Es ist damit von Seiten des Gesetzgebers anerkannt, was in weiten Bereichen der wirtschaftsberatenden Berufe aufgrund der Möglichkeiten der Steuerberatungs- oder Wirtschaftsprüfungsgesellschaft gemäß §§ 49 ff. StBerG, §§ 27 ff. WPO längst zum Alltag gehört: nämlich die problemlose Vereinbarkeit von freiberuflicher Berufsausübung und der Rechtsform einer Kapitalgesellschaft.[117] Spätestens seit der noch weitergehenden Zulassung der Freiberufler-GmbH durch die jüngere Recht-

---

109) Ähnlich *Kempter*, BRAK-Mitt. 1994, 122; *Seibert*, AnwBl 1993, 155, 156; *Seibert*, DB 1994, 2381; *Seibert*, NWB Fach 18, S. 3365, 3367; *Hornung*, Rpfleger 1995, 481, 482; vgl. auch *Meurer*, Partnerschaftsgesellschaft, S. 52 ff.

110) *Bayer/Imberger*, DZWIR 1993, 309, 311.

111) *Kempter*, BRAK-Mitt. 1994, 122; *BRAK*, Stellungnahme zum RefE PartGG, S. 3; *Weyand*, INF 1995, 22 in Fn. 10.

112) *Kempter*, BRAK-Mitt. 1994, 122, 123.

113) So zu Recht *K. Schmidt*, ZIP 1993, 633, 639; *K. Schmidt*, NJW 1995, 1, 3; ähnlich Meilicke u. a.-*Lenz*, PartGG, § 1 Rz. 105.

114) Vgl. § 44b Abs. 1 WPO. Gleiches gilt für die Sozietät eines Steuerberaters mit einer Steuerberatungsgesellschaft, BVerwG, Urt. v. 28.5.1991 – 1 C 33/88, BVerwGE 88, 221 = ZIP 1991, 1360; *Gilgan*, Stbg 1995, 28, 29; wie hier Meilicke u. a.-*Lenz*, PartGG, § 1 Rz. 105.

115) So die Beispiele von *K. Schmidt*, NJW 1995, 1, 3.

116) Begr. RegE PartGG, BT-Drucks. 12/6152, S. 8.

117) Vgl. *Burret*, WPK-Mitt. 1994, 201, 203.

sprechung (näher hierzu siehe *Römermann*, Einf. Rz. 71)[118] kann schlichtweg nicht mehr ernsthaft bestritten werden, dass die gesellschaftsrechtliche Form des Zusammenschlusses mit dem **Wesen des freien Berufs** überhaupt nichts zu tun hat.[119]

43 Insgesamt ist daher festzustellen, dass die Kapitalgesellschaften grundsätzlich eine legitime und den anderen Gesellschaftsformen gleichwertige Rechtsform freiberuflicher Berufsausübung darstellen. Hierfür besteht ein praktisches Bedürfnis bei einer Reihe von freien Berufen. Es wäre daher nur angemessen gewesen, auch den Zusammenschluss freiberuflicher Kapitalgesellschaften mit anderen Freiberuflern in einer Partnerschaft zuzulassen.[120]

44 Dies gilt insbesondere vor dem Hintergrund der Entwicklung des Gesellschaftsrechts der freien Berufe in einem immer mehr zusammenwachsenden Europa. Bei ihren Erwägungen zur Schaffung einer europäischen Gesellschaftsform für die grenzüberschreitende Ausübung freier Berufe musste auch die **EU-Kommission** feststellen, dass in den Mitgliedstaaten zunehmend freie Berufe in Form von Kapitalgesellschaften ausgeübt werden, so dass es nicht gerechtfertigt wäre, es z. B. einer französischen Ärztegesellschaft zu verwehren, sich mit einem deutschen Arzt zusammenzuschließen.[121] Nach Ansicht der Kommission

> „ist es in einem europäischen Kontext sehr wichtig, auch juristischen Personen die Möglichkeit zu bieten, der Rechtsform als Mitglieder beizutreten."[122]

E. Angehörige Freier Berufe (§ 1 Abs. 2 PartGG)

I. Überblick; § 18 Abs. 1 Nr. 1 EStG

45 Absatz 1 Satz 1 sowie Absatz 2 führen den **Begriff des freien Berufs**,[123] der früher nur im **Steuer- und im Berufsrecht** verwandt worden war,[124] in das **Gesellschaftsrecht** ein. Hierdurch wird an herausgehobener Stelle zu Beginn des Gesetzes der

118) BayObLG, Beschl. v. 24.11.1994 – 3Z BR 115/94, ZIP 1994, 1868 = WM 1995, 23, dazu EWiR 1995, 151 *(Kleine-Cosack)*; BGH, Urt. v. 25.11.1993 – I ZR 281/91, BGHZ 124, 224 = ZIP 1994, 381.

119) So bereits *Michalski*, Das Gesellschafts- und Kartellrecht, S. 120.

120) Ebenso *Burret*, WPK-Mitt. 1994, 201, 204; *Stuber*, WiB 1994, 705, 706 in Fn. 26; *Gilgan*, Stbg 1995, 28, 29; *K. Schmidt*, ZIP 1993, 633, 639; *Lenz*, MDR 1994, 741, 742 in Fn. 32; Meilicke u. a.-*Lenz*, PartGG, § 1 Rz. 105; *Mahnke*, WM 1996, 1029, 1032; *Feddersen/Meyer-Landrut*, PartGG, § 1 Rz. 6; vgl. bereits *Michalski*, ZIP 1993, 1210, 1211; a. A. aber *K. Schmidt*, NJW 1995, 1, 3.

121) *EG-Kommission*, Konsultationsdokument, S. 14.

122) *EG-Kommission*, Konsultationsdokument, S. 14; auch der Entwurf eines belgischen Gesetzes sah vor, dass sich in der geplanten société civile interprofessionnelle natürliche und juristische Personen zusammenschließen konnten, Chambre des Représentants, sess. 1984–85, doc. 1108-1, Text des Art. 2 Abs. 1 auf S. 31, Begr. S. 5.

123) Die Großschreibung „Freier Beruf" wurde im Gesetz auf Vorschlag des RA des Deutschen Bundestages eingeführt; vgl. RA zum PartGG, BT-Drucks. 12/7642, S. 11; sprachwissenschaftlich gibt es für die Großschreibung keine Begründung, wie die Gesellschaft für deutsche Sprache e. V. dem Bundesministerium der Justiz ausdrücklich bescheinigt hatte; näher *Seibert*, Die Partnerschaft, S. 55; die dennoch im Gesetzestext erfolgte Großschreibung soll offenbar als „Wohltat" für die freien Berufe verstanden werden, „die immerhin nichts kostet, was selten vorkommt", so *Seibert*, Die Partnerschaft, S. 55.

124) *Michalski*, Der Begriff des freien Berufs, S. 15.

Charakter einer speziell auf diese Berufsgruppe zugeschnittenen Kodifikation betont. Der Bereich der freien Berufe wird nach einem Versuch einer eigenen Definition in Satz 1 sodann in Satz 2 in nahezu wörtlicher Anlehnung an **§ 18 Abs. 1 Nr. 1 EStG** eingegrenzt, um die Anwendung des neuen Gesetzes durch den weitgehenden Rückgriff auf die hierzu ergangene Rechtsprechung möglichst zu erleichtern (siehe näher unten Rz. 54 ff.). Diese Vorschrift lautet:

„**§ 18 (Selbständige Arbeit)**

(1) Einkünfte aus selbständiger Arbeit sind

1. Einkünfte aus freiberuflicher Tätigkeit. [2]Zu der freiberuflichen Tätigkeit gehören die selbständig ausgeübte wissenschaftliche, künstlerische, schriftstellerische, unterrichtende oder erzieherische Tätigkeit, die selbständige Berufstätigkeit der Ärzte, Zahnärzte, Tierärzte, Rechtsanwälte, Notare, Patentanwälte, Vermessungsingenieure, Ingenieure, Architekten, Handelschemiker, Wirtschaftsprüfer, Steuerberater, beratenden Volks- und Betriebswirte, vereidigten Buchprüfer, Steuerbevollmächtigten, Heilpraktiker, Dentisten, Krankengymnasten, Journalisten, Bildberichterstatter, Dolmetscher, Übersetzer, Lotsen und ähnlicher Berufe. [3]Ein Angehöriger eines freien Berufs im Sinne der Sätze 1 und 2 ist auch dann freiberuflich tätig, wenn er sich der Mithilfe fachlich vorgebildeter Arbeitskräfte bedient; Voraussetzung ist, dass er auf Grund eigener Fachkenntnisse leitend und eigenverantwortlich tätig wird. [4]Eine Vertretung im Fall vorübergehender Verhinderung steht der Annahme einer leitenden und eigenverantwortlichen Tätigkeit nicht entgegen;

2. …“

46 Dem Steuerrecht entnimmt § 1 Abs. 2 PartGG die Unterteilung der freien Berufe in die sog. Katalogberufe, die bestimmten Tätigkeitsfeldern zuzuordnenden Berufe und schließlich die ähnlichen Berufe.

II. Der freie Beruf – ein Definitionsproblem

1. Begriffsentwicklung im internationalen Vergleich

47 Obgleich sich der Begriff des freien Berufs bereits seit dem Mittelalter (artes liberales) in der Berufsterminologie feststellen lässt,[125)] ist eine allgemein akzeptierte **Definition bis heute nicht gelungen.**[126)] Dies gilt auch für die im Jahre 1995 vom Bundesverband der Freien Berufe (BFB) verabschiedete Begriffsbildung, wonach die Freiberufler

> „aufgrund besonderer beruflicher Qualifikation persönlich, eigenverantwortlich und fachlich unabhängig geistig-ideelle Leistungen im Interesse ihrer Auftraggeber und der Allgemeinheit“ erbringen.[127)]

48 Hinsichtlich der **Merkmale** der Freiberuflichkeit werden verschiedene Ansätze vertreten. Am bedeutendsten erscheint das Charakteristikum des besonderen **Ver-**

---

125) Zum Begriff und seiner geschichtlichen Entwicklung eingehend *Michalski*, Das Gesellschafts- und Kartellrecht S. 6–19; *Michalski*, Der Begriff des freien Berufs, S. 17 ff.; vgl. auch *Krejci* in: Verhandlungen des 10. ÖJT, Bd. I/1, S. 12 mit Fn. 1.

126) Vgl. Begr. RegE PartGG, BT-Drucks. 12/6152, S. 10; *K. Schmidt*, NJW 1995, 1, 2; *K. Schmidt*, ZIP 1993, 633, 639; *Bayer/Imberger*, DZWIR 1993, 309, 310; ein Definitionsansatz findet sich bei *Michalski*, Der Begriff des freien Berufs, S. 156; vgl. hierzu ferner *Taupitz*, Standesordnungen, S. 22 f.

127) *Bundesverband der Freien Berufe*, BRAK-Mitt. 1995, 157; kritisch *Schäfer* in: MünchKomm-BGB, § 1 PartGG Rz. 35 in Fn. 60; *Mahnke*, WM 1996, 1029, 1031.

trauensverhältnisses zwischen dem Angehörigen eines freien Berufs und demjenigen, der seine Dienste in Anspruch nimmt.[128] Andere, insbesondere früher betonte Merkmale, wie etwa die wissenschaftliche oder künstlerische **Ausbildung** oder die Verfolgung mehr ideeller als materieller **Ziele**,[129] treffen entweder nicht auf sämtliche freien Berufe zu,[130] wie sich dies etwa auch beim Steuerberater aus § 36 Abs. 2 StBerG ergibt. Oder diese sind Ausdruck der längst überholten, realitätsfremden Meinung, dass den Angehörigen freier Berufe das Erwerbsstreben fehle.[131] Die Feststellung, dass freiberufliche Tätigkeit eher durch den Einsatz der **persönlichen Arbeitskraft** oder des eigenen Wissens als durch Kapitalinvestition gekennzeichnet sei,[132] ist inzwischen ebenfalls kaum noch als Abgrenzungskriterium geeignet,[133] denn einerseits ist für einige freie Berufe (insbesondere ärztliche Heilberufe, aber auch z. B. Architekten) ein ganz erheblicher Kapitaleinsatz für moderne Hilfsmittel typisch geworden,[134] andererseits ist das persönliche Engagement des Freiberuflers durch Arbeitsteilung und Substitution weitgehend relativiert.[135] Die Frage nach einer förmlichen **Berufszulassung** dient ebenso nicht als geeignetes Abgrenzungskriterium, denn diese beabsichtigt in erster Linie den Schutz des von der Öffentlichkeit gegenüber gebrachten Vertrauens.[136] Auch die Überlegung, von einem freien Beruf zu sprechen, wenn dieser für wert- oder tätigkeitsbezogenes Entgelt, das z. B. durch eine Gebührenordnung festgeschrieben wurde, und nicht für ein Erfolgshonorar ausgeübt wird,[137] ist durch die Aufweichung des Berufsrechts durch das BVerfG[138] in diesem Punkt nicht mehr aussagekräftig. Angesichts dieser Schwierigkeiten ist es verständlich, dass der Gesetzgeber es bei Verabschiedung der ursprünglichen Fassung des PartGG zunächst vermieden hat, eine eigenständige gesellschaftsrechtliche Definition zu versuchen.

49 So hatte bereits der **Entwurf von 1971** auf eine gesetzliche Definition des Begriffs der freien Berufe verzichtet. § 1 Abs. 1 Satz 2 des Entwurfes **1975** bestimmte:

> „Freie Berufe im Sinne dieses Gesetzes sind solche, deren Angehörige in Körperschaften des öffentlichen Rechts (Berufskammern) auf Bundesebene direkt oder indirekt zusammengeschlossen sind."

50 § 1 Abs. 2 des Entwurfs 1976 zählte ähnlich wie das Gesetz eine Reihe von Katalogberufen auf, verzichtete aber auf die Tätigkeitsbereiche der Wissenschaftler usw. Diese wurden erst durch den **Referentenentwurf** 1993 in noch weitergehender

128) Vgl. *Michalski*, Der Begriff des freien Berufs, S. 80 ff, 156.
129) So z. B. *Bayer/Imberger*, DZWIR 1993, 309, 310.
130) Z. B. fehlt es bei Physiotherapeuten oder Bildberichterstattern an einer solchen Ausbildung; vgl. Schmidt-*Wacker*, EStG, § 18 Rz. 61; zudem spielt die höhere Qualifikation zunehmend auch in der gewerblichen Wirtschaft eine wichtige Rolle, vgl. *Krejci*, EGG, § 1 Rz. 92.
131) Vgl. bereits *Michalski*, ZIP 1991, 1551, 1557; ferner *Krejci*, EGG, § 1 Rz. 91.
132) So *Bayer/Imberger*, DZWIR 1993, 309, 310.
133) Kritisch bereits *Michalski*, Der Begriff des freien Berufs, S. 71.
134) Vgl. nur *Bösert*, ZAP Fach 15, S. 137, 138; a. A. *Zaumseil*, FR 2010, 353, 355.
135) *Krejci*, EGG, § 1 Rz. 92.
136) *Zaumseil*, FR 2010, 353, 354.
137) Schmidt-*Wacker*, EStG, § 18 Rz. 61.
138) BVerfG, Beschl. v. 12.12.2006 – 1 BvR 2576/04, BVerfGE 117, 163 = BB 2007, 617.

Anlehnung an § 18 Abs. 1 Nr. 1 EStG eingefügt. Während des Gesetzgebungsverfahrens wurde über die Aufnahme bestimmter Berufe heftig diskutiert, als problematisch erwiesen sich insbesondere die Berufe der Ärzte, Zahnärzte und Tierärzte.[139)]

51 Nachdem durch die Übernahme der Grundgedanken des § 18 Abs. 1 Nr. 1 Satz 2 EStG die Frage der Eingrenzung der freien Berufe für die Praxis weitgehend geklärt erschien, wurde durch das **Änderungsgesetz 1998** während der Beratungen im Rechtsausschuss des Deutschen Bundestages völlig überraschend noch die **Legaldefinition** des § 1 Abs. 2 Satz 1 PartGG in das Gesetz eingefügt. Es handelt sich hierbei um einen politischen Programmsatz ohne eigenen normativen Gehalt. Die Legaldefinition orientiert sich offenbar im Wesentlichen an dem Vorschlag des Bundesverbandes der Freien Berufe (siehe oben Rz. 47). Ihre rechtliche Bedeutung wird vor allem dadurch begrenzt, dass die Begriffsbestimmung deutlich zum Ausdruck bringt, keinen Anspruch auf Allgemeingültigkeit zu erheben („... im Allgemeinen ...“). Die Registergerichte werden sich bei ihren Entscheidungen hinsichtlich der Partnerschaftsfähigkeit daher kaum auf Satz 1, sondern eher auf den konkreteren Satz 2 und die hierzu bereits ergangene (Steuer-) Rechtsprechung stützen. Problematisch sind in der Praxis nämlich nicht die Berufe, bei denen sämtliche in § 1 Abs. 2 Satz 1 PartGG genannten Merkmale vorliegen, sondern diejenigen, bei denen dies nicht zwingend der Fall ist (zu einzelnen Merkmalen siehe bereits Rz. 47).

52 Auch im **Ausland** ist eine allgemein gültige und anerkannte Definition des Begriffs der freien Berufe nicht anzutreffen. Es besteht zwar ein weitgehender internationaler Grundkonsens über einige als freiberuflich einzuordnende Hauptcharakteristika, jedoch musste der OECD in einer umfassenden Studie im Jahre 1985 feststellen, dass in den jeweiligen Staaten häufig erhebliche Unterschiede bei der konkreten Zurechnung von Berufen zu dem Kreis der freien Berufe auftreten.[140)] Der Entwurf des **österreichischen** Partnerschaftsgesetzes hatte seinen Geltungsbereich ähnlich wie der deutsche Entwurf 1975 auf die verkammerten freien Berufe beschränkt.[141)] In dem verabschiedeten und mittlerweile nicht mehr geltenden, praktisch nur noch aus einer ergänzten Generalverweisung bestehenden Erwerbsgesellschaftengesetz wurde dann allerdings auf eine eigene Definition verzichtet, so dass man sich in Österreich vergleichbaren Abgrenzungsschwierigkeiten gegenübersieht wie in Deutschland durch die Generalklausel der „ähnlichen Berufe“.[142)] Auch das **französische** Gesetz über die Einführung der „société civile professionnelle“ von 1966 richtet sich gemäß seinem Art. 1 Abs. 1 nur an Berufe, die besonders rechtlich geregelt sind oder wenigstens über eine durch eine Rechtsnorm geschützte Berufsbezeichnung verfügen; der Begriff der freien Berufe brauchte danach nicht mehr selbst definiert zu werden.[143)] Das Gesetz vom 31.12.1990 verzichtet ebenfalls auf eine solche Definition für die „société d'exercice libérale“. Es gibt allerdings eine

---

139) Vgl. näher Punkt 2 des Neun-Punkte-Kataloges des Bundeswirtschaftsministeriums v. November 1991; hierzu *Beckmann* in: FS Kleinert, S. 210, 214; *Gres*, Der Selbständige, 12/1992, 6.

140) *OECD*, Politique de la concurrence et professions libérales, S. 86 Nr. 259.

141) *Krejci*, EGG, § 1 Rz. 84.

142) Zu den Einzelheiten vgl. *Krejci*, EGG, § 1 Rz. 83 ff, 90 ff.

143) Näher *Müller-Gugenberger*, DB 1972, 1517, 1517 f.

Aufzählung der betroffenen Berufe durch einen interministeriellen Ausschuss für freie Berufe.[144] Der **belgische** Gesetzentwurf für eine neue Gesellschaftsform stellte in seinen Art. 1 Abs. 1 sowie Art. 2 Abs. 1 ab auf „professions intellectuelles à caractère non commercial, soumises à un statut légal ou réglementaire".[145] Dieser Begriff ist weiter als der der traditionellen freien Berufe und sollte nach der Gesetzesbegründung jede autonome intellektuelle Leistung umfassen, die nicht gewerblicher Natur und deren Träger einer beruflichen Kontrolle unterworfen war.[146]

53 Auch die **EG-Kommission** sah sich bei den Vorüberlegungen für eine europäische Rechtsform für Angehörige freier Berufe mit der Schwierigkeit einer einheitlichen Definition des freien Berufs konfrontiert.[147]

2. Freie Berufe im Verhältnis zu § 18 Abs. 1 Nr. 1 Satz 2 EStG

a) Unterschiede zwischen Gesellschafts- und Steuerrecht

54 Die Festlegung des personellen Anwendungsbereiches in Absatz 2 lehnt sich bewusst weitgehend an die entsprechende Definition in § 18 Abs. 1 Nr. 1 EStG[148] an (Wortlaut siehe Rz. 45).[149] Dies soll es ermöglichen, die hierzu ergangene Rechtsprechung auch für den gesellschaftsrechtlichen Bereich fruchtbar zu machen und damit die Anwendung des neuen Gesetzes erleichtern.[150]

55 Einige Entwicklungen aus der finanzgerichtlichen Rechtsprechung sind bereits im Wortlaut des § 1 Abs. 2 PartGG berücksichtigt worden. Insbesondere wurden aus diesem Grunde auch die **Hebammen** und **Heilmasseure** ausdrücklich in den Katalog aufgenommen.[151] Das PartGG nennt nunmehr ferner die **Diplom-Psychologen**, **Mitglieder der Rechtsanwaltskammern** sowie die **hauptberuflichen Sachverständigen**. Demgegenüber verzichtet es auf die in § 18 Abs. 1 Nr. 1 EStG genannten Berufe der Notare, Vermessungsingenieure und Dentisten. Hinsichtlich der **Dentisten** ist dies dadurch gerechtfertigt, dass es sich hierbei um einen „auslaufenden" Beruf handelt,[152] der während der Übergangszeit unter den „ähnlichen Beruf" subsumiert werden kann. Während der bestehenden Kurierfreiheit war die Zahnheilkunde von den zwei nebeneinander bestehenden Berufen der Zahnärzte und der Dentisten wahrgenommen worden, wobei die Dentisten in Fachschulen in prakti-

---

144) *Laurent/Vallée*, SEL, S. 10 f.; vgl. auch *Schwenter-Lipp*, S. 24, 27 mit einer Übersicht über die als freie Berufe in Frankreich bzw. in Deutschland anerkannten Professionen.

145) Gesetzentwurf, Chambre des Représentants, sess. 1984–1985, doc. 1108-1, 31.

146) Begr. zum Gesetzentwurf, Chambre des Représentants, sess. 1984–1985, doc. 1108-1, 5.

147) Hierzu eingehend *EG-Kommission*, Konsultationsdokument, S. 8 ff.; ausführlich noch die Vorauflage, 1995, § 1 Rz. 33; zur Begriffsbestimmung des freien Berufs auf der Ebene der EU: *Ehlermann* in: FS Budde, S. 157, 160 f.; *Ehlermann*, Revue du Marché commun et de l'Union européenne, no. 365, 136, 138 f.

148) § 18 Abs. 1 Nr. 1 EStG ist verfassungsrechtlich unbedenklich; BFH, Urt. v. 26.11.1992 – IV R 109/90, BFHE 170, 88 = BStBl. II 1993, 235; Glanegger/Güroff-*Güroff*, GewStG, § 2 Rz. 161.

149) Dies wird allerdings noch als zu wenig deckungsgleich kritisiert von *Mittelsteiner*, DStR 1994, Beihefter zu Heft 37, S. 37.

150) Begr. RegE PartGG, BT-Drucks. 12/6152, S. 10; vgl. bereits *Michalski*, ZIP 1993, 1210, 1211.

151) Begr. RegE PartGG, BT-Drucks. 12/6152, S. 10.

152) *Michalski*, Der Begriff des freien Berufs, S. 75 mit Fn. 340; vgl. §§ 8 bis 11a ZHG.

scher und manueller Hinsicht ausgebildet wurden. Durch das Zahnheilkundegesetz (ZHG) von 1952 wurden beide Berufe zusammengefasst, der Zahnarzt zum rein akademischen Beruf ausgestaltet und aus der Gewerbeordnung herausgenommen.[153)]

56 Die **Vermessungsingenieure** fallen unter den weiterhin in § 1 Abs. 2 PartGG erfassten Bereich der Ingenieure, so dass auch insoweit durch den Verzicht auf die ausdrückliche Nennung kein inhaltlicher Unterschied zu der einkommensteuerlichen Definition entsteht.[154)] Sie wurden deswegen nicht ausdrücklich in den Katalog des Absatzes 2 mit aufgenommen, weil den öffentlich bestellten Vermessungsingenieuren in landesrechtlichen Normen ein öffentliches Amt zuerkannt wird und sie insoweit keinen partnerschaftsfähigen freien Beruf ausüben. Sie sind in diesem Fall nur hinsichtlich ihrer freien Ingenieurtätigkeit partnerschaftsfähig.[155)] Lediglich dem Beruf des **Notars** soll die Partnerschaft als mögliche Zusammenschlussform verschlossen bleiben.[156)] Dies wird mit der Ausübung eines öffentlichen Amtes durch den Notar gerechtfertigt.[157)] Der Gesetzgeber wollte damit offenbar der offiziellen Kammerpolitik der Notare Rechnung tragen.[158)] Für den Anwaltsnotar gilt das Verbot nur hinsichtlich seiner Eigenschaft als Notar, während er in seiner Funktion als Rechtsanwalt ohne weiteres partnerschaftsfähig ist.[159)] Für die Partnerschaft gilt damit dieselbe Rechtslage wie bislang bei einer Sozietät in Form der GbR.[160)] Die Überlegungen zum Ausschluss der Notare aus dem PartGG müssen jedoch vor dem Hintergrund der Änderung[161)] des notariellen Berufsrechts im Jahre 1998 neu betrachtet werden. In der Literatur wird der Umstand, dass **Nur-Notare** nicht partnerschaftsfähig sein sollen, als verfassungs- und europarechtlich bedenklich angesehen.[162)] Der neu gefasste § 9 BNotO erlaubt den Nur-Notaren, sich zur gemeinsamen Berufsausübung zusammenzuschließen. Voraussetzung hierfür ist nach § 9 Abs. 3 BNotO, dass die persönliche und eigenverantwortliche Amtsführung, Unabhängigkeit und Unparteilichkeit gewahrt bleibt. Begründet wird dies mit einem praktischen Bedürfnis wegen des sich wandelnden Berufsbildes und ähnlicher Anpassungen im anwaltlichen Berufsrecht.[163)] Somit ist es den Notaren

---

153) *Deutsch*, Arztrecht, S. 19 f.

154) Vgl. Begr. RegE PartGG, BT-Drucks. 12/6152, S. 10, und näher unten Rz. 104.

155) *Schäfer* in: MünchKomm-BGB, § 1 PartGG Rz. 47; *Salger* in: MünchHdb. GesR, Bd. 1, § 39 Rz. 18.

156) Kritisch *Knoll/Schüppen*, DStR 1995, 608, 610; zur Sozietätsbildung von Nur-Notaren näher *Michalski*, ZIP 1996, 11 ff.

157) Begr. RegE PartGG, BT-Drucks. 12/6152, S. 10; *Ahlers* in: FS Rowedder, S. 1, 2 f.; zur Rechtslage in Österreich *Krejci*, EGG, § 1 Rz. 87.

158) *Salger* in: MünchHdb. GesR, Bd. 1, § 39 Rz. 17.

159) So auch § 59a Abs. 1 Satz 3 BRAO als berufliche Vorschrift bei Anwaltssozietäten; zur Partnerschaft vgl. *Seibert*, DB 1994, 2381, 2383; *BRAK*, Stellungnahme zum RefE PartGG, S. 3; zur rechtlichen Konstruktion einer Einbeziehung der Notartätigkeit in die Rechtsanwaltssozietät s. *Ahlers* in: FS Rowedder, S. 1, 16 f.

160) A. A. *Feddersen/Meyer-Landrut*, PartGG, § 1 Rz. 12, wonach die Soziierungsmöglichkeiten in der Partnerschaft restriktiver geworden sein sollen.

161) Drittes Gesetz zur Änderung der Bundesnotarordnung und anderer Gesetze v. 31.8.1998, BGBl. I 1998, 2585.

162) *Kleine-Cosack*, BRAO, § 59a Rz. 10; vgl. auch *Henssler*, PartGG, § 1 Rz. 71.

163) Begr. RegE § 9 BNotO n. F., BT-Drucks. 13/4184, S. 22.

gestattet, in einer GbR zusammenzuarbeiten.[164] Aus dieser Möglichkeit einer gemeinsamen Berufsausübung ergibt sich, dass auch die Nur-Notare partnerschaftsfähig i. S. eines ähnlichen Berufes gemäß § 1 Abs. 2 Satz 2 PartGG sind.[165] Dem steht auch nicht entgegen, dass diese nicht bei den Katalogberufen erwähnt sind.

57 Wie im Steuerrecht, so gelten auch im Bereich des PartGG die **Apotheker** im Ergebnis nicht als freie Berufe i. S. des Absatzes 2. In § 8 Satz 1 ApG, der über § 1 Abs. 3 PartGG eingreift, ist nämlich festgelegt, dass für Zusammenschlüsse von Apothekern ausschließlich die GbR und die OHG zur Verfügung stehen.[166] Deswegen hat der Gesetzgeber darauf verzichtet, den Apotheker als Katalogberuf in Absatz 2 aufzuführen,[167] wenngleich sie – von ihrem Charakter her – dieser Berufsgruppe zuzurechnen sind. Falls es in Zukunft zu einer Öffnung des § 8 Satz 1 ApG kommen sollte, wäre es nahe liegend, die Apotheker den „ähnlichen Berufen" i. S. des § 1 Abs. 2 PartGG zuzurechnen.[168]

58 Insgesamt zeigt sich daher, dass die etwas abweichende Begriffsbestimmung im PartGG gegenüber dem EStG mit der einzigen Ausnahme des Notars nur auf einer **Anpassung des Wortlauts** an die zwischenzeitliche Entwicklung insbesondere der Rechtsprechung beruht. Dies gilt weitgehend auch für die neu in den Katalog aufgenommenen Berufe. Inhaltliche Bedeutung etwa i. S. einer abweichenden Begriffsbildung im Steuer- und im Gesellschaftsrecht kommt der etwas unterschiedlichen textlichen Fassung daher nicht zu.[169]

59 Andererseits ist es nicht ausgeschlossen, dass in Einzelfällen **Differenzen** auftreten können. In solchen Fällen kommt weder dem **Steuer-** noch dem **Gesellschaftsrecht** präjudizielle Wirkung zu. So kann es z. B. vorkommen, dass die Einkünfte aus einer – gemäß § 1 Abs. 1 Satz 2 PartGG grundsätzlich nicht gewerblichen – Partnerschaft steuerrechtlich als Einkünfte aus einem Gewerbebetrieb angesehen werden.[170] Eine solche steuerliche Einordnung ändert nichts am gesellschaftsrechtlichen Fortbestand der Partnerschaft.

b) Anwendungsprobleme

60 Die vom Gesetzgeber gewählte Regelungstechnik beseitigt bei der praktischen Anwendung des Gesetzes zwar nicht vollständig die besonderen Schwierigkeiten, An-

164) *Henssler*, PartGG, § 1 Rz. 70.

165) *Salger* in: MünchHdb. GesR, Bd. 1, § 39 Rz. 17.

166) Begr. RegE PartGG, BT-Drucks. 12/6152, S. 10; *Ahlers* in: FS Rowedder, S. 1, 3 ff. bejaht die Frage der Verfassungsmäßigkeit des § 8 ApG im Anschluss an ein unveröffentlichtes Rechtsgutachten von *Henssler*.

167) Begr. RegE PartGG, BT-Drucks. 12/6152, S. 10; darauf haben während des Gesetzgebungsverfahrens offenbar auch die Apothekerverbände gedrungen, hierzu *Seibert*, Die Partnerschaft, S. 42 in Fn. 36; zur Rechtslage in Österreich *Krejci*, EGG, § 1 Rz. 85 f.; kritisch zur Regelung des PartGG *Knoll/Schüppen*, DStR 1995, 608, 610; Meilicke u. a.-*Lenz*, PartGG, § 1 Rz. 48; *Taupitz/Schelling*, NJW 1999, 1751, 1755.

168) Wohl a. A. *Bayer/Imberger*, DZWIR 1995, 177, 181.

169) Der Kritik von *Mittelsteiner*, DStR 1994, Beihefter zu Heft 37, S. 37, kann daher nicht gefolgt werden.

170) So bereits die Begr. RegE PartGG, BT-Drucks. 12/6152, S. 10; *Burret*, WPK-Mitt. 1994, 201, 203.

gehörige eines freien Berufes von Gewerbetreibenden abzugrenzen,[171] wie sie z. B. in der problematischen Unterscheidung des **freiberuflichen Künstlers** vom **Kunstgewerbetreibenden** zutage treten.[172] Aber die insoweit in das PartGG übernommene Formulierung des § 18 Abs. 1 Nr. 1 EStG bietet doch den Vorteil, dass eine allgemein gültige Definition des freien Berufs entbehrlich ist. Aufgrund der Generalklausel der „ähnlichen Berufe" sind vielmehr lediglich Übereinstimmungen der nicht in dem Katalog erwähnten Berufsbilder mit den dort explizit genannten Berufen zu untersuchen. Auch hier ist aber natürlich nicht zu verkennen, dass die Feststellung von Ähnlichkeiten vor allem dann relevant wird, wenn es sich um **gemeinsame Wesensmerkmale** spezifisch freiberuflicher Natur handelt.

61 Ebenfalls nicht verkannt werden sollte, dass die Rechtsprechung zu § 18 Abs. 1 Nr. 1 Satz 2 EStG selbst von erheblichen Unsicherheiten geprägt ist. Sie neigt wegen der generalklauselartigen Anwendbarkeit auch auf „ähnliche Berufe" tendenziell zu fortschreitender Ausweitung der betroffenen Berufsgruppen.[173] Diese Schwierigkeit hat bereits dazu geführt, dass das PartGG als **nicht mit hinreichender Sicherheit handhabbar** kritisiert wurde.[174] *K. Schmidt* brachte die Kritik auf die Formel:

> „Das Sammelsurium des § 18 Abs. 1 Nr. 1 EStG ist keine gute Grundlage für eine gesellschaftsrechtliche Zusammenfassung."[175]

62 Andererseits ist der Ausgangspunkt des Gesetzes, nicht durch abweichende Begriffsbildungen im Gesellschaftsrecht die bisherigen Probleme im Steuerrecht noch zu vermehren, durchaus begrüßenswert. Die **„Einheitlichkeit der Probleme"** kann für die praktische Rechtsanwendung einen nicht zu unterschätzenden Vorteil darstellen.[176] Zwar gibt es auch im Steuerrecht keinen einheitlichen Oberbegriff der freien Berufe. Auch kann dem § 18 EStG ein allgemeiner Grundsatz für die Bestimmung der darunter fallenden Berufe nicht entnommen werden.[177] Andererseits aber existiert inzwischen eine **umfangreiche Kasuistik**, die entscheidende Kriterien beinhaltet und für die überwiegende Zahl der von den Registergerichten zu lösenden Abgrenzungsprobleme herangezogen werden kann.[178]

---

171) *Krejci*, EGG, § 1 Rz. 83; *Michalski*, Der Begriff des freien Berufs, S. 38 ff.; *K. Schmidt*, ZIP 1993, 633, 639.

172) Kritisch daher mit weiteren Beispielen *K. Schmidt*, NJW 1995, 1, 2, der die Unbestimmtheit des Begriffs der Freien Berufe als eine Schwäche des Gesetzes bezeichnet; vgl. bereits *K. Schmidt*, ZIP 1993, 633, 639; ihm folgend *Knoll/Schüppen*, DStR 1995, 608, 609; ferner die Kritik von *Bayer/Imberger*, DZWIR 1993, 309, 310 f., welche jedoch verkennt, dass der freie Beruf als Oberbegriff für die Katalogberufe und die ähnlichen Berufe zu betrachten ist.

173) Näher hierzu *Michalski*, Der Begriff des freien Berufs, S. 170 ff.: „Die inflationäre Entwicklung des Begriffs des freien Berufs"; vgl. ferner *Weyand*, INF 1995, 22, 23; Kirchhof/Söhn/Mellinghoff-*Stuhrmann*, EStG, § 18 Rz. B 15 ff., 24.

174) *Bayer/Imberger*, DZWIR 1993, 309, 310 f.; *K. Schmidt*, ZIP 1993, 633, 639; vgl. näher unten bei der Erörterung der ähnlichen Berufe, Rz. 127 ff.

175) *K. Schmidt*, ZIP 1993, 633, 637; vgl. auch *Knoll/Schüppen*, DStR 1995, 608, 609 f.

176) Zustimmend *Mahnke*, WM 1996, 1029, 1032.

177) BFH, Urt. v. 5.11.1970 – IV R 127/70, BFHE 101, 367 = BStBl. II 1971, 319; Schmidt-*Wacker*, EStG, § 18 Rz. 60.

178) Vgl. einerseits *K. Schmidt*, ZIP 1993, 633, 639; andererseits *Michalski*, ZIP 1993, 1210, 1211; ferner Kirchhof/Söhn/Mellinghoff-*Stuhrmann*, EStG, § 18 Rz. B 19.

III. Die Katalogberufe

Die in § 1 Abs. 2 PartGG aufgeführten Katalogberufe lassen sich in **fünf Bereiche** unterteilen:[179)] 63

- **Heilberufe:** Ärzte, Zahnärzte, Tierärzte, Heilpraktiker, Krankengymnasten, Hebammen, Heilmasseure, Diplom-Psychologen;
- **rechts- und wirtschaftsberatende Berufe:** Rechtsanwälte, Patentanwälte, Mitglieder der Rechtsanwaltskammern, Wirtschaftsprüfer, vereidigte Buchprüfer (vereidigte Buchrevisoren), Steuerberater, Steuerbevollmächtigte, beratende Volks- und Betriebswirte;
- **naturwissenschaftlich orientierte Berufe:** Ingenieure, Architekten, Handelschemiker, hauptberufliche Sachverständige;
- **Vermittler von geistigen Gütern und Informationen:** Journalisten, Bildberichterstatter, Dolmetscher, Übersetzer;
- **Lotsen.**

Zu den Katalogberufen im Einzelnen:

1. Heilberufe

64 Ärzte, Zahnärzte und Tierärzte bedürfen zur Führung dieser Berufsbezeichnung sowie zur Berufsausübung der **Approbation**. Ärzte aus dem Bereich der EU dürfen aufgrund der Dienstleistungsfreiheit nach Art. 56 AEUV ihren Beruf vorübergehend im Bundesgebiet ausüben und sind insoweit partnerschaftsfähig; die übrigen Ausländer können im Einzelfall eine Erlaubnis nach § 10 BÄO erlangen und dann einer Partnerschaft beitreten.[180)] Heilpraktiker, Krankengymnasten, Hebammen und Heilmasseure benötigen eine **Erlaubnis.**[181)] Diplom-Psychologen sind ein Sonderfall, da für sie lediglich ein mit Abschluss des Studiums der Psychologie erlangtes Diplom erforderlich ist. Personen, welche einen der genannten zulassungsbedürftigen Berufe ausüben und nicht über die erforderliche Berufszulassung verfügen, fallen nicht unter § 1 Abs. 2 PartGG.[182)] Dies ergibt sich von selbst, soweit die Berufsbezeichnung gesetzlich geschützt ist, da dort Personen ohne die Erlaubnis zur Berufsausübung bereits nicht eine der in dem Katalog aufgeführten Berufsbezeichnungen führen dürfen.

65 Bei den **Heil- und Heilhilfsberufen** ist der BFH für die Einordnung der Tätigkeit als freier Beruf nunmehr davon abgerückt, dass hierzu ausschließlich eine staatlich reglementierte Ausbildung und Prüfung erforderlich ist. Eine entsprechende Qualität kann ebenso über eine **kassenärztliche Zulassung** nach § 124 Abs. 2 SGB V nachgewiesen werden. Insofern sieht das Gericht eine solche Zulassung als Indiz für die Ähnlichkeit mit den im Katalog festgelegten Heilberufen. Selbst wenn

179) BVerfG, Beschl. v. 25.10.1977 – 1 BvR 15/75, BVerfGE 46, 224, 242 = BStBl. II 1978, 125; Kirchhof/Söhn/Mellinghoff-*Stuhrmann*, EStG, § 18 Rz. B 47.

180) *Feddersen/Meyer-Landrut*, PartGG, § 1 Rz. 13.

181) Zu der „Berufserlaubnis und Approbation im Heilwesen“ vgl. den Überblick bei *Haurand*, NWB Fach 30, S. 891 ff.

182) So auch die Steuerrechtsprechung und die dort inzwischen h. L., vgl. Herrmann/Heuer/Raupach-*Brandt*, EStG, § 18 Rz. 67 m. umfangreichen N.

eine kassenärztliche Zulassung nicht vorliegt, kann ein freier Beruf gegeben sein, wenn die **Vergleichbarkeit** von Ausbildung, Erlaubnis und Tätigkeit mit den Kriterien des § 124 Abs. 2 Satz 1 Nr. 1 bis 3 SGB V übereinstimmt.[183)] Damit berücksichtigt der BFH, dass sich Berufe im Gesundheitswesen weiter und neu entwickeln und diese nicht sofort einer staatlichen Regulierung unterworfen werden können.

a) Ärzte, Zahnärzte, Tierärzte

66 Berufsrechtliche Regelung für **Ärzte** finden sich in der Bundesärzteordnung vom 16.4.1987[184)] und den landesspezifischen Berufsordnungen, häufig nach dem Muster der Musterberufsordnung für die in Deutschland tätigen Ärztinnen und Ärzte in der Fassung der Beschlüsse des 114. Deutschen Ärztetages 2011 in Kiel (MBO-Ä 1997). Die Berufstätigkeit der Ärzte ist die **selbständige Ausübung der Heilkunde**. Dazu gehören

- alle Maßnahmen, die der Vorbeugung von Krankheiten oder der Feststellung, Heilung oder Linderung von Krankheiten, Leiden oder Körperschäden bei Menschen dienen.[185)]
- Zu den heilberuflichen Tätigkeiten zählen aber auch die laufende Anfertigung von Gutachten oder Attesten über den Gesundheitszustand der von ihnen untersuchten Personen für Gerichte und Versicherungsanstalten.[186)]
- Ferner sind zu nennen das Beobachten und Registrieren der Verträglichkeit und möglicher Nebenwirkungen von Medikamenten bei Patienten, auch wenn dies für ein pharmazeutisches Unternehmen geschieht.[187)]

67 Zur Ausübung dieser freiberuflichen Tätigkeiten können sich Ärzte in einer Partnerschaft zusammenschließen. Die MBO-Ä sieht dies in Kap. B § 23b ausdrücklich vor.

68 Grundsätzlich wird nur Ärzten (§ 95 SGB V, § 18 Ärzte-ZV), nicht aber der Partnerschaft als solche die **kassenärztliche Zulassung** erteilt.[188)] Jeder ärztliche Partner muss sich also gesondert um seine persönliche Zulassung bemühen. Der Zulassungsausschuss der kassenärztlichen Vereinigung hat bei der Neuvergabe der Kassenzulassung besondere Umstände zu berücksichtigen. Hierzu kann bspw. gehören, ob der betreffende Kandidat i. R. der Partnerschaft tätig werden soll und kann. Bei einer Altersbeschränkung nach § 95 Abs. 7 SGB V kann der Partnerschaftsvertrag die Umstände des Ausscheidens und der Honorarverteilung re-

---

183) BFH, Urt. v. 28.8.2003 – IV R 69/00, BStBl. II 2004, 954 = BB 2004, 90.

184) Bundesärzteordnung – BÄO v. 16.4.1987, BGBl. I 1987, 1218.

185) Littmann/Bitz/Pust-*Güroff*, EStG, § 18 Rz. 150; Kirchhof/Söhn/Mellinghoff-*Stuhrmann*, EStG, § 18 Rz. B 86; für die Zahnheilkunde vgl. § 1 Abs. 3 ZHG.

186) Schmidt-*Wacker*, EStG, § 18 Rz. 87; Lademann-*Stöcker*, EStG, § 18 Rz. 391; Kirchhof/Söhn/Mellinghoff-*Stuhrmann*, EStG, § 18 Rz. B 87; Littmann/Bitz/Pust-*Güroff*, EStG, § 18 Rz. 151.

187) Lademann-*Stöcker*, EStG, § 18 Rz. 391; Kirchhof/Söhn/Mellinghoff-*Stuhrmann*, EStG, § 18 Rz. B 87; dies ist jedoch zweifelhaft für reine Laborärzte, vgl. Littmann/Bitz/Pust-*Güroff*, EStG, § 18 Rz. 153 m. w. N.; *Brötzmann*, WiB 1994, 270, 271.

188) *Schirmer*, MedR 1995, 383, 388 ff.; *Salger* in: MünchHdb. GesR, Bd. 1, § 39 Rz. 4.

geln. Nach einer in der Literatur vertretenen Auffassung muss analog § 33 Ärzte-ZV der Zusammenschluss in der Partnerschaft als gemeinschaftliche Berufsausübung genehmigt werden.[189] In Ausnahmefällen ist eine Ermächtigung der Partnerschaft selbst denkbar.[190]

69 Berufsrechtliche Grundlagen für **Zahnärzte** finden sich im Zahnheilkundegesetz (ZHG) vom 16.4.1987[191] und in den landesrechtlichen Vorschriften nach dem Vorbild der Musterberufsordnung Bundeszahnärztekammer (MBO-ZÄ) in der Fassung vom 19.5.2010. Trotz der seit langem bestehenden Musterberufsordnung sind zum Teil erhebliche sprachliche und inhaltliche Abweichungen der Landesnormen voneinander festzustellen.[192] § 16 Abs. 1 MBO-ZÄ gestattet den Zusammenschluss niedergelassener Zahnärzte in einer Partnerschaft. Die Tätigkeit des Zahnarztes besteht in der auf wissenschaftliche Erkenntnisse begründeten Feststellung und Behandlung von Zahn-, Mund- und Kieferkrankheiten, § 1 Abs. 3 ZHG.

70 Die berufsrechtlichen Normen für **Tierärzte** sind in der Bundestierärzteordnung (BTÄO) in der Fassung der Bekanntmachung vom 20.11.1981[193] und landesrechtlichen Bestimmungen nach dem Vorbild der Musterberufsordnung der Bundestierärztekammer e. V. in der Fassung des Beschlusses der Delegiertenversammlung der Bundestierärztekammer vom 21.4.2012 enthalten. Die früher handwerkliche Tätigkeit ist im Jahre 1965 durch die damalige Verabschiedung der Bundestierärzteordnung zu einem **akademischen Beruf** geworden. Die Berufsausübung besteht in der Untersuchung von Tieren, Beratung des Vertragspartners über die nach den veterinärmedizinischen Kenntnissen und Erfahrungen anzuwendenden therapeutischen Maßnahmen sowie der Durchführung der danach erforderlichen Therapien.[194] Nach der Definition der Heilkunde als Tätigkeiten zur Heilung und Linderung von Krankheiten bei Menschen zählt die Berufsausübung der Tierärzte streng genommen nicht zum Bereich der Heilkunde; in der Praxis werden die Tierärzte jedoch ebenfalls überwiegend diesem Bereich zugeordnet.[195]

71 Wenn ausschließlich **gewerblichen Tätigkeiten** nachgegangen werden soll, sind die Berufsangehörigen insoweit nicht partnerschaftsfähig. Als gewerblich ist etwa

– die entgeltliche Abgabe von Medikamenten durch Ärzte oder Tierärzte anzusehen, sofern es nicht um Praxisbedarf, stationäre Aufnahme oder Notfallbehandlung geht;[196]

189) *Schirmer*, MedR 1995, 383, 388.
190) Näher *Schirmer*, MedR 1995, 383, 388 f.
191) Zahnheilkundegesetz – ZHG v. 16.4.1987, BGBl. I 1987, 1225.
192) *Deutsch*, Arztrecht, S. 20.
193) Bundestierärzteordnung – BTÄO v. 20.11.1981, BGBl. I 1981, 1193.
194) *Deutsch*, Arztrecht, S. 107.
195) Meilicke u. a.-*Lenz*, PartGG, § 1 Rz. 42 m. w. N.
196) Schmidt-*Wacker*, EStG, § 18 Rz. 51; Kirchhof/Söhn/Mellinghoff-*Stuhrmann*, EStG, § 18 Rz. B 110; Lademann-*Stöcker*, EStG, § 18 Rz. 403 f.; *Rösener*, Deutsches Tierärzteblatt 1995, 418.

- ferner die Herstellung von Prothesen durch einen Zahnarzt nicht für Patienten, sondern für Berufskollegen.[197]
- Fraglich ist die Rechtslage bei **Augenärzten**, die sich auf die Anpassung und den Verkauf von Kontaktlinsen spezialisiert haben.[198] Falls der Arzt gewerbliche Aktivitäten verfolgt, ist näher zu prüfen, ob er daneben auch die Heilkunde betreibt.

72 Nur bei ausschließlich gewerblicher Betätigung ist der Zusammenschluss in einer Partnerschaft nach § 1 Abs. 1 Satz 1 PartGG ausgeschlossen. Wenn hingegen mehrere voneinander zu trennende Tätigkeiten ausgeübt werden, kann sich der Arzt zur freiberuflichen Berufstätigkeit mit anderen in der Gesellschaft vereinigen.

b) Heilpraktiker, Krankengymnasten, Heilmasseure, Hebammen

73 Das **Heilpraktikergesetz** vom 17.2.1939 beendete die Epoche der allgemeinen Kurierfreiheit durch die Einführung eines generellen Erlaubniszwanges für die Ausübung der Heilkunde ohne Approbation.[199] Das gesetzgeberische Ziel bestand darin, auf längere Frist ein Monopol der Ärzte zu begründen und bis dahin nur den Besitzstand der bereits aktiven Heilpraktiker zu wahren. Unter der Geltung des GG mit der allgemeinen Berufsfreiheit des Art. 12 GG konnte dieses Ziel nicht mehr erreicht werden, stattdessen verfestigte sich der neu geschaffene Berufsstand.[200] § 1 Abs. 1 HeilpraktikerG statuiert einen **generellen Erlaubniszwang**, wobei das Bundesverwaltungsgericht von der Teilbarkeit der Erlaubnis ausgeht.[201] Die Ausübung der Heilkunde ohne Erlaubnis wird durch § 5 HeilpraktikerG unter Strafe gestellt. In dem Bestreben, auch unseriöse und vorgebliche Heiler dem Anwendungsbereich des Heilpraktikergesetzes zu unterwerfen, versteht der BGH durch einen weiten Heilkundebegriff unter der Heilkunde auch solches Handeln, das bei dem Behandelten lediglich den Eindruck erweckt, als ziele es darauf ab, ihn zu heilen oder ihm eine gesundheitliche Erleichterung zu verschaffen (**Eindruckstheorie**).[202] Diese Sichtweise fand jedoch kritische Stimmen in der Literatur: Sie berücksichtige nicht den objektiven Charakter der am Patienten durchgeführten Maßnahme.[203]

74 In der Rechtsprechung der Verwaltungsgerichte wurde für das Vorliegen einer erlaubnispflichtigen Tätigkeit in der Heilkunde gefordert, dass deren Ausübung gesundheitliche Gefahren verursachen könnte. Besteht solch eine Gefahr nicht, fällt eine Tätigkeit, auch wenn diese medizinische oder ärztliche Kenntnisse vor-

197) Kirchhof/Söhn/Mellinghoff-*Stuhrmann*, EStG, § 18 Rz. B 110; Lademann-*Stöcker*, EStG, § 18 Rz. 409.

198) Näher Lademann-*Stöcker*, EStG, § 18 Rz. 407.

199) Näher Laufs/Kern-*Laufs*, ArztR, § 10 Rz. 1 f.; *Deutsch*, Arztrecht, S. 21.

200) Meilicke u. a.-*Lenz*, PartGG, § 1 Rz. 43.

201) BVerwG, Urt. v. 21.1.1993 – 3 C 34/90, BVerwGE 91, 356 = NJW 1993, 2395; daraus ergibt sich z. B. die Bezeichnung „Heilpraktiker für Psychotherapie", OVG Lüneburg, Beschl. v. 7.2.2011 – 8 LA 71/10, GewArch 2011, 359 = NdsRpfl 2011, 360.

202) BGH, Urt. v. 4.11.1955 – 5 StR 421/55, BGHSt 8, 237 = NJW 1956, 313; BGH, Urt. v. 13.9.1977 – 1 StR 389/77, MDR 1977, 1031 = NJW 1978, 599; Laufs/Kern-*Laufs*, ArztR, § 10 Rz. 6.

203) *Tamm*, VuR 2008, 465, 469; *Sasse*, Heilpraktiker, S. 42.

aussetze, nicht unter die Erlaubnispflicht.[204] Eine mittelbare Gefährdung soll bereits ausreichen,[205] was zu Recht vom BVerfG als unverhältnismäßig kritisiert wurde, solange sich der Patient darüber im Klaren sei, dass dadurch keine ärztliche Behandlung ersetzt werde.[206] Die Erlaubnis zur Ausübung des Heilpraktikerberufes setzt keine eigentliche Fachprüfung voraus, sondern nur einige **heilkundliche Kenntnisse** vor allem im Bereich des Seuchenrechts und der Grenzen der Heilbefugnisse eines Heilpraktikers.[207] Verboten sind dem Heilpraktiker bspw. die Verschreibung von Medikamenten, die Geburtshilfe und die Verabreichung von Betäubungsmitteln.[208] Die privatrechtlich organisierten Heilpraktikerverbände, bei denen allerdings kein Mitgliedschaftszwang besteht, haben sich eine gemeinsame Berufsordnung gegeben, die eine gewisse Anerkennung als Standesauffassung gefunden hat.[209]

75 **Chiropraktiker**, die sich mit der Diagnose, Behandlung und Prävention funktioneller Störungen der Statik und Dynamik des menschlichen Bewegungsapparates befassen,[210] werden als Heilpraktiker angesehen und bedürfen der Erlaubnis.[211]

76 In Anlehnung an den Beruf des Tierarztes sind seit einiger Zeit **Tierheilpraktiker** in Erscheinung getreten, die mehrere privatrechtlich organisierte Berufsverbände und einen Dachverband als „Kooperation deutscher Tierheilpraktiker e. V." gegründet haben. Letzterer hat eine Berufsordnung entwickelt, der sich auch ihre Mitgliedsverbände unterworfen haben. Einer staatlichen Erlaubnis bedarf es hierfür nicht, da der Beruf des Heilpraktikers in der Veterinärmedizin im Gegensatz zur Humanmedizin nicht gesetzlich geregelt ist. Allerdings wurde in der Rechtsprechung[212] in dem Auftreten als Tierheilpraktiker eine irreführende Werbung i. S. des § 3 UWG gesehen, sofern der Berufsangehörige nicht über vergleichbare Kenntnisse und Fähigkeiten verfügt, wie sie der Rechtsverkehr von einem Heilpraktiker i. S. des Heilpraktikergesetzes erwartet, und zugleich darauf hinweist, dass die Ausübung des Berufes als Tierheilpraktiker keiner Approbation bedarf.

77 Die Berufsbezeichnung des **Krankengymnasten** war bei Inkrafttreten des Gesetzes bereits veraltet, da das Masseur- und Physiotherapeutengesetz (MPhG)[213] nur noch

---

204) BVerwG, Beschl. v. 24.10.2011 – 3 B 31/11, Rz. 4, juris; BVerwG, Urt. v. 26.8.2010 – 3 C 28/09, NVwZ-RR 2011, 23 = GewArch 2011, 34.

205) BVerwG, Urt. v. 26.8.2010 – 3 C 28/09, NVwZ-RR 2011, 23 = GewArch 2011, 34.

206) BVerfG, Urt. v. 2.3.2004 – 1 BvR 784/03, NJW-RR 2004, 705 = GewArch 2004, 329; BVerfG, Beschl. v. 3.6.2004 – 2 BvR 1802/02 (Wunderheiler), NJW 2004, 2890.

207) Laufs/Kern-*Laufs*, ArztR, § 10 Rz. 15.

208) *Deutsch*, Arztrecht, S. 21; eine umfangreiche Auflistung der Verbote findet sich bei *Sasse*, Heilpraktiker, S. 34 ff.

209) Laufs/Kern-*Laufs*, ArztR, § 10 Rz. 7; *Deutsch*, Arztrecht, S. 22; vgl. aber auch LG Tübingen, Urt. v. 28.1.1983 – 1 S 249/82, NJW 1983, 2093.

210) VG Frankfurt, Urt. v. 1.7.2009 – 12 K 30/08.F, Rz. 2, juris.

211) BGH, Urt. v. 3.4.1981 – I ZR 41/80, MDR 1981, 992 = NJW 1981, 2008.

212) OLG Hamm, Urt. v. 29.11.1994 – 4 U 89/94, NJW-RR 1995, 1070 = WRP 1995, 242, dazu EWiR 1995, 399 (*Ring*); OLG München, Urt. v. 22.2.1996 – 6 U 4751/95, WRP 1996, 603.

213) Gesetz über die Berufe in der Physiotherapie, Masseur- und Physiotherapeutengesetz – MPhG v. 26.5.1994, BGBl. I 1994, 1084.

die Berufe „Masseur und medizinischer Bademeister“ sowie „Physiotherapeut“ kennt (§ 1). Diese neue Berufsbezeichnung des **Physiotherapeuten** war im Hinblick auf den Sprachgebrauch in der DDR sowie in den EU-Mitgliedstaaten eingeführt worden, und man hatte während des Gesetzgebungsverfahrens zum PartGG noch über die Verwendung der neuen Begriffe diskutiert.[214)] Auch wenn dies schließlich nicht verwirklicht wurde, ist doch zweifelsfrei die Subsumtion des Physiotherapeuten unter den Begriff des Krankengymnasten möglich.[215)] Die Ausübung des Berufes als Krankengymnast bedarf der Erlaubnis nach § 1 MPhG.

78 Auch die Berufsbezeichnung des **Heilmasseurs** findet sich so im Masseur- und Physiotherapeutengesetz nicht. Sie ist vielmehr der Rechtsprechung des BFH[216)] zu § 18 Abs. 1 Nr. 1 EStG entnommen.[217)] Dies wird damit begründet, dass die Berufsbezeichnung „Masseur und medizinischer Bademeister“ in § 1 MPhG den Bereich freiberuflicher Berufsausübung verlassen könne, soweit die Verabreichung von Bädern über die reine Hilfsmaßnahme für die Tätigkeit eines Masseurs hinausgehe, da dann statt der persönlichen Dienstleistung die Nutzung von Einrichtungen und Hilfsmitteln im Vordergrund stünde.[218)] Diese Begründung vermag allerdings kaum zu überzeugen, zumal auch der Beruf des Heilmasseurs nicht frei von der Gefahr ist, in den Bereich gewerblichen Handelns zu geraten, so z. B. bei der Veräußerung von Massageöl usw. (siehe hierzu unten Rz. 82). Das geringe Maß an zusätzlicher Sicherung der Zugehörigkeit zu einer freiberuflichen Aktivität erkauft das Gesetz durch eine neue Begriffsbildung und damit eine Zersplitterung der Berufsbezeichnungen im heilkundlichen Bereich. Heilmasseure verabreichen Massagen und Bäder, u. a. um Verspannungen der Muskulatur zu lösen.[219)] Sie unterscheiden sich von sonstigen Masseuren dadurch, dass ihre Dienstleistungen Heilmittel im sozialversicherungsrechtlichen Sinne sind und es sich nicht lediglich um kosmetische Darreichungen oder einen allgemeinen Badebetrieb handelt.[220)] Der Beruf bedarf der Genehmigung nach § 1 MPhG.

79 Ein **medizinischer Bademeister** kann dem Heilmasseur ähnlich sein. Dies gilt insbesondere, wenn die Verabreichung von Bädern eine Zusatz- oder Hilfsmaßnahme

---

214) Gegenäußerung der BReg zum RegE PartGG, BT-Drucks. 12/6152, S. 28; für eine Aufnahme der Masseure und Physiotherapeuten in den Katalog: BRat, S. 25.

215) Gegenäußerung der BReg zum RegE PartGG, BT-Drucks. 12/6152, S. 28; durch § 16 Abs. 1 Satz 2 MPhG wird eine vor Inkrafttreten dieses Gesetzes (1.6.1994) erteilte Erlaubnis als Krankengymnast nach dem mit Inkrafttreten des MPhG außer Kraft getretenen Gesetz über die Ausübung der Berufe des Masseurs, des medizinischen Bademeisters und des Krankengymnasten, BGBl. III, 2124-7, zuletzt geändert gemäß Art. 14 der Verordnung v. 26.2.1993, BGBl. I 1993, 278, der Erlaubnis nach dem MPhG gleichgestellt.

216) BFH, Urt. v. 26.11.1970 – IV 60/65, BFHE 101, 115 = BStBl. II 1971, 249.

217) Begr. RegE PartGG und Gegenäußerung der BReg, BT-Drucks. 12/6152, S. 10 und S. 28 f.; im Katalog des § 18 Abs. 1 Nr. 1 EStG findet sich der Beruf hingegen nicht.

218) Gegenäußerung der BReg zum RegE PartGG, BT-Drucks. 12/6152, S. 29, unter Bezugnahme auf die Rspr. des BFH; *Salger* in: MünchHdb. GesR, Bd. 1, § 39 Rz. 14.

219) Meilicke u. a.-*Lenz*, PartGG, § 1 Rz. 46.

220) *Feddersen/Meyer-Landrut*, PartGG, § 1 Rz. 19; BFH, Urt. v. 24.1.1985 – IV R 249/82, BFHE 143, 75= BStBl. II 1985, 676 m. w. N.

zur Berufstätigkeit des Masseurs darstellt und die persönliche Dienstleistung des Berufsangehörigen im Vordergrund steht.[221]

80 Für die sog. *Heilhilfsberufe* (insbesondere Physiotherapeuten, Heilmasseure und medizinische Bademeister) besteht nach der Rechtsprechung dann eine Erlaubnispflicht nach dem Heilpraktikergesetz, sofern diese ohne eine ärztliche Verordnung tätig werden. Dann nämlich würden die Behandler nicht mehr am „verlängerten Arm" des verordnenden Arztes arbeiten, sondern eine **eigenverantwortliche Anwendung** durchführen. Die Ausbildung dieser Berufsgruppen sei aber nicht auf eine Erstdiagnose oder eigenverantwortliche Entscheidung über die Behandlung ausgerichtet. Auch führe die den Angehörigen der Heilhilfsberufe erteilte Erlaubnis nur zur Führung der Berufsbezeichnung, nicht jedoch zur Ausübung der Heilkunde.[222]

81 Der Beruf der **Hebamme** ist im Unterschied zu § 18 Abs. 1 Nr. 1 Satz 2 EStG in § 1 Abs. 2 PartGG ausdrücklich mit aufgenommen worden; inhaltlich bedeutet dies aber keinen Unterschied, da die Hebamme im Steuerrecht den „ähnlichen Berufen" zugerechnet wird.[223] Hebammen haben die Aufgabe, Frauen während der Schwangerschaft Rat zu erteilen und die notwendige Fürsorge zu gewähren, normale Geburten zu leiten, Neugeborene zu versorgen und den Verlauf des Wochenbetts zu überwachen. Den Hebammen gleichgestellt sind die **Entbindungspfleger**,[224] bei denen es sich jedoch nicht um ein eigenständiges Berufsbild handelt, sondern nur um die männliche Bezeichnung für „Hebamme".[225] Die berufsrechtliche Regelung findet sich in dem Gesetz über den Beruf der Hebamme und des Entbindungspflegers vom 4.6.1985.[226] Dieser Beruf ist nach § 1 Abs. 1 HebammenG erlaubnispflichtig.

82 Sofern über die eigentliche Heilbehandlung hinaus Waren oder Erzeugnisse (z. B. Massageöl) an Patienten oder Dritte entgeltlich abgegeben werden, führt dies steuerrechtlich zur Einschätzung als **gewerbliche Tätigkeit**.[227] Gesellschaftsrechtlich schließt dies die Gründung einer Partnerschaft nicht aus, sofern sich die i. R. der Gesellschaft auszuübende Tätigkeit als eine solche freiberuflicher Natur erweist.

c) Diplom-Psychologen

83 Die Psychologie ist keine spezifisch heilkundliche Wissenschaft.[228] Nicht alle Diplom-Psychologen können dem Bereich der Heilkunde zugerechnet werden. Ledig-

221) Meilicke u. a.-*Lenz*, PartGG, § 1 Rz. 78.

222) BVerwG, Urt. v. 26.8.2009 – 3 C 19/08, BVerwGE 134, 345 = NVwZ 2010, 111; kritisch *Schnitzler*, MedR 2010, 828.

223) Lademann-*Stöcker*, EStG, § 18 Rz. 392; Kirchhof/Söhn/Mellinghoff-*Stuhrmann*, EStG, § 18 Rz. B 166.

224) Begr. RegE PartGG, BT-Drucks. 12/6152, S. 10; vgl. hierzu *Horschitz/Kurtenbach*, HebammenG, § 1 (S. 23).

225) Begr. RegE § 1 HebammenG, BT-Drucks. 10/1064, S. 14; *Horschitz/Kurtenbach*, HebammenG, § 1 (S. 25).

226) Gesetz über den Beruf der Hebamme und des Entbindungspflegers (Hebammengesetz – HebammenG) v. 4.6.1985, BGBl. I 1985, 902.

227) Schmidt-*Wacker*, EStG, § 18 Rz. 96; Kirchhof/Söhn/Mellinghoff-*Stuhrmann*, EStG, § 18 Rz. B 113.

228) Lademann-*Stöcker*, EStG, § 18 Rz. 393; Littmann/Bitz/Pust-*Güroff*, EStG, § 18 Rz. 159.

lich für den **Psychotherapeuten** war bislang im Steuerrecht eine arztähnliche Tätigkeit angenommen worden.[229] Unter die Diplom-Psychologen fallen insbesondere ferner die **beratenden Psychologen**, die sich mit der Beratung von Individuen sowie Organisationen der Wirtschaft und Verwaltung beschäftigen und diese mit Methoden der angewandten Wissenschaftlichen Psychologie z. B. im Personalwesen unterstützen.[230] Sofern ein **Gerichtspsychologe** sich der laufenden Erstellung von Gutachten widmet, wurde seine Berufstätigkeit bislang als wissenschaftlich und damit ebenfalls freiberuflich eingestuft.[231] *Schäfer* differenziert bei der Einordnung der Diplom-Psychologen danach, ob diese psychotherapeutisch oder eher beratend in Wirtschaft und Verwaltung tätig sind. Abhängig von der jeweiligen Tätigkeit sind diese den Heilberufen bzw. den rechts- und wirtschaftsberatenden Berufen zuzuordnen.[232] Für die Praxis ist diese Differenzierung jedoch ohne Belang.

84 Bei den Diplom-Psychologen handelt es mittlerweile um einen „aussterbenden" Berufsstand. Durch die Umstellung nahezu aller Studiengänge i. R. des Bologna-Prozesses auf **Bachelor- und Master-Studiengänge** werden schon jetzt keine Diplom-Psychologen mehr ausgebildet. Zwar geht die Gesetzesbegründung davon aus, dass unter diesen Begriff sowohl die Psychotherapeuten wie auch die beratenden Psychologen zu verstehen sind[233] und somit auch Inhaber von Bachelor- und Master-Abschlüssen. Allerdings wäre eine sprachliche Klarstellung angebracht. Dabei kann der Begriff „Berufspsychologen" verwendet werden. Dieser findet sich bereits in § 203 Abs. 1 Nr. 2 StGB und fasst darunter sowohl die Psychotherapeuten wie auch die beratenden Psychologen und auch Psychologen mit Bachelor- und Master-Abschlüssen.[234]

d) Psychotherapeuten

85 Nach § 1 Abs. 1 Psychotherapeutengesetz (PsychThG)[235] setzt die Führung der Berufsbezeichnung „Psychologischer Psychotherapeut" oder „Kinder- und Jugendlichenpsychotherapeut" grundsätzlich eine entsprechende **Approbation** voraus. Die vorübergehende Berufsausübung ist auch aufgrund einer befristeten Erlaubnis zulässig. Andere Personen als die Angehörigen der Berufe des psychologischen Psychotherapeuten oder des Kinder- und Jugendlichenpsychotherapeuten oder Ärzte dürfen die Berufsbezeichnung „Psychotherapeut" nicht mehr führen. Die Approbation setzt eine **Ausbildung** und eine **staatliche Prüfung** voraus, § 2 Abs. 1 PsychThG. Zugangsvoraussetzungen für die Ausbildung ist grundsätzlich ein Studium der Psychologie oder Pädagogik, § 5 Abs. 2 PsychThG. Unter der Ausübung von Psychotherapie i. S. des Psychotherapeutengesetzes ist gemäß § 1 Abs. 3

---

229) Littmann/Bitz/Pust-*Güroff*, EStG, § 18 Rz. 159; Kirchhof/Söhn/Mellinghoff-*Stuhrmann*, EStG, § 18 Rz. B 166.

230) Begr. RegE PartGG, BT-Drucks. 12/6152, S. 10.

231) Littmann/Bitz/Pust-*Güroff*, EStG, § 18 Rz. 159.

232) *Schäfer* in: MünchKomm-BGB, § 1 PartGG Rz. 52.

233) Begr. RegE PartGG, BT-Drucks. 12/6152, S. 10.

234) Schönke/Schröder-*Lenckner*/*Eisele*, StGB, § 203 Rz. 36.

235) Gesetz über die Berufe des Psychologischen Psychotherapeuten und des Kinder- und Jugendlichenpsychotherapeuten (Psychotherapeutengesetz – PsychThG) v. 16.6.1998, BGBl. I 1998, 1311; dazu eingehend *Haage*, MedR 1998, 291 ff.

PsychThG jede mittels wissenschaftlich anerkannten psychotherapeutischer Verfahren vorgenommene Tätigkeit zur Feststellung, Heilung oder Linderung von Störungen mit Krankheitswert, bei denen Psychotherapie indiziert ist, zu verstehen. Im Rahmen einer psychotherapeutischen Behandlung ist eine somatische Abklärung herbeizuführen. Eine negative Abgrenzung führt § 1 Abs. 3 Satz 3 PsychThG herbei, wonach zur Ausübung von Psychotherapie nicht psychologische Tätigkeiten gehören, die die Aufarbeitung und Überwindung sozialer Konflikte oder sonstige Zwecke außerhalb der Heilkunde zum Gegenstand haben. Innerhalb der psychotherapeutischen Berufe haben die Kinder- und Jugendlichenpsychotherapeuten die Berechtigung zur Berufsausübung im Hinblick auf solche Patienten, die das 21. Lebensjahr noch nicht vollendet haben; Ausnahmen sind unter bestimmten Umständen gemäß § 1 Abs. 2 Satz 2 PsychThG zulässig. Die Bundespsychotherapeutenkammer als Arbeitsgemeinschaft der Landespsychotherapeutenkammern hat auf dem 7. Deutschen Psychotherapeutentag in Dortmund im Januar 2006 eine Musterberufsordnung für die Psychologischen Psychotherapeuten und Kinder- und Jugendlichenpsychotherapeuten verabschiedet.

86 Die Gesetzesbegründung geht davon aus, dass zu den Diplom-Psychologen auch die Psychotherapeuten zählen.[236)] Dabei übersieht die Begründung, dass nach § 5 Abs. 2 Nr. 2 lit. b PsychThG auch **Pädagogen und Sozialpädagogen** zu Psychotherapeuten ausgebildet werden können. Somit besteht eine Diskrepanz zwischen den Begriffen des PartGG und dem PsychThG. Da zumindest die Diplom-Pädagogen als Erzieher eingeordnet werden können, hat dies praktisch keine Auswirkung.

2. Rechts- und wirtschaftsberatende Berufe

87 Für die im Katalog aufgezählten Berufe dieser Kategorie besteht regelmäßig ein Zulassungserfordernis, den Ausnahmefall bildet die Gruppe der beratenden Volks- und Betriebswirte. Soweit eine Zulassung notwendig ist, stellt sie die Grundbedingung für die Partnerschaftsfähigkeit dar.

a) Rechtsanwälte, Patentanwälte, sonstige Mitglieder der Rechtsanwaltskammern

88 Der **Rechtsanwalt** ist unabhängiger Berater und Vertreter in allen Rechtsangelegenheiten, § 3 Abs. 1 BRAO. Hierzu gehört insbesondere die Vertretung vor Gericht. Zu der **Berufsausübung eines Rechtsanwalts** zählen ferner insbesondere die Konkurs- und Vergleichs- bzw. Insolvenzverwaltung und die Testamentsvollstreckung.[237)] Die Tätigkeiten als Vormund oder Betreuer sowie als Aufsichtsratsmitglied gehören zur Berufsausübung, wenn der Rechtsanwalt gerade in dieser Eigenschaft hierzu bestellt wurde.[238)] Da es kein feststehendes Berufsbild der Rechtsanwälte gibt, kommt es zum Teil auf den Einzelfall an, ob eine Tätigkeit

---

236) Begr. RegE PartGG, BT-Drucks. 12/6152, S. 10.

237) Dabei kann dahingestellt bleiben, ob diese Fähigkeiten für den Rechtsanwalt als berufstypisch anzusehen sind; vgl. zu dieser Frage Kirchhof/Söhn/Mellinghoff-*Stuhrmann*, EStG, § 18 Rz. B 115; Lademann-*Stöcker*, EStG, § 18 Rz. 430.

238) Lademann-*Stöcker*, EStG, § 18 Rz. 431; Kirchhof/Söhn/Mellinghoff-*Stuhrmann*, EStG, § 18 Rz. B 116.

noch zur Ausübung des Berufs gehört oder nicht.[239] Das Berufsrecht ergibt sich aus der **Bundesrechtsanwaltsordnung** (BRAO) vom 1.8.1959[240] und der **Berufsordnung** vom 11.3.1997.[241] Wegen § 59a Abs. 1 Satz 3 BRAO sind Anwaltsnotare nur in ihrer Eigenschaft als Rechtsanwalt mit anderen rechtsberatenden Berufen partnerschaftsfähig. Ein Zusammenschluss mit Nur-Notaren ist gemäß § 9 Abs. 1 Satz 1 BNotO nicht möglich (siehe auch oben Rz. 56).

89 Die berufsrechtlichen Grundlagen des **Patentanwalts** finden sich in der Patentanwaltsordnung vom 7.9.1966[242] und hinsichtlich der Zulassungsvoraussetzungen in der Ausbildungs- und Prüfungsordnung vom 8.12.1977.[243] Am 21.4.1997 hat die Versammlung der Patentanwaltskammer zudem eine Berufsordnung beschlossen, die am 5.8.1997 in Kraft trat.[244] Patentanwälte beraten gemäß § 3 PAO auf den Gebieten es Patent-, Gebrauchs-, Muster-, Geschmacksmuster-, Warenzeichen- und Sortenschutzrechts. Sie sind zur Vertretung vor dem Patentamt, dem Bundespatentgericht, dem BGH in Patentnichtigkeits-, Patentzurücknahme- und Zwangslizenzverfahren, dem AG bei der Anmeldung und Verlängerung von Geschmacksmustern, dem Bundessortenamt, den Schiedsgerichten und Verwaltungsbehörden in Fragen des gewerblichen Rechtsschutzes befugt.

90 **Mitglieder der Rechtsanwaltskammern** sind neben den Rechtsanwälten gemäß § 60 Abs. 1 BRAO auch die Inhaber einer ursprünglichen Erlaubnis nach dem Rechtsberatungsgesetz,[245] die auf Antrag in die Kammer aufgenommen wurden (sog. *Kammerrechtsbeistände*), § 209 Abs. 1 BRAO.[246] Bei den **ausländischen Rechtsanwälten** ist zu differenzieren:

- Rechtsanwälte aus Mitgliedstaaten der EU, der anderen Vertragsstaaten des Abkommens über den EWR und der Schweiz können nach dem Gesetz über die Tätigkeit europäischer Rechtsanwälte in Deutschland (EuRAG)[247] im Inland tätig werden.
- Sofern diese ihren Beruf in Deutschland dauerhaft ausüben wollen (sog. *niedergelassener europäischer Rechtsanwalt*, §§ 2 ff. EuRAG), kann nach § 3 Abs. 1 EuRAG die Aufnahme in die Rechtsanwaltskammer beantragt werden. Europäische Rechtsanwälte, die nur vorübergehend im Inland ihrer Tätigkeit nachgehen wollen (sog. *dienstleistender europäischer Rechtsanwalt*, §§ 25 ff. EuRAG), werden nach § 32 Abs. 1 EuRAG von den Rechtsanwaltskammern lediglich

---

239) Einzelheiten bei Herrmann/Heuer/Raupach-*Brandt*, EStG, § 18 Rz. 153 m. w. N.; Blümich-*Hutter*, EStG, § 18 Rz. 125 ff.

240) Bundesrechtsanwaltsordnung – BRAO v. 1.8.1959, BGBl. I 1959, 565; dazu *Henssler/Prütting*, BRAO; *Kleine-Cosack*, BRAO.

241) Dazu *Römermann* in: BeckOK-BORA.

242) Patentanwaltsordnung – PAO v. 7.9.1966, BGBl. I 1966, 557.

243) Ausbildungs- und Prüfungsordnung v. 8.12.1977, BGBl. I 1977, 2491.

244) Berufsordnung der Patentanwälte, MittdtschPatAnw 1997, 243.

245) S. zur Rechtslage der Erlaubnisinhaber nach dem Außerkrafttreten des Rechtsberatungsgesetzes den § 1 Einführungsgesetz zum Rechtsdienstleistungsgesetz (RDGEG) v. 12.12.2007, BGBl. I 2007, 2840.

246) Dazu eingehend Henssler/Prütting-*Hartung*, BRAO, § 209 Rz. 1 ff.

247) Gesetz über die Tätigkeit europäischer Rechtsanwälte in Deutschland (EuRAG) v. 9.3.2000, BGBl. I 2000, 182.

beaufsichtigt. Sie werden jedoch nicht deren Mitglieder, was sich aus dem Umkehrschluss des § 27 Abs. 1 Satz 1 Halbs. 2 EuRAG ergibt. Dort wird dieser Rechtsanwalt ausdrücklich hinsichtlich der Rechte und Pflichten ausgenommen, die die Zugehörigkeit zu einer Rechtsanwaltskammer betreffen. Dass dieser Rechtsanwalt u. U. in seinem Heimatland Mitglied einer (Rechtsanwalts-)kammer ist, spielt keine Rolle, denn gemeint sind hier nur die deutschen Kammern i. S. der §§ 60 ff. BRAO.[248)]

- Darüber hinaus können Staatsangehörige von Staaten i. S. des § 1 EuRAG auch unter den Voraussetzungen der §§ 16 ff. EuRAG die Zulassung zur Rechtsanwaltschaft erlangen.
- Angehörige[249)] eines Mitgliedstaates der Welthandelsorganisation können nach § 206 Abs. 1 Satz 1 BRAO auf Antrag in die örtliche Rechtsanwaltskammer aufgenommen werden.
- Für Angehörige anderer Staaten gilt dies unter den Voraussetzungen des § 206 Abs. 2 BRAO.

91 Die zur Berufsausübung zählende Tätigkeit ergibt sich demnach einerseits aus dem Rechtsdienstleistungsgesetz (RDG) selbst, andererseits aus § 206 BRAO. In der zuletzt genannten Vorschrift wird differenziert nach Angehörigen der EU sowie des EWR, die im jeweiligen ausländischen sowie im internationalen Recht beraten, und solchen aus anderen Staaten, deren Befugnis sich auf die Beratung im Recht ihres Herkunftslandes beschränkt.

92 Art. 1 § 1 Abs. 1 Satz 2 RBerG erwähnte die **Renten- und Versicherungsberater, Frachtführer, vereidigten Versteigerer, Inkassounternehmen** sowie **Rechtskundigen in einem ausländischen Recht**; diese Personen hatten, soweit sie über eine unbeschränkte Erlaubnis nach § 1 RBerG verfügten, gemäß § 4 Abs. 1 Satz 1 der 2. RBerVO die Berufsbezeichnung **„Rechtsbeistand"** zu führen. Mit Inkrafttreten des RDG[250)] im Jahre 2008 hat sich die Rechtslage dieser Berufsgruppen nicht wesentlich geändert. Zwar soll durch das neue Gesetz nach § 1 RDGEG[251)] diesem Personenkreis die Möglichkeit gegeben werden, ihre Tätigkeit dauerhaft weiter zu erbringen,[252)] ein Bestandschutz ist damit aber nicht verbunden.[253)] Eine abweichende Regelung enthält § 2 RDGEG für die sog. *Versicherungsberater*. Die Einordnung des Rechtsbeistandes als freier Beruf war früher umstritten,[254)] und im Steuerrecht werden Teilbereiche dieser Tätigkeit als gewerblich qualifiziert.[255)] Soweit

---

248) *Henssler*, PartGG, § 1 Rz. 131 f.

249) Zu den jeweiligen Staaten und deren Berufsbezeichnungen s. Verordnung zur Durchführung des § 206 der Bundesrechtsanwaltsordnung (BRAO§ 206DV) v. 18.7.2002, BGBl. I 2002, 2886.

250) Gesetz über außergerichtliche Rechtsdienstleistungen (RDG) v. 12.12.2007, BGBl I 2007, 2840.

251) Einführungsgesetz zum Rechtsdienstleistungsgesetz (RDGEG) v. 12.12.2007, BGBl. I 2007, 2840.

252) Begr. RegE § 1 RDGEG, BT-Drucks. 16/3655, S. 77.

253) Krenzler-*Offermann-Burckart*, RDG, § 1 RDGEG Rz. 2.

254) Ausführlich hierzu *Michalski*, ZIP 1994, 1501, 1508 ff.; *Borggreve*, S. 36 ff.

255) Zu „Rechtsbeistand" und „Frachtprüfer" s. unten Rz. 127.

diese Aktivität allerdings in § 1 Abs. 1 Satz 2 RBerG explizit aufgeführt war, wird man für den Bereich des PartGG solchen Mitgliedern einer Rechtsanwaltskammer den Charakter der Freiberuflichkeit mit der daraus resultierenden Partnerschaftsfähigkeit nicht versagen können.[256] Probleme können sich dort ergeben, wo eine Registrierung i. S. des § 10 RDG vorliegt. Diese wird durch Registrierungsstellen vorgenommen, die Gerichten zugeordnet sind. Insofern ist dieser Personenkreis nicht Mitglied einer Rechtsanwaltskammer und unterliegt damit nicht mehr der Begrifflichkeit des § 1 Abs. 2 Satz 2 PartGG. Allerdings stellen diese Tätigkeiten, sofern sie sich in ihrem ursprünglichen Rahmen bewegen, „ähnliche Berufe" dar.

b) Wirtschaftsprüfer, vereidigte Buchprüfer (vereidigte Buchrevisoren), Steuerberater, Steuerbevollmächtigte

93 Die berufsrechtlichen Grundlagen der **Wirtschaftsprüfer** und **vereidigten Buchprüfer** finden sich in dem Gesetz über die Berufsordnung der Wirtschaftsprüfer (WPO) in der Fassung der Bekanntmachung vom 5.11.1975[257] sowie in der Berufssatzung der Wirtschaftsprüferkammer vom 11.6.1996,[258] die am 15.9.1996 in Kraft getreten ist. Der **Wirtschaftsprüfer** bedarf der Bestellung nach § 15 WPO, nur dann darf gemäß § 18 Abs. 1 WPO diese Berufsbezeichnung geführt werden. Der Inhalt der Tätigkeit richtet sich nach § 2 WPO. Wirtschaftsprüfer führen betriebswirtschaftliche Prüfungen, insbesondere solche von Jahresabschlüssen wirtschaftlicher Unternehmen, durch. Über die Vornahme und das Ergebnis dieser Prüfungen wird ein Bestätigungsvermerk erteilt. Zudem sind sie zur steuerlichen Beratung und Vertretung befugt. An die Bestellung als **vereidigter Buchprüfer** nach § 128 Abs. 1 und 2 WPO (die frühere Bezeichnung „vereidigter Buchrevisor" ist überholt) werden etwas geringere Anforderungen gestellt. Vereidigte Buchprüfer führen gemäß § 129 Abs. 1 WPO Prüfungen auf dem Gebiet des betrieblichen Rechnungswesens, insbesondere Buch- und Bilanzprüfungen, durch (zur Gründung sog. **einfacher Partnerschaften** durch Wirtschaftsprüfer siehe Rz. 153 ff.).

94 Die berufsrechtlichen Regeln der **Steuerberater** und **Steuerbevollmächtigten** ergeben sich aus dem Steuerberatungsgesetz in der Fassung der Bekanntmachung vom 4.11.1975[259] sowie aus der Satzung über die Rechte und Pflichten bei der Ausübung der Berufe der Steuerberater und der Steuerbevollmächtigten vom 8.9.2010, in Kraft getreten am 1.1.2011.[260] Gemäß § 32 Abs. 1 StBerG leisten Steuerberater und Steuerbevollmächtigte geschäftsmäßig **Hilfe in Steuersachen**. Nach § 33 StBerG haben sie die Aufgabe, i. R. ihres Auftrags ihre Auftraggeber in Steuersachen zu beraten, sie zu vertreten und ihnen bei der Bearbeitung ihrer Steuerangelegenheiten und bei der Erfüllung ihrer steuerlichen Pflichten Hilfe zu leisten. Dazu gehört

---

256) Einschränkend *Salger* in: MünchHdb. GesR, Bd. 1, § 39 Rz. 21.

257) Gesetz über die Berufsordnung der Wirtschaftsprüfer – WPO, v. 5.11.1975, BGBl. I 1975, 2803.

258) Satzung über die Rechte und Pflichten bei der Ausübung der Berufe des Wirtschaftsprüfers und des vereidigten Buchprüfers, BAnz. S. 11077.

259) Steuerberatungsgesetz – StBerG, v. 4.11.1975, BGBl. I 1975, 2735.

260) Berufsordnung der Bundessteuerberaterkammer, BOStB; Veröffentlichung der BOStB in DStR 2010, 2659; zur Berufsordnung 1997 näher *Maxl*, Die Berufsordnung der Steuerberater, NWB Fach 30, S. 1101 (= NWB 1997, 2837).

auch die Hilfeleistung in **Steuerstrafsachen** und in **Bußgeldsachen** wegen einer Steuerordnungswidrigkeit sowie die Hilfeleistung bei der Erfüllung von Buchführungspflichten aufgrund von Steuergesetzen, insbesondere die Aufstellung von Steuerbilanzen und deren steuerrechtliche Beurteilung. Die Tätigkeit als Steuerberater oder Steuerbevollmächtigter setzt eine entsprechende Bestellung nach den § 40 Abs. 1, § 41 Abs. 1, § 42 StBerG voraus. Die Berufsbezeichnungen sind gemäß § 43 Abs. 1, 4 Satz 1 StBerG geschützt (zur Gründung **einfacher Partnerschaften** durch Steuerberater siehe Rz. 153 ff.).

95 Zur Ausübung eines der in dieser Gruppe erfassten steuerberatenden Berufes können auch die Prüfung der laufenden Eintragungen in die Geschäftsbücher, die Prüfung der Inventur, die Durchführung des Hauptabschlusses sowie die Aufstellung der Steuererklärungen gehören.[261)]

c) Beratende Volks- und Betriebswirte

96 Der Beruf ist **nicht gesetzlich geregelt**, und es hat sich bislang auch noch kein typisches Berufsbild entwickelt.[262)] Die in der steuerrechtlichen Praxis anzutreffenden Definitions- und **Abgrenzungsschwierigkeiten**[263)] werden sich somit auch im Gesellschaftsrecht fortsetzen, da für die Feststellung der Partnerschaftsfähigkeit die Klärung der Zugehörigkeit zu diesem Beruf unverzichtbare Voraussetzung ist.[264)] Die Berufstätigkeit als beratender Volks- oder Betriebswirt bedarf weder einer Zulassung noch eines abgeschlossenen Studiums der Volks- oder Betriebswirtschaftslehre. Ausreichend ist vielmehr ein **Selbststudium**, sofern dieses die Inhalte der entsprechenden Hochschulstudien in ihren wesentlichen Teilen abdeckt und der Berufstätige die hierbei gewonnenen Kenntnisse in ihrer fachlichen Breite auch in der Praxis umsetzt.[265)] Dies betrifft insbesondere die Bereiche der Führung, Fertigung, Materialwirtschaft, des Vertriebs, Verwaltungs- und Rechnungswesens, Personalwesens sowie des Unternehmensbestandes.[266)]

97 Ein **Unternehmensberater**, der sich auf die Beratung in Grundsatzfragen beschränkt, kann danach stets zu dieser Gruppe gerechnet werden.[267)] Nach der Satzung der Berufsorganisation, nämlich des Bundesverbandes Deutscher Unternehmensberater BDU e. V., sind bei den Unternehmensberatern insbesondere die Fachbereiche Management- und Personalberatung zu beobachten. In der steuerrechtlichen Judikatur soll die Beratung in der Wirtschaft in einzelnen speziellen Bereichen mit Hilfe

---

261) Schmidt-*Wacker*, EStG, § 18 Rz. 105; Kirchhof/Söhn/Mellinghoff-*Stuhrmann*, EStG, § 18 Rz. B 121; Lademann-*Stöcker*, EStG, § 18 Rz. 442.

262) Kirchhof/Söhn/Mellinghoff-*Stuhrmann*, EStG, § 18 Rz. B 125; Herrmann/Heuer/Raupach-*Brandt*, EStG, § 18 Rz. 191 ff.; *List*, BB 1993, 1488 m. w. N.

263) Littmann/Bitz/Pust-*Güroff*, EStG, § 18 Rz. 182; *K. Schmidt*, NJW 1995, 1, 2, nennt die beratenden Volks- und Betriebswirte daher einen „diffusen Bereich".

264) Kritisch daher *K. Schmidt*, NJW 1995, 1, 2, der einen „Run etwa der Unternehmens-, Kredit- und EDV-Berater auf die adelnde Rechtsform der Freiberuflichen Partnerschaft" als möglich ansieht.

265) Schmidt-*Wacker*, EStG, § 18 Rz. 107; Kirchhof/Söhn/Mellinghoff-*Stuhrmann*, EStG, § 18 Rz. B 125; näher *List*, BB 1993, 1488, 1489.

266) Littmann/Bitz/Pust-*Güroff*, EStG, § 18 Rz. 182.

267) Littmann/Bitz/Pust-*Güroff*, EStG, § 18 Rz. 183; ähnlich *List*, BB 1993, 1488.

wissenschaftlicher Methoden nicht als freiberuflich zu werten sein.[268] Dies verkennt aber, dass auch in der Unternehmensberatung eine Spezialisierung zunehmend unumgänglicher wird. Der Begriff der Freiberuflichkeit kann nicht vom Gewerbe dadurch abgegrenzt werden, wie „eng" das Tätigkeitsgebiet gefasst wurde. Noch weniger kann gegen die freiberufliche Ausübung sprechen, dass ein Erfolgshonorar[269] versprochen wurde, denn dies ist mittlerweile auch bei anderen freien Berufen anerkannt (z. B. § 4a RVG). Besonders umstritten ist regelmäßig die Zuordnung von **EDV-Beratern**. Nach der früheren Rechtsprechung des BFH sollte der mathematisch vorgebildete EDV-Berater kein beratender Betriebswirt sein.[270] Mittlerweile hat der BFH seine Ansicht aufgegeben und sieht diese Tätigkeit als der des Ingenieurs ähnlich an (siehe näher hierzu unten Rz. 101).[271] Bei einer gemischten Tätigkeit als Berater in Fragen der Organisation und der EDV ist entscheidend, ob die Gesamttätigkeit ihr Gepräge durch die EDV-Beratung erhält.[272] Mangels einer berufsrechtlichen Reglementierung kann sich ein Unternehmensberater in jeder Rechtsform, mono- wie multiprofessionell ohne Einschränkungen, zusammenschließen.[273]

98 Zu den beratenden Volks- und Betriebswirten werden im Übrigen möglicherweise auch die **Finanzanalysten** und **Anlageberater** zu rechnen sein; der BFH lehnt dieses jedoch grundsätzlich ab.[274] Dagegen hat das Gericht einen **Diplom-Wirtschaftsingenieur**, der seine Beratungsleistungen in wenigstens einem der Hauptbereiche der Betriebswirtschaftslehre erbringt, als zu dieser Berufsgruppe gehörig angesehen.[275] Dem letzten Berufsbild ist eigen, dass es eine Kombination zweier Katalogberufe – beratender Betriebswirt und Ingenieur – darstellt.

3. Naturwissenschaftlich orientierte Berufe

99 Die Berufe des **Ingenieurs** und des **Architekten** sind in Landesgesetzen, die Berufe des **Handelschemikers** und des hauptberuflichen **Sachverständigen** bislang gar nicht normiert. Während die zuerst genannten Berufe seit längerer Zeit als freiberuflich angesehen werden, hat der Gesetzgeber erstmals im PartGG den hauptbe-

---

268) BFH, Urt. v. 31.5.2000 – IV B 133/99, BFH/NV 2000, 1460; BFH, Urt. v. 20.6.2006 – IX B 2/06, BFH/NV 2006, 1831.

269) So aber BFH, Urt. v. 19.9.2002 – IV R 70/00, BStBl. II 2003, 25 = DStR 2002, 2121.

270) Kritisch hierzu *List*, BB 1993, 1488, 1490 ff.; Schmidt-*Wacker*, EStG, § 18 Rz. 107; Lademann-*Stöcker*, EStG, § 18 Rz. 453; Glanegger/Güroff-*Güroff*, GewStG, § 2 Rz. 185.

271) BFH, Urt. v. 22.9.2009 – VIII R 63/06, BStBl. II 2010, 466 = DStRE 2010, 222; BFH, Urt. v. 22.9.2009 – VIII R 79/06, BStBl. II 2010, 404 = DStRE 2010, 223; BFH, Urt. v. 22.9.2009 – VIII R 31/07, BStBl. II 2010, 467 = NJW 2010, 1167.

272) FG Hannover, Urt. v. 28.2.1994 – III 309/91 und III 310/91, CR 1995, 483; *Förster*, DStR 1998, 635.

273) *Borggreve*, S. 115, 169.

274) BFH, Urt. v. 2.9.1988 – III R 58/85, BFHE 154, 332 = BStBl. II 1989, 24; dagegen ausführlich *List*, BB 1993, 1488, 1490.

275) BFH, Urt. v. 28.8.2003 – IV R 21/02, BStBl. II, 2003, 919 = DStRE 2003, 1448, ebenso zu der Frage, inwiefern bei diesem Berufsbild fehlende betriebswirtschaftliche Kenntnisse durch technische Kenntnisse ausgeglichen werden können; s. a. zu einem in der DDR erworbenen Abschluss „Diplom-Ingenieur-Ökonom" BFH, Urt. v. 6.9.2006 – XI R 3/06, BStBl. II 2007, 118 = DStRE 2007, 92.

ruflichen Sachverständigen in diese Gruppe aufgenommen, was insoweit eine im Vergleich zum Steuerrecht unterschiedliche Begriffsbildung zur Folge haben wird.

a) Ingenieure

100 Nachdem ein Bundes-Ingenieurgesetz[276] im Jahre 1969 wegen mangelnder Gesetzgebungskompetenz des Bundes für verfassungswidrig erklärt worden war, wurden in den Jahren 1970/71 Landesgesetze erlassen,[277] welche den Zugang zu diesem Beruf und seine Ausübung regeln. Für die vor Inkrafttreten begründeten Besitzstände sind dort Übergangsregelungen vorgesehen, nach welchen weitere Personen befugt sind, die **Bezeichnung „Ingenieur"** zu führen; hierbei handelt es sich aber grundsätzlich nicht um freiberuflich tätige Ingenieure.[278] Gleiches gilt für Personen, denen der Titel behördlich verliehen wurde.[279]

101 **Freiberuflich tätiger Ingenieur** ist vielmehr nur, wer aufgrund der vorgeschriebenen Berufsausbildung berechtigt ist, diese Bezeichnung zu führen und wer auf der Grundlage naturwissenschaftlicher und technischer Erkenntnisse technische Gegenstände, Verfahren, Anlagen oder Systeme plant, konstruiert und die Ausführung des Geplanten leitend anordnet und überwacht.[280] Hierzu gehört auch die im Wesentlichen beratende und begutachtende Tätigkeit für ein Wirtschaftsunternehmen.[281] Unter den Oberbegriff des Ingenieurs fallen u. a.:[282] Agraringenieur, Ingenieur für Baustatik, Revisionsingenieur, Sicherheitsingenieur, beratender Ingenieur (verkammert) und in der Wasser- und Abfallwirtschaft tätiger Ingenieur (zum Diplom-Wirtschaftsingenieur siehe oben Rz. 98). Die erforderlichen Fachkenntnisse müssen nicht unbedingt durch das Studium an einer Hochschule, Fachhochschule, privaten Ingenieurschule oder Bergschule, sondern sie können im Ausnahmefall auch einmal im Wege des Selbststudiums erworben werden, wobei dann eine Vergleichbarkeit der Kenntnisse nachgewiesen werden muss.[283]

102 Nach neuester Rechtsprechung des BFH sind **EDV-Dienstleister** als ingenieurähnlich anzusehen. Dabei spielt es keine Rolle, welche Tätigkeit konkret geschuldet wird. Das Gericht hat die Installation und Betreuung von Betriebs- und Datenüber-

276) Ingenieurgesetz, IngenieurG, v. 7.7.1965, BGBl. I 1965, 601.

277) Zusammenstellung in BFH, Urt. v. 18.6.1980 – I R 109/77, BFHE 132, 16 = BStBl. II 1981, 118; *Feddersen/Meyer-Landrut*, PartGG, § 1 Rz. 28.

278) BFH, Urt. v. 1.10.1986 – I R 121/83, BFHE 148, 140 = BStBl. II 1987, 116; Schmidt-*Wacker*, EStG, § 18 Rz. 108; Kirchhof/Söhn/Mellinghoff-*Stuhrmann*, EStG, § 18 Rz. B 126; Littmann/Bitz/Pust-*Güroff*, EStG, § 18 Rz. 196; Herrmann/Heuer/Raupach-*Brandt*, EStG, § 18 Rz. 161; vgl. *Feddersen/Meyer-Landrut*, PartGG, § 1 Rz. 28; *Schäfer* in: MünchKomm-BGB, § 1 PartGG Rz. 57; Meilicke u. a.-*Lenz*, PartGG, § 1 Rz. 58.

279) Littmann/Bitz/Pust-*Güroff*, EStG, § 18 Rz. 196; Herrmann/Heuer/Raupach-*Brandt*, EStG, § 18 Rz. 161; *Feddersen/Meyer-Landrut*, PartGG, § 1 Rz. 28; *Schäfer* in: MünchKomm-BGB, § 1 PartGG Rz. 57; Meilicke u. a.-*Lenz*, PartGG, § 1 Rz. 58.

280) Lademann-*Stöcker*, EStG, § 18 Rz. 458 m. w. N.; Schmidt-*Wacker*, EStG, § 18 Rz. 108; Herrmann/Heuer/Raupach-*Brandt*, EStG, § 18 Rz. 161.

281) Kirchhof/Söhn/Mellinghoff-*Stuhrmann*, EStG, § 18 Rz. B 127.

282) *Eggesiecker*, Partnerschaftsgesellschaft, Fach E – Ingenieur, Rz. 1.030; Meilicke u. a.-*Lenz*, PartGG, § 1 Rz. 58.

283) Schmidt-*Wacker*, EStG, § 18 Rz. 109.

tragungssystemen[284] ebenso als freiberuflich anerkannt wie die Systemberatung[285] (Projektleitung, Auswahl und Einarbeitung von Mitarbeitern, Überprüfung von Projektplänen) und die Installation[286] von Software für ein Rechnernetzwerk. Danach spielt es keine Rolle mehr, ob der Dienstleister eine Ausbildung als Ingenieur, Mathematiker oder Informatiker vorweisen kann.[287]

103 Ein Ingenieur, der Computerhardware verkauft, ist nicht mehr freiberuflich, sondern **gewerblich** tätig.[288] Ebenso soll ein Ingenieurbüro, das sich mit technischer Gebäudeausrüstung und Energieberatung befasst, wegen der überwiegend sachbezogenen Leistung nicht den freien Berufen zuzurechnen sein.[289] Allerdings kann allein die Frage, auf was sich die Tätigkeit bezieht, nicht zur Abgrenzung ausreichen. Das Berufsbild des Ingenieurs besteht gerade darin, Leistungen zu erbringen, die mit einer Sache im Zusammenhang stehen (bspw. der Bauingenieur oder der Schiffsingenieur).

104 Der **Vermessungsingenieur** ist im Gegensatz zu § 18 Abs. 1 Nr. 1 EStG nicht explizit unter den Katalogberufen genannt; er ist jedoch ohne weiteres unter den Begriff des Ingenieurs zu subsumieren.[290] Das Berufsbild des Vermessungsingenieurs ist in der Vermessungsordnung vom 31.1.1944[291] umschrieben und umfasst Landvermesser und die sog. Markscheider, denen im Bergbau die Vermessungen über und unter Tage obliegen.[292] Landesrechtliche Regelungen, die gemäß § 1 Abs. 3 PartGG zu beachten sind, schließen öffentlich bestellte Vermessungsingenieure,[293] soweit sie Träger eines öffentlichen Amtes als Organ des öffentlichen Vermessungswesens sind, von der Mitgliedschaft in einer Partnerschaft aus.[294] Soweit diese Ingenieure hingegen privatrechtliche Aufgaben auf dem Gebiet des Vermessungswesens erfüllen, muss ihnen der Zusammenschluss auch i. R. der Partnerschaft gestattet sein.[295] Fraglich ist insoweit, ob die Bezeichnung „öffentlich bestellter Vermessungsingenieur" in diesem Fall in den Namen der Partnerschaft nach § 2 Abs. 1 PartGG aufgenommen werden kann und muss.[296] Diese Frage ist zu bejahen, soweit das Berufsrecht nicht im Einzelfall entgegensteht; ansonsten ist die Bezeichnung „Vermessungsingenieur" zu führen.

---

284) BFH, Urt. v. 22.9.2009 – VIII R 63/06, BStBl. II 2010, 466 = DStRE 2010, 222.

285) BFH, Urt. v. 22.9.2009 – VIII R 79/06, BStBl. II 2010, 404 = DStRE 2010, 223; a. A. OVG Lüneburg, Urt. v. 16.5.2012 – 7 LC 15/10, DVBl 2012, 1119 = GewArch 2012, 361.

286) BFH, Urt. v. 22.9.2009 – VIII R 31/07, BStBl. II 2010, 467 = NJW 2010, 1167.

287) *Steinhauff*, NWB 2010, 819; *Korn*, KÖSDI 2012, Nr. 1, 17755.

288) BFH, Urt. v. 24.4.1997 – IV R 60/95, BFHE 183, 150 = DStR 1997, 1201.

289) OLG Zweibrücken, Beschl. v. 30.8.2012 – 3 W 99/12, NJW-RR 2013, 241 = NZG 2013, 105, dazu EWiR 2013, 319 *(Wachter)*.

290) So auch *Hornung*, Rpfleger 1995, 481, 483; *Salger* in: MünchHdb. GesR, Bd. 1, § 39 Rz. 18.

291) Vermessungsordnung v. 31.1.1944, RGBl. I, 53.

292) Kirchhof/Söhn/Mellinghoff-*Stuhrmann*, EStG, § 18 Rz. B 128.

293) Hierzu vgl. die landesrechtlichen Berufsordnungen, wie z. B. die Berufsordnung für die Öffentlich bestellten Vermessungsingenieure des Landes Schleswig-Holstein v. 29.6.1982, GVOBl, 148.

294) Begr. RegE PartGG, BT-Drucks. 12/6152, S. 10.

295) *Salger* in: MünchHdb. GesR, Bd. 1, § 39 Rz. 18.

296) *Salger* in: MünchHdb. GesR, Bd. 1, § 39 Rz. 18.

b) Architekten

105 Der Beruf des Architekten ist ebenfalls in Landesgesetzen geregelt, welche weitgehend auch die **Berufsbezeichnung** schützen,[297] jedoch nicht die Berufsausübung, so dass die Architekten im nationalen wie internationalen Bereich mit einer Vielzahl gewerblicher Anbieter konkurrieren müssen.[298] Die Führung der Berufsbezeichnung setzt die Eintragung in die Architektenliste der jeweiligen Architektenkammer aufgrund einschlägiger Vorbildung voraus. Die Berufsausübung ist geprägt durch die künstlerische, auf technischen und wirtschaftlichen Grundlagen basierende Planung und Gestaltung von Bauwerken sowie auf den Gebieten der Städte- und Landesplanung; ferner durch die Beratung und Betreuung des Bauherrn in allen mit der Planung und Bauausführung zusammenhängenden Fragen sowie durch die Erstellung von Gutachten auf diesen Gebieten.[299] Sofern sich der Architekt überwiegend mit der Betreuung von Bauvorhaben in finanzieller Hinsicht befasst, ist er gewerblich tätig.[300]

106 Aufgabe der **Innenarchitekten** ist gemäß den jeweiligen landesrechtlichen Bestimmungen die gestaltende, technische, wirtschaftliche, ökologische und soziale Planung von Innenräumen. **Landschaftsarchitekten** nehmen die Garten- und Landschaftsplanung vor, **Stadtplaner** die Raumplanung, insbesondere die Erarbeitung städtebaulicher Pläne.

107 Einem **Gewerbe** geht der Architekt nach, wenn er selbst die Herstellung von Bauwerken und deren Verkauf oder die Vermittlung von Baugrundstücken gegen Provision übernimmt.[301]

c) Handelschemiker

108 Der Beruf ist gesetzlich **nicht geregelt**. Er hat eine wissenschaftliche Vorbildung zur Voraussetzung.[302] Die **Tätigkeit** besteht in der Erstellung quantitativer und qualitativer Analysen von Stoffen aller Art, ihrer chemischen Zusammensetzung und ihrem Verhalten.[303] Erforderlich ist die eigene Vornahme dieser Analysen; der Verweis auf Gutachten von dritter Seite ist nicht ausreichend.[304] Nach der Recht-

---

297) Schmidt-*Wacker*, EStG, § 18 Rz. 110; Übersicht in BFH, Urt. v. 17.11.1981 – VIII R 121/80, BFHE 135, 421 = BStBl. II 1982, 492; *Feddersen/Meyer-Landrut*, PartGG, § 1 Rz. 29; z. B. Bayerisches Architektengesetz vom 31.8.1994, GVBl, 934.

298) Vgl. Der Architekt 8/1994, 42.

299) BFH, Urt. v. 12.8.1965 – IV 61/61, BFHE 83, 237 = BStBl. III 1965, 586; Lademann-*Stöcker*, EStG, § 18 Rz. 474; Kirchhof/Söhn/Mellinghoff-*Stuhrmann*, EStG, § 18 Rz. B 129.

300) BFH, Urt. v. 30.5.1973 – I R 35/71, BStBl. II 1973, 668 = WM 1973, 1222; BFH, Urt. v. 29.5.1973 – VIII R 55/70, BStBl. II 1974, 447 = DStR 1974, 352; BFH, Urt. v. 20.4.1989 – IV R 299/83, BStBl. II 1989, 727 = DB 1989, 1753.

301) Kirchhof/Söhn/Mellinghoff-*Stuhrmann*, EStG, § 18 Rz. B 131; Schmidt-*Wacker*, EStG, § 18 Rz. 111 f.; Lademann-*Stöcker*, EStG, § 18 Rz. 485.

302) BFH, Urt. v. 22.6.1965 – BFHE 83, 256 = BStBl. III 1965, 593; Urt. v. 14.11.1972 – VIII R 18/67, BFHE 108, 26 = BStBl. II 1973, 183.

303) Schmidt-*Wacker*, EStG, § 18 Rz. 113; Littmann/Bitz/Pust-*Güroff*, EStG, § 18 Rz. 207.

304) Herrmann/Heuer/Raupach-*Brandt*, EStG, § 18 Rz. 171.

sprechung des BFH[305] soll das Probennehmen von Erzen und anderen Stoffen weder eine wissenschaftliche noch eine dem Beruf des Handelschemikers ähnliche Tätigkeit sein; dies wird zum Teil in der Literatur im Hinblick auf das Recht der Partnerschaft als zu eng kritisiert.[306] Ein **Umweltauditor** (insbesondere Vorbereitung auf gewünschte Zertifizierung, Analyse und Entwicklung von Umwelt-Managementsystemen) übt eine dem Handelschemiker ähnliche freiberufliche Tätigkeit aus.[307]

d) Hauptberufliche Sachverständige

109 Sachverständige verfügen über überdurchschnittliche und nachprüfbar in einer abgeschlossenen Berufsausbildung erworbene Kenntnisse, Fähigkeiten und Erfahrungen auf einem abgrenzbaren Gebiet der Naturwissenschaft, der Wirtschaft, der Technik oder eines anderen Sachbereichs und stellen diese besondere Sachkunde jedermann unabhängig, unparteiisch, persönlich, weisungsfrei und gewissenhaft zu Verfügung.[308] Die berufsrechtlichen Regelungen finden sich in Satzungen der jeweiligen **Industrie- und Handelskammer** auf Grundlage des § 36 Abs. 3 und 4 GewO sowie für den handwerklichen Bereich seitens der Handwerkskammer in § 91 Abs. 1 Nr. 8 Handwerksordnung (HwO). Der Arbeitskreis Sachverständigenwesen beim Deutschen Industrie- und Handelstag, in dem sämtliche Industrie- und Handelskammern vertreten sind, hat im November 2009 eine neue Fassung der Muster-Sachverständigenordnung (Muster-SVO) und Richtlinien zur Anwendung und Auslegung dieser Sachverständigenordnung (Richtl.-SVO) verabschiedet.

110 Nach § 21 Satz 1 Muster-SVO DIHK darf sich ein öffentlich bestellter und vereidigter Sachverständiger in jeder Rechtsform zusammenschließen. Nummer 21.1 Satz 2 der Richtlinien des Deutschen Industrie- und Handelskammertages erwähnt ausdrücklich die Möglichkeit der Gründung einer Partnerschaft. Die anderen Muster-Sachverständigenordnungen enthalten ähnliche Formulierungen. Diese Berufsgruppe, welche sich in dem Katalog des § 18 Abs. 1 Nr. 1 EStG nicht findet, wurde erst auf Vorschlag des Rechtsausschusses des Deutschen Bundestages in § 1 Abs. 2 PartGG aufgenommen,[309] „weil sie sich dies offenbar besonders nachdrücklich gewünscht haben".[310] Damit sollte der Bedeutung sowie der regelmäßig hohen erworbenen Qualifikation der hauptberuflichen Sachverständigen Rechnung getragen werden.[311] Hauptberuflicher Sachverständiger soll sein, wer zumindest **70 %**

305) BFH, Urt. v. 9.12.1986 – VIII R 314/82, BFH/NV 1987, 156; FG Düsseldorf, Beschl. v. 20.5.1992 – 1 V 8243/91 A (G), EFG 1992, 744; zustimmend Herrmann/Heuer/Raupach-*Brandt*, EStG, § 18 Rz. 171.

306) *Feddersen/Meyer-Landrut*, PartGG, § 1 Rz. 30.

307) BFH, Urt. v. 17.1.2007 – XI R 5/06, BStBl. II 2007, 519 = DStRE 2007, 952 (promovierte Chemikerin); a. A. Hessisches FG, Urt. v. 19.2.2003 – 8 K 1909/99, DStRE 2005, 943 (Diplom-Physiker).

308) Landmann/Rohmer-*Bleutge*, GewO, § 36 Rz. 11.

309) *Gres*, der freie beruf 6/94, 23, 24; RA zum PartGG, BT-Drucks. 12/7642, S. 4.

310) So die etwas eigentümliche Begr. von *Salger* in: MünchHdb. GesR, Bd. 1, § 39 Rz. 22, dem die politischen Hintergründe offenbar gut bekannt sind.

311) RA zum PartGG, BT-Drucks. 12/7642, S. 11 f.; vgl. auch Begr. RegE PartGG, BT-Drucks. 12/6152, S. 10.

seiner Berufseinkünfte aus der Gutachtertätigkeit erzielt.[312] Auf die öffentliche Vereidigung als Sachverständiger i. S. des Verpflichtungsgesetzes[313] wird es für den Bereich der Partnerschaft nicht ankommen.[314]

111 Eine allgemeine gesetzliche Regelung des Sachverständigenwesens gibt es nicht. Öffentlich bestellte Sachverständige müssen indes nach Nr. 3.2.4.3 der Richtlinien zur Muster-SVO der Industrie- und Handelskammern über eine besondere Sachkunde verfügen, die nicht schon allein durch einen einschlägigen Hochschul- oder zumindest Fachhochschulabschluss nachgewiesen werden kann. Eine freiberufliche Tätigkeit liegt dann vor, wenn der Sachverständige auf der Grundlage von wissenschaftlichen Disziplinen, welche an Hochschulen gelehrt werden, nach sachlichen und objektiven Gesichtspunkten zu komplizierten Fragen Stellung nimmt.[315] Bei einem **Kfz-Sachverständigen** ist dies dann der Fall, wenn er über die von einem Ingenieur geforderten mathematisch-physikalischen Fachkenntnisse verfügt und die Ermittlung von Schadensursachen seiner Berufstätigkeit das Gepräge gibt.[316] Im Gegensatz zur Rechtslage im Steuerrecht wird es darüber hinaus nach der Aufnahme der hauptberuflichen Sachverständigen in § 1 Abs. 2 für das PartGG wohl nicht mehr darauf ankommen, ob er sich auf eigene Marktkenntnisse oder gewerblich/handwerkliche Erfahrungen stützt.[317]

4. Vermittler von geistigen Gütern und Informationen

112 Die Berufsgruppe ist **gesetzlich nicht geregelt**. Sie zerfällt in zwei Untergruppen, wovon die eine die Medienberufe Journalist und Bildberichterstatter, die andere die Kommunikationsberufe Dolmetscher und Übersetzer erfasst.

a) Journalisten, Bildberichterstatter

113 **Journalist** ist, wer Informationen sammelt, sich damit kritisch auseinander setzt und zu politischen, gesellschaftlichen, wirtschaftlichen oder kulturellen Ereignissen schriftlich oder mündlich in einem Medium (Zeitung, Zeitschrift, Rundfunk, Fernsehen) Stellung nimmt.[318] Im steuerrechtlichen Schrifttum umstritten ist dabei die Rechtsprechung des BFH, die in erster Linie auf Informationen über *gegenwartsbe-*

---

312) So der Abgeordnete *Gres* in der Debatte des Deutschen Bundestages v. 26.5.1994, Sten. Ber. Plenarprotokoll 12/230, 20016 (D).

313) Gesetz über die förmliche Verpflichtung nichtbeamteter Personen (Verpflichtungsgesetz – VerpflG) v. 2.3.1974, BGBl. I 1974, 469.

314) *Feddersen/Meyer-Landrut*, PartGG, § 1 Rz. 32.

315) BFH, Urt. v. 4.2.1954 – IV 6/53 U, BFHE 58, 618 = BStBl. III 1954, 147; Lademann-*Stöcker*, EStG, § 18 Rz. 652 und Schmidt-*Wacker*, EStG, § 18 Rz. 155, jeweils zu dem Stichwort „Sachverständiger".

316) BFH, Urt. v. 9.7.1992 – IV R 116/90, BFHE 169, 402 = BStBl. II 1993, 100; Schmidt-*Wacker*, EStG, § 18 Rz. 155 zum Stichwort „Kfz-Sachverständiger"; Littmann/Bitz/Pust-*Güroff*, EStG, § 18 Rz. 199; Meilicke u. a.-*Lenz*, PartGG, § 1 Rz. 61; *Henssler*, PartGG, § 1 Rz. 167; etwas anderer Ansatz, aber im Ergebnis wohl ähnlich *Feddersen/Meyer-Landrut*, PartGG, § 1 Rz. 32.

317) Zur Rechtslage im Steuerrecht vgl. BFH, Urt. v. 22.6.1971 – VIII 23/65, BFHE 103, 77 = BStBl. II 1971, 749; Kirchhof/Söhn/Mellinghoff-*Stuhrmann*, EStG, § 18 Rz. B 55; Schmidt-*Wacker*, EStG, § 18 Rz. 155 zum Stichwort „Sachverständiger".

318) BFH, Urt. v. 2.12.1971 – IV R 145/68, BFHE 104, 334 = BStBl. II 1972, 315; Schmidt-*Wacker*, EStG, § 18 Rz. 120; Lademann-*Stöcker*, EStG, § 18 Rz. 488.

zogene Geschehnisse abstellt.[319] Nach einem Teil der Literatur soll es nicht auf den Inhalt, sondern lediglich auf die Art und Weise einer Veröffentlichung ankommen, „nämlich auf das Erscheinen im redaktionellen Teil einer Zeitung oder Zeitschrift oder die Veröffentlichung in Rundfunk und Fernsehen oder in einem elektronischen Medium (Internet)".[320] Da die journalistische Tätigkeit sich in den Medien (z. B. Fernsehen, Radio) auch mündlich äußern kann, handelt es sich nicht notwendig um eine schriftstellerische Aktivität.[321] **Werbeberater** und Public-Relations-Berater bezwecken keine Information der Öffentlichkeit, sondern die Werbung für eine Ware oder ein Anliegen zum Nutzen des Auftraggebers und sind daher keine Journalisten.[322] Von besonderer Bedeutung ist bei den Journalisten die Abgrenzung zwischen selbständiger Tätigkeit, z. B. als Korrespondent für verschiedene Tageszeitungen, und unselbständiger Berufsausübung in einem Angestelltenverhältnis.[323] Die Grenzen sind zum Teil fließend und für die Registergerichte kaum erkennbar, insbesondere wenn ein „freier Journalist" ausschließlich für eine Zeitung tätig werden darf. Partner kann aber in jedem Fall nur der Selbständige, niemals der Angestellte sein.

114 Die Tätigkeit des **Bildberichterstatters** ist journalistischer Natur.[324] Es handelt sich um die Vermittlung von Informationen durch Bilder oder Bildserien in Zeitungen, Zeitschriften, Filmen oder Fernsehen.[325] Maßgebend für den journalistischen Charakter ist die individuelle Erfassung des Bildmotivs und seines Nachrichtenwertes.[326] Sofern das Bildmotiv eigenverantwortlich ausgewählt wird, trifft dies auch auf Kameramänner und Tontechniker zu.[327] Nach der neueren Rechtsprechung des BFH kommt es auf die Erläuterung der Bilder durch beigefügte Texte nicht mehr an.[328] Wie bei dem Beruf des Journalisten handelt es sich um eine **gewerbliche Tätigkeit**, wenn die Bilder dem individuellen Interesse eines Abnehmers, wie etwa einem Werbezweck, und nicht mehr der Information der Öffentlichkeit dienen.[329] Gewerblich handelt deshalb auch derjenige, der für Zeitschriften Objekte auswählt und zum Zweck der Ablichtung arrangiert, um die von einem Fotografen dann hergestellten Aufnahmen zu veröffentlichen.[330]

---

319) BFH, Urt. v. 2.12.1971 – IV R 145/68, BFHE 104, 334 = BStBl. II 1972, 315; vgl. Kirchhof/Söhn/Mellinghoff-*Stuhrmann*, EStG, § 18 Rz. B 135.

320) Littmann/Bitz/Pust-*Güroff*, EStG, § 18 Rz. 216.

321) Kirchhof/Söhn/Mellinghoff-*Stuhrmann*, EStG, § 18 Rz. B 135; Littmann/Bitz/Pust-*Güroff*, EStG, § 18 Rz. 215; Lademann-*Stöcker*, EStG, § 18 Rz. 487.

322) BFH, Urt. v. 25.4.1978 – VIII R 149/74, BFHE 125, 369 = BStBl. II 1978, 565; Lademann-*Stöcker*, EStG, § 18 Rz. 489.

323) Vgl. *Eggesiecker*, Partnerschaftsgesellschaft, Fach E – Journalist, Rz. 1.030; *Feddersen/Meyer-Landrut*, PartGG, § 1 Rz. 33.

324) Lademann-*Stöcker*, EStG, § 18 Rz. 490.

325) Schmidt-*Wacker*, EStG, § 18 Rz. 122; Lademann-*Stöcker*, EStG, § 18 Rz. 491.

326) Kirchhof/Söhn/Mellinghoff-*Stuhrmann*, EStG, § 18 Rz. B 136.

327) BFH, Urt. v. 20.12.2000 – XI R 8/00, BStBl. II 2002, 478 = DStRE 2001, 577.

328) Zur Entwicklung der BFH-Rspr. Lademann-*Stöcker*, EStG, § 18 Rz. 493.

329) Lademann-*Stöcker*, EStG, § 18 Rz. 493.

330) BFH, Urt. v. 19.2.1998 – IV R 50/96, BFHE 185, 400 = DStR 1998, 1048.

b) Dolmetscher, Übersetzer

115 Zu der Bestimmung dieser Berufsbilder können die Lehrinhalte der an Fachhochschulen oder Fachschulen eingerichteten Ausbildungen zum staatlich geprüften Dolmetscher/Übersetzer oder Diplom-Dolmetscher/Übersetzer herangezogen werden.[331)]

116 Ein **Dolmetscher** vermittelt die Verständigung zwischen Menschen verschiedener Sprachen. Unterschieden wird zwischen dem Simultandolmetscher, der die Ausführungen des Redners fast gleichzeitig in eine andere Sprache übersetzt, und dem Konsekutivdolmetscher, der den Text überträgt, nachdem der Redner einen Redeabschnitt oder die gesamte Rede beendet hat.[332)] Ein **Übersetzer** überträgt schriftliche Gedankenäußerungen von einer Sprache in die andere.[333)] Bei letzterem kann es sich auch um eine schriftstellerische Tätigkeit handeln; die Unterscheidung ist jedoch wegen der Aufnahme des Schriftstellerberufs in § 1 Abs. 2 PartGG ohne praktische Bedeutung.[334)] Zu den Übersetzern gehören insbesondere Terminologen (Aufgabe: Erfassung und Bereitstellung fachsprachlicher Ausdrücke und Formulierungen), Computerlinguisten (Aufgabe: Entwicklung von Terminologiedatenbank und Programmen für maschinelles und maschinengestütztes Übersetzen) sowie Rundfunk-, Funk-, Programm- und Presseauswerter.[335)]

5. Lotsen

117 Lotsen sind behördlich zugelassene Berater, die Schiffe auf Schifffahrtsstraßen leiten und die Schiffsführung auf bestimmten, schwierig zu befahrenden Wasserstraßen begleiten. Der Begriff des Lotsen umfasst sowohl den See- als auch den Binnen-(Hafen-)Lotsen.[336)] Die Lotsen waren von der Rechtsprechung des BFH als Gewerbetreibende angesehen worden, bis der Gesetzgeber sie im Jahre 1960 ausdrücklich in den Katalog des § 18 Abs. 1 Nr. 1 EStG aufnahm.[337)] Lotsen bedürfen der **amtlichen Bestallung,**[338)] die den höchsten Befähigungsnachweis – **Kapitänspatent** – für das jeweils zu führende Schiff sowie eine Sonderausbildung bezüglich des jeweiligen Einsatzbereiches voraussetzt.[339)] Die Seelotsen sind in Lotsenbrüderschaften zusammengeschlossen, die wiederum die Bundeslotsenkammer

---

331) Littmann/Bitz/Pust-*Güroff*, EStG, § 18 Rz. 227.

332) *Eggesiecker*, Partnerschaftsgesellschaft, Fach E – Dolmetscher, Rz. 0.010.

333) Schmidt-*Wacker*, EStG, § 18, Rz. 123; entgegen Kirchhof/Söhn/Mellinghoff-*Stuhrmann*, EStG, § 18 Rz. B 137 muss es sich nicht um die Übertragung in die Muttersprache des Übersetzers handeln.

334) Gleiches gilt nach dem Wegfall der Tarifermäßigung des § 34 Abs. 4 EStG a. F. im Steuerrecht, vgl. Lademann-*Stöcker*, EStG, § 18 Rz. 498; Kirchhof/Söhn/Mellinghoff-*Stuhrmann*, EStG, § 18 Rz. B 137.

335) *Eggesiecker*, Partnerschaftsgesellschaft, Fach F – Übersetzer, Rz. 1.040 ff.

336) Meilicke u. a.-*Wolff*, PartGG, § 5 Rz. 1 Rz. 21; etwas anders *Feddersen/Meyer-Landrut*, PartGG, § 1 Rz. 31 (ähnlicher Beruf).

337) Kirchhof/Söhn/Mellinghoff-*Stuhrmann*, EStG, § 18 Rz. B 138; Herrmann/Heuer/Raupach-*Brandt*, EStG, § 18 Rz. 210; näher Lademann-*Stöcker*, EStG, § 18 Rz. 481; unzutreffend Meilicke u. a.-*Lenz*, PartGG, § 1 Rz. 62 („1964“).

338) Vgl. § 7 des Gesetzes über das Seelotsenwesen (SeeLG) i. d. F. der Bekanntmachung v. 13.9.1984, BGBl. I 1984, 1213, zuletzt geändert durch Art. 3 des Gesetzes v. 15.7.1994.

339) Littmann/Bitz/Pust-*Güroff*, EStG, § 18 Rz. 232; §§ 9, 10 SeeLG.

bilden.[340] Neben den See- und Binnenlotsen existieren ferner die Seelotsen außerhalb der Reviere. Letztere üben ihre Tätigkeit nach § 1 Abs. 1 SeelotRevierV 1978[341] als Überseelotsen oder auf einer Seeschifffahrtsstraße aus, die nicht zu den Lotsrevieren gehört.

118 Hinsichtlich aller Lotsen stellt sich die Frage, ob diese – trotz der Erwähnung in § 1 – partnerschaftsfähig sind. Dies ist zunächst bei den Seelotsen zu verneinen. Seelotsen üben ein öffentliches Amt ähnlich dem Notar aus. Dies ergibt sich aus dem SeeLG hinsichtlich der Ausgestaltung der Lotsentätigkeit. Der Lotse kann seine Tätigkeit nicht frei gestalten, sondern ist an die sog. Börtordnung gebunden. Diese bestimmt die Reihenfolge, nach der die Schiffe mit Seelotsen besetzt werden und enthält Regelungen über urlaubs- oder krankheitsbedingte Ausfallzeiten.[342] In diesem Rahmen kann der Ältermann als Vertreter der Lotsenbrüderschaft (§ 31 Abs. 1 Satz 1 SeeLG) Anordnungen treffen, die insbesondere die dienstfreie Zeit einschränken können. Darüber hinaus hat der Lotse einen finanziellen Ausgleich zu entrichten, wenn er seinen Dienst selbstverschuldet nicht antreten kann.[343] Die Börtordnungen werden nicht lediglich i. R. der Selbstverwaltung der Lotsenbrüderschaften beschlossen, sondern bedürfen der Genehmigung der Aufsichtsbehörde (§ 28 Abs. 2 SeeLG). Weiterhin unterliegt der Lotse den durch die Lotsenbrüderschaft nach § 28 Abs. 1 Nr. 4 SeeLG getroffenen Bestimmungen zum Dienstbetrieb.

119 Auch in **finanzieller Hinsicht** ist der Lotse in die staatliche Verwaltung eingebunden. Er kann seine Tarife nicht frei bestimmen (§ 45 Abs. 5 SeeLG) und ist damit auch an die in den Lotstarifverordnungen festgelegten Befreiungen von der Zahlungspflicht (§ 45 Abs. 2 Nr. 4 SeeLG) gebunden. Nicht einmal die Entgelte für seine Tätigkeit (Lotsgelder) darf der Seelotse selbst erheben. Dies übernimmt nach § 45 Abs. 4 Satz 1 SeeLG die Aufsichtsbehörde oder die Bundeslotsenkammer und vollstreckt diese nach dem Verwaltungs-Vollstreckungsgesetz. Die Gelder werden sodann von der Lotsenbrüderschaft vereinnahmt (§ 28 Abs. 1 Nr. 8 SeeLG) und diese nach Einbehalt insbesondere eines Versorgungsbeitrages nach Maßgabe der Verteilungsordnung an die Lotsen verteilt (§ 28 Abs. 1 Nr. 9 SeeLG), und zwar unabhängig von der Leistung des einzelnen Lotsen an alle Mitglieder.[344]

120 Auch darf er aufgrund seiner Monopolstellung nicht selbst die Geschäftsbedingungen seiner Tätigkeit festlegen.[345] Der Seelotse kann nicht eigenständig seine Dienste anbieten, sondern ist **Weisungsempfänger** des Bundes. Denn dieser richtet das Seelotswesen ein und unterhält es (§ 3 Abs. 1 SeeLG), was sich insbesondere auch auf den Betrieb der Lotseinrichtungen nach § 6 Abs. 1 SeeLG bezieht. In der Literatur wird deshalb davon ausgegangen, dass der Lotse einen Teil der mittelba-

---

340) §§ 27 Abs. 1, 34 Abs. 1 Satz 1 SeeLG.

341) Verordnung über das Seelotswesen außerhalb der Reviere (SeelotRevierV 1978) v. 25.8.1978, BGBl. I 1978, 1515.

342) *Heinrich/Steinicke*, Seelotswesen, S. 145.

343) *Heinrich/Steinicke*, Seelotswesen, S. 146.

344) *Graf/Ehlers*, Hansa 1979, 1342, 1343.

345) *Graf/Ehlers*, Hansa 1979, 1422, 1425.

ren Bundesverwaltung[346] darstelle und Teil der öffentlichen Verwaltung[347] sei. Manche sprechen von einem „Treuhänder staatlicher Aufgaben"[348]. Entscheidender Punkt, der für ein öffentliches Amt und gegen die Partnerschaftsfähigkeit spricht, ist die Erforderlichkeit einer Bestallung nach § 7 SeeLG. Diese stellt einen Hoheitsakt in Form eines begünstigenden Verwaltungsaktes dar, bei dem es nicht nur um die Zulassung und Prüfung, sondern auch die Auswahl der Bewerber geht.[349] Wie § 8 Abs. 2 SeeLG zeigt, ist diese Auswahl einer zahlenmäßigen Beschränkung unterworfen. Somit kann nicht jeder, der die persönlichen Voraussetzungen erfüllt, auch Seelotse werden. Ferner ist die Bestallung an ein bestimmtes Seelotsrevier gebunden, was sich bereits aus § 7 SeeLG ergibt und § 19 SeeLG nochmals klar verdeutlicht. Daraus folgt, dass nur die jeweils bestallten Seelotsen auch im entsprechenden Revier tätig werden dürfen. Anderen, freien Lotsen ist damit die Tätigkeit untersagt. So ist z. B. für das Seelotsrevier Elbe geregelt, dass der Lotsendienst auf der Elbe nur von den Mitgliedern der Lotsenbrüderschaft Elbe durchgeführt werden darf (§ 2 Elbe-LV)[350]. Letztlich zeigt § 22 SeeLG, dass der Seelotse ein **öffentliches Amt** ausübt, wenn dieser vom „Dienst" des Lotsen spricht. In der Literatur wird der Seelotse deshalb auch als „Vertreter des Staates"[351] bezeichnet. Dass der Seelotse seine Tätigkeit als freien Beruf und in eigener Verantwortung nach § 21 Abs. 1 und 2 SeeLG ausübt, ändert an der Qualifikation als öffentliches Amt nichts, denn bei einem Notar gilt nichts anderes (§§ 1, 2 Satz 3 BNotO). Da die Binnen-(Hafen-)Lotsen entweder (teilweise) dem Gesetz über das Seelotswesen (SeeLG) unterliegen oder in einem öffentlich-rechtlichen Dienst-Treueverhältnis stehen,[352] gilt das zu den Seelotsen Gesagte entsprechend. Bleiben noch die Seelotsen außerhalb der Reviere. Lediglich diese könnten eine Partnerschaft gründen, da diese nur eine Erlaubnis und keine Bestallung benötigen. Allerdings üben diese laut § 1 Abs. 1 der Verordnung über das Seelotswesen außerhalb der Reviere[353] eine „gewerbsmäßige" Tätigkeit aus.

121 M. E. ist die Aufnahme der Lotsen in § 1 ohne kritische Würdigung des § 18 Abs. 1 Nr. 1 EStG erfolgt. Die Regierungsbegründung zum PartGG enthält keine Auseinandersetzung mit dieser Frage. Selbst wenn man § 1 Abs. 1 PartGG als lex specialis ansieht und dadurch die Möglichkeit der Gründung einer Partnerschaft bejahen würden, bleiben die Seelotsen doch zwangsläufig in den Lotsenbrüderschaften organisiert. Eine darüber hinausgehende Partnerschaft würde faktisch mangels Aufträge leerlaufen. Zugunsten der Seelotsen außerhalb der Reviere ist jedoch die Partnerschaftsfähigkeit anzunehmen. Obwohl § 1 Abs. 1 SeelotRevierV 1978 von der Ge-

346) *Graf/Ehlers*, Hansa 1979, 1342, 1344.

347) *Graf/Ehlers*, Hansa 1979, 1422, 1424.

348) *Segelken*, Kapitänsrecht, S. 588 f.

349) *Heinrich/Steinicke*, Seelotswesen, S. 28.

350) Verordnung über die Verwaltung und Ordnung des Seelotsreviers Elbe (Elbe-Lotsverordnung – Elbe-LV) v. 8.4.2003, BAnz. 2003 Nr. 84, S. 9989.

351) *Heinrich/Steinicke*, Seelotswesen, S. 45; ähnlich bei *Graf/Ehlers*, Hansa 1979, 1422, 1423.

352) Zur Rechtslage der Binnenlotsen näher Landmann/Rohmer-*Marcks*, GewO, § 6 Rz. 43.

353) Verordnung über das Seelotswesen außerhalb der Reviere – SeelotRevierV 1978 v. 25.8.1978, BGBl. I 1978, 1515.

werbsmäßigkeit spricht, findet sich in § 18 Abs. 1 Nr. 1 EStG keine entsprechende Einschränkung.[354] Deshalb sind diese ebenso als freiberufliche Lotsen anzusehen.

IV. Die ähnlichen Berufe

1. Abgrenzungsmerkmale

122 Die Abgrenzung der den Katalogberufen ähnlichen Berufe von den gewerblichen bildet die größte Schwierigkeit bei der Anwendung des Gesetzes.[355] Auch hier kann allerdings auf die umfangreiche Rechtsprechung der Finanzgerichtsbarkeit zurückgegriffen werden.

123 Aus der Stellung der ähnlichen Berufe im Satzgefüge des § 1 Abs. 2 PartGG folgt, dass die **Ähnlichkeit** nur **im Vergleich zu den Katalogberufen** gegeben sein kann und nicht zu den fünf Tätigkeitsbereichen.[356] Ein Gesamtvergleich derart, dass ein Beruf die für sämtliche im Katalog erwähnten Berufe typischen charakteristischen Merkmale gleichermaßen aufweist, ist ausgeschlossen, da sich aus dem Katalog kein allgemeiner Grundsatz und auch keine allgemeine begriffliche Umschreibung freiberuflicher Tätigkeiten herleiten lassen.[357] Bei einer wertenden Gesamtbetrachtung aller Umstände der Tätigkeit müssen nicht alle Merkmale vollständig ausgeprägt sein. Vielmehr reicht es aus, wenn dabei der Eindruck der Freiberuflichkeit überwiegt.[358]

124 Erforderlich für die Zuordnung ist vielmehr die Feststellung einer Ähnlichkeit mit einem bestimmten oder mehreren konkreten Katalogberufen, sog. **Prinzip der Einzelähnlichkeit.**[359] Hierbei ist allerdings zu beachten, dass der BFH dieses Prinzip nicht immer konsequent anwendet und stattdessen bei einigen ähnlichen Berufen auf eine **Gruppenähnlichkeit** abstellt.[360] Die Vergleichbarkeit eines Berufes[361] wird ermittelt durch eine Aufzählung der jeweiligen prägenden Merkmale unter Berücksichtigung des Gesamtbildes der beruflichen Tätigkeiten. Übereinstimmungen müssen hinsichtlich der fachlichen Voraussetzungen sowie der konkreten Umstände der Berufsausübung bestehen.

125 Falls der Katalogberuf eine **wissenschaftliche Ausbildung** voraussetzt, muss auch bei dem ähnlichen Beruf ein vergleichbares Ausbildungsniveau bestehen. Dies wird im Schrifttum zum Partnerschaftsrecht zum Teil bestritten, „da andernfalls das gesetzliche Merkmal der Ähnlichkeit in die Anforderung der ‚Gleichheit' droht verändert zu werden".[362] Diese Kritik überzeugt jedoch nicht, da es im Gesellschafts-

354) Vgl. BFH, Urt. v. 21.5.1987 – IV R 339/84, BFHE 150, 32 = BStBl. II 1987, 625.

355) Kritisch daher *K. Schmidt*, ZIP 1993, 633, 639.

356) Dies gilt auch für § 18 Abs. 1 Nr. 1 EStG, hierzu Kirchhof/Söhn/Mellinghoff-*Stuhrmann*, EStG, § 18 Rz. B 150.

357) Lademann-*Stöcker*, EStG, § 18 Rz. 510; Schmidt-*Wacker*, EStG, § 18 Rz. 125.

358) BVerfG, Urt. v. 25.10.1977 – 1 BvR 15/75, BVerfGE 46, 224 = NJW 1978, 365; *Zaumseil*, FR 2010, 353, 357.

359) Lademann-*Stöcker*, EStG, § 18 Rz. 510.

360) Näher Lademann-*Stöcker*, EStG, § 18 Rz. 511.

361) Schmidt-*Wacker*, EStG, § 18 Rz. 126; Kirchhof/Söhn/Mellinghoff-*Stuhrmann*, EStG, § 18 Rz. B 151 f.; zur Entwicklung der Rspr. s. Lademann-*Stöcker*, EStG, § 18 Rz. 512.

362) *Feddersen/Meyer-Landrut*, PartGG, § 1 Rz. 10; vgl. auch *Zaumseil*, FR 2010, 353, 358.

recht wie im Steuerrecht auf die Ähnlichkeit des Berufes ankommt, die wesentlich von einer vergleichbaren Vorbildung abhängt. Besonderheiten der partnerschaftsrechtlichen Betrachtung im Unterschied zu § 18 EStG sind insoweit nicht erkennbar. Dies muss, wenn es sich bei dem Katalogberuf um einen akademischen Beruf handeln sollte, nicht unbedingt durch ein Hochschulstudium erworben worden sein, sondern die Kenntnisse können auch im Selbststudium oder bei der Berufstätigkeit gewonnen werden,[363)] wobei dann allerdings an die Vergleichbarkeit mit dem fachlichen Wissen und Können eines Hochschulabsolventen des Katalogberufs strenge Anforderungen zu stellen sind.

126 Sofern der vergleichbare Katalogberuf eine Ausbildung oder Prüfung nicht voraussetzt oder in seiner Berufsbezeichnung ungeschützt ist, dürfen auch an die Vorbildung des ähnlichen Berufs keine höheren Anforderungen gestellt werden.[364)] Maßgebend ist in solchen Fällen allein die **Berufstätigkeit**.[365)] Diese muss nach ihrer fachlichen Breite und ihrer Ausgestaltung dem Katalogberuf nahe kommen.[366)] Auf einen bestimmten Erfolg kommt es dabei nicht an, da auch den Katalogberufen zuweilen der Bezug zu einem konkreten Arbeitsergebnis fehlt.[367)] Besonders umstritten ist im steuerrechtlichen Schrifttum, ob ein ähnlicher Beruf dort angenommen werden kann, wo die Ausübung eines Katalogberufs einer **Erlaubnis** bedürfte. Mit der wohl h. M. wird man dies ablehnen müssen, so dass die Ausübung von Tätigkeiten, deren Ausübung ohne Erlaubnis berufsrechtlich unzulässig oder mit Strafe bedroht ist, bei Fehlen dieser Erlaubnis nicht zum Vorliegen eines ähnlichen Berufes führen kann.[368)] Anders liegt der Fall, wenn sich die Erlaubnis nicht auf die eigentliche Berufsausübung, sondern nur auf das Führen einer bestimmten Berufsbezeichnung bezieht; insoweit kann je nach den konkreten Umständen durchaus einmal ein ähnlicher Beruf vorliegen.[369)]

2. Einzelne Berufe in alphabetischer Reihenfolge

127 **Altenpfleger**. Freiberuflichkeit bejaht, soweit keine hauswirtschaftliche Versorgung des Patienten erfolgt.[370)]

Anlageberater (Finanzanalyst). Ist gewerblich tätig, dem beratenden Betriebswirt nicht vergleichbar (siehe bereits oben Rz. 98).

---

363) BFH, Urt. v. 9.7.1992 – IV R 116/90, BFHE 169, 402 = BStBl. II 1993, 100; Kirchhof/Söhn/Mellinghoff-*Stuhrmann*, EStG, § 18 Rz. B 153; Lademann-*Stöcker*, EStG, § 18 Rz. 514.

364) Kirchhof/Söhn/Mellinghoff-*Stuhrmann*, EStG, § 18 Rz. B 154; Lademann-*Stöcker*, EStG, § 18 Rz. 517.

365) BFH, Urt. v. 19.10.1965 – I 415/62 U, BFHE 83, 530 = BStBl. III 1965, 692; BFH, Urt. v. 14.11.1972 – VIII R 18/67, BStBl. II 1973, 183 = BFHE 108, 26; kritisch *Wolff-Diepenbrock*, DStZ 1981, 333, 339 f.

366) Kirchhof/Söhn/Mellinghoff-*Stuhrmann*, EStG, § 18 Rz. B 155.

367) Kirchhof/Söhn/Mellinghoff-*Stuhrmann*, EStG, § 18 Rz. B 155.

368) So auch Meilicke u. a.-*Lenz*, PartGG, § 1 Rz. 76; Schmidt-*Wacker*, EStG, § 18 Rz. 130 und Herrmann/Heuer/Raupach-*Brandt*, EStG, § 18 Rz. 216 m. N. zum Streitstand.

369) *Schäfer* in: MünchKomm-BGB, § 1 PartGG Rz. 68.

370) BMF v. 22.10.2004, BStBl. I 2004, 1030; BFH, Urt. v. 22.1.2004 – IV R 51/01, BFHE 205, 151 = BStBl. II 2004, 509.

Artist. Künstlerisch und somit freiberuflich, solange die Tätigkeit i. R. einer Revue- oder Varietéveranstaltung ausgeübt wird.[371]

Bademeister, medizinischer. Kein ähnlicher Beruf, sondern Gewerbe, sofern die Bäder nicht lediglich Hilfsmittel für die Ausübung eines freien Berufs als Arzt o. Ä. sind.

Bauingenieur, beratender. Grundsätzlich freiberuflich tätig.[372]

Bauleiter. Keine dem Architekten ähnliche Tätigkeit, sofern eine diesem vergleichbare Ausbildung fehlt.[373] Anders ist es, wenn ein Bautechniker durch langjährige Praxis in der Bauplanung einem Architekten vergleichbare theoretische Kenntnisse erworben hat.[374]

Bauschätzer (Schadensschätzer). Dem Architekten ähnlicher freier Beruf, da die Tätigkeit als Gutachter zum Berufsbild eines Architekten gehört.[375]

Baustatiker. Ebenfalls dem Architekten ähnlich und somit freiberuflich.[376]

Berufsbetreuer. Nach der bisherigen Rechtsprechung des BFH war diese Berufsgruppe gewerblich tätig.[377] Nunmehr aber ist diese Tätigkeit einer sonstigen selbständigen Tätigkeit i. S. des § 18 Abs. 1 Nr. 3 EStG zuzuordnen. Die Freiberuflichkeit ergibt sich daraus nicht.[378]

Beschäftigungs- und Arbeitstherapeuten. Frühere Berufsbezeichnung für Ergotherapeuten, siehe dort.

Bewegungstherapeut. Siehe Heileurhythmist.

Blutgruppengutachter. Erstellt als Mediziner Blutgruppengutachten zur Vaterschaftsfeststellung, dem Arzt ähnlich.[379]

Buchhalter. Erledigt selbständig die laufenden Buchführungsarbeiten, soweit er aber nicht über die Qualifikation eines steuerberatenden Berufes verfügt, ist der Buchhalter gewerblich tätig.[380]

Datenschutzbeauftragter i. S. der §§ 4f f. BDSG[381]. Keinem Katalogberuf ähnlich.[382]

---

371) Sächsisches FG, Beschl. v. 11.4.2006 – 2 V 18/06, Rz. 17, juris.

372) BFH, Urt. v. 11.9.1968 – I R 173/66, BFHE 93, 468 = BStBl. II 1968, 820.

373) BFH, Urt. v. 17.11.1981 – VIII R 121/80, BFHE 135, 421 = BStBl. II 1982, 492.

374) BFH, Urt. v. 12.10.1989 – IV R 118/87 und IV R 119/87, BFHE 158, 413 = BStBl. II 1990, 64.

375) BFH, Urt. v. 30.4.1959 – IV 45/58 U, BFHE 69, 16 = BStBl. III 1959, 267.

376) BFH, Urt. v. 11.3.1976 – IV R 185/71, BFHE 118, 353 = BStBl. II 1976, 380.

377) BFH, Urt. v. 4.11.2004 – IV R 26/03, BStBl. II 2005, 288 = DStR 2005, 244.

378) BFH, Urt. v. 15.6.2010 – VIII R 10/09, BStBl. II 2010, 906 = ZIP 2010, 1858; BFH, Urt. v. 15.6.2010 – VIII R 14/09, BStBl. II 2010, 909 = DStRE 2010, 1163.

379) BFH, Urt. v. 7.2.1985 – IV R 231/82, BFH/NV 1987, 367.

380) Schmidt-*Wacker*, EStG, § 18 Rz. 106.

381) Bundesdatenschutzgesetz (BDSG) v. 14.1.2003, BGBl. I 2003, 66.

382) BFH, Urt. v. 5.6.2004 – IV R 34/01, BStBl. II 2003, 761 = DStRE 2003, 2316.

Detektiv. Gewerbliche Tätigkeit.[383] Eine Ähnlichkeit mit Journalisten ist abzulehnen, da der Detektiv keine Veröffentlichung in einem Medium vornehmen will.[384]

Dispacheur. Ermittelt und verteilt bei einer großen Havarie den Schaden. Dem Wirtschaftsprüfer nicht ähnlich und nicht freiberuflich.[385]

EDV-Berater. Nach der alten Rechtsprechung des BFH dem beratenden Betriebswirt nicht ähnlich, da sich die Tätigkeit nicht auf einem der Hauptgebiete der Betriebswirtschaft bewegt.[386] Der EDV-Berater kann allerdings nach der Rechtsprechungsänderung Ingenieur sein oder insbesondere als Diplom-Chemiker, Diplom-Informatiker oder Diplom-Mathematiker einem dem Ingenieur ähnlichen Beruf nachgehen (siehe oben Rz. 97).

Elektroanlagenplaner. Dem Ingenieur ähnlich, sofern vergleichbare mathematisch-technische Kenntnisse und eine entsprechende fachliche Breite festgestellt werden können.[387]

Epithetiker. Stellt ästhetische Plastiken zum Ersatz körperlicher Defekte her. Keine Ähnlichkeit mit Heilberufen, sondern gewerblich tätig.[388]

Ergotherapeut. Durch Art. 8 des Gesetzes vom 16.6.1998[389] neu geregelte Berufsbezeichnung (früher: Beschäftigungs- und Arbeitstherapeut).[390] Den Heilberufen ähnlich[391] und damit partnerschaftsfähig.[392]

Finanzanalyst. Siehe Anlageberater.

Finanz- und Kreditberater. Nicht dem beratenden Betriebswirt ähnlich, da die Tätigkeit vor allem auf der Grundlage kaufmännischer Kenntnisse ausgeübt wird.[393]

Fleischbeschauer. Dem Tierarzt ähnliche Tätigkeit, sofern selbständig ausgeübt.[394]

---

383) RFH, Urt. v. 15.7.1942 – VI 192/42, RStBl. 1942, 989; Herrmann/Heuer/Raupach-*Brandt*, EStG, § 18 Rz. 600 (Detektiv).

384) Z. T. a. A. Meilicke u. a.-*Lenz*, PartGG, § 1 Rz. 79 wegen ähnlicher Recherche-Tätigkeit.

385) BFH, Urt. v. 26.11.1992 – IV R 109/90, BFHE 170, 88 = BStBl. II 1993, 235.

386) Näher Littmann/Bitz/Pust-*Güroff*, EStG, § 18 Rz. 236 m. zahlr. N.; aus der neueren Rspr. etwa BFH, Urt. v. 24.8.1995 – IV R 60/94 und IV R 61/94, BFHE 178, 364 = BStBl. II 1995, 888.

387) BFH, Urt. v. 31.7.1980 – I R 66/78, BFHE 132, 22 = BStBl. II 1981, 121.

388) OVG Lüneburg, Urt. v. 17.4.2013 – 7 LC 10/12, DÖV 2013, 610.

389) Gesetz über die Berufe des Psychologischen Psychotherapeuten und des Kinder- und Jugendlichenpsychotherapeuten, zur Änderung des Fünften Buches Sozialgesetzbuch und anderer Gesetze v. 16.6.1998, BGBl. I 1998, 1311.

390) Beschäftigungs- und Arbeitstherapeutengesetz v. 25.5.1976, BGBl. I 1976, 1246, geändert durch Art. 8 des Gesetzes v. 16.6.1998, BGBl. I 1998, 1311.

391) Gegenäußerung der BReg zur Stellungnahme des BRats zum RegE PartGG, BT-Drucks. 12/6152, S. 29.

392) *Salger* in: MünchHdb. GesR, Bd. 1, § 39 Rz. 8; *Hornung*, Rpfleger 1995, 481, 483.

393) BFH, Urt. v. 13.4.1988 – I R 300/83, BFHE 153, 222 = BStBl. II 1988, 666.

394) RFH, Urt. v. 5.1.1938 – VI 743/37, RStBl. 1938, 429.

Frachtprüfer. Im Steuerrecht als dem Rechtsanwalt ähnlich angesehen.[395] Da § 1 Abs. 2 PartGG jedoch anders als § 18 Abs. 1 Nr. 1 Satz 2 EStG die Mitglieder der Rechtsanwaltskammern ausdrücklich erwähnt und ein Frachtprüfer i. S. des aufgehobenen Art. 1 § 1 Abs. 1 Satz 2 Nr. 3 RBerG nach § 209 Abs. 1 BRAO die Möglichkeit hatte, auf Antrag in die zuständige Rechtsanwaltskammer aufgenommen zu werden, wird man für das PartGG die Ähnlichkeit ablehnen und die Erlaubnisinhaber ausschließlich unter den entsprechenden Katalogberuf fassen müssen, wobei nur diese partnerschaftsfähig sind.

Fußpfleger. Siehe medizinischer Fußpfleger.

Gartenarchitekt. Grundsätzlich freiberuflich.[396]

Gebäudeschätzer. Dem Architekten ähnlich, sofern entsprechende gutachterliche Tätigkeit.

Heilerziehungspfleger. Keine Ähnlichkeit mit den Heilberufen.[397]

Heileurhythmist (Bewegungstherapeut). Nicht mit einem Krankengymnasten vergleichbar, da es keine berufsrechtliche Regelung gibt.[398]

Heilmagnetiseur. Keine Ähnlichkeit mit den Heilberufen.[399]

Heilpädagoge. Keine Ähnlichkeit mit den Heilberufen, keine berufsrechtliche Regelung.[400]

Hochbautechniker. Dem Architekten ähnlich, sofern vergleichbare theoretische Kenntnisse.[401]

Innenarchitekt. Übt den Architektenberuf aus.[402]

Innenraumgestalter. Kann dem Architekten ähnlich sein.[403]

Insolvenzverwalter. Im Steuerrecht nicht als freiberufliche (§ 18 Abs. 1 Nr. 1 EStG), sondern als vermögensverwaltende Tätigkeit angesehen (§ 18 Abs. 1 Nr. 3 EStG).[404] Dies dürfte im Bereich des PartGG, wo es eine solche Unterscheidung nicht gibt, die Ähnlichkeit zu den wirtschaftsberatenden Berufen nicht ausschließen.

---

395) FG Berlin, Urt. v. 10.12.1969 – VI 37/69, EFG 1970, 343; zweifelnd allerdings Lademann-*Stöcker*, EStG, § 18 Rz. 583.

396) Näher Littmann/Bitz/Pust-*Güroff*, EStG, § 18 Rz. 236.

397) FinMin. Bayern v. 13.11.1997 – 36 – S7170-32/12 – 58794, DStR 1998, 125.

398) BFH, Urt. v. 21.6.1990 – V R 97/84, BFHE 161, 196 = BStBl. II 1990, 804.

399) FG Niedersachsen, Urt. v. 12.1.1995 – V 99/94, EFG 1995, 735; vgl. Littmann/Bitz/Pust-*Güroff*, EStG, § 18 Rz. 163.

400) FinMin. Bayern v. 13.11.1997 – 36 – S7170-32/12 – 58794, DStR 1998, 125; *Henssler*, PartGG, § 1 Rz. 199 geht von einer Ähnlichkeit mit den Heilberufen aus.

401) BFH, Urt. v. 12.10.1989 – IV R 118/87 und IV R 119/87, BFHE 158, 413 = BStBl. II 1990, 64.

402) BFH, Urt. v. 14.6.1984 – I R 204/81, BFHE 142, 148 = BStBl. II 1985, 15.

403) FG Hannover, Urt. v. 13.8.1976 – I 55/73 (III), EFG 1977, 15.

404) BFH, Urt. v. 15.12.2010 – VIII R 50/09, BStBl. II 2011, 506 = ZIP 2011, 582; BFH, Urt. v. 26.1.2011 – VIII R 3/10, BStBl. II 2011, 498 = ZIP 2011, 830; Littmann/Bitz/Pust-*Güroff*, EStG, § 18 Rz. 236 und 335 m. w. N.

Kfz-Sachverständiger. Im Steuerrecht als dem Ingenieur ähnliche oder sonst gewerbliche Tätigkeit angesehen. Durch die Aufnahme der hauptberuflichen Sachverständigen in § 1 Abs. 2 PartGG ist für das PartGG vorrangig auf die Zugehörigkeit zu diesem Beruf abzustellen.

Konkurs- und Vergleichsverwalter. Siehe jetzt Insolvenzverwalter.

Kommunalberater. Kann einem beratenden Betriebswirt ähnlich sein bei Beratung von Kommunen in Hauptbereichen ihrer Haushalts- und Vermögensführung.[405]

Krankenschwester (Krankenpfleger). Den Heilberufen ähnliche Tätigkeit, sofern eine gesetzliche Erlaubnis erforderlich ist.[406]

Landschaftsarchitekt. Siehe Architekt, (siehe oben Rz. 105).

Logopäde. Dem Krankengymnasten ähnlich, sofern eine Erlaubnis nach dem Logopädengesetz vorliegt.[407]

Marketing-Berater. Dem beratenden Betriebswirt ähnlich.[408]

Markscheider. Sachverständiger im Bergbau. Kann entweder den (Vermessungs-) Ingenieuren oder für den Bereich des PartGG wohl besser den hauptberuflichen Sachverständigen zugerechnet werden.

Mediator. Da die Mediation kein eigenständiges Berufsbild darstellt,[409] sondern eine Zusatzqualifikation, kann die Partnerschaftsfähigkeit nur dann vorliegen, wenn der grundständige Beruf diese Voraussetzung erfüllt.[410] Wegen des Umfangs der Mediatoren-Ausbildung kann für sich allein (noch) von keinem Beruf gesprochen werden.

Medizinisch-diagnostischer Assistent. Bei selbständiger Tätigkeit ein dem Arzt ähnlicher Beruf.[411]

Medizinischer Fußpfleger. Eine ähnliche heilberufliche Tätigkeit.[412]

Netzplantechniker. Bei Koordinierung der Arbeiten zur Herstellung komplexer Anlagen dem Ingenieursberuf ähnlich.

Notfallsanitäter. Siehe Rettungsassistent.

---

405) FG Nürnberg, Urt. v. 10.11.1981 – II 87/78, EFG 1982, 379 = UR 1982, 205.

406) BFH, Urt. v. 12.12.1991 – IV R 65/89, IV R 66/89, IV R 67/89, BFH/NV 1993, 238; zweifelnd Schmidt-*Wacker*, EStG, § 18 Rz. 155.

407) Gesetz über den Beruf des Logopäden v. 7.5.1980, BGBl. I 1980, 529; BFH, Urt. v. 1.9.1988 – V R 195/83, BFH/NV 1989, 201; Begr. RegE PartGG, BT-Drucks. 12/6152, S. 10.

408) Näher Littmann/Bitz/Pust-*Güroff*, EStG, § 18 Rz. 236; unzutreffend wegen mangelnder Differenzierung zwischen dem Marketing Berater und dem Marktforschungsberater Lademann-*Stöcker*, EStG, § 18 Rz. 621.

409) So auch Begr. RegE § 1 MediationsG, BT-Drucks. 17/5335, S. 14; Fritz/Pielsticker-*Fritz*, MediationsG, § 1 Rz. 33; Greger/Unberath-*Greger*, MediationsG, § 1 Rz. 11 und Rz. 70.

410) Zur Sozietätsfähigkeit des Mediators AGH Celle, Beschl. v. 17.9.2002 – AGH 6/02, NJW-RR 2003, 129 = AnwBl 2004, 449.

411) BFH, Urt. v. 30.7.1953 – IV 459/52 U, BFHE 57, 704 = BStBl. III 1953, 269; a. A. Lademann-*Stöcker*, EStG, § 18 Rz. 625.

412) Littmann/Bitz/Pust-*Güroff*, EStG, § 18 Rz. 236.

Orthopist. Ein Orthopist unterstützt Augenärzte bei deren Tätigkeit und ist den Heilberufen ähnlich.[413)]

Pilot. Keine Ähnlichkeit mit einem Ingenieur.[414)]

Personalberater. Findet für seinen Auftraggeber geeignete Kandidaten für eine zu besetzende Stelle. Ist nicht freiberuflich tätig, insbesondere einem beratenden Betriebswirt nicht ähnlich.[415)]

Privatdetektiv. Siehe Detektiv.

Probennehmer für Erze, Metalle und Hüttenerzeugnisse. Keine Ähnlichkeit mit einem Handelschemiker (siehe oben Rz. 108).

Projektierer technischer Anlagen. Kann einem Ingenieur ähnlich sein, sofern vergleichbare, normalerweise durch die Berufsausbildung zum Ingenieur vermittelte Kenntnisse nachgewiesen werden.[416)]

Psychoanalytiker, Psychologe, Psychotherapeut. Im steuerrechtlichen Schrifttum ist die Einordnung bei Fehlen einer ärztlichen Qualifikation umstritten.[417)] Angesichts der ausdrücklichen Aufnahme des Diplom-Psychologen in § 1 Abs. 2 PartGG wird man gesellschaftsrechtlich jedenfalls diese Ausbildung fordern müssen.

Raumgestalter. Siehe Innenraumgestalter.

Rechtsbeistand. Siehe auch Frachtprüfer. Bei einer Spezialisierung auf Inkasso oder auf Anfertigung von Aktenauszügen für Versicherungen wird im Steuerrecht die freiberufliche Tätigkeit verneint.[418)] Nach der Aufnahme der Mitglieder der Rechtsanwaltskammern in § 1 Abs. 2 PartGG kommt es für die Partnerschaftsfähigkeit darauf nicht mehr an, da der Rechtsbeistand nur noch als Mitglied der Rechtsanwaltskammer, nicht jedoch als ähnlicher Beruf dem § 1 Abs. 2 PartGG unterfällt.

Rettungsassistent. Der durch das Rettungsassistentengesetz[419)] vom 10.7.1989 geregelte Beruf ist den Heilberufen ähnlich.[420)] Der Nachfolgeberuf des Notfallsanitäters, geregelt im Notfallsanitätergesetz[421)], ist entsprechend einzustufen.

---

413) Rundverfügung der OFD Frankfurt/M. v. 20.6.1996, BB 1996, 1752.

414) BFH, Urt. v. 16.5.2002 – IV R 94/99, BStBl. II 2002, 565 = DStR 2002, 1389.

415) Hessisches FG, Urt. v. 5.5.1987 – 8 K 5/87, EFG 1987, 620 = WPg 1988, 80.

416) BFH, Urt. v. 18.6.1980 – I R 113/78, BFHE 132, 20 = BStBl. II 1981, 121; zur neueren Rspr. vgl. Littmann/Bitz/Pust-*Güroff*, EStG, § 18 Rz. 236 (s. unter „Elektroanlagenplaner").

417) Schmidt-*Wacker*, EStG, § 18 Rz. 155.

418) FG Bremen, Urt. v. 12.4.1973 – II 10/73, EFG 1973, 464; BFH, Urt. v. 18.3.1970 – I R 147/67, BFHE 98, 497 = BStBl. II 1970, 455.

419) Gesetz über den Beruf der Rettungsassistentin und des Rettungsassistenten (Rettungsassistentengesetz – RettAssG) v. 10.7.1989, BGBl. I 1989, 1384, aufgeh. durch Art. 5 Satz 2 Gesetz v. 22.5.2013, BGBl. I 2013, 1348 m. W. v. 1.1.2015.

420) Rundverfügung der OFD Frankfurt/M. v. 20.6.1996, BB 1996, 1752.

421) Gesetz über den Beruf der Notfallsanitäterin und des Notfallsanitäters (Notfallsanitätergesetz – NotSanG) v. 22.5.2013, BGBl. I 2013, 1348, Inkrafttreten zum 1.1.2014.

Schiffssachverständiger, Schiffseichaufnehmer und Ladungssachverständiger. Am ehesten den hauptberuflichen Sachverständigen zuzurechnen, im Übrigen wird in der Regel eine Ähnlichkeit mit dem Ingenieursberuf – wie im Steuerrecht – vorliegen.[422)]

Sportler, die regelmäßig insbesondere an Wettkämpfen während Sportveranstaltungen teilnehmen, sind gewerblich tätig.[423)]

Stadtplaner. Siehe Architekt, (oben Rz. 105).

Synchronsprecher. Freiberuflichkeit in Form einer künstlerischen Tätigkeit liegt bei der Synchronisation eines ausländischen Spielfilms vor,[424)] anders aber bei Kultur-, Lehr- und Industriewerbefilmen.[425)]

Systemanalytiker. Projektierung von Förderanlagen unter Einsatz von Prozessrechnern, bei entsprechenden mathematisch-technischen Kenntnissen eine dem Ingenieur ähnliche Tätigkeit.[426)]

Techniker, staatlich geprüfter. Keine Ähnlichkeit mit Architekten und Ingenieuren.[427)]

Testamentsvollstrecker. Steuerrechtlich zählt die Vollstreckung von Testamenten wegen der Erwähnung in § 18 Abs. 1 Nr. 3 EStG nicht zu den freiberuflichen Tätigkeiten.[428)] Eine Freiberuflichkeit wird nur dann anzunehmen sein, wenn berufstypische anwaltliche Tätigkeiten ausgeübt werden.

Treuhänder. Die Tätigkeit ist grundsätzlich gewerblich; ausnahmsweise aber freiberuflich, sofern sie von einem Rechtsanwalt, Steuerberater oder Wirtschaftsprüfer vorgenommen wird.

Umweltauditor/-gutachter. § 2 Abs. 3 Umweltauditgesetz (UAG)[429)] lässt die Partnerschaft ausdrücklich als Umweltgutachterorganisation zu. Siehe auch oben Rz. 108.

Unternehmensberater. Siehe den Katalogberuf der beratenden Volks- und Betriebswirte (siehe oben Rz. 97).

Verkehrsflugzeugführer. Siehe Pilot.

---

422) BFH, Urt. v. 5.11.1970 – IV R 127/70, BFHE 101, 367 = BStBl. II 1971, 319.

423) BFH, Urt. v. 11.10.2000 – I R 44/-51/99, BStBl. II 2002, 271 = DStRE 2001, 362.

424) BFH, Urt. v. 3.8.1978 – VI R 212/75, BFHE 126, 271 = BStBl. II 1979, 131.

425) BFH, Urt. v. 26.5.1971 – IV 280/65, BFHE 102, 509 = BStBl. II 1971, 703.

426) FG Berlin, Urt. v. 1.9.1981 – V 496/79, V 497/79, V 498/79, EFG 1982, 297.

427) BFH, Urt. v. 17.11.1981 – VIII R 121/80, BStBl. II 1982, 492 = BFHE 135, 421.

428) BFH, Urt. v. 15.12.2010 – VIII R 50/09, BStBl. II 2011, 506 = ZIP 2011, 582.

429) Gesetz zur Ausführung der Verordnung (EG) Nr. 1221/2009 des Europäischen Parlaments und des Rates vom 25.11.2009 über die freiwillige Teilnahme von Organisationen an einem Gemeinschaftssystem für Umweltmanagement und Umweltbetriebsprüfung und zur Aufhebung der Verordnung (EG) Nr. 761/2001, sowie der Beschlüsse der Kommission 2001/681EG und 2006/193/EG (Umweltauditgesetz – UAG) v. 4.9.2002, BGBl. I 2002, 3490.

Verfahrenspfleger erbringen eine sonstige selbständige Tätigkeit i. S. des § 18 Abs. 1 Nr. 3 EStG und keine freiberufliche.[430)]

Viehkastrierer. Kein ähnlicher Beruf.[431)]

Wirtschaftsberater auf dem Gebiet des Rechnungswesens ohne Studienabschluss als Betriebswirt. Ist dem beratenden Betriebswirt nicht ähnlich.[432)]

Wohnungseigentumsverwalter i. S. der §§ 26 ff. WEG sind nicht freiberuflich tätig.[433)]

Zahnpraktiker. Stellt Zahnersatz her und setzt ihn ein, ist dem Dentisten ähnlich.[434)]

Zahntechniker, der lediglich für Zahnärzte und Dentisten zahntechnische Arbeiten ausführt, ist mit diesen Berufen nicht vergleichbar und daher nicht ähnlich.[435)]

Zolldeklarant. Weder einem Rechtsanwalt noch einem Steuerberater ähnlich.[436)]

V. Tätigkeitsfelder

128 Neben den Katalogberufen und den ähnlichen Berufen sind in § 1 Abs. 2 PartGG die fünf in § 18 Abs. 1 Nr. 1 Satz 2 EStG aufgezählten Tätigkeitsbereiche[437)] der Wissenschaftler, Künstler, Schriftsteller, Lehrer sowie Erzieher erfasst. Sofern für eine Tätigkeit eine **Überschneidung** zwischen einerseits einem Katalogberuf und andererseits dem Kreis der Wissenschaftler, Künstler, Schriftsteller, Lehrer und Erzieher vorliegt, geht der Katalogberuf wegen seiner Spezialität vor.[438)]

1. Wissenschaftler

129 Ein Wissenschaftler übt eine Tätigkeit aus, die eine schwierige Fragestellung nach wissenschaftlichen Grundsätzen, d. h. nach streng sachlichen und objektiven Gesichtspunkten anhand einer überprüfbaren Methode zu lösen versucht, indem die Ursachen erforscht, begründet und in einen Verständniszusammenhang gebracht werden.[439)] Dabei handelt es sich um eine besonders qualifizierte Tätigkeit, wobei der BFH diese als „hochstehend" beschreibt.[440)] Eine akademische Vorbildung ist

---

430) BFH, Urt. v. 15.6.2010 – VIII R 14/09, BStBl. II 2010, 909 = DStRE 2010, 1163.

431) BFH, Urt. v. 31.1.1956 – I 203/54 U, BFHE 62, 243 = BStBl. III 1956, 90.

432) FG Bremen, Urt. v. 10.8.1993 – 2 92 169 K 5, EFG 1994, 41.

433) Bärmann-*Merle*, WEG, § 26 Rz. 12; *Schmid*, NZG 2012, 134, 135.

434) BFH, Urt. v. 19.10.1965 – I 415/62 U, BFHE 83, 530 = BStBl. III 1965, 692.

435) BFH, Urt. v. 19.10.1965 – I 415/62 U, BFHE 83, 530 = BStBl. III 1965, S. 692.

436) BFH, Urt. v. 21.9.1989 – IV R 117/87, BFHE 158, 372 = BStBl. II 1990, 153.

437) Sog. reine freie Berufe, vgl. *Bayer/Imberger*, DZWIR 1995, 177, 181.

438) *Henssler*, PartGG, § 1 Rz. 177; *Schäfer* in: MünchKomm-BGB, § 1 PartGG Rz. 71.

439) Grundlegend BFH, Urt. v. 30.4.1952 – IV 73/52 U, BFHE 56, 425 = BStBl. III 1952, 165; BFH, Urt. v. 24.2.1965 – I 349/61 U, BFHE 82, 46 = BStBl. III 1965, 263; BFH, Urt. v. 30.3.1976 – VIII R 137/75, BFHE 118, 473 = BStBl. II 1976, 464; ferner BFH, Urt. v. 26.11.1992 – IV R 64/91, BFH/NV 1993, 360.

440) BFH, Urt. v. 23.11.2000 – IV R 48/99, BStBl. II 2001, 241 = DStRE 2001, 363; BFH, Urt. v. 8.10.2008 – VIII R 74/05, BStBl. II 2009, 238 = NJW 2009, 797.

hierfür nicht unbedingt erforderlich,[441] sondern die wissenschaftlichen Kenntnisse können auch im Selbststudium erworben werden.[442] Rein praktische Erfahrungen reichen allerdings nicht aus. Soweit eine Disziplin nicht an den Hochschulen gelehrt wird, ist zudem ein gewisses wissenschaftliches Niveau der Tätigkeit zu fordern.[443] Andererseits genügt eine akademische Ausbildung (z. B. Ärzte, Rechtsanwälte) nicht zur Begründung der Tätigkeit als Wissenschaftler; vielmehr kommt es auf die **Art der Berufsausübung** an.[444] Insoweit werden unterschieden die schöpferische oder forschende Arbeit an grundsätzlichen Fragen (**reine Wissenschaft**) und die Anwendung des bereits durch die Forschung vorhandenen Wissens auf konkrete Lebensvorgänge (**angewandte Wissenschaft**), wobei neben der bloßen Anwendung aber jedenfalls auch stets eine wissenschaftliche Vorgehensweise erforderlich ist.[445]

130 Ein **freier Erfinder** ist Wissenschaftler, wenn er planmäßig und zielgerichtet mit wissenschaftlicher Methodik vorgeht und seine Ergebnisse nicht nur auf Zufallserfindungen beruhen.[446] Dazu zählen auch die Lizenzvergabe und der Verkauf von Patentrechten.[447] Die Tätigkeit als **hauptberuflicher Sachverständiger** ist nach dem PartGG ein eigener Katalogberuf, so dass eine Subsumtion unter die Tätigkeit als Wissenschaftler hier nicht in Betracht kommt. Von Bedeutung ist ferner, dass § 1 Abs. 2 PartGG auf den „Wissenschaftler" etc. abstellt, während in § 18 Abs. 1 Nr. 1 Satz 2 EStG von der wissenschaftlichen Tätigkeit die Rede ist. Im Gegensatz zum Steuerrecht kann daher für die Begründung der Freiberuflichkeit im Gesellschaftsrecht z. B. eine nur gelegentliche Erstellung wissenschaftlicher Gutachten keinesfalls ausreichen.[448] Dieser Unterschied erklärt sich daraus, dass es dem Steuerrecht auf die fiskalische Einordnung auch einmaliger historischer Vorgänge ankommt, während für das Recht der Partnerschaft die dauerhafte, zukunftsgerichtete Zugehörigkeit zu einem bestimmten Beruf entscheidend ist.

131 Der selbständige **Schriftleiter** als Herausgeber einer Fachzeitschrift oder wissenschaftlichen Buchreihe kann als Wissenschaftler angesehen werden.[449] Ein sog. **Promotionsberater** ist gewerblich tätig.[450] Erstellt ein an einer Hochschule ausgebildeter **Restaurator** ausschließlich Gutachten und Veröffentlichungen, so ist er

441) BFH, Urt. v. 24.2.1965 – I 349/61 U, BFHE 82, 46 = BStBl. III 1965, 263; anders noch RFH, Urt. v. 30.5.1927 – VI A 220/27, RFHE 21, 245.

442) Lademann-*Stöcker*, EStG, § 18 Rz. 232.

443) Lademann-*Stöcker*, EStG, § 18 Rz. 235 m. w. N.

444) Kirchhof/Söhn/Mellinghoff-*Stuhrmann*, EStG, § 18 Rz. B 52.

445) BFH, Urt. v. 30.4.1952 – IV 73/52 U, BFHE 56, 425 = BStBl. III 1952, 165; BFH, Urt. v. 24.2.1965 – I 349/61 U, BFHE 82, 46 = BStBl. III 1965, 263; Schmidt-*Wacker*, EStG, § 18 Rz. 62; Kirchhof/Söhn/Mellinghoff-*Stuhrmann*, EStG, § 18 Rz. B 51.

446) BFH, Urt. v. 1.6.1978 – IV R 152/73, BFHE 125, 280 = BStBl. II 1978, 545; ausführlich hierzu Lademann-*Stöcker*, EStG, § 18 Rz. 238 ff.; Littmann/Bitz/Pust-*Güroff*, EStG, § 18 Rz. 87 f.

447) Schmidt-*Wacker*, EStG, § 18 Rz. 64.

448) Zur steuerrechtlichen Beurteilung vgl. Lademann-*Stöcker*, EStG, § 18 Rz. 236.

449) Littmann/Bitz/Pust-*Güroff*, EStG, Rz. 89.

450) BFH, Urt. v. 8.10.2008 – VIII R 74/05, BStBl. II 2009, 238 = NJW 2009, 797.

wissenschaftlich tätig.[451] Auch der selbständige **Geologe** kann Wissenschaftler sein.[452] Er beschäftigt sich wissenschaftlich mit dem Aufbau der Erde, ihrer Entstehung und der Entwicklung des Lebens. Der **Mineraloge** untersucht die Zusammensetzung der Gesteine, Mineralien und Erze. Der **Geophysiker** analysiert die Erde und ihren Aufbau mit physikalischen Methoden. Geologen, Mineralogen und Geophysiker fallen unter den Begriff der **Geowissenschaftler**.[453] Ein **Diplom-Dokumentar** ist grundsätzlich nicht wissenschaftlich tätig.[454]

2. Künstler

132 Eine allgemeine Definition dessen, was **Kunst** ausmacht, gibt es nicht. Die Rechtsprechung verlangt eine freie, schöpferische Gestaltung auf der Grundlage einer gewissen Begabung und mit einer gewissen Gestaltungshöhe,[455] in der Eindrücke, Erfahrungen und Erlebnisse des Künstlers durch das Medium einer gewissen Formensprache zu unmittelbarer Anschauung gebracht werden.[456] Auch in einer nur reproduktiven Tätigkeit wie der eines Musikers und Sängers ist der Ausdruck der individuellen Persönlichkeit des Künstlers und damit eine eigenschöpferische Leistung zu sehen.[457] Dort, wo das Ergebnis der Arbeitstätigkeit keinen Gebrauchszweck erfüllt, also im Bereich der sog. freien Kunst, kann eine ausreichende Gestaltungshöhe ohne weitergehende Prüfung im Regelfall unterstellt werden, sofern nach der allgemeinen Verkehrsauffassung die Werke denjenigen Arbeiten, die von anerkannten Künstlern hergestellt wurden, vergleichbar sind.[458]

133 Die Verfolgung eines **Gebrauchszwecks** schließt das Vorliegen einer künstlerischen Betätigung nicht generell aus. Die bloße Herstellung eines Gebrauchsgegenstandes des täglichen Lebens, wie z. B. Reklamebilder, Schaufensterauslagen, ist allerdings kein Kunstwerk; hierzu bedarf es vielmehr einer eigenschöpferischen Aktivität, bei welcher der Kunstwert den reinen Gebrauchswert übersteigt.[459] Die Abgrenzung im Einzelnen ist in einer Gesamtwürdigung vorzunehmen[460]; in diesem Grenzbereich zwischen Kunst und Gewerbe[461] finden sich insbesondere

---

451) BFH, Urt. v. 4.11.2004 – IV R 63/02, BStBl. II 2005, 362 = DStR 2005, 556.

452) Begr. RegE PartGG, BT-Drucks. 12/6152, S. 10.

453) *Eggesiecker*, Partnerschaftsgesellschaft, Fach E – Wissenschaftler, Rz. 2.100.

454) BFH, Urt. v. 23.11.2000 – IV R 48/99, BStBl. II 2001, 241 = DStRE 2001, 363.

455) Kritisch zu diesen Qualitätsanforderungen wohl zu Recht *Heuer*, DStR 1983, 638, 640; Schmidt-*Wacker*, EStG, § 18 Rz. 67; Kirchhof/Söhn/Mellinghoff-*Stuhrmann*, EStG, § 18 Rz. B 62; für die Auffassung des BFH hingegen z. B. Lademann-*Stöcker*, EStG, § 18 Rz. 250.

456) BVerfG, Urt. v. 24.2.1971 – 1 BvR 435/68, BVerfGE 30, 173, 188 f. = NJW 1971, 1645; BFH in st. Rspr., z. B. BFH, Urt. v. 26.2.1987 – IV R 105/85, BFHE 149, 231 = BStBl. II 1987, 376; w. N. bei Littmann/Bitz/Pust-*Güroff*, EStG, § 18 Rz. 90a; Kirchhof/Söhn/Mellinghoff-*Stuhrmann*, EStG, § 18 Rz. B 59 mit Fn. 80.

457) BFH, Urt. v. 19.8.1982 – IV R 64/79, BFHE 136, 474 = BStBl. II 1983, 7.

458) So Kirchhof/Söhn/Mellinghoff-*Stuhrmann*, EStG, § 18 Rz. B 61; Schmidt-*Wacker*, EStG, § 18 Rz. 66; Lademann-*Stöcker*, EStG, § 18 Rz. 103.

459) BFH, Urt. v. 2.10.1968 – I R 1/66, BFHE 94, 210 = BStBl. II 1969, 138; BFH, Urt. v. 14.12.1976 – VIII R 76/75, BFHE 121, 410 = BStBl. II 1977, 474.

460) BFH, Urt. v. 26.2.1987 – IV R 105/85, BFHE 149, 231 = BStBl. II 1987, 376.

461) Lademann-*Stöcker*, EStG, § 18 Rz. 256 ff.; zu den vergleichbaren Problemen im österreichischen Recht vgl. mit zahlreichen Beispielen *Krejci*, EGG, § 1 Rz. 93.

die Berufe der (Foto-,[462]) Grafik-, Industrie-, Mode-, Schmuck-, Textil-) **Designer**,[463]) **Kunstschmiede, Keramiker, Redner**.[464]) Es ist kein Grund dafür ersichtlich, warum im Anwendungsbereich des § 1 Abs. 2 PartGG – anders als im Steuerrecht – reine Gebrauchswerke als Kunst angesehen werden sollten.[465]) Hierdurch werden ohne überzeugende Begründung Unterschiede in der Begriffsbildung des Künstlers hervorgerufen. Die Abgrenzung muss in Grenzfällen danach vorgenommen werden, ob das künstlerische oder das handwerkliche Element den Charakter des Werkes überwiegend prägen.[466])

134 Die **Feststellung der Künstlereigenschaft** obliegt bei der Finanzverwaltung speziellen, bei den Oberfinanzdirektionen eingerichteten Gutachterausschüssen.[467]) Die FG bedienen sich regelmäßig eingeholter Sachverständigengutachten. Dies ist im Kunstbereich nicht unproblematisch.[468]) Während die beurteilende Wertung einzelner Tätigkeiten im Steuerrecht so eine erhebliche Rolle spielt, kommt es für die Zugehörigkeit zum Beruf des Künstlers nach Absatz 2 auf eine Gesamtwürdigung der beruflichen Aktivität als solche an. Die Zahl und künstlerische Qualität der Arbeitsergebnisse haben hier nur indizielle Wirkung; im Übrigen ist ein großzügiger Maßstab anzulegen. Sofern ein **Restaurator** ein Kunstwerk wiederherstellt, dessen Beschädigung so erheblich ist, dass die Tätigkeit eine eigene schöpferische Leistung fordert, ist dieser künstlerisch tätig. Voraussetzung hierfür ist jedoch, dass es sich bei dem zu restaurierenden Objekt um ein Kunstwerk und keinen Gebrauchsgegenstand handelt. Anders ist dies, wenn z. B. nur die Bausubstanz gesichert oder Bilder gereinigt werden. Insgesamt ausschlaggebend ist, ob sich der Restaurator vom ursprünglichen Kunstwerk löst.[469]) Zur wissenschaftlichen Tätigkeit des Restaurators siehe oben Rz. 131.

3. Schriftsteller

135 Ein Schriftsteller drückt eigene Gedanken mit den Mitteln der Sprache schriftlich aus und wendet sich damit an die **Öffentlichkeit**.[470]) Das bloße Verfassen eines nicht zur Veröffentlichung bestimmten Tagebuches reicht demnach nicht aus.[471]) Auf einen etwaigen wissenschaftlichen oder künstlerischen Inhalt kommt es

---

462) Der Fotograf wird allerdings z. T. bereits unter den Beruf des Bildberichterstatters fallen, sofern er sich gegenwarts- und informationsbezogenen Motiven widmet, dazu oben Rz. 69 nach der st. Rspr. des BFH ist ein Fotograf kein Künstler; näher hierzu Littmann/Bitz/Pust-*Güroff*, EStG, § 18 Rz. 93 m. w. N.

463) Begr. RegE PartGG, BT-Drucks. 12/6152, S. 10; abweichend *Feddersen/Meyer-Landrut*, PartGG, § 1 Rz. 37 mit Fn. 43.

464) Zu den einzelnen Berufen vgl. z. B. Lademann-*Stöcker*, EStG, § 18 Rz. 271 ff.

465) A. A. *Feddersen/Meyer-Landrut*, PartGG, § 1 Rz. 37 a. E.

466) Wie hier Meilicke u. a. *Lenz*, PartGG, § 1 Rz. 71.

467) Kirchhof/Söhn/Mellinghoff-*Stuhrmann*, EStG, § 18 Rz. B 65a; Schmidt-*Wacker*, EStG, § 18 Rz. 70.

468) Littmann/Bitz/Pust-*Güroff*, EStG, § 18 Rz. 106; Kirchhof/Söhn/Mellinghoff-*Stuhrmann*, EStG, § 18 Rz. B 65a.

469) BFH, Urt. v. 4.11.2004 – IV R 63/02, BStBl. II 2005, 362 = DStR 2005, 556.

470) BFH, Urt. v. 14.5.1958 – IV 278/56 U, BFHE 67, 115 = BStBl. III 1958, 316; BFH, Urt. v. 30.10.1975 – IV R 142/72, BFHE 117, 456 = BStBl. II 1976, 192.

471) *Eggesiecker*, Partnerschaftsgesellschaft, Fach E – Schriftsteller, Rz. 1.010.

ebenso wenig an wie darauf, ob sich das Ergebnis der Tätigkeit in einem Zeitschriftenbeitrag, einem Buch oder anderen Schriftmedien niederschlägt. Es kommt nur darauf an, dass das Werk überhaupt publiziert wird oder zumindest zur Veröffentlichung bestimmt war. Dabei ist die Verwertung der schriftstellerischen Werke Bestandteil der freiberuflichen Tätigkeit.[472)] Im Gegensatz zum Kunstbereich fordert die Rechtsprechung des BFH für die schriftstellerische Tätigkeit keinen Mindest-Qualitätsstandard.[473)] Die eigenen Gedanken des Schriftstellers können sich auch auf rein tatsächliche Vorgänge beschränken. Hier ergeben sich Überschneidungen mit dem Beruf des Journalisten, wobei aufgrund der Aufnahme auch des Journalistenberufs in den Katalog eine exakte Differenzierung nur noch von geringer praktischer Bedeutung ist.[474)] In diesem Grenzbereich mag es dem jeweiligen Partner überlassen bleiben, ob er seinen Beruf als den eines Schriftstellers oder eines Journalisten versteht und demgemäß bei dem Abschluss des Partnerschaftsvertrages gemäß § 3 Abs. 2 Nr. 2 angibt. Gleiches gilt ggf. für einen Übersetzer, insbesondere, soweit er Werke der Weltliteratur in eine andere Sprache überträgt.[475)]

136 Die **lediglich vorbereitende oder unterstützende Tätigkeit** wie etwa die Materialsammlung, das Korrekturlesen oder die Erstellung eines Stichwortverzeichnisses reicht nicht aus, um den Beruf des Schriftstellers anzunehmen.[476)] Der **Ghostwriter**, der inhaltlich eigenständig Texte erstellt, die später nur u. a. Namen veröffentlicht werden, ist Schriftsteller.[477)] **Redner** können niemals Schriftsteller sein, da sie ihre möglicherweise schriftlichen Manuskripte gerade nicht in dieser Form publizieren, sondern nur mündlich vortragen.[478)] Bei einem **Technischen Redakteur**, der z. B. Bedienungsanleitungen für technische Geräte erstellt, richtet sich die Frage der freiberuflichen Tätigkeit danach, ob seine Erzeugnisse eine eigene gedankliche Leistung enthalten.[479)]

4. Lehrer

137 Die unterrichtende Tätigkeit des Lehrers ist auf das **Vermitteln von Kenntnissen und Fähigkeiten** gerichtet.[480)] Unerheblich ist dabei der Gegenstand des Unterrichts oder dessen z. B. wissenschaftliche oder sonstige Qualität. Deshalb können

---

472) *Henssler*, PartGG, § 1 Rz. 193.

473) Lademann-*Stöcker*, EStG, § 18 Rz. 350; Kirchhof/Söhn/Mellinghoff-*Stuhrmann*, EStG, § 18 Rz. B 67 mit Fn. 106; Littmann/Bitz/Pust-*Güroff*, EStG, § 18 Rz. 108.

474) *Henssler*, PartGG, § 1 Rz. 194; im Steuerrecht ist sie gänzlich bedeutungslos, vgl. Schmidt-*Wacker*, EStG, § 18 Rz. 77.

475) Vgl. BFH, Urt. v. 30.10.1975 – IV R 142/72, BFHE 117, 456 = BStBl. II 1976, 192; Littmann/Bitz/Pust-*Güroff*, EStG, § 18 Rz. 110.

476) *Feddersen/Meyer-Landrut*, PartGG, § 1 Rz. 38.

477) Herrmann/Heuer/Raupach-*Brandt*, EStG, § 18 Rz. 113.

478) BFH, Urt. v. 29.7.1981 – I R 183/79, BFHE 134, 135 = BStBl. II 1982, 22; Herrmann/Heuer/Raupach-*Brandt*, EStG, § 18 Rz. 112; im Ergebnis zutreffend *Feddersen/Meyer-Landrut*, PartGG, § 1 Rz. 38.

479) BFH, Urt. v. 25.4.2002 – IV R 4/01, BStBl. II 2002, 475 = DStRE 2002, 945.

480) Vgl. statt aller Kirchhof/Söhn/Mellinghoff-*Stuhrmann*, EStG, § 18 Rz. B 75.

Lehrer auch das Reiten, Tanzen, Turnen oder Fahren unterrichten.[481] Dazu zählt auch ein Sporttrainer im Profibereich.[482] Typische Anwendungsfälle des § 1 Abs. 2 PartGG sind aber eher der Fremdsprachen-, Förder- und Nachhilfeunterricht.[483] Notwendig ist jeweils die persönliche Beziehung des Lehrers zum Schüler; eine bloße Demonstration des eigenen Könnens ohne die unmittelbare Einbeziehung anderer Personen reicht nicht aus. Partnerschaftsfähig sind nur die **privat** unterrichtenden, selbständig tätigen Lehrer.[484]

138 Eine besondere Vorbildung des Lehrers ist grundsätzlich nicht zu verlangen.[485] Soweit allerdings eine staatliche Zulassung zur Berufsausübung erforderlich ist – z. B. die Fahrlehrererlaubnis (Fahrlehrerschein) –, sind wegen § 9 Abs. 3 PartGG nur Personen mit dieser Zulassung partnerschaftsfähig.[486] Der **Fahrlehrer** wird im Verwaltungsrecht regelmäßig dem Gewerberecht zugerechnet.[487] Gesellschaftsrechtlich ist er wie im Bereich des § 18 EStG jedoch als partnerschaftsfähiger Freiberufler anzusehen.[488] Umstritten ist die Einordnung des **Bergführers.**[489] Ein **Verkaufstrainer** wird als Lehrer zu betrachten sein, sofern er sich ausschließlich der Schulung von Verkäufern widmet.[490]

139 **Coaching** ist ebenso als unterrichtend einzustufen. Die Tätigkeit ist als Maßnahme zur Unterstützung der selbstgesteuerten Verbesserung von Fähigkeiten, Kompetenzen und Leistungen zur Steigerung der persönlichen Leistungsfähigkeit und Unterstützung der Persönlichkeitsentwicklung zu verstehen.[491] Wenn ein **Fitnesstrainer**, der für seine Kursteilnehmer ein individuelles Trainingsprogramm entwickelt, dieses mit den Teilnehmern bespricht, die zu trainierenden Muskeln und Muskelgruppen erklärt, Anleitungen zur richtigen Körperhaltung bei den Übungen gibt, das Training während der gesamten Vertragsdauer überwacht und durch kritische Äußerungen und Anregungen begleitet sowie nötigenfalls Übungen ändert, als freiberuflicher Lehrer anerkannt wird,[492] dann muss dies ebenso für den Coach gelten. Denn dieser entwickelt ein auf seinen Coachee zugeschnittenes Coachingkonzept, das neben theoretischen Aspekten auch praktische Übungen enthält. Es

---

481) Lademann-*Stöcker*, EStG, § 18 Rz. 358 m. N. zur Rspr.; a. A. – ohne Begr. – für Tennis-, Surf-, Reit- und Tanzlehrer Meilicke u. a.-*Lenz*, PartGG, § 1 Rz. 73.

482) BGH, Urt. v. 15.5.2012 – VI ZR 117/11, BGHZ 193, 227 = NJW 2012, 2579; *Korff/Martens*, Causa Sport 2013, 38.

483) Meilicke u. a.-*Lenz*, PartGG, § 1 Rz. 73.

484) Meilicke u. a.-*Lenz*, PartGG, § 1 Rz. 73.

485) BFH, Urt. v. 25.4.1974 – VIII R 166/73, BFHE 112, 474 = BStBl. II 1974, 642.

486) Anders nach h. M. die Rechtslage im Steuerrecht; vgl. Kirchhof/Söhn/Mellinghoff-*Stuhrmann*, EStG, § 18 Rz. B 76; Schmidt-*Wacker*, EStG, § 18 Rz. 83 f.; abwägend Lademann-*Stöcker*, EStG, § 18 Rz. 361; Littmann/Bitz/Pust-*Güroff*, EStG, § 18 Rz. 117.

487) BVerwG, Urt. v. 1.6.1965 – 1 C 31/63, BVerwGE 21, 203 = NJW 1965, 1778; *Salger* in: MünchHdb. GesR, Bd. 1, § 39 Rz. 12 m. w. N.

488) Schmidt-*Wacker*, EStG, § 18 Rz. 83; *Eggesiecker*, Partnerschaftsgesellschaft, Fach E – Lehrer, Rz. 1.010; in der Tendenz auch *Salger* in: MünchHdb. GesR, Bd. 1, § 39 Rz. 12.

489) Dazu Littmann/Bitz/Pust-*Güroff*, EStG, § 18 Rz. 116 m. w. N.

490) Vgl. Lademann-*Stöcker*, EStG, § 18 Rz. 360; Littmann/Bitz/Pust-*Güroff*, EStG, § 18 Rz. 236.

491) In Anlehnung an *Hamlin/Ellinger/Beattie*, Human Resource Development International 2008, Vol. 11, No. 3, 287, 295.

492) FG Düsseldorf, Urt. v. 8.11.2006 – 7 K 6425/04 G, EFG 2007, 689.

versteht sich von selbst, dass der Coach diese überwacht und ggf. ebenso anpassen muss. Warum der Coach dann aber nicht unter den Begriff des Lehrers fällt, lässt sich nicht mehr erklären.[493)] Zumal der BFH festgestellt hat, dass es auf den Gegenstand des Unterrichts nicht ankommt.[494)] Dem kann auch nicht entgegengehalten werden, Coaching würde sich lediglich auf Einzelaspekte beziehen, wäre also nur „punktuell". Jede Lehrtätigkeit kann sich wegen der heutigen Wissensmenge nur auf Teile daraus beziehen. Auch spielt es keine Rolle, wie viele Teilnehmer der Coach hat, denn auch der Individualunterricht ist als freiberufliche Tätigkeit einzustufen.[495)] Sofern allerdings der Coach lediglich eine eher passive Rolle i. R. seines Coachingansatzes übernimmt, also überwiegend Fragen stellt oder zuhört, ist zumindest eine Lehrtätigkeit zu verneinen. Eine erzieherische Tätigkeit wird man beim Coaching in der Regel nur dort annehmen können, wo überwiegend Heranwachsende betreut werden.

5. Erzieher

140 Erziehung ist die planmäßige Tätigkeit zur körperlichen, geistigen und sittlichen Formung von Heranwachsenden zu mündigen Personen, die in der Lage sind, selbständig und verantwortlich die Aufgaben des Lebens zu bewältigen.[496)] Hierdurch werden also sowohl die Wissensvermittlung (insoweit Überschneidungen mit der Tätigkeit des Lehrers) als auch die Charakter- und Persönlichkeitsbildung umfasst.

141 Einer erzieherischen Tätigkeit kann grundsätzlich aufgrund eigener praktischer Erfahrungen ohne spezielle **Fachausbildung** nachgegangen werden. Wie auch sonst, kann allerdings, falls für den Erzieher in bestimmten Bereichen eine Prüfung vorgeschrieben ist, dieser Beruf wegen § 9 Abs. 3 PartGG ohne die Prüfung nicht i. R. der Partnerschaft ausgeübt werden.[497)] Jedenfalls **Diplom-Pädagogen** werden im Regelfall unter die Erzieher zu rechnen sein.[498)] Soweit sie als „Erziehungswissenschaftler" auftreten, kommt eine Subsumtion unter das Tätigkeitsgebiet der Wissenschaftler in Betracht.[499)] Eine selbständige Kindergärtnerin ist in der Regel Erzieherin.[500)] Das bloße Betreiben einer Kindertagesstätte soll nicht darunter fallen,[501)] kann aber einen ähnlichen Beruf darstellen.[502)]

493) Ohne nähere Begr. ebenso für eine unterrichtende Tätigkeit *Felix*, BB 1996, 1529; Herrmann/Heuer/Raupach-*Brandt*, EStG, § 18 Rz. 600 (Coaching).

494) BFH, Urt. v. 1.4.1982 – IV R 130/79, BStBl. II 1982, 589.

495) Schmidt-*Wacker*, EStG, § 18 Rz. 83.

496) BFH, Urt. v. 21.12.1965 – V 24/62 U, BFHE 84, 503 = BStBl. III 1966, 182; BFH, Urt. v. 21.11.1974 – II R 107/68, BFHE 115, 64 = BStBl. II 1975, 389.

497) Anders wiederum nach h. M. die Rechtslage im Steuerrecht, vgl. nur Littmann/Bitz/Pust-*Güroff*, EStG, § 18 Rz. 123.

498) Begr. RegE PartGG, BT-Drucks. 12/6152, S. 10.

499) *Salger* in: MünchHdb. GesR, Bd. 1, § 39 Rz. 10.

500) *Eggesiecker*, Partnerschaftsgesellschaft, Fach E – Erzieher, Rz. 0.010.

501) *Feddersen/Meyer-Landrut*, PartGG, § 1 Rz. 40.

502) Meilicke u. a.-*Lenz*, PartGG, § 1 Rz. 79.

F. Berufsrechtsvorbehalt (§ 1 Abs. 3 PartGG)

I. Geschichte

142 Die Vorschrift wurde auf die Intervention verschiedener **freiberuflicher Organisationen** während des Gesetzgebungsverfahrens hin aufgenommen. Der Referentenentwurf hatte in einer mutigen, wenngleich wegen der zahlreichen Länderkompetenzen verfassungsrechtlich nicht unbedenklichen[503] Bestimmung (§ 1 Abs. 3 Satz 2 PartGG) versucht, den Spielraum der Berufsrechte wesentlich einzuengen, indem diese nur noch in den ausdrücklich zugelassenen Fällen von den Vorschriften des Gesetzes hätten abweichen dürfen. Wie zu erwarten war, traf dies auf den energischen Widerstand freiberuflicher Organisationen und wurde daher aus politischen Gründen später aufgegeben.[504] Insbesondere die Verbände der Ärzte[505] und Zahnärzte,[506] aber auch z. B. der Steuerberater[507] hatten den Berufsrechtsvorbehalt zur Voraussetzung für ihre Zustimmung zu dem Gesetz gemacht.

143 Dies hat vor allem hinsichtlich der **fächerübergreifenden Zusammenarbeit** erhebliche Konsequenzen. Das Ziel der Verbesserung der Möglichkeiten interprofessioneller Berufsausübung ist so alt wie die Idee der Schaffung eines Partnerschaftsgesetzes. Das dringende Bedürfnis insbesondere auch der Angehörigen freier Berufe, durch die Zusammenlegung von Kenntnissen und Fertigkeiten von Spezialisten[508] verschiedener Fachrichtungen ein umfassendes Beratungs- und Betreuungsangebot aus einer Hand anzubieten, war letztlich nicht zu übersehen. Denn nur so kann die wachsende Nachfrage nach komplexen Dienstleistungen befriedigt und nicht zuletzt auch die Konkurrenzfähigkeit im internationalen Kontext erhalten werden.[509]

144 Bereits in der Diskussion um die Gesetzentwürfe der 70er Jahre hatte diese Frage eine erhebliche Rolle gespielt.[510] In § 1 Abs. 4 des Entwurfes aus dem Jahre **1971** wurde zwar ebenfalls ein Berufsrechtsvorbehalt aufgenommen,[511] aus dem Wortlaut des § 1 Abs. 1 („Angehörige freier Berufe können sich ... zusammenschließen.") folgerten aber dennoch einige Autoren[512] die uneingeschränkte Zulässigkeit interprofessioneller Zusammenschlüsse. In der daraufhin erst richtig einsetzenden Dis-

503) Insoweit zutreffend *Seibert*, Die Partnerschaft, S. 52.

504) *Seibert*, Die Partnerschaft, S. 52.

505) Vgl. *Schirmer*, MedR 1995, 341, 342; *Beckmann* in: FS Kleinert, S. 210, 214.

506) Vgl. *Beckmann* in: FS Kleinert, S. 210, 214; *Schulze-Wilk*, zm 84, Nr. 13, v. 1.7.1994, S. 1447.

507) *Bösert*, DStR 1993, 1332, 1336; *Dann* in: BStBerK (Hrsg.), Steuerberaterkongreßreport 1993, S. 8.

508) Näher zum Trend zum freiberuflichen Spezialisten *Michalski*, Das Gesellschafts- und Kartellrecht, S. 102 f.

509) Vgl. bereits *Michalski/Römermann*, NJW 1996, 3233 ff.; ferner *Beckmann* in: FS Kleinert, S. 210, 215 f.; *Gres*, Handelsblatt v. 19.5.1994; *Gres*, der freie beruf 6/1994, 23, 24; *Bösert*, ZAP Fach 15, S. 137, 138; RA zum PartGG, BT-Drucks. 12/7642, S. 11.

510) Vgl. den E 1971, BT-Drucks. VI/2047, S. 1; E 1975, BT-Drucks. 7/4089, S. 1; E 1976, BT-Drucks. 7/5402, S. 1; RA zum E 1976, BT-Drucks. 7/5413, S. 2; *v. Bockelberg*, DStB 1971, 65; *Müller-Gugenberger*, DB 1972, 1517, 1519; hierzu ferner *Wüst*, JZ 1989, 270, 276.

511) „Berufsrechtliche Vorschriften bleiben unberührt", § 1 Abs. 4 E 1971.

512) Vgl. nur *Beckmann* in: FS Kleinert, S. 210 ff.; *Wüst*, JZ 1989, 270, 276; a. A. zutreffend *Müller-Gugenberger*, DB 1972, 1517, 1519.

kussion gewannen die Einwände hiergegen mehr und mehr an Zuspruch, so bspw. gegen die Verbindung von Rechtsanwälten, Steuerberatern und Wirtschaftsprüfern in einer gemeinsamen Berufsausübungsgesellschaft, durch welche man eine „Ökonomisierung des Anwaltsstandes" befürchtete.[513] Auch die Verbindung zu einer Zusammenarbeit von Angehörigen verschiedener Ausbildungsstufen wurde kritisch betrachtet, dies betraf z. B. Rechtsanwälte und Rechtsbeistände, Rechtsanwälte und Steuerbevollmächtigte usw.[514]

145 In den **Entwürfen von 1975/76** gab man daher – trotz grundsätzlicher Beibehaltung des genannten Ziels[515] – die liberale Interpretation auf; die Dominanz der restriktiven Berufsrechte unterlag im weiteren Verlauf der Geschichte des PartGG keinerlei Zweifeln mehr.[516] Obgleich nunmehr allgemein anerkannt war, dass das Ziel weitergehender Interprofessionalität ohne Eingriffe in das Berufsrecht nicht erreicht werden konnte, finden sich auch danach zunächst erstaunlicherweise keine nennenswerten Initiativen für derartige Änderungsbestimmungen.[517] Erst i. R. der europäischen Integration mit ihren Auswirkungen auf die nationalen Märkte wurden Tendenzen erkennbar, das Standesrecht einzelner freier Berufe insbesondere dahingehend zu reformieren, dass auch Zusammenschlüsse im interprofessionellen Bereich ermöglicht wurden. Dies zeigte sich vor allem in der Debatte um die Reform des Rechtsberatungswesens. Hier wollte die Bundesregierung Rechtsanwälten ermöglichen, Sozietäten mit anderen freien Berufen („vereinbarer Berufe") wie z. B. Ärzten und Architekten einzugehen,[518] was jedoch nicht umgesetzt wurde. Ein weiteres Beispiel hierfür war die Reform des Berufsrechts der Notare im Jahre 1998.[519] Seitdem dürfen sich auch Nur-Notare zur gemeinsamen Berufsausübung verbinden. Weiterhin wurde im Recht der Heilberufe den Vertragsärzten insbesondere gestattet, überregionale Berufsausübungsgemeinschaften zu gründen.[520]

II. Systematik und Regelungsgehalt

1. Überblick

146 Nach dem unzweideutigen Wortlaut des § 1 Abs. 3 PartGG können die Berufsrechte die Berufsausübung in der Partnerschaft nicht nur begrenzen, sondern sogar ganz ausschließen. Bei sich widersprechenden Regelungen im PartGG und in der berufsrechtlichen Norm gilt stets die jeweils engere Fassung; das PartGG verfolgt also das **Prinzip des kleinsten gemeinsamen Nenners.**[521] Entweder stellt also das

513) Vgl. *Wüst*, JZ 1989, 270, 276; zur früheren Diskussion ausführlich *Lach*, Formen freiberuflicher Zusammenarbeit, S. 46 ff.

514) Vgl. *Wüst*, JZ 1989, 270, 276.

515) Vgl. nur RA zum E 1976, BT-Drucks. 7/5413, S. 2.

516) *Beckmann* in: FS Kleinert, S. 210, 212.

517) Vgl. bereits *Müller-Gugenberger*, DB 1972, 1517, 1519.

518) Begr. RegE § 59a BRAO-E, BT-Drucks. 16/3655, S. 15.

519) Drittes Gesetz zur Änderung der Bundesnotarordnung und anderer Gesetze v. 31.8.1998, BGBl. I 1998, 2585.

520) Gesetz zur Änderung des Vertragsarztrechts und anderer Gesetze (Vertragsarztrechtsänderungsgesetz – VÄndG) v. 22.12.2006, BGBl. I 2006, 3439.

521) Begr. RegE PartGG, BT-Drucks. 12/6152, S. 11; *Burret*, WPK-Mitt. 1994, 201, 202, 204; *Schäfer* in: MünchKomm-BGB, § 1 PartGG Rz. 78.

PartGG die engeren Voraussetzungen auf (z. B. können Wirtschaftsprüfer gemäß § 1 Abs. 1 Satz 3 PartGG nicht mit einer Wirtschaftsprüfungs-GmbH eine Partnerschaft bilden) oder aber das Berufsrecht (z. B. dürfen sich Rechtsanwälte nur mit Angehörigen artverwandter Berufe zusammenschließen); jeweils sind beide Rechtsbereiche zu prüfen und zu beachten. **Interprofessionelle Zusammenschlüsse** sind demnach nur dann zulässig, wenn die beabsichtigte Kombination mit den berufsrechtlichen Vorschriften aller Beteiligten vereinbart werden kann (**Kompatibilität**)[522] – insoweit hat sich also de facto durch das PartGG nicht die geringste Veränderung gegenüber den bestehenden Gestaltungsmöglichkeiten in den anderen Rechtsformen ergeben.

147 Es handelt sich bei § 1 Abs. 3 PartGG um die bloße **Klarstellung**,[523] dass – wie auch bei allen übrigen Gesellschaftsformen – das jeweilige Berufsrecht für die Angehörigen eines bestimmten freien Berufs durch spezielle Vorschriften die Anwendbarkeit der durch das PartGG eröffneten Gestaltungsfreiräume ausschließen oder – erst recht – begrenzen kann. Das PartGG kann[524] und will die Berufsrechte nicht ersetzen oder als „**Super-Berufsrecht**" Regeln für alle gegenwärtigen und zukünftigen Besonderheiten der Rechte der einzelnen Berufe aufstellen.[525]

148 Dieser allgemein anerkannte Grundsatz wurde **früher** von der h. M.[526] im für das PartGG wesentlichen Bereich der Haftungsbegrenzung durchbrochen. § 8 Abs. 2 PartGG a. F. sollte demnach in jedem Fall Vorrang vor berufsrechtlichen Haftungsbegrenzungsmöglichkeiten haben, auch wenn diese speziellere Anforderungen stellen und daher nach dem Prinzip des kleinsten gemeinsamen Nenners im Grunde vorgehen müssten. Darin wurde eine partielle Durchbrechung des Berufsrechtsvorbehaltes aus Absatz 3 gesehen. Diese Auffassung, die von der h. M. zumeist apodiktisch ohne nähere Begründung aufgestellt wurde, ist durch die **Neufassung** des § 8 Abs. 2 PartGG im Jahre 1998 hinfällig geworden, da sich seitdem das frühere Konkurrenzproblem nicht mehr in der gleichen Weise stellt.

149 § 1 Abs. 3 PartGG wird ergänzt durch § 6 Abs. 1 und § 8 Abs. 3 PartGG. Während die zuletzt genannte Vorschrift ausdrücklich die Regelung durch ein (formelles) Gesetz ermöglicht, ist in den anderen Bestimmungen lediglich von den „Vorschriften über einzelne Berufe" oder dem Berufsrecht die Rede. Daraus ist zu folgern, dass für Regelungen i. S. des Absatzes 3 und des § 6 Abs. 1 PartGG grundsätzlich auch z. B. **berufsrechtliche Satzungen** ausreichen.[527] Insoweit stellt der Bundesgesetzgeber die durch ihn getroffene Regelung zur Disposition durch die Landes-

522) Begr. RegE PartGG, BT-Drucks. 12/6152, S. 10.

523) Begr. RegE PartGG, BT-Drucks. 12/6152, S. 11; *Bösert*, DStR 1993, 1332, 1336; *Bösert*, ZAP Fach 15, S. 137, 144; *Feddersen/Meyer-Landrut*, PartGG, § 1 Rz. 41.

524) Schon aus Gründen der Gesetzgebungskompetenz, soweit die Berufsrechte in die Kompetenz der Länder fallen; vgl. Begr. RegE PartGG, BT-Drucks. 12/6152, S. 11; *Beckmann* in: FS Kleinert, S. 210, 213.

525) Begr. RegE PartGG, BT-Drucks. 12/6152, S. 8; *Bösert*, DStR 1993, 1332, 1336; *Bösert*, ZAP Fach 15, S. 137, 144.

526) Z. B. *Schäfer* in: MünchKomm-BGB, § 1 PartGG Rz. 77; *Feddersen/Meyer-Landrut*, PartGG, Einl. S. 12.

527) *Stuber*, WiB 1994, 705, 706; Begr. RegE PartGG, BT-Drucks. 12/6152, S. 11; *Mahnke*, WM 1996, 1029, 1033.

gesetzgeber und untergesetzliche Normgeber wie z. B. freiberufliche Satzungsversammlungen und ggf. Kammern.[528] Dies schließt natürlich nicht aus, dass es Einzelfälle gibt, in denen wegen der Wesentlichkeit der Beschränkung des Grundrechts auf die freie Berufsausübung nach Art. 12 Abs. 1 GG aus verfassungsrechtlichen Gründen allein der Gesetzgeber zur Schaffung berufsrechtlicher Reglementierungen befugt sein kann.[529] Zu diesen „statusbildenden" Bestimmungen gehören regelmäßig auch solche, die die gemeinsame Berufsausübung mit Angehörigen anderer freier Berufe zum Gegenstand haben.[530] Zum Teil wurde inzwischen die Regelung des § 1 Abs. 3 PartGG spiegelbildlich in das Berufsrecht übernommen. So heißt es zu beruflichen Kooperationen unter Kap. B § 18 Abs. 5 MBO-Ä 1997

> „Soweit Vorschriften dieser Berufsordnung Regelungen des Partnerschaftsgesellschaftsgesetzes [...] einschränken, sind sie vorrangig aufgrund von § 1 Absatz 3 PartGG."

150 Welche Folgerungen aus einem **Normenverstoß** zu ziehen sind, ist nach den allgemeinen Auslegungsregeln zu ermitteln. Ein Verstoß gegen Vorschriften des PartGG führt in aller Regel zur Unwirksamkeit der jeweiligen Maßnahme oder Vereinbarung; bei einem Verstoß gegen berufsrechtliche Normen richtet sich die Rechtswirkung vorrangig nach dem jeweiligen Normzweck, so dass allgemeine Aussagen hierzu kaum getroffen werden können.[531] Möglich sind insbesondere Sanktionen durch die Berufskammer bis hin zum Widerruf der Zulassung.[532] Beispielsweise hat die Wirtschaftsprüferkammer in Eintragungsverfahren von Wirtschaftsprüfern, die eine sog. *einfache Partnerschaft* ohne Anerkennung als Wirtschaftsprüfungsgesellschaft eingehen wollten, mit dem Widerruf der Bestellung gedroht, da die Kammer darin – zu Unrecht – einen Verstoß gegen das Berufsrecht meinte erkennen zu können.[533] In bestimmten Fällen können echte Verstöße auch zur Nichtigkeit des Partnerschaftsvertrages nach § 134 BGB führen, so etwa bei fehlender Sozietätsfähigkeit nach § 59a BRAO,[534] da die von berufsständischen Kammern i. R. einer öffentlich-rechtlichen Rechtsetzungskompetenz erlassenen Vorschriften als Verbotsgesetze eingestuft werden können.[535] Die Frage, ob die **Grundsätze der fehlerhaften Gesellschaft** auch bei einem Verstoß gegen Vorgaben des Berufsrechts anwendbar sind, muss danach entschieden werden, welchem Zweck die verletzte Vorschrift dient. Dies ist dort zu verneinen, wo diese Norm im Interesse der Allgemeinheit die sachgerechte Erfüllung der beruflichen Aufgaben gewährleisten soll.[536]

---

528) *Schirmer*, MedR 1995, 341, 345.

529) Vgl. Begr. RegE PartGG, BT-Drucks. 12/6152, S. 11; *Bösert*, DStR 1993, 1332, 1335; *Mahnke*, WM 1996, 1029, 1033.

530) *Bösert*, DStR 1993, 1332, 1335; *Salger* in: MünchHdb. GesR, Bd. 1, § 40 Rz. 10 mit Fn. 20.

531) Ausführlich hierzu *Taupitz*, JZ 1994, 221; zur vergleichbaren Rechtslage in Österreich vgl. *Krejci*, EGG, § 6 Rz. 9.

532) Meilicke u. a.-*Lenz*, PartGG, § 1 Rz. 125.

533) *Eggesiecker*, Partnerschaftsgesellschaft, Fach E – Wirtschaftsprüfer, Rz. 2.230

534) Vgl. Meilicke u. a.-*Lenz*, PartGG, § 1 Rz. 127; *Henssler*, PartGG, § 1 Rz. 216.

535) *Armbrüster* in: MünchKomm-BGB, § 134 Rz. 30.

536) BGH, Urt. v. 20.3.1986 – II ZR 75/85, BGHZ 97, 243 = NJW 1987, 65, 67; *Henssler*, PartGG, § 1 Rz. 217; *Gail/Overlack*, Anwaltsgesellschaften, Rz. 283.

2. Verbot der Partnerschaftsbeteiligung durch Berufsrecht

a) Regelungsgehalt

151 Zwar kann nach dem Wortlaut von § 1 Abs. 3 PartGG die Berufsausübung in der Partnerschaft ausgeschlossen werden. Dies liefe allerdings in der Wirkung auf eine Streichung einzelner Berufe aus dem Katalog des § 1 Abs. 2 PartGG qua Berufsrecht hinaus. Diese wesentliche Einschränkung der Berufsfreiheit könnte nur durch eine eindeutige gesetzliche Regelung erfolgen.[537)] Dort, wo es eine solche Bestimmung nicht gibt, folgt das Zugangsrecht der Berufsangehörigen ohne weiteres aus Art. 12 Abs. 1 GG.[538)]

152 Bislang ist noch für keinen freien Beruf die Berufsausübung in der Partnerschaft gesetzlich ausgeschlossen worden. Dies ist auch kaum zu erwarten. Zum einen sind der Verabschiedung des Gesetzes intensive Konsultationen der verschiedenen freiberuflichen Organisationen vorausgegangen, um einen weitgehenden Konsens darüber zu erzielen. Und zum anderen kann ein Ausschluss von der speziell für die Angehörigen freier Berufe neu geschaffenen Rechtsform kaum gerechtfertigt werden, da die Partnerschaft sich als Personengesellschaft in ihrem Charakter von den bisherigen Sozietäten und Gemeinschaftspraxen nicht unterscheidet und so die Bedenken einiger freiberuflicher Verbände gegen die Kapitalgesellschaft für die Berufsausübung gerade vermeidet.[539)]

b) Problematik bei Wirtschaftsprüfern und Steuerberatern

153 Bereits kurz nach der Verabschiedung des neuen Gesetzes ist in der Literatur ein Streit darüber entbrannt, ob aufgrund von § 1 Abs. 3 PartGG i. V. m. dem jeweiligen Berufsrecht der Zusammenschluss in einer Partnerschaft für **einzelne** Steuerberater und Wirtschaftsprüfer ausgeschlossen und der Zugang stattdessen lediglich Steuerberatungs- oder **Wirtschaftsprüfungsgesellschaften** eröffnet ist oder ob z. B. Wirtschaftsprüfungsgesellschaften wie auch selbständige Wirtschaftsprüfer gleichermaßen Mitglieder einer Partnerschaft werden können.

154 Die Wirtschaftsprüferkammer[540)] hatte sich bei Inkrafttreten des PartGG im Jahre 1995 auf den Standpunkt gestellt, dass nur anerkannte **Wirtschaftsprüfungsgesellschaften** für eine Partnerschaft unter Beteiligung von Wirtschaftsprüfern in Betracht kämen. Sie konnte sich hierbei auf den damals unverändert fortbestehenden § 44b Abs. 1 WPO stützen, der die Sozietät von Wirtschaftsprüfern als GbR definierte und die Rechtsform der Partnerschaft hierdurch auszuschließen schien.

155 Die ganz h. M. in der Literatur ist dieser allein am Wortlaut verhafteten Auslegung von Anfang an entgegengetreten und plädierte unter Hinweis auf den im Gesetzgebungsverfahren an mehreren Stellen zum Ausdruck gekommenen Willen des Ge-

537) *Bösert*, ZAP Fach 15, S. 137, 145; *Kupfer*, KÖSDI 1995, 10130, 10133; a. A. *Rösener*, Deutsches Tierärzteblatt 1995, 418.
538) *Bösert*, DStR 1993, 1332, 1337; *Henssler*, PartGG, § 1 Rz. 213.
539) *Bösert*, ZAP Fach 15, S. 137, 145.
540) Vgl. nur *Burret*, WPK-Mitt. 1994, 201, 206 f.; *Burret*, WPK-Mitt. 1995, 160, 161.

setzgebers für eine großzügige Interpretation.[541] In ersten Gerichtsentscheidungen sprachen sich das AG Mannheim[542] gegen, das LG München I[543] und das AG Essen[544] für die Zulässigkeit der einfachen Partnerschaft unter Beteiligung von Wirtschaftsprüfern aus.

156 Die frühere Kontroverse ist inzwischen überholt. Die WPO unterscheidet zwischen zwei Arten der Partnerschaft: Einerseits der sog. *anerkannten Partnerschaft* i. S. des § 27 Abs. 1 WPO, die unter den Voraussetzungen des § 28 WPO als Wirtschaftsprüfungsgesellschaft anerkannt werden kann und andererseits der sog. *einfachen Partnerschaft* i. S. des § 43a Abs. 2 Satz 1 WPO, die ohne eine Anerkennung ausgeübt wird. Im Gesetzgebungsverfahren des Dritten Gesetzes zur Änderung der Bundesnotarordnung und anderer Gesetze[545] wurde auf Vorschlag des Bundestags-Rechtsausschusses[546] eine Ergänzung von § 44b Abs. 1 WPO durch die Worte „sowie in Partnerschaftsgesellschaften, die nicht als Wirtschaftsprüfungsgesellschaft, Buchprüfungsgesellschaft, Steuerberatungsgesellschaft anerkannt sind" im Jahre 1998 vorgenommen. Nach der Begründung dieses Änderungsvorschlags durch den Rechtsausschuss handelt es sich hierbei um die bloße „Klarstellung des ... vom Gesetzgeber Gewollten"[547] Den Hintergrund bildeten die „anhaltenden Auslegungsstreitigkeiten mit der Wirtschaftsprüferkammer".[548] Diese Änderung führte jedoch zu neuen Unklarheiten.[549] Deshalb erfolgte eine weitere Änderung der WPO durch das Wirtschaftsprüferordnungs-Änderungsgesetz[550] im Jahre 2000. Dabei wurde die ursprüngliche, vor der Änderung im Jahr 1998 gültige Gesetzesfassung wieder hergestellt: Insbesondere die Partnerschaftsgesellschaft wurde aus dem damaligen § 44b Abs. 1 WPO gestrichen. Im Gegenzug erfolgte eine Änderung des § 43a Abs. 2 Satz 1 WPO dahingehend, dass dort insbesondere die Partnerschaftsgesellschaft eingeführt wurde. Seit dieser Änderung ist nunmehr die Partnerschaftsgesellschaft als Form der gemeinsamen Berufsausübung im Standesrecht der Wirtschaftsprüfer vorgesehen. Wirtschaftsprüfern ist also durch § 43a WPO die **Mitgliedschaft in einfachen Partnerschaften** ausdrücklich gestattet worden. Diese Form ist jedoch im Verhältnis zur anerkannten Partnerschaft weniger

---

541) So die hier in der Vorauflage, 1995, § 1 Rz. 113 vertretene Auffassung; s. a. *Michalski/Römermann*, Vertrag der Partnerschaftsgesellschaft, 1. Aufl., Rz. 32 f. m. umfangr. N.

542) AG Mannheim, Beschl. v. 6.11.1996 – AR 366/95, BRAK-Mitt. 1997, 93, m. abl. Anm. *Seibert*.

543) LG München I, Beschl. v. 4.12.1997 – 13 T 16594/97, NJW 1998, 1156 = NZG 1998, 260, m. Anm. *Römermann*.

544) AG Essen, Beschl. v. 29.7.1996 – PR 25, abgedruckt bei *Eggesiecker*, Partnerschaftsgesellschaft, Fach G – AG Essen 29.7.1996.

545) Drittes Gesetze zur Änderung der Bundesnotarordnung und anderer Gesetze v. 31.8.1998, BGBl. I 1998, 2585.

546) RA zum RegE 3. Gesetz zur Änderung der BNotO, BT-Drucks. 13/11034, S. 41.

547) RA zum RegE 3. Gesetz zur Änderung der BNotO, BT-Drucks. 13/11034, S. 62.

548) So der Referatsleiter im BMJ Ebenroth/Boujong/Joost-*Seibert*, HGB, 1. Aufl., § 1 PartGG Rz. 44.

549) *Henssler*, PartGG, § 1 Rz. 294.

550) Gesetz zur Änderung von Vorschriften über die Tätigkeit der Wirtschaftsprüfer (Wirtschaftsprüferordnungs-Änderungsgesetz – WPOÄG) v. 19.12.2000, BGBl. I 2000, 1769.

privilegiert. Die einfache Partnerschaft ist weder in § 319 HGB zur Abschlussprüfung vorgesehen, noch darf diese nach § 48 WPO selbst ein Siegel führen.[551)]

157 Parallel zu der Problematik bei Wirtschaftsprüfern hatte sich auch für **Steuerberater** frühzeitig eine Kontroverse darüber ergeben, ob sie sich an einer einfachen Partnerschaft oder nur an einer solchen beteiligen dürften, die als Steuerberatungsgesellschaft anerkannt ist. Die Steuerberaterkammern und ein Teil der Literatur[552)] vertraten die restriktive Ansicht und argumentierten mit dem Wortlaut des damaligen § 56 Abs. 1 Satz 1 StBerG, der eine Sozietät nur in der Rechtsform der GbR vorsah.

158 Die in der Literatur h. A.[553)] sah demgegenüber angesichts des erkennbaren Willens des Gesetzgebers die einfache Partnerschaft auch für Steuerberater als zulässig an. Die einschlägigen Gerichtsentscheidungen des FG Köln[554)] und des LG Zweibrücken[555)] haben sich dieser h. M. angeschlossen.

159 In § 35 Nr. 6 der am 1.9.1997 in Kraft getretenen Berufsordnung der Steuerberater[556)] fand sich bereits die Verpflichtung, der Steuerberaterkammer unaufgefordert und unverzüglich die Begründung, Änderung oder Beendigung „einer Partnerschaftsgesellschaft, die nicht als Steuerberatungsgesellschaft anerkannt ist", anzuzeigen. Damit war schon frühzeitig in einer berufsrechtlichen Norm die **Möglichkeit der** sog. **einfachen Partnerschaft** ausdrücklich **anerkannt.**

160 In einer Entscheidung aus dem Jahr 1998 hat der **BFH**[557)] die Regelung durch § 35 Nr. 6 BOStB übersehen und entschieden, dass nur eine als Steuerberatungsgesellschaft anerkannte Partnerschaft zur geschäftsmäßigen Hilfe in Steuersachen befugt sei, da § 3 StBerG die sog. einfache (der BFH nennt sie zum Teil „normale") nicht ausdrücklich erwähne. Die Entscheidung scheint sich nur auf die Befugnis zur Steuerberatung zu beziehen, betrifft aber in Wirklichkeit die Zulässigkeit der einfachen Partnerschaft als solche. Die Partnerschaft muss nämlich gemäß § 1 Abs. 1 Satz 1 PartGG auf die gemeinsame Berufsausübung gerichtet sein, so dass ein Steuerberater, der von vorneherein seinem Beruf i. R. der Gesellschaft nicht nachgehen darf, kein Partner werden kann.

161 Diese Rechtsprechung ist jedoch seit Inkrafttreten der Neufassung von § 3 StBerG zum 1.7.2000 durch das 7. StBÄndG[558)] überholt. Nach § 3 Nr. 2 StBerG dürfen Partnerschaftsgesellschaften unbeschränkt Hilfeleistungen in Steuersachen erbrin-

551) *Henssler*, PartGG, § 1 Rz. 295.

552) *Mittelsteiner*, DStR 1994, Beihefter zu Heft 37, S. 37; *Hellfrisch*, StB 1995, 253, 256; *Gehre/Koslowksi*, StBerG, Einl. Rz. 14; *Meng*, SteuerStud., 1995, 55.

553) So bereits die Vorauflage, 1995, § 1 Rz. 113; zuletzt m. N. zum Streitstand *Michalski/Römermann*, Vertrag der Partnerschaftsgesellschaft, Rz. 36 f.

554) FG Köln, Urt. v. 30.9.1997 – 8 K 2927/97, EFG 1998, 241.

555) LG Zweibrücken, Urt. v. 25.2.1998 – 4 T 20/98, NZG 1998, 548, m. Anm. *Römermann*.

556) Berufsordnung der Bundessteuerberaterkammer, (BOStB), veröffentlicht als Beihefter zu Heft 26/1997 der DStR.

557) BFH, Urt. v. 23.7.1998 – VII R 154/97, NZG 1998, 900, m. Anm. *Römermann*, S. 943 = DStR 1998, 1630, dazu EWiR 1998, 1103 (*Bärwaldt*).

558) Gesetz zur Änderung von Vorschriften über die Tätigkeit von Steuerberatern (7. StBÄndG) v. 24.6.2000, BGBl. I 2000, 874.

gen, wenn die Partner ausschließlich Personen sind, die selbst solche Hilfeleistungen erbringen dürfen. Die Zulässigkeit der „einfachen" Steuerberater-Partnerschaft ist damit gesetzlich unzweifelhaft anerkannt.

3. Beschränkung der Partnerschaftsbeteiligung durch Berufsrecht

a) Vorbemerkung

162 Berufsrechtliche Beschränkungen betreffen neben berufsständischen Fragen sehr häufig Probleme der berufsübergreifenden Zusammenarbeit. Es ist in diesem Rahmen nicht möglich, eine umfassende Darstellung sämtlicher berufsrechtlicher Bestimmungen über die **interprofessionelle Zusammenarbeit** zu geben. Dies beruht einerseits auf der unbestimmten Weite der betroffenen Berufsfelder mit Abgrenzungsproblemen im Einzelnen, welche Berufe noch grundsätzlich unter § 1 Abs. 2 PartGG fallen, andererseits auf der Vielzahl unterschiedlichster Rechtsquellen (Gesetze, Satzungen, Berufsordnungen) und Anwendungsgebiete (Bundesrecht, Landesrecht, Regionalrecht), wobei erschwerend hinzukommt, dass sich viele Berufsrechte der Freiberufler seit einigen Jahren in einer Phase des Umbruchs befinden. Die folgenden Hinweise (siehe unten Rz. 164 ff.) beziehen sich aus diesen Gründen nur auf einige Berufsgruppen, ohne einen Anspruch auf Vollständigkeit zu erheben.

163 **Keine berufsrechtlichen Reglementierungen** existieren zurzeit insbesondere für folgende Berufe, denen damit die Möglichkeit interprofessioneller Zusammenarbeit in vollem Umfang zuteilwird, soweit es das Berufsrecht des jeweiligen Zusammenschlusspartners erlaubt:

- Unternehmensberater,
- Handelschemiker,
- Journalisten und Bildberichterstatter,
- Dolmetscher und Übersetzer.[559)]

b) Regelungsgegenstände berufsrechtlicher Beschränkungen

164 Berufsrechtliche Limitierungen im Bereich des Rechts der Partnerschaft sind in vielfältiger Weise denkbar, so dass hier nur auf **einige besonders bedeutsame Regelungsgegenstände** hingewiesen werden kann.[560)]

- Beschränkungen der Möglichkeiten eines Zusammenschlusses mit anderen in § 1 Abs. 2 PartGG genannten freien Berufen (dazu – im Zusammenhang mit **interprofessionellen Partnerschaften** – näher Rz. 165 ff.).
- Für den **Namen der Partnerschaft** können weitere Regeln aufgestellt werden, so z. B. die obligatorische Nennung sämtlicher Gesellschafter. Die Namensfortführung ausgeschiedener Partner kann ausgeschlossen oder zeitlich begrenzt werden (siehe hierzu *Zimmermann*, § 2 Rz. 34 ff.).

---

559) Insoweit existieren bereits Berufsausübungsgesellschaften; vgl. *Lenz*, MDR 1994, 741, 746.

560) Vgl. *Leutheusser-Schnarrenberger* in: FS Helmrich, S. 677, 681 f.; zu entsprechenden Überlegungen in Österreich s. die Hinweise von *Krejci* in: Verhandlungen des 10. ÖJT, Bd. I/1, S. 21–35.

- Für den Inhalt des **Partnerschaftsvertrages** können über § 3 Abs. 2 PartGG hinaus weitere Regelungen vorgeschrieben werden (siehe *Zimmermann*, § 3 Rz. 40 ff.).
- Durch die Verpflichtung zu entsprechenden Angaben bei einer berufsrechtlichen Registrierung z. B. i. S. der §§ 37 ff. WPO kann die **berufsrechtliche Kontrolle** der Gründung von Partnerschaften verschärft werden, bspw. durch eine obligatorische Vorlage des Partnerschaftsvertrages (siehe unten Rz. 180 und *Zimmermann*, § 3 Rz. 40 ff.).[561)]
- Die Errichtung von **Zweigniederlassungen** kann ausgeschlossen oder beschränkt werden (siehe *Zimmermann*, § 5 Rz. 18 ff.).
- Für das **Innenverhältnis** der Partner können weitere Regeln aufgestellt werden.
- Der Ausschluss eines Partners von der **Vertretungsmacht** kann untersagt werden.
- Das Berufsrecht kann die **Vererblichkeit** einer Beteiligung gänzlich ausschließen (siehe *Römermann*, § 9 Rz. 28).
- Es können nähere Einzelheiten einer **Liquidation** der Partnerschaft geregelt werden (siehe *Römermann*, § 10 Rz. 2 f.).

c) Einzelne berufsrechtliche Regelungen

165 Die Partnerschaft von **Rechtsanwälten** ist möglich gemäß § 59a Abs. 1 BRAO, der sowohl für BGB-Gesellschaften als auch für die Partnerschaft gilt,[562)] mit

- Mitgliedern einer Rechtsanwaltskammer,
- Mitgliedern der Patentanwaltskammer,
- Steuerberatern,
- Steuerbevollmächtigten,[563)]
- Wirtschaftsprüfern,
- vereidigten Buchprüfern

aus dem Inland und unter den Voraussetzungen des § 59a Abs. 2 BRAO auch aus dem Ausland.

166 **Anwaltsnotare**[564)] dürfen die Partnerschaft nur bezogen auf ihre anwaltliche Berufsausübung eingehen, § 59a Abs. 1 Satz 3 BRAO (siehe auch oben Rz. 56). Nach der Rechtsprechung des BVerfG[565)] steht der Verbindung eines Anwaltsnotars mit einem Wirtschaftsprüfer nach geltendem Recht kein Verbot entgegen; der BGH

561) Vgl. hierzu §§ 4 und 6 PRV.

562) *Römermann* in: BeckOK-BORA, § 30 Rz. 7.

563) Dies ist durch die Neufassung der BRAO im Jahre 1994 hinzugekommen, vgl. *Feuerich*, ZAP Fach 23, S. 183, 190.

564) Zu den Zusammenschlussmöglichkeiten des (Anwalts-)Notars eingehend *Michalski*, Das Gesellschafts- und Kartellrecht, S. 160 ff.

565) BVerfG, Beschl. v. 8.4.1998 – 1 BvR 1773/96, ZIP 1998, 1068 = NJW 1998, 2269, dazu EWiR 1998, 603 (*Kleine-Cosack*); hierzu *Römermann*, MDR 1998, 821 ff.

hatte dies bis dahin in ständiger Rechtsprechung anders gesehen.[566] Der Gesetzgeber hat rasch reagiert und auf Vorschlag des Rechtsausschusses des Bundestages[567] in der Neufassung[568] von § 9 Abs. 2 BNotO den Zusammenschluss von Anwaltsnotaren mit Mitgliedern artverwandter Berufsgruppen ausdrücklich gestattet. Für am BGH zugelassene Rechtsanwälte enthält § 172a BRAO eine einschränkende Regelung.

167 Die **Berufsordnung** der Rechtsanwälte stellt an die Sozietäten von Rechtsanwälten einige ergänzende Voraussetzungen. Nach § 30 BerufsO müssen auch die Angehörigen der übrigen Berufe das anwaltliche Berufsrecht beachten. Mit Inkrafttreten der Änderung[569] des § 59a Abs. 1 Satz 1 BRAO und Aufhebung[570] des in § 31 BerufsO normierten **Verbots der Sternsozietät**[571] im Jahre 2008 ist die gleichzeitige Zugehörigkeit eines Rechtsanwalts zu mehreren Sozietäten nicht mehr unzulässig. Nach § 33 Abs. 2 BerufsO hat der Rechtsanwalt bei einer Zusammenarbeit in Form der Partnerschaft zu gewährleisten, dass die Regeln der Berufsordnung auch von der Gesellschaft eingehalten werden. Der AGH Baden-Württemberg hat im Januar 1995 die Sozietät zwischen einem Rechtsanwalt und einem Unternehmensberater wegen des abschließenden Charakters von § 59a BRAO untersagt.[572] Im Rahmen einer Rechtsbeschwerde über die Ablehnung der Eintragung einer Partnerschaft zwischen einem Rechtsanwalt und einer Ärztin, die zugleich auch Apothekerin ist und nur gutachterlich sowie beratend, nicht aber heilberuflich tätig werden wollte, äußerte der BGH Zweifel zur Verfassungsgemäßheit des § 59a Abs. 1 BRAO und legte diese Frage dem BVerfG zur Entscheidung vor.[573] Der BGH hält insbesondere das weitreichende Verbot dieser Norm zum Schutz der Gemeinwohlzwecke nicht für erforderlich. Im Hinblick auf den Geheimnisschutz seien zwar die Rechtsanwälte gegenüber den Heilberufen privilegiert. Dieser Vorteil besteht aber bei den anderen, in § 59a BRAO bereits genannten Berufsgruppen ebenso nicht. Auch die Unabhängigkeit des Rechtsanwalts sieht das Gericht nicht gefährdet. Die Gefahr der Vertretung widerstreitender Interessen wird zwar wahrgenommen, sollen sich aber durch ein milderes Mittel ebenso eindämmen lassen. Weiterhin sei es nicht nachvollziehbar, warum eine Berufsausübungsgesellschaft zwischen Wirtschaftsprüfern und Heilberufen nach § 44b Abs. 1 WPO zulässig sein soll, eine solche aber mit Rechtsanwälten nicht. Hinzu kommt, dass eine Kooperation zwischen den rechtsberatenden Berufen und den Gesundheitsberufen zulässig

566) Zuletzt BGH, Beschl. v. 18.9.1995 – NotZ 45/94, NJW 1996, 392 = WPg 1996, 26; Feuerich/Weyland-*Böhnlein*, BRAO, § 59a Rz. 49.

567) RA zum RegE 3. Gesetz zur Änderung der BNotO, BT-Drucks. 13/11034, S. 7 m. Begr. auf S. 53.

568) Drittes Gesetz zur Änderung der Bundesnotarordnung und anderer Gesetze v. 31.8.1998, BGBl. I 1998, 2585.

569) Gesetz zur Neuregelung des Rechtsberatungsrechts v. 12.12.2007, BGBl. I 2007, 2840.

570) Beschluss der 4. Satzungsversammlung vom 18.1.2008.

571) Näher – auch zu den durchgreifenden verfassungsrechtlichen Bedenken gegen die alte Rechtslage – *Römermann* in: BeckOK-BORA, § 59a BRAO Rz. 8; vgl. auch AGH Nordrhein-Westfalen, Beschl. v. 19.6.1998 – 1 ZU 10/98, ZIP 1998, 2161 = NJW 1999, 66.

572) AGH Baden-Württemberg, Urt. v. 18.3.1995 – AGH 1/95 (III), NJW-RR 1995, 1017 = BRAK-Mitt. 1995, 169.

573) BGH, Vorlagebeschl. v. 16.5.2013 – II ZB 7/11, NJW 2013, 2674 = WM 2013, 1417.

sei, sich aber keine geringere Gefährdung der Unabhängigkeit des Rechtsanwalts erkennen ließe.

168 **Patentanwälte** dürfen sich gemäß § 52a Abs. 1 Satz 1 PAO zur gemeinschaftlichen Berufsausübung i. R. der eigenen beruflichen Befugnisse verbinden mit

- Mitgliedern der Patentanwaltskammer,
- Mitgliedern der Rechtsanwaltskammern,
- Steuerberatern,
- Steuerbevollmächtigten,
- Wirtschaftsprüfern,
- vereidigten Buchprüfern

aus dem Inland und unter den Voraussetzungen des § 52a Abs. 2 PAO aus dem Ausland.

169 Bei Anwaltsnotaren richtet sich die Verbindung nach den Bestimmungen des notariellen Berufsrechts. Gemäß § 16 Abs. 4 Satz 3 der Berufsordnung der Patentanwälte hat der Patentanwalt auch die Berufspflichten der anderen Partner zu beachten. Mit einem **European Patent Attorney** (sog. zugelassener Vertreter vor dem Europäischen Patentamt) können Patentanwälte nur dann den Beruf gemeinsam ausüben, wenn Ersterer zugleich selbst Patentanwalt ist.[574)] Dies ergibt sich bereits aus dem abschließenden Charakter des § 52a Abs. 1 PAO. Ferner fallen die European Patent Attorneys nicht unter die Regelung des § 52a Abs. 2 PAO. § 52a Abs. 2 Nr. 1 PAO verweist auf § 154a PAO, dieser wiederum auf § 1 des Gesetzes über die Eignungsprüfung für die Zulassung zur Patentanwaltschaft (PAZEignPrG)[575)]. In der zu § 1 PAZEignPrG gehörenden Anlage wird der European Patent Attorney nicht erwähnt, sondern vielmehr nur die national tätigen Patentanwälte. Sie können auch deutschen Patentanwälten wegen der geringeren Anforderungen an ihre Ausbildung und berufsrechtlichen Pflichten nicht gleichgestellt werden.[576)]

170 **Steuerberater und Steuerbevollmächtigte** können nach § 56 Abs. 1 StBerG (näher siehe oben Rz. 153 f.) die Partnerschaft eingehen mit

- Steuerberatern,
- Steuerbevollmächtigten,
- Wirtschaftsprüfern,
- vereidigten Buchprüfern,
- Mitgliedern einer Rechtsanwaltskammer,
- Mitgliedern der Patentanwaltskammer, sowie
- eingeschränkt den Anwaltsnotaren.

574) *Fitzner*, GRUR 2009, 252.

575) Gesetz über die Eignungsprüfung für die Zulassung zur Patentanwaltschaft v. 6.7.1990, BGBl. I 1990, 1349.

576) LG München I, Beschl. v. 5.1.2007 – Pat 4/04, MittdtschPatAnw 2007, 183.

171 Die Partnerschaftsfähigkeit ausländischer Berufsangehöriger ist in § 56 Abs. 3 StBerG, § 51 Abs. 3 BOStB geregelt. Mit Anwaltsnotaren darf die Partnerschaft nur bezogen auf die anwaltliche Tätigkeit eingegangen werden, wie sich aus § 56 Abs. 1 Satz 2 StBerG ergibt, der inhaltlich § 59a Abs. 1 Satz 3 BRAO entspricht. Die Gründung der Partnerschaft ist nach § 56 Abs. 4 StBerG der Berufskammer anzuzeigen. Auf deren Verlangen sind Auskünfte zu erteilen und der Partnerschaftsvertrag vorzulegen. Mit Anwaltsnotaren darf eine Partnerschaft nur bezogen auf die anwaltliche Tätigkeit eingegangen werden, § 56 Abs. 1 Satz 3 StBerG. Die §§ 51 ff. BOStB a. F., die sich mit der gemeinsamen Berufsausübung befassten, wurden wegen inhaltsgleicher Regelungen im StBerG i. R. der Novellierung der BOStB im Jahre 2010 ersatzlos gestrichen.[577)]

172 Für **Wirtschaftsprüfer** und **vereidigte Buchprüfer** wurde durch die §§ 44b, 130 Abs. 1 WPO mit Wirkung vom 1.1.1995 das Recht des Zusammenschlusses wesentlich liberalisiert:[578)] Während es sich vorher auf eine enumerative Aufzählung der sozietätsfähigen Berufe beschränkte, findet sich nun die grundsätzliche Freiheit, sich mit Professionen zu verbinden, die der Berufsaufsicht einer freiberuflichen **Kammer**[579)] unterliegen und denen ein **Zeugnisverweigerungsrecht** nach § 53 Abs. 1 Nr. 3 StPO zusteht. Dies betrifft

- Rechtsanwälte (auch ausländische, § 44b Abs. 2 Satz 2 WPO),
- Patentanwälte (auch ausländische, § 44b Abs. 2 Satz 2 WPO),
- Notare (die jedoch vom Anwendungsbereich des Absatzes 2 ausgenommen sind),
- Steuerberater (auch ausländische, § 44b Abs. 2 Satz 2 WPO),
- Steuerbevollmächtigte,
- Ärzte,
- Zahnärzte und
- Apotheker (die aber nicht partnerschaftsfähig sind, siehe Rz. 57).

173 Auch die Psychologischen Psychotherapeuten und Kinder- und Jugendlichenpsychotherapeuten sind zu diesen Berufsgruppen zu zählen, denn Sie sind als Freiberufler verkammert[580)] und in § 53 Abs. 1 Satz 1 Nr. 3 StPO erwähnt. Die Freiberuflichkeit ergibt sich bei den Psychologischen Psychotherapeuten daraus, dass diese über ein Diplom in Psychologie verfügen müssen (§ 5 Abs. 2 Nr. 1 PsychThG). Kinder- und Jugendlichenpsychotherapeuten können dagegen auch diplomierte Pädagogen werden (§ 5 Abs. 2 Nr. 2 PsychThG).

174 Anzumerken ist jedoch, dass die Liberalisierung für Wirtschaftsprüfer und vereidigte Buchprüfer in der Praxis weitgehend leerläuft, da die Angehörigen dieses

577) Zur Novellierung der BOStB *Ruppert*, DStR 2011, 138 ff.

578) *Lichtner/Korfmacher*, WPK-Mitt. 1994, 207, 217.

579) Zur Verkammerung als Kriterium der Zusammenschlussfähigkeit bereits ausführlich *Michalski*, Das Gesellschafts- und Kartellrecht, S. 156 ff.

580) Auf Länderebene wurden Gesetze für das heilberufliche Kammerwesen erlassen, dem auch die Psychologischen Psychotherapeuten und Kinder- und Jugendlichenpsychotherapeuten unterfallen.

Berufes sehr häufig über eine **Mehrfachqualifikation** zugleich als Steuerberater und/oder Rechtsanwalt verfügen und daher auch dem jeweils **anderen Berufsrecht** unterworfen sind.[581)] § 44b Abs. 3 WPO billigt der Wirtschaftsprüferkammer das Recht zu, Einsicht in den Partnerschaftsvertrag zu nehmen sowie weitere Auskünfte einzuholen. Nach § 44b Abs. 4 WPO müssen grundsätzlich sämtliche Partner über eine Berufshaftpflichtversicherung verfügen, die derjenigen für Wirtschaftsprüfer entspricht. Falls die Berufsangehörigen in ihren beruflichen Pflichten beeinträchtigt werden, haben sie gemäß § 44b Abs. 5 WPO die Partnerschaft aufzukündigen. Nach § 38 Abs. 1 Nr. 1 lit. g WPO ist die Gründung einer Partnerschaft in das Berufsregister einzutragen.

175 Die früher geltende Muster-Berufsordnung für die deutschen **Ärzte**[582)] sah lediglich in § 23 Abs. 1 die Verpflichtung vor, einen Zusammenschluss zur gemeinsamen Berufsausübung der Ärztekammer anzuzeigen. Seit den Beschlüssen des 98. Deutschen Ärztetages in Stuttgart vom 23. bis 27.5.1995 sind ergänzende Bestimmungen in die Muster-Berufsordnung aufgenommen worden, die die interdisziplinäre Zusammenarbeit näher regeln und auch den Kreis der verbindungsfähigen Berufe eingrenzen.[583)] Es bestehen weitgehende Möglichkeiten, sich mit anderen Berufen in einer Partnerschaft zusammenzuschließen. Im Gegensatz zum früheren Berufsrecht sind **interdisziplinäre Partnerschaften** für Ärzte grundsätzlich zulässig;[584)] allerdings hat trotz vielfacher Vorteile gemeinsamer Berufsausübung die Ärzteschaft von den Möglichkeiten der Errichtung von (fachübergreifenden) Gemeinschaftspraxen noch verhältnismäßig wenig Gebrauch gemacht.[585)] Erst in den letzten Jahren scheint der Gedanke an integrative Gesundheitszentren an Attraktivität zu gewinnen.[586)]

176 Die aktuelle Rechtslage seit dem 100. Deutschen Ärztetag[587)] in Eisenach im Jahre 1997 mit der letzten Novellierung durch den 114. Deutschen Ärztetag in Kiel im Jahr 2011 stellt sich wie folgt dar: Kap. B § 18 MBO-Ä 1997 erlaubt den Zusammenschluss zwischen Ärzten zur gemeinsamen Berufsausübung. Nach Kap. B § 23b der Musterberufsordnung für die in Deutschland tätigen Ärztinnen und Ärzte (MBO-Ä 1997) dürfen sich Ärzte mit Angehörigen anderer Fachberufe zur kooperativen Berufsausübung in einer sog. **medizinischen Kooperationsgemeinschaft** zusammenschließen. Hierfür steht nach Kap. B § 23b Abs. 1 Satz 2 MBO-Ä 1997

---

581) *Lichtner/Korfmacher*, WPK-Mitt. 1994, 207, 216 f. m. genauen Zahlenangaben.

582) MBO aufgrund der Beschlüsse des 79. Deutschen Ärztetages von 1976 mit der letzten Änderung von 1993.

583) Beschlussvorlage für den 98. Deutschen Ärztetag abgedr. im Deutschen Ärzteblatt v. 19.5.1995, B-1064; hierzu *Schirmer*, Deutschen Ärzteblatt v. 19.5.1995, B-1063; zu den Beschlüssen des 98. Deutschen Ärztetages *Meudt*, Ärzte-Zeitung v. 26./27.5.1995.

584) *Ehmann*, MedR 1994, 141, 145; unklar *Krieger*, MedR 1995, 95, 96; a. A. *Schirmer*, Deutsches Ärzteblatt v. 19.5.1995, B-1063, der verkennt, dass es aufgrund der grundsätzlichen Berufsfreiheit des Art. 12 GG keiner ausdrücklichen Zulassung bedarf, sondern vielmehr ein Verbot ausdrücklich geregelt sein müsste; vgl. BSG, Urt. v. 22.4.1983 – 6 RKa 7/81, BSGE 55, 97 = MedR 1984, 30.

585) *Narr*, Ärztliches Berufsrecht, Rz. B433.

586) Eingehend hierzu *Taupitz*, MedR 1993, 367.

587) Fassung in Form der Beschlüsse des 100. Deutschen Ärztetages in Eisenach im Jahre 1997 abgedruckt in NJW 1997, 3076 ff.

die Partnerschaft als Gesellschaftsform zur Verfügung. Der Zusammenschluss ist gemäß Kap. D II Nr. 9 Abs. 2 Satz 1 MBO-Ä 1997 mit folgenden Berufen möglich:

- Angehörige akademischer Heilberufe im Gesundheitswesen;[588)]
- Angehörige staatlicher Ausbildungsberufe im Gesundheitswesen;[589)]
- Naturwissenschaftler;
- Angehörige sozialpädagogischer Berufe.

177 Kap. B § 23b Abs. 1 Satz 3 und 4, Abs. 2 Satz 2 MBO-Ä 1997 stellt weitere Anforderungen an eine **interprofessionelle Ärztepartnerschaft**. Danach müssen die übrigen Partner in ihrer Verbindung mit dem Arzt einen gleichgerichteten oder integrierenden diagnostischen oder therapeutischen Zweck bei der Heilbehandlung, auch auf dem Gebiete der Prävention und Rehabilitation, durch räumlich nahes und koordiniertes Zusammenwirken aller beteiligten Berufsangehörigen erfüllen können. Der Kooperationsvertrag muss u. a. gewährleisten, dass die Verantwortungsbereiche der Partner gegenüber den Patienten getrennt bleiben, dass ausschließlich der Arzt medizinische Entscheidungen trifft und dass auch die übrigen Partner die Einhaltung der berufsrechtlichen Bestimmungen der Ärzte beachten. Zusammenschließen dürfen sich nur Angehörige solcher Berufe, die mit dem Arzt entsprechend dem jeweiligen Fachgebiet einen gemeinschaftlich erreichbaren medizinischen Zweck nach der Art ihrer beruflichen Kompetenz zielbezogen erfüllen können. Die gemeinsame Berufsausübung mit einem Heilpraktiker ist jedoch für den Arzt unzulässig.[590)] Ein Arzt darf sich gemäß Kap. B § 23c MBO-Ä 1997 auch mit anderen als den in Kap. B § 23b MBO-Ä 1997 genannten Berufsangehörigen zusammenschließen, sofern er in der Partnerschaft nicht die Heilkunde am Menschen ausübt. Die Partner müssen in diesem Fall auf die zutreffende Angabe des i. R. der Partnerschaft ausgeübten Berufs bei der Abfassung des Partnerschaftsvertrages achten, siehe § 3 Abs. 2 Nr. 2 PartGG. Für den Vertragsarzt richtet sich die gemeinsame Berufsausübung nach den Voraussetzungen des § 33 Abs. 2 Ärzte-ZV[591)].

178 Nach einigen ärztlichen Berufsordnungen muss bzw. soll der beteiligte Arzt den Partnerschaftsvertrag der Ärztekammer vor dem Abschluss vorlegen.[592)] Die eigentliche Schwierigkeit interprofessioneller ärztlicher Zusammenschlüsse wird nach alledem weniger im Gesellschafts- oder im Berufsrecht zu suchen sein, sondern sich vielmehr aus der – zurzeit wohl noch negativ zu beantwortenden – Frage ergeben, ob die Partnerschaft eine **kassenärztliche Gesamtzulassung** erhalten wird,[593)] da § 95 Abs. 1 Satz 1 SGB V[594)] davon ausgeht, dass nur Ärzte und medizinische Ver-

588) Zu den akademischen und nichtakademischen Heilberufen *Schnitzler*, Heilberufe, S. 113 f.

589) Zu den Hebammen vgl. *K. Schmidt*, ZIP 1993, 633, 639; *Lenz*, MDR 1994, 741, 746; zu den Angehörigen der Berufe in der Physiotherapie vgl. zusätzlich *Taupitz*, MedR 1993, 367.

590) *Henssler*, PartGG, § 1 Rz. 234 m. w. N.

591) Zulassungsverordnung für Vertragsärzte (Ärzte-ZV) v. 28.5.1957, BGBl. I 1957, 572.

592) Näher *Taupitz*, MedR 1993, 367, 377 f.

593) *Lenz*, MDR 1994, 741, 746; *Reischmann*, Ärzte-Zeitung v. 10.11.1994; näher hierzu *Kosek/Hess*, Ärztliche Praxis Nr. 30 v. 12.4.1994, S. 35.

594) Sozialgesetzbuch (SGB) Fünftes Buch (V) – Gesetzliche Krankenversicherung (Art. 1 des Gesetzes v. 20.12.1988), BGBl. I 1988, 2477.

sorgungszentren an der vertragsärztlichen Versorgung teilnehmen dürfen. Medizinische Versorgungszentren können nach § 95 Abs. 1a Satz 1 Halbs. 1 SGB V insbesondere als Personengesellschaft gegründet werden.

179 Für niedergelassene **Zahnärzte** besteht gemäß § 16 Abs. 1 der Muster-Berufsordnung der Bundeszahnärztekammer (MBO-ZÄ) in der Fassung vom 19.5.2010 die Möglichkeit zur gemeinsamen Berufsausübung innerhalb der Zahnärzteschaft. Zahnärzte sind ferner zur Gründung einer Partnerschaft mit selbständig tätigen und zur eigenverantwortlichen Berufsausübung berechtigten Angehörigen anderer Heilberufe oder staatlicher Ausbildungsberufe im Gesundheitswesen befugt, wenn ihre eigenverantwortliche, medizinisch unabhängige sowie nicht gewerbliche Berufsausübung gewährleistet ist. Darüber hinaus können sich Zahnärzte nach § 17 Abs. 2 MBO-ZÄ aber auch mit Angehörigen anderer Berufe zusammenschließen, wenn sie in der Partnerschaft nicht die Zahnheilkunde am Menschen ausüben. Dann muss jedoch die Einschränkung des § 9 Abs. 4 MBO-ZÄ berücksichtigt werden. Für den Vertragszahnarzt gelten für die gemeinsame Berufsausübung die Voraussetzungen des § 33 Abs. 2 Zahnärzte-ZV[595].

180 § 18 Abs. 1 der Musterberufsordnung (MBO-TÄ) in der Fassung des Beschlusses der Delegiertenversammlung der Bundestierärztekammer e. V. vom 21.4.2012 schreibt vor, dass **Tierärzten** der Betrieb einer Gemeinschaftspraxis auch in der Rechtsform der Partnerschaft nur mit Tierärzten erlaubt ist. Die interprofessionelle Partnerschaft kommt demnach für Tierärzte nicht in Frage. Auch in den Berufsordnungen der Landestierärztekammern finden sich entsprechende Regelungen (z. B. Baden-Württemberg: § 21 Abs. 2, Niedersachsen: § 21a Satz 2, Thüringen: § 16 Abs. 2). Die Tierärztekammer Bremen lässt die Zusammenarbeit hingegen mit ähnlichen Berufen, insbesondere mit Ärzten und Naturwissenschaftlern, zu (§ 25 Abs. 2 Satz 1 BerufsO). Solange der Tierarzt in der Partnerschaft die Tierheilkunde nicht ausübt, kann er sich nach § 23 Abs. 1 der Bayerischen Berufsordnung auch mit anderen Angehörigen freier Berufe zusammenschließen.

181 Für **Hebammen** und Entbindungspfleger lässt sich weder dem Hebammengesetz[596] noch den landesrechtlichen Berufsordnungen Regelungen über Zusammenschlüsse sowohl zwischen Hebammen als auch mit anderen Berufsgruppen entnehmen. Manche Berufsordnungen sehen eine Weisungsbefugnis des Arztes gegenüber der Hebamme vor.[597] Daraus wird teilweise abgeleitet, dass dadurch ein interprofessioneller Zusammenschluss ausgeschlossen sein soll, ohne jedoch von einem konkreten Verbot auszugehen.[598] Da Kap. B § 23b MBO-Ä 1997 jedoch von der Möglichkeit zu solch einem Zusammenschluss ausgeht, würden sich die Regelungen hier widersprechen. Dahingegen sehen alle Hebammen-Berufsordnungen vor, dass sich diese

595) Zulassungsverordnung für Vertragszahnärzte (Zahnärzte-ZV) v. 28.5.1957, BGBl. I 1957, 582.

596) Gesetz über den Beruf der Hebamme und des Entbindungspflegers (Hebammengesetz – HebG) v. 4.6.1985, BGBl. I 1985, 902.

597) Berlin: § 2 Abs. 2 HebBO; Brandenburg: § 3 Abs. 2 HebBOBbg; Hamburg: § 10 Abs. 3 Satz 1 Hebammen-Berufsordnung; Mecklenburg-Vorpommern: § 2 Abs. 2 HebBO; Sachsen: § 4 Satz 2 SächsHebG.

598) *Henssler*, PartGG, § 1 Rz. 264.

gegenseitig vertreten sollen oder müssen, was allerdings noch nicht für die Möglichkeit einer gemeinsamen Verbindung zur Berufsausübung spricht. Das eigentliche Recht auf einen Zusammenschluss in Form einer Partnerschaft ergibt sich allein schon aus Art. 12 GG.

182 Der **öffentlich bestellte und vereidigte Sachverständige** darf sich gemäß § 21 der Muster-Sachverständigenordnung (Muster-SVO) (siehe dazu oben Rz. 109 ff.) mit anderen Personen und damit auch mit nicht öffentlich bestellten und vereidigten Sachverständigen und selbst Nicht-Sachverständigen in jeder Rechtsform zusammenschließen. Dabei hat er jedoch darauf zu achten, dass seine Glaubwürdigkeit, sein Ansehen in der Öffentlichkeit und die Einhaltung seiner Pflichten nach der Muster-SVO gewährleistet sind. Sowohl die seitens des Deutschen Industrie- und Handelskammertag e. V. als auch den Zentralverband des Deutschen Handwerks e. V. erlassenen Muster-SVO sind diesbezüglich inhaltsgleich. Jedoch enthält § 21 Abs. 2 der für den Handwerksbereich geltenden Muster-SVO eine weitergehende Regelung zur Haftpflichtversicherung.

III. Kritische Würdigung

183 Das Bedürfnis, für die freien Berufen eine international konkurrenzfähige Organisationsform zu schaffen, war vom Gesetzgeber richtig erkannt worden. Hervorzuheben ist insoweit etwa der Bereich der rechts- und wirtschaftsberatenden Berufe mit einer zunehmenden Entwicklung hin zu einem **„one stop shopping“**, also einer den gesamten Betreuungsbedarf eines Klienten abdeckenden Angebotspalette. Neben der **Unternehmensberatung** mit denkbaren Kombinationen etwa der klassischen Verbindung Rechtsanwalt/Steuerberater/Wirtschaftsprüfer mit beratenden Volks- und Betriebswirten oder Ingenieuren[599)] bieten sich hierfür das **Bauwesen** (Architekten, Ingenieure, Betriebswirte, Rechtsanwälte, Finanzberater, Steuerberater etc.)[600)] oder auch das **Gesundheitswesen** an (Ärzte, Zahnärzte, Psychotherapeuten, Physiotherapeuten, Heilpraktiker, Hebammen).[601)] In diesem Bedürfnis liegt eine der grundlegenden Rechtfertigungen für die Einrichtung einer neuen Gesellschaftsform „für die interprofessionelle, überregionale und auch grenzüberschreitende Zusammenarbeit“[602)] der Freiberufler.

184 Dieses Ziel des Gesetzgebers ist im PartGG noch nicht einmal ansatzweise verwirklicht worden.[603)] Es wurde vielmehr während eines langen Gesetzgebungsverfahrens mit einer (womöglich zu) intensiven Befragung und Beteiligung **freiberuflicher Organisationen** schließlich deren Zustimmung zu dem Gesetz geopfert. Für die in der Literatur anzutreffende Bemerkung, „Dem Anliegen der Koalitionsver-

599) Vgl. bereits *Rittner*, DStB 1967, 2; ferner *Michalski*, Das Gesellschafts- und Kartellrecht, S. 145; *Gilgan*, Stbg 1995, 28, 29.

600) Vgl. bereits Begr. E 1971, BT-Drucks. VI/2047, S. 6; *Rittner*, DStB 1967, 2; *Michalski*, Das Gesellschafts- und Kartellrecht, S. 99.

601) *Michalski*, Das Gesellschafts- und Kartellrecht, S. 99; *Kosek/Hess*, Ärztliche Praxis Nr. 30 v. 12.4.1994, S. 35; *Laufs*, NJW 1995, 1590, 1595.

602) *Gres*, der freie beruf 6/1994, 23, 24; *Gres*, Handelsblatt v. 19.5.1994.

603) Vgl. auch *K. Schmidt*, NJW 1995, 1, 2; *Lenz*, MDR 1994, 741, 743; vgl. *Knoll/Schüppen*, DStR 1995, 608, 610.

einbarung entsprechend ist die Partnerschaftsgesellschaft interprofessionell ausgestaltet“[604]), lassen sich jedenfalls dem Gesetz keine Anhaltspunkte entnehmen.

IV. Rechtsvergleichung

185 Auch der **französische** Gesetzgeber hatte sich bereits bei Erlass des Gesetzes über die Einführung der „société civile professionelle“ die Ermöglichung interprofessioneller Berufsausübungsgesellschaften zum Ziel gesetzt.

> „Es gelang ihm jedoch nicht, seine als revolutionär bezeichnete Intention in die Rechtswirklichkeit umzusetzen.“[605])

Vielmehr wurde die entscheidende Initiative der Exekutive überlassen, die daraufhin aber die Frage der interdisziplinären Gesellschaft auf unbestimmte Zeit verschob.

186 In **Österreich** hatte der Entwurf für ein Partnerschaftsgesetz in seinem § 3 lediglich den Zusammenschluss von Zahnärzten und Dentisten gebilligt, im Übrigen aber die interprofessionelle Verbindung gänzlich untersagt.[606]) Angesichts des auch in Österreich erkannten Bedürfnisses verstärkter Kooperation über die Berufsgrenzen hinweg[607]) war dieses Verbot während des Gesetzgebungsverfahrens erheblicher Kritik ausgesetzt.[608]) Das schließlich im Jahre 1990 verabschiedete Erwerbsgesellschaftengesetz (EGG) enthielt in seinem § 6 Abs. 1 nur noch einen Vorbehalt zugunsten des Berufsrechts, so dass sich wie in Deutschland von dort her wesentliche Beschränkungen der möglichen Zusammenarbeit ergaben.[609]) Im Jahr 2005 wurde durch das Handelsrechts-Änderungsgesetz[610]) mit Wirkung zum 31.12.2006 das Erwerbsgesellschaftengesetz wieder aufgehoben. Ergebnis dieser Reform war die Änderung des Unternehmensgesetzbuchs (UGB), die zum 1.1.2007 in Kraft trat. § 4 Abs. 2 Satz 1 UGB regelt den Vorrang des Berufsrecht der freien Berufe gegenüber dem Gesellschaftsrecht.

187 Der **belgische** Gesetzentwurf hatte vorgesehen, die Gründung von „sociétés civiles interprofessionnelles“ durch verschiedene, aber „komplementäre“ Berufe zuzulassen.[611]) Was komplementär bedeutet, wurde im Gesetzentwurf nicht definiert. Die Begründung führte hierzu aus, dass damit nicht nur Verstöße gegen Inkompatibilitätsvorschriften vermieden, sondern auch gewährleistet werden sollte, dass sich nur solche Berufe vereinen, von denen tatsächlich anzunehmen ist, dass sich dies für die Praxis als nutzbringend erweist.[612]) Das Nähere sollte den noch zu erlassenden Ausführungsverordnungen überlassen bleiben.

---

604) *Seibert*, NWB Fach 18, S. 3365, 3369; kritisch zu dem „Eigenlob des Gesetzgebers für seinen vermeintlich interprofessionellen Ansatz“ auch *Knoll/Schüppen*, DStR 1995, 608, 610.

605) *Schwenter-Lipp*, S. 72.

606) *Krejci* in: Verhandlungen des 10. ÖJT, Bd. I/1, S. 81 f.

607) Vgl. *Krejci* in: Verhandlungen des 10. ÖJT, Bd. I/1, S. 14.

608) Z. B. *Krejci* in: Verhandlungen des 10. ÖJT, Bd. I/1, S. 83 („befremdend“).

609) Dazu *Krejci*, EGG, § 6 Rz. 11–44.

610) Handelsrechts-Änderungsgesetz (HaRÄG) v. 27.10.2005, BGBl. I Nr. 120/2005.

611) Art. 2 Abs. 1 des Gesetzentwurfes, Chambre des Représentants, sess. 1984–85, doc. 1108-1, 5.

612) Begr. RegE, Chambre des Représentants, sess. 1984–85, doc. 1108-1, 5.

188 Bei den Beratungen der EG-Kommission anlässlich von Planungen zur Einführung einer **europäischen Freiberufler-Gesellschaft** stellte sich die interdisziplinäre Zusammenarbeit als ganz besonderes Problem dar.[613)] Während die Dienststellen der Kommission auch dieser Form eines Zusammenschlusses auf europäischer Ebene grundsätzlich positiv gegenüberstanden, vermochten sie sich doch keine abschließende Meinung zu bilden, zumal die praktische Handhabung solcher Gesellschaften wegen der Vielzahl und der grundlegenden Unterschiede der betroffenen Berufsrechte auf erhebliche Schwierigkeiten stoßen würde. Die Frage besonderer Verhaltenspflichten, wie insbesondere der Schweigepflicht, sollte nach den Vorstellungen der Kommission so gelöst werden, dass jeweils die zwingendste Vorschrift (z. B. die Schweigepflicht) von sämtlichen Partnern, also auch denen aus anderen Berufen, beachtet werden müsste. Die Europäische Wirtschaftliche Interessenvereinigung (EWIV) stellt wegen ihres beschränkten Rahmens keinen adäquaten Ersatz dar.[614)]

G. Die subsidiäre Geltung des BGB (§ 1 Abs. 4 PartGG)

I. Entwicklung der Norm und Normzweck

189 Die Entwürfe von **1971 und 1975** hatten vor allem in dem Bemühen, das Recht der Partnerschaft umfassend selbst zu regeln, auf eine vergleichbare Generalverweisung verzichtet; erstmals der Entwurf von **1976** enthält eine ähnliche Bestimmung.[615)] In den ersten Entwürfen für das PartGG bis einschließlich zum **Regierungsentwurf** war man davon wieder abgegangen, da man eine ausdrückliche Normierung der subsidiären Geltung der §§ 705 ff. BGB für nicht erforderlich hielt, zumal die Partnerschaft als Personengesellschaft wie die OHG nur eine Sonderform der GbR und nicht etwa ein Verein ist.[616)] Bereits durch die Stellungnahme mehrerer freiberuflicher Verbände[617)] während des Gesetzgebungsverfahrens war jedoch deutlich geworden, dass diese Auffassung auf Widerstand stoßen würde. Den abweichenden Stimmen schloss sich schließlich auch der Bundesrat an,[618)] auf dessen Vorschlag hin der Rechtsausschuss des Deutschen Bundestages den Absatz 4 in das Gesetz einfügte.[619)] Während der **Bundesrat** in seiner Stellungnahme[620)] vor allem auf das Fehlen subsidiärer Gewinnverteilungsvorschriften nach dem Verzicht auf eine Verweisung auf die §§ 120 bis 122 HGB[621)] sowie auf die unvollständige Regelung des Ausscheidens von Partnern verweist, kam es den **freiberuflichen Or-**

---

613) Ausführlich hierzu *EG-Kommission*, Konsultationsdokument, S. 24 ff.

614) *Henssler*, PartGG, Einf. Rz. 61.

615) § 2 E 1976, BT-Drucks. 7/5402, S. 4.

616) Begr. RegE PartGG, BT-Drucks. 12/6152, S. 9; *Bösert*, DStR 1993, 1332, 1335, vgl. auch dort Fn. 38, S. 1336, zur damals abweichenden Auffassung von *K. Schmidt*, ZIP 1993, 633, 635, 638.

617) So insbesondere *BRAK*, Stellungnahme zum RefE PartGG, S. 4; *DAV*, Stellungnahme zum RefE PartGG, S. 2; *Patentanwaltskammer*, Rundschreiben 2–3/93, S. 32.

618) Stellungnahme des BRats zum RegE PartGG, BT-Drucks. 12/6152, S. 25.

619) RA zum RegE PartGG, BT-Drucks. 12/7642, S. 4, 12; *Lenz*, MDR 1994, 741, 743.

620) Stellungnahme des BRats zum RegE PartGG, BT-Drucks. 12/6152, S. 25.

621) Hierzu kritisch bereits *Michalski*, ZIP 1993, 1210, 1212; *Feddersen/Meyer-Landrut*, PartGG, § 6 Rz. 8.

ganisationen auch darauf an, die Anwendung weiterer Vorschriften des HGB auszuschließen.[622] Ob dieses Ziel durch § 1 Abs. 4 PartGG tatsächlich erreicht wurde, ist indessen fraglich (siehe oben Rz. 36). Der Verzicht auf einen Generalverweis auf die Vorschriften des HGB anstatt der subsidiären Anwendung von BGB-Regelungen ist in der Literatur kritisch aufgenommen worden.[623]

II. Anzuwendende Vorschriften

190

Entsprechend anzuwenden sind

- die **§§ 705–707 BGB** über die Beiträge und die Pflicht zur Förderung des Gesellschaftszwecks. Bei den freien Berufen ist vor allem die Verpflichtung zur Einbringung der eigenen Arbeitskraft von Bedeutung.[624] § 705 BGB fordert, dass sich die Partner über die wesentlichen Vertragsbestandteile einigen müssen, sofern diese nicht durch den Mindestinhalt aus § 3 Abs. 2 PartGG abgedeckt sind (siehe oben *Zimmermann*, § 3 Rz. 23).[625]
- **§ 708 BGB** über den Maßstab für die Haftung der Partner (eigenübliche Sorgfalt).
- **§ 712 Abs. 2 BGB**, wonach der Gesellschafter bei Vorliegen eines wichtigen Grundes die Geschäftsführung kündigen kann; die Kündigung der Geschäftsführung kann allerdings nur hinsichtlich der sonstigen Geschäfte i. S. des § 6 Abs. 2 PartGG erfolgen, nicht jedoch bezogen auf die zur Berufsausübung gehörende Geschäftsführungstätigkeit; falls bei der Kündigung tatsächlich kein wichtiger Grund vorgelegen hat, macht sich der Partner schadensersatzpflichtig.
- **§ 717 BGB.** Das Abspaltungsverbot des § 717 Satz 1 BGB bestimmt, dass Verwaltungsrechte nicht übertragen werden können. Die **Anteilsübertragung** ist hierdurch nicht berührt. Sie ist nach allgemeinen Grundsätzen des Personengesellschaftsrechts möglich, sofern alle übrigen Partner der Übertragung zustimmen.[626] Wegen § 1 Abs. 1 und 2 PartGG kann die Übertragung der Beteiligung allerdings nur an solche Personen erfolgen, die partnerschaftsfähig sind.[627] Die Übertragung von Vermögensrechten nach § 717 Satz 2 BGB ist hingegen unbeschränkt zulässig, da dies nicht den Erwerb von Kontroll- oder Informationsrechten durch den Dritten mit sich bringt.[628] Der Partnerschaftsvertrag kann die Übertragung an partnerschaftsfähige Personen generell gestatten.[629]

---

622) *BRAK*, Stellungnahme zum RefE PartGG, S. 4; vgl. *Weyand*, INF 1995, 22, 23 in Fn. 28.

623) S. a. oben *Römermnann*, Einf. Rz. 86; *K. Schmidt*, NJW 1995, 1, 7; ihm folgend Meilicke u. a.-*Lenz*, PartGG, § 1 Rz. 129; *Hornung*, Rpfleger 1995, 481, 484.

624) Näher *Michalski/Römermann*, Vertrag der Partnerschaftsgesellschaft, Rz. 286 ff.; Meilicke u. a.-*Meilicke*, PartGG, § 6 Rz. 6 ff.

625) *Schäfer* in: MünchKomm-BGB, § 3 PartGG Rz. 2.

626) Begr. RegE PartGG, BT-Drucks. 12/6152, S. 21 unter Hinweis auf BGH, Urt. v. 28.4.1954 – II ZR 8/53, BGHZ 13, 179, 185 f.; BGH, Urt. v. 11.4.1957 – II ZR 182/55, BGHZ 24, 106, 114; ferner *Carl*, StB 1995, 173, 176.

627) Begr. RegE PartGG, BT-Drucks. 12/6152, S. 21; *Schirmer*, MedR 1995, 341, 343 f.; *Hornung*, Rpfleger 1996, 1, 6.

628) Vgl. Baumbach/Hopt-*Hopt*, HGB, § 109 Rz. 19 f.

629) *Feddersen/Meyer-Landrut*, PartGG, § 9 Rz. 12.

Der **Übertragungsvertrag** mitsamt der Zustimmung der übrigen Partner bedarf der Schriftform nach § 3 Abs. 1 PartGG, da hierdurch der Partnerschaftsvertrag geändert wird.

- Die Vorschriften der **§§ 718–720 BGB** über das Gesellschaftsvermögen.
- Die Gewinn- und Verlustbeteiligungsregeln der **§§ 721 und 722 BGB**, und zwar im Unterschied zu den Personenhandelsgesellschaften, wo die §§ 721, 722 Abs. 1 BGB durch die §§ 120–122 HGB verdrängt werden. Die Regelung der Gewinn- und Verlustbeteiligung nimmt in den Partnerschaftsverträgen zumeist breiten Raum ein. Bei den freien Berufen lassen sich grundlegend verschiedene Gewinnverteilungsmodelle feststellen, die sich zum Teil an bestimmten Quoten, zum Teil am Dienstalter und zum Teil an der individuellen Leistung des Partners orientieren.[630)]
- **§ 725 Abs. 2 BGB** über die Kündigung durch Pfändungspfandgläubiger in Ergänzung zu § 135 HGB i. V. m. § 9 Abs. 1 PartGG.
- **§ 732 BGB** über die Rückgabe von Gegenständen.
- Die **§§ 738–740 BGB** über die Auseinandersetzung bei dem Ausscheiden eines Partners.[631)]

191 Die Anwendbarkeit der §§ 713 und 714 BGB ist umstritten, ohne dass dies aber bislang thematisiert worden wäre. Teile der Literatur gehen ohne nähere Begründung von der Anwendbarkeit aus,[632)] andere Autoren vom Gegenteil.[633)] Nach richtiger Auffassung dürfte § 713 BGB von den §§ 110 ff. HGB verdrängt werden, die gemäß § 6 Abs. 2 Satz 2 PartGG auf die Partnerschaft entsprechend anwendbar sind.[634)]

---

630) Ausführlich *Michalski/Römermann*, Vertrag der Partnerschaftsgesellschaft, Rz. 208 ff.; *Römermann*, Entwicklungen und Tendenzen bei Anwaltsgesellschaften, S. 58 ff.

631) Zu § 738 BGB: BSG, Urt. v. 25.11.1998 – B 6 KA 70/97, NZS 1999, 470; *Wüstenberg*, Rpfleger 2002, 295 ff.; *Lux*, MDR 2006, 1203.

632) *Eggesiecker*, Partnerschaftsgesellschaft, Fach D Rz. 713.001 ff.; Meilicke u. a.-*Meilicke*, PartGG, § 6 Rz. 21, § 7 Rz. 9 ff.

633) *Ring*, Partnerschaftsgesellschaft, § 1 Rz. 50 ff.; *Schäfer* in: MünchKomm-BGB, § 1 PartGG Rz. 88; *Henssler*, PartGG, § 1 Rz. 38.

634) *Henssler*, PartGG, § 1 Rz. 38.

§ 2
Name der Partnerschaft

(1) [1]Der Name der Partnerschaft muß den Namen mindestens eines Partners, den Zusatz „und Partner" oder „Partnerschaft" sowie die Berufsbezeichnungen aller in der Partnerschaft vertretenen Berufe enthalten. [2]Die Beifügung von Vornamen ist nicht erforderlich. [3]Die Namen anderer Personen als der Partner dürfen nicht in den Namen der Partnerschaft aufgenommen werden.*)

(2) § 18 Abs. 2, §§ 21, 22 Abs. 1, §§ 23, 24, 30, 31 Abs. 2, §§ 32 und 37 des Handelsgesetzbuchs sind entsprechend anzuwenden; § 24 Abs. 2 des Handelsgesetzbuchs gilt auch bei Umwandlung einer Gesellschaft bürgerlichen Rechts in eine Partnerschaft.)**

Die Vorschriften des **HGB**, auf die § 2 Abs. 2 PartGG Bezug nimmt, lauten:

§ 18 (Firma des Einzelkaufmanns)

(1) … .

(2) Die Firma darf keine Angaben enthalten, die geeignet sind, über geschäftliche Verhältnisse, die für die angesprochenen Verkehrskreise wesentlich sind, irrezuführen. Im Verfahren vor dem Registergericht wird die Eignung zur Irreführung nur berücksichtigt, wenn sie ersichtlich ist.

§ 21 (Fortführung bei Namensänderung)

Wird ohne eine Änderung der Person der in der Firma enthaltene Name des Geschäftsinhabers oder eines Gesellschafters geändert, so kann die bisherige Firma fortgeführt werden.

§ 22 (Fortführung bei Erwerb des Handelsgeschäfts)

(1) Wer ein bestehendes Handelsgeschäft unter Lebenden oder von Todes wegen erwirbt, darf für das Geschäft die bisherige Firma, auch wenn sie den Namen des bisherigen Geschäftsinhabers enthält, mit oder ohne Beifügung eines das Nachfolgeverhältnis andeutenden Zusatzes fortführen, wenn der bisherige Geschäftsinhaber oder dessen Erben in die Fortführung der Firma ausdrücklich willigen.

(2) … .

§ 23 (Veräußerungsverbot)

Die Firma kann nicht ohne das Handelsgeschäft, für welches sie geführt wird, veräußert werden.

§ 24 (Fortführung bei Änderungen im Gesellschafterbestand)

(1) Wird jemand in ein bestehendes Handelsgeschäft als Gesellschafter aufgenommen oder tritt ein neuer Gesellschafter in eine Handelsgesellschaft ein oder scheidet aus einer solchen ein Gesellschafter aus, so kann ungeachtet dieser Veränderung die bisherige Firma fortgeführt werden, auch wenn sie den Namen des bisherigen Geschäftsinhabers oder Namen von Gesellschaftern enthält.

(2) Bei dem Ausscheiden eines Gesellschafters, dessen Name in der Firma enthalten ist, bedarf es zur Fortführung der Firma der ausdrücklichen Einwilligung des Gesellschafters oder seiner Erben.

---

*) § 2 Abs. 1 Sätze 2 und 3 eingefügt durch HRefG v. 22.6.1998, BGBl. I 1998, 1474, 1480.

**) § 2 Abs. 2 geändert durch HRefG v. 22.6.1998, BGBl. I 1998, 1474, 1480.

§ 30 (Unterscheidbarkeit)

(1) Jede neue Firma muß sich von allen an demselben Ort oder in derselben Gemeinde bereits bestehenden und in das Handelsregister oder in das Genossenschaftsregister eingetragenen Firmen deutlich unterscheiden.

(2) Hat ein Kaufmann mit einem bereits eingetragenen Kaufmanne die gleichen Vornamen und den gleichen Familiennamen und will auch er sich dieser Namen als seiner Firma bedienen, so muß er der Firma einen Zusatz beifügen, durch den sie sich von der bereits eingetragenen Firma deutlich unterscheidet.

(3) Besteht an dem Orte oder in der Gemeinde, wo eine Zweigniederlassung errichtet wird, bereits eine gleiche eingetragene Firma, so muß der Firma für die Zweigniederlassung ein der Vorschrift des Absatzes 2 entsprechender Zusatz beigefügt werden.

(4) Durch die Landesregierungen kann bestimmt werden, daß benachbarte Orte oder Gemeinden als ein Ort oder als eine Gemeinde im Sinne dieser Vorschriften anzusehen sind.

§ 31 (Änderungen der Firma; Erlöschen)

(1) … .

(2) Das gleiche gilt, wenn die Firma erlischt. Kann die Anmeldung des Erlöschens einer eingetragenen Firma durch die hierzu Verpflichteten nicht auf dem in § 14 bezeichneten Wege herbeigeführt werden, so hat das Gericht das Erlöschen von Amts wegen einzutragen.

§ 32 (Insolvenzverfahren)

(1) Wird über das Vermögen eines Kaufmanns das Insolvenzverfahren eröffnet, so ist dies von Amts wegen in das Handelsregister einzutragen. Das gleiche gilt für

1. die Aufhebung des Eröffnungsbeschlusses,
2. die Bestellung eines vorläufigen Insolvenzverwalters, wenn zusätzlich dem Schuldner ein allgemeines Verfügungsverbot auferlegt oder angeordnet wird, daß Verfügungen des Schuldners nur mit Zustimmung des vorläufigen Insolvenzverwalters wirksam sind, und die Aufhebung einer derartigen Sicherungsmaßnahme,
3. die Anordnung der Eigenverwaltung durch den Schuldner und deren Aufhebung sowie die Anordnung der Zustimmungsbedürftigkeit bestimmter Rechtsgeschäfte des Schuldners,
4. die Einstellung und die Aufhebung des Verfahrens und
5. die Überwachung der Erfüllung eines Insolvenzplans und die Aufhebung der Überwachung.

(2) Die Eintragungen werden nicht bekanntgemacht. Die Vorschriften des § 15 sind nicht anzuwenden.

§ 37 (Unzulässiger Firmengebrauch)

(1) Wer eine nach den Vorschriften dieses Abschnitts ihm nicht zustehende Firma gebraucht, ist von dem Registergerichte zur Unterlassung des Gebrauchs der Firma durch Festsetzung von Ordnungsgeld anzuhalten.

(2) Wer in seinen Rechten dadurch verletzt wird, daß ein anderer eine Firma unbefugt gebraucht, kann von diesem die Unterlassung des Gebrauchs der Firma verlangen. Ein nach sonstigen Vorschriften begründeter Anspruch auf Schadensersatz bleibt unberührt.

Literatur: *Appel*, Gesellschaftsvertrag einer Partnerschaft, Stbg 1995, 203; *Beckmann*, Für eine Partnerschaft Freier Berufe, in: Festschrift für Detlef Kleinert, 1992, S. 210; *Bösert*, Das Gesetz über Partnerschaftsgesellschaften Angehöriger Freier Berufe (Partnerschaftsgesellschaftsgesetz – PartGG), ZAP Fach 15, S. 137 (= ZAP 1994, 765); *Burret*, Das Partnerschaftsgesellschaftsgesetz, WPK-Mitt. 1994, 201; *Edlbacher*, Die Anwaltssozietät und ihr Name – Im Besonderen: Darf der Name eines ausgeschiedenen Rechtsanwalts in der Bezeichnung der Sozietät beibehalten werden?, ÖJZ 1988, 289; *Fett/Brand*, Die sog. „Einmann-Personengesellschaft“, NZG 1999, 45; *Gleiss*, Soll ich Rechtsanwalt werden?, 3. Aufl., 1992; *Gres*, Partnerschaftsgesetz für Freie Berufe – Gesetzesvorhaben mit Vorgeschichte, Der Selbständige, 12/1992, 6; *Hartmann*, Zur Abänderbarkeit der gemäß § 24 HGB fortgeführten Firma einer Personenhandelsgesellschaft, RNotZ 2003, 250; *Hornung*, Partnerschaftsgesellschaft für Freiberufler (Teil 1), Rpfleger 1995, 481 und (Teil 2), Rpfleger 1996, 1; *Jürgenmeyer*, Berufsrechtliche Diskriminierungen der interprofessionell tätigen Rechtsanwälte, BRAK-Mitt. 1995, 142; *Kempter*, Das Partnerschaftsgesellschaftsgesetz, BRAK-Mitt. 1994, 122; *Knoll/Schüppen*, Die Partnerschaftsgesellschaft – Handlungszwang, Handlungsalternative oder Schubladenmodell, DStR 1995, 608; *Kögel*, Die deutliche Unterscheidbarkeit von Firmennamen, Rpfleger 1998, 317; *Krejci*, Unternehmensgesetzbuch statt HGB, ZHR 170 (2006), 113; *Kupfer*, Freiberufler-Gesellschaften: Partnerschaft, Anwalts- und Ärzte-GmbH, KÖSDI 1995, 10130; *Mahnke*, Das Partnerschaftsgesellschaftsgesetz, WM 1996, 1029; *Michalski*, Zum Regierungsentwurf eines Partnerschaftsgesellschaftsgesetzes, ZIP 1993, 1210; *Michalski*, Zulässigkeit und „Firmierung“ überörtlicher Anwaltssozietäten, ZIP 1991, 1551; *Michalski/Römermann*, Verkauf einer Anwaltskanzlei, NJW 1996, 1305; *Michalski/Römermann*, Wettbewerbsbeschränkungen zwischen Rechtsanwälten, ZIP 1994, 433; *Oppenhoff*, Anwaltsgemeinschaften, ihr Sinn und Zweck, AnwBl 1967, 267; *Römermann*, Die Firma der Steuerberater-, Wirtschaftsprüfer- und Anwaltssozietät, INF 2001, 181; *Römermann*, Namensfortführung in der Freiberuflersozietät und Partnerschaft, NZG 1998, 121; *Ruppert*, Die novellierte Berufsordnung der Steuerberater, DStR 2011, 138; *Schirmer*, Regelungen für die Übergangszeit bis zum Inkrafttreten der Begleitregelungen in der ärztlichen Berufsordnung, Deutsches Ärzteblatt vom 19.5.1995, B-1063, B-1064; *Schirmer*, Berufsrechtliche und kassenarztrechtliche Fragen der ärztlichen Berufsausübung in Partnerschaftsgesellschaften, MedR 1995, 341 (Teil 1), MedR 1995, 383 (Teil 2); *Schmidt, K.*, Handelsrecht, 4. Aufl., 1994; *Schmidt, K.*, Partnerschaftsgesetzgebung zwischen Berufsrecht, Schuldrecht und Gesellschaftsrecht, ZIP 1993, 633; *Schmuck*, Die Anwalts-AG nach französischem Recht, RIW 1993, 983; *Schockenhoff*, Blickfangwerbung auf dem Anwaltsbrief?, NJW 1991, 1158; *Schulze-Wilk*, Neues Gesetz sichert Status der Freien Berufe, zm 84, Nr. 13 vom 1.7.1994; *Seibert*, Das neue Partnerschaftsgesellschaftsgesetz, BuW 1995, 100; *Seibert*, Die Partnerschaft für die Freien Berufe, DB 1994, 2381; *Seibert*, Regierungsentwurf eines Partnerschaftsgesellschaftsgesetzes, ZIP 1993, 1197; *Sommer*, Die neue Partnerschaftsgesellschaft – Eine zweckmäßige Rechtsform für Steuerberater?, DSWR 1995, 181; *Stuber*, Das Partnerschaftsgesellschaftsgesetz unter besonderer Berücksichtigung der Belange der Anwaltschaft, WiB 1994, 705; *Wertenbruch*, Die Rechtsprechung zum Personengesellschaftsrecht in den Jahren 2003 bis 2005, NZG 2006, 408; *Weyand*, Partnerschaftsgesellschaften als neue Organisationsform für die freiberufliche Praxis, INF 1995, 22; *Wolff*, Firmierung der GmbH mit partnerschaftlichen Zusatz: Gestaltungsgrenzen und Folgen ihrer Überschreitung, GmbHR 2006, 303.

Übersicht

A. Normentwicklung

1 Die Entwürfe aus den 70er Jahren waren hinsichtlich des Namens der Partnerschaft mehrfachen Änderungen unterworfen. Einig waren sie sich in der Forderung, dass der Name mindestens eines Partners und zwingend der Zusatz „Partnerschaft" aufgenommen werden müssten.[1] Sofern nicht die Namen aller Gesellschafter genannt würden, konnte[2] oder musste[3] stattdessen der Zusatz „und Partner" im Namen geführt werden. Die beiden ersten Entwürfe enthielten insoweit allerdings noch eine **Sonderregelung für Ärzte**, deren Partnerschaften stets die Namen sämtlicher Partner anführen mussten.[4]

2 Die Weiterführung des **Namens ausgeschiedener Partner** war nach allen Entwürfen im Grundsatz zulässig, gemäß den Entwürfen von 1975/76 jedoch nur bis zu acht Jahren nach dem Ausscheiden des betroffenen Gesellschafters.[5] Auch insoweit galten nach den beiden ersten Entwürfen Ausnahmeregeln für Ärzte, denen die Namensfortführung untersagt war.[6] Der erste Entwurf ermöglichte der Partnerschaft ferner die Aufnahme tätigkeitsbezogener Sachzusätze in den Partnerschaftsnamen.[7] In den folgenden Entwürfen entfiel diese Bestimmung zugunsten der obligatorischen Nennung der **Berufsbezeichnungen** aller Partner.[8] Von der zuletzt genannten Regelung war man auch im Gesetzgebungsverfahren des PartGG von

1) § 1 Abs. 2 Sätze 1 und 2 E 1971, BT-Drucks. VI/2047, S. 1; § 2 Abs. 1 E 1975, BT-Drucks. 7/4089, S. 3; § 3 Abs. 1 E 1976, BT-Drucks. 7/5402, S. 4.
2) § 1 Abs. 2 Satz 2 E 1971; § 2 Abs. 1 Satz 2 E 1975.
3) § 3 Abs. 1 Satz 2 E 1976.
4) § 1 Abs. 2 Satz 5 E 1971, § 2 Abs. 3 Satz 1 E 1975.
5) § 2 Abs. 2 Satz 1 E 1975, § 3 Abs. 2 E 1976; der Entwurf von 1971 sah in seinem § 1 Abs. 2 Satz 3 keine zeitliche Beschränkung vor.
6) § 1 Abs. 2 Satz 6 E 1971, § 2 Abs. 3 Satz 1 E 1975.
7) § 1 Abs. 2 Satz 4 E 1971.
8) § 2 Abs. 2 Satz 2 E 1975, § 3 Abs. 1 Satz 1 E 1976.

Anfang an ausgegangen.[9] Lediglich bei anerkannten Steuerberatungs- und Wirtschaftsprüfungsgesellschaften sollte nach § 31 WPO in der Fassung des Art. 8 des Gesetzes zur Schaffung von Partnerschaftsgesellschaften und § 53 StBerG in der Fassung dieses Gesetzes diese Verpflichtung entfallen.[10]

3 Durch das Handelsrechtsreformgesetz vom 22.6.1998[11] (HRefG) wurden § 19 Abs. 3 und 4 HGB gestrichen, so dass der frühere Verweis auf diese Vorschriften in § 2 Abs. 2 PartGG entfallen musste. Inhaltlich wurden die Bestimmungen des § 19 Abs. 3 und 4 HGB a. F. im Wesentlichen auf die neu eingefügten Sätze 2 und 3 des § 2 Abs. 1 PartGG übernommen. Weitere Veränderungen brachte das insoweit am 1.7.1998 in Kraft getretene HRefG hinsichtlich einzelner Vorschriften des HGB, auf die § 2 Abs. 2 HGB Bezug nimmt.

B. Die Mindestbestandteile des Namens der Partnerschaft (§ 2 Abs. 1 Satz 1 PartGG)

I. Überblick

4 Der Name einer Gesellschaft ist das entscheidende Identifikationsmerkmal für das Publikum, ihm haftet der gute Ruf und damit der good will einer Freiberufler-Gesellschaft an.[12] Für die GbR ist seit langem anerkannt, dass sie sich einen **bürgerlich-rechtlichen Namen** i. S. des § 12 BGB zulegen kann.[13] Dieser konnte schon bislang – wie nunmehr auch bei der Partnerschaft – aus dem oder den Namen nur einzelner Gesellschafter (Sozien) gebildet werden.[14]

5 Die Vorschrift kodifiziert daher im Wesentlichen das geltende Namensrecht für freiberufliche Gesellschaften bürgerlichen Rechts und überträgt es auf die Partnerschaft. Für die Details wird auf einige Bestimmungen aus dem **Firmenrecht des HGB** verwiesen. Auch hinsichtlich des Namensrechts wird damit vom Gesetzgeber die Annäherung freiberuflicher Gesellschaften an die Personenhandelsgesellschaften vollzogen (siehe unten Rz. 54 ff.).[15] Darüber hinaus enthält die Vorschrift berufsrechtliche Elemente, wie die Angabe der Berufsbezeichnung, deren Regelung im Gesellschaftsrecht auch hier als nicht geglückt erscheint (siehe *Römermann*, Einf. Rz. 83 ff.).

---

9) So bereits Punkt 5 des Neun-Punkte-Kataloges von 1991, hierzu *Beckmann* in: FS Kleinert, S. 210, 214; *Gres*, Der Selbständige, 12/1992, 6.

10) Ausführliche Kommentierung der Art. 7 und 8 des Gesetzes zur Schaffung von Partnerschaftsgesellschaften noch in der Vorauflage, 1995.

11) Handelsrechtsreformgesetz – HRefG v. 22.6.1998, BGBl. I 1998, 1474.

12) Für Rechtsanwälte vgl. Lingenberg/Hummel/Zuck/Eich-*Zuck*, StandesRiLi, § 28 Rz. 26; *Oppenhoff*, AnwBl 1967, 267, 275.

13) Palandt-*Ellenberger*, BGB, § 12 Rz. 9; *Michalski*, ZIP 1991, 1551, 1556; *Edlbacher*, ÖJZ 1988, 289, zur Rechtslage nach deutschem und österreichischem Recht.

14) Zu den verschiedenen hergebrachten Varianten bei Rechtsanwaltssozietäten vgl. *Gleiss*, S. 122; Lingenberg/Hummel/Zuck/Eich-*Zuck*, StandesRiLi, § 28 Rz. 26.

15) Vgl. *Salger* in: MünchHdb. GesR, Bd. 1, § 38 Rz. 14.

II. Die Namensbestandteile

6 Nach § 2 Abs. 1 PartGG muss der Name der Partnerschaft drei Elemente enthalten:

1. Den Namen mindestens eines **Partners**,
2. alternativ einen der **Zusätze**
   - „und Partner" oder
   - „Partnerschaft" sowie
3. die **Berufsbezeichnungen** aller vertretenen Berufe.

1. Die Benennung mindestens eines Partners

7 Wie bislang in der GbR, so können auch zukünftig in der Partnerschaft die Gesellschafter frei wählen, ob sie einen, mehrere oder alle Namen der Partner in den Namen der Partnerschaft aufnehmen wollen. Wenn mehrere Partnernamen aufgenommen werden, müssen sämtliche von ihnen richtig und vollständig sein.[16)]

8 Gemäß § 2 Abs. 1 Satz 2 PartGG ist die Beifügung von Vornamen nicht erforderlich. Name i. S. des § 12 BGB ist auch der Berufs- oder Künstlername (**Pseudonym**).[17)] Im Rahmen des § 2 PartGG ist umstritten, ob ein solches Pseudonym als Name angesehen werden kann.[18)] Allerdings handelt es sich bei § 2 im Grunde um eine Parallelvorschrift zu § 19 Abs. 1 HGB a. F. vor Inkrafttreten des HRefG. Daher wird man den Künstlernamen zur Firmenbildung unter Berücksichtigung der firmenrechtlichen Grundsätze[19)] und der Liberalisierung des Firmenrechts durch die HRefG[20)] zulassen müssen. Deshalb kann diese Vorschrift nicht als Verbot der Verwendung eines Pseudonyms aufgefasst werden.[21)] Der Künstlername ist schließlich der Name, unter dem der Partner im Rechtsverkehr auftritt, mit dem er identifiziert wird und unter dem er möglicherweise schon ideelle und materielle Vermögenswerte geschaffen hat. Wenn diesen Anforderungen genügt wird, ist die Führung eines Pseudonyms im Namen möglich. Der Partner muss allerdings den Nachweis erbringen, dass er mit dem Pseudonym schon seit längerer Zeit in Erscheinung getreten ist, er im Rechtsverkehr also mit diesem Namen identifiziert

---

16) OLG Karlsruhe, Beschl. v. 29.4.1999 – 11 Wx 44/98, NJW 1999, 2284 = MDR 1999, 1165.

17) BGH, Urt. v. 26.6.2003 – I ZR 296/00, BGHZ 155, 273 = ZIP 2003, 287, dazu EWiR 2003, 1225 *(Hoeren)*; Palandt-*Ellenberger*, BGB, § 12 Rz. 7.

18) Dafür etwa *Eggesiecker*, Fach D Rz. 2.230; *Schäfer* in: MünchKomm-BGB, § 2 PartGG Rz. 9; Meilicke u. a.-*Meilicke*, PartGG, § 2 Rz. 2a, abl. noch in deren Vorauflage (Rz. 2); offengelassen von OLG Karlsruhe, Beschl. v. 29.4.1999 – 11 Wx 44/98, NJW 1999, 2284, 2285 = MDR 1999, 1165. Weitere Nachweise für die Gegenansicht bei OLG Frankfurt/M., Beschl. v. 18.11.2002 – 20 W 319/02, NJW 2003, 364 = AnwBl 2003, 109.

19) Zur alten Rechtslage *Heidinger* in: MünchKomm-HGB, § 18 Rz. 70; Staub-*Burgard*, HGB, § 18 Rz. 56; a. A. *K. Schmidt*, Handelsrecht, § 12 III 1 e aa. So ausdrücklich sowie zur historischen Entwicklung des Pseudonyms im Firmenrecht auch OLG Frankfurt/M., Beschl. v. 18.11.2002 – 20 W 319/02, NJW 2003, 364 = AnwBl 2003, 109.

20) Begr. RegE HRefG, BT-Drucks. 12/8444, S. 35.

21) OLG Frankfurt/M., Beschl. v. 18.11.2002 – 20 W 319/02, NJW 2003, 364 = AnwBl 2003, 109.

wird. Dies kann etwa durch die Vorlage entsprechender Ausweispapiere (vgl. § 5 Abs. 2 Nr. 12 Alt. 2 PAuswG[22]) oder in anderer Weise[23] (Bestätigung durch berufsständische Organisationen, Fachpublikationen, Adressverzeichnisse) geschehen.

9 Für die Angabe des Nachnamens ist der **bürgerliche Name** des Partners maßgeblich, wie er sich aus dem Personenstandsregister ergibt.[24] Führt ein Partner einen **Doppelnamen**, so reicht es daher nicht aus, wenn nur ein Bestandteil des Doppelnamens – z. B. der Geburtsname – in den Namen der Partnerschaft einfließt.[25] Auch die Zusammensetzung der Familiennamen zweier Partner zu einem Wort ist unzulässig, denn dadurch wird die Verpflichtung, mindestens einen Namen der Partner aufzunehmen, nicht erfüllt.[26] Akademische Grade und Bezeichnungen sind nicht Bestandteil des bürgerlichen Namens.[27] Diese können aber im Namen der Partnerschaft geführt werden, solange keine Irreführung des Verkehrs zu befürchten ist.[28]

10 Unzulässig ist hingegen der **Deckname**, der bewusst die wahre Identität verschleiern soll und bei dem – im Gegensatz zum Künstlernamen – gerade der Eindruck erweckt werden soll, es würde sich hierbei um den wahren Namen handeln. Dies wäre mit dem Zweck der Vorschrift schlichtweg nicht vereinbar. § 2 Abs. 1 PartGG soll garantieren, dass weder über den Umfang der Partnerschaft noch den daran beteiligten Partnern getäuscht werden kann.[29] Daran hat sich auch seit der Handelsrechtsreform nichts geändert. Die Grundsätze des liberalisierten Firmenrechts, wonach der Deckname als zulässiger Fall einer Phantasiepersonenfirma angesehen wird,[30] sind nicht hierher übertragbar. Nach § 2 Abs. 1 Satz 1 PartGG ist die Angabe eines Namens zwingend vorgeschrieben. Ferner würde ein Deckname der Höchstpersönlichkeit der freiberuflichen Diensterbringung widersprechen. Die Aufnahme anderer Personen als der Partner in den Namen der Partnerschaft ist nach Absatz 1 Satz 3 unzulässig. Alle weiteren Probleme der Namensführung, insbesondere der beim Ausscheiden von Gesellschaftern auftretende Konflikt zwischen

22) Gesetz über Personalausweise und den elektronischen Identitätsnachweis (Personalausweisgesetz – PAuswG) v. 18.6.2009, BGBl. I 2009, 1346.

23) Beispiele nach OLG Frankfurt/M., Beschl. v. 18.11.2002 – 20 W 319/02, NJW 2003, 364 = AnwBl 2003, 109.

24) OLG Karlsruhe, Beschl. v. 29.4.1999 – 11 Wx 44/98, NJW 1999, 2284 = MDR 1999, 1165.

25) OLG Karlsruhe, Beschl. v. 29.4.1999 – 11 Wx 44/98, NJW 1999, 2284 = MDR 1999, 1165.

26) OLG Frankfurt/M., Beschl. v. 25.2.2008 – 20 W 464/07, FGPrax 2008, 167 = RNotZ 2008, 630.

27) BGH, Beschl. v. 19.12.1962 – IV ZB 282/62, BGHZ 38, 380 = NJW 1963, 581; *Säcker* in: MünchKomm-BGB, § 12 Rz. 13; Palandt-*Ellenberger*, BGB, § 12 Rz. 7.

28) BGH, Urt. v. 24.10.1991 – I ZR 271/89, NJW-RR 1992, 367 = MDR 1992, 573, dazu EWiR 1992, 189 (*Osterloh*); OLG Düsseldorf, Urt. v. 24.10.1991 – 2 U 199/90, GRUR 1992, 187 = DB 1992, 467, dazu EWiR 1992, 193 (*Ulrich*); *Schäfer* in: MünchKomm-BGB, § 2 PartGG Rz. 15; *Henssler*, PartGG, § 2 Rz. 16.

29) Begr. RegE § 2 PartGG, BT-Drucks. 12/6152, S. 11.

30) *Heidinger* in: MünchKomm-HGB, § 18 Rz. 70; Ebenroth/Boujong/Joost/Strohn-*Zimmer*, HGB, § 18 Rz. 13; OLG Jena, Beschl. v. 22.6.2010 – 6 W 30/10, NZG 2010, 1354 = MDR 2010, 1128; OLG München, Beschl. v. 8.11.2012 – 31 Wx 415/12, ZIP 2012, 2393 = NZG 2013, 108.

Firmenwahrheit und Firmenbeständigkeit, wurden durch Verweisung auf Vorschriften des HGB geregelt (siehe dazu unten Rz. 54 ff.).

2. Die Namenszusätze

11 Für die bisher in GbR kooperierenden Freiberufler war ein das Gesellschaftsverhältnis andeutender Zusatz, wie z. B. „Rechtsanwaltssozietät", nicht erforderlich, da bei gemeinschaftlichem Auftreten von Angehörigen freier Berufe grundsätzlich die Organisationsform einer **GbR vermutet** wurde, sofern nicht gewichtige Anhaltspunkte entgegenstanden. Diese Indizien konnten bspw. bei der Angabe „EWIV" im Namen gegeben sein.

12 Das durch Einführung der Partnerschaftsgesellschaft geschaffene Unterscheidungsproblem löst das Gesetz, indem es den Zusätzen „und Partner" sowie „Partnerschaft" eine **rechtsformbezeichnende Bedeutung** beilegt. Alle Partnerschaften sind verpflichtet, einen dieser Zusätze im Namen zu führen. Anstatt „und Partner" ist bei einer weiblichen Gesellschafterin „und Partnerin" zulässig (im Plural: „und Partnerinnen").[31] Der Zusatz „Partnerschaft" kann ebenso wie „und Partner" in leicht modifizierter Form geführt werden, sofern er im Kern erhalten bleibt und seine die Rechtsform kennzeichnende Funktion erfüllt. Nach einer solchen vorsichtig erweiternden Auslegung sind etwa die Abkürzung „PartG"[32] zulässig.

13 Aus dem Umstand, dass § 8 Abs. 4 Satz 3 Halbs. 2 PartGG für die **Partnerschaft mit beschränkter Berufshaftung** die Führung dieses Zusatzes „anstelle" der des Absatzes 1 Satz 1 ermöglicht, ist darin nicht dessen Ausschluss für die einfache Partnerschaft zu sehen. § 8 PartGG soll lediglich die Optionen zur Wahl des Zusatzes erweitern, da die Regierungsbegründung gerade darauf hinweist, dass die Zusätze auch bei der Partnerschaft mit beschränkter Berufshaftung mit denen des § 2 PartGG kombiniert werden können.[33]

14 Auch die Langform „Partnerschaftsgesellschaft" ist zulässig.[34] Gleiches gilt für „Rechtsanwaltspartnerschaft". Da § 2 PartGG das Spiegelbild zu § 11 PartGG darstellt,[35] sind die nach der dazu ergangenen Rechtsprechung für andere Gesellschaften verbotenen Zusätze für die Partnerschaft erlaubt, so etwa der englischsprachige Ausdruck „partners"[36] und ähnliche sinngemäße Abwandlungen der Begriffe „und Partner" oder „Partnerschaft" (zu den Details siehe unten *Zimmermann*, § 11 Rz. 19). Zur Frage des Namenszusatzes bei der Partnerschaftsgesellschaft mit beschränkter Berufshaftung siehe unten *Römermann*, § 8 Rz. 117 f.

---

31) KG, Beschl. v. 27.4.2004 – 1 W 180/02, ZIP 2004, 1645 = GmbHR 2004, 1024, dazu EWiR 2005, 41 *(Mankowski)*; *Henssler*, PartGG, § 2 Rz. 11.

32) Dagegen Ebenroth/Boujong/Joost-*Seibert*, HGB, 1. Aufl., § 2 PartGG Rz. 3.

33) Begr. RegE PartG mbB, BT-Drucks. 17/10487, S. 14 = Anhang, S. 402.

34) So auch Meilicke u. a.-*Meilicke*, PartGG, § 2 Rz. 4; derzeit noch a. A. *Schäfer* in: MünchKomm-BGB, § 2 PartGG Rz. 11, solange diese Zusätze noch keine Verkehrsgeltung erlangt haben; ähnlich auch *Salger* in: MünchHdb. GesR, Bd. 1, § 38 Rz. 18.

35) OLG Frankfurt, Beschl. v. 11.11.2004 – 20 W 321/04, Rpfleger 2005, 264 = DB 2005, 99; *Wolff*, GmbHR 2006, 303, 304; *Lamsa*, EWiR 2010, 371 (Urteilsanm.); *Henssler*, PartGG, § 11 Rz. 5.

36) OLG Frankfurt, Beschl. v. 11.11.2004 – 20 W 321/04, Rpfleger 2005, 264 = DB 2005, 99.

15 In der Wahl des Zusatzes sind die Gesellschafter – entgegen früheren Entwürfen eines Partnerschaftsgesetzes (siehe dazu oben Rz. 1 f.) – grundsätzlich frei. Diese **Auswahlmöglichkeit** reduziert sich allerdings in dem Fall, dass sämtliche Gesellschafter auch Namenspartner sind, auf den Zusatz „Partnerschaft", denn die Bezeichnung „und Partner" deutet auf das Vorhandensein weiterer, nicht namentlich in der Partnerschaftsbezeichnung erwähnter Gesellschafter hin. Falls tatsächlich keine weiteren Partner existieren, wäre der Zusatz „und Partner" somit eine **irreführende** und daher unzulässige Angabe.[37)] Dies ergibt sich bereits aus den in § 2 Abs. 2 PartGG in Bezug genommenen Grundsätzen der Firmenwahrheit und Firmenklarheit. § 2 Abs. 1 PartGG spricht von dem Zusatz „und Partner" oder „Partnerschaft", woraus folgt, dass der Gesetzgeber sich den Begriff alternativ, nicht **kumulativ** verwandt vorstellte. Gleichwohl erscheint es nicht ausgeschlossen, beides zu kombinieren, z. B. „Müller & Partner – Partnerschaft". Für den Fall, dass mehrere gleichnamige Partner vorhanden sind, soll es ausreichen, wenn der Name nur einmal samt Partnerzusatz erwähnt wird.[38)]

16 An einer derartigen Klarstellung durch den Partnerzusatz konnte insbesondere in den ersten Jahren seit dem Auslaufen der Übergangsregelung des § 11 Abs. 1 Satz 2 und 3 PartGG am 1.7.1997 ein legitimes Interesse bestehen. Seitdem müssen die vor dem 1.7.1995 gegründeten Gesellschaften in anderer Rechtsform (wie insbesondere **GbR**) einen ausdrücklichen Hinweis auf ihren abweichenden Gesellschaftstypus im Namen führen, so etwa „Meier und Partner Gesellschaft bürgerlichen Rechts". Zumindest in der Anfangszeit wurde dieser Zwang zur Angabe jedoch noch nicht überall befolgt und die Partnerschaft war dem Publikum nicht ohne weiteres geläufig. Eine präzisierende Klarstellung durch die Angabe „Partnerschaft" neben dem bislang vor allem bei der GbR gebräuchlichen Zusatz „& Partner" konnte in dieser Situation einen legitimen Zweck verfolgen. Ein gesetzliches Verbot lässt sich der Vorschrift des § 2 Abs. 1 PartGG nicht entnehmen. Angesichts der verfassungsrechtlichen Berufsfreiheit wären an ein solches Verbot strenge Anforderungen zu stellen.

17 **Weitere Zusätze**, die dem Namen der Gesellschafter oder dem Gegenstand der Partnerschaft entlehnt sein könnten, sind nicht von vornherein ausgeschlossen. Beispiele sind etwa „MMP – Müller, Meier und Partner" oder „Müller & Partner – Rechtsberatungs-Partnerschaft".[39)] Dabei spielt es keine Rolle, ob der Zusatz vor oder nach dem Personennamen geführt wird. Familiennamen von Partnern sind keine „weiteren Zusätze", so dass die Eintragung des Namensbestandteils eines Doppelnamens, der also den Anforderungen an den bürgerlichen Partnernamen i. S. des § 2 Abs. 1 PartGG nicht genügt, auch nicht als „weiterer Zusatz" in Betracht kommt (siehe oben Rz. 9).[40)] Auch **Sachzusätze und Phantasiebezeich-**

---

37) *Seibert*, Die Partnerschaft, S. 49; Meilicke u. a.-*Meilicke*, PartGG, § 2 Rz. 4; *Feddersen/Meyer-Landrut*, PartGG, § 2 Rz. 2.

38) *Henssler*, PartGG, § 2 Rz. 9.

39) Vgl. *Salger* in: MünchHdb. GesR, Bd. 1, § 38 Rz. 21; Meilicke u. a.-*Meilicke*, PartGG, § 2 Rz. 7.

40) OLG Karlsruhe, Beschl. v. 29.4.1999 – 11 Wx 44/98, NJW 1999, 2284, 2285 = MDR 1999, 1165.

nungen sind partnerschaftsrechtlich zulässig, so etwa „Telekanzlei“[41] und „artax“.[42] Bei einer ärztlichen Partnerschaft wurde zu Recht folgende Bezeichnung gebilligt: „Gemeinschaftspraxis für Anästhesie – Partnerschaft – Dr. med. B., Dr. med. M.“.[43] Die dem Handelsrecht entstammenden Zusätze „Co.“ und „Cie.“ sind wegen der eindeutigen Regelung des § 2 Abs. 1 Satz 1 PartGG unzulässig.[44]

18 Anstatt der Verknüpfung „und“ können – neben der Abkürzung „u. Partner“ – auch das **Zeichen „&“** oder ein ähnliches Zeichen (z. B. „+“) verwendet werden.[45] Dies wurde in Österreich ausdrücklich für das Zeichen „&“ so normiert (§ 6 Abs. 2 Satz 2 EGG a. F., jetzt § 19 Abs. 1 Nr. 4 Satz 2 UGB). Für § 2 Abs. 1 PartGG folgt dieses Ergebnis aus Sinn und Zweck der Vorschrift. Gemäß § 11 Abs. 1 Satz 1 PartGG sind nach dem 1.7.1997 nur noch Partnerschaften i. S. dieses Gesetzes zur Führung der Zusätze nach Absatz 1 berechtigt. Diese Exklusivität des Partnerzusatzes für die nach den Vorschriften des PartGG gegründeten freiberuflichen Gesellschaften könnte jedoch allzu leicht umgangen werden, falls man die Bezeichnungen „und Partner“ sowie „& Partner“ als aliud betrachten wollte. Die vor allem früher anzutreffende Auffassung, nach welcher das Zeichen „&“ für das Publikum auf Vollkaufleute oder die OHG hinweise,[46] ist überholt, da dieses Zeichen seit langem auch bei freiberuflichen Zusammenschlüssen üblich geworden ist.[47] Die hier bereits seit der 1. Auflage vertretene großzügige Auffassung wurde inzwischen durch die Rechtsprechung[48] bestätigt, die dabei u. a. darauf abstellt, dass die Zeichen „+“ oder „&“ wie „und“ ausgesprochen werden.

19 Offen wäre dann noch der Fall, dass die **Verknüpfung** im Namen gänzlich **wegfällt** („Müller Partner“). Auch diese Variante wird man im Bereich des PartGG zulassen müssen, denn letztlich ist das wesentliche Unterscheidungsmerkmal, dem die kennzeichnende Bedeutung zukommt, der Zusatz „Partner“,[49] der sich in beiden von § 2 Abs. 1 PartGG angeführten Gestaltungsvarianten wiederfinden lässt, und nicht die – wie auch immer geartete – Art und Weise der Verbindung.

---

41) AnwG Hamburg, Beschl. v. 23.6.1999 – II AnwG 8/99, NJW 2000, 2827 = BRAK-Mitt 2000, 203: „Telekanzlei L & Partner“.

42) BGH, Urt. v. 11.3.2004 – I ZR 62/01, NJW 2004, 1651 = AnwBl 2004, 446, dazu EWiR 2004, 651 *(Römermann)*; hierzu näher *Römermann* INF 2001, 181.

43) OLG Schleswig, Beschl. v. 18.9.2002 – 2 W 80/02, MDR 2003, 540 = NJW-RR 2003, 173.

44) *Schäfer* in: MünchKomm-BGB, § 2 PartGG Rz. 11; Meilicke u. a.-*Meilicke*, PartGG, § 2 Rz. 4.

45) *Seibert*, Die Partnerschaft, S. 49 mit Fn. 88; *Seibert*, BuW 1995, 100, 103; Meilicke u. a.-*Meilicke*, PartGG, § 2 Rz. 4; *Feddersen/Meyer-Landrut*, PartGG, § 2 Rz. 2; *Salger* in: MünchHdb. GesR, Bd. 1, § 38 Rz. 18; *Hornung*, Rpfleger 1995, 481, 484.

46) So noch *Feddersen/Meyer-Landrut*, PartGG, § 2 Rz. 2; Baumbach/Hopt-*Hopt*, HGB, § 17 Rz. 14; OLG Düsseldorf, Urt. v. 27.9.1990 – 2 U 87/90, ZIP 1991, 1625 = AnwBl 1991, 46, dazu EWiR 1991, 93 *(Schroeder)*; vgl. auch *Borggreve*, S. 76.

47) *Michalski*, ZIP 1991, 1551, 1557; *Schockenhoff*, NJW 1991, 1158, 1159; *Eggesiecker*, Fach D Rz. 2.320.

48) BGH, Beschl. v. 21.4.1997 – II ZB 14/96, BGHZ 135, 257 = ZIP 1997, 1109 = WiB 1997, 752, m. Anm. *Römermann*; BayObLG, Beschl. v. 19.2.2003 – 3Z BR 17/03, BayObLGR 2003, 141 = ZIP 2003, 1295.

49) BGH, Beschl. v. 21.4.1997 – II ZB 14/96, BGHZ 135, 257 = ZIP 1997, 1109 = WiB 1997, 752, m. Anm. *Römermann*.

20 Unzulässig ist jedoch die **Zusammensetzung** einer Berufsbezeichnung mit dem Zusatz „Partner“ zu einem Wort, wie z. B. zu „Müller & Meier Architektenpartner“. Zunächst ergibt sich daraus nicht eindeutig, ob zumindest ein dritter Partner vorhanden ist oder ob hier nicht der Zusatz „Partnerschaft“ hätte verwendet werden müssen. Ferner sieht das Gesetz eine solche Kombination schlichtweg nicht vor. Im Beispiel wäre lediglich „Architekten-Partnerschaft“ eintragungsfähig.

21 Insoweit ergeben sich durch § 11 PartGG bedeutsame Änderungen mit erheblichen Auswirkungen insbesondere auf das Namensrecht der GbR. War der Zusatz „Partnerschaft“ vor Inkrafttreten des Gesetzes nur vereinzelt in Sozietätsbezeichnungen anzutreffen,[50)] so kam doch dem Zusatz **„und Partner“** früher eine erhebliche Bedeutung zu. Dies galt durchaus nicht nur für den Bereich freiberuflicher Zusammenarbeit, sondern gleichfalls in Teilen der gewerblichen Wirtschaft. Der Bezeichnung „und Partner“ konnte daher bislang lediglich das Vorhandensein mindestens eines weiteren Partners entnommen werden, während Rückschlüsse auf die Rechtsform, den Tätigkeitsbereich, die Zusammensetzung der Gesellschafter etc. nicht möglich waren.[51)]

3. Die Berufsbezeichnungen aller vertretenen Berufe

a) Verpflichtung zur Aufnahme der Berufsbezeichnungen

22 Die Verpflichtung, sämtliche Berufsbezeichnungen im Namen zu führen, gilt für alle Partnerschaften mit **Ausnahme** der Steuerberatungs- und Wirtschaftsprüfungsgesellschaften (vergleiche § 53 Satz 2 StBerG, § 31 Satz 2 WPO).[52)] Die Vorschrift hat den Sinn, das Publikum „über die tatsächliche Bandbreite der in der Partnerschaft angebotenen freiberuflichen Dienstleistungen“ hinreichend aufzuklären.[53)] Sie bedeutet eine wesentliche Neuerung im Vergleich zum Namensrecht bisheriger freiberuflicher Sozietäten.[54)]

23 Eine vergleichbare Regelung findet sich in **Österreich** in § 19 Abs. 1 Nr. 4 UGB (§ 6 Abs. 2 Satz 1 EGG a. F.), wonach Angehörige freier Berufe den Berufszusatz in der Gesellschaft zu führen haben.[55)]

---

50) Der BRat hatte in seiner Stellungnahme zum RegE, BT-Drucks. 12/6152, S. 26, noch für den Zusatz „Partnerschaftsgesellschaft“ anstatt „Partnerschaft“ plädiert, um den Besitzstand der bisher als „Partnerschaft“ auftretenden GbR zu wahren; der Zusatz sollte auch obligatorisch sein, um dauerhaft die Unterscheidbarkeit zur GbR zu gewährleisten; dagegen *Seibert*, Die Partnerschaft, S. 49.

51) Teilweise wurde (vor Inkrafttreten der Handelsrechtsreform) allerdings die Ansicht vertreten, dass Minderkaufleuten der Zusatz „und Partner“ verschlossen sei; hierzu vgl. nur Baumbach/Hopt-*Hopt*, HGB, § 17 Rz. 2; zur Rechtslage bis zum 30.6.1997 und zu den Abgrenzungsschwierigkeiten zu bestehenden Gesellschaften mit Partnerzusatz s. noch ausführlich unten *Zimmermann*, § 11 Rz. 9 f.

52) Steuerberater und Wirtschaftsprüfer, die sich als Einzelperson mit anderen Freiberuflern zusammenschließen, unterliegen hingegen weiterhin dieser Pflicht, vgl. abweichend *Weyand*, INF 1995, 22, 23; *Appel*, Stbg 1995, 203, 203.

53) So die Begr. zum RegE PartGG, BT-Drucks. 12/6152, S. 11; vgl. auch *Burret*, WPK-Mitt. 1994, 201, 204; *Kempter*, BRAK-Mitt. 1994, 122, 123.

54) Begr. RegE PartGG, BT-Drucks. 12/6152, S. 23.

55) Vgl. *Krejci*, EGG, § 2 Rz. 14.

b) Alle vertretenen Berufsbezeichnungen

24 Nach dem insoweit eindeutigen Wortlaut der Vorschrift ist die Partnerschaft gezwungen, in ihrem Namen sämtliche vertretenen Berufe anzuführen. Unter „Berufsbezeichnung“ ist die berufsrechtlich für jeden freien Beruf normierte Bezeichnung der jeweiligen Berufstätigkeit gemeint, so z. B. „Zahnarzt“ gemäß § 1 Abs. 1 Satz 2 ZHG. Die „in der Partnerschaft vertretenen Berufe“ sind sämtliche in der Partnerschaft ausgeübten Berufe aller Partner, wobei durchaus auch mehrere Berufe durch einen Partner vertreten sein können, z. B. bei der Mehrfachqualifikation als Wirtschaftsprüfer und Steuerberater.

25 Bei der Verwendung eines **Adjektivs** („Augenärztliche Gemeinschaftspraxis“) ohne konkrete Benennung der Berufsbezeichnungen stellt sich die Frage, ob dies nur einen Sachzusatz darstellt oder ob darin zugleich auch die Berufsbezeichnung zu erblicken ist. Da § 2 Abs. 1 Satz 1 PartGG fordert, „alle Berufe“ anzugeben, sind die Vorgaben dieser Vorschrift nicht erfüllt. Aus diesem Namen ergibt sich nicht, welche freiberuflichen Dienstleistungen tatsächlich angeboten werden, was jedoch die Gesetzesbegründung fordert.[56] Nicht ausreichend ist die Verwendung einer rein beschreibenden, **nicht personenbezogenen Bezeichnung** der ausgeübten Tätigkeit. So enthält der Name „Text und Bild Redaktion Müller & Huber Partnerschaft“ nicht die geforderte Nennung der Berufe. Auch der Schluss, dass hier nur Journalisten beteiligt sind, ergibt sich daraus nicht, denn in einer Redaktion können auch andere Berufsgruppen vertreten sein. Ebenso verhält es sich bei der ausschließlichen Angabe „Unternehmensberatung“.

26 Ferner ist der Beruf direkt zu benennen. So reicht nicht die bloße Angabe eines **akademischen Grades**, denn aus der Bezeichnung „Dr. med.“ lässt sich noch nicht der in der Partnerschaft ausgeübte Beruf erkennen. Auch die Verwendung fremdsprachiger – oft inhaltsleerer – Bezeichnungen als Berufsangabe, wie „Top Executive Consultants“, genügt nicht. Diese kennzeichnen schon keinen Beruf und dadurch wird nicht klar, ob überhaupt eine partnerschaftsfähige Tätigkeit vorliegt. Gerade bei der Berufsbezeichnung sollte sich strikt an § 1 Abs. 2 PartGG orientiert werden. Sofern ein Katalogberuf nicht zutrifft, sind eindeutig beschreibende Bezeichnungen zu verwenden. Keine Berufsbezeichnungen sind ferner Hinweise auf eine berufliche Spezialisierung oder fachliche (Zusatz-)Qualifikation. Beispiele sind die Begriffe „Fachanwalt“ oder „Privatzahnarzt“. Diese können zwar im Namen ggf. als Sachzusatz geführt werden, sind aber nicht zur Angabe des Berufes geeignet, da sie nicht den Beruf im eigentlichen Sinn repräsentieren, sondern nur einen Teilaspekt davon betreffen. Auch die Zusammensetzung von **Sach- oder Phantasiezusatz** mit der Berufsbezeichnung ist unzulässig („X9Architekten“). Dies führt dazu, dass der anzugebende Beruf, der nach § 2 Abs. 2 PartGG wesentlicher Bestandteil des Namens ist, nur noch zu einem untergeordneten Element wird und letztlich die Gefahr besteht, gänzlich in einer nichtssagenden Bezeichnung aufzugehen.

27 Ungenau ist das Gesetz dort, wo es in § 2 Abs. 1 Satz 1 PartGG von „Berufsbezeichnung“ spricht, es aber in § 1 Abs. 2 Satz 2 PartGG auch reine **Tätigkeitsfelder** (Wissenschaftler, Künstler, Schriftsteller, Lehrer und Erzieher) als partnerschafts-

56) Begr. RegE § 2 PartGG, BT-Drucks. 12/6152, S. 11.

fähig ansieht. Sofern § 2 Abs. 2 PartGG von „Beruf“ spricht, sind darunter auch diese Tätigkeiten zu subsumieren. Eine Subsidiarität[57] der Tätigkeitsfelder gegenüber den Katalogberufen hilft nur dort weiter, wo solch ein Beruf auch ausgeübt wird. Dies bringt die Konsequenz mit sich, dass im Namen die eher vagen Begriffe „Wissenschaftler“ oder „Künstler“ geführt werden können und damit der Gesetzeszweck, dem Verkehr die tatsächlich ausgebübte Tätigkeit zu offenbaren,[58] zumindest verwässert wird.

28 Probleme treten auf, wenn die vorhandenen **Qualifikationen** oder Berufe sich nicht mit den i. R. der Partnerschaft **ausgeübten freiberuflichen Tätigkeiten** decken. Abweichungen sind insoweit in zwei Richtungen denkbar. Einerseits kann der Partner über mehr freiberufliche Berufsqualifizierungen verfügen als er Berufe i. R. der Partnerschaft ausübt; so wird z. B. der Wirtschaftsprüfer/Steuerberater/Rechtsanwalt nur noch in seinem Beruf als Rechtsanwalt tätig, ohne aber die anderen Qualifikationen aufzugeben. Andererseits kann der Partner über weitere Berufe verfügen als die nach § 1 Abs. 1 Satz 1 und Abs. 2 PartGG partnerschaftsfähigen; so kann etwa der Rechtsanwalt und Notar i. R. der Partnerschaft nur als Rechtsanwalt tätig sein, da er als Notar keinen freien Beruf i. S. des § 1 Abs. 2 PartGG ausübt (zum Anwaltsnotar siehe bereits oben *Zimmermann*, § 1 Rz. 61).

29 In der Begründung zum Regierungsentwurf ist das Problem des **Anwaltsnotars** erkannt und dazu ausgeführt worden, dass im Namen der Gesellschaft „der betroffene Partner nur als Rechtsanwalt geführt werden kann, nicht zugleich als Notar. Es erscheint aber möglich, dass ein Hinweis auf den weiter ausgeübten Beruf des Partners außerhalb der Partnerschaft auf dem Briefkopf der Partnerschaft geführt wird.“[59] Diese Einteilung ist künstlich, unpraktikabel,[60] widerspricht dem Zweck der Vorschrift und folgt auch nicht zwingend aus deren Wortlaut. Künstlich und unpraktikabel ist die Abgrenzung, weil es keinen Sinn ergibt, der Partnerschaft die Nennung anderer Berufe der Partner in der Spalte unter den Namen zu verbieten, sie ihr an anderer Stelle (wo?) auf dem gleichen Briefkopf aber dann wieder zu gestatten. Der Zweck der Vorschrift besteht nach der Begründung zum Regierungsentwurf in der möglichst umfassenden Aufklärung des Publikums über die Breite angebotener Dienstleistungen (siehe dazu oben Rz. 22). Dem kann es nicht dienlich sein, die Nennung tatsächlich ausgeübter Berufe zu untersagen. Schließlich folgt ein solches Verbot auch nicht aus dem **Wortlaut** der Vorschrift, da diesem nichts über eine Exklusivität der partnerschaftlichen Berufe zu entnehmen ist. Etwa für den Bereich der Anwaltsnotare war es bisher bei den Sozietätsbezeichnungen häufig bereits üblich, die Eigenschaft als Notar anzuführen, obgleich diese nicht vollständig in die Berufsausübungsgesellschaft integriert werden konnte. Es ist angesichts einer identischen Interessenlage kein Grund dafür ersichtlich, warum diese Handhabung nicht i. R. der Partnerschaft fortgeführt werden sollte.

57) S. a. oben § 1 Rz. 133; *Henssler*, PartGG, § 1 Rz. 177; *Schäfer* in: MünchKomm-BGB, § 1 PartGG Rz. 71.

58) Begr. RegE § 2 PartGG, BT-Drucks. 12/6152, S. 11.

59) Begr. RegE PartGG, BT-Drucks. 12/6152, S. 10; vgl. auch *Seibert*, DB 1994, 2381, 2383; *Salger* in: MünchHdb. GesR, Bd. 1, § 39 Rz. 17.

60) So auch *Feddersen/Meyer-Landrut*, PartGG, § 1 Rz. 12.

30 Eine andere Frage ist es aber, ob das Amt des Notars oder weitere Qualifikationen, die nicht den Charakter eines eigenständigen Berufs haben – z. B. eine Fachanwaltsbezeichnung – auch in das **Partnerschaftsregister** eingetragen werden können. Das OLG Bremen[61] hat die Eintragungsfähigkeit der Amtsbezeichnung „Notar" sowie von Fachanwaltsbezeichnungen unter Hinweis auf den eindeutigen Wortlaut von § 5 Abs. 3 PRV verneint.

31 Das Gleiche muss gelten, wenn ein Partner z. B. Rechtsanwalt und Steuerberater ist, i. R. der Partnerschaft aber nur Rechtsberatung betrieben werden soll. Es darf auf **beide Berufsqualifikationen** hingewiesen werden.[62] Dies ist keine Irreführung, soweit die Qualifikationen vorhanden sind.[63] In einer ersten Gerichtsentscheidung hat das OLG Bremen die Eintragung der Notarbezeichnung und einer Fachanwaltsbezeichnung in das Register abgelehnt, da der Wortlaut des § 5 Abs. 3 PRV eine solche Eintragung untersage.[64]

32 Die Problematik des scheinbaren Zwangs, auch tatsächlich nicht ausgeübte Berufe im Namen der Partnerschaft zu erwähnen, ist ebenfalls unter Heranziehung von Sinn und Zweck der Vorschrift zu lösen. Nach dem Wortlaut des § 2 Abs. 1 PartGG wäre nämlich zu vermuten, dass alle vorhandenen Berufsqualifikationen ohne Rücksicht auf die tatsächliche Berufsausübung obligatorisch zu nennen seien.[65] Dies gilt umso mehr, da § 3 Abs. 2 Nr. 2 PartGG im Gegensatz zu § 2 Abs. 1 PartGG von dem „in der Partnerschaft ausgeübten Beruf" spricht. Eine systematische Auslegung könnte daher zu dem Ergebnis gelangen, dass der Begriff der ausgeübten Berufe im Vergleich zu den vertretenen Berufen den engeren darstellt, so dass im Namen der Partnerschaft alle Berufsbezeichnungen unabhängig von der Ausübung anzuführen wären. Andererseits ist auch denkbar, unter den in der Partnerschaft „vertretenen" nur diejenigen Berufe zu verstehen, welche in der Gesellschaft ausgeübt werden; § 3 Abs. 2 Nr. 2 PartGG soll nach dem Willen der Gesetzesverfasser gerade dazu dienen, unter **mehreren vorhandenen Berufsqualifikationen** die auszuwählen, die Gegenstand der Partnerschaft sein sollen.[66]

33 Der Wortlaut wie auch die Systematik der Vorschrift führen somit zu keiner eindeutigen Lösung. Nach teleologischen Gesichtspunkten kommt nur die **einheitliche Auslegung** sowohl des § 2 Abs. 1 als auch des § 3 Abs. 2 Nr. 2 PartGG in Betracht. Auch im Namen der Partnerschaft kann sinnvollerweise kein Zwang zur Nennung nicht in der Partnerschaft konkret ausgeübter Berufe bestehen.[67] Für den mehrfach qualifizierten Wirtschaftsprüfer/Steuerberater/Rechtsanwalt etwa, der nur seinen Anwaltsberuf ausübt, würde es eine wesentliche Verschärfung seines Haftungsrisikos darstellen, wenn man ihn gegen seinen Willen zur Anführung auch der „ruhenden" Berufsbezeichnungen zwingen wollte. Ein Aufklärungsinteresse

---

61) OLG Bremen, Beschl. v. 8.9.1997 – 2 W 91/97, AnwBl 1998, 158 = MDR 1997, 1172.
62) So auch *Salger* in: MünchHdb. GesR, Bd. 1, § 38 Rz. 19.
63) A. A. Meilicke u. a.-*Meilicke*, PartGG, § 2 Rz. 5.
64) OLG Bremen, Beschl. v. 8.9.1997 – 2 W 91/97, AnwBl 1998, 158 = MDR 1997, 1172.
65) Diese Auffassung vertritt *Jürgenmeyer*, BRAK-Mitt. 1995, 142, 144 in Fn. 10.
66) Begr. zum RegE PartGG, BT-Drucks. 12/6152, S. 13.
67) A. A. *Jürgenmeyer*, BRAK-Mitt. 1995, 142, 144 in Fn. 10.

des Publikums ist ebenfalls nicht ersichtlich, zumal die weiteren Dienstleistungen von dem Partner gar nicht aktuell angeboten werden.

III. Vorgaben der Berufsrechte

1. Rechtsanwälte

34 § 9 BerufsO stellt klar, dass eine Kurzbezeichnung einheitlich zu führen ist, was insbesondere auch bei einer beruflichen Zusammenarbeit in Form einer Partnerschaft mit sozietätsfähigen Personen i. S. des § 59a BRAO gilt. Insoweit gibt es eine inhaltliche Abweichung zwischen Gesellschaftsrecht und Berufsrecht. Nach § 2 Abs. 1 Satz 3 PartGG dürfen nämlich nur die Namen von Partnern in der Bezeichnung der Partnerschaft enthalten sein; § 9 BerufsO würde darüber hinaus die Namen Angestellter und freier Mitarbeiter gestatten. Es gilt nach dem Prinzip des kleinsten gemeinsamen Nenners die engere Regelung durch § 2 Abs. 1 Satz 3 PartGG. Im Übrigen können die gemäß § 1 Abs. 3 PartGG unberührt bleibenden Vorschriften des Berufsrechts **zusätzliche Anforderungen** aufstellen. Im Einzelnen gelten insbesondere die folgenden Regeln:

35 Die Kurzbezeichnung gemäß § 9 BerufsO muss bei der Unterhaltung mehrerer Kanzleien einheitlich sein. Dies betrifft ebenso die **überörtlichen Anwaltssozietäten** mit mehreren Standorten.[68] Als das Phänomen der überörtlichen Sozietät zu Beginn der 90er Jahre zum ersten Mal aufkam, wurde die Namensgebung teilweise so gehandhabt, dass der jeweils am Ort ansässige Rechtsanwalt auf den dort verwandten Briefbogen an erster Stelle genannt wurde, so dass dieselbe Sozietät an den verschiedenen Standorten mit unterschiedlichem Erscheinungsbild am Rechtsverkehr teilnahm. Das OLG Hamm hatte dies in einer Entscheidung aus dem Jahre 1994[69] für irreführend und somit unzulässig gehalten; in anderen Oberlandesgerichts-Bezirken wurde die Handhabung hingegen von den Rechtsanwaltskammern bewusst toleriert. Die Satzungsversammlung schloss sich der Auffassung des OLG Hamm an.[70] § 9 Abs. 2 BerufsO a. F. gestattete ausdrücklich die **Weiterführung der Namen** früherer Gesellschafter. Im Jahre 2004 wurde § 9 Abs. 2 BerufsO aufgehoben.[71] Die Weiterführung ist nach wie vor möglich. Eine **zeitliche Begrenzung** besteht nach dem heutigen Berufsrecht nicht mehr. Zur Weiterführung des Namens auf dem Briefbogen siehe unten Rz. 39.

36 Nach § 9 Abs. 3 BerufsO a. F. durfte die **Kurzbezeichnung** im Übrigen, also über die in § 9 Abs. 1 und 2 BerufsO a. F. genannten Fälle hinaus, nur einen auf die gemeinschaftliche Berufsausübung hinweisenden **Zusatz** enthalten. Diese bis zum 1.11.2004 gültige Regelung ist **ersatzlos entfallen**. Nach dem nunmehr geltenden § 9 BerufsO sind Kurzbezeichnungen **ganz freigegeben**, d. h. auch reine Sachbezeichnungen sind zulässig. Möglich ist z. B. die Hinzunahme weiterer, etwa der Namenskontinuität dienende Zusätze, z. B. „Meier & Kollegen – Partnerschaft Rechtsanwälte“.

68) Feuerich/Weyland-*Böhnlein*, BRAO, § 9 BORA Rz. 4.
69) OLG Hamm, Urt. v. 30.11.1993 – 4 U 145/93, NJW 1994, 868.
70) *Römermann* in: BeckOK-BORA, § 9 Rz. 58.
71) BRAK-Mitt. 2004, 177.

37 § 10 Abs. 2 Satz 1 BerufsO schreibt vor, dass auf **Briefbögen** auch bei Verwendung einer Kurzbezeichnung die Namen sämtlicher Gesellschafter mit mindestens einem ausgeschriebenen **Vornamen** aufgeführt werden müssen. Wenn der Name der Partnerschaft – zulässigerweise – bereits die Vornamen enthält („Franz Meier & Peter Müller – Partnerschaft Rechtsanwälte"), ist diese Bestimmung ohne Bedeutung. Werden hingegen – wie in den meisten Fällen – im Partnerschaftsnamen nur die Familiennamen der Gesellschafter genannt, dann sind die vollständigen Namen einschließlich der Vornamen noch gesondert an anderer Stelle des Briefbogens zu erwähnen, etwa in einer Randspalte. Nach § 10 Abs. 2 Satz 3 BerufsO muss mindestens eine der Kurzbezeichnung entsprechenden Zahl von Partnern auf den Briefbögen namentlich aufgeführt werden. Dies betrifft das im Bereich der Partnerschaft in § 2 Abs. 2 PartGG i. V. m. § 18 Abs. 2 HGB normierte Prinzip der **Firmenwahrheit**. Bei der Partnerschaft „Müller, Meier und Partner – Rechtsanwälte" müssen demnach mindestens drei Anwälte auf den Briefbögen namentlich genannt werden.

38 Trotz der Befugnis zur unbeschränkten **Hilfeleistung in Steuersachen** aus § 3 Nr. 2 StBerG und der Regelung des § 43 Abs. 4 Satz 3 StBerG darf eine Partnerschaft nur von Rechtsanwälten in ihrem Namen nicht den Zusatz „Rechtsanwälte und Steuerberatung" führen.[72] § 10 Abs. 3 BerufsO statuiert die Verpflichtung, bei einer beruflichen Zusammenarbeit mit Angehörigen anderer Berufe die jeweiligen Berufsbezeichnungen anzugeben. Dies deckt sich mit der entsprechenden Verpflichtung aus § 2 Abs. 1 PartGG, so dass die gesellschafts- und die berufsrechtlichen Pflichten gleichlauten. Zur Führung des Fachanwaltstitels im Namen siehe unten Rz. 57.

39 Nach § 10 Abs. 4 BerufsO dürfen **ausgeschiedene Partner** auf den Briefbögen nur dann weitergeführt werden, wenn ihr Ausscheiden kenntlich gemacht wird. Das gilt grundsätzlich auch, wenn der Ausgeschiedene zwischenzeitlich anderweitig als Rechtsanwalt tätig ist; der BGH[73] verlangt dann allerdings, dass zur Vermeidung von Irreführungen in der Namensliste auf diesen besonderen Umstand hingewiesen wird. In der Kurzbezeichnung, also im Partnerschaftsnamen, kann der Name des Partners unverändert bestehen bleiben.[74] In der Randspalte ist das Ausscheiden hingegen zu kennzeichnen, damit das Publikum nicht über die in der Partnerschaft tätigen Personen getäuscht wird. Eine mögliche Kennzeichnung i. S. des § 10 Abs. 4 BerufsO besteht darin, den Namen des ausgeschiedenen Partners in der Randspalte erst gar nicht wieder aufzunehmen.[75]

---

72) OLG Rostock, Beschl. v. 29.11.2005 – 6 W 12/05, NJW-RR 2006, 784 = BRAK-Mitt. 2006, 146, bestätigt durch BVerfG, Beschl. v. 22.3.2006 – 1 BvR 97/06, NJW 2006, 1499 = BRAK-Mitt. 2006, 172; OLG Dresden, Urt. v. 20.1.1995 – 12 U 874/94, NJW 1996, 202 = WRP 1995, 328; s. ferner zur Gestaltung des Briefkopfes BGH, Urt. v. 19.4.2001 – I ZR 46/99, ZIP 2001, 1936 = NJW 2001, 3193, dazu EWiR 2001, 1071 (*Ring*).

73) BGH, Urt. v. 28.2.2002 – I ZR 195/99, ZIP 2002, 1501 = NJW 2002, 2093, dazu EWiR 2002, 1033 (*Kleine-Cosack*).

74) *Römermann* in: BeckOK-BORA, § 10 Rz. 78; Feuerich/Weyland-*Böhnlein*, BRAO, § 10 BORA Rz. 9.

75) *Römermann* in: BeckOK-BORA, § 10 Rz. 78.

2. Patentanwälte

In § 16 Abs. 1 Satz 2 der Berufsordnung wird die Zulässigkeit einer **Kurzbezeichnung** für die Sozietät von Patentanwälten vorausgesetzt. Dort ist geregelt, dass auch dann, wenn für den Zusammenschluss eine Kurzbezeichnung verwendet wird, alle Sozien mit ihrer beruflichen Qualifikation und bei mehreren Kanzleien deren Anschriften sowie die Zugehörigkeit der einzelnen Mitglieder zu diesen Kanzleien anzugeben sind. Gemäß § 16 Abs. 2 BerufsO darf eine Sozietät nicht unter unterschiedlichen Bezeichnungen in Erscheinung treten. Diese Bestimmung betrifft die insbesondere von den Rechtsanwälten bekannte Problematik, dass **überörtliche (Außen-) Sozietäten** zum Teil an verschiedenen Standorten unter unterschiedlichen Namen oder Namenskombinationen auftreten. 40

3. Steuerberater, Steuerbevollmächtigte

§ 9 Abs. 5 BOStB stellt klar, dass Sozietäten eine **Kurzbezeichnung** auf dem Praxisschild verwenden dürfen. Auf den **Briefbögen** einer Sozietät müssen die Sozien mit Namen und Berufsbezeichnungen aufgeführt werden, § 9 Abs. 6 Satz 1 BOStB. Dies gilt gemäß § 9 Abs. 6 Satz 2 BOStB auch bei Verwendung einer Kurzbezeichnung, z. B. durch die Nennung einzelner Namen von Steuerberatern mit den gemäß § 43 StBerG zulässigen Zusätzen. **Überörtliche Sozietäten** dürfen nach § 9 Abs. 7 Satz 2 BOStB auf die in der Sozietät vertretenen Berufe (Steuerberater, Steuerbevollmächtigte, Rechtsanwälte, Wirtschaftsprüfer, vereidigte Buchprüfer) auch dann hinweisen, wenn nicht alle Berufsqualifikationen an allen Standorten vertreten sind. Diese Vorschrift beugt einer möglichen Rechtsauffassung vor, wonach bei einer überörtlichen Sozietät auf den Briefbögen eines Standortes nur die Bezeichnungen der dort ausgeübten Berufe aufgeführt werden dürften. Nach der berufsrechtlichen Klarstellung kann die zuletzt genannte, früher zuweilen anzutreffende Ansicht auch im Bereich des Wettbewerbsrechts nicht mehr vertreten werden. 41

Die Regelungen zur Firmierung einer Steuerberatungsgesellschaft wurden mit der Neufassung der Berufsordnung zum Jahr 2011 wesentlich gekürzt. Grund hierfür war, dass ein Großteil des § 56 BOStB a. F. lediglich die Vorschriften des StBerG wiederholte oder sich Regelungen bereits aus dem handelsrechtlichen Firmenrecht ableiten lassen. Lediglich Teile des § 56 Abs. 2 und dessen Abs. 7 BOStB a. F. ging in § 24 BOStB auf.[76)] So dürfen grundsätzlich als **Firmenbestandteile** Namen von Partnern, allgemein gehaltene Tätigkeitsbezeichnungen, geographische[77)] oder frei gestaltete Bezeichnungen geführt werden. 42

Aus § 43 Abs. 4 Satz 2 StBerG ergibt sich, dass grundsätzlich nur die Bezeichnung **„Steuerberatungsgesellschaft"** verwendet werden darf. Bei einem in der Firma aufgenommenen **Personennamen** muss es sich um den Namen eines Steuerberaters handeln, wie sich schon aus § 32 Abs. 3 Satz 2 StBerG ergibt.[78)] Daneben dürfen die Namen anderer Partner i. S. der § 3, § 50a Abs. 1 Nr. 1 StBerG aufgenommen 43

---

76) *Ruppert*, DStR 2011, 138, 143.

77) Zur Frage der Zulässigkeit einer geographischen Bezeichnung *Gehre/Koslowski*, StBerG, § 53 Rz. 9 m. w. N.

78) *Gehre/Koslowski*, StBerG, § 53 Rz. 4.

werden, wenn deren Zahl die Namen von Steuerberatern nicht überschreitet (vgl. § 50 Abs. 4 StBerG). Nach § 24 Abs. 3 BOStB dürfen die Namen **ausgeschiedener Partner** ohne zeitliche Begrenzung weitergeführt werden. Dies soll nicht gelten, wenn das Ansehen des Berufes gefährdet werden kann, bspw. weil der ausgeschiedene Partner aus dem Beruf ausgeschlossen wurde oder sich dem Ausschluss durch Verzicht auf die Bestellung entzogen hat. Der Widerruf der Bestellung wegen Vermögensverfalls steht einer Weiterführung nicht entgegen.[79)] In derartigen Fällen wird es allerdings häufig bereits im eigenen Interesse der aktuellen Partner liegen, den Namen des betroffenen Steuerberaters aus dem Partnerschaftsnamen zu streichen.

44 Überraschenderweise[80)] entfällt gemäß § 53 Satz 2 StBerG für die als **Steuerberatungsgesellschaft** anerkannten Partnerschaften die Verpflichtung nach § 2 Abs. 1 PartGG, sämtliche **Berufsbezeichnungen** der in der Gesellschaft vertretenen Berufe in den Namen aufzunehmen. Stattdessen muss gemäß § 53 Satz 1 StBerG die Bezeichnung „Steuerberatungsgesellschaft" genannt werden. § 24 Abs. 2 BOStB präzisiert diese Verpflichtung dahingehend, dass das Wort „Steuerberatungsgesellschaft" ungekürzt und ungebrochen in der Firma zu führen sei. Wortverbindungen wie z. B. „Steuerberatungs- und Wirtschaftsprüfungsgesellschaft" sind unzulässig. Die Bezeichnung „Steuerberatungsgesellschaft" darf gemäß § 24 Abs. 4 Satz 1 BOStB nur einmal im Namen geführt werden.

4. Wirtschaftsprüfer, vereidigte Buchprüfer

45 § 28 der Berufssatzung der Wirtschaftsprüferkammer trifft namensrechtliche Regelungen für die Sozietät, worunter in diesem Zusammenhang ausnahmsweise auch die nicht als Wirtschaftsprüfungsgesellschaft anerkannte Partnerschaft fällt (siehe oben *Zimmermann*, § 1 Rz. 158 ff.). Nach § 28 Abs. 1 der Berufssatzung müssen die Partner unter ihrem Namen und ihren Berufsbezeichnungen auftreten. Gemäß § 28 Abs. 2 der Berufssatzung ist die Wahl einer einheitlichen **Kurzbezeichnung** zulässig. Als **Zusätze** kommen gemäß § 2 Abs. 1 PartGG nur „und Partner" oder „Partnerschaft" in Betracht. Alle Sozietätspartner müssen nach § 28 Abs. 3 der Berufssatzung mit ihren **Berufsbezeichnungen** angeführt werden; eine Regelung, die inhaltlich der des § 2 Abs. 1 PartGG entspricht. Für Wirtschaftsprüfungs- oder Buchprüfungsgesellschaften gibt es nach § 31 Satz 1 WPO, § 29 Abs. 1 Satz 1 der Berufssatzung die Pflicht, die Bezeichnungen **„Wirtschaftsprüfungsgesellschaft"** oder „Buchprüfungsgesellschaft" nach der Rechtsformbezeichnung in den Namen der Berufsgesellschaft aufzunehmen. Unter einer Rechtsformbezeichnung i. S. des PartGG ist neben „Partnerschaft" auch der Zusatz „und Partner" zu verstehen.[81)] Nach § 29 Abs. 1 Satz 2 der Berufssatzung sind Wortverbindungen der Bezeichnung „Wirtschaftsprüfungsgesellschaft" mit anderen Namensbestandteilen unzulässig.

---

79) BFH, Urt. v. 4.3.2008 – VII R 12/07, BFHE 221, 371 = NJW-RR 2008, 1652.

80) So zu Recht *Salger* in: MünchHdb. GesR, Bd. 1, § 38 Rz. 20.

81) Vgl. BGH, Beschl. v. 21.4.1997 – II ZB 14/96, BGHZ 135, 257 = ZIP 1997, 1109 = WiB 1997, 752, m. Anm. *Römermann*.

46 Der Partnerschaftsname darf auch keine **Hinweise** auf **Spezialisierungen, Branchen** sowie **berufsfremde Unternehmen** oder Unternehmensgruppen enthalten. Hierdurch sollen nach der Satzungsbegründung der Wirtschaftsprüferkammer Spezialisierungshinweise im weitesten Sinne, die auf keiner externen Überprüfung beruhen, verhindert werden.[82)]

47 Gemäß § 29 Abs. 3 der Berufssatzung dürfen in den Namen von Wirtschaftsprüfungsgesellschaften nur **Namen** von Personen aufgenommen werden, die die Voraussetzungen des § 28 Abs. 4 Satz 1 Nr. 1 WPO erfüllen und Partner sind. Die Zahl der aufgenommenen Namen von Personen, die nicht Wirtschaftsprüfer sind, darf die Zahl der Wirtschaftsprüfer nicht erreichen; besteht der Partnerschaftsname nur aus zwei Namen von Partnern, so muss ein Name eines Wirtschaftsprüfers verwendet werden. § 29 Abs. 3 Satz 3 der Berufssatzung stellt klar, dass der Name einer Wirtschaftsprüfungsgesellschaft nach dem **Ausscheiden** namensgebender Partner fortgeführt werden darf. Eine zeitliche Beschränkung findet sich nicht. Die Fortführungsbefugnis steht aber selbstverständlich stets unter der Voraussetzung der Einhaltung der allgemeinen Regeln der Firmenwahrheit. Nach § 29 Abs. 4 der Berufssatzung bleiben die bei Inkrafttreten der Berufssatzung am 15.9.1996 zulässigen Namen unberührt, sie genießen also **Bestandsschutz.**[83)] Dies gilt wegen der Umwandlungsvorschrift des § 2 Abs. 2 Halbs. 2 PartGG auch für die Wirtschaftsprüfungsgesellschaften in Form einer GbR, die später in eine Partnerschaft umgewandelt werden. § 29 Abs. 5 der Berufssatzung erklärt § 29 Abs. 1 bis 4 der Berufssatzung für die **Buchprüfungsgesellschaften** entsprechend anwendbar mit der Maßgabe, dass die an vereidigte Buchprüfer gestellten Anforderungen auch durch Wirtschaftsprüfer erfüllt werden können.

5. Ärzte

48 Eine **medizinische Kooperationsgemeinschaft** muss sich gemäß Kap. B § 23b Abs. 1 Satz 4 lit. g MBO-Ä 1997 im Partnerschaftsvertrag dazu verpflichten, im Rechtsverkehr die Namen aller Partnerinnen und Partner und ihre Berufsbezeichnungen anzugeben. Die eingetragene Partnerschaftsgesellschaft hat den Zusatz „**Partnerschaft**" zu führen. Eine Wahlmöglichkeit nach § 2 Abs. 1 PartGG besteht demnach aufgrund des gemäß § 1 Abs. 3 PartGG vorrangigen Berufsrechts nicht. Andererseits ist der Musterberufsordnung nicht mit hinreichender Deutlichkeit zu entnehmen, ob hierdurch die **Kurzbezeichnung** für Ärztepartnerschaften ausgeschlossen werden soll. Schließen sich bspw. fünfzehn Ärzte und ein Zahnarzt zu einer Partnerschaft zusammen, dann könnten sie sich „Dr. Müller & Kollegen – Partnerschaft – Ärzte Zahnarzt" nennen, es sei denn, Kap. B § 23b Abs. 1 Satz 4 lit. g MBO-Ä 1997 stünde dem entgegen. Wenn dort verlangt wird, im Rechtsverkehr die Namen sämtlicher Partner anzugeben, dann muss dies aber nicht unbedingt die Verwendung im Namen der Gesellschaft bedeuten, sondern diese Verpflichtung könnte auch durch die Aufführung auf dem **Praxisschild** sowie an geeigneter Stelle des **Briefbogens** erfüllt werden. Angesichts der Bedeutung der verfassungsmäßigen Berufsfreiheit hätte das Verbot von Kurzbezeichnungen klar zum Ausdruck

82) Begr. der Berufssatzung der Wirtschaftsprüferkammer, S. 51.
83) Begr. der Berufssatzung der Wirtschaftsprüferkammer, S. 52.

kommen müssen, wenn dies Inhalt der Musterberufsordnung hätte sein sollen. Die medizinische Kooperationsgemeinschaft in Form der Partnerschaft kann demnach unter einer Kurzbezeichnung im Rechtsverkehr auftreten. Eine ärztliche Partnerschaftsgesellschaft darf gleichzeitig die Bezeichnung „Gemeinschaftspraxis" im Namen führen, sich also nennen: „Gemeinschaftspraxis für Anästhesie – Partnerschaft – Dr. med. B., Dr. med. M.".[84]

6. Zahnärzte

49 Gemäß § 22 Abs. 2 Satz 2 MBO-ZÄ sind auf **dem Praxisschild** bei gemeinsamer Berufsausübung von Zahnärzten die Namen aller Partner anzugeben. Berufsrechtliche Vorschriften zur Namensgebung bei Partnerschaften finden sich nicht.

7. Tierärzte

50 Im Namen der in Form einer Partnerschaft geführten Gemeinschaftspraxis von Tierärzten dürfen gemäß § 16 Abs. 1 Satz 1 MBO-TÄ nur die Namen der beruflich tätigen Partner enthalten sein. Eine Fortführung der Partnerschaft unter dem Namen **ausgeschiedener oder verstorbener Partner** ist gemäß § 18 Abs. 3 MBO-TÄ nicht zulässig. Entsprechende Regelungen finden sich auch auf Landesebene (z. B. Bremen: § 25 Abs. 1 Satz 3, Niedersachsen: § 21a Satz 4, Nordrhein: § 25 Abs. 6 Satz 2, Saarland: § 25 Abs. 5 Satz 2). Dieses generelle Verbot der Namensfortführung begegnet allerdings im Hinblick auf den im Namen einer Gesellschaft verkörperten wirtschaftlichen Wert erheblichen verfassungs- und kartellrechtlichen Bedenken, da kein bedeutendes Gemeinwohlinteresse ersichtlich wäre, das ein derartiges Verbot rechtfertigen könnte. Hierbei ist zu berücksichtigen, dass – soweit ersichtlich – den anderen freien Berufen ein solches Verbot unbekannt ist und die Berufsrechte mehrerer freier Berufe (Rechtsanwälte, Steuerberater, Wirtschaftsprüfer) die (unbefristete) Namensfortführung sogar ausdrücklich gestatten. So gestatten manche Landes-Tierärztekammern jedoch unter der Voraussetzung der Zustimmung des Kammervorstandes die Fortführung (z. B. Berlin: § 23 Abs. 5 Satz 2 i. V. m. § 21 Abs. 2) oder machen dies von der Einwilligung durch den Ausgeschiedenen oder dessen Erben abhängig (Mecklenburg-Vorpommern: § 23 Abs. 5 Satz 1).

51 Viele Landes-Berufsordnungen sehen vor, dass die Tierärztepartnerschaft den **Namen mindestens eines Partners**, den Zusatz „und Partner" oder „Partnerschaft" sowie die Berufsbezeichnung zu enthalten hat (z. B. Berlin: § 23 Abs. 5 Satz 3, Bremen: § 25 Abs. 1 Satz 2, Hamburg: § 21 Abs. 6 Satz 2, Thüringen: § 16 Abs. 6 Satz 1). Für die **Berufsbezeichnung** kommt nur „Tierärzte" in Betracht, da § 18 Abs. 1 Satz 2 MBO-TÄ die interprofessionelle Gesellschaft untersagt. Die jeweiligen landesspezifischen Berufsordnungen enthalten diesbezüglich entweder gleichlautende oder zumindest ähnliche Regelungen. Teilweise sind weitere Zusätze im Partnerschaftsnamen nicht zulässig (z. B. Berlin: § 23 Abs. 5 Satz 4, Hamburg: § 21 Abs. 6 Satz 2, Rheinland-Pfalz: § 25 Abs. 5 Satz 4).

---

84) OLG Schleswig, Beschl. v. 18.9.2002 – 2 W 80/02, MDR 2003, 540 = NJW-RR 2003, 173.

8. Hauptberufliche Sachverständige

52 Nach § 12 Abs. 1 Muster-SVO DIHK hat der Sachverständige bei Leistungen in elektronischer und schriftlicher Form auf dem Sachgebiet, für das er öffentlich bestellt und vereidigt ist, die Bezeichnung „von der Ingenieurkammer öffentlich bestellter und vereidigter Sachverständiger für ... (Angabe des Sachgebiets gemäß der Bestellungsurkunde)“ zu führen. Bei einem Zusammenschluss in Form der Partnerschaft hat der Sachverständige gemäß § 21 Satz 2 Muster-SVO DIHK darauf zu achten, dass seine Glaubwürdigkeit, sein Ansehen in der Öffentlichkeit und die Einhaltung seiner Pflichten nach der SVO gewährleistet sind. § 13 Abs. 1 Nr. 1 Muster-SVO ZDH und § 12 Abs. 1 Muster-SVO BIngK enthalten entsprechende Regelungen hinsichtlich der Sachverständigen-Bezeichnung und in § 21 Abs. 1 Satz 1 Muster-SVO ZDH und § 21 Satz 2 Muster-SVO BIngK hinsichtlich eines Zusammenschlusses.

IV. Kritik

53 Die Vorschrift ist wegen des unterschiedlichen Sprachgebrauchs im Vergleich mit § 3 Abs. 2 Nr. 2 PartGG **gesetzestechnisch missglückt**. Vor allem aber lässt sich keine überzeugende Begründung dafür finden, warum die Nennung aller vertretenen Berufsbezeichnungen i. R. des Namens der Partnerschaft – im Unterschied etwa zur GbR – überhaupt vorgeschrieben wird.[85]

C. Grundsätze des Namensrechts (§ 2 Abs. 1 Satz 2 und 3, § 2 Abs. 2 PartGG)

54 § 2 Abs. 2 PartGG erklärt die auf die Partnerschaft problemlos übertragbaren Grundsätze des handelsrechtlichen Firmenrechts für entsprechend anwendbar.[86] Dies gilt insbesondere für die Firmenwahrheit, Firmenbeständigkeit und Firmenausschließlichkeit. Teilregelungen daraus, die früher in § 19 Abs. 3 und 4 HGB a. F. enthalten waren, wurden durch Art. 11 HRefG als § 2 Abs. 1 Satz 2 und 3 in das PartGG eingefügt. Die in § 2 Abs. 2 PartGG enthaltenen Verweisungen auf das HGB sind als abschließend zu betrachten.[87] Für eine (analoge) Anwendung über die dort genannten Normen hinaus findet sich kein Raum. Das Argument, Absatz 2 enthalte lediglich eine Verweisung auf die firmenrechtlichen Vorschriften und lasse darüber hinaus aber eine Analogie zu den nicht im engeren Sinne firmenrechtlichen Regelungen, insbesondere den §§ 25 bis 28 HGB zu,[88] findet weder eine Stütze im Gesetz noch in dessen Begründung.

I. Firmenwahrheit, Firmenausschließlichkeit

55 § 2 Abs. 2 PartGG verweist auf die §§ 18 Abs. 2, 23 sowie § 30 HGB. Insbesondere aus § 18 Abs. 2 HGB wird ein allgemeiner Grundsatz der **Firmenwahrheit** abgeleitet.[89] Danach ist es der Partnerschaft untersagt, durch ihren Namen die Öffentlichkeit über Art, Umfang oder sonstige Verhältnisse der Gesellschaft zu täuschen

---

85) Ausführlich zur rechtspolitischen Kritik noch die Vorauflage, 1995, § 2 Rz. 20 bis 25.
86) Begr. RegE PartGG, BT-Drucks. 12/6152, S. 11; *Kempter*, BRAK-Mitt. 1994, 122, 123.
87) *Henssler*, PartGG, § 2 Rz. 38; a. A. Meilicke u. a.-*Graf v. Westphalen*, PartGG, § 8 Rz. 35.
88) *Schäfer* in: MünchKomm-BGB, § 2 PartGG Rz. 2.
89) Röhricht/Graf v. Westphalen-*Ammon/Ries*, HGB, § 18 Rz. 26.

Dies wird zum Teil etwa angenommen, wenn ein **Doktortitel** im Namen der Partnerschaft geführt wird, obwohl keiner der beruflich aktiven Partner promoviert hat, oder wenn der nicht näher präzisierte Titel einer fachfremden Fakultät entstammt („Dr. phil." bei einer Ärztepartnerschaft), insbesondere weil dem Träger seitens der Öffentlichkeit oft ein besonderes Vertrauen in dessen intellektuelle Fähigkeiten entgegengebracht wird, kombiniert mit einem guten Ruf und entsprechender Zuverlässigkeit.[90)]

56 Eine Irreführung liegt nicht durch die Verwendung des Zusatzes **„Sozietät"** vor, da sich daraus nicht zwingend ein Hinweis auf eine andere Gesellschaftsform, insbesondere eine GbR ergibt.[91)] Entsprechendes gilt für den Begriff „Gemeinschaftspraxis".[92)] Im Gegensatz dazu ist die Bezeichnung **„Institut"** dann als irreführend anzusehen, wenn der Eindruck entsteht, es handele sich um eine öffentliche Einrichtung.[93)]

57 Bei der Verwendung von Bezeichnungen, die auf eine fachliche **Spezialisierung** hinweisen („Fachanwalt", „Facharzt"), muss einerseits ein Partner mit der entsprechenden Qualifikation vorhanden sein.[94)] Andererseits setzt die Verwendung der Pluralform eines Fachtitels voraus, dass eine entsprechende Anzahl an Partnern mit der jeweiligen Spezialisierung tätig ist, wobei bei einer überörtlichen Sozietät nicht an jedem Standort alle erwähnten Fachqualifikationen vorliegen müssen.[95)]

58 Der Zusatz **„international"** erfordert, dass nicht nur einer von mehreren Partnern mit internationalem Bezug tätig ist,[96)] sondern verlangt eine entsprechende Auslandsaktivität und Größe.[97)]

59 Unzulässig soll nach einer Auffassung stets die Beifügung des Namens eines **Nichtpartners** sein.[98)] Dies ist jedoch zweifelhaft, soweit das Berufsrecht eine derartige Handhabung ausdrücklich gestattet, was sich insbesondere aus dem Berufsrecht der Rechtsanwälte ergibt. Dort darf in einer Kurzbezeichnung nach § 9 BerufsO-RA auch der Name eines bereits ausgeschiedenen Partners zeitlich unbegrenzt fortgeführt werden (siehe oben Rz. 35).[99)]

---

90) *Salger* in: MünchHdb. GesR, Bd. 1, § 38 Rz. 23; OLG Köln, Beschl. v. 12.3.2008 – 2 Wx 5/08, FGPrax 2008, 125 = DNotZ 2009, 140.

91) LG Zweibrücken, Beschl. v. 25.2.1998 – 4 T 20/98, NZG 1998, 548, m. Anm. *Römermann*.

92) OLG Schleswig, Beschl. v. 18.9.2002 – 2 W 80/02, MDR 2003, 540 = NJW-RR 2003, 173.

93) OLG Frankfurt/M., Beschl. v. 27.4.2001 – 20 W 84/01, MDR 2001, 1177 = NJW-RR 2002, 459; BGH, Urt. v. 16.10.1986 – I ZR 157/84, ZIP 1987, 741-743 = MDR 1987, 643 = NJW-RR 1987, 735.

94) LG Kleve, Urt. v. 10.8.2007 – 8 O 2/07, GesR 2007, 480.

95) BGH, Urt. v. 29.3.2007 – I ZR 152/04, ZIP 2007, 1481 = AnwBl 2007, 624, dazu EWiR 2007, 669 *(Henssler/D. Schneider)*; LG Bremen, Urt. v. 15.4.2004 – 12 O 527/03, NJW 2004, 2027 = BRAK-Mitt 2004, 195.

96) BGH, Urt. v. 25.4.1996 – I ZR 106/94, ZIP 1996, 1314 = NJW 1996, 2308, dazu EWiR 1996, 703 *(Taupitz)*.

97) OLG Stuttgart, Beschl. v. 8.10.1985 – 8 W 198/85, NJW-RR 1987, 101 = BB 1986, 1393, dazu EWiR 1986, 489 *(Wessel)*.

98) *Feddersen/Meyer-Landrut*, PartGG, § 2 Rz. 7.

99) Feuerich/Weyland-*Böhnlein*, BRAO, § 9 BORA Rz. 7.

60 Die Begründung des Regierungsentwurfs[100] führt hierzu aus:

„Auch die Führung des Namens der Partnerschaft unterliegt dem allgemeinen Grundsatz der Firmenwahrheit, insbesondere darf der Name nicht über den Umfang der Partnerschaft und die beteiligten Partner täuschen. Ersterem dient die Angabe aller in der Partnerschaft ausgeübten Berufe, letzterem die ‚wahrheitsgemäße' Angabe der tatsächlich in der Gesellschaft aktiven Partner, wobei diesem Umstand aufgrund der auf persönliche Leistungserbringung ausgerichteten Tätigkeit der Partnerschaft besonderes Gewicht zukommt (Absatz 2 i. V. m. § 18 Abs. 2, § 19 Abs. 4 HGB)."

61 Die Auffassung der Gesetzesverfasser, dass der Zwang zur **Angabe sämtlicher Berufe** zu einer wahrheitsgemäßen Darstellung des Umfanges der Partnerschaft beitrage, geht fehl. Der firmenrechtliche Grundsatz soll nicht sämtliche Umstände der Partnerschaft der Öffentlichkeit bekannt machen; er will vielmehr nur dafür Sorge tragen, dass solche Kennzeichnungen, die sich die Gesellschaft selbst – aus welchen Gründen auch immer – beilegt, der Wahrheit entsprechen. Ob zudem eine Partnerschaft „X und Partner – Rechtsanwälte, Steuerberater, Wirtschaftsprüfer" aus zwei oder zweihundert Partnern besteht, über diesen Umfang vermag die bloße Aufzählung der Berufsbezeichnungen ohnehin nichts Aussagekräftiges mitzuteilen.

62 Der zweite Teil der Erläuterungen der Gesetzesverfasser ist unklar, wonach die „wahrheitsgemäße" Angabe der **aktiven Partner** ebenfalls aus dem Prinzip der Firmenwahrheit folge. Im Kern dürfte hier Einigkeit darüber bestehen, dass völlig fremde Personen, die also nicht Partner sind oder waren, nicht in den Namen der Partnerschaft aufgenommen werden dürfen. Andererseits ist aber die tatsächliche Aktivität der Partner hier – wie auch in § 1 Abs. 1 PartGG – kein entscheidendes Kriterium. Wenn nämlich – unstreitig angesichts der Verweisung auf § 22 Abs. 1 HGB – die Fortführung des Namens ausgeschiedener und sogar verstorbener Partner zulässig ist, dann muss erst recht die Namensfortführung bei der Aufgabe der aktiven Berufstätigkeit eines gleichwohl in der Partnerschaft verbleibenden Gesellschafters möglich sein.

63 Wenn allerdings ein **Partner ausscheidet**, dann darf zwar sein Name weitergeführt werden, jedoch muss die Berufsbezeichnung, die er allein in der Partnerschaft vertrat, aus dem Partnerschaftsnamen gestrichen werden. Denn dort dürfen sich nur solche Berufsbezeichnungen finden, die tatsächlich in der Gesellschaft **aktuell vertretene Professionen** benennen. Sofern insoweit mit der Zeit Änderungen eintreten, insbesondere Berufsbezeichnungen hinzukommen oder entfallen, dann ist der Partnerschaftsname entsprechend anzupassen. Für das Hinzukommen folgt dies aus § 2 Abs. 1 PartGG, für das Entfallen darüber hinaus aus § 2 Abs. 2 PartGG i. V. m. dem Grundsatz der Firmenwahrheit. Wird der Partnerschaftsname (ursprünglich: „Müller, Meyer und Schmidt") nach dem Ausscheiden eines Partners (hier: „Meyer") durch die Neuaufnahme eines anderen Partners (hier: „Huber") durch Voranstellung dessen Namens angepasst, der Name des Ausgeschiedenen aber weitergeführt (jetzt: „Huber, Müller, Meyer und Schmidt"), so stellt dies eine Änderung des Partnerschaftsnamens dar und der Name des Ausgeschiedenen (hier: „Meyer") kann nicht mehr fortgeführt werden. Der im neuen Partnerschaftsnamen

100) Begr. zum RegE PartGG, BT-Drucks. 12/6152, S. 11; die Verweisung bezieht sich auf die §§ 18 Abs. 2, 19 Abs. 4 HGB a. F. vor Inkrafttreten des HRefG am 1.7.1998.

geführte alte Partnername gilt insofern als „andere Person" i. S. des § 2 Abs. 1 Satz 3 PartGG. Gerade durch die Voranstellung des neuen Namens erhält die Partnerschaft eine neue Prägung.[101)]

64 Die Begründung des Regierungsentwurfs will darüber hinausgehend noch weitere Schlussfolgerungen aus dem Prinzip der **Firmenwahrheit** ziehen. Es heißt dort:[102)]

> „Wird bei einer interprofessionellen Partnerschaft durch den Austausch der Unternehmensinhaber oder das Ausscheiden eines Partners eine angegebene Berufsbezeichnung unrichtig, d. h. wird der angegebene Beruf zukünftig nicht mehr von einem aktiven Partner in der Partnerschaft ausgeübt, so ist dieser zu streichen. Gleiches wird regelmäßig für den Namen des Partners gelten, der bisher für den ausgeübten Beruf stand; auch dessen Fortführung entsprechend § 22 Abs. 1, § 24 HGB steht grundsätzlich unter dem Vorbehalt, dass der von der genannten Person ausgeübte Beruf auch zukünftig in der Partnerschaft vertreten ist."

65 Dieser letzten Bemerkung kann nicht gefolgt werden. Ein Grund für die **Entfernung des Namens eines Partners** aus der Partnerschaft nur deswegen, weil dessen früher ausgeübter Beruf in der Partnerschaft seit dem Ausscheiden nicht mehr vertreten ist, ist nicht erkennbar.[103)] Wie bereits dargelegt, darf die Berufsbezeichnung selbst nicht mehr erwähnt werden, da das Publikum sonst über die Bandbreite der angebotenen Dienstleistungen getäuscht würde. Der Name des Partners kann jedoch fortgeführt werden, ohne dass es darauf ankäme, ob ein von ihm ausgeübter Beruf nunmehr von einem anderen Partner wahrgenommen wird oder nicht. Der Namenspartner steht als Identitätsmerkmal für das Unternehmen, hier also die Partnerschaft, aber nicht etwa für einen bestimmten – von ihm ausgeübten – Beruf. Wollte man die Partnerschaft zur Streichung dieses Namens zwingen, dann würde dies einen erheblichen Eingriff in ihren **namensrechtlichen Besitzstand** darstellen. Dementsprechend müsste sich diese Anordnung mit hinreichender Deutlichkeit aus dem Gesetz ergeben. Hierfür ist jedoch auch im Wortlaut kein Anzeichen ersichtlich.

66 Die frühere Verweisung auf § 19 HGB a. F. in § 2 Abs. 2 PartGG a. F. ist durch das HRefG vom 22.6.1998 gestrichen worden. Inhaltlich finden sich diese Vorschriften jetzt im Wesentlichen in § 2 Abs. 1 Satz 2 und 3 PartGG, die neu eingefügt wurden. Die Beifügung der Vornamen der Partner im Partnerschaftsnamen ist danach nicht erforderlich.

67 Sofern **mehrere Partnerschaften** am Ort den **gleichen Namen** (z. B. „Meier und Partner") führen, müssen sie Zusätze zur Unterscheidung aufnehmen (§§ 18 Abs. 2 Satz 1, 30 HGB) – Grundsatz der **Firmenausschließlichkeit**.[104)] Grundsätzlich kann dies nach der Gesetzesbegründung vorrangig vor Sachzusätzen durch die Beifügung des Vornamens erfolgen.[105)] Aber auch das kann nicht immer gelten, insbesondere wenn ein sehr spezieller Nachname eine so dominierende Wirkung hat,

---

101) OLG Frankfurt/M., Beschl. v. 22.6.2005 – 20 W 396/04, Rpfleger 2005, 671 = NZG 2005, 925; Baumbach/Hopt-*Hopt*, HGB, § 24 Rz. 3.

102) Begr. RegE PartGG, BT-Drucks. 12/6152, S. 12; dem folgend *Hornung*, Rpfleger 1995, 481, 485; *Sommer*, DSWR 1995, 181, 182.

103) A. A. *Schäfer* in: MünchKomm-BGB, § 2 PartGG Rz. 18.

104) Vgl. Baumbach/Hopt-*Hopt*, HGB, § 30 Rz. 8.

105) Begr. RegE § 2 PartGG, BT-Drucks. 12/6152, S. 12.

dass der Vorname in den Hintergrund tritt und nur ein weiterer Zusatz die Verwechselungsgefahr mindert.[106)]

68 Üblich ist etwa bei **Rechtsanwälten** die Hinzufügung römischer Zahlen entsprechend der Reihenfolge der Zulassung im jeweiligen Gerichtsbezirk, so z. B. Müller I, Müller II usw.[107)] Allein aus der Verwendung eines anderen Gesellschaftszusatzes folgt noch keine ausreichende Abgrenzung zu anderen Firmen.[108)] Damit muss sich der Name der Partnerschaft nicht nur von dem anderer Partnerschaften, sondern auch von Unternehmen aller anderen Gesellschaftsformen unterscheiden.[109)] Die Unterscheidung kann sich auch aus der Angabe verschiedener Berufsbezeichnungen ergeben.[110)] Die beliebig austauschbare Gattungsbezeichnung „Anwaltssozietät" wurde durch das OLG Braunschweig[111)] allerdings als ebenso wenig unterscheidungskräftig angesehen wie die Hinzufügung eines Doktortitels oder eine abweichende Schreibweise des Familiennamens („Schäfer – Schaefer"). Für die namensrechtliche Priorität allein auf den Zeitpunkt der Eintragung ins Partnerschaftsregister abzustellen[112)] ist problematisch, da das Registerrecht einen Grundsatz des Vorrangs der früheren vor der späteren Anmeldung nicht kennt.[113)] Letztlich lässt sich aber gerade bei einer Personenfirma eine Verwechslungsgefahr nie gänzlich ausschließen.[114)]

69 In **§ 2 Abs. 1 Satz 3 PartGG** ist angeordnet, dass nur die Namen der Partner in den Partnerschaftsnamen aufgenommen werden dürfen. Diese Vorschrift enthält sinngemäß die Regelung des § 19 Abs. 4 HGB a. F., die durch Art. 12 Nr. 1 lit. a HRefG ins PartGG übernommen wurde.[115)] Der Aussagegehalt des § 2 Abs. 1 Satz 3 PartGG ist gering: Nach § 1 Abs. 1 Satz 3 PartGG können ohnehin nur natürliche Personen Partner sein. Weiterhin gestattet der Gesetzgeber durch die Verweisung des Absatzes 2 auf §§ 22 Abs. 1, 24 HGB, dass bei ausgeschiedenen oder verstorbenen Partnern die Fortführung deren Namen zulässig ist. Insofern regelt § 2 Abs. 1 Satz 3 PartGG lediglich, dass fremde Personen, die nicht Partner sind, nicht im Partnerschaftsnamen geführt werden dürfen.[116)]

70 Schließlich verweist § 2 Abs. 2 PartGG auf **§ 23 HGB**. Der Name der Partnerschaft kann demnach nicht isoliert, d. h. ohne die Partnerschaft selbst, veräußert werden. Auch diese Bestimmung dient dem **Schutz des Publikums** vor Täuschungen über den Unternehmensträger durch sog. Leerübertragungen des Partnerschaftsnamens

106) BGH, Urt. v. 16.3.1951 – I ZR 76/50, NJW 1951, 520 = JZ 1951, 513; vgl. Baumbach/Hopt-*Hopt*, HGB, § 19 Rz. 7.

107) *BRAK*, Stellungnahme zum RefE PartGG, S. 5.

108) Baumbach/Hopt-*Hopt*, HGB, § 30 Rz. 5; a. A. *Kögel*, Rpfleger 1998, 317, 320.

109) *Schäfer* in: MünchKomm-BGB, § 2 PartGG Rz. 23; *Henssler*, PartGG, § 2 Rz. 21.

110) *Henssler*, PartGG, § 2 Rz. 21; *Hornung*, Rpfleger 1995, 481, 486.

111) OLG Braunschweig, Urt. v. 16.10.1997 – 2 U 75/97, NJW-RR 1998, 1004.

112) So aber *Henssler*, PartGG, § 2 Rz. 22.

113) Keidel-*Heinemann*, FamFG, § 382 Rz. 10; *Bumiller/Harders*, FamFG, § 382 Rz. 12; KG, Beschl. v. 16.1.1930 – 1 b. X. 837/29, Das Recht 1930, Nr. 778 (S. 229).

114) OLG Köln, Urt. v. 29.4.1983 – 6 U 201/82, NJW 1984, 1358 = WRP 1983, 640.

115) Begr. RegE Art. 12 HRefG, BT-Drucks. 13/8444, S. 81.

116) *Schäfer* in: MünchKomm-BGB, § 2 PartGG Rz. 8.

mit dem Auseinanderfallen von Namen und Unternehmen.[117] Teilweise wird darauf hingewiesen, dass das Verbot des § 23 HGB unter Anwendung der §§ 22 Abs. 1, 24 Abs. 1 HGB dadurch umgangen werden kann, dass entweder das Geschäft der Partnerschaft durch diese selbst veräußert wird oder ein Austritt sämtlicher Partner verbunden mit einem Eintritt anderer Partner erfolgt.[118]

II. Firmenbeständigkeit

1. Regelungsgegenstände

71 § 2 Abs. 2 PartGG verweist weiter auf die Vorschriften der §§ 21, 22 Abs. 1 und § 24 HGB. Dies betrifft die Fälle, in denen aufgrund bestimmter Ereignisse der Grundsatz der Firmenwahrheit im Grunde der **Weiterführung des Partnerschaftsnamens** entgegenstünde, diese aber dann nach dem Grundsatz der Firmenbeständigkeit doch ermöglicht werden soll, um der Partnerschaft den in ihrem Namen verkörperten Wert zu erhalten.[119]

a) Namensänderung eines Partners (§ 21 HGB)

72 § 21 HGB betrifft den Fall, dass sich der Name eines Partners z. B. durch Heirat, Adoption, Wiederannahme des früheren Namens durch den verwitweten oder geschiedenen Ehegatten, Annahme eines neuen Namens,[120] Aufhebung der Adoption von Amts wegen (§§ 1763, 1765 BGB) oder auf gemeinsamen Antrag (§ 1771 BGB) ändert.[121] Im Interesse der Namenskontinuität ist der Partnerschaft in allen diesen Fällen die Namensfortführung gestattet, da die Person des Partners identisch bleibt.[122] Der tatsächlich geführte bisherige Partnerschaftsname kann auch noch nach der Änderung des Partnernamens in das Partnerschaftsregister eingetragen werden.[123] Die Eintragung ist jedoch wegen § 4 Abs. 1 Satz 3 PartGG i. V. m. § 3 Abs. 2 Nr. 2 PartGG zwingend.[124]

73 Nach einer Entscheidung des OLG Karlsruhe soll bei einer Partnerschaft, die aus einer GbR entstanden ist, der alte Name der GbR dann nicht fortgeführt werden dürfen, wenn darin der Name eines Partners nicht vollständig wiedergegeben wird.[125] Das Gericht setzt sich damit in Widerspruch zu den gesetzgeberischen Motiven, nach denen eine solche Änderung nicht grundlos erschwert werden soll.[126] Deshalb

---

117) *Henssler*, PartGG, § 2 Rz. 25; Begr. RegE PartGG, BT-Drucks. 12/6152, S. 12; vgl. allgemein Baumbach/Hopt-*Hopt*, HGB, § 23 Rz. 1.

118) *Schäfer* in: MünchKomm-BGB, § 2 PartGG Rz. 19; Meilicke u. a.-*Meilicke*, PartGG, § 2 Rz. 26.

119) Begr. RegE PartGG, BT-Drucks. 12/6152, S. 11.

120) Gesetz über die Änderung von Familiennamen und Vornamen (NamÄndG) v. 5.1.1938, RGBl. I 1938, 9.

121) Baumbach/Hopt-*Hopt*, HGB, § 21 Rz. 2.

122) Begr. RegE PartGG, BT-Drucks. 12/6152, S. 12.

123) Vgl. Baumbach/Hopt-*Hopt*, HGB, § 21 Rz. 3.

124) *Henssler*, PartGG, § 2 Rz: 24.

125) OLG Karlsruhe, Beschl. v. 29.4.1999 – 11 Wx 44/98, NJW 1999, 2284 = MDR 1999, 1165.

126) *Henssler*, PartGG, § 2 Rz. 24; Meilicke u. a.-*Meilicke*, PartGG, § 2 Rz. 35; Begr. RegE PartGG, BT-Drucks. 12/6152, S. 12.

muss es für die aus der GbR hervorgehende Partnerschaft möglich sein, den seitens der früheren Gesellschaft zulässig geführten Namen auch weiterhin unverändert fortzuführen, selbst wenn sich der Name eines Gesellschafters mittlerweile geändert hat.[127] Scheidet nämlich der Gesellschafter, dessen Name Bestandteil des Gesellschaftsnamens ist, vor einem Wechsel aus, so kann dieser nach wie vor verwendet werden.[128]

b) Vollständiger Partnerwechsel (§ 22 Abs. 1 HGB)

74 Durch die Verweisung auf § 22 Abs. 1 HGB wird die Namensfortführung der Partnerschaft auch im Falle des vollständigen Partnerwechsels ermöglicht.[129] Voraussetzung ist demnach, dass mehrere Erwerber die Gesellschaft von mehreren anderen Personen, den Partnern, übernehmen, da die Partnerschaft stets die Existenz mehrerer Gesellschafter bedingt. Der in § 22 Abs. 1 HGB vorgesehene Fall des Erwerbs durch **Erbschaft** wird für die Partnerschaft kaum praktisch werden, da hier das gleichzeitige Ableben der Partner den gleichzeitigen Eintritt mehrerer partnerschaftsfähiger Erben gemäß einer im Partnerschaftsvertrag vorgesehenen Nachfolgeklausel (§ 9 Abs. 4 Satz 2 PartGG, siehe dazu näher *Römermann*, § 9 Rz. 29 ff.) nach sich ziehen müsste.

75 Anders ist es mit dem **Erwerb unter Lebenden.**[130] Hier ist bspw. an den Fall zu denken, dass zwei **Steuerberater** die Steuerberatungskanzlei zweier älterer Kollegen übernehmen, wobei die bisherigen Partner sich entweder vollständig zurückziehen oder aber – ohne weiterhin als Partner zu fungieren – nur noch stundenweise in der Kanzlei beschäftigt werden, um einen reibungslosen Praxisübergang zu gewährleisten. Trotz des Partnerwechsels könnte hier durch die Beibehaltung des bisherigen Namens der vorhandene good will und damit der entscheidende Praxiswert erhalten bleiben. Für den **Unternehmensübergang** ist zu fordern, dass die Partnerschaft im Großen und Ganzen veräußert wird, also nicht nur Teile des freiberuflichen Unternehmens.[131] Erforderlich ist daher jedenfalls die Übertragung des Klienten- oder Patientenstammes, zudem regelmäßig die Übergabe der Praxisräume. Unschädlich ist es hingegen, wenn die bisherigen Partner etwa Teile ihrer Fachbibliothek behalten oder anderweitig veräußern, da diese das Unternehmen nicht entscheidend prägen. Zur erforderlichen Einwilligung siehe unten Rz. 78 f. Die bloße Übertragung des Partnerschaftsnamens ohne gleichzeitige Veräußerung der Gesellschaft ist bereits durch § 2 Abs. 2 PartGG i. V. m. § 23 HGB ausgeschlossen (siehe dazu oben Rz. 70).

127) *Henssler*, PartGG, § 2 Rz. 24; Meilicke u. a.-*Meilicke*, PartGG, § 2 Rz. 35; a. A. Röhricht/Graf v. Westphalen-*Ammon/Ries*, HGB, Vor § 17 Rz. 17.
128) *Henssler*, PartGG, § 2 Rz. 24.
129) Begr. RegE PartGG, BT-Drucks. 12/6152, S. 12.
130) Zum Verkauf einer Anwaltskanzlei ausführlich: *Michalski/Römermann*, NJW 1996, 1305 ff.; *Römermann* in: BeckOK-BORA, § 27 Rz. 40 ff.
131) *Henssler*, PartGG, § 2 Rz. 25; vgl. auch Baumbach/Hopt-*Hopt*, HGB, § 22 Rz. 4.

c) Zeitweiliger Partnerwechsel ohne Unternehmensveräußerung

76 Die Fortführung des Namens bei nur zeitweiliger Überlassung der Partnerschaft an andere Gesellschafter in Form des Nießbrauchs oder der Pacht ist nicht möglich. § 22 Abs. 2 HGB wurde von der Verweisung bewusst ausgenommen.[132)]

77 Die Gesetzesverfasser begründen dies damit, dass „bei der Partnerschaft der ‚wahrheitsgemäßen' Angabe der tatsächlich in der Gesellschaft aktiven Partner erhöhte Bedeutung" zukomme und auch ein „Bedürfnis", die bloße Nutzungsüberlassung von Partnerschaften „auch namensrechtlich zu fördern, ... nicht ersichtlich" sei.[133)] Diese Begründung überzeugt nicht. Sie stützt sich auf eine unzulässige Vermischung von Gesellschaftsrecht und Berufsrecht. Wenn die dauerhafte Fortführung des Namens endgültig ausgeschiedener Partner gemäß § 2 Abs. 2 PartGG i. V. m. § 22 Abs. 1, § 24 HGB möglich ist, dann muss dies erst recht für den Namen nur zeitweilig ausgeschiedener Partner gelten.[134)]

d) Zustimmungserfordernis der ausgeschiedenen Gesellschafter

78 Wesentliche Voraussetzung für die Fortführung ist die **Einwilligung** hierzu nach § 22 Abs. 1 HGB durch den bisherigen Geschäftsinhaber oder dessen Erben. Erforderlich ist demnach die Zustimmung sämtlicher Partner und zusätzlich des namensgebenden Partners.[135)] Dafür ist entgegen dem zu engen Wortlaut des § 22 Abs. 1 HGB keine ausdrückliche Erklärung erforderlich, sondern diese kann durchaus auch konkludent erfolgen, sofern nur die Einwilligung zweifelsfrei feststeht.[136)] Dies ist nicht notwendig der Fall bei einer bloßen Übertragung des Partnerschaftsanteils,[137)] hingegen anzunehmen bei einer gemeinsamen Anmeldung des Ausscheidens gemäß § 4 Abs. 1 Satz 3 PartGG zusammen mit den verbleibenden Partnern.[138)] Die Einwilligung kann (auflösend) bedingt oder befristet erfolgen.[139)]

79 Wenn das Mitglied einer in Form einer **GbR** geführten Anwaltssozietät im Gesellschaftsvertrag in die Weiterführung seines Familiennamens in der Sozietätsbezeichnung für den Fall seines Ausscheidens ohne Einschränkung einwilligt, dann erstreckt sich diese Einwilligung bei Umwandlung der Sozietät in eine Partnerschaft in der Regel auch auf die Fortführung der Sozietätsbezeichnung als Name

132) Begr. RegE PartGG, BT-Drucks. 12/6152, S. 12.

133) Begr. RegE PartGG, BT-Drucks. 12/6152, S. 12.

134) Näher zur rechtspolitischen Kritik noch die Vorauflage, 1995, § 2 Rz. 42; im Ergebnis wie hier *Schäfer* in: MünchKomm-BGB, § 2 PartGG Rz. 21, Meilicke u. a.-*Meilicke*, PartGG, § 2 Rz. 21.

135) Meilicke u. a.-*Meilicke*, PartGG, § 2 Rz. 23; *Heidinger* in: MünchKomm-HGB, § 22 Rz. 38 f.; zur Frage einer analogen Anwendung des § 179a AktG s. *Heidinger* in: MünchKomm-HGB, § 22 Rz. 38 und Baumbach/Hopt-*Hopt*, HGB, § 22 Rz. 9.

136) Vgl. *Heidinger* in: MünchKomm-HGB, § 22 Rz. 33; Baumbach/Hopt-*Hopt*, HGB, § 22 Rz. 9.

137) Vgl. OLG Hamm, Urt. v. 29.8.1983 – 8 U 280/82, ZIP 1983, 1201 = GRUR 1983, 679.

138) Vgl. BGH, Beschl. v. 28.3.1977 – II ZB 8/76, BGHZ 68, 276 = NJW 1977, 1291.

139) Meilicke u. a.-*Meilicke*, PartGG, § 2 Rz. 33; Baumbach/Hopt-*Hopt*, HGB, § 24 Rz. 11.

der Partnerschaft.[140] Die Einwilligung kann somit bereits in einem GbR-Gesellschaftsvertrag vereinbart werden und wirkt dann auch für die daraus hervorgegangene Partnerschaft.

e) Änderungen im Gesellschafterbestand (§ 24 HGB)

80 Durch den Verweis auf § 24 HGB wird die Fortführung des Namens der Partnerschaft in **zwei Fällen** ermöglicht, nämlich

1. beim Eintritt weiterer Partner in die bestehende Partnerschaft und
2. beim Ausscheiden eines Partners.

81 Der Befugnis beim **Eintritt neuer Partner** kommt kaum praktische Bedeutung zu, da nach Absatz 1 ohnehin nicht die Namen sämtlicher Partner in den Gesellschaftsnamen aufgenommen werden müssen.[141] Werden allerdings die Namen neu eintretender Partner aufgenommen und damit der Partnerschaftsname neu gebildet, handelt es sich regelmäßig nicht mehr um die Fortführung des bisherigen Partnerschaftsnamens. Der im neuen Partnerschaftsnamen geführte alte Partnername gilt als „andere Person" i. S. des § 2 Abs. 1 Satz 3 PartGG.[142] Siehe auch oben Rz. 63.

82 Von ganz erheblicher praktischer Bedeutung ist hingegen die **Fortführung des Namens** des **ausgeschiedenen Partners.** Grundsätzlich ist die Fortführung nur in der bisherigen Form möglich, da sich die Einwilligung des Ausgeschiedenen in die Namensweiterführung im Zweifel nicht auf Veränderungen erstreckt.[143] Das LG Essen hat allerdings für den Fall des Ausscheidens zweier namensgebender Partner und einer fehlenden Zustimmung eines dieser beiden Partner zu der Fortführung seines Namens entschieden, dass dann der Name der Partnerschaft ohne den Namen des nicht zustimmenden Partners (Restname) fortgeführt werden dürfe.[144]

83 Dem widerspricht auch nicht die Entscheidung des OLG Frankfurt/M., bei der eine Neubildung aufgrund der Aufnahme zweier neuer Partner notwendig wurde.[145] Eine solche **vollständige Neubildung** liegt aber nicht beim Ausscheiden eines Partners vor, selbst wenn dieser seine Einwilligung zur Fortführung nicht erteilt hat. Bei diesem **Konflikt** zwischen einerseits den Grundsätzen der **Firmenwahrheit** und andererseits der **Firmenbeständigkeit** geht § 24 Abs. 1 HGB vor.[146] Sofern aus einer aus drei Partnernamen bestehenden Partnerschaft einer der namensgebenden Partner ausscheidet, bleibt deren Identität grundlegend weiterhin

---

140) BGH, Urt. v. 28.2.2002 – I ZR 195/99, ZIP 2002, 1501 = NJW 2002, 2093, dazu EWiR 2002, 1033 *(Kleine-Cosack)*; OLG München, Urt. v. 16.9.1999 – 6 U 6228/98, NZG 2000, 367 = BB 1999, 2422, dazu EWiR 1999, 1153 *(Ring)*; BayObLG, Beschl. v. 26.11.1997 – 3 Z BR 279/97, BayObLGZ 1997, 328 = NZG 1998, 148, m. Bespr. *Römermann*, S. 121 ff. = AnwBl 1998, 159; *Schäfer* in: MünchKomm-BGB, § 2 PartGG Rz. 20; vgl. ferner Meilicke u. a.-*Meilicke*, PartGG, § 2 Rz. 23.

141) *Henssler*, PartGG, § 2 Rz. 28; Begr. RegE PartGG, BT-Drucks. 12/6152, S. 12.

142) OLG Frankfurt/M., Beschl. v. 22.6.2005 – 20 W 396/04, Rpfleger 2005, 671 = NZG 2005, 925.

143) Meilicke u. a.-*Meilicke*, PartGG, § 2 Rz. 29; *Römermann*, NZG 1998, 121, 125.

144) LG Essen, Beschl. v. 14.11.2002 – 7 T 304/02, DStRE 2003, 443 = RNotZ 2003, 267.

145) OLG Frankfurt/M., Beschl. v. 22.6.2005 – 20 W 396/04, Rpfleger 2005, 671 = NZG 2005, 925.

146) *Henssler*, PartGG, § 2 Rz. 31; a. A. Meilicke u. a.-*Meilicke*, PartGG, § 2 Rz. 29, 32.

bestehen,[147] solange der bestehende Name nicht mit dem eines neu eintretenden Partners kombiniert wird.[148]

84 Frühere Entwürfe, auch noch der Referentenentwurf,[149] hatten die Fortführungsbefugnis teilweise zeitlich begrenzt. Diese der Interessenlage widersprechende und eindeutig dem Berufsrecht zuzurechnende Regelung wurde nach erheblicher Kritik während des Gesetzgebungsverfahrens[150] gestrichen. Nunmehr ist daher – vorbehaltlich einer abweichenden Regelung in den Berufsrechten[151] – eine **zeitlich unbegrenzte** Namensfortführung möglich.[152] Dies entspricht einem dringenden Bedürfnis, den good will des Unternehmens bei wechselnden Gesellschaftern zu erhalten,[153] und auch der seit Jahrzehnten – zum Teil trotz abweichender berufsrechtlicher Normen[154] – bestehenden Übung freiberuflicher Sozietäten.[155] Auch bislang stand daher der Fortführung des Namens ausgeschiedener Gesellschafter bei Vorliegen der Einwilligung des Ausgeschiedenen oder seiner Erben nichts im Wege.[156] Das Erfordernis der Einwilligung folgte daraus, dass sonst Namensanmaßung durch die Fortführenden vorläge.[157] Die Einwilligung wurde häufig bereits im Sozietätsvertrag erteilt.[158]

85 Die Entwicklung der bürgerlich-rechtlichen Praxisnamen hin zu „**Firmen**" wurde im Bereich der freien Berufe wesentlich durch das vermehrte Auftreten **ausländischer Sozietäten** in Deutschland beschleunigt, bei denen diese Unterscheidung zum Teil unbekannt ist und die häufig seit langen Jahren den Gesellschaftsnamen führen.[159] Dies gilt insbesondere für die großen angloamerikanischen Anwaltskanzleien, deren Namenspartner häufig verstorben oder zumindest ausgeschieden sind. In anderen Ländern gab es hingegen bislang noch keine Fortführungsmöglichkeit.

86 Die **französische** „société civile professionnelle"[160] sowie die „société d'exercice libérale" hatten die Möglichkeit, den Namen eines ausgeschiedenen Gesellschafters mit dem Zusatz „anciennement" so lange weiterzuführen wie noch andere Gesellschafter aktiv waren, die zusammen mit dem Namenspartner gearbeitet haben.[161]

---

147) *Hartmann*, RNotZ 2003, 250, 252; *Wertenbruch*, NZG 2006, 408, 409.

148) Westermann-*Wertenbruch*, Hdb. Personengesellschaften, § 7 Rz. 202e.

149) § 2 Abs. 2 RefE: Begrenzung auf zehn Jahre.

150) *K. Schmidt*, ZIP 1993, 633, 641.

151) § 1 Abs. 3 PartGG; vgl. *Seibert*, ZIP 1993, 1197, 1198; Begr. RegE PartGG, BT-Drucks. 12/6152, S. 12.

152) Begr. RegE PartGG, BT-Drucks. 12/6152, S. 11 f.; *Stuber*, WiB 1994, 705, 707.

153) *Stuber*, WiB 1994, 705, 707; *Michalski/Römermann*, ZIP 1994, 433, 441; Begr. RegE PartGG, BT-Drucks. 12/6152, S. 12.

154) Z. B. § 71 RichtlRA; hierzu *Michalski/Römermann*, ZIP 1994, 433, 441 mit Fn. 105.

155) Begr. RegE PartGG, BT-Drucks. 12/6152, S. 11; *Seibert*, ZIP 1993, 1197, 1198.

156) Ausführlich zur Rechtslage in Deutschland und Österreich *Edlbacher*, ÖJZ 1988, 289.

157) *Edlbacher*, ÖJZ 1988, 289, 291; Palandt-*Ellenberger*, BGB, § 12 Rz. 22.

158) *Michalski/Römermann*, ZIP 1994, 433, 441; vgl. Begr. RegE PartGG, BT-Drucks. 12/6152, S. 12; *Appel*, Stbg 1995, 203, 204, der dies zutreffend auch für die Partnerschaft empfiehlt.

159) Begr. RegE PartGG, BT-Drucks. 12/6152, S. 11.

160) *Schmuck*, RIW 1993, 983, 986; *Schwenter-Lipp*, S. 82.

161) *Schmuck*, RIW 1993, 983, 986.

Diese wenig praktische Regelung[162] beruhte auf der Erwägung, dass das Publikum bei einer Namensfortführung erwarte, dass die verbleibenden Berufsträger das gleiche Vertrauen verdienten wie der Ausgeschiedene, weil sie von diesem (mit-)geprägt worden seien. Ein solcher Eindruck sei nicht mehr gerechtfertigt, wenn keiner der gegenwärtigen Partner den Beruf mit dem ausgeschiedenen gemeinsam ausgeübt hat, da es dann selbst an einem indirekten Fortwirken des früheren Partners fehle.[163] Diese Regelung zur Namensfortführung wurde im Jahre 2011 aufgegeben.[164]

87 In **Österreich** entsprach die Rechtslage bei GbR zunächst der in Deutschland.[165] Mit Inkrafttreten des Unternehmensgesetzbuches (UGB) und der Aufhebung der Regelungen zur Erwerbsgesellschaft im Jahre 2007 wurde festgelegt, dass in der Firma kein anderer Name als der des Unternehmers oder des unbeschränkt haftenden Gesellschafters aufgenommen werden darf.[166]

f) Namensfortführung bei Umwandlung (§ 2 Abs. 2 Halbs. 2 PartGG i. V. m. § 24 Abs. 2 HGB)

88 § 2 Abs. 2 Halbs. 2 PartGG schreibt die Anwendung von § 24 Abs. 2 HGB auch bei der Umwandlung einer GbR in eine Partnerschaft vor. Die GbR, welche bislang den Namen ausgeschiedener Gesellschafter in ihrer Sozietätsbezeichnung führte, kann diesen Namen somit auch nach Eintragung als Partnerschaft fortführen, obgleich der Namenspartner zu keinem Zeitpunkt Gesellschafter der Partnerschaftsgesellschaft war.[167] Die ausdrückliche Anordnung in § 2 Abs. 2 PartGG war erforderlich, da § 24 HGB nicht analog auf freiberufliche Sozietäten angewandt wird.[168] Sie soll die Umwandlung bestehender Gesellschaften in Partnerschaften erleichtern.[169]

89 Die i. R. der GbR erteilte Einwilligung zur Namensfortführung erstreckt sich im Zweifel auch auf die Partnerschaft,[170] zumindest soweit der bisherige Name ohne Veränderungen weiterbestehen kann. Ändert sich der durch eine GbR zulässig geführte Name eines ihrer Gesellschafter etwa durch Heirat oder ist dieser Gesellschafter mittlerweile ausgeschieden, so kann die aus der GbR hervorgegangene Partnerschaft den Namen der GbR unverändert fortführen.[171]

90 Grundsätzlich dürfte eine Erklärung der Partner nach § 4 Abs. 2 Satz 2 PartGG ausreichen, dass eine Einwilligung vorliegt. Einige Registergerichte fordern jedoch

---

162) Krit. auch *Schmuck*, RIW 1993, 983, 986.

163) Ausführlich hierzu *Schwenter-Lipp*, S. 99.

164) Art. 30 und 31 loi. no. 2011-331 v. 28.3.2011, J. O. v. 29.3.2011.

165) *Edlbacher*, ÖJZ 1988, 289.

166) *Krejci*, ZHR 170 (2006) 113, 125.

167) *Henssler*, PartGG, § 2 Rz. 35; *Schäfer* in: MünchKomm-BGB, § 2 PartGG Rz. 20; *Bösert*, ZAP Fach 15, S. 137, 143.

168) Begr. RegE PartGG, BT-Drucks. 12/6152, S. 12; *Edlbacher*, ÖJZ 1988, 289, 291.

169) Begr. RegE PartGG, BT-Drucks. 12/6152, S. 12.

170) BGH, Urt. v. 28.2.2002 – I ZR 195/99, ZIP 2002, 1501 = NJW 2002, 2093, 2096, dazu EWiR 2002, 1033 *(Kleine-Cosack)*; BayObLG, Beschl. v. 26.11.1997 – 3Z BR 279/97, BayObLGZ 1997, 328 = AnwBl 1998, 159, Bespr. beider Entscheidungen bei *Römermann*, NZG 1998, 121.

171) Meilicke u. a.-*Meilicke*, PartGG, § 2 Rz. 35; a. A. OLG Karlsruhe, Beschl. v. 29.4.1999 – 11 Wx 44/98, NJW 1999, 2284 = MDR 1999, 1165, s. zu dieser Entscheidung auch oben Rz. 72 f.

einen konkreten Nachweis. Zum Nachweis ist vor allem der Gesellschaftsvertrag geeignet, notfalls reichen z. B. eidesstattliche Erklärungen und die Vorlage bisher benutzter Briefbögen.[172)]

2. Problemfälle

a) Anwendung von § 24 HGB bei Umwandlung einer Einzelpraxis und Auflösung einer Partnerschaft

91 Die Begründung zum Regierungsentwurf[173)] führt aus:

> „Generell nicht einschlägig ist § 24 HGB bei einer Umwandlung einer Einzelpraxis in eine Partnerschaft und dem umgekehrten Fall, da es keine namensrechtsfähigen Einzelpraxen von Freiberuflern entsprechend den §§ 17 ff. HGB gibt; dies soll durch diesen Entwurf nicht geändert werden."

92 Es ist nicht leicht erkennbar, welchen Fall die Gesetzesverfasser hier im Auge haben. Selbstverständlich kann ein einzelner Freiberufler nicht eine Partnerschaft gründen, da hierfür stets mehrere Personen erforderlich sind. Nach einem Zusammenschluss kann die Partnerschaft auch problemlos den Namen eines Gesellschafters fortführen, der früher seine Einzelpraxis bezeichnete; es sind lediglich der Partnerzusatz sowie die Berufsbezeichnungen hinzuzufügen.

93 Problematisch ist hingegen der umgekehrte Fall, ob nämlich bei Ausscheiden der übrigen Partner der **letzte verbleibende Gesellschafter** das Unternehmen unter der bisherigen Bezeichnung fortführen kann. Zum Beispiel fragt sich, ob die Anwaltskanzlei „Meier & Partner", deren Gesellschafter früher die Rechtsanwälte Meier und Müller waren, nach dem Versterben des Rechtsanwaltes Meier unter dem bisherigen Namen von Anwalt Müller in der Einzelpraxis fortgeführt werden darf. Derartiges hatte § 20 Abs. 2 des Referentenentwurfs zum PartGG noch vorgesehen,[174)] was allerdings nicht umgesetzt wurde. Scheidet einer von zwei Gesellschaftern aus einer Gesellschaft aus, so erlischt diese.[175)] Wesensmerkmal einer Gesellschaft ist eine durch ein schuldrechtliches Verhältnis verbundene Personenmehrheit,[176)] was sich auch im Gesetz niederschlägt, wenn bspw. nach § 2 Abs. 1 Satz 1 PartGG der Name auf eine Mehrheit von Gesellschaftern hinweisen muss.[177)] Letztlich deutet die Firmierung auf das Vorhandensein von zwei Partnern hin, was aber nicht den Tatsachen entspricht.

b) Unzulässiger Namensgebrauch

94 Ebenfalls in der Begründung zum Regierungsentwurf[178)] findet sich die folgende Bemerkung:

> „Dass die Fortführungsbefugnis dann nicht gilt, wenn ein **Strohmann** nur für kurze Zeit in die Partnerschaft aufgenommen worden ist mit dem Ziel, seinen Namen miss-

---

172) Meilicke u. a.-*Meilicke*, PartGG, § 2 Rz. 37.
173) Begr. RegE PartGG, BT-Drucks. 12/6152, S. 12; ähnlich *Sommer*, DSWR 1995, 181, 182.
174) ZIP 1993, 153, 158.
175) KG, Beschl. v. 3.4.2007 – 1 W 305/06, ZIP 2007, 1505 = NZG 2007, 665.
176) *Fett/Brand*, NZG 1999, 45, 47.
177) KG, Beschl. v. 3.4.2007 – 1 W 305/06, ZIP 2007, 1505 = NZG 2007, 665.
178) Begr. RegE PartGG, BT-Drucks. 12/6152, S. 12.

bräuchlich als Wettbewerbsvorteil einzusetzen, bedarf keiner ausdrücklichen Regelung im Gesetz." (Hervorhebung durch den Verfasser)

95 Die Gesetzesverfasser haben insoweit zu Recht von einer Bestimmung im PartGG abgesehen,[179] da es sich hier nicht um ein gesellschaftsrechtliches Problem handelt. Wenn nämlich der Namensgeber zu irgendeinem Zeitpunkt Partner war, steht gesellschaftsrechtlich der Fortführung seines Namens auch nach dem Ausscheiden nichts entgegen, da es **gesellschaftsrechtlich** auf die Dauer der Mitgliedschaft insoweit nicht ankommt.[180] Ein Verbot könnte sich daher allenfalls aus dem jeweiligen **Berufsrecht** ergeben oder – eher noch – aus den **§§ 3, 5 UWG.**[181] Diese Bestimmungen dürften allerdings nur in Ausnahmefällen, nämlich bei offensichtlichem Missbrauch, eingreifen.[182] Dieser könnte ggf. anzunehmen sein, wenn der Partner im Partnerschaftsvertrag weitgehend rechtlos gestellt wird, seinen Beruf praktisch nicht in der Gesellschaft ausübt, an deren Gewinn keinen direkten erheblichen Anteil hat und auch nur kurz in der Partnerschaft verbleibt, wobei das Ausscheiden zudem bereits bei Eintritt feststehen muss.[183]

96 Nach § 2 Abs. 2 PartGG i. V. m. § 37 Abs. 1 HGB gibt es gegenüber dem ungerechtfertigten Gebrauch eines Partnerschaftsnamens das Mittel des durch das **Registergericht** anzudrohenden und im Fortsetzungsfalle festzusetzenden **Ordnungsgeldes.** Für das Verfahren des Registergerichts sind gemäß § 392 Abs. 1 i. V. m. Abs. 2 FamFG die §§ 388 bis 391 FamFG anzuwenden. Es wird von Amts wegen eingeleitet, wobei insbesondere eine Mitwirkung durch berufsständische Organe (§ 380 Abs. 1 Nr. 4 FamFG) vorliegen kann. Dieses Verfahren ist auch dann einschlägig, wenn der Partnerschaftsname erst später unwahr wird.[184] Neben dem Ordnungsgeld- ist auch ein Zwangsgeldverfahren[185] nach §§ 388 ff. FamFG sowie ein Löschungs- und Auflösungsverfahren[186] nach §§ 393 ff. FamFG möglich.

97 Dem in seinen Rechten verletzten **Dritten** steht unabhängig[187] von einem Ordnungsgeldverfahren auch gemäß § 37 Abs. 2 HGB die Unterlassungsklage zur Verfügung. Ein Dritter muss dabei nicht nur der Inhaber des Namensrechts sein, sondern kann jeder sein, der in einem unmittelbaren rechtlichen Interesse wirtschaftlicher Art in seinen Rechten verletzt ist.[188] Schadensersatzansprüche des

179) A. A. *Knoll/Schüppen*, DStR 1995, 608, 611.

180) So auch *Salger* in: MünchHdb. GesR, Bd. 1, § 38 Rz. 16; vgl. auch Meilicke u. a.-*Meilicke*, PartGG, § 2 Rz. 40.

181) S. zum UWG allgemein Köhler/Bornkamm-*Bornkamm*, UWG, § 5 Rz. 2.64 ff., 2.124.

182) Ähnlich Meilicke u. a.-*Meilicke*, PartGG, § 2 Rz. 40.

183) Ein weitgehenderes Verbot nehmen an *Stuber*, WiB 1994, 705, 706; *Kupfer*, KÖSDI 1995, 10130, 10132; auf praktische Schwierigkeiten, einen Verstoß nachzuweisen, weisen zutreffend hin *Knoll/Schüppen*, DStR 1995, 608, 611.

184) Keidel-*Heinemann*, FamFG, § 392 Rz. 16.

185) Keidel-*Heinemann*, FamFG, § 392 Rz. 5; *Krafka* in: MünchKomm-ZPO, § 392 FamFG Rz. 4.

186) Keidel-*Heinemann*, FamFG, § 392 Rz. 7; *Krafka* in: MünchKomm-ZPO, § 392 FamFG Rz. 6.

187) Keidel-*Heinemann*, FamFG, § 392 Rz. 6; *Krafka* in: MünchKomm-ZPO, § 392 FamFG Rz. 5.

188) Baumbach/Hopt-*Hopt*, HGB, § 37 Rz. 11.

Verletzten aus anderen Rechtsvorschriften werden durch § 37 Abs. 2 HGB ausdrücklich nicht eingeschränkt (§ 37 Abs. 2 Satz 2 HGB).

III. Erlöschen des Namens und Insolvenz der Partnerschaft

98 Erlischt[189] der Name der Partnerschaft, so ist dies gemäß § 2 Abs. 2 PartGG i. V. m. § 31 Abs. 2 HGB **zur Eintragung** im Partnerschaftsregister **anzumelden**. Anmeldepflichtig sind die bisherigen Partner oder ggf. deren Erben[190]. Das Registergericht kann die Anmeldung gemäß § 5 Abs. 2 PartGG i. V. m. § 14 HGB durch die Festsetzung eines **Zwangsgeldes** erzwingen, wobei das einzelne Zwangsgeld den Betrag von 5.000 € nicht übersteigen darf. Das Verfahren hierzu richtet sich nach §§ 388 ff. FamFG. Adressat der Zwangsgeldandrohung ist nicht die Partnerschaft an sich, sondern sind die anmeldepflichtigen (natürlichen) Personen.[191]

99 Sofern auch dieses Zwangsmittel nicht zum Erfolg führt, hat das Gericht notfalls die **Löschung von Amts wegen** nach § 31 Abs. 2 Satz 2 HGB einzutragen,[192] was sich verfahrensrechtlich nach § 393 FamFG richtet, dessen Absatz 6 explizit auch den Namen der Partnerschaft in seinen Anwendungsbereich einbezieht. Das Löschungsverfahren nach § 393 FamFG ist grundsätzlich gegenüber dem Zwangsgeldverfahren subsidiär,[193] kann aber bei einer ersichtlichen Erfolglosigkeit eines Zwangsgeldes auch unmittelbar durchgeführt werden.[194] Bei einem Fortbestand der Partnerschaft kommt die Anwendung von § 31 Abs. 2 HGB niemals in Betracht, da die Gesellschaft stets einen Namen hat. Die Löschung nach § 393 FamFG setzt zwingend voraus, dass der Partnerschaftsname erloschen ist.[195] Insoweit könnten sich lediglich Änderungen ergeben, die jedoch unter § 4 Abs. 1 Satz 3 PartGG fallen und nicht unter § 2 Abs. 2 PartGG i. V. m. § 31 Abs. 2 HGB.

100 Nach § 2 Abs. 2 PartGG i. V. m. § 32 HGB ist die Eröffnung des **Insolvenzverfahrens** über die Partnerschaft generell **von Amts wegen** in das Partnerschaftsregister **einzutragen**, dies gilt auch für die Aufhebung des Eröffnungsbeschlusses und für Einstellung oder Aufhebung des Insolvenzverfahrens. In diesem Fall entfällt die ansonsten durch § 9 Abs. 1 PartGG i. V. m. § 143 Abs. 1 HGB vorgeschriebene Pflicht der Gesellschafter zur Anmeldung der Auflösung der Partnerschaft.[196]

---

189) Vgl. Baumbach/Hopt-*Hopt*, HGB, § 17 Rz. 23, § 31 Rz. 7 ff.

190) Hinsichtlich der Erben str.; wie hier Baumbach/Hopt-*Hopt*, HGB, § 31 Rz. 9.

191) Keidel-*Heinemann*, FamFG, § 388 Rz. 13; *Krafka* in: MünchKomm-ZPO, § 388 FamFG Rz. 22.

192) Vgl. Begr. RegE PartGG, BT-Drucks. 12/6152, S. 11.

193) Keidel-*Heinemann*, FamFG, § 393 Rz. 4, 9; *Krafka* in: MünchKomm-ZPO, § 393 FamFG Rz. 2, 5.

194) Keidel-*Heinemann*, FamFG, § 393 Rz. 9.

195) Keidel-*Heinemann*, FamFG, § 393 Rz. 7; *Krafka* in: MünchKomm-ZPO, § 393 FamFG Rz. 4.

196) Vgl. Begr. RegE PartGG, BT-Drucks. 12/6152, S. 19; vgl. auch Baumbach/Hopt-*Hopt*, HGB, § 32 Rz. 2.

§ 3
Partnerschaftsvertrag

(1) Der Partnerschaftsvertrag bedarf der Schriftform.

(2) Der Partnerschaftsvertrag muss enthalten

1. den Namen und den Sitz der Partnerschaft;

2. den Namen und den Vornamen sowie den in der Partnerschaft ausgeübten Beruf und den Wohnort jedes Partners;

3. den Gegenstand der Partnerschaft.

Literatur: *Bayer/Imberger*, Nochmals: Die Rechtsformen freiberuflicher Tätigkeit, DZWIR 1995, 177; *Beckmann*, Für eine Partnerschaft Freier Berufe, in: Festschrift für Detlef Kleinert, 1992, S. 210; *Burret*, Das Partnerschaftsgesellschaftsgesetz, WPK-Mitt. 1994, 201; *Carl*, Die Partnerschaftsgesellschaft – eine neue Rechtsform für die Freien Berufe, StB 1995, 173; *Gilgan*, Auswirkungen des Partnerschafts-Gesellschaftsgesetzes auf die Angehörigen des steuerberatenden Berufs, Stbg 1995, 28; *Häsemeyer*, Die gesetzliche Form der Rechtsgeschäfte, 1971; *Kempter*, Das Partnerschaftsgesellschaftsgesetz, BRAK-Mitt. 1994, 122; *Knoll/Schüppen*, Die Partnerschaftsgesellschaft – Handlungszwang, Handlungsalternative oder Schubladenmodell, DStR 1995, 608 (Teil 1) und DStR 1995, 646 (Teil 2); *Lenz*, Die Partnerschaft – alternative Gesellschaftsform für Freiberufler, MDR 1994, 741; *Mahnke*, Das Partnerschaftsgesellschaftsgesetz, WM 1996, 1029; *Michalski*, Zum Regierungsentwurf eines Partnerschaftsgesellschaftsgesetzes, ZIP 1993, 1210; *Römermann*, Der neue Regierungsentwurf zum AnwaltsGmbH-Gesetz, NZG 1998, 81; *Römermann*, Schriftformerfordernisse bei Gesellschaftsverträgen, NZG 1998, 978; *Schaffner*, Die Vorgesellschaft als Gesellschaft sui generis, 2003; *Schirmer*, Berufsrechtliche und kassenarztrechtliche Fragen der ärztlichen Berufsausübung in Partnerschaftsgesellschaften, MedR 1995, 341 (Teil 1) und MedR 1995, 383 (Teil 2); *Schmidt, K.*, Die Freiberufliche Partnerschaft, NJW 1995, 1; *Schmidt, K.*, Partnerschaftsgesetzgebung zwischen Berufsrecht, Schuldrecht und Gesellschaftsrecht, ZIP 1993, 633; *Stuber*, Das Partnerschaftsgesellschaftsgesetz unter besonderer Berücksichtigung der Belange der Anwaltschaft, WiB 1994, 705; *Taupitz*, Die Partnerschaft als neue Kooperationsform für Ärzte, Arztrecht 1995, 123; *Weyand*, Partnerschaftsgesellschaften als neue Organisationsform für die freiberufliche Praxis, INF 1995, 22; *Weyand*, Aktuelle Entscheidungen zum Einsatz moderner Kommunikationsmittel in der Beraterpraxis, INF 1996, 118.

Übersicht

A. Normentwicklung

1 Alle **früheren Entwürfe** für ein Partnerschaftsgesetz hatten bereits die Schriftform für den Partnerschaftsvertrag angeordnet.[1] Auch fanden sich jeweils Vorschriften über den **Mindestinhalt** des Vertrages. Die Entwürfe von 1971 und 1975 (jeweils § 4 Abs. 2) waren in ihren Anforderungen über das PartGG noch hinausgegangen und verlangten die **folgenden Angaben:**

- den Namen der Partnerschaft und ihren Hauptsitz,
- Namen, Vornamen, Beruf und Wohnort der Partner,
- den Tätigkeitsbereich der Partnerschaft,
- das Beteiligungsverhältnis der Partner untereinander (nur in E 1971: „und ihre Stimmrechte"),
- die Bestimmung der geschäftsführenden Partner sowie ihre Rechte und Pflichten,[2]
- Namen, Vornamen, Beruf und Wohnort der Leiter der Nebensitze,
- Bestimmungen über die Rechnungslegung,
- den Zeitpunkt des Beginns und die Dauer der Partnerschaft.

2 Der **Entwurf von 1976** (§ 4 Abs. 2) entspricht dann im Wesentlichen bereits den Anforderungen des § 3 Abs 2 PartGG.

3 Die Entwürfe von 1971 und 1975 **begründeten** das **Schriftformerfordernis** im Wesentlichen damit, dass die gesetzlichen Vorschriften nicht ausreichten, um ggf. einen Vertrag zu ersetzen; ferner diene ein schriftlicher Vertrag dem Rechtsfrieden und der **Rechtssicherheit**.[3] Diese Begründungen sind in ihrem ersten Teil damit zu erklären, dass es in den beiden ersten Entwürfen noch keine Auffangnorm mit einer Generalverweisung gab, wie sie sich erstmals in § 2 des Entwurfs von 1976 und nunmehr endgültig in § 1 Abs. 4 PartGG findet. Die Begründung des Entwurfes von 1976[4] stellte daher bezüglich des Schriftformerfordernisses konsequenterweise nur noch auf die Schaffung einer hinreichenden **Beweisgrundlage** ab. Für den Entwurf von 1971 wird zusätzlich noch die Tatsache eine Rolle gespielt haben, dass nach dessen § 2 Abs. 1 Satz 1 der Partnerschaftsvertrag der Anmeldung zur Eintragung der Gesellschaft in das Partnerschaftsregister beizufügen war. Eine solche Verpflichtung findet sich in den späteren Entwürfen nicht mehr.

---

1) § 1 Abs. 3 E 1971, BT-Drucks. VI/2047, S. 1; § 4 Abs. 1 E 1975, BT-Drucks. 7/4089, S. 3; § 4 Abs. 1 E 1976, BT-Drucks. 7/5402, S. 4.

2) E 1975 stattdessen: „5. Bestimmungen über Rechte und Pflichten der Partner sowie etwaige Beschränkungen der Geschäftsführungsbefugnis".

3) Begr. E 1971, BT-Drucks. VI/2047, S. 7; Begr. E 1975, BT-Drucks. 7/4089, S. 9.

4) Begr. E 1976, BT-Drucks. 7/5413, S. 3.

Der Gedanke noch weitergehender Anforderungen äußerte sich kurzzeitig i. R. des Gesetzgebungsverfahrens, als der **Neun-Punkte-Katalog** des Bundeswirtschaftsministeriums vom November 1991 die **notarielle Beurkundung** des Partnerschaftsvertrages vorsah.[5] Während des Gesetzgebungsverfahrens war die Einführung des Schriftformerfordernisses umstritten.[6] 4

B. Das Schriftformerfordernis (§ 3 Abs. 1 PartGG)

I. Bedeutung

Die Bedeutung der Anordnung der Schriftform für den Partnerschaftsvertrag[7] ist **unklar.**[8] Die Begründung des Regierungsentwurfs[9] stellt allein auf das **Innenverhältnis** der Partner ab, nur hierfür habe der Partnerschaftsvertrag Bedeutung bei der Schaffung einer hinreichend sicheren **Beweisgrundlage.**[10] Im Außenverhältnis der Partnerschaft spiele der Vertrag keine Rolle, er sei der Anmeldung zur Eintragung nicht beizufügen (siehe oben Rz. 3)[11] und daher auch **nicht** durch das **Registergericht** zu prüfen. Aus diesem Grunde sei auch eine notarielle Beurkundung des Partnerschaftsvertrages entbehrlich.[12] In seiner Kritik an dem Gesetzentwurf wies demgegenüber *K. Schmidt* darauf hin, dass die „praktische Bedeutung des § 3 Abs. 1 … darin bestehen [wird], dass der Registerrichter von Fall zu Fall die Vorlegung eines schriftlichen Vertrages verlangen kann."[13] Danach läge die Bedeutung des Schriftformerfordernisses in der Schaffung einer weitergehenden Kontrollmöglichkeit für das Registergericht. 5

Beide Begründungen für eine Bedeutsamkeit des Schriftformerfordernisses vermögen allerdings nicht zu überzeugen.[14] Das Schriftformerfordernis muss in engem Zusammenhang mit § 4 Abs. 1 Satz 2 PartGG gesehen werden. Dort ist angeordnet, dass sämtliche Partner bei der **Anmeldung** zur **Registereintragung** die in § 3 Abs. 2 PartGG vorgeschriebenen Angaben zu machen haben.[15] Wenn der Vertrag also nicht mehr als die Anmeldung zum Mindestinhalt hat, dann ist kein Interesse des Registergerichts erkennbar, dessen Vorlage zu verlangen. Der über dieses Minimum hinausgehende Inhalt hat nämlich mit der Eintragung nichts zu tun, so dass dem Gericht insoweit eine Prüfung ohnehin versagt sein muss. Abgesehen davon 6

---

5) *Beckmann* in: FS Kleinert, S. 210, 214.

6) Dafür z. B. *BRAK*, Stellungnahme zum RefE PartGG, S. 6; *Patentanwaltskammer*, Stellungnahme, Rundschreiben 2–3/93, S. 33; dagegen *DAV*, Stellungnahme zum RefE PartGG, S. 5; *Michalski*, ZIP 1993, 1210, 1212.

7) Allgemein zu Schriftformgeboten im Gesellschaftsrecht *Römermann*, NZG, 1998, 81.

8) So bereits *Michalski*, ZIP 1993, 1210, 1212; *K. Schmidt*, ZIP 1993, 633, 640; *K. Schmidt*, NJW 1995, 1, 3; *Stuber*, WiB 1994, 705, 707.

9) Begr. RegE PartGG, BT-Drucks. 12/6152, S. 13.

10) Vgl. auch *Kempter*, BRAK-Mitt. 1994, 122, 123

11) Insoweit noch anders der Entwurf von 1971.

12) Vgl. *Burret*, WPK-Mitt. 1994, 201, 204.

13) *K. Schmidt*, ZIP 1993, 633, 640; ähnlich *Feddersen/Meyer-Landrut*, PartGG, § 3 Rz. 1; wohl anders allerdings *K. Schmidt*, NJW 1995, 1, 3.

14) Vgl. bereits *Michalski*, ZIP 1993, 1210, 1212; kritisch auch *Schäfer* in: MünchKomm-BGB, § 3 PartGG Rz. 3.

15) Man könnte dies als „faktischen Schriftformzwang" bezeichnen, vgl. *K. Schmidt*, NJW 1995, 1, 3 zu § 106 Abs. 2 HGB.

hat sich während des Gesetzgebungsverfahrens mehrfach und zweifelsfrei der **gesetzgeberische Wille** geäußert, die **Prüfungspflichten** der Registergerichte auf das unabdingbar Notwendige zu **reduzieren**, also keinesfalls über das ausdrücklich Normierte hinausgehende Prüfungstätigkeiten zu veranlassen (siehe *Zimmermann*, § 4 Rz. 2). Schließlich **fehlt** es zudem an einer **Rechtsgrundlage** für das Registergericht, die Partner zur Offenlegung ihrer **internen** Vertragsbeziehungen über das in § 4 PartGG angeordnete Maß hinaus zu zwingen. Auch in der Partnerschaftsregisterverordnung (PRV) findet sich eine solche Rechtsgrundlage nicht. Da außer dem Registergericht kein weiterer Dritter in Betracht kommt, in dessen Interesse das Schriftformgebot erlassen worden sein könnte, ist der Begründung des Regierungsentwurfs insoweit zu folgen, als die schriftliche Form des Vertrages jedenfalls für das **Außenverhältnis** der Partnerschaft **keine Bedeutung** hat.[16)]

7 Doch auch für das **Innenverhältnis** kommt der Schriftform des Vertrages nicht in jedem Fall eine entscheidende Relevanz zu. *K. Schmidt* hat zutreffend bemerkt, dass auch bei Verstoß gegen die Formvorschrift eine **wirksame** Gesellschaft entsteht, zumal auch die „fehlerhafte Gesellschaft" als Verband und Subjekt existiert.[17)] Da bei der Anmeldung zur Eintragung der Partnerschaft der Vertrag nicht vorzulegen ist, kann es zur Eintragung **„fehlerhafter Partnerschaften"** siehe näher unten Rz. 20 ff.) kommen.[18)] Gemäß § 125 Satz 1 BGB ist davon auszugehen, dass ein Partnerschaftsvertrag bei dem Mangel der vorgeschriebenen Form nichtig ist.[19)] Dies gilt auch dann, wenn die Partner nur inhaltlich unwesentliche Angaben, wie z. B. den Wohnsitz eines Gesellschafters, vergessen haben; nach den allgemeinen Grundsätzen muss nämlich die Urkunde stets das gesamte von dem Formzwang umfasste Rechtsgeschäft enthalten,[20)] und es ist kein Grund ersichtlich, hiervon für den Bereich der Partnerschaft eine Ausnahme zu machen. Gegebenenfalls kann mit § 242 BGB geholfen werden.[21)]

8 Zudem hat *K. Schmidt* auf die mögliche Wirksamkeit interner Abreden der Partner hingewiesen, auch wenn diese nicht dem Formerfordernis genügen.[22)] Auch die **interne Rechtssicherheit** kann demnach mit dem Schriftformzwang nicht in befriedigendem Maße hergestellt werden. Schließlich ist die **Beweisfunktion** hinsichtlich des in § 3 Abs. 2 PartGG angeführten Mindestinhalts nur von relativ geringer Bedeutung, da dieser ohnehin durch sämtliche Partner zur Eintragung anzumelden ist; dies gilt gemäß § 4 Abs. 1 Satz 3 PartGG auch für Änderungen. Gerade aber der Umstand, dass die Nichtbeachtung der Schriftform zur Nichtig-

---

16) Begr. RegE PartGG, BT-Drucks. 12/6152, S. 13; wie hier Meilicke u. a.-*Meilicke*, PartGG, § 3 Rz. 9.

17) *K. Schmidt*, ZIP 1993, 633, 640, m. Fn. 75.

18) Dies sieht auch die Begr. RegE PartGG, BT-Drucks. 12/6152, S. 13; vgl. ferner *Knoll/Schüppen*, DStR 1995, 608, 612; *Carl*, StB 1995, 173, 175.

19) So wohl auch die Begr. RegE PartGG, BT-Drucks. 12/6152, S. 13; ferner *Knoll/Schüppen*, DStR 1995, 608, 612; *Carl*, StB 1995, 173, 175; a. A. *K. Schmidt*, NJW 1995, 1, 3.

20) Palandt-*Ellenberger*, BGB, § 126 Rz. 3, § 125 Rz. 9.

21) Palandt-*Ellenberger*, BGB, § 125 Rz. 22 ff.

22) *K. Schmidt*, ZIP 1993, 633, 640; vgl. auch Meilicke u. a.-*Meilicke*, PartGG, § 3 Rz. 38 ff; *Lenz/Braun*, Partnerschaftsgesellschaftsvertrag, S. 9 in Fn. 17.

keit führt, konterkariert die bezweckte Beweissicherung.[23] Die Partner wiegen sich anfangs in Sicherheit, müssen dann aber feststellen, dass der Vertrag, den sie aus Gründen der klaren Verhältnisse errichtet haben, wegen der Nichtigkeitsfolge des § 125 BGB nunmehr die gesamte Partnerschaft in Frage stellt. Der eigentliche Zweck eines Formzwanges, einen der Vertragspartner zu schützen, kann hier nicht anerkannt werden, da bei einem Gesellschaftsvertrag ein Partner nicht schützenswerter ist als der andere.[24]

9 Nach einer neueren Auffassung von *K. Schmidt* sollen systematische Überlegungen dazu führen, den Partnerschaftsvertrag bei fehlender Einhaltung der Schriftform weder für nichtig zu erklären noch eine Umdeutung nach § 140 BGB in eine Gesellschaft bürgerlichen Rechts vorzunehmen.[25] Vielmehr sei der Vertrag lediglich „vorbehaltlich der Registereintragung ungeeignet, aus der Gesellschaft bürgerlichen Rechts eine Partnerschaft i. S. des neuen Gesetzes zu machen." Dies verkennt die Funktion des § 7 Abs. 1 PartGG, nach welchem die GbR erst durch die Eintragung zur Partnerschaft wird; der Abschluss des Partnerschaftsvertrages hat indes damit gar nichts zu tun.

10 Falls hingegen ein Vertrag zur Gründung einer Partnerschaft geschlossen wird, wird man diesen Vertrag in der Tat als Gründung einer GbR ansehen müssen. Diese Vereinigung ist zunächst auf die Begründung einer Partnerschaft durch die Registereintragung gerichtet (**Vorgesellschaft** bzw. Vor-Partnerschaft[26]) und, wenn die Berufe bereits vor der Eintragung gemeinsam ausgeübt werden, auch auf diese Berufsausübung. Kommt es nicht zu einer Eintragung – aus welchen Gründen auch immer –, dann fällt dieser Gesellschaftszweck weg und die Berufsausübungsgesellschaft bleibt als solche bestehen, ohne dass es hierzu der Anwendung von § 140 BGB bedürfte.

11 Für den Zeitraum der mündlichen oder schriftlichen Vereinbarung, einen Partnerschaftsvertrag i. S. des § 3 PartGG abzuschließen (Vorvertrag), wird man eine **Vorgründungsgesellschaft** anzunehmen haben. Zu seiner Wirksamkeit bedarf ein **Vorvertrag**, der bereits eine verbindliche Verpflichtung zur Eingehung eines Partnerschaftsvertrages enthält, ebenfalls der Schriftform.[27] Denn schon allein eine bedingte Verpflichtung führt deshalb zur Formpflichtigkeit.[28] Dies ergibt sich weiterhin daraus, dass ansonsten die Formvorschrift ad absurdum geführt werden würde[29] und zwar unabhängig davon, welchen Zweck diese verfolgt. Von der Perspektive des damit verbundenen Zweckes, würde dadurch der Hauptvertrag seine Bedeutung verlie-

---

23) *Schäfer* in: MünchKomm-BGB, § 3 PartGG Rz. 3.
24) Meilicke u. a.-*Meilicke*, PartGG, § 3 Rz. 5.
25) *K. Schmidt*, NJW 1995, 1, 3; ihm folgend *Carl*, StB 1995, 173, 175.
26) Vgl. *Bayer/Imberger*, DZWIR 1995, 177, 179; ferner unten *Praß*, § 7 Rz. 13 ff.
27) A. A. *Schäfer* in: MünchKomm-BGB, § 3 PartGG Rz. 5.
28) BGH, Urt. v. 27.6.1988 – II ZR 143/87, ZIP 1988, 1117 = NJW 1989, 166, dazu EWiR 1988, 861 *(Fleck)*; BGH, Urt. v. 7.2.1986 – V ZR 176/84, BGHZ 97, 147 = NJW 1986, 1983; BGH, Urt. v. 18.12.1981 – V ZR 233/80, BGHZ 82, 398 = NJW 1982, 759.
29) Vgl. Staudinger-*Schumacher*, BGB, § 311b Abs. 1 Rz. 98; BGH, Urt. v. 21.9.1987 – II ZR 16/87, ZIP 1988, 89 = DNotZ 1988, 504, dazu EWiR 1988, 163 *(Roth)*.

ren.[30] Die Behauptung, § 3 Abs. 1 PartGG würde „ausschließlich Beweisfunktion"[31] haben, lässt sich so den Materialien nicht entnehmen. Vielmehr lässt sich dort finden, dass sich „die Partner zu Beginn der Partnerschaft auf die wichtigsten Grundlagen für ihre Zusammenarbeit einigen."[32] Aus dem Umstand heraus, dass die Partner ihr jeweiliges Berufsrecht beachten müssen und diesbezüglich schon vor einer Gründung für Klarheit sorgen müssen, kann ebenso ein Übereilungsschutz in dieser Vorschrift gesehen werden. Dann aber muss der Vorvertrag dieselbe Form beachten wie der Hauptvertrag.[33]

12 Angesichts der **fehlenden Relevanz der Schriftform** im Außenverhältnis der Partnerschaft und der nur in begrenztem Maße anzuerkennenden Bedeutung im Innenverhältnis wäre eine isolierte Vorschrift im PartGG – im Gegensatz zur weiterhin geltenden Formfreiheit bei OHG und KG – wohl besser unterblieben.[34] Es hätte den einzelnen Partnerschaften überlassen werden können, ob sie im Einzelfall die Schriftform wählen oder nicht. Angesichts der Weite des Begriffs der freien Berufe war eine generelle Regelung nicht erforderlich; so ist es durchaus nahe liegend, dass z. B. Zusammenschlüsse von Hebammen oder Heilmasseuren ohne eine schriftliche Vereinbarung auskommen könnten.

II. Umfang

13 Anzuwenden ist § 126 BGB. Es müssen daher grundsätzlich **sämtliche** Vereinbarungen der Partner einschließlich etwaiger **Nebenabreden** – soweit sie echter Bestandteil des Vertrages sein sollen[35] – in die einheitliche, von allen Gesellschaftern regelmäßig eigenhändig zu unterzeichnende Vertragsurkunde aufgenommen werden.[36] Die Unterschrift muss nicht leserlich sein, erfordert aber zumindest einen individuellen Schriftzug. Unerheblich sind die Art der Erstellung der Schrift (per Hand geschrieben, mit der Schreibmaschine oder mittels Computer, gedruckt oder vervielfältigt) und das verwendete Material.

14 Nach der Rechtsprechung des BGH müssen mehrere Blätter nicht mehr körperlich zusammengeheftet sein, sofern sich die **Zusammengehörigkeit** aus den Umständen (insbesondere Durchnummerierung der Seiten) ergibt.[37]

15 Der **Mindestinhalt** des Vertrages ergibt sich aus § 3 Abs. 2 PartGG. Erfasst sind vor allem die in § 3 Abs. 2 Nr. 2 PartGG genannten Identifikationsmerkmale wie Name und Wohnort.

---

30) *Häsemeyer*, Form, S. 116.

31) *Schäfer* in: MünchKomm-BGB, § 3 PartGG Rz. 1.

32) Begr. RegE § 3 PartGG, BT-Drucks. 12/6152, S. 13.

33) BAG, Urt. v. 14.7.2010 – 10 AZR 291/09, BAGE 135, 116 = MDR 2011, 306; OLG Frankfurt/M., Urt. v. 11.6.2008 – 17 U 70/08, OLGR Frankfurt 2009, 71 = MMR 2009, 363; BGH, Urt. v. 7.6.1973 – III ZR 71/71, BGHZ 61, 48 = NJW 1973, 1839.

34) *Michalski*, ZIP 1993, 1210, 1212; *K. Schmidt*, ZIP 1993, 633, 640; *Stuber*, WiB 1994, 705, 707; *Lenz*, MDR 1994, 741, 743 in Fn. 37; *Knoll/Schüppen*, DStR 1995, 608, 612; Meilicke u. a.-*Meilicke*, PartGG, § 3 Rz. 3 ff.; *Schäfer* in: MünchKomm-BGB, § 3 PartGG Rz. 3.

35) Dazu näher *Einsele* in: MünchKomm-BGB, § 125 Rz. 32.

36) Vgl. Palandt-*Ellenberger*, BGB, § 126 Rz. 3, § 125 Rz. 9.

37) BGH, Urt. v. 24.9.1997 – XII ZR 234/95, BGHZ 136, 357 = ZIP 1997, 2085, dazu EWiR 1997, 1121 *(H.-G. Eckert)*.

Fehlerhafte Angaben führen nicht zur Nichtigkeit des Vertrages, sie können formlos berichtigt werden.[38)] 16

Auch für spätere **Änderungen** des Vertrages gilt das Schriftformerfordernis, ohne dass dies ausdrücklich geregelt werden müsste.[39)] Die Formvorschrift findet jedoch keine Beachtung, wenn die Änderungen außerhalb des Vertrages liegen. Insbesondere bei einer Änderung der tatsächlichen Verhältnisse kann dies der Fall sein. Denkbar sind hier etwa der Tod eines Partners oder ein Wohnortwechsel. Auch die Ausübung eines Gestaltungsrechts, z. B. in Form einer Kündigung, kann eine Änderung herbeiführen. Von einer Nichtigkeit ist in diesem Fall nicht auszugehen. Insofern ist bei einer Änderung der in § 3 Abs. 2 Nr. 2 PartGG erwähnten Tatsachen lediglich eine Berichtigung des Partnerschaftsvertrages notwendig.[40)] 17

Eine **notarielle Beurkundung** des Partnerschaftsvertrages ist dann erforderlich, wenn die Einlageverpflichtung an sich einer Form unterworfen ist (insbesondere bei § 311b Abs. 1 BGB). 18

Die Schriftform kann durch die **elektronische Form** nach § 126a BGB ersetzt werden. Dazu ist erforderlich, dass die einzelnen Vertragsparteien das Dokument mit einer qualifizierten elektronischen Signatur nach dem Signaturgesetz (SiG) versehen. Diese Form hat in der Praxis jedoch keine wesentliche Bedeutung erlangt. 19

III. Formverstoß; fehlerhafte Gesellschaft

Der Verstoß gegen die Formvorschrift führt nach § 125 Satz 1 BGB zur **Nichtigkeit** des Partnerschaftsvertrages.[41)] Falls jedoch die Gesellschaft in Vollzug gesetzt, ein – wenn auch formungültiger – Vertrag als solcher geschlossen wurde und schließlich keine vorrangigen Schutzrechte Dritter entgegenstehen, ist die Partnerschaft nach der **Lehre von der fehlerhaften Gesellschaft**[42)] als bestehend zu betrachten.[43)] In Vollzug gesetzt ist die Gesellschaft, wenn sie in das Partnerschaftsregister eingetragen ist und die Partner Beiträge geleistet, partnerschaftsvertragliche Rechte ausgeübt oder die Geschäftsführung aufgenommen haben.[44)] 20

38) *Feddersen/Meyer-Landrut*, PartGG, § 3 Rz. 2; vgl. auch Meilicke u. a.-*Meilicke*, PartGG, § 3 Rz. 26.

39) Begr. RegE PartGG, BT-Drucks. 12/6152, S. 13; *Henssler*, PartGG, § 3 Rz. 18; *Schäfer* in: MünchKomm-BGB, § 3 PartGG Rz. 11.

40) Meilicke u. a.-*Meilicke*, PartGG, § 3 Rz. 26, *Schäfer* in: MünchKomm-BGB, § 3 PartGG Rz. 13.

41) A. A. *K. Schmidt*, NJW 1995, 1, 3, aber mit einem praxisfernen Ergebnis.

42) Vgl. nur *K. Schmidt*, GesR, § 6; Palandt-*Sprau*, BGB, § 705 Rz. 17; vgl. *Römermann*, NZG 1998, 978, 979.

43) So auch *Stuber*, Partnerschaftsgesellschaft, S. 80 Anm. 30; im Ergebnis ebenso *Salger* in: MünchHdb. GesR, Bd. 1, § 38 Rz. 11.

44) Vgl. BGH, Urt. v. 14.10.1991 – II ZR 212/90, ZIP 1992, 247 = NJW 1992, 1501, dazu EWiR 1992, 449 *(H. Wiedemann)*.

21 Da die Partnerschaft existiert, ist auch für eine etwaige **Umdeutung** in eine GbR kein Raum.[45] Schon allein wegen der Haftungsbeschränkung wird solch eine „reduzierende“ Umdeutung nicht ohne weiteres angenommen werden können, zumal sich dies mit dem hypothetischen Parteiwillen nur schwer vereinbaren lassen wird. Die Mangelhaftigkeit des Partnerschaftsvertrages kann nur noch für die Zukunft (ex nunc) geltend gemacht werden und nur noch durch die **Auflösungsklage** nach § 9 PartGG i. V. m. § 133 HGB, da lediglich die gerichtliche Klärung Rechtssicherheit über den Bestand der Partnerschaft und ggf. den Zeitpunkt des Erlöschens schaffen kann, nicht jedoch die bloße Kündigung aus wichtigem Grunde.[46] Der **wichtige Grund**, welcher nach § 133 HGB stets die Voraussetzung für eine Auflösungsklage darstellt, ist in dem Formmangel zu sehen.[47]

22 Bei einer **Änderung** des Partnerschaftsvertrages nach Eintragung ist danach zu unterscheiden, ob sich der Formmangel auf eine schuldrechtliche, das Innenverhältnis betreffende oder eine organisationrechtliche, das Außenverhältnis betreffende Änderung bezieht. Bei Ersterem führt dieser Formmangel zur Nichtigkeit i. S. des § 125 BGB mit der Folge, dass die ursprüngliche Vereinbarung unberührt bleibt. Bei Letzterem finden die Grundsätze der fehlerhaften Gesellschaft Anwendung.[48] Diese Grundsätze gelten auch bei einer formwidrigen **Anteilsübertragung** (siehe auch oben *Zimmermann*, § 1 Rz. 195).[49]

C. Mindestinhalt des Vertrages (§ 3 Abs. 2 PartGG)

23 Im Gegensatz zu den Entwürfen von 1971 und 1975 beschränkt sich § 3 Abs. 2 PartGG auf einige unabdingbar notwendige Regelungsgegenstände als Grundlage für den Zusammenschluss zur gemeinsamen Berufsausübung. Die Vorschrift soll bewirken, dass sich die Partner zu Beginn der Gesellschaft über die wichtigsten **Grundlagen ihrer Zusammenarbeit** einig werden.[50] Dabei darf allerdings nicht verkannt werden, dass der Mindestinhalt gemäß § 3 Abs. 2 PartGG in der Praxis kaum jemals ausreichen dürfte. Über § 1 Abs. 4 PartGG ist ferner der durch § 705 BGB geforderte Mindestinhalt zu beachten. Dies betrifft einerseits die Einigung über den gemeinsamen Zweck, insbesondere wenn dieser über den Gegenstand der Partnerschaft hinausgeht und andererseits die zu leistenden Beiträge, gerade wenn

45) A. A. *Stuber*, WiB 1994, 705, 707; Meilicke u. a.-*Meilicke*, PartGG, § 3 Rz. 33; wie hier *Knoll/Schüppen*, DStR 1995, 608, 612; *Bayer/Imberger*, DZWIR 1995, 177, 180; *Mahnke*, WM 1996, 1029, 1035; einschränkend *Schäfer* in: MünchKomm-BGB, § 3 PartGG Rz. 7 und *Henssler*, PartGG, § 3 Rz. 20; im Ergebnis wie hier *Feddersen/Meyer-Landrut*, PartGG, § 3 Rz. 3.

46) *Windbichler*, Gesellschaftsrecht, § 12 Rz. 15; *K. Schmidt*, GesR, § 6 III 2.

47) So die Rspr. des BGH – z. B. BGH, Urt. v. 24.10.1951 – II ZR 18/51, BGHZ 3, 285 – sowie die h. M.; vgl. nur *Windbichler*, Gesellschaftsrecht, § 12 Rz. 15; die a. A. kommt regelmäßig zum gleichen Ergebnis, vgl. *K. Schmidt*, GesR, § 6 III 2; ungenau *Feddersen/Meyer-Landrut*, PartGG, § 9 Rz. 12, wonach die Kündigung der fehlerhaften Gesellschaft „ohne wichtigen Grund“ möglich sei.

48) *Schäfer* in: MünchKomm-BGB, § 3 PartGG Rz. 11; *Henssler*, PartGG § 3 Rz. 22.

49) *Henssler*, PartGG, § 3 Rz. 24; a. A. *Schäfer* in: MünchKomm-BGB, § 9 PartGG Rz. 32 mit der Begr., dass es sich hierbei um keine Vertragsänderung handele.

50) Begr. zum RegE PartGG, BT-Drucks. 12/6152, S. 13; *Kempter*, BRAK-Mitt. 1994, 122, 123.

diese mehr als nur die gemeinsame Berufsausübung betreffen.[51] Er wird vielmehr nur **Ausgangspunkt** und möglicherweise Anstoß für die Partner sein, sich über weitere notwendige Regelungen klar zu werden,[52] für die dann eine weitgehende **Gestaltungsfreiheit** besteht (siehe auch § 6 Abs. 3 Satz 1 PartGG).[53] Eines solchen Denkanstoßes für die Partner hätte es eigentlich nicht bedurft, da die Elemente des Partnerschaftsvertrags nach § 3 Abs. 2 PartGG sämtlich von den Gegenständen der Registeranmeldung umfasst sind. Absatz 2 enthält daher eine überflüssige Regelung.[54]

I. Name und Sitz der Partnerschaft (§ 3 Abs. 2 Nr. 1 PartGG)

24 Der **Name** der Partnerschaft muss den in § 2 Abs. 1 PartGG aufgestellten Voraussetzungen genügen.

25 Der **Sitz** der Partnerschaft ist entscheidend für die örtliche Zuständigkeit des Registergerichts (siehe unten *Zimmermann*, § 4 Rz. 17 und § 5 Rz. 10) und den allgemeinen Gerichtsstand nach § 17 Abs. 1 Satz 1 ZPO, ferner – jedenfalls nach der herkömmlich in Deutschland vorherrschenden Sitztheorie – für das Gesellschaftsstatut und das international anzuwendende Recht. Er ist zunächst abzugrenzen von einer **Zweigniederlassung** i. S. des § 5 Abs. 2 PartGG. Es wird nicht selten vorkommen, dass sich bei einer GbR, die sich in eine Partnerschaft umwandeln will, kein eindeutiger (Haupt-)Sitz feststellen lässt. Dies gilt etwa im Falle **überörtlicher Sozietäten** mit mehreren gleichermaßen bedeutsamen Niederlassungen in verschieden Städten.[55] Bei einer solchen Gesellschaft können und müssen sich die Partner **frei** für einen der verschiedenen Orte **entscheiden**, den sie für den Vertrag und für registerrechtliche Zwecke zum Sitz erklären.[56] Würde man dieses Wahlrecht verneinen, so ließe sich nicht erklären, dass die Angabe des Sitzes im Katalog des § 3 Abs. 2 PartGG Erwähnung findet. Unter der Prämisse des MoMiG kann auch ein von den tatsächlichen Verhältnissen abweichender, im Gesellschaftsvertrag bestimmter Sitz festgehalten werden.[57] Weiterhin lässt sich bei einer überörtlichen Sozietät der Sitz nach objektiven Kriterien oft nicht eindeutig bestimmen,[58] da hier verschiedene Tätigkeitsorte bestehen, bei denen sich nicht genau bestimmen lässt, wo der Schwerpunkt der Tätigkeit liegt. Eine Festlegung würde in diesem Fall mehr zufällig sein. Die weiteren Niederlassungen werden dann automatisch zu Zweigniederlassungen i. S. dieser Bestimmung.

26 Einen **Doppelsitz**, wie z. B. bei Kapitalgesellschaften bei Vorliegen eines besonderen Bedürfnisses, gibt es für die Partnerschaft wie auch für die Personenhandelsgesellschaften nicht. Ein solcher Sitz ist auch deshalb abzulehnen, weil sich daraus nicht die Zuständigkeit des Registergerichts ableiten lässt. Der Ausschluss des § 2

51) *Schäfer* in: MünchKomm-BGB, § 3 PartGG Rz. 2.

52) *Kempter*, BRAK-Mitt. 1994, 122, 123.

53) *Weyand*, INF 1995, 22, 24.

54) So auch Meilicke u. a.-*Meilicke*, PartGG, § 3 Rz. 7 f.; *Schäfer* in: MünchKomm-BGB, § 3 PartGG Rz. 4; in der Tendenz auch *Feddersen/Meyer-Landrut*, PartGG, § 3 Rz. 4 in Fn. 64.

55) Vgl. *BRAK*, Stellungnahme zum RefE PartGG, S. 6.

56) Vgl. *Salger* in: MünchHdb. GesR, Bd. 1, § 38 Rz. 3 f.; Meilicke u. a.-*Meilicke*, PartGG, § 3 Rz. 20.

57) Baumbach/Hopt-*Hopt*, HGB, § 106 Rz. 8 m. w. N.

58) *Schäfer* in: MünchKomm-BGB, § 3 PartGG Rz. 18.

Abs. 1 FamFG durch § 377 Abs. 4 FamFG zeigt, dass registerrechtlich nur ein Sitz existieren kann.[59)]

II. Name, Vorname, ausgeübter Beruf, Wohnort (§ 3 Abs. 2 Nr. 2 PartGG)

27 Mit dem **Namen** ist der Familienname gemeint (siehe *Zimmermann*, § 2 Rz. 7 ff.); hinsichtlich des **Vornamens** genügt jeweils die Angabe des Rufnamens.[60)] Die Formulierung „den Vornamen“ (Singular) im Unterschied zu § 18 Abs. 1 HGB a. F., wonach mindestens ein ausgeschriebener Vorname anzugeben war, hatte im Schrifttum[61)] für Interpretationsschwierigkeiten gesorgt und beruhte offenbar auf einem gesetzgeberischen Missgeschick. Ein Rückgriff auf § 18 HGB ist seit der Handelsrechtsreform[62)] im Jahr 1998 nur noch eingeschränkt möglich.

28 Anzugeben ist sodann der in der Gesellschaft ausgeübte **Beruf**. Diese Formulierung des § 3 Abs. 2 Nr. 2 PartGG wurde bewusst gewählt, um einem Partner, der **mehrere** freie Berufe ausübt, die Möglichkeit zu geben, nur die Ausübung eines oder mehrerer seiner Berufe in die Partnerschaft einzubeziehen.[63)] Im Übrigen kann der Partner daher außerhalb der Partnerschaft, allein oder in einer anderen Gesellschaft, tätig werden; dies gilt auch für freiberufliche Sozietäten. Der Partner kann auch nur einen Teil seines Berufes in der Partnerschaft ausüben. Gegenteiliges lässt sich weder dem § 3 Abs. 2 PartGG noch anderweitigen Regelungen oder aus der Gesetzesbegründung ableiten. Zum Beispiel soll ein Rechtsanwalt in einer Partnerschaft nur die Strafverteidigung übernehmen, ansonsten aber keine Mandate bearbeiten. In diesem Fall ist als Beruf aber dennoch die im Katalog des § 1 Abs. 2 PartGG gewählte Bezeichnung anzugeben,[64)] im Beispiel also „Rechtsanwalt“. Denn ob nur ein Teil des Berufes ausgeübt wird, ändert am Berufsbild an sich nichts.

29 Die Eintragung des Berufs im Partnerschaftsregister dient zudem der **Information** darüber, welcher Partner welchem Beruf nachgeht.[65)] Aus diesem Grunde wurde für das PartGG ursprünglich auch nicht der Vorschlag der Arbeitsgruppe „Handelsrecht und Handelsregister“ (für das Handelsrecht) befolgt, anstelle des Berufes das Geburtsdatum eintragen zu lassen.[66)] Die Pflicht zur Anmeldung und Eintragung des Geburtsnamens wurde erst 2001 durch Änderungen der §§ 4 und 5 PartGG eingeführt. Die Angabe des ausgeübten Berufes soll ferner die Partnerschaftsfähigkeit i. S. des § 1 Abs. 1 PartGG dokumentieren und die Beitragspflicht des jeweiligen Partners definieren.[67)] Deshalb muss auch ein Beruf aus dem Katalog des § 1

---

59) Keidel-*Heinemann*, FamFG, § 377 Rz. 43.

60) Vgl. Baumbach/Hopt-*Hopt*, HGB, § 106 Rz. 6.

61) Meilicke u. a.-*Meilicke*, PartGG, § 3 Rz. 21; *Salger* in: MünchHdb. GesR, Bd. 1, § 38 Rz. 7.

62) Gesetz zur Neuregelung des Kaufmanns- und Firmenrechts und zur Änderung anderer handels- und gesellschaftsrechtlicher Vorschriften (Handelsrechtsreformgesetz – HRefG) v. 22.6.1998, BGBl. I 1998, 1474.

63) Begr. RegE PartGG, BT-Drucks. 12/6152, S. 13; ein praktisches Bedürfnis hierfür bezweifeln *Feddersen/Meyer-Landrut*, § 3 Rz. 6 in Fn. 66; rechtspolitische Kritik bei Meilicke u. a.-*Meilicke*, PartGG, § 3 Rz. 8.

64) So für den Fall der Qualifikation als Facharzt oder Fachanwalt *Salger* in: MünchHdb. GesR, Bd. 1, § 38 Rz. 9.

65) *Seibert*, Die Partnerschaft, S. 48.

66) *Seibert*, Die Partnerschaft, S. 48.

67) *Schäfer* in: MünchKomm-BGB, § 3 PartGG Rz. 21; *Henssler*, PartGG, § 3 Rz. 33.

Abs. 2 Satz 2 PartGG festgehalten werden. Wenn z. B. die Partnerschaft den Namen „Müller und Partner, Private Equity Consultants" trägt, so ist dennoch der nach § 1 Abs. 2 PartGG ausgeübte Beruf anzugeben, hier also „beratender Betriebswirt". Denn i. S. des § 3 Abs. 2 Nr. 2 PartGG kann nur ein freier Beruf angegeben werden, was sich aber nicht feststellen lässt, wenn nichtssagende Bezeichnungen verwendet werden. Auch die alleinige Angabe „Unternehmensberater" als Beruf reicht für sich nicht aus, da damit noch nicht feststeht, ob die Voraussetzungen erfüllt sind, die an einen beratenden Volks- oder Betriebswirt gestellt werden.

30 **Wohnort** ist der Ort des tatsächlichen Aufenthalts[68)] und nicht unbedingt mit dem Ort nach § 7 BGB[69)] und erst recht nicht mit dem nach § 8 AO identisch.[70)] Nicht erforderlich ist die Angabe von Straße, Hausnummer und Postleitzahl.[71)]

III. Gegenstand der Partnerschaft (§ 3 Abs. 2 Nr. 3 PartGG)

31 **Ziel** des § 3 Abs. 2 Nr. 3 PartGG ist es nach der Begründung des Regierungsentwurfs, sicherzustellen, dass die ausgeübten Berufe von Anfang an klar und eindeutig festgelegt werden.[72)] Bedeutung hat der Gegenstand für den Umfang eines Wettbewerbsverbotes (siehe oben *Praß*, § 6 Rz. 47 ff.) und insgesamt für die Befugnisse im Innenverhältnis.[73)]

32 Unproblematisch ist – abgesehen von der Möglichkeit, entgegen dem Anliegen des Gesetzes die Berufe gar nicht zu erwähnen und sich stattdessen mit einem allgemein gehaltenen Gesellschaftszweck zu begnügen – lediglich der Fall, dass sich die Angabe des Gegenstandes in § 3 Abs. 2 Nr. 3 PartGG mit derjenigen der **ausgeübten Berufe** in § 3 Abs. 2 Nr. 2 PartGG deckt, wobei dann die Angabe nach § 3 Abs. 2 Nr. 3 PartGG natürlich überflüssig ist. Sobald hingegen **Abweichungen** auftreten, fragt sich, was daraus folgt. So können etwa als Gegenstand der Partnerschaft weniger berufliche Aktivitäten angegeben worden sein als schließlich in der Gesellschaft ausgeübt werden. Wenn die Ausübung eines weiteren freien Berufs dem Vertrage entspricht, kann die **fehlende Angabe** (bzw. Wiederholung) nach § 3 Abs. 2 Nr. 3 PartGG sicherlich **kein Hindernis** für die Aktivität darstellen. Auch die Vertretungsmacht wird durch die Angabe des Gesellschaftszwecks nicht beschränkt, es gilt keine „ultra vires"-Lehre.[74)]

33 Umgekehrt bleibt die Aufnahme **weiterer Berufe** in den Gegenstand nach § 3 Abs. 2 Nr. 3 PartGG, die nicht (mehr) durch einen Freiberufler in der Partnerschaft vertreten sind, selbstverständlich **folgenlos**, da die übrigen Partner diese Aktivität ohne die entsprechende berufliche Qualifikation nicht für die Gesell-

---

68) Wie hier *Schäfer* in: MünchKomm-BGB, § 3 PartGG Rz. 17.

69) So aber *Salger* in: MünchHdb. GesR, Bd. 1, § 38 Rz. 8; *Henssler*, PartGG, § 3 Rz. 34.

70) Offengelassen von *Ring*, Partnerschaftsgesellschaft, § 3 Rz. 10; Meilicke u. a.-*Meilicke*, PartGG, § 3 Rz. 24 und *Henssler*, PartGG, § 3 Rz. 34 empfehlen vorsichtshalber die Angabe aller möglichen Wohnsitze.

71) Vgl. *Langhein* in: MünchKomm-HGB, § 106 Rz. 22; Ebenroth/Boujong/Joost/Strohn-*Märtens*, HGB, § 106 Rz. 9.

72) Begr. zum RegE PartGG, BT-Drucks. 12/6152, S. 13; vgl. auch *Taupitz*, Arztrecht 1995, 123, 124; zur rechtspolitischen Kritik s. die Vorauflage, 1995, § 3 Rz. 18.

73) *Schäfer* in: MünchKomm-BGB, § 3 PartGG Rz. 23; *Henssler*, PartGG, § 3 Rz. 36.

74) So auch *Salger* in: MünchHdb. GesR, Bd. 1, § 38 Rz. 5.

schaft wahrnehmen können. Zu den Rechtsfolgen, wenn im Gegenstand Tätigkeiten angeführt sind, die keinem freien Beruf zuzurechnen sind oder gegen das jeweilige Berufsrecht verstoßen siehe *Zimmermann*, § 1 Rz. 27 ff.

D. Vorgaben der Berufsrechte

I. Vorrang des Berufsrechts

34 **Berufsrechtliche** Vorschriften bleiben gemäß § 1 Abs. 3 PartGG unberührt. Sofern von allgemeinen Rechtsvorschriften für spezielle Berufe in anderem Zusammenhang **weitergehende Erfordernisse** aufgestellt werden, wird dies durch § 3 PartGG nicht ausgeschlossen.[75]

II. Berufsrechtliche Formvorschriften

35 Soweit ersichtlich, fordern die Berufsrechte keine strengere Form als den schriftlichen Vertrag. Regelungen finden sich insbesondere für folgende Berufe:

1. Steuerberater, Steuerbevollmächtigte

36 Eine Steuerberatungsgesellschaft (siehe oben *Zimmermann*, § 1 Rz. 162 ff.) in Form der Partnerschaft kann nur durch einen schriftlichen Partnerschaftsvertrag gegründet werden, der der Anerkennungsbehörde gemäß § 49 Abs. 3, 4 StBerG vorzulegen ist. Dieses Schriftformerfordernis gilt auch für Änderungen des ursprünglichen Partnerschaftsvertrages.

2. Wirtschaftsprüfer, vereidigte Buchprüfer

37 Der Vertrag zur Gründung einer als Wirtschaftsprüfungsgesellschaft (siehe oben *Zimmermann*, § 1 Rz. 158 ff.) anzuerkennenden Partnerschaft bedarf der Schriftform; er ist gemäß § 29 Abs. 2 WPO dem Zulassungsausschuss einzureichen. Dieses Schriftformerfordernis gilt auch für Vertragsänderungen.

3. Tierärzte

38 Gemäß § 18 Abs. 1 Satz 1 i. V. m. § 16 Abs. 2 MBO-TÄ ist der Vertrag zur Gründung einer Partnerschaft schriftlich abzuschließen, was sich teilweise auch auf Landesebene so gestaltet (z. B. Bayern: § 22 Abs. 2 Satz 1). Dahingegen findet sich in landesspezifischen Regelungen vereinzelt auch nur eine Soll-Vorschrift (z. B. Baden-Württemberg: § 21 Abs. 3 Satz 1).

4. Ärzte

39 Für die Gründung einer Berufsausübungsgemeinschaft ist nach Kap. B § 18 Abs. 2a Satz 3 MBO-Ä 1997 der Abschluss eines schriftlichen Gesellschaftsvertrages erforderlich.

---

75) Begr. RegE PartGG, BT-Drucks. 12/6152, S. 13; oder auch die Bestimmungen für Tierärzte in einigen Bundesländern, wonach der Vertrag über die Gründung einer Gemeinschaftspraxis Vorschriften über deren Veränderung oder Auflösung zu enthalten hat; vgl. nur § 22 Abs. 2 BerufsO Bayern.

III. Vorgaben der Berufsrechte zum Vertragsinhalt

1. Steuerberater, Steuerbevollmächtigte

40 Der Vertrag zur Gründung einer Steuerberatungsgesellschaft in Form einer Partnerschaft muss den Voraussetzungen der §§ 50, 50a StBerG genügen. Die § 50 Abs. 1 Satz 1, Abs. 2 und 3, § 50a Abs. 1 Nr. 1 StBerG legen den Kreis der möglichen **Partner** fest. Gemäß § 50 Abs. 4 StBerG muss mindestens die Hälfte der Partner über die Qualifikation als Steuerberater verfügen. Im Partnerschaftsvertrag muss gemäß § 50a Abs. 1 Nr. 6 StBerG bestimmt sein, dass zur Ausübung von Gesellschafterrechten nur Partner bevollmächtigt werden können, die Steuerberater, Rechtsanwälte, Wirtschaftsprüfer, vereidigte Buchprüfer oder Steuerbevollmächtigte sind.

41 Eine wichtige **Ergänzung des § 53 StBerG** wurde durch Art. 7 des Gesetzes zur Schaffung von Partnerschaftsgesellschaften und zur Änderung anderer Gesetze eingefügt. Bei anerkannten Steuerberatungsgesellschaften, die die Bezeichnung „Steuerberatungsgesellschaft" im **Namen** führen müssen, entfällt die Verpflichtung nach § 2 Abs. 1 PartGG, zusätzlich die Berufsbezeichnungen aller in der Partnerschaft vertretenen Berufe in den Namen aufzunehmen.

42 Im Zusammenhang mit § 3 Abs. 2 Nr. 3 PartGG bestimmt § 57 StBerG, dass als **Gegenstand** der Partnerschaft keine mit dem Beruf nicht zu vereinbarenden Tätigkeiten im Partnerschaftsvertrag festgelegt werden dürfen. Diese Norm gilt ebenso für Steuerberatungsgesellschaften.[76] Als nicht vereinbar gelten gemäß § 57 Abs. 4 StBerG insbesondere eine gewerbliche Tätigkeit und eine Tätigkeit als Arbeitnehmer mit Ausnahme der §§ 57 Abs. 3 Nr. 4, 58 und 59 StBerG. Gemäß § 25 Abs. 2 bis 6 BOStB haben Partner einer Partnerschaftsgesellschaft entsprechende Regelungen über die **Vertretung** der Gesellschaft zu beachten.

2. Wirtschaftsprüfer, vereidigte Buchprüfer

43 Bei Verträgen über die Gründung einer Wirtschaftsprüfungsgesellschaft in Form der Partnerschaft müssen die Partner die Vorgaben des § 28 WPO beachten. **Partner** können nur Wirtschaftsprüfer oder Angehörige der in § 28 Abs. 2 und 3, Abs. 4 Nr. 1 WPO bezeichneten Berufe sein. Die Mehrheit muss bei den Wirtschaftsprüfern liegen. Im Partnerschaftsvertrag muss gemäß § 28 Abs. 4 Nr. 6 WPO bestimmt sein, dass zur Ausübung von Gesellschafterrechten nur Partner bevollmächtigt werden können, die Wirtschaftsprüfer sind.

44 Bei einer als Wirtschaftsprüfungsgesellschaft anerkannten Partnerschaft, die gemäß § 31 Satz 1 WPO verpflichtet ist, die Bezeichnung „Wirtschaftsprüfungsgesellschaft" im **Namen** zu führen, entfällt die Verpflichtung nach § 2 Abs. 1 PartGG, zusätzlich die Berufsbezeichnungen aller in der Partnerschaft vertretenen Berufe in den Namen aufzunehmen.

---

76) *Gehre/Koslowski*, StBerG, § 57 Rz. 5.

3. Ärzte

45 Der Vertrag über die Gründung einer medizinischen Kooperationsgemeinschaft muss den Anforderungen nach Kap. B § 23b Abs. 1 Satz 4 MBO-Ä 1997 genügen. Er hat nach dieser Vorschrift zu gewährleisten, dass

- die eigenverantwortliche und selbständige Berufsausübung des Arztes gewahrt ist;
- die Verantwortungsbereiche der Partner gegenüber den Patienten getrennt bleiben;
- medizinische Entscheidungen, insbesondere über Diagnostik und Therapie, ausschließlich der Arzt trifft, sofern nicht der Arzt nach seinem Berufsrecht den in der Gemeinschaft selbständig tätigen Berufsangehörigen eines anderen Fachberufs solche Entscheidungen überlassen darf;
- der Grundsatz der freien Arztwahl gewahrt bleibt;
- der behandelnde Arzt zur Unterstützung in seinen diagnostischen Maßnahmen oder zur Therapie auch andere als die in der Gemeinschaft kooperierenden Berufsangehörigen hinzuziehen kann;
- die Einhaltung der berufsrechtlichen Bestimmungen der Ärzte, insbesondere die Pflicht zur Dokumentation, das Verbot der Werbung und die Regeln zur Erstellung einer Honorarforderung, von den übrigen Partnern beachtet werden;
- sich die medizinische Kooperationsgemeinschaft verpflichtet, im Rechtsverkehr die Namen aller Partnerinnen und Partner und ihre Berufsbezeichnungen anzugeben und – sofern es sich um eine eingetragene Partnerschaftsgesellschaft handelt – den Zusatz „Partnerschaft" zu führen.

4. Zahnärzte

46 Bei der Gründung einer Partnerschaft unter Beteiligung von Zahnärzten gilt § 16 Abs. 1 MBO-ZÄ. Danach muss ihre eigenverantwortliche, medizinisch unabhängige sowie freiberufliche Berufsausübung gewährleistet sein.

5. Tierärzte

47 Über den Verweis des § 18 Abs. 1 Satz 1 MBO-TÄ in der Fassung vom 21.4.2012 auf § 16 Abs. 2 MBO-TÄ muss der Vertrag zur Gründung einer Gemeinschaftspraxis in der Rechtsform der Partnerschaft Bestimmungen über die Rechte und Pflichten der Partner, das Verfahren bei der Gewinnermittlung und -verteilung sowie die Änderung oder Auflösung der Gemeinschaftspraxis enthalten. Teilweise findet sich in den Landes-Berufsordnungen auch die Vorschrift, dass die Gesellschaftsverträge Regelungen über die Veränderung und Auflösung der Partnerschaft enthalten sollen (z. B. Baden-Württemberg: § 21 Abs. 3 Satz 1, Westfalen-Lippe: § 24 Abs. 2 Satz 1).

6. Hauptberufliche Sachverständige

48 Nach § 21 Abs. 1 Satz 2 Muster-SVO ZDH, § 21 Satz 2 Muster-SVO DIHK und § 21 Satz 2 Muster-SVO BIngK hat der öffentlich bestellte Sachverständige bei einem Zusammenschluss mit anderen Sachverständigen darauf zu achten, dass seine Glaubwürdigkeit, sein Ansehen in der Öffentlichkeit und die Einhaltung seiner Pflichten nach der Sachverständigenordnung gewährleistet sind.

§ 4
Anmeldung der Partnerschaft

(1) [1]Auf die Anmeldung der Partnerschaft in das Partnerschaftsregister sind § 106 Abs. 1 und § 108 des Handelsgesetzbuchs entsprechend anzuwenden. [2]Die Anmeldung hat die in § 3 Abs. 2 vorgeschriebenen Angaben, das Geburtsdatum jedes Partners und die Vertretungsmacht der Partner zu enthalten.*) [3]Änderungen dieser Angaben sind gleichfalls zur Eintragung in das Partnerschaftsregister anzumelden.

(2) [1]In der Anmeldung ist die Zugehörigkeit jedes Partners zu dem Freien Beruf, den er in der Partnerschaft ausübt, anzugeben. [2]Das Registergericht legt bei der Eintragung die Angaben der Partner zugrunde, es sei denn, ihm ist deren Unrichtigkeit bekannt.

(3) Der Anmeldung einer Partnerschaft mit beschränkter Berufshaftung nach § 8 Absatz 4 muss eine Versicherungsbescheinigung gemäß § 113 Absatz 2 des Gesetzes über den Versicherungsvertrag beigefügt sein.)**

Die Vorschriften des **HGB**, auf die § 4 Abs. 1 PartGG Bezug nimmt, lauten:

§ 106 (Anmeldung zum Handelsregister)

(1) Die Gesellschaft ist bei dem Gericht, in dessen Bezirke sie ihren Sitz hat, zur Eintragung in das Handelsregister anzumelden.

(2) … .

§ 108 (Anmeldung durch alle Gesellschafter)

Die Anmeldungen sind von sämtlichen Gesellschaftern zu bewirken.

Die Vorschrift des **VVG**, auf den Absatz 3 Bezug nimmt, lautet:

§ 113 Pflichtversicherung

(1) … .

(2) Der Versicherer hat dem Versicherungsnehmer unter Angabe der Versicherungssumme zu bescheinigen, dass eine der zu bezeichnenden Rechtsvorschrift entsprechende Pflichtversicherung besteht.

(3) … .

Literatur: *Beckmann*, Für eine Partnerschaft Freier Berufe, in: Festschrift für Detlef Kleinert, 1992, S. 210; *Böhringer*, Das neue Partnerschaftsgesellschaftsrecht, BWNotZ 1995, 1; *Bösert*, Der Regierungsentwurf eines Gesetzes zur Schaffung von Partnerschaftsgesellschaften (Partnerschaftsgesellschaftsgesetz – PartGG), DStR 1993, 1332; *Burret*, Das Partnerschaftsgesellschaftsgesetz, WPK-Mitt. 1994, 201; *Carl*, Die Partnerschaftsgesellschaft – eine neue Rechtsform für die Freien Berufe, StB 1995, 173; *v. Falkenhausen*, Brauchen die Rechtsanwälte ein Partnerschaftsgesellschaftsgesetz?, AnwBl 1993, 479; *Franz*, Verordnung über die Einrichtung und Führung des Partnerschaftsregisters, ZAP Fach 15, 189 (= 1995, 1139); *Gladys*, Die Partnerschaftsgesellschaft mit

*) § 4 Abs. 1 Satz 2 geändert durch ERJuKoG v. 10.12.2001, BGBl. I 2001, 3422.

**) § 4 Abs. 3 eingefügt durch Gesetz v. 15.7.2013, BGBl. I 2013, 2386.

beschränkter Haftung, DStR 2012, 2249; *Gres*, Partnerschaftsgesellschaft, Maßgeschneiderte Gesellschaftsform für die Bedürfnisse der Freiberufler, Handelsblatt vom 19.5.1994; *Gres*, Partnerschaftsgesetz für Freie Berufe – Gesetzesvorhaben mit Vorgeschichte, Der Selbständige, 12/1992, 6; *Hentschel/König/Dauer*, Straßenverkehrsrecht, 41. Aufl., 2011; *Hoffmann*, Diskussionsbeitrag, in: Verhandlungen des 10. Österreichischen Juristentages, 1988, Bd. II/1; *Hornung*, Partnerschaftsgesellschaft für Freiberufler (Teil 1), Rpfleger 1995, 481 und (Teil 2), 1996, 1; *Keilbach*, Fragen des Partnerschaftsregisters, RNotZ 2001, 159; *Kempter*, Das Partnerschaftsgesellschaftsgesetz, BRAK-Mitt. 1994, 122; *Krejci*, Gutachten: Partnerschaft, Verein, Konzern – Zur Harmonisierung und Modernisierung des Gesellschafts- und Unternehmensrechtes, Verhandlungen des 10. Österreichischen Juristentages, 1988, Bd. I/1; *Leutheusser-Schnarrenberger*, Partnerschaftsgesellschaftsgesetz – ab 1. Juli ’95 in Kraft, der freie beruf 7–8/1994, 20; *Limmer*, Partnerschaftsregisteranmeldung einer Partnerschaftsgesellschaft, ZAP Fach 26, 9 (= 2001, 651); *Malzer*, Elektronische Beglaubigung und Medientransfer durch den Notar nach dem Justizkommunikationsgesetz, DNotZ 2006, 9; *Michalski*, Zum Regierungsentwurf eines Partnerschaftsgesellschaftsgesetzes, ZIP 1993, 1210; *Michalski*, Zulässigkeit und „Firmierung“ überörtlicher Anwaltssozietäten, ZIP 1991, 1551; *Mittelsteiner*, Kommentierung zum PartGG, DStR 1994, Beihefter zu Heft 37, S. 37; *Niederleithinger*, Handels- und Wirtschaftsrecht in der 13. Legislaturperiode, ZIP 1995, 597; *Posegga*, Die Partnerschaftsgesellschaft mit beschränkter Berufshaftung als neue Organisationsform, DStR 2012, 611; *Raisch*, Handelsgesellschaft auf Einlagen als neue Gesellschaftsform für Vereinigungen von Handelsgewerbetreibenden, Landwirten und Angehörigen freier Berufe, in: Festschrift für Alexander Knur, 1972, S. 165; *Römermann*, Die Part mbB – eine neue attraktive Rechtsform für Freiberufler, NJW 2013, 2305; *Römermann/Praß*, Die Partnerschaftsgesellschaft mit beschränkter Berufshaftung – Rechtspolitische Kritik und rechtssystematische Einordnung, NZG 2012, 601; *Schaub*, Das neue Partnerschaftsregister, NJW 1996, 625; *Schirmer*, Berufsrechtliche und kassenarztrechtliche Fragen der ärztlichen Berufsausübung in Partnerschaftsgesellschaften, MedR 1995, 341 (Teil 1) und MedR 1995, 383 (Teil 2); *Schmidt, K.*, Die Freiberufliche Partnerschaft, NJW 1995, 1; *Schmidt, K.*, Partnerschaftsgesetzgebung zwischen Berufsrecht, Schuldrecht und Gesellschaftsrecht, ZIP 1993, 633; *Seibert*, Die Partnerschaftsgesellschaft mit beschränkter Berufshaftung (PartGmbB), DB 2013, 1710; *Stuber*, Das Partnerschaftsgesellschaftsgesetz unter besonderer Berücksichtigung der Belange der Anwaltschaft, WiB 1994, 705; *Stucken*, Mustervertrag einer Partnerschaftsgesellschaft, WiB 1994, 744; *Stucken*, Die Partnerschaftsregisterverordnung, WiB 1995, 823; *Taupitz*, Die Partnerschaft als neue Kooperationsform für Ärzte, Arztrecht 1995, 123; *Uwer/Roeding*, Partnerschaftsgesellschaft mit beschränkter Berufshaftung kommt, AnwBl 2013, 483; *Uwer/Roeding*, Wege in die Partnerschaftsgesellschaft mit beschränkter Berufshaftung, AnwBl 2013, 309; *Vossius*, Regierungsentwurf zur Part mbB, GmbHR 2012, R 213; *Werner*, Die neue Partnerschaftsgesellschaft mit beschränkter Berufshaftung (PartG mbB), StBW 2013, 715; *Weyand*, Partnerschaftsgesellschaften als neue Organisationsform für die freiberufliche Praxis, INF 1995, 22.

Übersicht

A. Normentwicklung

1 Sämtliche früheren Entwürfe hatten bereits die Einrichtung eines **Partnerschaftsregisters** vorgesehen.[1] Dieser Gedanke findet sich auch schon zu Beginn des Gesetzgebungsverfahrens in Punkt 6 des Neun-Punkte-Katalogs des Bundeswirtschaftsministeriums vom November 1991.[2] **Registergericht** sollte das AG sein.[3] Erst bei der Behandlung des Gesetzentwurfs im **Bundesrat** stieß die Schaffung eines zusätzlichen (Partnerschafts-)Registers auf erhebliche **Kritik** (siehe näher unten Rz. 12 f. sowie *Römermann*, Einf. Rz. 24, 26).[4] Der Entwurf drohte fast an dieser Frage zu scheitern, dann hat die Ländervertretung aber schließlich doch ihre Auffassung geändert und dem Gesetz zugestimmt (zum Ablauf siehe oben *Römermann*, Einf. Rz. 26).[5]

2 Inhaltlich wurden die Anforderungen an die einzutragenden Daten durch das PartGG gegenüber den früheren Entwürfen weiter zurückgenommen, nicht zuletzt in der Absicht, den **Prüfungsaufwand** der Gerichte zu **reduzieren** und hierdurch der Kritik der Länder, die hauptsächlich auf einen unzumutbaren Mehraufwand für die Registergerichte abstellte,[6] die Grundlage zu entziehen.[7] Hierzu gehört insbesondere die Herausnahme der noch im Regierungsentwurf vorgesehenen Verpflichtung, auch den Partnerschaftsvertrag bei der Anmeldung zur Eintragung vorzulegen.[8] Diese Änderung erfolgte auf Vorschlag des Bundesrates sowie des Rechtsausschusses des Deutschen Bundestages.[9]

3 Auch hinsichtlich des Nachweises einer etwaigen **Haftpflichtversicherung** der Partnerschaft oder einer Beteiligung der zuständigen Berufskammer bei der Eintra-

---

1) § 2 Abs. 1 Satz 1 E 1971, BT-Drucks. VI/2047, S. 1; § 5 Abs. 1 E 1975, BT-Drucks. 7/4089, S. 3; § 5 Abs. 1 E 1976, BT-Drucks. 7/5402, S. 4; vgl. auch *Beckmann* in: FS Kleinert, S. 210, 211.

2) *Beckmann* in: FS Kleinert, S. 210, 214; *Gres*, Der Selbständige, 12/1992, 6.

3) So ausdrücklich § 2 Abs. 1 Satz 1 E 1971, BT-Drucks. VI/2047, S. 1; nach dem Neun-Punkte-Katalog sollte das Register entweder pro Bundesland oder pro OLG-Bezirk bei einem AG geführt werden, vgl. *Beckmann* in: FS Kleinert, S. 210, 214.

4) Bereits gegen den Entwurf von 1976 waren entsprechende Einwände vonseiten des BRats vorgebracht worden; vgl. BR-Ausschüsse zum E 1976, BR-Drucks. 444/1/76, S. 3.

5) Vgl. ferner *Leutheusser-Schnarrenberger*, der freie beruf 7–8/1994, 20, 21.

6) *Gres*, Handelsblatt v. 19.5.1994.

7) *Leutheusser-Schnarrenberger*, der freie beruf 7–8/1994, 20, 21.

8) Die Vorlage hatte noch § 2 Abs. 1 Satz 1 E 1971 vorgeschrieben. Soweit es im Bericht des RA zum PartGG heißt, die schließlich verabschiedete Fassung bringe gegenüber dem Wortlaut des RegE lediglich „das Gewollte ... klarer zum Ausdruck“ (BT-Drucks. 12/7642, S. 12), ist dies offensichtlich unzutreffend.

9) RA zum RegE PartGG, BT-Drucks. 12/7642, S. 5, 12; *Seibert*, Die Partnerschaft, S. 45.

gung fanden sich im Gegensatz zu früheren Entwürfen[10] ursprünglich keine Regelungen mehr im Gesetz, was sich jedoch mit der **Reform im Jahre 2013** änderte. Die Beteiligung der Kammern ist allerdings zum Teil nun in der Partnerschaftsregisterverordnung (PRV) angeordnet. Ferner entfielen zunächst Angaben über die **Geschäftsführungs-** und **Vertretungsbefugnis** (siehe aber jetzt Rz. 4) der Partner.[11] Angaben über die Dauer[12] sind ebenso wenig erforderlich wie über den Zeitpunkt des Beginns der Partnerschaft.[13]

4 Zum 15.12.2001 wurde § 4 Abs. 1 Satz 2 PartGG insoweit erweitert, als seitdem auch die **Geburtsdaten** aller Partner und die **Vertretungsverhältnisse** anzugeben sind.[14] Im Hinblick auf die Geburtsdaten entspricht dies § 106 Abs. 2 Nr. 1 HGB. Die Vertretungsverhältnisse mussten vor der Neuregelung gemäß § 7 Abs. 3 PartGG a. F. i. V. m. § 125 Abs. 4 HGB a. F. nur dann zur Eintragung im Partnerschaftsregister angemeldet werden, wenn sie von der gesetzlichen Regelung abwichen. Wegen der größeren Klarheit ist bei allen Personenhandelsgesellschaften und der Partnerschaft nun in jedem Fall die Eintragung erforderlich.

5 Im Zusammenhang mit der Einführung der **Partnerschaftsgesellschaft mit beschränkter Berufshaftung** wurde die Frage des Nachweises einer Haftpflichtversicherung erneut diskutiert. So enthält der Referentenentwurf bereits diese Verpflichtung, spricht jedoch nur von einem „entsprechenden Versicherungsnachweis"; ein Verweis auf das Versicherungsvertragsgesetz (VVG) ist hier noch nicht zu finden. Der Regierungsentwurf enthält sodann den Verweis auf § 113 Abs. 2 VVG.[15] Als Grund für den ausdrücklichen Verweis auf diese Norm wird vorgebracht, dass es sich bei der Berufshaftpflichtversicherung um eine freiwillige Versicherung handelt.[16] Trotzdem soll – auf Empfehlung des Rechtsausschusses – erreicht werden, dass der Versicherer bei einem nachträglichen Freiwerden von seiner Leistungspflicht gegenüber einem geschädigten Dritten dennoch weiterhin verpflichtet bleibt.[17]

---

10) Zum Nachweis der Haftpflichtversicherung vgl. noch § 2 Abs. 3 E 1971, § 5 Abs. 2 E 1975; zur Beteiligung der Berufskammern § 5 Abs. 2 E 1975 und Punkt 6 des Neun-Punkte-Kataloges, *Beckmann* in: FS Kleinert, S. 210, 214; in Frankreich kann seit dem Gesetz v. 31.12.1990 die Eintragung einer société civile professionnelle nur nach Zustimmung der zuständigen Behörde oder Einschreibung in die Liste oder Tafel der Berufskammer erfolgen, vgl. *Laurent/Vallée*, SEL, S. 17.

11) Vgl. § 2 Abs. 1 Satz 3 Nr. 3 E 1971; § 5 Abs. 2 Satz 1 Nr. 5 E 1976; Punkt 6 des Neun-Punkte-Kataloges, *Beckmann* in: FS Kleinert, S. 210, 214.

12) So noch § 5 Abs. 2 Satz 1 Nr. 4 E 1976.

13) Hierfür besteht keine Notwendigkeit mehr, da die Eintragung gemäß § 7 Abs. 1 PartGG konstitutive Wirkung hat; vgl. Begr. RegE PartGG, BT-Drucks. 12/6152, S. 13; zu den früheren Entwürfen § 2 Abs. 1 Satz 3 Nr. 5 E 1971, § 5 Abs. 1 Satz 2 Nr. 3 E 1975, § 5 Abs. 2 Satz 1 Nr. 3 E 1976.

14) Gesetz über elektronische Register und Justizkosten für Telekommunikation (ERJuKoG) v. 10.12.2001, BGBl. I 2001, 3422.

15) Begr. RegE PartG mbB, BT-Drucks. 17/10487, S. 7 = Anhang, S. 398.

16) Begr. RegE PartG mbB, BT-Drucks. 17/10487, S. 13 = Anhang, S. 398; *Römermann/Praß*, NZG 2012, 601, 602 f.

17) Begr. RA z. RegE PartG mbB, BT-Drucks. 17/13944, S. 15 = Anhang, S. 404; *Römermann*, NJW 2013, 2305, 2309; *Uwer/Roeding*, AnwBl 2013, 483.

B. Systematik

6 § 4 Abs. 2 **Satz 2** PartGG ist wie ein **eigener Absatz** zu lesen. Der zweite Absatz wurde während des Gesetzgebungsverfahrens aufgrund der Kritik des Bundesrates vollständig verändert (siehe oben Rz. 2). Nur so wird nachvollziehbar, dass § 4 Abs. 2 **Satz 1** PartGG als nun inhaltsleerer **Torso** bestehen blieb – sein Inhalt deckt sich (was nach dem Regierungsentwurf[18] noch nicht der Fall war) mit der Regelung nach § 4 Abs. 1 Satz 2 PartGG i. V. m. § 3 Abs. 2 Nr. 2 PartGG. Dies hat man inzwischen offenbar auch im Bundesministerium der Justiz erkannt. In der Begründung zu § 3 Abs. 1 PRV heißt es, dass die Antragsteller hinsichtlich ihrer Freiberuflereigenschaft eine Darlegungslast treffe.

> „Andernfalls wäre § 4 Abs. 2 überflüssig, da sich die Pflicht zur bloßen Nennung des in der Partnerschaft ausgeübten Berufs bereits aus § 3 Abs. 2 Nr. 2, § 4 Abs. 1 Satz 2, § 5 Abs. 1 ergibt. Soweit ein Nachweis der Freiberuflichkeit ohne weiteres möglich ist, soll er – zur präventiven Vermeidung fehlerhafter Eintragungen – auch erfolgen."[19]

7 Die möglicherweise bewusst etwas unklar formulierte Auffassung, aus § 4 Abs. 2 Satz 1 PartGG folge eine über die sonstigen genannten Bestimmungen hinausgehende **Darlegungslast**, widerspricht dem eindeutigen Wortlaut („ … ist die Zugehörigkeit … zu dem Beruf … anzugeben“) wie auch den Gesetzesmotiven, aus denen sich ergibt, dass der Gesetzgeber eine Darlegungs- und Prüfungsverpflichtung gerade einzudämmen suchte. Sie ist daher wohl nur aus dem Bemühen heraus verständlich, einerseits in die Norm nachträglich wieder einen Sinn hinein zu interpretieren und andererseits die Verschärfung der Vorlagepflichten durch die PRV aus dem Gesetz „abzuleiten“. Diesen Gedanken hat mittlerweile auch die Rechtsprechung aufgenommen. Diese geht davon aus, dass für eine entsprechende Nachweispflicht i. R. der PRV bezüglich der Zugehörigkeit zu einem freien Beruf eine Ermächtigungsgrundlage im PartGG fehle.[20] Der zweite Satz des § 4 Abs. 2 PartGG, der während des Gesetzgebungsverfahrens anstelle des früheren Absatzes 2, welcher noch eine Nachweispflicht vorgesehen hatte,[21] neu formuliert worden war, bezieht sich nicht nur, wie man aus seiner systematischen Stellung folgern könnte, auf § 4 Abs. 2 Satz 1 PartGG, sondern auch auf Absatz 1.[22] Dies ergibt sich einerseits aus dem **Wortlaut** des § 4 Abs. 2 Satz 2 PartGG, wo allgemein von den „Angaben der Partner“ die Rede ist und nicht etwa nur von (den Angaben bezüglich) der Zugehörigkeit der Partner zu dem jeweiligen freien Beruf. Andererseits folgt dies aus dem mehrfach zweifelsfrei geäußerten **Willen** der Gesetzesväter, eine Prüfung des Gesellschaftsvertrages durch das Registergericht zu vermeiden.[23]

---

18) Hierzu vgl. zustimmend *Michalski*, ZIP 1993, 1210, 1212; ablehnend *K. Schmidt*, ZIP 1993, 633, 641.

19) Begründung zum Entwurf einer PRV, BR-Drucks. 213/95, S. 14.

20) LG München I, Urt. v. 8.12.2000 – 13 T 23030/00, DNotZ 2001, 814 = NotBZ 2001, 270.

21) Zur früheren Fassung *Hornung*, Rpfleger 1995, 481, 487.

22) Wie hier *Feddersen/Meyer-Landrut*, PartGG, § 4 Rz. 16.

23) Begr. RegE PartGG, BT-Drucks. 12/6152, S. 8, 13; *Seibert*, Die Partnerschaft, S. 45.

C. Bedeutung des Partnerschaftsregisters

I. Zweck der Registrierung

8 Einer der hauptsächlichen Kritikpunkte an den freiberuflichen GbRs vonseiten der Bundesregierung war deren fehlende **Transparenz.** Es wurde bemängelt, dass sich der Rechtsverkehr in keinem amtlichen Register über die Rechtsverhältnisse der Gesellschaft erkundigen könne.[24] Für die neu geschaffene Partnerschaft sollte daher entgegen der Kritik insbesondere des Bundesrates eine **Pflicht zur gerichtlichen Registrierung** eingeführt werden, um die Sicherheit des Rechtsverkehrs zu gewährleisten.[25] Für die (potentiellen) Mandanten, Patienten, aber auch andere Geschäftspartner, wie Lieferanten oder Kreditgeber, sei es „nützlich, wenn sie sich über die grundlegenden Rechtsverhältnisse einer Partnerschaft informieren können, insbesondere bevor sie die Dienstleistungen der in der Partnerschaft verbundenen Partner in Anspruch nehmen."[26] Durch die Angaben nach § 4 PartGG werde dem **Informationsbedürfnis** des Publikums Genüge getan.[27] Ein weiterer Vorteil sei, dass sich Dritte gemäß § 5 Abs. 2 PartGG i. V. m. § 15 HGB auf die Richtigkeit der Angaben der Partner berufen könnten.[28] In der Literatur wird die Frage einer Registrierung als „Schicksalsfrage des Gesetzentwurfs" bezeichnet; ein Verzicht auf das Partnerschaftsregister hätte danach zum „Scheitern des Gesetzvorhabens" geführt.[29]

II. Diskussion während des Gesetzgebungsverfahrens

9 Die **Kritik** an der Einrichtung eines zusätzlichen Registers bei den AG stützte sich von Seiten des **Bundesrates** praktisch ausschließlich auf den hierdurch zu erwartenden unzumutbaren **Mehraufwand für die Registergerichte.**[30] Angesichts der großen Zahl von Angehörigen freier Berufe und der erheblichen Fluktuation bei freiberuflichen Zusammenschlüssen sei mit einer Vielzahl von Änderungseintragungen und daher mit einer wesentlichen Mehrarbeit für die AG zu rechnen, „die angesichts der bereits jetzt bestehenden Überlastung nicht bewältigt werden kann".[31]

24) *Leutheusser-Schnarrenberger*, der freie beruf 7–8/1994, 20, 21; Gegenäußerung der BReg zum RegE PartGG, BT-Drucks. 12/6152, S. 30.

25) *Gres*, Handelsblatt v. 19.5.1994; Gegenäußerung der BReg zum RegE PartGG, BT-Drucks. 12/6152, S. 30.

26) Begr. RegE PartGG, BT-Drucks. 12/6152, S. 13.

27) *Kempter*, BRAK-Mitt. 1994, 122, 123.

28) Gegenäußerung der BReg zum RegE PartGG, BT-Drucks. 12/6152, S. 30; vgl. auch *Carl*, StB 1995, 173, 176.

29) So *Hornung*, Rpfleger 1995, 481, 486; ähnlich *Henssler*, PartGG, § 4 Rz. 1, abwägend *Schäfer* in: MünchKomm-BGB, §§ 4, 5 PartGG Rz. 19 ff.

30) Stellungnahme des BRats zum RegE PartGG, BT-Drucks. 12/6152, S. 26 f.; vgl. ferner *Leutheusser-Schnarrenberger*, der freie beruf 7–8/1994, 20, 21; *Bösert*, DStR 1993, 1332, 1334 in Fn. 18; *Hornung*, Rpfleger 1995, 481, 487 („Spiegelgefecht, das aufseiten des Bundesrats zudem noch halbherzig geführt worden ist").

31) Stellungnahme des BRats zum RegE PartGG, BT-Drucks. 12/6152, S. 26; ähnlich bereits BR-Ausschüsse zum E 1976, BR-Drucks. 444/1/76, S. 3.

10 Die **Bundesregierung** wies demgegenüber darauf hin, dass nach dem Verzicht auf Nachweise der Zugehörigkeit zu einem freien Beruf[32] und nach dem Verzicht auf die Vorlage des Partnerschaftsvertrages nur noch eine **beschränkte Prüfung** stattfinde, deren Aufwand wegen der Einführung eines großzügigen Mindestgeschäftswertes für die Eintragung in Art. 4 Nr. 1 des Gesetzes zur Schaffung von Partnerschaftsgesellschaften und zur Änderung anderer Gesetze durch entsprechende **Gebühreneinnahmen** kompensiert werde.[33] In der Tat ist nach Einschätzung des zuständigen Referatsleiters im Bundesjustizministerium wohl sogar davon ausgehen, dass die Länder an der Registrierung verdienen werden.[34] Der **Bundesrat** vertrat daraufhin zwar noch die Auffassung, dass auch zusätzliche Gebühreneinnahmen an dem weiterhin unabdingbaren Personalabbau nichts ändern würden und die Mehrarbeit für die Gerichte daher nicht vertretbar sei,[35] zog sich aber im weiteren Gesetzgebungsverfahren bei **grundsätzlichem Einverständnis** mit dem Gesetzesvorhaben auf die Erwartung zurück, dass die Kostenordnung angepasst werden müsse, wenn sich herausstellen sollte, dass die Mehrkosten durch das Partnerschaftsregister nicht von den Gebühreneinnahmen gedeckt seien.[36] Dem stimmte auch die Bundesregierung zu, wobei sie jedoch davon ausging, dass sich auf absehbare Zeit kein Anpassungsbedarf ergeben würde.[37] In der Tat ist eine maßgebliche Änderung der Kostenordnung erst im Zuge der allgemeinen Kostenrechtsreform zum 1.7.2004 erfolgt.

III. Stellungnahme

11 In der seit Jahrzehnten andauernden Diskussion über die Partnerschaft wurde es offenbar weitestgehend als selbstverständlich akzeptiert, für die freien Berufe **ein eigenes Register** außerhalb des Handelsregisters einzurichten.[38] Ein überzeugendes Argument dafür gibt es jedoch nicht.[39] Die ausgesprochene Nähe der Partnerschaft zu den Handelsgesellschaften durchzieht das gesamte PartGG, und es hätte daher nahe gelegen, auch die Partnerschaften in das – ggf. umzubenennende – Handelsregister einzutragen. Eine **Wesensverschiedenheit** dergestalt, dass die Eintragung freiberuflicher Gesellschaften gemeinsam mit den Handelsgesellschaften nicht in Betracht käme, kann schon deswegen nicht anerkannt werden, weil sich im

---

32) Die Nachweispflicht der Berufszugehörigkeit wurde nach der erteilten Zustimmung des BRats und (somit) der Verabschiedung des Gesetzes in § 3 Abs. 1 Satz 2, Abs. 3 und 4 PRV allerdings „durch die Hintertür" wieder eingeführt.

33) Gegenäußerung der BReg zum RegE PartGG, BT-Drucks. 12/6152, S. 30, ähnlich bereits die Begr. RegE PartGG, BT-Drucks. 12/6152, S. 8; Begr. zum Entwurf einer PRV, BR-Drucks. 213/95, S. 2, 12; vgl. auch *Bösert*, DStR 1993, 1332, 1334 in Fn. 18.

34) *Seibert*, Die Partnerschaft, S. 46 in Fn. 61.

35) Stellungnahme des BRats zum RegE PartGG, BT-Drucks. 12/6152, S. 26; dies liegt nach der Erklärung von *Seibert*, Die Partnerschaft, S. 46 in Fn. 61, daran, dass die Gebühren nach Angaben der Ländervertretungen von den Finanzministern vereinnahmt, neue Rechtspflegerstellen aber trotzdem nicht geschaffen würden.

36) Stellungnahme des BRats zum RegE PartGG, BT-Drucks. 12/6152, S. 27.

37) Gegenäußerung der BReg zum RegE PartGG, BT-Drucks. 12/6152, S. 31.

38) Vgl. bereits *Raisch* in: FS Knur, S. 165, 177 f.

39) Ähnlich *Krejci* in: Verhandlungen des 10. ÖJT, Bd. I/1, S. 102 f., sowie *Hoffmann* in: Verhandlungen des 10. ÖJT, Bd. II/1, S. 45, 54 jeweils zur Rechtslage in Österreich.

Handelsregister bereits eine Vielzahl von Gesellschaften der Angehörigen freier Berufe findet. Die Bandbreite erstreckt sich seit der Zulässigkeit der Zahnarzt- und Rechtsanwalts-GmbH[40] sowie der Steuerberatungs- und Wirtschaftsprüfungsgesellschaften und der freiberuflichen Europäischen wirtschaftlichen Interessenvereinigung (EWIV)[41] über alle Rechtsformen des Handelsrechts mit nahezu sämtlichen freien Berufen. Die vor allem früher[42] anzutreffende Ansicht, den Angehörigen freier Berufe fehle das **Erwerbsstreben** und deswegen sei ein von den Handelsgesellschaften getrenntes Register einzurichten, ist realitätsfern und überholt.[43] Die Einrichtung spezieller Partnerschaftsregister ist daher nur durch den längst überholten „**Standesdünkel**" einiger freiberuflicher Berufsorganisationen[44] zu erklären.[45]

12 Nach einer Gesetzgebungsgeschichte, die von einer Reihe von Streichungen und Reduzierungen geprägt war, sind praktisch **keine Angaben** mehr verblieben, deren **Einsichtnahme** sich für den Rechtsverkehr noch **lohnen könnte**. Die Vermutung, Patienten und Klienten würden vor Vergabe eines Auftrags erst in das Partnerschaftsregister sehen und nach den dort gefundenen Informationen ihre Entscheidung über die Auswahl einer geeigneten Praxis treffen, kann nicht überzeugen.[46]

13 Name und Sitz einer Partnerschaft sind dem potentiellen Klienten, der sich für die Aufnahme vertraglicher Beziehungen interessiert, zwangsläufig bekannt. Im Außenverhältnis ist die registerrechtliche Unterscheidung zwischen Sitz und Zweigstelle ohne Bedeutung. Die Angabe des **Gegenstandes** der Partnerschaft hat gegenüber der Angabe der Berufe der Partner praktisch keine eigene Funktion, jedenfalls hindert sie nicht darüber hinausgehende Aktivitäten. Die Namen und **Berufe der Partner** entnimmt der interessierte Mandant am ehesten dem Türschild oder dem **Briefkopf** der Partnerschaft, zumal auch nur diese den aktuellen Stand wiedergeben.

14 Die Eintragung im Partnerschaftsregister ist, von dem Fall der erstmaligen Eintragung einmal abgesehen, stets **deklaratorisch**.[47] Sie **hinkt** daher der tatsächlichen Rechtslage **hinterher**, auch Abweichungen der Eintragung von der wirklichen Situation sind möglich. Über § 1 Abs. 3 PartGG i. V. m. den jeweiligen Berufsord-

---

40) BGH, Urt. v. 25.11.1993 – I ZR 281/91, BGHZ 124, 224 = ZIP 1994, 381 = MedR 1994, 152, dazu EWiR 1994, 785 *(Kleine-Cosack)*; BayObLG, Beschl. v. 24.11.1994 – 3Z BR 115/94, BayObLGZ 1995, 353 = ZIP 1994, 1868 = WM 1995, 23, dazu EWiR 1995, 151 *(Kleine-Cosack)*.

41) Hierzu überzeugend *K. Schmidt*, NJW 1995, 1, 3.

42) So noch die Begr. E 1971, BT-Drucks. VI/2047, S. 7; Begr. E 1975, BT-Drucks. 7/4089, S. 9.

43) *Michalski*, ZIP 1991, 1551, 1557.

44) Dazu bereits *Michalski*, ZIP 1991, 1551, 1552.

45) Ähnlich *K. Schmidt*, NJW 1995, 1, 3: „... die Sorge einer privilegierten Berufsgruppe, nur ja nicht in die Nähe der Gewerbetreibenden (und Gewerbesteuerpflichtigen) gebracht zu werden, war offenbar stärker als rechtssystematische Einsicht"; ähnlich die Situation in Österreich vor Verabschiedung des EGG, vgl. hierzu *Hoffmann* in: Verhandlungen des 10. ÖJT, Bd. II/1, S. 45, 54.

46) So auch *Schwenter-Lipp*, S. 140 („gekünstelt").

47) *Keilbach*, RNotZ 2001, 159.

nungen sind ohnehin eine Reihe von Angehörigen freier Berufe gezwungen, die Namen und Berufe sämtlicher Partner auf Türschild und Briefbögen anzuführen.[48)]

15 Bei einer näheren Betrachtung reduziert sich der Zweck der Registereintragung auf die **konstitutive Wirkung** gemäß § 7 Abs. 1 PartGG und damit die Unterscheidbarkeit zwischen der GbR und einer Partnerschaft.[49)] Es handelt sich im Übrigen um ein **isoliertes Register** für freiberufliche Partnerschaften, während die weiterhin bestehenden GbRs wie bisher keinem Registerzwang unterfallen.[50)] Insgesamt vermögen die für dieses Register angeführten Gründe nicht zu überzeugen.[51)]

D. Registerverfahren

I. Regelung durch die Partnerschaftsregisterverordnung (PRV)

16 Das Verfahren wird durch die **PRV** geregelt, welche in enger Abstimmung mit den Ländern bereits frühzeitig erarbeitet worden war[52)] und gemäß § 10 PRV am 1.7.1995 in Kraft getreten ist (siehe *Römermann*, Einf. Rz. 29).

II. Zuständiges Registergericht

17 Die Anmeldung zur Eintragung im Partnerschaftsregister ist bei dem zuständigen Registergericht vorzunehmen. Dies ist **sachlich** gemäß § 23a Abs. 1 Nr. 2, Abs. 2 Nr. 3 GVG und **örtlich** gemäß § 4 Abs. 1 Satz 1 PartGG i. V. m. § 106 Abs. 1 HGB und § 377 Abs. 1 FamFG, § 1 Abs. 1 PRV i. V. m. § 1 HRV ausschließlich das **AG**, in dessen Bezirk die Gesellschaft ihren Sitz hat. Die **funktionelle** Zuständigkeit liegt gemäß § 3 Nr. 2 lit d RPflG beim Rechtspfleger.

18 Einige **Bundesländer** haben allerdings von ihrer durch § 376 Abs. 2 FamFG eröffneten Möglichkeit Gebrauch gemacht, bestimmten AG die Führung des Partnerschaftsregisters für mehrere AG-Bezirke zu übertragen:[53)]

- In Niedersachsen wird das Partnerschaftsregister für alle AG-Bezirke zentral beim AG Hannover geführt,[54)]
- in Nordrhein-Westfalen beim AG Essen,[55)]
- in Berlin beim AG Charlottenburg,[56)]

---

48) Z. B. Ärzte; vgl. auch *v. Falkenhausen*, AnwBl 1993, 479, 480.

49) Vgl. Gegenäußerung der BReg zum RegE PartGG, BT-Drucks. 12/6152, S. 30.

50) So bereits die Kritik des BRats im Jahre 1976, dazu *Schwenter-Lipp*, S. 138; kritisch ferner *v. Falkenhausen*, AnwBl 1993, 479, 480 f.

51) Näher zur rechtspolitischen Kritik noch die Vorauflage, 1995, § 4 Rz. 6–8.

52) *Leutheusser-Schnarrenberger*, der freie beruf 7–8/1994, 20, 22.

53) Eine ausführliche Auflistung aller zuständigen Registergerichte findet sich bei Keidel-*Heinemann*, FamFG, § 376 Rz. 10 ff.

54) § 16 Abs. 2 Verordnung zur Regelung von Zuständigkeiten in der Gerichtsbarkeit und der Justizverwaltung (ZustVO-Justiz) v. 18.12.2009, Nds. GVBl. 2009, 506.

55) § 1 Abs. 2 Verordnung über die elektronische Registerführung und die Zuständigkeit der Amtsgerichte in Nordrhein-Westfalen in Registersachen (Elektronische Registerverordnung Amtsgerichte – ERegister-VO) v. 19.12.2006, GV. NRW. 2006, 606.

56) § 5 Verordnung über die Zuweisung amtsgerichtlicher Zuständigkeiten (Zuweisungsverordnung – ZuwV) v. 8.5.2008, GVBl. 2008, 116.

- in Hamburg beim AG Hamburg,[57]
- in Hessen beim AG Frankfurt am Main,[58]
- im Saarland beim AG Saarbrücken.[59]
- In Baden-Württemberg,[60] Bayern,[61] Brandenburg,[62] Bremen,[63] Mecklenburg-Vorpommern,[64] Rheinland-Pfalz,[65] Sachsen,[66] Sachsen-Anhalt,[67] Schleswig-Holstein[68] und Thüringen[69] existieren mehr oder weniger komplizierte Zuständigkeitsregelungen.[70]

III. Anmeldung durch die Partner

19 Die Anmeldung erfolgt gemäß § 4 Abs. 1 Satz 1 PartGG i. V. m. § 108 HGB durch sämtliche **Partner** gemeinsam, wobei allerdings die Vertretung von Gesellschaftern durch andere Partner möglich ist.[71]

---

57) § 1 Nr. 14 Verordnung über die Zuständigkeit des Amtsgerichts Hamburg in Zivil- und Handelssachen sowie für die Erledigung inländischer Rechtshilfesachen v. 1.9.1987, GVBl. 1987, 172.

58) § 10 Abs. 2 Verordnung über gerichtliche Zuständigkeiten im Bereich des Ministeriums der Justiz (Gerichtliche Zuständigkeitsverordnung Justiz) v. 16.9.2008, GVBl. I 2008, 822.

59) § 1 Abs. 1 Verordnung über die maschinelle Führung der Register (RegisterVO) v. 29.7.2003, ABl. 2003, 2238.

60) § 5 Verordnung des Justizministeriums über Zuständigkeiten in der Justiz (Zuständigkeitsverordnung Justiz – ZuVOJu) v. 20.11.1998, GBl. 1998, 680.

61) § 10 i. V. m. § 9 Verordnung über gerichtliche Zuständigkeiten im Bereich des Staatsministeriums der Justiz und für Verbraucherschutz (Gerichtliche Zuständigkeitsverordnung Justiz – GZVJu) v. 11.6.2012, GVBl. 2012, 295.

62) § 4 Zweite Verordnung über gerichtliche Zuständigkeiten und Zuständigkeitskonzentrationen (Zweite Gerichtszuständigkeits-Verordnung – 2. GerZV) v. 8.5.2007, GVBl. II 2007, 113.

63) § 1 Nr. 1 Verordnung über die örtliche Zuständigkeit in Registersachen und das zentrale Vollstreckungsgericht (Registersachen-Zuständigkeitsverordnung – RegZVO) v. 1.10.2012, Brem. GBl. 2012, 429.

64) § 1 Verordnung über die Konzentration von Zuständigkeiten der Gerichte (Konzentrationsverordnung – KonzVO M-V) v. 28.3.1994, GVOBl. 1994, 514.

65) § 3 Abs. 3 Landesverordnung über die gerichtliche Zuständigkeit in Zivilsachen und Angelegenheiten der freiwilligen Gerichtsbarkeit v. 22.11.1985, GVBl. 1985, 267.

66) § 9 Verordnung des Sächsischen Staatsministeriums der Justiz über die Organisation der Justiz (Sächsische Justizorganisationsverordnung – SächsJOrgVO) v. 14.12.2007, SächsGVBl. 2007, 600.

67) § 14 Grundbuch- und Register-Verordnung (GBRegVO) v. 13.12.2004, GVBl. LSA 2004, 829.

68) § 2 Landesverordnung über die Führung des Handels-, Genossenschafts-, Partnerschafts- und Vereinsregisters (Registerverordnung – RegVO) v. 3.8.2009, GVOBl. 2009, 565.

69) § 2 Abs. 1 Thüringer Verordnung über gerichtliche Zuständigkeiten in der ordentlichen Gerichtsbarkeit v. 17.11.2011, GVBl. 2011, 511.

70) Einzelheiten bei *Bösert/Braun/Jochem*, Leitfaden, S. 137 – 142.

71) Näher Meilicke u. a.-*Wolff*, PartGG, § 4 Rz. 20 ff.; *Henssler*, PartGG, § 4 Rz. 17; Baumbach/Hopt-*Hopt*, HGB, § 108 Rz. 3.

IV. Anmeldepflichtige Vorgänge

Bei folgenden Umständen oder Ereignissen sind die Partner zur Anmeldung beim Registergericht verpflichtet:[72)] 20

- Neueintragung (§ 4 Abs. 1 Satz 1 PartGG i. V. m. § 106 Abs. 1 HGB);
- Änderungen folgender Umstände (§ 4 Abs. 1 Satz 3 PartGG, § 3 Abs. 4 PRV):
  - Name der Partnerschaft,
  - Sitz der Partnerschaft,
  - Name eines Partners,
  - Vorname eines Partners,
  - in der Partnerschaft ausgeübter Beruf eines Partners,
  - Wohnort eines Partners,
  - Gegenstand der Partnerschaft
- Eintritt eines Partners (§ 4 Abs. 1 Satz 3 PartGG, § 3 Abs. 4 PRV);
- Ausscheiden eines Partners (§ 9 Abs. 1 PartGG i. V. m. § 143 Abs. 2 HGB);
- Änderungen der Vertretung, Gesamtvertretung, Ausschluss von der Vertretung (§ 7 Abs. 3 PartGG i. V. m. § 125 Abs. 4 HGB);
- Errichtung, Aufhebung, Veränderung bei einer Niederlassung (§ 5 Abs. 2 PartGG i. V. m. § 13 HGB, § 4 Abs. 1 Satz 3 PartGG);
- Auflösung, Liquidatoren und deren Vertretung, Vollbeendigung, Fortsetzung nach Insolvenz (§ 9 Abs. 1 PartGG i. V. m. den §§ 143 Abs. 1, 144 Abs. 2 HGB; § 10 Abs. 1 PartGG i. V. m. den §§ 148, 150 Abs. 1, 157 HGB);
- Änderung in eine Partnerschaftsgesellschaft mit beschränkter Berufshaftung[73)] (§ 4 Abs. 3 PartGG).

E. Form und Inhalt der Anmeldung

I. Form; erforderliche Angaben

Gemäß § 5 Abs. 2 PartGG i. V. m. § 12 HGB hat die Anmeldung bei Gericht elektronisch[74)] in öffentlich beglaubigter **Form** zu erfolgen (§ 12 Abs. 1 Satz 1 HGB i. V. m. § 129 BGB, §§ 39 ff. BeurkG).[75)] Gleiches gilt nach § 12 Abs. 1 Satz 2 HGB für eine Vollmacht zur Anmeldung. Die Zeichnung von Unterschriften findet nicht mehr statt, da dies mit der elektronischen Registerführung nicht mehr vereinbar ist.[76)] 21

Eine **Rechtsnachfolge** ist nach § 12 Abs. 1 Satz 3 HGB möglichst durch öffentliche Urkunden nachzuweisen. 22

---

72) Vgl. *Eggesiecker*, Fach D Rz. 4.230.

73) *Posegga*, DStR 2012, 611, 613.

74) S. hierzu *Malzer*, DNotZ 2006, 9 ff.

75) Näher Meilicke u. a.-*Wolff*, PartGG, § 4 Rz. 41 f.; Baumbach/Hopt-*Hopt*, HGB, § 12 Rz. 1.

76) Baumbach/Hopt-*Hopt*, HGB, § 14 Rz. 1.

23 Der **Beginn der Partnerschaft** ist – anders als bei der OHG – nicht anzumelden, da insoweit gemäß § 7 Abs. 1 PartGG die Eintragung konstitutiv wirkt.[77)]

24 Ein **Formmangel** führt nicht zur Unwirksamkeit der Anmeldung, sondern hindert lediglich deren Vollzug.[78)]

25 Es sind die in **§ 3 Abs. 2 PartGG** genannten Angaben zu machen (§ 4 Abs. 1 Satz 2 PartGG).[79)] Die Anordnung der Angabe der Zugehörigkeit zu dem in der Partnerschaft ausgeübten freien Beruf in **§ 4 Abs. 2 Satz 1 PartGG** geht nicht über die Angabe nach § 4 Abs. 1 Satz 2 PartGG i. V. m. § 3 Abs. 2 Nr. 2 PartGG hinaus und ist daher nur eine – überflüssige – **Klarstellung.**[80)] Unter – unzutreffender (siehe dazu bereits Rz. 6 f.) – Berufung auf § 4 Abs. 2 Satz 1 PartGG wurde allerdings in der PRV eine wesentliche Verschärfung der Darlegungspflichten der Partner bei der Anmeldung eingeführt.[81)]

26 Seit dem 15.12.2001 sind ferner die **Geburtsdaten** sämtlicher Partner und die Vertretungsverhältnisse der Partnerschaft zur Eintragung im Partnerschaftsregister anzumelden (siehe oben Rz. 4).

27 § 3 Abs. 1 Satz 2 PRV statuiert in Form einer Soll-Vorschrift eine Verpflichtung zur **Vorlage** etwaiger **Zulassungs- oder Prüfungsurkunden** (siehe dazu noch sogleich Rz. 30). Falls dies nicht möglich ist, weil es für den Beruf[82)] keine anerkannte Ausbildung oder ein sonstiges Zulassungsverfahren gibt, „können" die Partner „die Ausübung freiberuflicher Tätigkeit auf sonstige Weise, notfalls auch durch schlichte Erklärung, darlegen" (§ 3 Abs. 1 Satz 3 PRV). Dies soll ausweislich der Begründung[83)] vor allem die Tätigkeitsfelder (z. B. Abgrenzung des freiberuflichen Künstlers vom Kunstgewerbetreibenden) sowie die „ähnlichen Berufe" betreffen. In diesen Fällen soll den Partnern die Verpflichtung zu schriftlichen Angaben obliegen.[84)] Offenbar geht die Begründung zur PRV auch hier davon aus, dass den Gesellschaftern eine über die bloße Berufsangabe hinausgehende **Darlegungslast** zufalle. Diese Auffassung ist jedoch zweifelhaft. In § 4 Abs. 2 Satz 1 PartGG ist ersichtlich nur von der Angabe des Berufs selbst die Rede und nicht davon, dass die Partner zu weitergehenden Darlegungen verpflichtet wären. Zwar heißt es dort, die Gesellschafter müssten die Berufsauslegung „darlegen". Damit ist kein schlüssiger Tatsachenvortrag gemeint; dies würde die Freiberufler wie auch die Gerichte überfordern und den Prüfungs-

---

77) Vgl. *Schaub*, NJW 1996, 625, 626 f.

78) OLG Jena, Urt. v. 21.10.2002 – 6 W 534/02, NJW-RR 2003, 99 = NZG 2003, 43.

79) Formulierungsvorschläge für eine Anmeldung zum Partnerschaftsregister bei *Michalski/Römermann*, Vertrag der Partnerschaftsgesellschaft, Rz. 396 ff.

80) So auch *Feddersen/Meyer-Landrut*, PartGG, § 4 Rz. 10.

81) Kritisch auch *Feddersen/Meyer-Landrut*, PartGG, § 4 Rz. 10, 13.

82) Die Begründung zum Entwurf einer PRV, BR-Drucks. 213/95, S. 2, spricht ungenau von der „angestrebten Tätigkeit". Gemeint ist damit offenbar, dass der Partner anstrebt, seinen Beruf in der Partnerschaft auszuüben; die Berufszugehörigkeit selbst wird hingegen regelmäßig bereits vor Eintragung der Partnerschaft vorliegen.

83) Begr. zum Entwurf einer PRV, BR-Drucks. 213/95, S. 15.

84) Begr. zum Entwurf einer PRV, BR-Drucks. 213/95, S. 14 f.

aufwand entgegen der Absicht des Gesetzgebers in unvertretbarer Weise vermehren.[85)]

28 Schließlich normiert § 4 Satz 2 und 3 PRV noch weitere **Mitteilungspflichten** („sollen") bei der Anmeldung. Danach haben die Partner das Registergericht darüber zu informieren, ob und ggf. welche Berufskammern für die von ihnen ausgeübten Berufe bestehen. Im letzteren Fall sollen ferner die Anschriften der Kammern genannt werden. Dies dient nach der Begründung zur PRV dazu, „den Registergerichten die Ermittlung der jeweils zuständigen Berufskammern zu erleichtern".[86)] Da es sich bei § 4 Satz 3 PRV nur um eine Soll-Bestimmung handelt, wird bei den voraussichtlich häufiger in Form von Partnerschaften organisierten Berufen das Fehlen der – ohnehin gerichtsbekannten – Kammeranschrift kein Eintragungshindernis darstellen können. Wesentlich bedeutsamer ist demgegenüber die nach § 3 Abs. 2 PRV erforderliche **Erklärung der Partner** über die Einhaltung der berufsrechtlichen Vorgaben bei der Eintragung der Partnerschaft. Vor allem die interprofessionellen Gesellschaften haben hierbei anzugeben, dass der Zusammenarbeit der verschiedenen Berufe nach keinem der Berufsrechte etwas entgegensteht.

29 Die Angaben bei der Anmeldung müssen mit denen im **Partnerschaftsvertrag** übereinstimmen, ansonsten wird das Register insoweit unrichtig und muss berichtigt werden. Die Verpflichtung der vertretungsberechtigten Partner, ihre Unterschrift zur Aufbewahrung beim Registergericht handschriftlich[87)] zu zeichnen (§ 108 Abs. 2 HGB a. F.), ist im Jahre 2007 i. R. des EHUG[88)] weggefallen. Grund hierfür war, dass es als widersprüchlich zur elektronischen Führung eines Registers angesehen wurde, noch auf Papier fixierte Unterschriften zu fordern.[89)] Vormals war die Zeichnung keine Eintragungsvoraussetzung und konnte daher nachgereicht werden.[90)] Bei Veränderungen der in § 3 Abs. 2 PartGG genannten Daten sind auch die jeweiligen **Änderungen** zur Eintragung anzumelden (§ 4 Abs. 1 Satz 3 PartGG).

II. Vorzulegende Nachweise

30 Bei der Anmeldung waren ursprünglich nach § 4 PartGG keinerlei **Nachweise** vorzulegen, da das Gesetz im Gegensatz zu früheren Entwürfen sowohl auf die Einreichung des Partnerschaftsvertrages (siehe oben Rz. 2 und *Zimmermann*, § 3 Rz. 5 f.)[91)] als auch auf den Nachweis der Zugehörigkeit der Partner zu dem von ihnen in der Gesellschaft ausgeübten freien Beruf[92)] verzichtet hatte. Teilweise anderes gilt nunmehr allerdings nach der PRV. Nach deren § 3 Abs. 1 Satz 2 soll die **Ur-**

85) Wie hier *Henssler*, PartGG, § 4 Rz. 31.

86) Begr. zum Entwurf einer PRV, BR-Drucks. 213/95, S. 18.

87) Zur alten Rechtslage Baumbach/Hopt-*Hopt*, HGB, 32. Aufl., 2006, § 108 Rz. 7.

88) Gesetz über elektronische Handelsregister und Genossenschaftsregister sowie das Unternehmensregister (EHUG) v. 10.11.2006, BGBl. I 2006, 2553.

89) Begr. RegE EHUG, BT-Drucks. 16/960, S. 47.

90) *Schaub*, NJW 1996, 625, 627.

91) Wie hier Meilicke u. a.-*Wolff*, PartGG, § 4 Rz. 7.

92) Vgl. § 5 Abs. 2 Satz 3 E 1976, BT-Drucks. 7/5402, S. 4; § 4 Abs. 2 RegE PartGG, BT-Drucks. 12/6152, S. 4, der erst auf die eingehend begründete ablehnende Stellungnahme des BRats (S. 27) abgeändert wurde; indirekt auch § 5 Abs. 2 Satz 2 E 1975, BT-Drucks. 7/4089, S. 3.

kunde über eine etwaige staatliche **Zulassung oder Prüfung** im Original, einer Ausfertigung oder einer öffentlich beglaubigten Abschrift vorgelegt werden. Die Zulassung betrifft sowohl die verkammerten Berufe als auch den Fall der berufsrechtlichen Anerkennung von Berufsbezeichnungen wie etwa bei den Architekten.[93)]

31 Bei den Berufen **ohne eine staatliche Zulassung** kann die erforderliche Prüfung relevant sein, sofern es sich um eine notwendige und staatlich anerkannte Ausbildung handelt, wie insbesondere bei den Diplom-Psychologen.

32 Die Formulierung des § 3 Abs. 1 Satz 2 PRV als **Soll-Bestimmung** ermöglicht es dem Gericht, auf den Nachweis zu verzichten, falls „insofern keine vernünftigen Zweifel bestehen, z. B., wenn die Ausübung des Freien Berufes dem Gericht ohnehin bekannt ist“,[94)] was wohl vor allem auf die im Gerichtsbezirk zugelassenen Rechtsanwälte zutreffen dürfte.[95)] Darüber hinaus kann nach § 3 Abs. 1 Satz 3 PRV auch auf die Vorlage von Urkunden und Zeugnissen gänzlich verzichtet werden, wenn für die angestrebte Tätigkeit schon gar keine staatliche Ausbildung besteht. Dies wird vor allem i. R. der Tätigkeitsfelder des § 1 Abs. 2 Satz 2 PartGG der Fall sein. Dann genügt auch die schlichte Erklärung zur Darlegung. Eine solche Erklärung muss auch dort ausreichen, wo der Nachweis der Freiberuflichkeit mit Schwierigkeiten verbunden ist.[96)]

33 Gemäß § 3 Abs. 3 PRV besteht eine **besondere Nachweispflicht** für Partnerschaften, die aufgrund berufsrechtlicher Vorschriften einer staatlichen Zulassung bedürfen. Das betrifft zurzeit lediglich die Steuerberatungs-, Wirtschaftsprüfungs- und Buchprüfungsgesellschaften (siehe § 49 Abs. 1 StBerG, § 27 Abs. 1 WPO, § 130 Abs. 2 WPO). In diesen Fällen soll die jeweilige Anerkennungsbehörde zunächst eine **Unbedenklichkeitsbescheinigung** ausstellen, welche die Partner bei der Anmeldung der Partnerschaft dem Registergericht einzureichen haben.[97)] Nach der Eintragung im Partnerschaftsregister erfolgt dann die endgültige Anerkennung gemäß den Vorschriften des Berufsrechts.[98)]

34 Mit der Einführung der Partnerschaftsgesellschaft mit beschränkter Berufshaftung im Jahre 2013 kam für diesen Typus nach § 4 Abs. 3 PartGG auch die Pflicht zur Vorlage einer **Versicherungsbescheinigung** i. S. des § 113 Abs. 2 VVG[99)] ins Gesetz.[100)] Diese Bescheinigung muss einerseits beinhalten, dass ein Versicherungsvertrag abgeschlossen wurde, der dem Umfang der Versicherungspflicht entspricht, andererseits auch die Höhe der Versicherungssumme angeben.[101)] Bei einer höheren tatsächlichen Versicherungssumme reicht dennoch die Angabe der Mindestsumme,

---

93) Begr. zum Entwurf einer PRV, BR-Drucks. 213/95, S. 14.

94) Begr. zum Entwurf einer PRV, BR-Drucks. 213/95, S. 15.

95) Wie hier *Feddersen/Meyer-Landrut*, PartGG, § 1 Rz. 21.

96) *Franz*, ZAP Fach 15, 187, 189; *Henssler*, PartGG, § 4 Rz. 40.

97) *Hornung*, Rpfleger 1996, 1, 9.

98) Zum Ablauf vgl. die Begründung zum Entwurf einer PRV, BR-Drucks. 213/95, S. 16.

99) Gesetz über den Versicherungsvertrag (Versicherungsvertragsgesetz – VVG) v. 23.11.2007, BGBl. I 2007, 2631.

100) Zur Frage der Verweisung *Vossius*, GmbHR 2012, R 213.

101) Langheid/Wandt-*Brand*, VVG, § 113 Rz. 19; Prölss/Martin-*Knappmann*, VVG, § 113 Rz. 7.

da § 4 Abs. 3 PartGG lediglich dazu dient, die Einhaltung der Eintragungsvoraussetzungen zu überprüfen.[102] Für das Registergericht ist es ohne Belang, ob eine Überschreitung vorliegt und wieviel diese beträgt.[103]

35 § 4 Abs. 3 PartGG erfordert zusätzlich die **Nennung** der jeweiligen Vorschrift, aus der sich die Versicherungspflicht ergibt.[104] Gemeint sind damit die jeweiligen **berufsrechtlichen Normen.**[105] Dies ist nach der Regierungsbegründung für Rechtsanwälte § 51a BRAO, für Patentanwälte § 45a PatO, für Steuerberater § 51 DVStB[106] und für Wirtschaftsprüfer § 54 WPO. Eine Versicherungspflicht aufgrund einer berufsrechtlichen Satzung genügt dagegen nicht.[107] Die Angabe allein des § 8 Abs. 4 PartGG reicht nicht aus, denn daraus lässt sich noch nicht der jeweilige Mindest-Umfang der Versicherung folgern.[108] Grund für die Nennung der berufsrechtlichen Norm in der Bescheinigung ist in erster Linie, dem Registergericht eine vereinfachte Prüfung der Einhaltung der Mindestversicherungssumme des jeweiligen Berufsrechts zu ermöglichen.[109] Aufgabe des Gerichts ist es nicht festzustellen, ob die Versicherungssumme angemessen ist oder die Prämien ordnungsgemäß gezahlt werden.[110] Allerdings müssen die gesetzliche Grundlage der Versicherungspflicht und deren Einhaltung geprüft werden.[111]

36 Die **Versicherungsbescheinigung** ist nach § 5 Abs. 2 PartGG i. V. m. § 12 Abs. 2 HGB elektronisch einzureichen. Eine **Eintragung** der Versicherungssumme oder ähnlicher Tatsachen im Zusammenhang mit Versicherung sieht das Gesetz nicht vor. Einzelne berufsrechtliche Regelungen schreiben jedoch vor, dass die Versicherungsbescheinigung der jeweiligen berufsständischen Organisation vorzulegen ist (z. B. § 55 Abs. 3 DVStB).

37 Im Falle der **Veränderung** einer bereits bestehenden Partnerschaft in eine **PartG mbB** ist – neben deren Anmeldung – ebenso eine Versicherungsbescheinigung vorzulegen.[112]

38 Fraglich ist ferner, welche Folge es mit sich bringt, wenn das Registergericht trotz **nicht bestehenden Versicherungsschutzes** die **Eintragung** vornimmt. Im Straßenverkehrsrecht ist die Zulassung an die Vorlage eines Versicherungsnachweises geknüpft. Dort ist anerkannt, dass bei einer Zulassung ohne Versicherungsschutz die

102) Zu dieser Frage im VVG s. Langheid/Wandt-*Brand*, VVG, § 113 Rz. 19.

103) Begr. RegE PartG mbB, BT-Drucks. 17/10487, S. 13 = Anhang, S. 398.

104) Langheid/Wandt-*Brand*, VVG, § 113 Rz. 19.

105) Begr. RegE PartG mbB, BT-Drucks. 17/10487, S. 13 = Anhang, S. 398; a. A. *Werner*, StBW 2013, 715, 719; *Uwer/Roeding*, AnwBl 2013, 309, 311.

106) Verordnung zur Durchführung der Vorschriften über Steuerberater, Steuerbevollmächtigte und Steuerberatungsgesellschaften (DVStB) v. 12.11.1979, BGBl. I 1979, 1922.

107) *Vossius*, GmbHR 2012, R 213.

108) So aber *Gladys*, DStR 2012, 2249, 2251.

109) Begr. RegE PartG mbB, BT-Drucks. 17/10487, S. 13 = Anhang, S. 398.

110) *Seibert*, DB 2013, 1710, 1713.

111) *Vossius*, GmbHR 2012, R213.

112) *Römermann*, NJW 2013, 2305, 2309; *Posegga*, DStR 2012, 611, 613; *Seibert*, DB 2013, 1710, 1713; unklar bei *Vossius*, GmbHR 2012, R 214, ob nur die Vorlage der Versicherungsbescheinigung ausreichen soll („Analogie zu § 4 Abs. 3 PartGG").

Staatshaftung eingreift.[113] Grund hierfür ist der Telos der dortigen Regelung, i. R. einer nach außen gerichteten Amtspflicht den Einzelnen zu schützen.[114] Eine vergleichbare Interessenlage ergibt sich aus § 8 Abs. 4 PartGG. Die dort vorgesehene Haftpflichtversicherung dient dem einzelnen Auftraggeber der PartG mbB. Dadurch soll im Falle einer fehlerhaften Berufsausübung die Haftung abgesichert sein.[115] Insofern werden hier ebenso die Interessen des Einzelnen geschützt. Staatshaftungsansprüche sind somit im Falle einer Eintragung ohne Versicherungsschutz zu bejahen. Die Grundsätze der Staatshaftung bei **Eintragungsfehlern** im Handelsregister sind hierauf nicht übertragbar, da die Tatsache des Bestehens eines Versicherungsschutzes nicht an der Publizitätswirkung teilnimmt.

III. Weitere anmeldungspflichtige Tatsachen

39 – Die **Auflösung der Partnerschaft**, sofern sie nicht durch die Insolvenzeröffnung über das Gesellschaftsvermögen eintritt, § 9 Abs. 1 PartGG i. V. m. § 143 Abs. 1 HGB;

– das **Ausscheiden eines Partners**, § 9 Abs. 1 PartGG i. V. m. § 143 Abs. 2 HGB.

F. Prüfung durch das Registergericht

I. Freiberuflichkeit

40 Das Gericht prüft, ob die Angaben der Partner die Eintragung der Partnerschaft rechtfertigen. **Primär** bedeutet dies die Prüfung, ob die mitgeteilten Berufe der Partner **freie Berufe** i. S. des § 1 Abs. 2 PartGG sind[116] und der **Gegenstand** der Partnerschaft derjenige der Ausübung dieser freien Berufe in der Gesellschaft ist. Nach den Vorlagebestimmungen des § 3 PRV wird das Gericht sich dabei bei den zulassungspflichtigen Berufen an der eingereichten Zulassungsurkunde, bei Berufen mit einem anerkannten Ausbildungsweg an der Prüfungsurkunde und im Übrigen ggf. an etwaigen weiteren Darlegungen der Partner orientieren, wobei das Letztere nach der hier vertretenen Auffassung (siehe oben Rz. 27) wegen der **begrenzten Darlegungspflicht** nicht immer möglich sein wird. Insofern hat das LG München I auch festgestellt, dass eine Eintragung nur dann nicht vorgenommen werden kann, wenn Zweifel an der staatlichen Zulassung oder dem Bestehen einer staatlichen Prüfung vorliegen. Ansonsten kann seitens des Registergerichts mangels einer entsprechenden Ermächtigungsgrundlage kein Nachweis gefordert werden.[117] In diese Überlegung ist weiterhin einzustellen, dass zwar § 4 Satz 1 PRV von „soll" spricht, § 380 Abs. 2 Satz 1 FamFG aber lediglich von „kann".[118] Somit enthält die gesetzliche Regelung einen weniger strengen Rahmen.

---

113) OLG Hamburg, Urt. v. 28.8.1951 – 1 U 141/51, VRS 4, 251; Hentschel/König/Dauer-*Dauer*, Straßenverkehrsrecht, § 23 FZV Rz. 8.

114) OLG Hamburg, Urt. v. 28.8.1951 – 1 U 141/51, VRS 4, 251.

115) Begr. RegE PartG mbB, BT-Drucks. 17/10487, S. 14 = Anhang, S. 402.

116) Begr. RegE PartGG, BT-Drucks. 12/6152, S. 14.

117) LG München I, Urt. v. 8.12.2000 – 13 T 23030/00, DNotZ 2001, 814 = NotBZ 2001, 270.

118) § 4 Satz 1 PRV verwendet den Begriff „Stellungnahme", § 380 Abs. 2 Satz 1 FamFG den Begriff „Anhörung". Beide sind inhaltsgleich.

41 Das Gericht orientiert sich bei seiner Entscheidung an seinem **Ermessensspielraum**, was dazu führen kann, dass dieses auch in zweifelhaften Fällen auf eine **Anhörung** verzichten kann.[119] Grund für diese Einschränkung ist laut der Regierungsbegründung zum FamFG eine Beschleunigung des Verfahrens.[120] Die Anhörung kann in Form des Freibeweises durchgeführt werden.[121] Allerdings hat das Registergericht die Berufskammer zu beteiligen, wenn letztere dies nach § 380 Abs. 2 Satz 2 FamFG beantragt. Dann ist die Kammer ein sog. „Muss"-Beteiligter i. S. des § 7 Abs. 2 Nr. 2 FamFG. Dies kann z. B. der Fall sein, wenn die berufsständische Organisation i. R. der Abgabe einer Stellungnahme gemäß § 4 Satz 1 PRV bereits vom laufenden Registerverfahren Kenntnis erlangt hat. Ein Ermessen des Gerichts im Hinblick auf die Hinzuziehung scheidet in diesem Fall aus.[122]

42 Entscheidend ist jeweils die **Abgrenzung zur gewerblichen Tätigkeit**. Bei nicht vom Katalog und von den Tätigkeitsfeldern des § 1 Abs. 2 PartGG erfassten Berufen wird es hierbei auf die Subsumtion unter die „ähnlichen Berufe" ankommen.[123] Falls das Gericht Zweifel an der Freiberuflereigenschaft eines Partners hat, soll es gemäß § 4 Satz 1 PRV der zuständigen Berufskammer **Gelegenheit zur Stellungnahme** geben. Dies konkretisiert die Mitwirkungspflichten der berufsständischen Organe nach § 380 Abs. 1 Nr. 3, Abs. 2 Satz 1 FamFG.[124]

43 Es verwundert zunächst, dass ausschließlich die **Beteiligung der Berufskammern** im Eintragungsverfahren normiert wurde, zumal es doch in aller Regel gerade nicht die verkammerten Berufe sind, deren Einordnung als freiberuflich oder gewerblich besondere Schwierigkeiten bereitet, sondern vielmehr das weite Feld der **nicht oder nur privatrechtlich organisierten Tätigkeiten**. Die Begründung zur PRV weist allerdings wohl zu Recht auf mehrere Probleme hin, die sich mit der Einbeziehung der übrigen freiberuflichen Verbände in das Eintragungsverfahren gestellt hätten und die letztlich dazu geführt haben, dass man auf diese Einbeziehung verzichtete.[125] Dies betrifft zum einen Zweifel darüber, ob § 380 FamFG als Rechtsgrundlage für die **Einbeziehung privater Berufsvertretungen** ausreicht. Zum anderen ist die Mitgliedschaft in derartigen Organisationen zum Teil freiwillig und daher eine institutionelle, umfassende Repräsentation und Sachkunde nicht zwangsläufig gegeben. Auch könnten mehrere private Verbände existieren, zwischen denen das Gericht ggf. auswählen müsste. Im Ergebnis führt dies jedenfalls dazu, dass das Gericht lediglich im Falle der Zuständigkeit einer Berufskammer zu deren Befragung in Zweifelsfällen verpflichtet ist, im Übrigen aber nicht.

44 Falls mehrere Gegenstände bzw. Berufe angeführt sind, die teils freiberuflicher, teils gewerblicher Natur sind, ist die Eintragung insgesamt abzulehnen, da eine nur

---

119) Keidel-*Heinemann*, FamFG, § 380 Rz. 28.

120) Begr. RegE § 380 FamFG, BT-Drucks. 16/6308, S. 286.

121) Keidel-*Heinemann*, FamFG, § 380 Rz. 29.

122) Begr. RegE § 380 FamFG, BT-Drucks. 16/6308, S. 286; Keidel-*Heinemann*, FamFG, § 380 Rz. 30; Prütting/Helms-*Maass*, FamFG, § 380 Rz. 13.

123) Zu den sich dabei den AG stellenden Problemen vgl. einerseits *K. Schmidt*, ZIP 1993, 633, 639, und andererseits *Michalski*, ZIP 1993, 1210, 1211.

124) Begr. zum Entwurf einer PRV, BR-Drucks. 213/95, S. 16.

125) Begr. zum Entwurf einer PRV, BR-Drucks. 213/95, S. 17.

teilweise Ablehnung der Eintragung in der Regel nicht als möglich angesehen wird.[126] Vor einer Ablehnung kann das Registergericht gemäß § 382 Abs. 4 Satz 1 FamFG eine Frist zur Beseitigung des Eintragungshindernisses setzen.

II. Im Zweifel Eintragung

45 **Abzulehnen** ist die Eintragung nach der auch für § 4 Abs. 1 PartGG geltenden Vorschrift (siehe oben Rz. 6) des § 4 Abs. 2 Satz 2 PartGG jedoch nur im Falle der **positiven Kenntnis**[127] des Gerichts von der Unrichtigkeit der Angaben der Partner, insbesondere von dem gewerblichen Charakter des ausgeübten Berufs bzw. des angegebenen Gegenstandes der Partnerschaft. Ein etwaiges Kennenmüssen reicht nicht aus, da das Gericht nicht verpflichtet werden soll, Nachforschungen anzustellen.[128] Im Zweifelsfall muss eingetragen werden. Wie bereits erwähnt, ist das Gericht allerdings durch § 4 Satz 1 PRV insofern zu Nachforschungen verpflichtet („soll"), als es in Zweifelsfällen die Berufskammer zu einer Stellungnahme auffordern muss. Diese Stellungnahme ist jedoch nicht verbindlich. Nur hat das Gericht eine abweichende Entscheidung gemäß § 4 Satz 4 PRV der Berufskammer unter Angabe der Gründe mitzuteilen, was sich im Übrigen bereits aus § 380 Abs. 4 FamFG ergibt.

46 Die Frage, ob durch § 4 Abs. 2 Satz 2 PartGG die in der freiwilligen Gerichtsbarkeit vorherrschende **Amtsermittlungspflicht** nach § 26 FamFG eingeschränkt ist,[129] stellt ein Scheinproblem dar. § 26 FamFG spricht von „erforderlichen Ermittlungen". Auch für eine Amtsermittlung müssen Anhaltspunkte vorliegen; eine Ermittlung „ins Blaue" hinein gibt es nicht.[130] Insofern steckt § 4 Abs. 2 Satz 2 PartGG lediglich den Rahmen, wann Ermittlungen „erforderlich" werden, nämlich erst bei der Kenntnis der Unrichtigkeit. In diesem Fall greift dann die Amtsermittlungspflicht, und zwar vollumfänglich. Siehe i. Ü. zur Stellungnahme oben Rz. 40.

III. Wirksamer Vertragsschluss

47 Das Gericht prüft, ob nach den ihm vorliegenden Angaben ein **wirksamer Vertragsschluss** erfolgt ist, da dies nach § 3 PartGG eine der Voraussetzungen für die Gründung einer Partnerschaft darstellt. Dies gilt zweifelsfrei im Hinblick auf die ordnungsgemäße Vertretung Minderjähriger und die Genehmigung durch das Familiengericht,[131] wobei wegen der für die freien Berufe regelmäßig vorausgesetzten Qualifikation eine Beteiligung Minderjähriger allerdings nur in Ausnahmefällen praktisch werden wird.

---

126) BayObLG, Beschl. v. 5.3.1987 – BReg 3 Z 29/87, BayObLGZ 1987, 74 = WM 1987, 502, dazu EWiR 1987, 497 *(Schulze-Osterloh)*; Baumbach/Hopt-*Hopt*, HGB, § 8 Rz. 10.

127) So auch *Weyand*, INF 1995, 22, 24; LG München I, Urt. v. 8.12.2000 – 13 T 23030/00, DNotZ 2001, 814 = NotBZ 2001, 270.

128) Wie hier Meilicke u. a.-*Wolff*, PartGG, § 4 Rz. 51.

129) Zu den vertretenen Ansichten *Schäfer* in: MünchKomm-BGB, §§ 4, 5 PartGG Rz. 11 ff.

130) OLG Brandenburg, Beschl. v. 6.3.2000 – 8 Wx 595/99, NJW-RR 2001, 176; Keidel-*Sternal*, FamFG, § 26 Rz. 17; Prütting/Helms-*Prütting*, FamFG, § 26 Rz. 22.

131) Baumbach/Hopt-*Hopt*, HGB, § 106 Rz. 4

IV. Berufsrecht

48 Fraglich ist hingegen der Prüfungsumfang hinsichtlich **berufsrechtlicher Vorschriften**. Dies gilt insbesondere für **interprofessionelle** Zusammenschlüsse, deren Zulässigkeit sich gemäß § 1 Abs. 3 PartGG nach dem jeweiligen Berufsrecht richtet, das möglicherweise nicht in jedem Fall unmittelbar für das Registergericht zugänglich ist. Die Begründung des Regierungsentwurfs[132] stellt insoweit fest, dass die Überprüfung der Einhaltung berufsrechtlicher Reglementierungen „keine primäre Aufgabe des Registergerichts" darstelle. Diese recht vage Formulierung darf jedoch nicht darüber hinwegtäuschen, dass über **§ 134 BGB** der Verstoß gegen gesetzliche Vorschriften, zu denen auch die berufsständischen Satzungen[133] zählen – allerdings nicht die privatrechtlicher Verbände[134] –, zur **Nichtigkeit** des Rechtsgeschäfts, hier also des **Partnerschaftsvertrages**, führt, so dass die Einhaltung der einschlägigen berufsrechtlichen Vorgaben durchaus vom Umfang der gerichtlichen Prüfung umfasst ist, zumal es hier um eine reine Rechtsanwendung geht. Es obliegt daher nicht nur der jeweiligen Berufsorganisation – soweit vorhanden –, die Kompatibilität der Partnerberufe zu überprüfen,[135] sondern dies ist grundsätzlich ebenso Sache des Partnerschaftsregistergerichts.[136]

49 Für **interprofessionelle Zusammenschlüsse** hat die Rechtsprechung anerkannt, dass das Registergericht prüfen kann, inwiefern eine gemeinsame Berufsausübung zwischen verschiedenen freien Berufen berufsrechtlich zulässig ist.[137] Allerdings geht die Prüfung der Berufsorganisationen insoweit über diejenige des Registergerichts hinaus, als letzteres nicht die Vereinbarkeit mit berufsständischen **Satzungen** zu kontrollieren hat,[138] da diese die Gültigkeit des Vertrages nicht berühren.

50 Die Prüfung durch das Gericht erfolgt zunächst anhand der nach § 3 Abs. 2 Satz 1 PRV abzugebenden **Erklärung der Partner** darüber, dass die berufsrechtlichen Vorschriften – insbesondere über die Zusammenarbeit von Angehörigen verschiedener freier Berufe – der Eintragung nicht entgegenstehen. Im **Zweifelsfall** hat das Gericht nach § 4 Satz 1 PRV die Stellungnahme der Berufskammern einzuholen, sofern solche vorhanden sind. Im Übrigen gilt auch hier nach § 3 Abs. 2 Satz 2

132) Begr. RegE PartGG, BT-Drucks. 12/6152, S. 8; ähnlich auf S. 14 (keine Prüfung von Amts wegen).

133) Palandt-*Ellenberger*, BGB, § 134 Rz. 2; Staudinger-*Sack/Seibl*, BGB, § 134 Rz. 27 m. w. N.

134) Staudinger-*Sack/Seibl*, BGB, § 134 Rz. 28 m. w. N.

135) Zur Rechtslage in Frankreich, wo den Berufsorganisationen eine umfassende präventive Überprüfung auch anhand des Gesellschaftsvertrages zugestanden wird, vgl. *Schwenter-Lipp*, S. 139 f., die eine solche Regelung de lege ferenda auch für Deutschland befürwortet.

136) Wie hier *Schaub*, NJW 1996, 625, 627; *Hornung*, Rpfleger 1995, 481, 487 f: *Feddersen/Meyer-Landrut*, PartGG, § 4 Rz. 13; a. A. *Burret*, WPK-Mitt. 1994, 201, 205; *Seibert*, Die Partnerschaft, S. 45; *Salger* in: MünchHdb. GesR, Bd. 1, § 40 Rz. 4; *Taupitz*, Arztrecht 1995, 123, 126; *Böhringer*, BWNotZ 1995, 1, 3; *Ring*, Partnerschaftsgesellschaft, § 4 Rz. 12; undeutlich *Henssler*, PartGG, § 4 Rz. 33; *Schäfer* in: MünchKomm-BGB, §§ 4, 5 PartGG Rz. 44.

137) BGH, Urt. v. 24.9.1979 – II ZR 95/78, BGHZ 75, 214 = NJW 1980, 638 (Stille Beteiligung an Apotheke); AG Mannheim, Beschl. v. 6.11.1996 – AR 366/95, BRAK-Mit 1997, 93 (Wirtschaftsprüfer und vereidigter Buchprüfer).

138) So auch *Hornung*, Rpfleger 1995, 481, 488.

PRV i. V. m. § 3 Abs. 1 Satz 4 PRV, dass das Gericht grundsätzlich seiner Entscheidung die Angaben der Partner zugrunde zu legen hat, soweit ihm nicht deren Unrichtigkeit positiv bekannt ist.

51 Erfolgte Eintragungen hat das Gericht gemäß § 6 PRV den Berufskammern **mitzuteilen**, um diesen eine nachträgliche Prüfung zu ermöglichen. Falls die **freiberuflichen Organisationen** Unrichtigkeiten des Partnerschaftsregisters feststellen, haben sie gemäß §§ 380 Abs. 1 Nr. 4, 395 Abs. 1 Satz 1 FamFG die Pflicht und auch das Recht, dem Registergericht hiervon Mitteilung zu machen und ggf. durch eine **eigene Antragstellung** auf das Gericht einzuwirken, damit dieses von seiner Möglichkeit des Einschreitens Gebrauch macht.[139] Im Ergebnis können die Berufskammern aufgrund ihrer beschränkten Mitwirkungsrechte eine Eintragung nicht verhindern. Sie können jedoch **berufsrechtliche Sanktionen** verhängen, falls sie der Auffassung sind, dass die in der Partnerschaft zusammengeschlossenen Berufsangehörigen gegen ihr Berufsrecht verstoßen. So hat etwa die Wirtschaftsprüferkammer (siehe dazu *Zimmermann*, § 1 Rz. 158 ff.) nach Eintragung von ihr nicht gebilligter einfacher (nicht als Wirtschaftsprüfungsgesellschaft anerkannter) Partnerschaften den beteiligten Wirtschaftsprüfern den Entzug ihrer beruflichen Zulassung angedroht.[140]

G. Verhältnis zu sonstigen Registern

52 Die Vorschrift lässt **sonstige Registrierungspflichten** aus anderen Gründen, so z. B. für Steuerberatungs-[141] und Wirtschaftsprüfungsgesellschaften[142] in Form der Partnerschaft, unberührt (siehe *Zimmermann*, § 5 Rz. 39 ff.). Das in § 8b HGB normierte Unternehmensregister stellt kein eigenständiges Register dar, sondern fasst insbesondere die Eintragungen des Handels-, Genossenschafts- und Partnerschaftsregisters zusammen. Insofern handelt es sich dabei um ein „Metaregister“[143], das jedoch keinerlei Bekanntmachungsfunktion erfüllt.[144]

H. Kosten

53 Bei der Anmeldung fallen sowohl für die Amtshandlungen des Notars als auch des Registergerichts Kosten an.

I. Notarkosten

54 Für die Anmeldung zum Partnerschaftsregister berechnen sich die Kosten des Notars über § 105 GNotKG[145] nach dem Geschäftswert. Demnach legt § 105 Abs. 3 Nr. 2 Halbs. 1 GNotKG für die erste Anmeldung einer Partnerschaftsgesellschaft mit **zwei Partnern** einen Geschäftswert i. H. v. 45.000 € fest. Nach Halb-

---

139) Vgl. RA zum RegE PartGG, BT-Drucks. 12/7642, S. 12; Begr. RegE PartGG, BT-Drucks. 12/6152, S. 14.

140) Vgl. *Eggesiecker*, Fach E Wirtschaftsprüfer, Rz. 2.420 ff.

141) *Mittelsteiner*, DStR 1994, Beihefter zu Heft 37, S. 38; §§ 45 ff. DVStB mit den Vorschriften über das Berufsregister.

142) *Burret*, WPK-Mitt. 1994, 201, 205; § 38 Abs. 1 Nr. 2 WPO.

143) Keidel-*Heinemann*, FamFG, § 374 Rz. 7.

144) Baumbach/Hopt-*Hopt*, HGB, § 8b Rz. 1.

145) Gesetz über Kosten der freiwilligen Gerichtsbarkeit für Gerichte und Notare (Gerichts- und Notarkostengesetz – GNotKG) v. 23.7.2013, BGBl. I 2013, 2586.

satz 2 dieser Norm erhöht sich der Wert für den **dritten und jeden darüber** hinausgehenden Partner um jeweils 15.000 €.

55 Bei einer **späteren Anmeldung** i. S. des § 105 Abs. 4 Nr. 3 Halbs. 1 GNotKG beläuft sich der Geschäftswert auf 30.000 €. Dies gilt jedoch nicht beim Eintritt oder Ausscheiden von mehr als zwei Partnern. Dann beträgt nach § 105 Abs. 4 Nr. 3 Halbs. 2 GNotKG der Geschäftswert für jeden Partner, auf den sich die Anmeldung bezieht, 15.000 €.

56 Letztlich beträgt der Geschäftswert 5.000 €, wenn die Anmeldung für die Partnerschaft keine wirtschaftliche Bedeutung hat, weil sich z. B. deren Anschrift geändert hat (§ 105 Abs. 5 GNotKG). Für die Anmeldung einer Zweigniederlassung wurde die Gebührenermäßigung des § 41a Abs. 5 Satz 1 KostO a. F. nicht übernommen.[146] Nach Nr. 21201 KV GNotKG entsteht eine 0,5-Gebühr, mindestens jedoch 30 €.

II. Registergebühren

57 Die Gebühren des Registergerichts richten sich nach §§ 58 GNotKG i. V. m. §§ 1 ff. Handelsregistergebührenverordnung (HRegGebV)[147] i. V. m. dem in der Anlage enthaltenen Gebührenverzeichnis. Durch das 2. Kostenrechtsmodernisierungsgesetz[148] erfolgte keine gebührenmäßige Änderung der HRegGebV.[149]

58 Für **Ersteintragungen**, die nicht im Zusammenhang mit einer Umwandlung nach dem Umwandlungsgesetz (UmwG) stehen, fällt bei Partnerschaften mit bis zu drei einzutragenden Partnern ein Betrag i. H. v. 100 € an (GV Nr. 1101) und dieser erhöht sich für jeden weiteren einzutragenden Partner um 40 € (GV Nr. 1102). Sofern eine Ersteintragung aufgrund einer Umwandlung nach dem UmwG vorzunehmen ist, beträgt diese bei einer Partnerschaft mit bis zu drei Partnern 180 € (GV Nr. 1104) und erhöht sich für jeden weiteren einzutragenden Partner um 70 € (GV Nr. 1105).

59 Für die Eintragung einer **Zweigniederlassung** werden 40 € fällig (GV Nr. 1200). Verlegt die Partnerschaft ihre Hauptniederlassung oder ihren **Sitz** außerhalb des bisherigen Gerichtsbezirks, fällt bei einer Partnerschaft mit bis zu drei eingetragenen Partnern ein Betrag i. H. v. 80 € an (GV Nr. 1301). Dieser Betrag erhöht sich bei mehr als drei Partnern für jeden weiteren eingetragenen Partner bis einschließlich zur 100sten eingetragenen Person um 40 € (GV Nr. 1302) und darüber hinaus um 10 € pro eingetragene Person (GV Nr. 1303).

60 Im Falle der Eintragung einer **Umwandlung** nach dem UmwG sowohl in das Register des übertragenden oder formwechselnden Rechtsträgers (GV Nr. 1400) als auch in das Register des übernehmenden Rechtsträgers (GV Nr. 1401) fällt je-

146) Begr. RegE § 105 GNotKG, BT-Drucks. 17/11471, S. 184.

147) Verordnung über Gebühren in Handels-, Partnerschafts- und Genossenschaftsregistersachen (Handelsregistergebührenverordnung – HRegGebV) v. 30.9.2004, BGBl. I 2004, 2562.

148) Zweites Gesetzes zur Modernisierung des Kostenrechts (2. Kostenrechtsmodernisierungsgesetz – 2. KostRMoG) v. 23.7.2013, BGBl. I 2013, 2586.

149) Begr. RegE Art. 4 2. KostRMoG, BT-Drucks. 17/11471, S. 151.

weils ein Betrag i. H. v. 180 € an. Dabei bleibt die Eintragung über den Eintritt der Wirksamkeit gebührenfrei.

61 Für **spätere Eintragungen**, die nicht unter die vorhergehenden Gebührentatbestände fallen, sind weitere Gebühren zu entrichten. So wird für die Eintragung einer Tatsache bei einer Partnerschaft mit bis zu fünfzig eingetragenen Partnern eine Gebühr i. H. v. 60 € erhoben (GV Nr. 1501). Handelt es sich in diesem Fall um mehr als fünfzig eingetragene Partner, beträgt die Gebühr 70 € (GV Nr. 1502). Werden i. R. derselben Anmeldung zwei und mehr Tatsachen eingetragen, beträgt die Gebühr jeweils 30 € (GV Nr. 1503). Dabei liegt eine erste Tatsache dann nicht vor, wenn diese ohne wirtschaftliche Bedeutung ist. Ebenso ist bei der Eintragung einer Tatsache ohne wirtschaftliche Bedeutung eine entsprechende Gebühr i. H. v. 30 € zu entrichten (GV Nr. 1504).

62 Für die **Übertragung von Schriftstücken** in ein elektronisches Dokument nach § 5 Abs. 2 PartGG i. V. m. § 9 Abs. 2 HGB fällt, für jede angefangene Seite eine Gebühr i. H. v. 2 €, jedoch mindestens 25 € an (GV Nr. 5007).

§ 5

Inhalt der Eintragung; anzuwendende Vorschriften

(1) Die Eintragung hat die in § 3 Abs. 2 genannten Angaben, das Geburtsdatum jedes Partners und die Vertretungsmacht der Partner zu enthalten.*)

(2) Auf das Partnerschaftsregister und die registerrechtliche Behandlung von Zweigniederlassungen sind die §§ 8, 8a, 9, 10 bis 12, 13, 13d, 13h und 14 bis 16 des Handelsgesetzbuchs über das Handelsregister entsprechend anzuwenden; eine Pflicht zur Anmeldung einer inländischen Geschäftsanschrift besteht nicht.)**

Die Vorschriften des **HGB**, auf die § 5 Abs. 2 PartGG Bezug nimmt, lauten:

§ 8 (Handelsregister)

(1) Das Handelsregister wird von den Gerichten elektronisch geführt.

(2) Andere Datensammlungen dürfen nicht unter Verwendung oder Beifügung der Bezeichnung „Handelsregister" in den Verkehr gebracht werden.

§ 8a (Eintragungen in das Handelsregister; Verordnungsermächtigung)

(1) Eine Eintragung in das Handelsregister wird wirksam, sobald sie in den für die Handelsregistereintragungen bestimmten Datenspeicher aufgenommen ist und auf Dauer inhaltlich unverändert in lesbarer Form wiedergegeben werden kann.

(2) Die Landesregierungen werden ermächtigt, durch Rechtsverordnung nähere Bestimmungen über die elektronische Führung des Handelsregisters, die elektronische Anmeldung, die elektronische Einreichung von Dokumenten sowie deren Aufbewahrung zu treffen, soweit nicht durch das Bundesministerium der Justiz nach § 387 Abs. 2 des Gesetzes über das Verfahren in Familiensachen und in den Angelegenheiten der freiwilligen Gerichtsbarkeit entsprechende Vorschriften erlassen werden. Dabei können sie auch Einzelheiten der Datenübermittlung regeln sowie die Form zu übermittelnder elektronischer Dokumente festlegen, um die Eignung für die Bearbeitung durch das Gericht sicherzustellen. Die Landesregierungen können die Ermächtigung durch Rechtsverordnung auf die Landesjustizverwaltungen übertragen.

§ 9 (Einsichtnahme in das Handelsregister und das Unternehmensregister)

(1) Die Einsichtnahme in das Handelsregister sowie in die zum Handelsregister eingereichten Dokumente ist jedem zu Informationszwecken gestattet. Die Landesjustizverwaltungen bestimmen das elektronische Informations- und Kommunikationssystem, über das die Daten aus den Handelsregistern abrufbar sind, und sind für die Abwicklung des elektronischen Abrufverfahrens zuständig. Die Landesregierung kann die Zuständigkeit durch Rechtsverordnung abweichend regeln; sie kann diese Ermächtigung durch Rechtsverordnung auf die Landesjustizverwaltung übertragen. Die Länder können ein länderübergreifendes, zentrales elektronisches Informations- und Kommunikationssystem bestimmen. Sie können auch eine Übertragung der Abwicklungsaufgaben auf die zuständige Stelle eines anderen Landes sowie mit dem Betreiber des Unternehmensregisters eine Übertragung der Abwicklungsaufgaben auf das Unternehmensregister vereinbaren.

(2) Sind Dokumente nur in Papierform vorhanden, kann die elektronische Übermittlung nur für solche Schriftstücke verlangt werden, die weniger als zehn Jahre vor dem Zeitpunkt der Antragstellung zum Handelsregister eingereicht wurden.

---

*) § 5 Abs. 1 geändert durch ERJuKoG v. 10.12.2001, BGBl. I 2001, 3422.

**) § 5 Abs. 2 geändert durch Gesetz v. 10.11.2006, BGBl. I 2006, 2553 und durch Gesetz v. 23.10.2008, BGBl. I 2008, 2036.

(3) Die Übereinstimmung der übermittelten Daten mit dem Inhalt des Handelsregisters und den zum Handelsregister eingereichten Dokumenten wird auf Antrag durch das Gericht beglaubigt. Dafür ist eine qualifizierte elektronische Signatur nach dem Signaturgesetz zu verwenden.

(4) Von den Eintragungen und den eingereichten Dokumenten kann ein Ausdruck verlangt werden. Von den zum Handelsregister eingereichten Schriftstücken, die nur in Papierform vorliegen, kann eine Abschrift gefordert werden. Die Abschrift ist von der Geschäftsstelle zu beglaubigen und der Ausdruck als amtlicher Ausdruck zu fertigen, wenn nicht auf die Beglaubigung verzichtet wird.

(5) Das Gericht hat auf Verlangen eine Bescheinigung darüber zu erteilen, dass bezüglich des Gegenstandes einer Eintragung weitere Eintragungen nicht vorhanden sind oder dass eine bestimmte Eintragung nicht erfolgt ist.

(6) Für die Einsichtnahme in das Unternehmensregister gilt Absatz 1 Satz 1 entsprechend. Anträge nach den Absätzen 2 bis 5 können auch über das Unternehmensregister an das Gericht vermittelt werden. …

§ 10 (Bekanntmachung der Eintragungen)

Das Gericht macht die Eintragungen in das Handelsregister in dem von der Landesjustizverwaltung bestimmten elektronischen Informations- und Kommunikationssystem in der zeitlichen Folge ihrer Eintragung nach Tagen geordnet bekannt; § 9 Abs. 1 Satz 4 und 5 gilt entsprechend. Soweit nicht ein Gesetz etwas anderes vorschreibt, werden die Eintragungen ihrem ganzen Inhalt nach veröffentlicht.

§ 11 (Offenlegung in der Amtssprache eines Mitgliedstaats der Europäischen Union)

(1) Die zum Handelsregister einzureichenden Dokumente sowie der Inhalt einer Eintragung können zusätzlich in jeder Amtssprache eines Mitgliedstaats der Europäischen Union übermittelt werden. Auf die Übersetzungen ist in geeigneter Weise hinzuweisen. § 9 ist entsprechend anwendbar.

(2) Im Fall der Abweichung der Originalfassung von einer eingereichten Übersetzung kann letztere einem Dritten nicht entgegengehalten werden; dieser kann sich jedoch auf die eingereichte Übersetzung berufen, es sei denn, der Eingetragene weist nach, dass dem Dritten die Originalfassung bekannt war.

§ 12 (Anmeldungen zur Eintragung und Einreichungen)

(1) Anmeldungen zur Eintragung in das Handelsregister sind elektronisch in öffentlich beglaubigter Form einzureichen. Die gleiche Form ist für eine Vollmacht zur Anmeldung erforderlich. Anstelle der Vollmacht kann die Bescheinigung eines Notars nach § 21 Absatz 3 der Bundesnotarordnung eingereicht werden. Rechtsnachfolger eines Beteiligten haben die Rechtsnachfolge soweit tunlich durch öffentliche Urkunden nachzuweisen.

(2) Dokumente sind elektronisch einzureichen. Ist eine Urschrift oder eine einfache Abschrift einzureichen oder ist für das Dokument die Schriftform bestimmt, genügt die Übermittlung einer elektronischen Aufzeichnung; ist ein notariell beurkundetes Dokument oder eine öffentlich beglaubigte Abschrift einzureichen, so ist ein mit einem einfachen elektronischen Zeugnis (§ 39a des Beurkundungsgesetzes) versehenes Dokument zu übermitteln.

§ 13 (Zweigniederlassungen von Unternehmen mit Sitz im Inland)

(1) Die Errichtung einer Zweigniederlassung ist von einem Einzelkaufmann oder einer juristischen Person beim Gericht der Hauptniederlassung, von einer Handelsgesellschaft beim Gericht des Sitzes der Gesellschaft, unter Angabe des Ortes und der inländischen Geschäftsanschrift der Zweigniederlassung und des Zusatzes, falls der Firma der Zweigniederlassung ein solcher beigefügt wird, zur Eintragung anzumelden. In gleicher Weise

sind spätere Änderungen der die Zweigniederlassung betreffenden einzutragenden Tatsachen anzumelden.

(2) Das zuständige Gericht trägt die Zweigniederlassung auf dem Registerblatt der Hauptniederlassung oder des Sitzes unter Angabe des Ortes sowie der inländischen Geschäftsanschrift der Zweigniederlassung und des Zusatzes, falls der Firma der Zweigniederlassung ein solcher beigefügt ist, ein, es sei denn, die Zweigniederlassung ist offensichtlich nicht errichtet worden.

(3) Die Absätze 1 und 2 gelten entsprechend für die Aufhebung der Zweigniederlassung.

§ 13d (Sitz oder Hauptniederlassung im Ausland)

(1) Befindet sich die Hauptniederlassung eines Einzelkaufmanns oder einer juristischen Person oder der Sitz einer Handelsgesellschaft im Ausland, so haben alle eine inländische Zweigniederlassung betreffenden Anmeldungen, Einreichungen und Eintragungen bei dem Gericht zu erfolgen, in dessen Bezirk die Zweigniederlassung besteht.

(2) Die Eintragung der Errichtung der Zweigniederlassung hat auch den Ort und die inländische Geschäftsanschrift der Zweigniederlassung zu enthalten; ist der Firma der Zweigniederlassung ein Zusatz beigefügt, so ist auch dieser einzutragen.

(3) Im übrigen gelten für die Anmeldungen, Einreichungen, Eintragungen, Bekanntmachungen und Änderungen einzutragender Tatsachen, die die Zweigniederlassung eines Einzelkaufmanns, einer Handelsgesellschaft oder einer juristischen Person mit Ausnahme von Aktiengesellschaften, Kommanditgesellschaften auf Aktien und Gesellschaften mit beschränkter Haftung betreffen, die Vorschriften für Hauptniederlassungen oder Niederlassungen am Sitz der Gesellschaft sinngemäß, soweit nicht das ausländische Recht Abweichungen nötig macht.

§ 13h (Verlegung des Sitzes einer Hauptniederlassung im Inland)

(1) Wird die Hauptniederlassung eines Einzelkaufmanns oder einer juristischen Person oder der Sitz einer Handelsgesellschaft im Inland verlegt, so ist die Verlegung beim Gericht der bisherigen Hauptniederlassung oder des bisherigen Sitzes anzumelden.

(2) Wird die Hauptniederlassung oder der Sitz aus dem Bezirk des Gerichts der bisherigen Hauptniederlassung oder des bisherigen Sitzes verlegt, so hat dieses unverzüglich von Amts wegen die Verlegung dem Gericht der neuen Hauptniederlassung oder des neuen Sitzes mitzuteilen. Der Mitteilung sind die Eintragungen für die bisherige Hauptniederlassung oder den bisherigen Sitz sowie die bei dem bisher zuständigen Gericht aufbewahrten Urkunden beizufügen. Das Gericht der neuen Hauptniederlassung oder des neuen Sitzes hat zu prüfen, ob die Hauptniederlassung oder der Sitz ordnungsgemäß verlegt und § 30 beachtet ist. Ist dies der Fall, so hat es die Verlegung einzutragen und dabei die ihm mitgeteilten Eintragungen ohne weitere Nachprüfung in sein Handelsregister zu übernehmen. Die Eintragung ist dem Gericht der bisherigen Hauptniederlassung oder des bisherigen Sitzes mitzuteilen. Dieses hat die erforderlichen Eintragungen von Amts wegen vorzunehmen.

(3) Wird die Hauptniederlassung oder der Sitz an einen anderen Ort innerhalb des Bezirks des Gerichts der bisherigen Hauptniederlassung oder des bisherigen Sitzes verlegt, so hat das Gericht zu prüfen, ob die Hauptniederlassung oder der Sitz ordnungsgemäß verlegt und § 30 beachtet ist. Ist dies der Fall, so hat es die Verlegung einzutragen.

§ 14 (Festsetzung von Zwangsgeld)

Wer seiner Pflicht zur Anmeldung oder zur Einreichung von Dokumenten zum Handelsregister nicht nachkommt, ist hierzu von dem Registergericht durch Festsetzung von Zwangsgeld anzuhalten. Das einzelne Zwangsgeld darf den Betrag von fünftausend Euro nicht übersteigen.

§ 15 (Publizität des Handelsregisters)

(1) Solange eine in das Handelsregister einzutragende Tatsache nicht eingetragen und bekanntgemacht ist, kann sie von demjenigen, in dessen Angelegenheiten sie einzutragen war, einem Dritten nicht entgegengesetzt werden, es sei denn, daß sie diesem bekannt war.

(2) Ist die Tatsache eingetragen und bekanntgemacht worden, so muß ein Dritter sie gegen sich gelten lassen. Dies gilt nicht bei Rechtshandlungen, die innerhalb von fünfzehn Tagen nach der Bekanntmachung vorgenommen werden, sofern der Dritte beweist, daß er die Tatsache weder kannte noch kennen mußte.

(3) Ist eine einzutragende Tatsache unrichtig bekanntgemacht, so kann sich ein Dritter demjenigen gegenüber, in dessen Angelegenheiten die Tatsache einzutragen war, auf die bekanntgemachte Tatsache berufen, es sei denn, daß er die Unrichtigkeit kannte.

(4) Für den Geschäftsverkehr mit einer in das Handelsregister eingetragenen Zweigniederlassung eines Unternehmens mit Sitz oder Hauptniederlassung im Ausland ist im Sinne dieser Vorschriften die Eintragung und Bekanntmachung durch das Gericht der Zweigniederlassung entscheidend.

§ 15a ...

§ 16 (Entscheidung des Prozessgerichts)

(1) Ist durch eine rechtskräftige oder vollstreckbare Entscheidung des Prozeßgerichts die Verpflichtung zur Mitwirkung bei einer Anmeldung zum Handelsregister oder ein Rechtsverhältnis, bezüglich dessen eine Eintragung zu erfolgen hat, gegen einen von mehreren bei der Vornahme der Anmeldung Beteiligten festgestellt, so genügt zur Eintragung die Anmeldung der übrigen Beteiligten. Wird die Entscheidung, auf Grund deren die Eintragung erfolgt ist, aufgehoben, so ist dies auf Antrag eines der Beteiligten in das Handelsregister einzutragen.

(2) Ist durch eine rechtskräftige oder vollstreckbare Entscheidung des Prozeßgerichts die Vornahme einer Eintragung für unzulässig erklärt, so darf die Eintragung nicht gegen den Widerspruch desjenigen erfolgen, welcher die Entscheidung erwirkt hat.

Zu beachten sind ferner die Vorschriften der Partnerschaftsregisterverordnung und gemäß § 2 Abs. 1 PRV subsidiär die Bestimmungen der Handelsregisterverfügung.[1)]

Literatur: *Bösert*, Das Gesetz über Partnerschaftsgesellschaften Angehöriger Freier Berufe (Partnerschaftsgesellschaftsgesetz – PartGG), ZAP Fach 15, S. 137 (= ZAP 1994, 765); *Burret*, Das Partnerschaftsgesellschaftsgesetz, WPK-Mitt. 1994, 201; *Fitzner*, Die berufliche Zusammenarbeit von Patentanwälten, GRUR 2009, 252; *Hommerich/Kilian*, Zweigstellen und auswärtige Sprechtage, AnwBl 2009, 712; *Hornung*, Partnerschaftsgesellschaft für Freiberufler, (Teil 1), Rpfleger 1995, 481 und (Teil 2), Rpfleger 1996, 1; *Kempter*, Das Partnerschaftsgesellschaftsgesetz, BRAK-Mitt. 1994, 122; *Knoll/Schüppen*, Die Partnerschaftsgesellschaft – Handlungszwang, Handlungsalternative oder Schubladenmodell, DStR 1995, 608 (Teil 1) und DStR 1995, 646 (Teil 2); *Michalski*, Zulässigkeit und „Firmierung“ überörtlicher Anwaltssozietäten, ZIP 1991, 1551; *Ruppert*, Die novellierte Berufsordnung der Steuerberater, DStR 2011, 138; *Schaub*, Das neue Partnerschaftsregister, NJW 1996, 625; *Schirmer*, Berufsrechtliche und kassenarztrechtliche Fragen der ärztlichen Berufsausübung in Partnerschaftsgesellschaften, MedR 1995, 341 (Teil 1) und MedR 1995, 383 (Teil 2); *Schulze-Wilk*, Neues Gesetz sichert Status der Freien Berufe, zm 84, Nr. 13 vom 1.7.1994; *Seibert*, Regierungsentwurf eines Partnerschaftsgesellschaftsgeset-

1) Handelsregisterverfügung (HRV) v. 12.8.1937, RMBl. 515, zuletzt geändert durch Gesetz v. 8.12.1998, BGBl. I 1998, S. 3580.

zes, ZIP 1993, 1197; *Seibert/Decker*, Das Gesetz über elektronische Handelsregister und Genossenschaftsregister sowie das Unternehmensregister (EHUG) – Der „Big Bang" im Recht der Unternehmenspublizität, DB 2006, 2446; *Sikora/Schwab*, Das EHUG in der notariellen Praxis, MittBayNot 2007, 1; *Stuber*, Das Partnerschaftsgesellschaftsgesetz unter besonderer Berücksichtigung der Belange der Anwaltschaft, WiB 1994, 705; *Theißen*, Die überörtliche Anwaltssozietät, MDR 1993, 1; *Walter*, Registerverfahren-Beschleunigungsgesetz: Die Zukunft hat auch im Handels- und Genossenschaftsregister begonnen, MDR 1994, 429, *Weller/Kienle*, Die Anwalts-LLP in Deutschland (Teil II), DStR 2005, 1102.

Übersicht

A. Inhalt der Eintragung (§ 5 Abs. 1 PartGG)

1 Der Inhalt der Eintragung entspricht dem der Anmeldung (§ 4 Abs. 1 Satz 2 PartGG) und enthält somit vor allem die in § 3 Abs. 2 PartGG angeführten Mindestregelungspunkte des Partnerschaftsvertrages. Während die Entwürfe von 1971 und 1975 noch keine ausdrücklichen Bestimmungen über den Inhalt der Eintragung enthielten, wurde im Entwurf von 1976 erstmals explizit geregelt, dass sich der Inhalt der Eintragung mit demjenigen der Anmeldung decken sollte.[1] Die Pflichtangaben Geburtsdatum und Vertretungsmacht wurden in § 5 Abs. 1 PartGG mit Wirkung zum 15.12.2001 durch das Gesetz über elektronische Register und Justizkosten für Telekommunikation[2] eingeführt (vgl. § 4 Abs. 1 Satz 2 PartGG).

1) § 5 Abs. 5 E 1976, BT-Drucks. 7/5402, S. 5.
2) Gesetz über elektronische Register und Justizkosten für Telekommunikation (ERJuKoG) vom 10.12.2001, BGBl. I 2001, 3422.

B. Entsprechend anwendbare Vorschriften über das Handelsregister (§ 5 Abs. 2 PartGG)

I. Verfahrensrechtliche Vorschriften

2 Die Vorschrift übernimmt einige registerrechtliche Vorschriften des HGB, so insbesondere **§ 8 HGB** über die **Zuständigkeit** der Gerichte zur Führung des Registers,[3] § 8a HGB über Fragen im Zusammenhang mit der Führung des elektronischen Registers und § 9 HGB über die **Einsichtnahme** und die Fertigung von Abschriften. Danach kann auch in das Partnerschaftsregister jedermann Einsicht nehmen, ohne ein berechtigtes Interesse nachweisen zu müssen. Dies kann gemäß § 5 Abs. 2 PartGG i. V. m. § 9 HGB auch im automatisierten Verfahren[4] mittels Online-Abrufs geschehen. Das Recht auf Registereinsicht ermöglicht es somit allen Interessierten, insbesondere potentiellen Klienten oder Geschäftspartnern, sich – ggf. schon vor Abschluss eines Vertrages – über die Verhältnisse der Gesellschaft zu informieren,[5] soweit sich diese dem Partnerschaftsregister überhaupt entnehmen lassen. Die Einsichtnahme umfasst die zum Register eingereichten Schriftstücke. Falls die Partner also ihren Partnerschaftsvertrag eingereicht haben – ohne jedoch hierzu verpflichtet zu sein (siehe oben *Zimmermann*, § 3 Rz. 5 f.) –, kann jedermann darin Einblick erhalten.[6] Abschriften, Auszüge und Fotokopien dürfen gegen entsprechende Gebühren hergestellt werden. Auch für die Partnerschaft selbst kann das Recht auf **Erteilung von Abschriften** Bedeutung erlangen.[7]

3 Nach § 5 Abs. 2 PartGG i. V. m. **§ 10 HGB**, § 2 Abs. 1 PRV i. V. m. § 32 HRV ist grundsätzlich jede Eintragung in das Partnerschaftsregister unverzüglich **öffentlich bekannt zu machen**. Dies gilt nicht für die **Insolvenz** der Gesellschaft (§ 32 Abs. 2 HGB), da in diesem Fall die Bekanntmachung durch das Insolvenzgericht erfolgt. Eine **fehlerhafte** Bekanntmachung kann zur Staatshaftung gemäß Art. 34 GG, § 839 BGB führen.[8] Die Partner sind grundsätzlich verpflichtet, das über sie Veröffentlichte auf seine Richtigkeit hin zu überprüfen. § 5 Abs. 2 PartGG i. V. m. **§ 11 HGB** ermöglicht die freiwillige Offenlegung der einzureichenden Dokumente und der Eintragung in einer Amtssprache eines Mitgliedstaates der EU. Damit einhergehend ist die Publizitätswirkung für den Fall einer Diskrepanz zwischen Original und **Übersetzung** geregelt.

4 Mit **§ 12 HGB** wird schließlich noch auf eine Formvorschrift für Anmeldungen zum Handelsregister verwiesen, die des Sachzusammenhanges wegen eigentlich

---

3) Vgl. hierzu auch § 4 Abs. 1 Satz 1 i. V. m. § 106 Abs. 1 HGB; § 377 Abs. 1 FamFG, § 1 Abs. 1 PRV i. V. m. § 1 HRV.

4) Vgl. § 8a HGB; zu den durch das Registerverfahrenbeschleunigungsgesetz (RegVBG) v. 20.12.1993, BGBl. I 1993, 2182, neu geschaffenen Möglichkeiten s. etwa *Walter*, MDR 1994, 429; bei einem maschinell geführten Register sind gemäß § 2 Abs. 2 PRV die der Partnerschaftsregisterverordnung als Anlagen 1 – 3 beigegebenen Muster zu verwenden.

5) Vgl. *Burret*, WPK-Mitt. 1994, 201, 205.

6) Meilicke u. a.-*Wolff*, PartGG, § 5 Rz. 17.

7) Das in § 9 Abs. 3 HGB a. F. normierte Positivzeugnis ist durch die Einführung des elektronischen Handelsregisters obsolet geworden. Behörden können nunmehr selbst durch eine Registereinsicht Kenntnis über Tatsachen erlangen. Vgl. hierzu Baumbach/Hopt-*Hopt*, HGB, § 9 Rz. 10.

8) Meilicke u. a.-*Wolff*, PartGG, § 5 Rz. 42; Baumbach/Hopt-*Hopt*, HGB, § 10 Rz. 1.

besser zu § 4 PartGG gehört hätte und deswegen dort behandelt wird (siehe *Zimmermann*, § 4 Rz. 21).

5 Durch die Verweisung auf **§ 14 HGB** erhält das Partnerschaftsregistergericht die Befugnis, erforderliche Anmeldungen oder Unterschriften notfalls durch die Festsetzung eines **Zwangsgeldes** zu erzwingen.[9] Die Vorschrift betrifft vor allem die nach § 4 Abs. 1 Satz 3 PartGG ebenfalls zur Eintragung anzumeldenden Änderungen aufgrund neuer Tatsachen.[10] Das **Verfahren** einschließlich des Rechtsbehelfsverfahrens wird durch die §§ 388–392 FamFG geregelt. **§ 15a HGB**, der die öffentliche Zustellung ermöglicht, ist trotz der Erwähnung in § 5 Abs. 2 PartGG **nicht entsprechend anwendbar**, da sich dieser ausschließlich auf juristische Personen bezieht.[11]

6 Entsprechend anwendbar ist schließlich noch **§ 16 HGB**, demzufolge das **Registergericht** durch rechtskräftige Gestaltungsurteile, einstweilige Verfügungen sowie rechtskräftige Urteile auf Abgabe einer Willenserklärung **gebunden** wird. Die generelle Bindung an verurteilende oder feststellende Prozessentscheidungen ist in den Einzelheiten umstritten.[12]

II. Registerpublizität

7 Durch den Verweis auf **§ 15 HGB** soll wie bei den Handelsgesellschaften die Sicherheit und Leichtigkeit des Rechtsverkehrs gefördert werden.[13] Hier wie dort treten die in den Einzelheiten umstrittenen **Publizitätswirkungen** ein, so dass sich nun auch der Geschäftspartner oder Klient der Partnerschaft auf das Schweigen und ausnahmsweise (§ 15 Abs. 3 HGB) auf die Eintragungen des Partnerschaftsregisters verlassen kann.[14] Die Anwendung der Grundsätze der **Rechtsscheinshaftung** wird durch § 15 HGB nicht ausgeschlossen, ihnen kommt allerdings über die genannte Vorschrift hinaus nur noch eine **Auffangfunktion** zu.[15] Dies kann sich im Einzelfall auch einmal nachteilig für die Gesellschaftsgläubiger auswirken, die sich bei eingetragenem und bekannt gemachtem Entzug der Vertretungsbefugnis eines Partners unter Umständen nicht mehr auf eine Anscheinsvollmacht berufen können.[16] In aller Regel übt jedoch § 15 HGB i. V. m. den §§ 7 Abs. 3, 8, 10 Abs. 2 PartGG erheblichen Druck auf die Partner aus und hält sie an, eintretende Veränderungen zur Eintragung anzumelden.[17]

---

9) Vgl. *Stuber*, WiB 1994, 705, 707; näher Meilicke u. a.-*Wolff*, PartGG, § 4 Rz. 19.

10) Vgl. Baumbach/Hopt-*Hopt*, HGB, § 8 Rz. 6, 14.

11) Baumbach/Hopt-*Hopt*, HGB, § 15a Rz. 1.

12) Vgl. dazu Baumbach/Hopt-*Hopt*, HGB, § 16 Rz. 1; Röhricht/Graf v. Westphalen-*Ammon*/*Ries*, HGB, § 16 Rz. 2 ff.

13) Vgl. Baumbach/Hopt-*Hopt*, HGB, § 15 Rz. 1.

14) Vgl. Baumbach/Hopt-*Hopt*, HGB, § 15 Rz. 2.

15) Baumbach/Hopt-*Hopt*, HGB, § 15 Rz. 2, 17.

16) *Stuber*, WiB 1994, 705, 707, hält daher die Geltung des § 15 HGB im Bereich der Partnerschaft für unangemessen; dagegen *Knoll*/*Schüppen*, DStR 1995, 608, 612; Meilicke u. a.-*Wolff*, PartGG, § 5 Rz. 25.

17) Meilicke u. a.-*Wolff*, PartGG, § 5 Rz. 24 ff.

III. Zweigniederlassungen

1. Allgemeines

8 § 5 Abs. 2 PartGG verweist auf die einschlägigen registerrechtlichen Bestimmungen über die Zweigniederlassung, **§§ 13, 13d und 13h HGB**. Nach der Umsetzung der Elften gesellschaftsrechtlichen (Zweigniederlassungs-)Richtlinie der EU durch Gesetz vom 22.7.1993[18] ist das Zweigniederlassungsrecht auch EU-rechtlich ausgerichtet.[19] Durch die Bezugnahme im PartGG wird die Errichtung von Zweigniederlassungen auch für die Angehörigen freier Berufe grundsätzlich für **zulässig** erklärt,[20] Besonderheiten resultieren aus dem **Berufsrechtsvorbehalt** in § 1 Abs. 3 PartGG (siehe dazu näher Rz. 18 ff.). Der Eintragung einer Zweigniederlassung kommt lediglich eine **deklaratorische** Bedeutung zu. Die Zweigniederlassung entsteht bereits mit ihrer tatsächlichen Errichtung oder Aufnahme des Geschäftsbetriebes.[21]

9 Bei **überörtlichen Gesellschaften** stellt sich häufig die Frage, welcher **der Standorte** registerrechtlich als **Hauptniederlassung** zu betrachten ist, zumal eine berufsrechtliche Betrachtung häufig zu einer Bewertung als **gleichberechtigte** Niederlassungen gelangen wird (siehe bereits *Zimmermann*, § 3 Rz. 25 f.).[22] In diesen Fällen haben die Partner dennoch einen der Standorte als Hauptsitz anzumelden, die übrigen Niederlassungen werden dann in der **registerrechtlichen** Einordnung zu Zweigniederlassungen, ohne dass sich hierdurch allerdings **berufsrechtlich** etwas verändern würde.[23] Der erste anzumeldende Sitz muss gemäß § 3 Abs. 2 Nr. 1 Alt. 2 PartGG bereits im Partnerschaftsvertrag bezeichnet werden.

2. Anmeldung zum Partnerschaftsregister

10 **§ 13 Abs. 1 HGB** bestimmt, dass die Errichtung der Zweigniederlassung beim **Registergericht des Sitzes** (inländische Hauptniederlassung) zur Eintragung in das Register anzumelden ist. Das Anmeldeverfahren nach § 13 HGB hat durch das EHUG[24] insofern eine wesentliche Erleichterung erfahren, als die Eintragung nur noch beim Gericht der Hauptniederlassung stattzufinden hat. Am Ort der Zweigniederlassung besteht keine Eintragungspflicht mehr.[25] Die Prüfung, ob die Zweigniederlassung wirklich besteht und ob sich der Partnerschaftsname der Zweigniederlassung von den älteren Namen am Ort unterscheidet, § 13 Abs. 3 HGB a. F. i. V. m. § 30 HGB findet seit Inkrafttreten des EHUG ebenso nicht mehr statt.[26]

---

18) Gesetz zur Durchführung der 11. EG-Richtlinie v. 22.7.1993, BGBl. I 1993, 1282.

19) *Bösert*, ZAP 1994, Fach 15, S. 137, 142; Begr. RegE PartGG, BT-Drucks. 12/6152, S. 14.

20) *Kempter*, BRAK-Mitt. 1994, 122, 123; Begr. RegE PartGG, BT-Drucks. 12/6152, S. 14.

21) Meilicke u. a.-*Wolff*, PartGG, § 5 Rz. 44; Staub-*Koch*, HGB, § 13 Rz. 55; *Salger* in: MünchHdb. GesR, Bd. 1, § 38 Rz. 34

22) Zu diesem Problem s. a. die Begr. RegE PartGG, BT-Drucks. 12/6152, S. 14; ferner *Salger* in: MünchHdb. GesR, Bd. 1, § 38 Rz. 33; Meilicke u. a.-*Wolff*, PartGG, § 5 Rz. 43.

23) Begr. RegE PartGG, BT-Drucks. 12/6152, S. 14; *Seibert*, ZIP 1993, 1197, 1198.

24) Gesetz über elektronische Handelsregister und Genossenschaftsregister sowie das Unternehmensregister (EHUG) v. 10.11.2006, BGBl. I 2006, 2553.

25) *Schäfer* in: MünchKomm-BGB, §§ 4, 5 PartGG Rz. 29.

26) Zu den Änderungen durch das EHUG s. *Seibert/Decker*, DB 2006, 2446, 2449; Baumbach/Hopt-*Hopt*, HGB, § 13 Rz. 10, 13.

Vielmehr sieht § 13 Abs. 2 HGB nunmehr vor, dass die Eintragung nur noch dann zu unterlassen ist, wenn die Zweigniederlassung „offensichtlich" nicht errichtet wurde. Unabhängig davon ist § 30 HGB gemäß § 2 Abs. 2 PartGG weiterhin auch auf die Partnerschaft anwendbar.

11 Sache des Registergerichts der Hauptniederlassung ist es, die Anmeldung in **formeller und materieller Hinsicht** zu prüfen, insbesondere auch im Hinblick auf die Firmenwahrheit sowie daraufhin, ob überhaupt eine Zweigniederlassung rechtlich in Betracht kommt.[27] Durch das EHUG bezieht sich der Prüfungsumfang des Registergerichts der Hauptniederlassung nunmehr auch auf Fragen, die mit der Zweigniederlassung im Zusammenhang stehen.[28] Hierbei sind auch die **berufsrechtlichen Vorschriften** zu berücksichtigen (siehe *Zimmermann*, § 4 Rz. 48). Eine an das Gericht der Zweigniederlassung gerichtete Anmeldung ist nicht ordnungsgemäß und daher zurückzuweisen.[29] Die Eintragung ins Partnerschaftsregister richtet sich nach § 5 Abs. 2 Satz 1 PRV.

3. Name der Zweigniederlassung

12 Der **Name** der Zweigniederlassung wird in der Regel demjenigen am Sitz der Partnerschaft entsprechen; dies muss aber nicht so sein. **Abweichungen** können insbesondere durch § 30 Abs. 3 HGB geboten sein, sie sind zum Teil aber auch aus anderen Gründen anzutreffen. Erforderlich ist jedenfalls, dass entweder der **Namenskern** der Partnerschaft am Sitz und am Ort der Zweigniederlassung übereinstimmt oder aber die Zweigniederlassung bei selbständigem Namenskern die Zugehörigkeit zur Partnerschaft durch einen entsprechenden **Zusatz** klarstellt.[30]

4. Sonstige Eintragungen

13 Während **§ 13 HGB** die **Errichtung** oder **Aufhebung** (§ 13 Abs. 2 HGB) von Zweigniederlassungen betrifft, regelte § 13c HGB a. F. die sonstigen Anmeldungen und Eintragungen bei Bestehen mehrerer Niederlassungen. Durch das EHUG wurde § 13c HGB allerdings aufgehoben. Grund hierfür war, dass die darin normierten Pflichten durch die elektronische Führung des Registers überflüssig wurden.[31] Anmeldungen waren nach § 13c Abs. 1 HGB a. F. in jedem Fall beim Gericht des Sitzes vorzunehmen, so dass dessen Register alles entnommen werden konnte, was die Partnerschaft (auch nur eine Zweigniederlassung) betraf.[32]

14 Anders ist es allerdings, wenn sich der **Sitz** der Partnerschaft **im Ausland** befindet. In diesem Falle sind nach **§ 13d HGB** die Anforderungen des deutschen Registerrechts vollständig beim Gericht der deutschen Zweigniederlassung zu erfüllen.[33] Grund für die Durchbrechung der durch das EHUG eingeführten Konzentration

27) Baumbach/Hopt-*Hopt*, HGB, § 13 Rz. 13.
28) Baumbach/Hopt-*Hopt*, HGB, § 13 Rz. 13.
29) Meilicke u. a.-*Wolff*, PartGG, § 5 Rz. 49.
30) BayObLG, Beschl. v. 19.3.1992 – 3Z BR 15/92, BayObLGZ 992, 59 = BB 1992, 944; heute h. L., vgl. nur Baumbach/Hopt-*Hopt*, HGB, § 13 Rz. 7.
31) *Sikora/Schwab*, MittBayNot 2007, 1, 12.
32) Vgl. Baumbach/Hopt-*Hopt*, HGB, 32. Aufl., § 13c Rz. 1.
33) Baumbach/Hopt-*Hopt*, HGB, § 13d Rz. 2; vgl. *Salger* in: MünchHdb. GesR, Bd. 1, § 38 Rz. 34.

der Eintragung ist, dass die inländische Zweigniederlassung des ausländischen Unternehmens im Register wie eine inländische Hauptniederlassung geführt wird.[34] Dieses prüft daher auch selbständig alle Voraussetzungen der Eintragung, auch jene nach ausländischem Recht, wie z. B. die wirksame Gründung einer Partnerschaft im Ausland.[35]

15 Dies führt zu der Frage, welcher **ausländische Gesellschaftstyp** als der deutschen Partnerschaftsgesellschaft entsprechend anerkannt werden kann. Die Begründung des Regierungsentwurfs[36] nennt die **französische** „société civile professionnelle" sowie eine Gesellschaftsform, welche sich zum damaligen Zeitpunkt scheinbar in **Belgien** in der Vorbereitung befand (siehe dazu *Zimmermann*, § 1 Rz. 52).[37] Nachdem der belgische Gesetzentwurf aber gescheitert ist[38] und sich vergleichbare Freiberufler-Gesellschaften nur noch in Frankreich finden, während sich in den übrigen Ländern andere Konzeptionen durchgesetzt haben, wird man in großzügiger Auslegung sämtliche Personengesellschaften, in denen sich Angehörige freier Berufe zusammenschließen können, als der deutschen Partnerschaft entsprechend ansehen können. Trotz des nicht direkt vergleichbaren Haftungsregimes kann die **österreichische** Kommanditgesellschaft als partnerschaftsähnlich angesehen werden.[39] Dazu zählt auch die limited liability partnership nach **US-amerikanischen** Recht, solange diese im Innenverhältnis entsprechend einer Personengesellschaft geprägt ist.[40] Bei der **englischen** limited liability partnership ist eine Eintragung ins Partnerschaftsregister nur dann möglich, wenn an dieser ausschließlich Freiberufler beteiligt sind.[41]

16 Weiterhin normiert **§ 5 Abs. 2 Halbs. 2 PartGG** seit Inkrafttreten der Änderungen durch das MoMiG[42] im Jahre 2008, dass eine Pflicht zur Anmeldung einer inländischen Geschäftsanschrift nicht besteht. Diese Regelung wurde ohne nähere Begründung in das Gesetz aufgenommen. Aus den Gesetzesmaterialien lässt sich jedoch entnehmen, dass § 106 HGB geändert wurde, nur um bei der GmbH und der AG zugunsten der Gläubiger eine Zustellungserleichterung zu erreichen.[43] Deshalb wurde in § 106 Abs. 2 Nr. 2 HGB die inländische Geschäftsanschrift in den Katalog der eintragungspflichtigen Tatsachen aufgenommen. Die Einfügung in § 5 Abs. 2 Halbs. 2 PartGG ist somit eine direkte Konsequenz der Änderung des § 106 Abs. 2 Nr. 2 HGB.

---

34) Baumbach/Hopt-*Hopt*, HGB, § 13d Rz. 2.

35) Vgl. Baumbach/Hopt-*Hopt*, HGB, § 13d Rz. 5; BayObLG, Beschl. v. 18.7.1985 – BReg 3 Z 62/85, BayObLGZ 1985, 272 = WM 1985, 1205, dazu EWiR 1985, 697 *(Wiedemann)*.

36) Begr. RegE PartGG, BT-Drucks. 12/6152, S. 14.

37) Die derzeitige Gesellschaftsrechtsreform hat allerdings mit einer partnerschaftsähnlichen Gesellschaftsform nichts mehr zu tun; der entsprechende Versuch einer Gesetzgebung war in Belgien 1985 gescheitert.

38) *Henssler*, PartGG, Einf. Rz. 64.

39) *Henssler*, PartGG, § 5 Rz. 30.

40) *Weller/Kienle*, DStR 2005, 1102, 1103.

41) *Henssler*, PartGG, § 5 Rz. 30.

42) Gesetz zur Modernisierung des GmbH-Rechts und zur Bekämpfung von Missbräuchen (MoMiG) v. 23.10.2008, BGBl. I 2008, 2026.

43) Begr. RegE MoMiG, BT-Drucks. 16/6140, S. 49.

17 Schließlich verweist § 5 Abs. 2 Halbs. 1 PartGG noch auf **§ 13h HGB**. Dort ist das Verfahren zur Registrierung der **Sitzverlegung** der Partnerschaft geregelt. Die Verlegung des Sitzes ist beim Partnerschaftsregister des (bisherigen) Sitzes anzumelden. Die Eintragung ist allerdings wie stets bei Personengesellschaften keine Voraussetzung für die Wirksamkeit der Verlegung.[44] Sofern die Partnerschaft eine Zweigniederlassung unterhält, gilt hinsichtlich des Gerichtsstandes § 21 ZPO.[45]

IV. Berufsrechtliche Beschränkungen der Zweigniederlassungen

1. Allgemeines

18 Wie stets, so ist auch im Bereich des § 5 Abs. 2 PartGG der allgemeine **Berufsrechtsvorbehalt** des § 1 Abs. 3 PartGG zu beachten.[46] Dies gilt insbesondere hinsichtlich der Frage der Zweigniederlassungen.[47] Denkbar ist zudem, dass einzelne Berufsrechte die internationale Kooperation untersagen, so dass dann keine deutsche Zweigstelle einer ausländischen Partnerschaft errichtet werden könnte.[48] Das Registergericht prüft auch im Hinblick auf Zweigniederlassungen die berufsrechtliche Zulässigkeit (siehe bereits *Zimmermann*, § 4 Rz. 48 ff.).[49]

2. Rechtsanwälte

19 Die h. M. war über Jahrzehnte von der Unzulässigkeit überörtlicher Sozietäten ausgegangen, bis nach einer kurzen, aber heftig geführten Diskussion im Schrifttum zum Ende der 80er Jahre[50] der BGH in einer Entscheidung von 1989 feststellte, dass der **überörtlichen Sozietät** kein berufsrechtliches Verbot entgegenstünde.[51] Durch die Einfügung von § 59a Abs. 2 BRAO a. F. erkannte der Gesetzgeber die Zulässigkeit dieser Gestaltungsvariante einer Gesellschaftsform an. Dort war geregelt, dass bei einer Sozietät mit mehreren Kanzleien an jedem Ort verantwortlich zumindest ein Mitglied der Partnerschaft tätig sein musste, für das die Kanzlei den Mittelpunkt seiner beruflichen Tätigkeit bildete. Im Rahmen der Reform des Rechtsberatungswesens im Jahre 2007 wurde § 59a BRAO neu gefasst.[52] Damit steht es dem Rechtsanwalt offen, seinen Beruf nach seiner eigenen Verantwortung auszuüben. Insbesondere kann er entscheiden, inwiefern er überörtlich tätig wird.[53]

20 § 10 Abs. 1 Satz 2 der anwaltlichen Berufsordnung legt für die Briefbögen überörtlicher Sozietäten fest, dass für jeden auf dem Briefbogen Genannten seine Kanzleianschrift anzugeben ist.

---

44) Vgl. Baumbach/Hopt-*Hopt*, HGB, § 13h Rz. 1.

45) *Kempter*, BRAK-Mitt. 1994, 122, 123; vgl. *BRAK*, Stellungnahme zum RefE PartGG, S. 7.

46) A. A. – unhaltbar – *Stuber*, Partnerschaftsgesellschaft, 1. Aufl., S. 79 Anm. 10.

47) Begr. RegE PartGG, BT-Drucks. 12/6152, S. 14; *Kempter*, BRAK-Mitt. 1994, 122, 123; *Burret*, WPK-Mitt. 1994, 201, 205; *Bösert*, ZAP Fach 15, S. 137, 145

48) Begr. RegE PartGG, BT-Drucks. 12/6152, S. 14.

49) Meilicke u. a.-*Wolff*, PartGG, § 5 Rz. 53.

50) Näher Henssler/Prütting-*Hartung*, BRAO, § 59a Rz. 1 ff.; *Teichmann*, AnwBl 1991, 323.

51) BGH, Beschl. v. 18.9.1989 – AnwZ (B) 30/89, BGHZ 108, 290 = ZIP 1989, 1265 = AnwBl 1989, 563.

52) Gesetz zur Neuregelung des Rechtsberatungsrechts v. 12.12.2007, BGBl. I 2007, 2840.

53) Henssler/Prütting-*Hartung*, BRAO, § 59a Rz. 11.

21 Aufgehoben wurde im Jahre 2007 auch das Verbot für den einzelnen Rechtsanwalt gemäß § 28 Abs. 1 BRAO a. F., grundsätzlich eine **Zweigstelle** einzurichten.[54] Nunmehr steht es dem Rechtsanwalt offen, eine beliebige Anzahl von Zweigstellen zu gründen.[55] Er hat bei der Errichtung einer Zweigstelle lediglich die Anzeigepflichten des § 27 Abs. 2 BRAO zu erfüllen. Grund für die Aufhebung war, dass der Gesetzgeber im Zweigstellenverbot wegen der veränderten Verkehrsverhältnisse und Kommunikationsmöglichkeiten nur noch wenig praktischen Nutzen sah.[56] Die Möglichkeit der Befreiung von der Kanzleipflicht durch die Rechtsanwaltskammer in besonderen Fällen i. S. des § 29 Abs. 1 BRAO besteht weiterhin. In anderen Staaten ist die Errichtung einer Kanzlei gemäß § 29a BRAO möglich.

3. Patentanwälte

22 Das Berufsrecht der Patentanwälte hat – wie das der Rechtsanwälte – in den letzten Jahren eine stetige Liberalisierung erfahren.[57] Der Inhalt des § 52a PAO wurde – ebenso wie § 59a BRAO – im Jahr 2007 neu gefasst.[58] Nach § 52a Abs. 2 PAO a. F. war eine **überörtliche Sozietät** mit mehreren Kanzleien nur zulässig, wenn in denen verantwortlich zumindest ein Partner tätig war, für den diese Kanzlei den Mittelpunkt seiner beruflichen Tätigkeit bildete. Diese Vorgabe ist nunmehr bedeutungslos. Auf den Briefbögen müssen gemäß § 16 Abs. 1 Satz 1 BerufsO bei mehreren Kanzleien deren Anschriften sowie die Zugehörigkeit der einzelnen Partner zu diesen Kanzleien angegeben werden. Nach der Klarstellung in § 16 Abs. 1 Satz 2 BerufsO gilt diese Verpflichtung auch dann, wenn die Partnerschaft eine **Kurzbezeichnung** nach § 2 Abs. 1 PartGG verwendet. Die Partnerschaft darf gemäß § 16 Abs. 2 BerufsO an den verschiedenen Standorten nicht unter unterschiedlichen Bezeichnungen in Erscheinung treten. Ebenso fiel durch das Gesetz vom 12.12.2007 das in § 52a Abs. 1 Satz 1 PAO a. F. normierte Verbot der Sternsozietät. Ferner wurde den Patentanwälten durch die Aufhebung des § 28 PAO a. F. erlaubt, Zweigstellen zu errichten.[59]

4. Steuerberater, Steuerbevollmächtigte

23 Durch Beschluss der Satzungsversammlung der Bundessteuerberaterkammer wurde im Jahre 2010 die Berufsordnung der Steuerberater (BOStB) grundlegend novelliert. Grund hierfür war insbesondere Regelungen, die sich bereits aus dem StBerG ergeben, nicht nochmals in der BOStB zu wiederholen.[60] Vor allem wurden die Regelungen der §§ 51 bis 53 BOStB, die sich insbesondere mit der Sozietät und der Partnerschaftsgesellschaft befassten, ersatzlos gestrichen. Für die einfache, nicht als

---

54) Gesetz zur Stärkung der Selbstverwaltung der Rechtsanwaltschaft v. 26.3.2007, BGBl. I 2007, 358.

55) *Hommerich/Kilian*, AnwBl 2009, 712.

56) Begr. RegE, BT-Drucks. 16/513, S. 15.

57) *Fitzner*, GRUR 2009, 252, insbesondere auch zur Aufhebung des Verbots der Sternsozietät (S. 254 f.) und von Zweigstellen (S. 255 f.).

58) Gesetz zur Neuregelung des Rechtsberatungsrechts v. 12.12.2007, BGBl. I 2007, 2840.

59) Gesetz zur Stärkung der Selbstverwaltung der Rechtsanwaltschaft v. 26.3.2007, BGBl. I 2007, 358.

60) *Ruppert*, DStR 2011, 138.

Steuerberatungsgesellschaft anerkannte Partnerschaft gilt die Vorschrift des § 56 Abs. 1 StBerG (zur Zulässigkeit der einfachen Partnerschaft mit Steuerberatern siehe *Zimmermann*, § 1 Rz. 161 f.). § 56 Abs. 1 Satz 1 StBerG lässt sich entnehmen, dass sich Steuerberater auch in einer **überörtlichen Partnerschaft** zusammenschließen dürfen. § 51 Abs. 2 BOStB a. F., nach dem in jeder Kanzlei zumindest ein Mitglied der Partnerschaft verantwortlich tätig sein musste, für das die Kanzlei den Mittelpunkt seiner beruflichen Aktivität bildete, ist ersatzlos gestrichen worden. Die zugrunde liegende Norm des § 56 Abs. 1 Satz 4 StBerG wurde i. R. des 8. Steuerberatungsänderungsgesetzes durch die Neufassung des § 56 StBerG im Jahre 2008 aufgehoben.[61] In der Literatur wird weiterhin vertreten, dass an jedem Kanzleiort ein Mitglied der Partnerschaft zu Verfügung stehen müsse.[62]

24 Bei einer überörtlichen Berufsausübung sind für die **Geschäftspapiere** die Vorgaben des § 9 Abs. 7 BOStB zu beachten. Für die Steuerberatungsgesellschaft enthalten §§ 24 ff. BOStB weitere, über §§ 49 ff. StBerG hinausgehende Regelungen. Nach § 49 Abs. 1 StBerG ist die Anerkennung einer Partnerschaftsgesellschaft als **Steuerberatungsgesellschaft** möglich. § 55 StBerG a. F., der Vorschriften zur Steuerberatungsgesellschaft enthielt, wurde gänzlich gestrichen. §§ 50, 50a StBerG enthalten bereits entsprechende Regelungen.

25 Nach § 50 Abs. 1 StBerG muss mindestens ein Partner i. S. des PartGG, der Steuerberater ist, seine **berufliche Niederlassung** am Sitz der Gesellschaft oder in dessen Nahbereich haben. Darüber hinaus regelt § 25 BOStB detailliert Fragen der gesellschaftsinternen Willensbildung, der Geschäftsführung und Vertretung. § 48 Abs. 1 Satz 1 BOStB a. F., der als berufliche Niederlassung diejenige Beratungsstelle definierte, von der aus der Steuerberater seinen Beruf selbständig ausübt, wurde in die neue BOStB nicht übernommen. Gemäß § 48 Abs. 1 Satz 2 BOStB a. F. durften Steuerberater keine weiteren beruflichen Niederlassungen unterhalten. Dies wurde dahingehend in § 10 Abs. 1 BOStB normiert, dass der Steuerberater nun eine berufliche Niederlassung haben darf. Ausnahmen regelt § 34 Abs. 2 Satz 1 StBerG, wonach weitere Beratungsstellen unterhalten werden können, soweit dadurch die Erfüllung der Berufspflichten nicht beeinträchtigt wird.

26 Zweigniederlassungen von Steuerberatungsgesellschaften gelten gemäß § 11 Abs. 1 Satz 2 BOStB als **weitere Beratungsstellen** i. S. des Gesetzes. Nach § 34 Abs. 2 Satz 2 StBerG muss Leiter einer weiteren Beratungsstelle ein anderer Steuerberater sein, der seine berufliche Niederlassung am Ort der Beratungsstelle oder in deren Nahbereich hat; § 49 Abs. 2 BOStB a. F. ist ersatzlos weggefallen. Von diesem sog. **Leitererfordernis** kann die Steuerberaterkammer unter bestimmten Bedingungen gemäß § 34 Abs. 2 Satz 4 StBerG i. V. m. § 11 Abs. 3 BOStB abweichen. Eine Ausnahme gilt nach § 34 Abs. 2 Satz 3 StBerG für weitere Beratungsstellen **in einem anderen Staat** der EU, des EWR oder in der Schweiz. Weitere Beratungsstellen sind gemäß § 11 Abs. 2 BOStB nach außen kenntlich zu machen. § 56 Abs. 4 StBerG legt entsprechende Anzeigepflichten gegenüber der Steuerberaterkammer

61) Achtes Gesetz zur Änderung des Steuerberatungsgesetzes v. 8.4.2008, BGBl. I 2008, 666.
62) *Gehre/Koslowski*, StBerG, § 56 Rz. 16.

fest. Durch die Neufassung des § 56 Abs. 1 StBerG im Jahre 2008 wurde auch das Verbot der sog. Sternsozietät aufgehoben.[63)]

5. Wirtschaftsprüfer, vereidigte Buchprüfer

27 Gemäß § 19 Abs. 1 der Berufssatzung der Wirtschaftsprüferkammer begründet jede kundgemachte berufliche Anschrift eine Niederlassung oder **Zweigniederlassung** i. S. der §§ 3, 47 WPO. In einer Wirtschaftsprüfungsgesellschaft muss gemäß § 19 Abs. 2 Satz 1 der Berufssatzung mindestens ein Wirtschaftsprüfer, der Partner ist, seine berufliche Niederlassung unter der Anschrift der Partnerschaft haben. In einer Buchprüfungsgesellschaft muss mindestens ein vereidigter Buchprüfer oder Wirtschaftsprüfer, der Partner ist, seine berufliche Niederlassung unter der Anschrift der Partnerschaft unterhalten (§ 19 Abs. 2 Satz 2 Berufssatzung).

28 Zweigniederlassungen von Wirtschaftsprüfern und Wirtschaftsprüfungsgesellschaften müssen nach § 19 Abs. 3 der Berufssatzung jeweils von mindestens einem Wirtschaftsprüfer **verantwortlich geleitet** werden, der seine berufliche Niederlassung unter der Anschrift der Zweigniederlassung hat. Zweigniederlassungen von vereidigten Buchprüfern und Buchprüfungsgesellschaften müssen jeweils von mindestens einem vereidigten Buchprüfer oder Wirtschaftsprüfer verantwortlich geleitet werden, der seine berufliche Niederlassung unter der Anschrift der Zweigniederlassung unterhält.

29 Bei einer **überörtlichen Sozietät** sind gemäß § 28 Abs. 3 Satz 1 der Berufssatzung alle Sozietätspartner mit ihren Berufsbezeichnungen und beruflichen Niederlassungen auf den Briefbögen aufzuführen. Auf den Praxisschildern kann darauf bei Verwendung einer Kurzbezeichnung verzichtet werden (§ 28 Abs. 4).

6. Ärzte

30 Die Berufsausübungsgemeinschaft in Form der Ärztepartnerschaft erfordert gemäß Kap. B § 18 Abs. 3 Satz 2 MBO-Ä 1997 einen **gemeinsamen Praxissitz**. Eine Ärztepartnerschaft mit mehreren Praxissitzen ist nach Kap. B § 18 Abs. 3 Satz 3 MBO-Ä 1997 allerdings dann zulässig, wenn an dem jeweiligen Praxissitz verantwortlich mindestens ein Mitglied der Partnerschaft hauptberuflich tätig ist. Auch bei nur einem Praxissitz dürfen Ärztinnen und Ärzte nach Kap. B § 17 Abs. 2 Satz 1 MBO-Ä 1997 an zwei weiteren Orten tätig sein; sie sind dann nach Kap. B § 17 Abs. 2 Satz 2 MBO-Ä 1997 verpflichtet, Vorkehrungen für eine ordnungsgemäße Versorgung ihrer Patientinnen und Patienten an jedem Ort ihrer Tätigkeit zu treffen.

7. Zahnärzte

31 Partnerschaften von Zahnärzten sind gemäß § 16 Abs. 2 Satz 2 MBO-ZÄ an einen gemeinsamen Praxissitz gebunden. Partnerschaften mit mehreren Praxissitzen sind allerdings nach § 16 Abs. 2 Satz 3 MBO-ZÄ zulässig, wenn an dem jeweiligen Praxissitz verantwortlich mindestens ein Mitglied der Partnerschaft hauptberuflich tätig ist.

---

63) Begr. RegE § 56 StBerG, BT-Drucks. 16/7077, S. 31.

8. Tierärzte

32 Die von der Bundestierärztekammer e. V. formulierte Musterberufsordnung sieht für Gemeinschaftspraxen von Tierärzten vor, dass diese gemäß § 16 Abs. 1 Satz 2 MBO-TÄ i. V. m. § 11 Abs. 5 MBO-TÄ – wie die Einzelpraxis auch – an weiteren Standorten betrieben werden darf. Eine **Zweig- oder Zweitpraxis** eines Tierarztes ist gemäß § 11 Abs. 5 MBO-TÄ an weiteren Standorten zulässig. Dahingegen sind die auf Landesebene umgesetzten Berufsordnungen hinsichtlich ihrer Regelungen unterschiedlich ausgestaltet. Die Berufsordnungen der Landestierärztekammern gehen zunächst davon aus, dass die Niederlassung an den Praxissitz gebunden ist (z. B. Bayern: § 6 Abs. 1 Satz 1; Berlin: § 10 Abs. 1 Satz 1; Brandenburg: § 15 Abs. 1 Satz 1; Rheinland-Pfalz: § 12 Abs. 1 Satz 1; Thüringen: § 9 Abs. 1 Satz 1). Lediglich die Berufsordnung der Tierärztekammer Schleswig-Holstein sieht solch eine Bindung nicht vor. Nach nahezu allen Berufsordnungen ist die Niederlassung als der Ort definiert, der mit den notwendigen räumlichen, sachlichen und personellen Voraussetzungen für die Begründung einer selbständigen freiberuflichen tierärztlichen Tätigkeit ausgestattet ist. Eine Ausnahme hierzu bildet Bayern, wo auf diese Voraussetzungen im Zusammenhang mit dem Praxissitz verzichtet wird (§ 6 Abs. 2 Satz 1 BO-TÄ).

33 Die Vorschriften hinsichtlich der Errichtung einer Zweitpraxis **unterscheiden sich** in den einzelnen Berufsordnungen **wesentlich**:

- Vom gänzlichen **Verbot** einer Zweitpraxis (z. B. Berlin: § 10 Abs. 3 Satz 1; Bremen: § 10 Abs. 3)
- über die Beschränkung auf höchstens eine (z. B. Hamburg: § 11 Abs. 3 Satz 1; Hessen: § 14 Abs. 3 Satz 1; Nordrhein: § 12 Abs. 4 Satz 2) oder
- zwei weitere Praxen (z. B. Saarland: § 14 Abs. 1 Satz 3; Sachsen: § 9 Abs. 3 Satz 1)
- bis zur Zulässigkeit ohne jedwede quantitative Eingrenzung (z. B. Brandenburg: § 15 Abs. 3 Satz 1; Mecklenburg-Vorpommern: § 11 Abs. 2 Satz 1; Niedersachsen: § 9 Abs. 4 Satz 1)

lassen sich alle Konstellationen finden.

34 **Gemeinschaftspraxen** sind nach allen Landes-Berufsordnungen zulässig. Aber auch in deren Ausgestaltung finden sich erhebliche Unterschiede:

- So ist teilweise der Betrieb solch einer Praxis nur von einem Praxissitz aus gestattet (z. B. Berlin: § 23 Abs. 1 Satz 2; Bremen: § 22 Abs. 1 Satz 2; Nordrhein: § 25 Abs. 1 Satz 2; Sachsen: § 16 Abs. 1 Satz 2; Westfalen-Lippe: § 24 Abs. 1 Satz 1).
- Andere Berufsordnungen verweisen auf die Regelungen zur Einzelpraxis und erlauben dadurch auch die Errichtung mehrerer Sitze einer Gemeinschaftspraxis (z. B. Mecklenburg-Vorpommern: § 23 Abs. 1 Satz 3; Niedersachsen: § 19 Abs. 1 Satz 2; Saarland: § 25 Abs. 1 Satz 2).
- Eine interessante Möglichkeit eröffnet die Berufsordnung Sachsen-Anhalts. Danach richtet sich die Anzahl der Sitze einer Praxisgemeinschaft nach der Anzahl der Teilhaber (§ 16 Abs. 1 Satz 2).

35 Viele Berufsordnungen sehen ferner vor, dass ein Tierarzt jeweils **nur Mitglied einer Praxisgemeinschaft** sein kann (z. B. Baden-Württemberg: § 21 Abs. 1 Satz 6; Berlin: § 23 Abs. 1 Satz 5; Rheinland-Pfalz: § 25 Abs. 2 Satz 5; Sachsen-Anhalt: § 16 Abs. 1 Satz 5), wohingegen andere diese Beschränkung nicht kennen (z. B. Bayern: § 22 Abs. 3 Satz 1).

36 Die **Landes-Tierärztekammern** können unter bestimmten Bedingungen befristet für bestehende Praxen **Ausnahmen** zulassen, insbesondere wenn es der Vermeidung unzumutbarer Härten im Einzelfall dient oder der Förderung von Zusammenschlüssen, wenn mindestens eine der Praxen bereits mindestens ein Jahr bestanden hat (z. B. Baden-Württemberg: § 21 Abs. 4; Berlin: § 23 Abs. 4; Schleswig-Holstein: § 22 Abs. 5).

9. Hauptberufliche Sachverständige

37 § 21 Muster-SVO DIHK, § 21 Abs. 2 Muster-SVO ZDH und § 21 Muster-SVO BIngK enthalten kein Verbot einer **überörtlichen Partnerschaft.**

38 Die **Hauptniederlassung** des Sachverständigen befindet sich gemäß § 4 Abs. 1 Satz 1 Muster-SVO BIngK im Bezirk der Ingenieurkammer, in dem der Sachverständige den Mittelpunkt seiner Sachverständigentätigkeit hat. § 17 Muster-SVO DIHK a. F., der die Hauptniederlassung definierte und für die Errichtung von Zweigniederlassungen die Genehmigung der Kammer forderte, ist mit der Neufassung im Jahr 2009 ersatzlos gestrichen worden. Bei der Muster-SVO ZDH verhält es sich ähnlich.

V. Prüfung durch die Berufsaufsicht; Anzeigepflichten

39 Das PartGG beinhaltet selbst keinerlei Anzeigepflichten gegenüber der jeweiligen Berufsaufsicht. Durch den allgemeinen Berufsrechtsvorbehalt in § 1 Abs. 3 PartGG legen die Berufsrechte die Einzelheiten fest.

1. Rechtsanwälte, Patentanwälte

40 **Rechtsanwälte** haben gemäß § 24 Abs. 1 Nr. 4 BerufsO dem Vorstand der Rechtsanwaltskammer die Eingehung oder Auflösung einer Partnerschaftsgesellschaft unaufgefordert und unverzüglich anzuzeigen. Durch § 56 BRAO und ergänzend § 24 Abs. 2 BerufsO wird ferner die Pflicht begründet, dem Vorstand Auskünfte zu erteilen und Urkunden, z. B. den Partnerschaftsvertrag, vorzulegen, soweit dies in einer Aufsichts- oder Beschwerdeangelegenheit erforderlich ist.

41 Gemäß § 14 Abs. 1 BerufsO sind dem Vorstand der **Patentanwaltskammer** die Bildung, Veränderung oder Auflösung einer Partnerschaftsgesellschaft unaufgefordert und unverzüglich schriftlich **anzuzeigen.** Das Gleiche gilt für die Begründung, den Wechsel der Bezeichnung oder der Anschrift einer Kanzlei. In **Aufsichtssachen** hat der Patentanwalt dem Vorstand der Patentanwaltskammer gemäß § 14 Abs. 3 BerufsO auf dessen Verlangen vertragliche Abmachungen über eine berufliche Zusammenarbeit (hier also: den Partnerschaftsvertrag) in dem für diese Aufsichtsangelegenheit relevanten Umfang zur Kenntnis zu bringen.

2. Steuerberater, Steuerbevollmächtigte

42 Wenn eine Partnerschaft die Anerkennung als **Steuerberatungsgesellschaft** erlangen möchte, muss sie dies gemäß § 49 Abs. 3, 4 StBerG bei der örtlich zuständigen Steuerberaterkammer beantragen. Dem Antrag ist eine Ausfertigung oder eine öffentlich beglaubigte Abschrift des Partnerschaftsvertrages beizufügen. Jede Änderung des Partnerschaftsvertrages oder der Partner oder in der Person der Vertretungsberechtigten ist der Steuerberaterkammer unverzüglich und unter Beifügung einer beglaubigten Abschrift der jeweiligen Urkunde anzuzeigen. Wird die Änderung im Partnerschaftsregister eingetragen, ist nach § 49 Abs. 4 Satz 4 StBerG eine beglaubigte Abschrift oder ein amtlicher Ausdruck der Eintragung nachzureichen.

43 § 56 Abs. 4 Satz 1 StBerG i. V. m. § 22 BOStB statuiert die Verpflichtung, der Steuerberaterkammer unaufgefordert und unverzüglich die Gründung einer Partnerschaftsgesellschaft und die Veränderung in den Gesellschaftsverhältnissen **anzuzeigen**. Weiterhin besteht die Verpflichtung nach § 56 Abs. 4 Satz 2 StBerG, auf Verlangen Auskünfte zu erteilen und die Gesellschaftsverträge samt deren Änderungen vorzulegen

44 Die §§ 45–50 DVStB enthalten Vorschriften über das **Berufsregister**. Nach den § 46 Nr. 2, § 48 Abs. 1 Nr. 2 DVStB sind die vertretungsberechtigten Partner einer Steuerberatungsgesellschaft verpflichtet, die in das Berufsregister einzutragenden Tatsachen der zuständigen Berufskammer mitzuteilen. Diese Tatsachen sind:

1. Name der Partnerschaft;
2. Rechtsform;
3. Tag der Anerkennung als Steuerberatungsgesellschaft;
4. Steuerberaterkammer, die die Anerkennung ausgesprochen hat;
5. Befugnis zur Führung der Bezeichnung „Landwirtschaftliche Buchstelle";
6. Sitz;
7. Anschrift;
8. Namen der vertretungsberechtigten Partner;
9. sämtliche weiteren Beratungsstellen und die Namen der die weiteren Beratungsstellen leitenden Personen

sowie alle Veränderungen zu den oben genannten Nummern 1., 2., 5. bis 9.

45 Darüber hinaus haben Steuerberater und Steuerbevollmächtigte nach § 46 Nr. 1 lit. e, § 48 Abs. 1 Nr. 1 DVStB etwaige **berufliche Zusammenschlüsse** i. S. des § 56 Abs. 1 bis 3 StBerG mitzuteilen.

46 Weitere Mitteilungspflichten bestehen gemäß § 47 Abs. 1 Nr. 2 lit. b, § 48 Abs. 2 Nr. 2 DVStB für die vertretungsberechtigten Partner, wenn der **Sitz** der Partnerschaft aus dem Registerbezirk **hinausverlegt** wird.

47 Die vertretungsberechtigten Partner haben zudem jährlich eine von ihnen unterschriebene **Liste der Partner** zum Berufsregister einzureichen, aus der Name, Vorname, Beruf, Wohnort und berufliche Niederlassung sowie der Kapitalanteil jedes

Gesellschafters zu ersehen sind, § 50 Abs. 1 DVStB. Falls seit Einreichung der letzten Liste keine Veränderungen der Partner oder ihrer Kapitalanteile eingetreten sind, genügt die Einreichung einer entsprechenden Erklärung.

3. Wirtschaftsprüfer, vereidigte Buchprüfer

48 Partnerschaften, die als **Wirtschaftsprüfungsgesellschaften** anerkannt werden wollen, müssen dies gemäß den § 29 i. V. m. § 7 WPO beantragen. Dem Antrag sind gemäß § 29 Abs. 2 WPO eine Ausfertigung oder eine öffentlich beglaubigte Abschrift des Partnerschaftsvertrages beizufügen. Jede **Änderung** des Partnerschaftsvertrages ist nach § 30 WPO der Wirtschaftsprüferkammer unter Beifügung einer öffentlich beglaubigten Abschrift der jeweiligen Urkunde anzuzeigen. Wird eine Änderung im Partnerschaftsregister eingetragen, ist nach § 30 Satz 3 WPO eine öffentlich beglaubigte Abschrift der Eintragung nachzureichen.

49 Das **Berufsregister** ist in den §§ 37–40a WPO normiert. Gemäß den § 38 Nr. 2, § 40 Abs. 1 Nr. 2 WPO haben die vertretungsberechtigten Partner einer als Wirtschaftsprüfungsgesellschaft anerkannten Partnerschaft unter Beifügung einer Liste der vertretungsberechtigten Partner bei der Wirtschaftsprüferkammer die Eintragung folgender Tatsachen zu der Gesellschaft zu beantragen:

1. Name der Partnerschaft;
2. Rechtsform;
3. Tag der Anerkennung als Wirtschaftsprüfungsgesellschaft;
4. Behörde, die die Anerkennung ausgesprochen hat;
5. Anschrift der Hauptniederlassung (Sitz);
6. Namen, Berufe, Geburtsdaten und Anschriften der Partner;
7. Namen, Berufe, Geburtsdaten und Anschriften der vertretungsberechtigten Partner;
8. Namen, Anschrift und Registernummern der im Namen der Partnerschaft tätigen Wirtschaftsprüfer

sowie alle Veränderungen zu den oben genannten Nummern 1., 2., 5. bis 8.

50 **Zweigniederlassungen** sind nach den Vorschriften der § 38 Nr. 3, § 40 Abs. 2 WPO von dem Wirtschaftsprüfer oder den vertretungsberechtigten Partnern der Gesellschaft anzuzeigen.[64)]

51 Die **Löschung** von Wirtschaftsprüfungsgesellschaften und Zweigniederlassungen erfolgt gemäß den § 39 Abs. 1 Nr. 2 und 3, § 40 Abs. 1 WPO durch die Wirtschaftsprüferkammer von Amts wegen. Die entsprechenden Tatsachen sind nach § 40 Abs. 2 Satz 1 WPO unverzüglich mitzuteilen.

52 Soweit der Wirtschaftsprüfer Partner einer nicht als Wirtschaftsprüfungsgesellschaft anerkannten Partnerschaft ist, hat er entsprechend § 40 Abs. 2 Satz 1 i. V. m.

- § 38 Nr. 1 lit. d WPO die Art der beruflichen Tätigkeit (selbständig in einer Sozietät),

64) Hense/Ulrich-*Teckemeyer*, WPO, § 40 Rz. 4.

- § 38 Nr. 1 lit. e WPO die Namen, Vornamen, Berufe und beruflichen Niederlassungen der Partner sowie
- den Namen der Partnerschaft und alle Veränderungen dieser Daten unverzüglich mitzuteilen.

4. Ärzte

53 Die Gründung, Änderung und Beendigung eines ärztlichen Zusammenschlusses (Berufsausübungsgemeinschaft, Organisationsgemeinschaft, Kooperationsgemeinschaft und Praxisverbund) ist gemäß Kap. B § 18 Abs. 6 MBO-Ä 1997 von den beteiligten Ärzten ihrer Ärztekammer **anzuzeigen**. Wenn für die beteiligten Ärzte mehrere Ärztekammern zuständig sind, ist jeder Arzt verpflichtet, die für ihn zuständige Kammer auf alle an der Partnerschaft beteiligten Ärzte hinzuweisen. Weiterhin sollen nach Kap. B § 24 MBO-Ä 1997 die Ärzte alle Verträge, die ihre ärztliche Tätigkeit betreffen, vor deren Abschluss der Ärztekammer vorlegen.

5. Zahnärzte

54 Der Zusammenschluss eines Zahnarztes mit anderen Partnern i. R. einer Partnerschaft ist gemäß § 3 Abs. 2 Halbs. 1 MBO-ZÄ der Zahnärztekammer anzuzeigen.

6. Tierärzte

55 Die Eröffnung und die Beendigung einer Gemeinschaftspraxis in Form der Partnerschaft sind gemäß § 18 Abs. 1 Satz 1, Abs. 2 MBO-TÄ i. V. m. § 16 Abs. 3 MBO-TÄ unverzüglich der Tierärztekammer mitzuteilen. Gleiches gilt für die Änderung der Gesellschaftsform. Diese Anzeigepflicht findet sich ebenso in allen Landes-Berufsordnungen. Ferner fordern manche Berufsordnungen, dass der Partnerschaftsvertrag der Tierärztekammer auf Verlangen vorgelegt werden muss (z. B. Hamburg: § 21 Abs. 4 Satz 2; Mecklenburg-Vorpommern: § 23 Abs. 4 Satz 2; Rheinland-Pfalz: § 25 Abs. 4 Satz 2; Sachsen-Anhalt: § 16 Abs. 4 Satz 2). Teilweise wird auch von einer Vorlagepflicht ausgegangen (z. B. Baden-Württemberg: § 21 Abs. 6; Niedersachsen: § 21a Satz 3 Halbs. 2) oder soll der Vertrag hinterlegt werden (z. B. Nordrhein: § 25 Abs. 5 Satz 2).

56 Vor dem Abschluss von Verträgen über die Eröffnung oder Auflösung einer Gemeinschaftspraxis soll sich der Tierarzt zur Wahrung der beruflichen Belange „und im eigenen Interesse“ von der Tierärztekammer **beraten lassen** (z. B. Berlin: § 3 Abs. 6; Brandenburg: § 3 Abs. 4; Bremen: § 5 Abs. 5; Rheinland-Pfalz: § 4 Abs. 4; Saarland: § 12 Abs. 1 Satz 1; Westfalen-Lippe: § 3 Abs. 6). Ein Verstoß gegen diese Soll-Bestimmung ist rechtlich folgenlos.

7. Hauptberufliche Sachverständige

57 Nach § 19 lit. i Muster-SVO DIHK, § 19 Nr. 9 Muster-SVO ZDH und § 19 lit. i Muster-SVO BIngK hat der Sachverständige der für ihn zuständigen Kammer unverzüglich die Gründung einer Partnerschaft nach § 21 der jeweiligen Muster-SVO oder den Eintritt in einen solchen Zusammenschluss **anzuzeigen**. Dies soll gemäß Nummer 19.2 der Richtlinien des Zentralverbandes des Deutschen Handwerks u. a. der Gefahr von Interessenkollisionen und der Beeinträchtigung der Objektivität und Unabhängigkeit des Sachverständigen vorbeugen.

58 § 20 Abs. 1 Muster-SVO DIHK, § 20 Abs. 1 Muster-SVO ZDH und § 20 Abs. 1 Muster-SVO BIngK unterwirft die Berufsangehörigen einer weitgehenden **Auskunftspflicht** auf Verlangen der jeweiligen Kammer. Der Sachverständige muss auf Verlangen angeforderte Unterlagen vorlegen.

C. Vorschriften des FamFG über das Registerverfahren

59 Mit Inkrafttreten des Gesetzes über das Verfahren in Familiensachen und in den Angelegenheiten der freiwilligen Gerichtsbarkeit[65] im September 2009 wurde das Registerrecht zusammengefasst und teilweise vereinheitlicht. Der Inhalt des ursprünglichen § 160b FGG wurde in verschiedene Normen übernommen. Das Buch 5 des FamFG trifft nunmehr Regelungen insbesondere zu den Partnerschaftsregistersachen, wie sich aus § 374 FamFG ergibt.

60 Die Ermächtigung zum Erlass von Vorschriften betreffend der Errichtung und Führung des **Partnerschaftsregisters** ergibt sich aus § 387 Abs. 2 FamFG.

I. Zuständigkeit des Gerichts

61 Nach § 23a Abs. 1 Nr. 2, Abs. 2 Nr. 3 GVG sind die **AG** sachlich und nach § 377 Abs. 1 FamFG örtlich ausschließlich für die Führung des Partnerschaftsregisters zuständig, sofern sich für die örtliche Zuständigkeit nicht eine Konzentrierung aus § 376 Abs. 2 FamFG ergibt (siehe zu den Einzelheiten *Zimmermann*, § 4 Rz. 17 f.).

II. Mitwirkungspflichten von Behörden und Berufsorganisationen

62 **§ 379 FamFG** begründet **Mitteilungspflichten** der Gerichte und Behörden, falls sie Kenntnis von der Unrichtigkeit, Unvollständigkeit oder dem Unterlassen einer Anmeldung erhalten.

63 Durch **§ 380** Abs. 1 Nr. 4 FamFG wird die Mitwirkung der berufsständischen Organe der freien Berufe, also insbesondere der **Berufskammern**, im Registerverfahren sichergestellt. Die Mitwirkung der Berufskammern wird dabei durch § 4 PRV näher geregelt, wonach das Gericht sie in zweifelhaften Fällen um die Abgabe einer Stellungnahme ersuchen soll. Die **Verhütung unrichtiger Eintragungen** wird hierbei in der Praxis nur eine geringe Rolle spielen, zumal, anders als zum Teil nach früheren Gesetzentwürfen,[66] nur die freiberuflichen Kammern bei der Eintragung einer Partnerschaft beteiligt sind, jedoch nicht die zahlreichen sonstigen Organisationen, in denen auch gerade diejenigen Berufe zusammengeschlossen sind, deren Einstufung als freiberuflich größere Schwierigkeiten bereitet. Unter dem **Begriff der berufsständischen Organe** der freien Berufe sind demnach nur die Berufskammern zu verstehen, die ihre Mitglieder i. R. einer Zwangsmitgliedschaft nach Landes- oder Bundesrecht zusammenfassen.[67] Daraus ergibt sich auch, dass rein zivilrechtlich organisierte Berufsverbände nicht in den Anwendungsbereich dieser Norm fallen. Der Begriff „Berufskammer" in § 4 PRV ist identisch mit dem der

---

65) Gesetz zur Reform des Verfahrens in Familiensachen und in den Angelegenheiten der freiwilligen Gerichtsbarkeit (FGG-Reformgesetz – FGG-RG) v. 17.12.2008, BGBl. I 2008, 2586.

66) Z. B. § 5 Abs. 2 Sätze 1 und 2 E 1975, BT-Drucks. 7/4089, S. 3.

67) Keidel-*Heinemann*, FamFG, § 380 Rz. 14.

berufsständischen Organe.[68] Wenn es um die Frage geht, ob ein angegebener Beruf (z. B. EDV-Berater), insbesondere, wenn es sich um einen neuen Beruf handelt, als freier Beruf anzusehen ist, **kann** das Gericht allerdings durchaus einmal nach eigenem Ermessen die Berufsorganisationen beteiligen und entsprechende Gutachten bei ihnen einholen.[69]

64 Das **Berufsorgan** hat das Registergericht auch bei der **Berichtigung** und Vervollständigung des Partnerschaftsregisters und beim **Einschreiten** gegen einen unzulässigen Namensgebrauch zu **unterstützen**. Diese grundsätzliche Verpflichtung ergibt sich aus § 380 Abs. 1 FamFG.

65 Bei **privaten Berufsvertretungen** (nicht bei Berufskammern) muss im Einzelfall geprüft werden, ob nach § 26 FamFG eine Anhörung durchgeführt werden kann. § 380 FamFG bietet keine hinreichende Rechtsgrundlage für die Einbeziehung privater Berufsverbände.[70] Wegen der etwaigen Freiwilligkeit der Mitgliedschaft muss die den gesamten Berufsstand umfassende Sachkunde gewährleistet sein.[71] Eine Berichtigung und Vervollständigung wird bspw. bei einem Wechsel von Partnern relevant (§ 4 Abs. 1 Satz 3 PartGG).

66 Die umfangreichen Mitwirkungs- und Informationspflichten der Berufsorganisationen waren einer der vorrangigen Beweggründe, die den Gesetzgeber dazu veranlasst haben, sich in § 4 Abs. 2 Satz 2 PartGG mit der bloßen Angabe durch die Partner zu begnügen, da so die notwendigen Korrekturen veranlasst werden könnten.[72] § 6 PRV ordnet eine umfassende **Information der Berufskammern** über sämtliche Eintragungen, die ihren Beruf betreffen, an, so dass eine vollständige Kontrolle gegeben ist.

III. Einschreiten des Registergerichts

67 Im Falle des § 5 Abs. 2 PartGG i. V. m. § 14 HGB, also wenn die Partner gegenüber dem Registergericht nicht ihre Verpflichtungen zur Anmeldung oder Einreichung von Dokumenten erfüllen, hat das Gericht gemäß § 388 Abs. 1 FamFG den Beteiligten unter **Fristsetzung** und **Androhung** eines Zwangsgeldes **aufzugeben**, ihren Pflichten nachzukommen oder mittels Einspruchs gegen die Verfügung ihr Verhalten zu rechtfertigen.[73] Dabei wird nicht die Partnerschaft als solche mit dem Zwangsgeld belegt, sondern die anmeldepflichtigen Einzelpersonen.[74] Für das weitere Verfahren sind die §§ 389 bis 391 FamFG anwendbar, was insbesondere die Zwangsgeldfestsetzung und die Rechtsbehelfe betrifft. Gemäß § 392 FamFG i. V. m. § 37 Abs. 1 HGB und § 2 Abs. 2 Halbs. 1 PartGG gilt dies auch bei einem

---

68) Vgl. Keidel-*Heinemann*, FamFG, § 380 Rz. 14.

69) Vgl. Bassenge/Roth-*K. Walter*, FamFG, § 380 Rz. 2.

70) Keidel-*Heinemann*, FamFG, § 380 Rz. 18.

71) Dazu die Begr. zum Entwurf einer PRV, BR-Drucks. 213/95, S. 17 unter Hinweis auf BVerfG, Beschl. v. 19.12.1962 – 1 BvR 541/57, BVerfGE 15, 235, 243.

72) Stellungnahme des BRats zum RegE PartGG, BT-Drucks. 12/6152, S. 27.

73) Zu den Einzelheiten des Verfahrens Keidel-*Heinemann*, FamFG, § 388 Rz. 24 ff.; Bassenge/Roth-*K. Walter*, FamFG, § 388 Rz. 2 ff.

74) Keidel-*Heinemann*, FamFG, § 380 Rz. 13.

unzulässigen Namensgebrauch (zum Firmenmissbrauchsverfahren siehe auch *Zimmermann*, § 11 Rz. 14).[75]

IV. Löschung

68 Vor der Eintragung des **Erlöschens eines Partnerschaftsnamens** sind von Amts wegen nach § 2 Abs. 2 Halbs. 1 PartGG i. V. m. § 31 Abs. 2 HGB und § 393 Abs. 1 Satz 2 FamFG die eingetragenen Partner zu benachrichtigen und ist ihnen die **Gelegenheit zum Widerspruch** zu geben.

69 Unzulässigerweise[76] erfolgte Eintragungen können ebenfalls nach Benachrichtigung der Beteiligten von Amts wegen gelöscht werden, § 395 FamFG. § 8 PRV bestimmt, dass bei einer Löschung des Partnerschaftsnamens wegen der **Nichtausübung einer freiberuflichen Tätigkeit** auf Antrag der Partner dieser Grund in der Bekanntmachung erwähnt werden kann. Trotz des Wortlautes („kann") wird man hierzu eine Verpflichtung anzunehmen haben, sofern die entsprechenden Voraussetzungen vorliegen und dem auch sonst nichts entgegensteht.

V. Liquidation

70 Für die i. R. der Liquidation einer Partnerschaft erforderlichen Tätigkeiten des Gerichts nach §§ 146 Abs. 2, 147, 157 Abs. 2 HGB ist sachlich gemäß § 23a Abs. 1 Nr. 2, Abs. 2 Nr. 4 GVG und örtlich gemäß § 375 Nr. 1 FamFG i. V. m. § 376 Abs. 1 FamFG das AG zuständig. Sofern ein Antragsgegner vorhanden ist, muss dieser regelmäßig vom Gericht i. R. seiner Beteiligtenstellung wegen seines Anspruchs auf rechtliches Gehör angehört werden.[77] Gegen den ablehnenden Beschluss – auch gegen die Zwischenverfügung, § 382 Abs. 4 Satz 2 FamFG – ist die Beschwerde nach § 58 FamFG statthaft.

---

75) Vgl. Begr. RegE PartGG, BT-Drucks. 12/6152, S. 12.

76) Die Unzulässigkeit kann sich z. B. aus einer falschen Namensbildung oder Verfahrensmängeln ergeben; Bassenge/Roth-*K. Walter*, FamFG, § 395 Rz. 4.

77) Keidel-*Heinemann*, FamFG, § 402 Rz. 2.

§ 6
Rechtsverhältnis der Partner untereinander

(1) Die Partner erbringen ihre beruflichen Leistungen unter Beachtung des für sie geltenden Berufsrechts.

(2) Einzelne Partner können im Partnerschaftsvertrag nur von der Führung der sonstigen Geschäfte ausgeschlossen werden.

(3) [1]Im übrigen richtet sich das Rechtsverhältnis der Partner untereinander nach dem Partnerschaftsvertrag. [2]Soweit der Partnerschaftsvertrag keine Bestimmungen enthält, sind die §§ 110 bis 116 Abs. 2, §§ 117 bis 119 des Handelsgesetzbuchs entsprechend anzuwenden.

Die Vorschriften des **HGB**, auf die § 6 Abs. 3 Satz 2 PartGG Bezug nimmt, lauten:

§ 110 (Ersatz für Aufwendungen und Verluste)

(1) Macht der Gesellschafter in den Gesellschaftsangelegenheiten Aufwendungen, die er den Umständen nach für erforderlich halten darf, oder erleidet er unmittelbar durch seine Geschäftsführung oder aus Gefahren, die mit ihr untrennbar verbunden sind, Verluste, so ist ihm die Gesellschaft zum Ersatze verpflichtet.

(2) Aufgewendetes Geld hat die Gesellschaft von der Zeit der Aufwendung an zu verzinsen.

§ 111 (Verzinsungspflicht)

(1) Ein Gesellschafter, der seine Geldeinlage nicht zur rechten Zeit einzahlt oder eingenommenes Gesellschaftsgeld nicht zur rechten Zeit an die Gesellschaftskasse abliefert oder unbefugt Geld aus der Gesellschaftskasse für sich entnimmt, hat Zinsen von dem Tage an zu entrichten, an welchem die Zahlung oder die Ablieferung hätte geschehen sollen oder die Herausnahme des Geldes erfolgt ist.

(2) Die Geltendmachung eines weiteren Schadens ist nicht ausgeschlossen.

§ 112 (Wettbewerbsverbot)

(1) Ein Gesellschafter darf ohne Einwilligung der anderen Gesellschafter weder in dem Handelszweige der Gesellschaft Geschäfte machen noch an einer anderen gleichartigen Handelsgesellschaft als persönlich haftender Gesellschafter teilnehmen.

(2) Die Einwilligung zur Teilnahme an einer anderen Gesellschaft gilt als erteilt, wenn den übrigen Gesellschaftern bei Eingehung der Gesellschaft bekannt ist, daß der Gesellschafter an einer anderen Gesellschaft als persönlich haftender Gesellschafter teilnimmt, und gleichwohl die Aufgabe dieser Beteiligung nicht ausdrücklich bedungen wird.

§ 113 (Verletzung des Wettbewerbsverbots)

(1) Verletzt ein Gesellschafter die ihm nach § 112 obliegende Verpflichtung, so kann die Gesellschaft Schadensersatz fordern; sie kann statt dessen von dem Gesellschafter verlangen, daß er die für eigene Rechnung gemachten Geschäfte als für Rechnung der Gesellschaft eingegangen gelten lasse und die aus Geschäften für fremde Rechnung bezogene Vergütung herausgebe oder seinen Anspruch auf die Vergütung abtrete.

(2) Über die Geltendmachung dieser Ansprüche beschließen die übrigen Gesellschafter.

(3) Die Ansprüche verjähren in drei Monaten von dem Zeitpunkt an, in welchem die übrigen Gesellschafter von dem Abschluss des Geschäfts oder von der Teilnahme des Gesellschafters an der anderen Gesellschaft Kenntnis erlangen oder ohne grobe Fahrlässigkeit erlangen müssten; sie verjähren ohne Rücksicht auf diese Kenntnis oder grob fahrlässige Unkenntnis in fünf Jahren von ihrer Entstehung an.

(4) Das Recht der Gesellschafter, die Auflösung der Gesellschaft zu verlangen, wird durch diese Vorschriften nicht berührt.

§ 114 (Geschäftsführung)

(1) Zur Führung der Geschäfte der Gesellschaft sind alle Gesellschafter berechtigt und verpflichtet.

(2) Ist im Gesellschaftsvertrage die Geschäftsführung einem Gesellschafter oder mehreren Gesellschaftern übertragen, so sind die übrigen Gesellschafter von der Geschäftsführung ausgeschlossen.

§ 115 (Geschäftsführung durch mehrere Gesellschafter)

(1) Steht die Geschäftsführung allen oder mehreren Gesellschaftern zu, so ist jeder von ihnen allein zu handeln berechtigt; widerspricht jedoch ein anderer geschäftsführender Gesellschafter der Vornahme einer Handlung, so muß diese unterbleiben.

(2) Ist im Gesellschaftsvertrage bestimmt, daß die Gesellschafter, denen die Geschäftsführung zusteht, nur zusammen handeln können, so bedarf es für jedes Geschäft der Zustimmung aller geschäftsführenden Gesellschafter, es sei denn, daß Gefahr im Verzug ist.

§ 116 (Umfang der Geschäftsführungsbefugnis)

(1) Die Befugnis zur Geschäftsführung erstreckt sich auf alle Handlungen, die der gewöhnliche Betrieb des Handelsgewerbes der Gesellschaft mit sich bringt.

(2) Zur Vornahme von Handlungen, die darüber hinausgehen, ist ein Beschluß sämtlicher Gesellschafter erforderlich.

(3) … .

§ 117 (Entziehung der Geschäftsführungsbefugnis)

Die Befugnis zur Geschäftsführung kann einem Gesellschafter auf Antrag der übrigen Gesellschafter durch gerichtliche Entscheidung entzogen werden, wenn ein wichtiger Grund vorliegt; ein solcher Grund ist insbesondere grobe Pflichtverletzung oder Unfähigkeit zur ordnungsmäßigen Geschäftsführung.

§ 118 (Kontrollrecht der Gesellschafter)

(1) Ein Gesellschafter kann, auch wenn er von der Geschäftsführung ausgeschlossen ist, sich von den Angelegenheiten der Gesellschaft persönlich unterrichten, die Handelsbücher und die Papiere der Gesellschaft einsehen und sich aus ihnen eine Bilanz und einen Jahresabschluß anfertigen.

(2) Eine dieses Recht ausschließende oder beschränkende Vereinbarung steht der Geltendmachung des Rechtes nicht entgegen, wenn Grund zu der Annahme unredlicher Geschäftsführung besteht.

§ 119 (Beschlussfassung)

(1) Für die von den Gesellschaftern zu fassenden Beschlüsse bedarf es der Zustimmung aller zur Mitwirkung bei der Beschlußfassung berufenen Gesellschafter.

(2) Hat nach dem Gesellschaftsvertrage die Mehrheit der Stimmen zu entscheiden, so ist die Mehrheit im Zweifel nach der Zahl der Gesellschafter zu berechnen.

Literatur: *Appel*, Gesellschaftsvertrag einer Partnerschaft, Stbg 1995, 203; *Beckmann*, Für eine Partnerschaft Freier Berufe, in: Festschrift für Detlef Kleinert, 1992, S. 210; *Berger*, Die Abtretung ärztlicher Honorarforderungen, NJW 1995, 1584; *Berger*, Zur Neuregelung der Zession anwaltlicher Gebührenforderungen in § 49b Abs. 4 BRAO, NJW 1995, 1406; *Berninger*, Vermögenszuordnung zwischen Gesellschaft und Gesellschafter bei der Einbringung quoad sortem (dem Werte nach), DStR 2010, 874; *Bösert*, Das Gesetz über Partnerschaftsgesellschaften Angehöriger Freier Berufe (Partnerschaftsgesellschaftsgesetz – PartGG), ZAP Fach 15, S. 137 (= ZAP 1994, 765); *Bösert*, Der Regierungsentwurf eines Gesetzes zur Schaffung von Partnerschaftsgesellschaften (Partnerschaftsgesellschaftsgesetz – PartGG), DStR 1993, 1332; *Bruckner*, Nachvertragliche Wettbewerbsverbote zwischen Rechtsanwälten, 1987; *Burret*, Das Partnerschaftsgeselschaftsgesetz, WPK-Mitt. 1994, 201; *Carl*, Die Partnerschaftsgesellschaft – eine neue Rechtsform für die Freien Berufe, StB 1995, 173; *Fleischer*, Kompetenzüberschreitungen von Geschäftsleitern um Personen- und Kapitalgesellschaftsrecht, DStR 2009, 1204; *Goette*, Aktuelle höchstrichterliche Rechtsprechung zur Freiberuflersozietät, AnwBl. 2007, 637; *Gres*, Partnerschaftsgesetz für Freie Berufe – Gesetzesvorhaben mit Vorgeschichte, Der Selbständige, 12/1992, 6; *Haas*, Das neue Kapitalersatzrecht nach dem RegE-MoMiG, ZInsO 2007, 617; *Habersack*, Gesellschafterdarlehen nach dem MoMiG, ZIP 2007, 2145; *Heussen*, Gewinnverteilung – Strategie – Unternehmenskultur, AnwBl 2007, 169; *Hirte*, Neuregelungen mit Bezug zum gesellschaftsrechtlichen Gläubigerschutz und im Insolvenzrecht durch das Gesetz zur Modernisierung des GmbH-Rechts und zur Bekämpfung von Missbräuchen (MoMiG), ZInsO 2008, 689; *Hirtz*, Rechtliche Auswirkungen der Partnerwahl, AnwBl. 2008, 82; *Hornung*, Partnerschaftsgesellschaft für Freiberufler (Teil 2), Rpfleger 1996, 1; *Hornung*, Partnerschaftsgesellschaft für Freiberufler (Teil 1), Rpfleger 1995, 481; *Huber*, Das Auskunftsrecht des Kommanditisten, ZGR 1982, 539; *Kempter*, Das Partnerschaftsgesellschaftsgesetz, BRAK-Mitt. 1994, 122; *Knoll/Schüppen*, Die Partnerschaftsgesellschaft – Handlungszwang, Handlungsalternative oder Schubladenmodell, DStR 1995, 608; *Lenz*, Die Partnerschaft – alternative Gesellschaftsform für Freiberufler, MDR 1994, 741; *Melullis*, Zu Zulässigkeit und Wirksamkeit von Wettbewerbsverboten anläßlich von Vereinbarungen über das Ausscheiden eines Gesellschafters, WRP 1994, 686; *Mennicke/Radtke*, Die Abtretung von Honorarforderungen aus strafrechtlicher Sicht, MDR 1993, 400; *Michalski*, Zum Regierungsentwurf eines Partnerschaftsgesellschaftsgesetzes, ZIP 1993, 1210; *Michalski/Römermann*, Interprofessionelle Zusammenarbeit von Rechtsanwälten, NJW 1996, 3233; *Michalski/Römermann*, Wettbewerbsbeschränkungen zwischen Rechtsanwälten, ZIP 1994, 433; *Mittelsteiner*, Kommentierung zum PartGG, DStR 1994, Beihefter zu Heft 37, S. 37; *Park*, Handbuch Durchsuchung und Beschlagnahme, 2. Aufl., 2008; *Raisch*, Handelsgesellschaft auf Einlagen als neue Gesellschaftsform für Vereinigungen von Handelsgewerbetreibenden, Landwirten und Angehörigen freier Berufe, in: Festschrift Alexander Knur, 1972, S. 165; *Römermann*, Eine „moderne" Entscheidung des BGH zur Anwaltssozietäten und Werbung, AnwBl. 2012, 885; *Römermann*, BRAO-Änderung 2007 – die zweite Runde, AnwBl. 2007, 823; *Römermann*, Nachvertragliche Wettbewerbsverbote bei Anwaltssozietäten, NJW 2002, 1399; *Römermann*, Nachvertragliche Wettbewerbsverbote bei Freiberuflern, BB 1998, 1489; *Römermann/Praß*, Die Partnerschaftsgesellschaft mit beschränkter Berufshaftung, NZG 2012, 601; *Roxin*, Das Beschlagnahmeprivileg des Syndikusanwalts im Lichte der neuesten Rechtsentwicklung, NJW 1995, 17; *Schäfer*, Mehrheitserfordernisse bei Stimmrechtskonsortien, ZGR 2009, 768; *Schirmer*, Berufsrechtliche und kassenarztrechtliche Fragen der ärztlichen Berufsausübung in Partnerschaftsgesellschaften (Teil 1) und (Teil 2), MedR 1995, 341 und 383; *Schmidt, K.*, „Schutzgemeinschaftsvertrag II" – ein gesellschaftsrechtliches Lehrstück über Stimmrechtskonsortien, ZIP 2009, 737; *Schmidt, K.*, Die Sozietät als Sonderform der BGB-Gesellschaft, NJW 2005, 2801; *Schmidt, K.*, Die Freiberufliche Partnerschaft, NJW 1995, 1; *Schmidt, K.*, Partnerschaftsgesetzgebung zwischen Berufsrecht, Schuldrecht und Gesellschaftsrecht, ZIP 1993, 633; *Seibert*, Die Partnerschaft der Freien Berufe, DB 1994, 2381; *Sommer*, Anwalts-GmbH oder Anwalts-Partnerschaft?, GmbHR 1995, 249; *Stuber*, Das Partnerschaftsgesellschaftsgesetz unter besonderer Berücksichtigung der Belange der Anwaltschaft, WiB 1994, 705; *Taub*, „Geltungserhaltende Reduktion" bei nichtigen vertraglichen Wettbewerbsverboten?, WRP 1994, 802; *Taupitz*, Integrative Gesundheitszentren: neue Formen interprofessioneller ärztlicher Zusammenarbeit, MedR 1993, 367; *Westermann*, Rechtsfolgen des Ausscheidens aus einer Freiberufler-Sozietät, AnwBl. 2007, 103; *Weyand*, Partnerschaftsgesellschaften als neue Organisationsform für die freiberufliche Praxis, INF 1995, 22.

Übersicht

A. Allgemeines

1 § 6 PartGG enthält Regelungen zum **Innenverhältnis** der Partnerschaft.[1] Während insbesondere die Geschäftsführung gesondert geregelt ist, wird ansonsten im Wesentlichen auf das Innenrecht der OHG bzw. der BGB-Gesellschaft verwiesen.

1) Die Kommentierung baut auf der seit der ersten Auflage von Herrn *Lutz Michalski* und Herrn *Volker Römermann* erstellten Kommentierung auf. Für ihr Einverständnis, die Kommentierung fortführen zu dürfen, sei an dieser Stelle gedankt.

Die von § 6 PartGG gemachten Vorgaben erschließen sich in folgender Reihenfolge:[2] Das Innenverhältnis richtet sich im Grundsatz nach dem Partnerschaftsvertrag (§ 6 Abs. 3 Satz 1 PartGG); die darin versprochenen beruflichen Leistungen (Beiträge) haben unter Beachtung des jeweiligen Berufsrechts zu erfolgen (§ 6 Abs. 1 PartGG). Die Vertragsfreiheit nach § 6 Abs. 3 Satz 1 PartGG ist insoweit eingeschränkt, als der Ausschluss einzelner Partner von der Geschäftsführung im freiberuflichen Bereich unzulässig ist (§ 6 Abs. 2 PartGG). Enthält der Vertrag keine eigenen Regelungen, so gilt im Wesentlichen das Innenrecht der OHG (§ 6 Abs. 3 Satz 2 PartGG), teilweise[3] das Recht der BGB-Gesellschaft (§ 1 Abs. 4 PartGG). 2

B. Normentwicklung

Die **früheren Entwürfe** enthielten erheblich ausführlichere eigene Regelungen zum Innenverhältnis der Partnerschaft; sie wurden im Gesetz durch einen weitergehenden Verweis auf das Recht der OHG ersetzt (§ 6 Abs. 3 Satz 2 PartGG). Dies gilt insbesondere für die Bereiche **Geschäftsführung, Wettbewerb** sowie **Kontrollrechte** der Partner. Eine dem § 6 Abs. 1 PartGG entsprechende Regelung findet sich in den Entwürfen nicht, lediglich die Vorschläge von 1971[4] und 1975[5] sahen die eigenverantwortliche Berufstätigkeit der Partner oder – bei Ärzten – die selbständige, eigenverantwortliche und leitende Berufsausübung vor. 3

Bei der Frage der **Geschäftsführung** unterschieden die Entwürfe von 1971 und 1975 nicht – wie § 6 Abs. 2 PartGG – zwischen der **hauptsächlichen** und der **sonstigen Geschäftsführung**, sondern behandelten die Geschäftsführung getrennt von der Berufsausübung.[6] In § 5 des Entwurfs von **1971** heißt es hierzu lapidar: „Die geschäftsführenden Partner führen die Geschäfte der Partnerschaft." Der Entwurf von **1975** räumte demgegenüber grundsätzlich allen Partnern die **Geschäftsführungsbefugnis** ein, allerdings unter dem Vorbehalt einer abweichenden Regelung im Partnerschaftsvertrag.[7] Wiederum anders regelte der Entwurf von **1976** dieses Problem. In seinem § 9 Abs. 1 ist bestimmt: „Zur Ausübung seiner Berufstätigkeit und Führung der sonstigen Geschäfte der Partnerschaft ist jeder Partner allein berechtigt und verpflichtet." § 9 Abs. 2 des Entwurfs ordnete an, dass bei Vorliegen eines wichtigen Grundes durch gerichtliche Entscheidung einem Partner die Geschäftsführungsbefugnis entzogen werden könne. Der **Neun-Punkte-Katalog** von 1991 sah zur Geschäftsführung vor, dass diese nur durch Partner wahrgenommen 4

2) Vgl. auch Feuerich/Weyland *Vossebürger*, BRAO, § 6 PartGG Rz. 1; *Henssler*, PartGG, § 6 Rz. 1 f.; Meilicke u. a.-*Meilicke*, PartGG, § 6 Rz. 2 ff.

3) Das betrifft insbesondere die Leistung von Beiträgen, welche nicht unter § 6 Abs. 1 PartGG fallen (§§ 706, 707 BGB), die Gewinnverteilung (§§ 721, 722 BGB) sowie die Auskunfts- und Rechenschaftspflicht (§§ 713, 666 BGB).

4) § 4 Abs. 1 Sätze 1 und 3 E 1971, BT-Drucks. VI/2047, S. 2.

5) § 6 E 1975, BT-Drucks. 7/4089, S. 3.

6) *Schwenter-Lipp*, S. 157.

7) § 7 E 1975.

werden dürfe, wobei jeder Partner zur Alleinvertretung der Partnerschaft ermächtigt werden könne.[8]

5 Auch für den Fall des Ausschlusses eines Partners von der Geschäftsführung sprachen ihm sämtliche früheren Gesetzesentwürfe ein **Kontrollrecht** zu, welches in etwa dem nach § 118 HGB entsprach.[9] Der Entwurf von 1976 hielt es allerdings für angezeigt, ausdrücklich zu bestimmen, dass die berufs- und standesrechtlichen **Verschwiegenheitspflichten** hierdurch nicht berührt würden.[10]

6 Sämtliche Entwürfe sprachen schließlich ein **Wettbewerbsverbot** aus, durch das den Partnern die Berufsausübung außerhalb der Partnerschaft ohne Einwilligung der Gesellschafter untersagt wurde.[11] § 12 Abs. 2 und 3 des Entwurfs von 1976 regelte zudem die Konsequenzen eines Verstoßes gegen das Verbot in einer dem § 113 Abs. 1 bis 3 HGB ähnlichen Weise.

C. Zweck der Vorschrift

7 Die Vorschrift des § 6 Abs. 1 PartGG soll im Wesentlichen nur die zu den freiberuflichen Kapitalgesellschaften ergangene **Rechtsprechung kodifizieren**,[12] wonach der Zusammenschluss in einer Partnerschaft die Partner nicht von ihren berufsrechtlichen Pflichten entbindet.[13] Das entspricht auch der allgemeinen Meinung in der Literatur.[14] § 6 Abs. 1 PartGG dient daher lediglich der **Klarstellung**[15] und ist im Prinzip überflüssig.[16]

8 § 6 Abs. 2 PartGG hebt die **Eigenverantwortlichkeit** der einzelnen Partner heraus[17] und ist letztlich eine spezielle Ausformung der Regelungen zur beruflichen Unabhängigkeit. Auch hierbei handelt es sich um eine Klarstellung. Bereits vor Inkrafttreten des Gesetzes war für die bis dahin bestehenden freiberuflichen Sozietäten unzweifelhaft, dass ein Sozius nicht von der Berufsausübung ausgeschlossen oder über die nach organisatorischen und qualifikativen Gesichtspunkten gestaltete Geschäftsverteilung oder die im Einzelfall durch das Kriterium des persönlichen Vertrauens begründete Zuständigkeitsverteilung hinaus beschränkt werden durfte.[18]

---

8) Vgl. zu Punkt 3 des Katalogs *Beckmann* in: FS Kleinert, S. 210, 214; *Gres*, Der Selbständige, 12/1992, 6.

9) § 6 E 1971, § 8 E 1975, § 11 E 1976.

10) § 11 Abs. 3 E 1976.

11) § 7 E 1971, § 9 E 1975, § 12 E 1976.

12) Begr. zum RegE PartGG, BT-Drucks. 12/6152, S. 15.

13) Grundlegend BGH, Urt. v. 30.11.1977 – IV ZR 69/76, BGHZ 70, 158, 167; ferner BGH, Urt. v. 25.11.1993 – I ZR 281/91, ZIP 1994, 381 = WiB 1994, 270, m. Anm. *Brötzmann*; OLG München, Urt. v. 16.4.1992 – 6 U 4140/91, NJW 1993, 800; OLG Hamburg, Urt. v. 5.5.1994 – 3 U 281/93, MedR 1994, 451.

14) Vgl. nur *Kempter*, BRAK-Mitt. 1994, 122, 123; *Michalski*, ZIP 1993, 1210, 1212; *Ulmer/Schäfer* in: MünchKomm-BGB, § 6 PartGG Rz. 3.

15) *Bösert*, DStR 1993, 1332, 1334; *Bösert*, ZAP Fach 15, S. 137, 149; Meilicke u. a.-*Meilicke*, PartGG, § 6 Rz. 1, 3; *K. Schmidt*, NJW 1995, 1, 4; *Ulmer/Schäfer* in: MünchKomm-BGB, § 6 PartGG Rz. 3.

16) *Michalski*, ZIP 1993, 1210, 1212; *K. Schmidt*, ZIP 1993, 633, 643.

17) Henssler/Strohn-*Hirtz*, GesR, § 6 PartGG Rz. 1; Meilicke u. a.-*Meilicke*, PartGG, § 6 Rz. 1.

18) *Michalski*, Das Gesellschafts- und Kartellrecht, S. 310.

9 In § 6 Abs. 3 PartGG kommt der Gedanke zum Ausdruck, dass es sich bei der Partnerschaft um die **„freiberufliche Schwester der OHG"** handelt.[19] Anstatt die Regelungen zum Innenverhältnis der BGB-Gesellschaft über den Verweis in § 1 Abs. 4 PartGG zu übernehmen, verweist § 6 Abs. 3 PartGG umfassend auf das Recht der OHG. Ausgespart wird allerdings die Regelung des § 116 Abs. 3 HGB, da die Partnerschaft nicht durch Prokuristen vertreten werden soll.[20] Zudem wird nicht auf die handelsrechtlichen Regelungen zur Gewinnverteilung (§§ 120 ff. HGB) verwiesen, so dass über § 1 Abs. 4 PartGG die Vorschrift des § 721 Abs. 2 BGB Anwendung findet.[21]

D. Leistungen nach Maßgabe des Berufsrechts (§ 6 Abs. 1 PartGG)

I. Begriff der „beruflichen Leistung"

10 § 6 Abs. 1 PartGG spricht davon, dass die „beruflichen Leistungen" der Freiberufler nach Maßgabe des Berufsrechts zu erfolgen haben. Der Begriff der „Leistung" unterscheidet sich von den ansonsten aus dem Gesellschaftsrecht bekannten Termini **„Beitrag"** (§§ 706 f. BGB) bzw. – wenn Vermögenswerte eingebracht werden[22] – **„Einlage"** (vgl. § 14 GmbHG, § 36a AktG). Der Begriff des „Beitrags" ist weiter als der Begriff der „beruflichen Leistung" und umfasst Leistungen aller Art (siehe dazu unten Rz. 79). Dass außerdem nicht von „Einlage" gesprochen wird, ist in zweifacher Weise richtig. Zum einen ist die Partnerschaft dem Schwerpunkt nach keine „Einlagengesellschaft", denn im Vordergrund steht nicht die Bildung eines Gesellschaftsvermögens, sondern die berufliche Tätigkeit der Partner.[23] Zum anderen sind mit der übrigen Einlagenleistung in Form von Übereignung bzw. Besitzverschaffung von Bar- oder Sachmitteln (siehe dazu unten Rz. 79 ff.) keine berufsrechtlichen Probleme verbunden, so dass PartGG hierfür keine besonderen Regelungen vorsehen muss.

11 Wenn das Gesetz des Weiteren davon spricht, dass die Partner **„ihre"** beruflichen Leistungen unter Einhaltung der berufsrechtlichen Regeln zu erbringen haben, so ist dies i. S. des allgemeinen Sprachgebrauchs zu verstehen. Gemeint ist daher die individuelle Leistung jedes einzelnen Partners. Das ändert aber nichts daran, dass es sich rechtlich im Verhältnis nach außen, insbesondere zum Klienten, um die **vertraglichen Leistungen der Partnerschaft** als (teil-)rechtsfähiger Gesamthand handelt.

19) Begr. RegE PartGG, BT-Drucks. 12/6152, S. 8; *K. Schmidt*, ZIP 1993, 633, 635.

20) Henssler/Prütting-*Henssler*, BRAO, § 6 PartGG Rz. 5: „aus wenig nachvollziehbaren Gründen".

21) Henssler/Strohn-*Hirtz*, GesR, § 6 PartGG Rz. 12.

22) Zur Unterscheidung der Begrifflichkeiten *K. Schmidt*, GesR, § 20 II 1a; Staudinger-*Habermeier*, BGB, § 706 Rz. 2.

23) *K. Schmidt*, NJW 2005, 2801, 2802. Zumindest irreführend ist daher der Hinweis von *Ulmer/Schäfer* in: MünchKomm-BGB, § 6 PartGG Rz. 1, 3, es handele sich bei Absatz 1 um keine Regelung des Innenverhältnisses.

II. Vorgaben der Berufsrechte

1. Allgemeines

12 § 6 Abs. 1 PartGG bestimmt, dass die Leistungen der Partner unter Beachtung des für sie geltenden **Berufsrechts** erbracht werden sollen. Damit ist der (eigentlich überflüssige) Hinweis verbunden, dass ein Berufsträger nicht von seinen berufsrechtlichen Pflichten befreit ist, nur weil er als Gesellschafter einer Partnerschaft tätig wird. Zwar kommen die Verträge mit der Partnerschaft zustande, das Berufsrecht knüpft jedoch nicht daran an, dass jemand Vertragspartner ist, sondern dass er „beruflich tätig" wird.

13 Berufsträger haben insoweit vor allem ihre „**Grundpflichten**" zu beachten.[24] Einige Berufspflichten, wie etwa die Verschwiegenheit oder die Unabhängigkeit, sind für die meisten Freiberufler ausdrücklich geregelt (s. für Rechtsanwälte etwa § 43a BRAO; für Steuerberater § 57 StBerG; für Wirtschaftsprüfer § 43 WPO; für Ärzte § 9 MBO-Ä; für Zahnärzte § 7 MBO-ZÄ; für Tierärzte § 4 MBO-TÄ). Zudem unterliegen sie teilweise speziellen Regelungen hinsichtlich der **Werbung**. Anwaltliche Werbung muss z. B. „sachlich und berufsbezogen" sein (§ 43b BRAO), wobei sich die Rechtsprechung des BGH zum Begriff der Sachlichkeit kaum mehr von der Rechtsprechung zum Irreführungsverbot nach dem UWG unterscheidet.[25]

14 **Konkretere** Vorgaben, wie die beruflichen Leistungen innerhalb einer Partnerschaft zu erbringen sind, machen die Berufsrechte nicht. Es finden sich jedoch einige Regelungen, die allgemein Vorgaben zur Berufsausübung in einer Partnerschaft machen. Insbesondere regeln die Berufsrechte, mit wem und unter welchen Voraussetzungen sich die Berufsträger **zusammenschließen** dürfen.

2. Rechtsanwälte

15 Gemäß § 59a Abs. 1 Satz 1 BRAO dürfen sich Rechtsanwälte mit Angehörigen anderer sog. sozietätsfähiger Berufe zur gemeinschaftlichen Berufsausübung i. R. der eigenen beruflichen Befugnisse verbinden.[26] Zulässig ist danach auch die Organisation in einer Partnerschaft.[27] Gemäß § 33 Abs. 2 BerufsO hat jeder Rechtsanwalt bei beruflicher Zusammenarbeit, gleich in welcher Rechtsform, zu gewährleisten, dass die Regeln der anwaltlichen Berufsordnung auch von der Organisation eingehalten werden.

3. Patentanwälte

16 Nach § 52a Abs. 1 Satz 1 PAO ist eine Sozietätsgründung von Patentanwälten mit Angehörigen der dort genannten Berufe „im Rahmen der eigenen beruflichen Be-

---

24) Vgl. auch Henssler/Prütting-*Henssler*, BRAO, § 6 PartGG Rz. 2 f.; Henssler/Strohn-*Hirtz*, GesR, § 6 PartGG Rz. 4.

25) Vgl. BGH, Urt. v. 12.7.2012 – AnwZ (Brfg) 37/11, ZIP 2012, 1960 = NJW 2012, 3102 = AnwBl. 2012, 840; dazu *Römermann*, AnwBl. 2012, 885.

26) Die Verfassungsmäßigkeit dieser Vorschrift bezweifelt mittlerweile jedoch – zu Recht – auch der BGH, Beschl. v. 16.5.2013 – II ZB 7/11, ZIP 2013, 1429; früher bereits *Michalski/Römermann*, NJW 1996, 3233 ff. Er hat diese Frage dem BVerfG vorgelegt; eine Entscheidung steht noch aus.

27) *Römermann* in: BeckOK-BORA, § 33 Rz. 20 f.; Gaier/Wolf/Göcken-*Bormann*, Anwaltliches Berufsrecht, § 59a BRAO Rz. 36.

fugnisse" zulässig. Diese Regelung wird durch § 16 Abs. 4 der **Berufsordnung** näher ausgestaltet. Danach hat der Patentanwalt, der einer Partnerschaft angehört, darauf hinzuwirken, dass die anderen Partner nur diejenige Tätigkeit ausüben, für die sie kraft Gesetzes die Befugnis besitzen. Er muss insbesondere darauf achten, dass ihm übertragene Tätigkeiten und Befugnisse nur von solchen Partnern wahrgenommen werden, die dazu befugt sind. Der Patentanwalt hat die Berufspflichten der übrigen Partner zu beachten.

4. Steuerberater, Steuerbevollmächtigte

17 Gemäß § 56 Abs. 1 Satz 2 StBerG dürfen sich Steuerberater und Steuerbevollmächtigte mit Angehörigen anderer Berufe „zur gemeinschaftlichen Berufsausübung i. R. der eigenen beruflichen Befugnisse" in einer Sozietät verbinden. Nach § 72 Abs. 1 BOStB haben die **Steuerberatungsgesellschaften** sowie die Geschäftsführer und persönlich haftenden Gesellschafter, die nicht Steuerberater oder Steuerbevollmächtigte sind, bei ihrer Tätigkeit die sich aus den §§ 34, 56 Abs. 2, §§ 57, 57a, 62 und §§ 66 bis 71 StBerG ergebenden Pflichten zu beachten. Gemäß § 30 Abs. 2 BOStB finden auf die Steuerberatungsgesellschaften außerdem die Vorschriften der BOStB insoweit Anwendung, als sich aus der Rechtsform keine Besonderheiten ergeben.

5. Wirtschaftsprüfer, vereidigte Buchprüfer

18 Mit wem sich Wirtschaftsprüfer beruflich zusammenschließen dürfen, ergibt sich aus § 44b Abs. 1, 2 und 4 WPO (für vereidigte Buchprüfer i. V. m. § 130 Abs. 1 Satz 1 WPO). Gemäß § 44b Abs. 5 WPO haben Wirtschaftsprüfer die gemeinsame Berufsausübung mit anderen Berufsangehörigen unverzüglich zu beenden, wenn sie aufgrund des Verhaltens eines Sozietätspartners ihren beruflichen Pflichten nicht mehr uneingeschränkt nachkommen können.

6. Ärzte

19 Ärzte sind verpflichtet, in allen beruflichen Beziehungen zu Dritten ihre ärztliche Unabhängigkeit für die Behandlung der Patientinnen und Patienten zu wahren, § 30 MBO-Ä 2011.

20 Bei der Gründung einer medizinischen **Kooperationsgemeinschaft** muss der Partnerschaftsvertrag gemäß § 23b Abs. 1 Satz 4 lit. f MBO-Ä 2011 gewährleisten, dass die Einhaltung der berufsrechtlichen Bestimmungen der Ärzte, insbesondere die Pflicht zur Dokumentation, das Verbot der Werbung und die Regeln zur Erstellung einer Honorarforderung, von den übrigen Partnern beachtet wird. Damit versucht die Musterberufsordnung der Ärzte, indirekt Angehörige anderer Berufe dem ärztlichen Berufsrecht zu unterwerfen.

7. Zahnärzte

21 Zahnärzte dürfen ihren Beruf gemäß § 16 Abs. 1 Satz 1 MBO-ZÄ gemeinsam ausüben, wenn ihre eigenverantwortliche, medizinisch unabhängige und nicht gewerbliche Tätigkeit gewährleistet ist. Das dürfen sie auch mit selbstständig tätigen und zur eigenverantwortlichen Berufsausübung berechtigten Angehörigen anderer Heilberufe oder staatlicher Ausbildungsberufe im Gesundheitswesen, § 17 Abs. 1 Satz 1

MBO-ZÄ. Ist ein Zahnarzt gemäß § 1 Abs. 1 und 2 PartGG mit Angehörigen anderer Berufe als den soeben aufgezählten verbunden, so darf er in der Partnerschaft nicht die Zahnheilkunde am Menschen ausüben, § 17 Abs. 2 MBO-ZÄ.

8. Hauptberufliche Sachverständige

22 Öffentlich bestellte und vereidigte Sachverständige dürfen sich gemäß § 21 Abs. 1 der Muster-SVO u. a. in einer Partnerschaft zusammenschließen, wenn ihre Glaubwürdigkeit, ihr Ansehen in der Öffentlichkeit und die Einhaltung ihrer Pflichten nach der SVO gewährleistet sind.

E. Ausschluss von der Geschäftsführung (§ 6 Abs. 2 PartGG)

I. Überblick

23 Regelmäßig obliegt es den Partnern selbst, im **Partnerschaftsvertrag**[28] Regeln für die internen Rechtsbeziehungen aufzustellen (§ 6 Abs. 3 Satz 1 PartGG). Auch die Geschäftsführungsbefugnis kann privatautonom geregelt werden, so dass einzelne Partner im Grundsatz von der Geschäftsführung ausgeschlossen werden können. § 6 Abs. 2 PartGG beinhaltet eine Ausnahme von dieser Vertragsfreiheit. „Einzelne Partner“ können nur bei „sonstigen Geschäften“ von der Geschäftsführung ausgeschlossen werden.

II. Ausschluss „einzelner Partner“

24 Nach dem Wortlaut von § 6 Abs. 2 PartGG können zwar mehrere, nicht aber sämtliche Partner von der Geschäftsführung der sonstigen Geschäfte ausgeschlossen werden.[29] Dies betont den **Grundsatz der Selbstorganschaft.**[30] Die Führung der sonstigen Geschäfte der Partnerschaft darf somit nicht ausschließlich einem Dritten übertragen werden.[31] „Einzelne Partner“ ist daher i. S. von „*nur* einzelne Partner“ zu verstehen. Neben mindestens einem Partner können Dritte als Mitgeschäftsführer tätig werden. Die Delegation einzelner Geschäftsführungsaufgaben auf speziell Bevollmächtigte ist ebenfalls ohne weiteres möglich.[32] Da Absatz 3 nicht auf § 116 Abs. 3 HGB verweist, kann jedoch kein Prokurist bestellt werden (siehe dazu *Römermann*, Einf. Rz. 83, 85).

25 Die Übertragung der Führung von sonstigen Geschäften auf Dritte ist, soweit zusätzlich noch **mindestens ein Partner** zur Geschäftsführung berechtigt bleibt, möglich.[33] Die teilweise in größeren freiberuflichen Zusammenschlüssen bereits

---

28) Mustervertrag einer Partnerschaftsgesellschaft mit Erläuterungen bei *Michalski/Römermann*, Vertrag der Partnerschaftsgesellschaft, passim; ferner *Appel*, Stbg 1995, 203; *Feddersen/Meyer-Landrut*, PartGG, S. 99 ff.; *Ring*, Partnerschaftsgesellschaft, S. 199; einzelne Musterklauseln bei *Carl*, StB 1995, 173.

29) Begr. zum RegE PartGG, BT-Drucks. 12/6152, S. 15; *Kempter*, BRAK-Mitt. 1994, 122, 123.

30) Begr. zum RegE PartGG, BT-Drucks. 12/6152, S. 15; *Burret*, WPK-Mitt. 1994, 201, 205; Feuerich/Weyland-*Vossebürger*, BRAO, § 6 PartGG Rz. 4; *Kempter*, BRAK-Mitt. 1994, 122, 123; *Knoll/Schüppen*, DStR 1995, 608, 612; *Ulmer/Schäfer* in: MünchKomm-BGB, § 6 PartGG Rz. 9.

31) Begr. zum RegE PartGG, BT-Drucks. 12/6152, S. 15.

32) *Hornung*, Rpfleger 1996, 1.

33) *Raisch* in: FS Knur, S. 165, 178.

heute spürbare Tendenz, **professionellen Managern** die Leitung der gewöhnlichen Geschäfte des Unternehmens zu übertragen, wird sich noch verstärken.

III. Ausschluss von der Führung „sonstiger Geschäfte“

1. Sonstige und Kerngeschäfte

26 Nach § 6 Abs. 2 PartGG können Partner nur von der Führung der „sonstigen Geschäfte“ ausgeschlossen werden. Eigenartigerweise erwähnt das Gesetz an keiner Stelle die **„hauptsächlichen Geschäfte“** oder **Kerngeschäfte**, und der Wortlaut liefert auch keinen inhaltlichen Ansatz für eine irgendwie geartete Differenzierung. Die **Bedeutung** des § 6 Abs. 2 PartGG erschließt sich daher erst unter Heranziehung der gesetzgeberischen Motive.[34] In der Begründung des Regierungsentwurfs[35] heißt es hierzu:

> „Ein … Ausschluss einzelner Partner vom **Hauptinhalt ihrer Geschäftsführung**, nämlich ihrer freien **Berufsausübung**, stünde … im Widerspruch … zum Grundsatz der aktiven Mitarbeit aller Partner; ein vollständiger Ausschluss von der Geschäftsführung würde im Ergebnis die Möglichkeit einer bloßen Kapitalbeteiligung eröffnen.“ (Siehe näher unten Rz. 40).

27 Die „sonstigen Geschäfte“ („neutralen Geschäfte“[36]/„gewöhnlichen Geschäfte“[37]) sind daher in **Abgrenzung** zu der hiervon nicht erfassten freiberuflichen **Berufstätigkeit** zu definieren[38] und umfassen bspw. den Einkauf von Büromaterial, die Einstellung von Mitarbeitern (Recruiting), die Anmietung von Geschäftsräumen oder den Erwerb eines Grundstücks.[39] Eine exakte Abgrenzung ist jedoch nur unter Schwierigkeiten möglich.[40] Sicherlich gehört zur Berufsausübung bspw. eines **Rechtsanwalts** das Gespräch mit dem Mandanten sowie die Korrespondenz und die Wahrnehmung von Gerichtsterminen.

28 Allerdings kann sich darin die Berufsausübung nicht erschöpfen. Würde man nämlich den großen Bereich der zur zweckentsprechenden Berufsausübung **erforderlichen Rechtsgeschäfte** (Hilfsgeschäfte), wie z. B. den Ankauf von nur für ein Mandat benötigter Fachliteratur, die Anfertigung von Kopien, die Teilnahme an Fortbildungslehrgängen oder Geschäfte i. R. der Wahrnehmung auswärtiger Termine

---

34) Vgl. auch *Bösert*, DStR 1993, 1332, 1334; *Bösert*, ZAP Fach 15, S. 137, 149; *Hornung*, Rpfleger 1996, 1; *Kempter*, BRAK-Mitt. 1994, 122, 123; *Mittelsteiner*, DStR 1994, Beihefter zu Heft 37, S. 37, 38.

35) Begr. zum RegE PartGG, BT-Drucks. 12/6152, S. 15 (Hervorhebung durch Verfasser).

36) *Ulmer/Schäfer* in: MünchKomm-BGB, § 6 PartGG Rz. 9.

37) *Hornung*, Rpfleger 1996, 1.

38) Ganz h. M. s. nur Meilicke u. a.-*Meilicke*, PartGG, § 6 Rz. 43; *Ulmer/Schäfer* in: MünchKomm-BGB, § 6 PartGG Rz. 10; a. A. – unhaltbar – *Feddersen/Meyer-Landrut*, PartGG, § 6 Rz. 10, die eine Abgrenzung zu den gewöhnlichen Geschäften i. S. des § 116 Abs. 1 HGB vornehmen wollen.

39) Vgl. Henssler/Prütting-*Henssler*, BRAO, § 6 PartGG Rz. 7; Henssler/Strohn-*Hirtz*, GesR, § 6 PartGG Rz. 7; *Mittelsteiner*, DStR 1994, Beihefter zu Heft 37, S. 37, 38; *Raisch* in: FS Knur, S. 165, 178; *Ulmer/Schäfer* in: MünchKomm-BGB, § 6 PartGG Rz. 10; *Weyand*, INF 1995, 22, 24; näher *Römermann*, Entwicklungen und Tendenzen bei Anwaltsgesellschaften, S. 39 ff.

40) So auch *Burret*, WPK-Mitt. 1994, 201, 204 f.; *Lenz*, MDR 1994, 741, 743.

(Reise- und Übernachtungskosten usw.)[41] den „sonstigen Geschäften" zuordnen, dann könnte das Verbot des § 6 Abs. 2 PartGG, den Partner von der Berufsausübungs-Geschäftsführung auszuschließen, leicht ausgehöhlt werden.[42] Zur eigentlichen Berufstätigkeit wird man auch die Erstellung der Rechnung an den Auftraggeber zu zählen haben, soweit hierbei ein fachliches Ermessen auszuüben ist wie z. B. bei Rahmengebühren nach dem RVG.[43]

29 Hinsichtlich der **Durchsetzung der Honorarforderungen** ist umstritten, ob dies als berufliche Leistung anzusehen ist.[44] Die besseren Argumente sprechen dafür, dies nicht als berufliche Leistung anzusehen. Schließlich kann die Durchsetzung der Honorarforderungen (gedanklich und rechtlich) von der für den Mandanten bzw. Patienten wesentlichen beruflichen Auftragsleistung des Berufsträgers separiert werden.

30 Zu Sozietät in Form einer BGB-Gesellschaft ist umstritten, ob die Ausübung eines Mandats nur als der an die Gesellschaft zu leistende **Beitrag** des tätigen Sozius **oder** bereits als eine **Maßnahme der Geschäftsführung** i. S. des § 709 BGB anzusehen ist.[45] Für die Einordnung als Geschäftsführungsmaßnahme spricht der Umstand, dass sich der Zweck der freiberuflichen Gesellschaft auf die Betreuung der Klientel erstreckt.[46] Die **Geschäftsführung** ist nämlich „die auf Verwirklichung des Gesellschaftszwecks im Innenverhältnis gerichtete Tätigkeit. Rein tatsächliche Maßnahmen (Gespräche, Korrespondenz, Organisation, Werbung etc.) gehören hierzu ebenso wie etwa die Bilanzaufstellung. Auch Rechtsgeschäfte können Geschäftsführungsmaßnahmen sein. Im Außenverhältnis sind sie Vertretungsgeschäfte, aber sie stellen zugleich Maßnahmen im Innenverhältnis dar."[47]

31 Der **Meinungsstreit** ist für das PartGG durch Absatz 2 i. S. der wohl h. M.[48] dahingehend **entschieden**, dass die Berufsausübung zur Geschäftsführung zählt.[49] Der Begriff der Geschäftsführung im Gesellschaftsrecht ist damit wesentlich umfassender als der Begriff des **Managements** in der Betriebswirtschaft, der nur die zur eigentlichen Leitung des Unternehmens zählenden Aufgaben bezeichnet.

32 Der Übergang von der Berufsausübung zu den sonstigen Geschäften definiert sich anhand des **Kriteriums** der **zweckdienlichen, notwendigen Maßnahmen**, die stets dann vorliegen, wenn diese im Auftrage oder auf Rechnung des Klienten erfolgen.

---

41) Weitere Beispiele bei Henssler/Strohn-*Hirtz*, GesR, § 6 PartGG Rz. 7; Meilicke u. a.-*Meilicke*, PartGG, § 6 Rz. 38; *Salger* in: MünchHdb. GesR, Bd. 1, § 41 Rz. 14; *Ulmer/Schäfer* in: MünchKomm-BGB, § 6 PartGG Rz. 12.

42) Hierzu und zum Folgenden bereits *Michalski*, Das Gesellschafts- und Kartellrecht, S. 310 f.; ferner *Schirmer*, MedR 1995, 341, 343; *Ulmer/Schäfer* in: MünchKomm-BGB, § 6 PartGG Rz. 12.

43) Ebenso *Salger* in: MünchHdb. GesR, Bd. 1, § 41 Rz. 18.

44) Ablehnend Meilicke u. a.-*Meilicke*, PartGG, § 6 Rz. 44 ff.; bejahend *Henssler*, PartGG, § 6 Rz. 51.

45) *Michalski*, Das Gesellschafts- und Kartellrecht, S. 202 m. w. N.; *Schwenter-Lipp*, S. 154 ff.

46) *Michalski*, Das Gesellschafts- und Kartellrecht, S. 202.

47) *K. Schmidt*, GesR, § 47 V 1; ähnlich *G. Hueck*, GesR, § 8 I 1 („Der Begriff ist im weitesten Sinn zu verstehen").

48) Vgl. *Bösert*, DStR 1993, 1332, 1334 mit Fußn. 24.

49) So auch *Ulmer/Schäfer* in: MünchKomm-BGB, § 6 PartGG Rz. 13.

Im Übrigen wird darauf abzustellen sein, ob ihr **Nutzeffekt** auf die Ausübung eines **einzelnen** Mandats beschränkt ist. Falls er darauf beschränkt ist, muss der betreffende Partner unabhängig von dem Umfang des einzelnen Geschäfts dazu befugt sein. Er muss dann allerdings das haftungsmäßige Risiko für den **Nachweis** tragen, dass es sich um ein **notwendiges Rechtsgeschäft** gehandelt hat, sofern er von der Geschäftsführung im Übrigen ausgeschlossen war.

33 In einer **interprofessionellen Partnerschaft** kann es sinnvoll sein, die Geschäftsführungsbefugnis einzelner oder mehrerer Partner nur auf die Bereiche des jeweils ausgeübten Berufs zu beschränken. Eine solche Beschränkung ist zulässig.[50)] Zwar handelt es sich absolut betrachtet um keine „sonstigen Geschäfte"; schließlich betreffen sie den Kernbereich der freiberuflichen Tätigkeit eines Partners. Aus Sicht desjenigen, der einen anderen Beruf ausübt und von der Geschäftsführung ausgeschlossen werden soll, handelt es sich jedoch um ein „sonstiges Geschäft", denn sein Berufsbereich ist nicht betroffen.

2. Einzelgeschäftsführung bei Kerngeschäften?

34 In den Vorauflagen haben *Michalski/Römermann* vertreten, dass innerhalb des zur Berufsausübung zählenden Bereichs jeder Partner grundsätzlich **allein** zur Geschäftsführung befugt sein müsse.[51)] § 114 Abs. 2 HGB sei insoweit nicht anwendbar,[52)] die Gesamtgeschäftsführung sei mit dem freiberuflichen Charakter (Unabhängigkeit) grundsätzlich unvereinbar. Diese Auffassung ist im Einklang mit der h. M.[53)] abzulehnen. Es ist nicht ersichtlich, warum die Einzelgeschäftsführung aufgrund der Unabhängigkeit der freien Berufe zwingend sein sollte. Ein Verständnis, dass die berufliche Unabhängigkeit immer auch „Alleingänge" gegen die Interessen der übrigen Berufsträger ermögliche, ginge zu weit. Es wäre im Übrigen Aufgabe des Berufsrechts, Abweichendes ausdrücklich festzuschreiben. Eine Überdehnung der – ohnehin tatbestandlich kaum greifbaren – freiberuflichen Unabhängigkeit hätte außerdem die Folge, dass Partner aufgrund einer zwingenden Einzelgeschäftsführungsbefugnis unüberschaubaren Haftungsrisiken ausgesetzt wären, wenn ein Partner risikoträchtige Mandate annähme. Auch Freiberufler müssen hier Grenzen schaffen dürfen.

35 Selbst wenn der Partnerschaftsvertrag die Einzelgeschäftsführung vorsieht, bedeutet das zudem **nicht**, dass jeder Partner Geschäfte **frei nach seinem Belieben** abschließen können muss.[54)] Die Annahme von Mandaten darf nicht gegen etwaig im Partnerschaftsvertrag festgelegte Risikovorgaben verstoßen oder berufsrechts-

---

50) *Henssler*, PartGG, § 6 Rz. 56; Henssler/Prütting-*Henssler*, BRAO, § 6 PartGG Rz. 10.

51) *Michalski/Römermann*, Voraufl., Rz. 16; vgl. auch *Michalski*, Das Gesellschafts- und Kartellrecht, S. 202, 310.

52) So auch *Burret*, WPK-Mitt. 1994, 201, 204 f.; *Mittelsteiner*, DStR 1994, Beihefter zu Heft 37, S. 37, 38.

53) Henssler/Prütting-*Henssler*, BRAO, § 6 PartGG Rz. 8; Henssler/Strohn-*Hirtz*, GesR, § 6 PartGG Rz. 9; *Henssler*, PartGG, § 6 Rz. 55; *Ulmer/Schäfer* in MünchKomm-BGB, § 6 PartGG Rz. 15 ff. m. w. N.

54) Meilicke u. a.-*Meilicke*, PartGG, § 6 Rz. 45 ff.; **abw.** noch *Michalski/Römermann*, Voraufl., Rz. 16a.

widrig (z. B. Verstoß gegen das Verbot der Vertretung widerstreitender Interessen) sein.

36 Erst recht können **außergewöhnliche Geschäftsführungsmaßnahmen** i. S. des § 116 Abs. 2 HGB nicht von jedem Partner frei unter Berufung auf die berufliche Unabhängigkeit vorgenommen werden. Es empfiehlt sich aber in jedem Fall, insoweit einen nicht abschließenden Katalog in den Partnerschaftsvertrag aufzunehmen. Um ein „ungewöhnliches Mandat" handelt es sich z. B. dann, wenn es in einer allein gesellschafts- und kapitalmarktrechtlich ausgerichteten Kanzlei um einen Fall aus dem allgemeinen Straf- oder Familienrecht geht oder ein Mandat die Kapazität bzw. das Haftungsvolumen erkennbar überschreitet.

F. Gesetzliche und vertragliche Regelungen des Innenverhältnisses (§ 6 Abs. 3 PartGG)

I. Umfang und Entzug der Geschäftsführungsbefugnis (§§ 116 f. HGB)

1. Gesellschafterklage nach § 117 HGB

37 Nach § 6 Abs. 3 Satz 2 PartGG i. V. m. **§ 117 HGB** kann einem Partner bei Vorliegen eines **wichtigen Grundes** die Geschäftsführungsbefugnis auf Antrag aller übrigen Gesellschafter[55] durch eine **gerichtliche Entscheidung** entzogen werden. Ausweislich der Begründung des Regierungsentwurfs[56] soll dies auch in Bezug auf die **Berufsausübung** gelten,

> „insbesondere wenn anders ein drohender Schaden von der Partnerschaft nicht abzuwenden ist ... ein **dauerhafter** Ausschluss von der berufsausübenden Geschäftsführungstätigkeit wird aber nur im Wege der Ausschließung des Partners möglich sein."

38 In der Tat muss auch bei der freiberuflichen Gesellschaft in besonderen Ausnahmefällen[57] die Unterbindung der Berufsausübung durch den zu einer ordentlichen Ausübung seiner beruflichen Aktivität nicht fähigen oder nicht gewillten Partner zum Schutz der Gesellschaft und der übrigen Gesellschafter erfolgen können.[58] Der **Partnerschaftsvertrag** kann anstelle der schwerfälligen Gesellschafterklage den Entzug der Geschäftsführungsbefugnis durch Beschluss der Partner ermöglichen.[59]

2. Wichtiger Grund

39 Ein wichtiger Grund für den Entzug der Geschäftsführungsbefugnis kann etwa gegeben sein, wenn die Partnerschaft für private Geschäfte eines Partners missbraucht wird und der Partnerschaft deshalb Schaden droht.[60] Generell kann es aber immer nur darum gehen, mithilfe des Entzuges der Geschäftsführungsbefugnis **drohende Gefahren** für die Partnerschaft oder andere Partner abzuwenden. Als

---

55) Baumbach/Hopt-*Hopt*, HGB, § 117 Rz. 6.

56) Begr. zum RegE PartGG, BT-Drucks. 12/6152, S. 15.

57) Vgl. die Beispiele bei Baumbach/Hopt-*Hopt*, HGB, § 117 Rz. 4 zum wichtigen Grund.

58) *Stuber*, Partnerschaftsgesellschaft, S. 82 Anm. 66.

59) Vorschlag zur Vertragsgestaltung bei *Michalski/Römermann*, Vertrag der Partnerschaftsgesellschaft, Rz. 300.

60) Ähnlich (ohne Erfordernis des drohenden Schadens) Henssler/Prütting-*Henssler*, BRAO, § 6 PartGG Rz. 13, *Henssler*, PartGG, § 6 Rz. 58; wie hier Feuerich/Weyland-*Vossebürger*, BRAO, § 6 PartGG Rz 5.

Sanktion für vergangenes Verhalten kann der Entzug der Geschäftsführungsbefugnis nicht dienen. Hierfür stehen ggf. Schadenersatzansprüche und – als ultima ratio – der Ausschluss aus der Partnerschaft bereit.

3. Zulässige Dauer des Entzugs

40 Nach der oben (siehe Rz. 37) bereits zitierten Begründung des Regierungsentwurfs darf der **Entzug** der zur Berufsausübung erforderlichen Geschäftsführungsbefugnis **nicht auf Dauer** erfolgen.[61] Dies entspricht der Ansicht, als Partner kämen nur aktiv den Beruf ausübende Angehörige freier Berufe in Betracht. Diese Auffassung ist unzutreffend.[62] Auch die daraus von der Begründung des Regierungsentwurfs im Zusammenhang mit dem Entzug der Geschäftsführungsbefugnis gezogene Schlussfolgerung ist abzulehnen.[63] Sie muss auch in diesem Zusammenhang zu erheblichen **Abgrenzungsschwierigkeiten** führen, welche Dauer noch als vorübergehend und damit zulässig angesehen werden kann und welche das **zulässige Höchstmaß** überschreitet. Ein Vergleich mit § 9 Abs. 3 PartGG hilft ebenfalls nicht weiter, da dort eine Behörde die Zulassung durch einen Bescheid entzieht, der nach seiner Bestands- oder Rechtskraft grundsätzlich nicht mehr aufgehoben werden kann. Im vorliegenden Zusammenhang liegt es aber in der Hand der Partner, ob und ggf. wann sie dem betroffenen Gesellschafter wieder die Geschäftsführungsbefugnis einräumen. Dies gibt den Partnern die Möglichkeit, **flexible Lösungen** auf dem Klagewege durchzusetzen. Soweit die Klage auf einen bestimmten Zeitraum abstellt, wird man abwarten müssen, bis zu welcher Grenze die Rechtsprechung den Entzug toleriert.

41 Die hier vertretene **Auffassung**[64] führt nur vermeintlich zu **weiteren Problemen** in Bezug auf die Gesellschafterstellung. Sofern man annimmt, jeder Partner sei wegen § 1 Abs. 1 PartGG zur aktiven beruflichen Tätigkeit verpflichtet, müsste eigentlich nach dem Entzug der Geschäftsführungsbefugnis automatisch die **Ausschließungsklage** der Partner Erfolg haben.

42 Soweit man allerdings der **hier vertretenen Ansicht** (siehe Rz. 40) folgt, dass die Partnerstellung nicht von der aktiven beruflichen Tätigkeit des Freiberuflers abhängt, vermeidet man derartige Probleme, da der Gesellschafter auch dann in der Partnerschaft verbleiben kann, wenn ihm die Möglichkeit der Berufsausübung i. R. der Gesellschaft genommen wird.

4. Umfang der Geschäftsführungsbefugnis (§ 116 HGB)

43 Gemäß § 6 Abs. 3 Satz 2 PartGG ist **§ 116 Abs. 1 und 2 HGB** entsprechend anzuwenden. Die Befugnis zur Geschäftsführung erstreckt sich danach auf alle „gewöhnlichen Geschäfte“; „außergewöhnliche Geschäfte“ bedürfen der Zustimmung

---

61) Der Begr. des RegE folgend etwa Henssler/Prütting-*Henssler*, BRAO, § 6 PartGG Rz. 11; Henssler/Strohn-*Hirtz*, GesR, § 6 PartGG Rz. 10; *Henssler*, PartGG, § 6 Rz. 45; *Hornung*, Rpfleger 1996, 1, 2; *Sommer*, GmbHR 1995, 249, 252.

62) Ausführlich *Michalski/Römermann*, Vorauf1., § 1 Rz. 5 ff.

63) Ebenso Meilicke u. a.-*Meilicke*, PartGG, § 6 Rz. 47a; *Ulmer/Schäfer* in: MünchKomm-BGB, § 6 PartGG Rz. 22.

64) Vgl. die Nachweise oben in Fn. 63.

sämtlicher Partner. Zu den **gewöhnlichen Geschäften** zählt dabei aufgrund der freiberuflichen Unabhängigkeit der Partner der Bereich der Berufsausübung, soweit es sich nicht um in der Partnerschaft ungewöhnliche Mandate handelt (siehe oben Rz. 36), einschließlich der notwendigen akzessorischen Geschäfte (siehe oben Rz. 28), der somit dem direkten Vetorecht der übrigen Gesellschafter entzogen ist.

44 **Außergewöhnliche Geschäfte** können im Partnerschaftsvertrag definiert werden.[65] Darüber hinaus sind insbesondere solche Geschäfte außergewöhnlich, die den Gegenstand der Partnerschaft verlassen.[66] Das wird vor allem dann der Fall sein, wenn es sich um Geschäfte handelt, die nicht freiberuflicher, sondern **gewerblicher Natur**, sind. Auch die Errichtung von Zweigniederlassungen gehört zu dem Bereich der außergewöhnlichen Geschäfte.[67] Nach § 116 Abs. 2 HGB ist für solche Geschäfte stets ein **Beschluss sämtlicher Partner** erforderlich. Die Partner sind zur Beschlussfassung verpflichtet, die Verhinderung des Beschlusses durch grundlose Abwesenheit oder Enthaltung ist pflichtwidrig.[68]

45 Von den „gewöhnlichen" und „außergewöhnlichen" Geschäften sind die sog. **Grundlagengeschäfte** zu unterscheiden,[69] die nicht zu den Geschäftsführungsmaßnahmen zählen.[70] Darunter fallen Strukturänderungen (Änderung des Gesellschaftsvertrages, Umwandlungen) und interne Organisationsmaßnahmen (Entzug der Geschäftsführungsbefugnis, Ausschluss eines Partners, Geltendmachung von Ansprüchen gegen Partner, Feststellung des Jahresabschlusses etc.). Für sie gelten zumeist spezielle (höhere) Anforderungen.

46 **Kompetenzüberschreitungen** im Innenverhältnis wirken sich grundsätzlich nicht auf die Wirksamkeit eines Rechtsgeschäfts im Außenverhältnis aus (§ 7 Abs. 3 PartGG i. V. m. § 126 Abs. 2 HGB). Das gilt auch dann, wenn die Geschäfte außerhalb des Unternehmensgegenstandes liegen (keine „ultra-vires-Doktrin").[71] Bereits eingetretene Schäden kann die Gesellschaft nach § 280 Abs. 1 BGB i. V. m. dem Partnerschaftsvertrag liquidieren. Hierbei entstehen allerdings häufig Schwierigkeiten, weil sich die Geschäftsführer auf den Standpunkt stellen, es sei gar kein Schaden entstanden, etwa weil die Partnerschaft adäquate Gegenleistungen oder weitere Vorteile erhalten habe. Gegen den Vorwurf, dass eine erforderliche Zustimmung nicht eingeholt wurde, wird oftmals vorgebracht, dass die Zustimmung ohnehin erteilt worden wäre. Die Rechtsprechung zu diesen Einwänden ist diffus.[72] Derartiges Vorbringen ist im Grundsatz zu berücksichtigen, wobei aber etwa der Geschäftsführer selbst darlegen muss, dass ein Schaden auch bei Einholung der Zustimmung entstanden wäre.

---

65) Henssler/Prütting-*Henssler*, BRAO, § 6 PartGG, Rz. 5.

66) Baumbach/Hopt-*Hopt*, HGB, § 116 Rz. 2.

67) Baumbach/Hopt-*Hopt*, HGB, § 116 Rz. 2.

68) Vgl. zu den Einzelheiten Baumbach/Hopt-*Hopt*, HGB, § 116 Rz. 5.

69) *Salger* in: MünchHdb. GesR, Bd. 1, § 41 Rz. 16; dazu allgemein BGH, Urt. v. 11.2.1980 – II ZR 41/79, BGHZ 76, 160, 164 = ZIP 1980, 369; *Jickeli* in: MünchKomm-HGB, § 116 Rz. 6; Henssler/Strohn-*Finckh*, GesR, § 116 HGB Rz. 3 f. m. w. N.

70) *Henssler*, PartGG, § 6 Rz. 51.

71) S. *Fleischer*, DStR 2009, 1204 m. w. N.

72) Eingehend *Fleischer*, DStR 2009, 1204, 1205 ff.

II. Wettbewerbsverbote

1. Zeitraum während der bestehenden Partnerschaft

a) Gesetzliches Wettbewerbsverbot (§ 112 HGB)

47 Kein Partner darf ohne Einwilligung der übrigen Gesellschafter durch eine gleichartige Berufsausübung als einzeln praktizierender Freiberufler oder i. R. einer anderen freiberuflichen Gesellschaft seiner Partnerschaft Konkurrenz machen (§ 112 HGB).[73] Das gleiche Ergebnis wird bei freiberuflichen Gesellschaften bürgerlichen Rechts aus der gesellschaftsrechtlichen Treuepflicht[74] gefolgert.[75] Wenn der betreffende Partner nach Erteilung der Einwilligung seine Konkurrenztätigkeit aufgenommen hat, kann das Einverständnis nur aufgrund eines Vorbehalts oder aber bei Vorliegen eines **wichtigen Grundes** widerrufen werden.[76] Unter den Voraussetzungen des § 112 Abs. 2 HGB wird die Einwilligung unwiderleglich **vermutet**, d. h. bei Kenntnis der übrigen Partner von einer Konkurrenztätigkeit bei Gründung der Partnerschaft, ohne dass die übrigen Gesellschafter die Aufgabe der anderweitigen Berufsausübung fordern. Vor dem Ende der Laufzeit des Wettbewerbsverbots sind gewisse Vorbereitungshandlungen für die weitere Tätigkeit danach zulässig, z. B. der Abschluss eines anderweitigen Partnerschaftsvertrags mit Wirkung für die Zeit nach dem Ausscheiden.[77] § 112 HGB ist vollständig **dispositiv**,[78] so dass der Partnerschaftsvertrag das gesetzliche Wettbewerbsverbot sowohl verschärfen als auch lockern oder gar aufheben kann (siehe unten Rz. 55 ff.).[79]

48 Ein Tätigwerden entgegen dem Wettbewerbsverbot kann sowohl darin liegen, dass der Partner **eigene Geschäfte** vornimmt, die sich mit dem Gegenstand der Partnerschaft (§ 3 Abs. 2 Nr. 3 PartGG) überschneiden, als auch darin, dass sich der Partner **an einer anderen Gesellschaft beteiligt**, die im „sachlich relevanten Markt der Partnerschaft“ tätig ist.[80] In letzterem Fall verstößt ein Partner jedoch jedenfalls dann nicht gegen das Wettbewerbsverbot, wenn der Partner in der konkurrierenden Gesellschaft praktisch keine Mitwirkungsrechte, sondern nur das Gewinnbezugsrecht hat.[81] Die Beurteilung, ob ein konkretes Tätigwerden bzw. eine Beteiligung zulässig ist, erfolgt stets im Hinblick darauf, ob der Partner dadurch in einen **Interessenkonflikt** gerät, aufgrund dessen die Interessen der Partnerschaft beeinträchtigt werden können.[82]

---

73) Vgl. Begr. zum RegE PartGG, BT-Drucks. 12/6152, S. 15; näher Meilicke u. a.-*Meilicke*, PartGG, § 6 Rz. 52 ff.; *Salger* in: MünchHdb. GesR, Bd. 1, § 41 Rz. 5 f.

74) *Ulmer* in: MünchKomm-BGB, § 705 Rz. 235 ff.

75) *Michalski/Römermann*, ZIP 1994, 433, 434 f.

76) Im Einzelnen str., vgl. Baumbach/Hopt-*Hopt*, HGB, § 112 Rz. 9.

77) Meilicke u. a.-*Meilicke*, PartGG, § 6 Rz 54; *Salger* in: MünchHdb. GesR, Bd. 1, § 41 Rz. 9.

78) Baumbach/Hopt-*Hopt*, HGB, § 112 Rz. 12.

79) Zu den Einzelheiten vgl. Baumbach/Hopt-*Hopt*, HGB, § 112 Rz. 12 f.

80) *Ulmer/Schäfer* in: MünchKomm, BGB, § 6 PartGG Rz. 38.

81) Henssler/Strohn-*Hirtz*, GesR, § 6 PartGG Rz. 14; *Ulmer/Schäfer* in: MünchKomm-BGB, § 6 PartGG Rz. 28; a. A. offenbar Meilicke u. a.-*Meilicke*, PartGG, § 6 Rz. 53 („bedenklich“).

82) Vgl. zum Normzweck des § 112 HGB Baumbach/Hopt-*Hopt*, HGB, § 112 Rz. 1 m. w. N.

49 Die **Folgen des Verstoßes** gegen ein Wettbewerbsverbot sind in § 113 HGB geregelt. Danach kann die Partnerschaft in jedem Fall Unterlassung und zudem bei Verschulden **Schadensersatz** verlangen.[83] Über § 113 Abs. 4 HGB bleibt auch der Ausschluss aus der Partnerschaft möglich.[84] Problematisch ist hingegen die Durchsetzung der durch § 113 Abs. 1 Halbs. 2 HGB darüber hinaus eröffneten Möglichkeit des **Eintritts** in die anderweitig getätigten Geschäfte, soweit es sich um Geschäfte i. R. der **Berufstätigkeit** eines der **Schweigepflicht** unterliegenden Partners handelt. Soweit das Berufsrecht jedoch die Abtretung von Honorarforderungen zulässt (etwa § 49b Abs. 4 BRAO, § 64 Abs. 2 StBerG), kann ein Anspruch auf Abtretung der Vergütung in den jeweiligen Angelegenheiten geltend gemacht werden.[85] Anderenfalls sind gegen den Willen des betreffenden Partners die sonstigen in § 113 Abs. 1 Halbs. 2 HGB genannten Alternativen nicht realisierbar. Gleichzeitig wird es hier auch in der Regel auf erhebliche Schwierigkeiten stoßen, den bestehenden Schadensersatzanspruch der Partnerschaft zu beziffern. Für die **Vertragspraxis** empfiehlt es sich aus diesen Gründen, für den Fall eines Wettbewerbsverstoßes eine **Vertragsstrafe** zu vereinbaren, wobei für deren Höhe Pauschalbeträge bereits im Vertrag vereinbart werden sollten.[86]

b) Vorgaben der Berufsrechte bei der Tätigkeit in mehreren Berufsausübungsgemeinschaften

aa) Rechtsanwälte

50 Nach § 59a Abs. 1 Satz 1 BRAO a. F. (bis 17.12.2007) durften sich Rechtsanwälte zur gemeinschaftlichen Berufsausübung mit Angehörigen anderer Berufe „in *einer* Sozietät" zusammenfinden. Daraus wurde von der h. M. das sog. **Verbot der Sternsozietät** abgeleitet,[87] das besagte, dass kein Rechtsanwalt mehr als einer Berufsausübungsgesellschaft gleichzeitig angehören darf. Diese Restriktion wurde mit dem Gesetz zur Neuregelung des Rechtsberatungsrechts[88] aufgegeben. Rechtsanwälte können sich nunmehr an mehreren Berufsausübungsgesellschaften beteiligen.

bb) Patentanwälte

51 Das Verbot der Sternsozietät (siehe dazu Rz. 50) wurde auf Grundlage des § 52a Abs. 1 Satz 1 PAO a. F. (bis 17.12.2007) auch für Patentanwälte angenommen, da es dort wie bei § 59a Abs. 1 Satz 1 BRAO a. F. „in *einer* Sozietät" hieß. Wie bei § 59a Abs. 1 Satz 1 BRAO wurden diese Worte mittlerweile aus dem Gesetz gestrichen. Auch für Patentanwälte gilt daher kein Verbot der Sternsozietät.

---

83) Meilicke u. a.-*Meilicke*, PartGG, § 6 Rz. 63; *Salger* in: MünchHdb. GesR, Bd. 1, § 41 Rz. 11.

84) Vgl. Ebenroth/Boujong/Joost/Strohn-*Goette*, HGB, § 113 Rz. 46; *Henssler*, PartGG, § 6 Rz. 80.

85) **Abw.** *Henssler*, PartGG, § 6 Rz. 78; eingehend noch zur alten Rechtslage *Berger*, NJW 1995, 1584; *Berger*, NJW 1995, 1406; *Mennicke/Radtke*, MDR 1993, 400; *Michalski/Römermann*, ZIP 1994, 433, 445.

86) Näher dazu *Michalski/Römermann*, ZIP 1994, 433, 445 f.

87) Vgl. die Begr. des RegE der BRAO-Novelle, BT-Drucks. 12/4993, S. 33; für die h. A. etwa Henssler/Prütting-*Hartung*, BRAO, § 59a Rz. 20.

88) BGBl. I 2007, S. 2840; s. dazu *Römermann*, AnwBl. 2007, 823 ff., der diese Aufhebung schon lange gefordert hatte.

cc) Ärzte, Zahnärzte

Gemäß § 18 Abs. 3 Satz 1 MBO-Ä 2011 dürfen Ärzte mehreren Berufsausübungsgemeinschaften angehören, nicht dagegen mehreren medizinischen Kooperationsgemeinschaften und Praxisverbünden. Sie dürfen sich mit den in § 23b Abs. 1 Satz 1 MBO-Ä genannten Berufen zur kooperativen Berufsausübung zusammenschließen. Mit anderen als den genannten Berufen ist ein Zusammenschluss aber möglich, wenn in der Partnerschaft die Heilkunde am Menschen nicht ausgeübt wird, § 23c MBO-Ä. 52

Zahnärzte dürfen gemäß § 16 Abs. 2 Satz 1, § 9 Abs. 2 MBO-ZÄ mehreren Berufsausübungsgemeinschaften angehören, wenn die ordnungsgemäße Versorgung der Patienten sichergestellt wird. 53

dd) Tierärzte

Jeder Tierarzt darf gemäß § 25 Abs. 1 Satz 3 MBO-TÄ nur einer Gemeinschaftspraxis angehören. 54

2. Nachvertragliche Wettbewerbsverbote

Ohne besondere Vereinbarungen besteht nach dem Ausscheiden eines Gesellschafters aus der Partnerschaft kein Wettbewerbsverbot. Mangels anderweitiger vertraglicher Regelungen sind Mandanten eines ausgeschiedenen Rechtsanwalts sogar zu befragen, ob dieser das Mandat fortführen soll, § 32 Abs. 2 BORA. Häufig werden allerdings nachvertragliche Wettbewerbsverbote vereinbart,[89] deren **Wirksamkeit** an **§ 138 BGB** und **§ 1 GWB** zu überprüfen ist.[90] Die §§ 74 ff. HGB oder § 90a HGB sind auf Partner nicht anwendbar.[91] 55

Ein Verstoß gegen § 1 UWG ist dann ausgeschlossen, wenn – wie im Regelfall – durch die Wettbewerbsklausel nachvertragliche Treuepflichten konkretisiert werden (sog. Immanenztheorie).[92] Wegen § 138 Abs. 1 BGB ist das Wettbewerbsverbot hinsichtlich Gegenstand, Ort und Zeit auf das notwendige Maß zu **begrenzen** und darf den betroffenen Partner nicht unangemessen in seiner wirtschaftlichen Bewegungsfreiheit beschränken.[93] Vor allem muss das Wettbewerbsverbot von legitimen Bestandsschutzinteressen geleitet sein und darf nicht einfach nur der Ausschaltung eines unerwünschten Konkurrenten dienen.[94] Hinsichtlich der **zeitlichen** Begrenzung wird man im Allgemeinen den Zeitraum von zwei Jahren nach dem 56

---

89) Näher *Melullis*, WRP 1994, 686; *Römermann*, BB 1998, 1489.

90) Aus der Rspr. etwa BGH, Urt. v. 29.9.2003 – II ZR 59/02, ZIP 2003, 2251 = NZG 2004, 35 (Steuerberater und Wirtschaftsprüfer); zu § 1 GWB vgl. OLG Frankfurt, Urt. v. 17.3.2009 – 11 U 61/08, NZG 2009, 903; ferner *Goette*, AnwBl. 2007, 637, 643 f.; *Hirtz*, AnwBl. 2008, 82, 88 f.; *K. Schmidt*, NJW 2005, 2801, 2803; *Römermann*, NJW 2002, 1399; *Westermann*, AnwBl. 2007, 103, 109 ff.

91) *Bruckner*, Nachvertragliche Wettbewerbsverbote, S. 31 ff.; *Michalski/Römermann*, ZIP 1994, 433, 443.

92) S. dazu Loewenheim/Meessen/Riesenkampff-*Nordemann*, Kartellrecht, § 1 GWB Rz. 147 ff.; für die Unbeachtlichkeit des § 1 GWB generell *Michalski/Römermann*, ZIP 1994, 433, 442.

93) BGH, Urt. v. 14.7.1997 – II ZR 238/96, WiB 1997, 1028, m. Anm. *Römermann;* BGH, Urt. v. 16.10.1989 – II ZR 2/89, ZIP 1990, 586, dazu EWiR 1990, 65 *(Meyer-Landrut)*.

94) Vgl. *Römermann*, NJW 2002, 1399.

Ausscheiden noch für angemessen halten können;[95] bei zu langer Laufzeit nimmt der BGH eine geltungserhaltende Reduktion vor.[96] Die **örtliche** Beschränkung ist je nach Beruf unterschiedlich zu beurteilen.[97] Entgegen früherer Andeutungen des BGH[98] kommt bei einer Missachtung der gegenständlichen und räumlichen Grenzen keine geltungserhaltende Reduktion in Betracht. Rechtsfolge ist in diesem Fall die Nichtigkeit des Verbots.[99] Das OLG Celle[100] sah etwa eine Mandantenschutzklausel als unwirksam an, weil der Partnerschaftsvertrag für die Wettbewerbsbeschränkung keine angemessene Kompensation in Form einer Abfindung vorsah.[101]

57 In der **Vertragspraxis** sind insbesondere **folgende Arten** grundsätzlich zulässiger Klauseln[102] anzutreffen:

- Die **allgemeine Mandantenschutzklausel** ist eine Vereinbarung, die dem ausscheidenden Partner die weitere Betreuung von Mandanten der Kanzlei untersagt. Sie ist mit der erwähnten (siehe Rz. 56) Beschränkung wirksam.[103]
- Die **beschränkte Mandantenschutzklausel** bezeichnet lediglich die Vereinbarung eines Abwerbungsverbotes.
- Die **Niederlassungsverbotsklausel** untersagt es dem ausgeschiedenen Partner im räumlichen Eingrenzungsbereich der Sozietät tätig zu werden.[104]
- Die **Gewinnabführungs-** oder **Mandantenübernahmeklausel** lässt die Betreuung von Klienten der Partnerschaft zu, im Gegenzug ist jedoch ein Teil des Honorars des jeweils übernommenen Mandates an die Partnerschaft abzuführen. Die Klausel ist grundsätzlich zulässig, gestritten wird im Wesentlichen nur über die mögliche Höchstdauer der Bindung und über die Höhe der zu zahlenden Honoraranteile. Man wird insoweit von einer zulässigen Honorarbeteiligung von maximal 25 % über den Zeitraum von vier Jahren ausgehen dürfen.[105]

58 Die Rechtsprechung hat aus dem früheren standesrechtlichen Werbeverbot für Rechtsanwälte und der Generalklausel des § 43 BRAO ein **Abwerbungsverbot**

---

95) BGH, Urt. v. 16.10.1989 – II ZR 2/89, ZIP 1990, 586, 588 m. w. N; LG Hannover, Urt. v. 22.4.1998 – 12 O 165/97, BB 1998, 1501; *Goette*, AnwBl. 2007, 637, 644.

96) BGH, Urt. v. 8.5.2000 – II ZR 308/09, NJW 2000, 2584; ebenso *Goette*, AnwBl. 2007, 637, 644; *Melullis*, WRP 1994, 686, 691 ff.; *Taub*, WRP 1994, 802 ff.

97) Dazu *Goette*, AnwBl. 2007, 637, 644; *Hirtz*, AnwBl. 2008, 82, 88; *Römermann*, NJW 2002, 1399 f. jew. m. w. N. aus der Rspr.

98) BGH, Urt. v. 14.7.1997 – II ZR 238/96, WiB 1997, 1028, m. Anm. *Römermann*.

99) BGH, Urt. v. 18.7.2005 – II ZR 159/03, NJW 2005, 3061, 3062 = ZIP 2005, 1778.

100) OLG Celle, Urt. v. 16.5.2007 – 9 U 46/07, BRAK-Mitt 2007, 180.

101) Zu den Wechselwirkungen von nachträglichen Wettbewerbsverboten und Abfindungen s. a. OLG Stuttgart, Urt. v. 1.8.2001 – 20 U 55/01, NJW 2002, 1431 = DStR 1996, 1256, m. Anm. *Goette*; *K. Schmidt*, NJW 2005, 2801, 2803 ff.; *Westermann*, AnwBl. 2007, 103, 109 f.

102) Ausführlich zum Folgenden *Römermann*, BB 1998, 1489; *Römermann*, NJW 2002, 1399; *Michalski/Römermann*, ZIP 1994, 433, 442 ff.; *Michalski/Römermann*, Vertrag der Partnerschaftsgesellschaft, Rz. 326 ff., 355 f. mit Formulierungsbeispielen.

103) BGH, Urt. v. 8.5.2000 – II ZR 308/09, NJW 2000, 2584.

104) Zu den Grenzen solcher Klauseln BGH, Urt. v. 14.7.1997 – II ZR 238/96, WiB 1997, 1028, m. Anm. *Römermann*; *Goette*, AnwBl. 2007, 637, 644.

105) *Michalski/Römermann*, ZIP 1994, 433, 447.

abgeleitet, auch wenn dies nicht vertraglich geregelt war.[106] Diese Rechtsprechung dürfte nach der Neuregelung und der fortgeschrittenen Liberalisierung des anwaltlichen Werberechts indes überholt sein. Spezielle berufsrechtliche Schranken des Wettbewerbs nach Ausscheiden aus der Partnerschaft gibt es daher nicht mehr. In Einzelfällen hat die Rechtsprechung allerdings ein **gezieltes Abwerben** wegen Verstoßes gegen die Treuepflicht für unzulässig erachtet.[107] Für Steuerberater findet sich eine ähnliche Beschränkung ausdrücklich in § 33 Abs. 1 BOStB, wonach Steuerberater nach dem Ausscheiden aus einer Steuerberatungsgesellschaft alles zu unterlassen haben, was darauf gerichtet ist, ihre früheren Vertragspartner aus dem Auftrag zu verdrängen. Unzulässig ist danach aber nicht das „Mitnehmen" von Mandaten per se, sondern nur das Abwerben durch unlautere Methoden.[108]

III. Wahrnehmung von Geschäftschancen

59 Als spezielle Ausprägung der Treuepflicht hat sich im Gesellschaftsrecht – in Anlehnung an das US-amerikanische Recht (Corporate Opportunities) – die sog. **Geschäftschancenlehre** entwickelt.[109] Zum Schutz Gesellschaftsinteressen ist es Geschäftsführern danach untersagt, die sich im Zuge der Geschäftsführertätigkeit ergebenden Geschäftschancen auf eigene Rechnung zu nutzen. Das betrifft bei Freiberuflern vor allem die Übernahme von Mandaten bzw. Patienten, aber auch etwa den Erwerb von Grundstücken oder anderen Vermögenswerten. Diese Pflicht wird teilweise aus § 112 Abs. 1 HGB hergeleitet;[110] sie folgt jedenfalls aus der Treuepflicht.[111] Bei Verstößen kann § 113 HGB (analog) herangezogen werden.[112]

IV. Beschlussfassung (§ 119 HGB)

1. Gesetzliche Regelung

60 Nach § 119 Abs. 1 HGB bedarf es zur Beschlussfassung der Zustimmung sämtlicher Partner. Dies gilt insbesondere in den Fällen:[113]

– **Außergewöhnliche Geschäftsführungsmaßnahmen**, § 6 Abs. 3 Satz 2 PartGG i. V. m. § 116 Abs. 2 HGB.

106) S. BVerfG, Beschl. v. 14.7.1987 – 1 BvR 362/79, ZIP 1987, 1606, 1609; BAG, Urt. v. 16.7.1971 – 3 AZR 384/70, NJW 1971, 2245, 2247; dazu *Michalski/Römermann*, ZIP 1994, 433, 434.

107) BGH, Beschl. v. 8.7.1991 – II ZR 285/90, DStR 1991, 1226 (Steuerberater); so auch *Westermann*, AnwBl. 2007, 103, 109, für den Fall, dass der ausgeschiedene Partner eine Abfindung erhalten hat.

108) Zutreffend *Henssler*, PartGG, § 6 Rz. 71.

109) Dazu BGH, Urt. v. 8.5.1967 – II ZR 126/65, WM 1967, 679 (GmbH); BGH, Urt. v. 23.9.1985 – II ZR 257/84, ZIP 1985, 1482 = NJW 1986, 584 (OHG); eingehend Michalski-*Michalski/Funke*, GmbHG, § 13 Rz. 248 ff.

110) Etwa *Ulmer/Schäfer* in: MünchKomm-BGB, § 6 PartGG Rz. 29.

111) S. nur BGH, Urt. v. 23.9.1985 – II ZR 257/84, ZIP 1985, 1482 = NJW 1986, 584; *Langhein* in: MünchKomm-HGB, § 112 Rz. 16; vgl. zur Übertragung der Geschäftschancenlehre auf die BGB-Gesellschaft BGH, Urt. v. 4.12.2012 – II ZR 150/10, NZG 2013, 216 ff.

112) S. Meilicke u. a.-*Meilicke*, PartGG, § 6 Rz. 57.

113) Vgl. Baumbach/Hopt-*Hopt*, HGB, § 119 Rz. 1.

- Einvernehmliche **Auflösung** der Partnerschaft, § 9 Abs. 1 PartGG i. V. m. § 131 Nr. 2 HGB.
- Verschiedene Maßnahmen in und nach der **Liquidation**, § 10 Abs. 1 PartGG i. V. m. den §§ 146 Abs. 1, 147, 152, 157 Abs. 2 Satz 2 HGB.
- **Änderung des Partnerschaftsvertrages**, die der Schriftform bedarf,[114] und alle sonstigen Grundlagengeschäfte, wie etwa die Einwilligung in den Wettbewerb nach § 6 Abs. 3 Satz 2 PartGG i. V. m. § 112 Abs. 2 HGB, die Einleitung eines Verfahrens auf Ausschluss von der Geschäftsführung nach § 6 Abs. 3 Satz 2 PartGG i. V. m. § 117 HGB oder auf Entziehung der Vertretungsbefugnis nach § 7 Abs. 3 PartGG i. V. m. § 127 HGB.
- **Abweichung vom Partnerschaftsvertrag** im Einzelfall, soweit die trotz des Schriftformgebotes nach § 3 Abs. 1 PartGG wirksam möglich ist. Im Einzelfall ist stets zu prüfen, ob der Beschluss formfrei gefasst werden kann oder ob es sich inhaltlich um eine Änderung des Partnerschaftsvertrages handelt.[115]
- In anderen vom **Partnerschaftsvertrag** vorgesehenen Fällen.

61 Aus dem Stimmrecht des Partners wird regelmäßig aufgrund der gesellschaftsrechtlichen Treuepflicht eine Mitwirkungspflicht folgen, in Einzelfällen auch die **Pflicht zur Abstimmung** in einem bestimmten Sinne.[116] Andererseits gilt ein **Stimmverbot** bei einem Interessenkonflikt zwischen Vermögensinteressen des Partners und der Partnerschaft, wenn also das Mitstimmen bei dem Beschluss als Richten in eigener Sache anzusehen wäre.[117] Als Beispiele sind zu nennen der Beschluss über die Geltendmachung eines Anspruchs gegen einen Partner oder der Entzug der Geschäftsführungsbefugnis (§ 6 Abs. 3 PartGG i. V. m. § 117 HGB) sowie der Beschluss über dessen Ausschluss.

2. Vertragliche Gestaltung

62 **§ 119 HGB** ist **dispositiv**. Für das Recht der Personenhandelsgesellschaften wird daher ein vertraglicher **Stimmrechtsausschluss** für grundsätzlich **möglich** gehalten.[118] Davon ausgenommen sind Beschlüsse, welche unmittelbar in die Rechtsstellung des Gesellschafters eingreifen (**Kernbereichslehre**),[119] z. B. durch eine Änderung der Gewinnbeteiligung. Für die freiberuflichen Partner ist in noch größerem Maße, als es durch die bisher anzutreffende Kernbereichslehre geschieht, auf die Wahrung der Eigenverantwortlichkeit des einzelnen Gesellschafters zu achten.[120] Der **Kernbereich** wird dementsprechend bei der Partnerschaft **weitergehend** anzunehmen sein als im Handelsrecht. Auch bezüglich derjenigen Beschlüsse, die die **unabhängige Berufsausübung** der Partner beeinträchtigen könnten, ist daher ein vertraglich vereinbarter Stimmrechtsausschluss unzulässig und nichtig.

114) Meilicke u. a.-*Meilicke*, PartGG, § 6 Rz. 82; *Salger* in: MünchHdb. GesR, Bd. 1, § 41 Rz. 21.

115) Meilicke u. a.-*Meilicke*, PartGG, § 6 Rz. 82 f.

116) Dazu *Enzinger* in: MünchKomm-HGB, § 119 Rz. 25 ff.

117) *Enzinger* in: MünchKomm-HGB, § 119 Rz. 30 f.

118) Baumbach/Hopt-*Hopt*, HGB, § 119 Rz. 12.

119) BGH, Urt. v. 14.5.1956 – II ZR 229/54, BGHZ 20, 363, 367 ff.

120) So auch *Ulmer/Schäfer* in: MünchKomm-BGB, § 6 PartGG Rz. 39.

63 Bei **Stimmbindungsverträgen** ist zu differenzieren:

- Die schuldrechtliche Verpflichtung eines Partners gegenüber einem **Mitgesellschafter**, in einem bestimmten Sinne oder nach jeweiliger Weisung abzustimmen, ist (ebenso wie das Vorhandensein ungleicher Stimmrechte in der Partnerschaft) grundsätzlich – insbesondere bei Beachtung der sich aus § 138 Abs. 1 BGB ergebenden Grenzen – unbedenklich,[121)] da dies nur auf den gleichen Effekt hinausläuft wie die ohne weiteres zulässige Mehrheitsbeteiligung eines Partners.
- Ein Stimmbindungsvertrag zwischen einem Partner und einem **Dritten** ist hingegen stets unwirksam, da die Fremdbestimmung im Bereich freiberuflicher Partnerschaften wegen der damit verbundenen Gefahr für die Unabhängigkeit der Partner grundsätzlich als unzulässig angesehen werden muss.[122)] Aus diesem Grunde kommt erst recht keine **Stimmrechtsübertragung** auf Dritte durch einen Partner in Betracht.
- Die Partner können sich bei der Stimmabgabe auch nicht durch Außenstehende vertreten lassen.

64 Der **Beschluss** kommt durch die **Stimmabgabe der Partner**, welche nicht unbedingt gleichzeitig erfolgen muss, zustande.[123)] **Fehlerhafte** Beschlüsse sind **nichtig**, nicht etwa nur anfechtbar.[124)] Die Nichtigkeit ist durch Feststellungsklage geltend zu machen.[125)] Die Rechtsprechung geht davon aus, dass jeder Partner grundsätzlich ein Feststellungsinteresse i. S. des § 256 Abs. 1 ZPO hat, unabhängig davon, ob für ihn durch den Beschluss selbst eine Rechtspflicht begründet wird oder er immer noch Partner ist.[126)]

65 **Mehrheitsbeschlüsse** sind zulässig. Der **Partnerschaftsvertrag** kann vorsehen, dass bei Beschlüssen statt des Einstimmigkeitsprinzips das **Mehrheitsprinzip** gelten soll, § 119 Abs. 2 HGB.[127)] Es gilt wegen der daraus resultierenden Gefahr für die Minderheitsgesellschafter der von der Rechtsprechung postulierte **Bestimmtheitsgrundsatz.**[128)] Danach muss sich, soweit das Mehrheitsprinzip generell gelten soll, bei Vertragsänderungen mit ungewöhnlichem Inhalt der Beschlussgegenstand eindeutig – wenn auch durch Auslegung – bereits aus dem Gesellschaftsvertrag ermitteln lassen. Dieser Grundsatz sah sich bereits in der Vergangenheit, wegen des da-

---

121) Vgl. Baumbach/Hopt-*Hopt*, HGB, § 119 Rz. 17.

122) Ebenso die h. L. im Bereich der Personenhandelsgesellschaften, vgl. Baumbach/Hopt-*Hopt*, HGB, § 119 Rz. 18 m. w. N.; a. A. jedoch der BGH zur GmbH, vgl. BGH, Urt. v. 29.5.1967 – II ZR 105/66, BGHZ 48, 163, 167.

123) Baumbach/Hopt-*Hopt*, HGB, § 119 Rz. 26.

124) H. M.; Baumbach/Hopt-*Hopt*, HGB, § 119 Rz. 31.

125) Baumbach/Hopt-*Hopt*, HGB, § 119 Rz. 32.

126) BGH, Urt. v. 9.4.2012 – II ZR 3/12, ZIP 2013, 1021 = GWR 2013, 347443 (Schraudner).

127) Formulierungsvorschlag bei *Michalski/Römermann*, Vertrag der Partnerschaftsgesellschaft, Rz. 304.

128) Vgl. hierzu BGH, Urt. v. 12.11.1952 – II ZR 260/51, BGHZ 8, 35; Urt. v. 15.11.1982 – II ZR 62/82, BGHZ 85, 356 = ZIP 1983, 303; Urt. v. 15.1.2007 – II ZR 245/05, BGHZ 170, 283 = ZIP 2007, 475 (OTTO); Baumbach/Hopt-*Hopt*, HGB, § 119 Rz. 37 ff. mit vielen Beispielen.

durch hervorgerufenen Mangels an Flexibilität, heftiger Kritik ausgesetzt.[129] Es war daher zum Teil die Hoffnung geäußert worden, dass er im Bereich der Partnerschaften für nicht anwendbar erklärt werden würde.[130] Unbeeindruckt von der Kritik hält der BGH allerdings an dem Bestimmtheitserfordernis fest,[131] was insbesondere bei mitgliederstarken Partnerschaften eine flexible Verwaltung erschweren kann.[132] Der BGH hat zudem klargestellt, dass die Beschlusskontrolle **zweistufig** zu erfolgen hat.[133] Auf der ersten Stufe sei zu prüfen, ob für den streitgegenständlichen Beschluss überhaupt das Einstimmigkeitsprinzip gelte; hier sei der Bestimmtheitsgrundsatz anzuwenden. Auf der zweiten Stufe sei zu prüfen, ob der Mehrheitsbeschluss gegen unverzichtbare Mitgliedschaftsrechte verstoße.

66 Bei Einführung von Mehrheitsentscheidungen ist nach § 119 Abs. 2 HGB die **Mehrheit** im Zweifel nach Köpfen zu berechnen.[134] Davon kann der Partnerschaftsvertrag jedoch abweichen und – wie dies auch in einer Gesellschaft bürgerlichen Rechts möglich ist – eine Abstimmung nach Kapitalanteilen vorsehen.[135]

V. Kontrollrechte der Partner (§ 118 HGB)

1. Inhalt und Umfang des Informationsrechts

67 Gemäß § 118 HGB können sich auch die i. R. des § 6 Abs. 2 PartGG von der sonstigen Geschäftsführung **ausgeschlossenen Partner** über die Angelegenheiten der Partnerschaft **informieren** und **Einsicht** in die Unterlagen der Gesellschaft nehmen. Der Anspruch richtet sich gegen die Partnerschaft, aber auch unmittelbar gegen die geschäftsführenden Partner.[136] Dies sind die nicht nach § 6 Abs. 2 PartGG in der Geschäftsführung beschränkten Gesellschafter hinsichtlich der allgemeinen Angelegenheiten der Partnerschaft sowie hinsichtlich der, die freie **Berufsausübung** der Partner betreffenden Geschäfte. Der Anspruch geht primär auf Duldung und Gewährung des **Zugangs.**[137] Der Gesellschafter kann selbst Einsicht nehmen und auf eigene Kosten Abschriften und Fotokopien fertigen.[138] Nur wenn dies z. B. wegen Lückenhaftigkeit oder Widersprüchlichkeit der Unterlagen nicht ausreicht, um sich einen vollständigen und hinreichenden Überblick über die Angelegenheiten der Partnerschaft zu verschaffen, kann daraus ein weitergehendes **Auskunfts-**

---

129) Vgl. Baumbach/Hopt-*Hopt*, HGB, § 119 Rz. 39 m. w. N.

130) Vgl. *Stuber*, WiB 1994, 705, 707.

131) BGH, Urt. v. 15.1.2007 – II ZR 245/05, BGHZ 170, 283 = ZIP 2007, 475 (OTTO); s. dazu *K. Schmidt*, ZIP 2009, 737.

132) Ebenso *Stuber*, WiB 1994, 705, 707.

133) BGH, Urt. v. 15.1.2007 – II ZR 245/05, BGHZ 170, 283 = ZIP 2007, 475 (OTTO); BGH, Urt. v. 24.11.2008 – II ZR 116/08, ZIP 2009, 216 = NJW 2009, 669 (Schutzgemeinschaftsbeitrag II); dazu Baumbach/Hopt-*Hopt*, HGB, § 119 RZ. 37; *Schäfer*, ZGR 2009, 768; *K. Schmidt*, ZIP 2009, 737.

134) Baumbach/Hopt-*Hopt*, HGB, § 119 Rz. 41.

135) *Michalski/Römermann*, Vertrag der Partnerschaftsgesellschaft, Rz. 192; Meilicke u. a.-*Meilicke*, PartGG, § 6 Rz. 85.

136) H. M.; s. nur *Enzinger* in: MünchKomm-HGB, § 118 Rz. 25; Meilicke u. a.-*Meilicke*, PartGG, § 6 Rz. 72, jew. m. w. N.

137) Baumbach/Hopt-*Hopt*, HGB, § 118 Rz. 1, 4.

138) Baumbach/Hopt-*Hopt*, HGB, § 118 Rz. 5 f.

recht des Partners resultieren.[139] Um den Zugang zu elektronischen Daten zu erlangen, kann verlangt werden, dass das Passwort des E-Mail-Accounts oder der Datenbank der Partnerschaft genannt wird.[140]

2. Informationsrecht gegenüber schweigepflichtigem Partner

68 Dies gilt ebenso für die Akten, die für die **Berufstätigkeit** einzelner Partner angelegt werden, und zwar auch, wenn diese der **Schweigepflicht** unterliegen, da in einem solchen Falle die Partnerschaft insgesamt, einschließlich sämtlicher Gesellschafter, von der Schweigepflicht umfasst sind.[141] Dies ergibt sich aus § 203 Abs. 3 Satz 1 StGB, wonach neben den in § 203 Abs. 1 und 2 StGB genannten Berufe auch die **„berufsmäßig tätigen Gehilfen"** der Schweigepflicht unterliegen. Dazu gehört nach der im Strafrecht h. A., „wer innerhalb des beruflichen Wirkungsbereichs eines Schweigepflichtigen eine auf dessen berufliche Tätigkeit bezogene **unterstützende Tätigkeit** ausübt, welche die Kenntnis fremder Geheimnisse mit sich bringt oder ohne Überwindung besonderer Hindernisse ermöglicht. Das Merkmal ‚berufsmäßiger' Tätigkeit bedeutet also nicht ..., dass der Gehilfe sie als seinen Beruf ausüben muss ... Gemeint sein kann damit vielmehr nur das Bestehen eines **inneren Zusammenhanges zwischen der unterstützenden Tätigkeit des Gehilfen und der berufsspezifischen Tätigkeit** der in Absatz 1 und Satz 1 genannten Personen."[142]

69 Nicht erforderlich ist daher, dass der Betreffende zu dem Schweigepflichtigen in einem **Dienstverhältnis** steht oder ihm gegenüber weisungsgebunden ist. Wenn sich somit z. B. in einer **interprofessionellen** Sozietät ein Partner, der einem der in § 203 Abs. 1 StGB genannten Berufe angehört, des Sachverstandes eines Angehörigen eines dort nicht angeführten Berufes bedient, dann ist auch dieser zur Verschwiegenheit gemäß § 203 Abs. 3 Satz 1 StGB verpflichtet.

70 Für das **strafprozessuale Zeugnisverweigerungsrecht** ergibt sich gemäß §§ 53 Abs. 1, 53a Abs. 1 StPO im Ergebnis dasselbe, wenn auch die Anwendungsbereiche dieser Vorschriften mit der Schweigepflicht nach § 203 StGB nicht identisch sind.[143] Für die Annahme der zur Zeugnisverweigerung gemäß § 53a Abs. 1 StPO berechtigten[144] Hilfspersonen wird nämlich weder ein soziales Abhängigkeitsverhältnis

---

139) H. M., Baumbach/Hopt-*Hopt*, HGB, § 118 Rz. 7.

140) LG Halle, Beschl. v. 20.1.2006 – 5 O 577/04 Rz. 125 ff., juris.

141) Zum Folgenden eingehend *Römermann*, Entwicklungen und Tendenzen bei Anwaltsgesellschaften, S. 90 ff.; offenbar **a. A.** ohne Angabe von Gründen die Begr. zum RegE PartGG, BT-Drucks. 12/6152, S. 15, nach welcher sich das Kontroll- und Einsichtsrecht auf die wirtschaftlichen Verhältnisse der Partnerschaft beschränkt, ohne z. B. persönliche Patientendaten zu berühren; der Begründung folgend Feuerich/Weyland-*Vossebürger*, BRAO, § 6 PartGG Rz. 9; **abw.** auch *Henssler*, PartGG, § 6 Rz. 83 ff.

142) Schönke/Schröder-*Lenckner/Eisele*, StGB, § 203 Rz. 64 (Hervorhebung durch den Verfasser); vgl. hierzu auch *Taupitz*, MedR 1993, 367, 374 f.

143) *Senge* in: KarlsruherKomm-StPO, § 53 Rz. 3 ff.

144) Vorausgesetzt wird die entsprechende Entscheidung des Rechtsanwalts, Arztes usw. gemäß § 53a Abs. 1 Satz 2 StPO, da die Rechte der Hilfsperson natürlich nicht weiter gehen können als die des Haupttätigen selbst.

noch eine berufsmäßige Tätigkeit vorausgesetzt,[145] so dass insoweit in ständiger **gemeinsamer Berufsausübung** stehende Personen **ohne weiteres** erfasst sind.

71 Schließlich sind die übrigen Partner auch in die **Beschlagnahmefreiheit** eines Sozius hinsichtlich der zur Berufsausübung angelegten Akten miteingeschlossen. Insoweit gelten gemäß § 97 Abs. 1 und 4 StPO gegenüber den §§ 53, 53a StPO keine Besonderheiten für die Freiberufler und deren Hilfspersonen. Darüber hinaus gilt die Beschlagnahmefreiheit nach h. M.[146] auch für die Fälle des **Mitgewahrsams** des Zeugnisverweigerungsberechtigten und einer dritten Person, also z. B. auch eines Sozius.[147] Bei einer gemischten **Partnerschaft** ist es demnach unerheblich, ob eine Akte sich im Büro des bearbeitenden zeugnisverweigerungsberechtigten Partners befindet oder in dem, von gemeinsam mitsoziierten, nicht dazu berechtigten Personen, genutzten Aktenschrank oder aber im Büro einer dieser Personen selbst, die gerade in der Angelegenheit für ihr Fachgebiet eine sachverständige Stellungnahme erarbeitet oder von ihrem Einsichtsrecht nach § 118 HGB Gebrauch macht hat – in jedem dieser Fälle unterfällt die Akte der Beschlagnahmefreiheit.

72 Da Gründe der Schweigepflicht, der Zeugnisverweigerung und der Beschlagnahmefreiheit somit bei Partnern keine Rolle spielen, da insoweit regelmäßig sämtliche Gesellschafter einheitlichen Regeln unterliegen, steht dem **Einsichtsrecht** des Partners in alle Akten der Partnerschaft unter diesem Aspekt nichts entgegen.[148] Gleichzeitig folgt daraus aber, dass das Einsichtsrecht grundsätzlich nur **höchstpersönlich** wahrgenommen werden kann, d. h. also weder durch Bevollmächtigte[149] noch unter Hinzuziehung dritter Personen, wobei für die der Schweigepflicht unterliegenden Berater (vor allem Rechtsanwälte und Steuerberater) eine Ausnahme zu machen ist.[150] Ausnahmen sind in besonders gelagerten Einzelfällen zuzulassen, wenn der Partner z. B. wegen einer längeren Krankheit persönlich an der Einsichtnahme gehindert ist.[151] Nur dieses Ergebnis wird im Übrigen der **Interessenlage** gerecht und verhilft dem gesetzlichen Informations- und Einsichtsrecht der Partner auch gegenüber einem schweigepflichtigen Mitgesellschafter zur Geltung. Wie sollte es schließlich möglich sein, z. B. bei einer Partnerschaft von Rechtsanwälten Einblick in die wirtschaftlichen Verhältnisse zu nehmen, ohne in die Man-

145) *Huber* in: BeckOK-StPO, § 53a Rz. 2 ff.

146) *Park*, Durchsuchung und Beschlagnahme, Rz. 564 m. w. N.

147) Wobei allerdings die h. M. eine Ausnahme macht, wenn es sich um Mitgewahrsam mit dem Beschuldigten handelt; vgl. *Roxin*, NJW 1995, 17, 22.

148) Ähnlich wie hier im Ergebnis *Feddersen/Meyer-Landrut*, PartGG, § 6 Rz. 45; Meilicke u. a.-*Meilicke*, PartGG, § 6 Rz. 73, 76 ff.; *Salger* in: MünchHdb. GesR, Bd. 1, § 41 Rz. 23; *Ulmer/Schäfer* in: MünchKomm-BGB, § 6 PartGG Rz. 34 f.; a. A. die Begr. zum RegE PartGG, BT-Drucks. 12/6152, S. 15; *Bösert/Braun/Jochem*, Leitfaden, S. 150; *Schirmer*, MedR 1995, 383, 385 f., der im Partnerschaftsvertrag einen Ausschluss des mandatsbezogenen Einsichtsrechts für erforderlich hält.

149) Bei den Handelsgesellschaften ist dies nur ausnahmsweise bei Vorliegen eines wichtigen Grundes möglich, Baumbach/Hopt-*Hopt*, HGB, § 118 Rz. 8.

150) Grundsätzlich anders ist die Rechtslage bei den Personenhandelsgesellschaften, vgl. dazu Baumbach/Hopt-*Hopt*, HGB, § 118 Rz. 9; zur Rechtslage bei der Partnerschaft wie hier Meilicke u. a.-Meilicke, PartGG, § 6 Rz. 80; *Ulmer/Schäfer* in: MünchKomm-BGB, § 6 PartGG Rz. 34.

151) *Salger* in: MünchHdb. GesR, Bd. 1, § 41 Rz. 25.

datsakten zu sehen; wie sollte die wirtschaftliche Situation einer Partnerschaft (auch) mit Ärzten feststellbar sein, ohne die Patientendaten zu kennen? Die wirtschaftlich erheblichen Leistungen der Freiberufler werden durch die Betreuung von Mandanten und Patienten erbracht und somit kann auch nur aus den dazu gehörigen Unterlagen ein zuverlässiges Bild über die wirtschaftlichen Umstände gewonnen werden. Die Ansicht, welche dies unter Berufung auf die Schweigepflicht verwehrt,[152] lässt das Einsichtsrecht der Partner praktisch leerlaufen.

3. Abweichende Vereinbarungen

73 § 118 Abs. 1 HGB ist **dispositiv**. Der Partnerschaftsvertrag oder ein einstimmiger Beschluss der Partner können das Informationsrecht daher allgemein oder ad hoc ausschließen oder einschränken.[153] Nach § 118 Abs. 2 HGB ist eine solche Vereinbarung unwirksam, sofern Grund zur Annahme **unredlicher Geschäftsführung** besteht.[154] Solche Verdachtsmomente sind z. B. Vertuschungsversuche, die grundlose Verweigerung des Informationsrechts, Lückenhaftigkeit oder Fehlen wichtiger Unterlagen in der Buchführung usw.

4. Sonstige Informationsrechte

74 **Nach dem Ausscheiden** steht den Partnern nicht mehr der Anspruch nach § 118 HGB, sondern nur noch der nach **§ 810 BGB** zu.[155] Dieser umfasst auch die Zeit **vor ihrem Ausscheiden**, was z. B. für die Berechnung der Abfindung und für die Beteiligung an schwebenden Geschäften der Partnerschaft von Bedeutung ist.[156] Unabhängig von den sonstigen Einsichtsrechten kann in Ausnahmefällen zudem ein **Auskunftsanspruch aus § 242 BGB** folgen, sofern ein Partner entschuldbar über seine Rechte im Ungewissen ist und ein anderer Partner hierüber unschwer Auskunft erteilen kann.[157] Zu beachten ist ferner ein **allgemein gültiges Auskunftsrecht** gemäß §§ 713, 666 BGB jedes Partners gegen die geschäftsführenden Gesellschafter auf Auskunft gegenüber der Partnerschaft (**actio pro socio**).[158]

VI. Ersatz für Aufwendungen und Verluste (§ 110 Abs. 1 HGB)

75 Jeder Partner hat gemäß § 110 Abs. 1 HGB einen Anspruch auf Ersatz seiner erforderlichen Aufwendungen und auf Ausgleich seiner i. R. der Geschäftsführung erlittenen Verluste. In der Partnerschaft betrifft dies in erster Linie Aufwendungen, d. h. **freiwillige Vermögensopfer**, die zur sachgemäßen Berufsausübung unabding-

152) So offenbar die Begründung zum RegE PartGG, BT-Drucks. 12/6152, S. 15.

153) Baumbach/Hopt-*Hopt*, HGB, § 118 Rz. 17; für erforderlich im Hinblick auf Patientendaten hält dies sogar *Schirmer*, MedR 1995, 383, 385 f.

154) Diese Vorschrift ist auch bei der Partnerschaft nicht dispositiv; Henssler/Strohn-*Hirtz*, GesR, § 6 PartGG Rz. 11; *Ulmer/Schäfer* in: MünchKomm-BGB, § 6 PartGG Rz. 23.

155) Baumbach/Hopt-*Hopt*, HGB, § 118 Rz. 2; *Enzinger* in: MünchKomm-HGB, § 118 Rz. 5, jew. m. w. N.; a. A. betreffend die Zeit vor dem Ausscheiden Heymann-*Emmerich*, HGB, § 118 Rz. 4.

156) Baumbach/Hopt-*Hopt*, HGB, § 118 Rz. 2; *Enzinger* in: MünchKomm-HGB, § 118 Rz. 5.

157) H. M., BGH, Urt. v. 12.6.1954 – II ZR 154/53, BGHZ 14, 56 (GmbH); Baumbach/Hopt-*Hopt*, HGB, § 118 Rz. 13.

158) *Ulmer/Schäfer* in: MünchKomm-BGB, § 713 Rz. 8; für eine Auskunft an den Gesellschafter selbst *Huber*, ZGR 1982, 539, 546.

bar sind, wie z. B. Anschaffung der erforderlichen Fachliteratur. Verluste, d. h. **unfreiwillige Vermögensnachteile**, sind dagegen insbesondere diejenigen, die ein Partner aufgrund der persönlichen Inanspruchnahme nach § 8 Abs. 1 PartGG erleidet. Erfüllt ein Partner, den kein eigenes Verschulden trifft, einen Anspruch eines Klienten wegen fehlerhafter Berufsausübung, kann er auch in diesem Fall die Partnerschaft in Regress nehmen.[159] Falls die Partner – auch bei einer Haftungsbeschränkung nach außen gemäß § 8 Abs. 2 PartGG – im Innenverhältnis dann doch bei einer stets solidarischen Schadensverteilung unabhängig von dem Verschulden im konkreten Einzelfall bleiben wollen, ist dies wegen der **Abdingbarkeit** des § 110 HGB ohne weiteres möglich.[160]

VII. Verzinsung (§§ 110 Abs. 2, 111 HGB)

76 Gemäß § 111 HGB muss jeder Partner in drei Fällen unbefugten Vorenthaltens von Geldern der Gesellschaft auch **ohne Mahnung** Zinsen entrichten:

- **Nichtzahlung von Geldeinlagen**, sofern solche bei der Gründung der Partnerschaft oder bei Eintritt eines Gesellschafters („Einkauf" in die Partnerschaft, soweit Zahlung in das Gesellschaftsvermögen zu leisten ist) vereinbart waren – insoweit ist § 111 HGB im Zusammenhang mit § 706 BGB zu sehen;
- **Nichtablieferung von Geldern** der Partnerschaft. Dies gilt insbesondere für die Einnahmen aus der jeweiligen Berufstätigkeit der Partner. Fremdgelder (z. B. bei Rechtsanwälten) zählen hierzu nicht, da sie wirtschaftlich nicht der Partnerschaft zustehen, sondern dem Mandanten direkt.
- **Unbefugte Geldentnahmen** aus der Kasse oder Umbuchung von Geldern der Partnerschaft auf ein privates Konto.

77 Umgekehrt muss die Partnerschaft in den Fällen des **§ 110 Abs. 1 HGB** das durch den Partner aufgewendete Geld ebenfalls ohne Mahnung verzinsen, **§ 110 Abs. 2 HGB**. Da die Partnerschaft kein Handelsgeschäft i. S. des § 352 HGB betreibt, gilt grundsätzlich der gesetzliche Zinssatz des § 246 BGB.[161] Die Geltendmachung eines höheren Schadens ist bei Verschulden nicht ausgeschlossen.

VIII. Weitere Regelungen des Innenverhältnisses

1. Allgemeines

78 § 6 PartGG regelt das Innenverhältnis nicht abschließend. Weitere Regelungen ergeben sich aus dem Verweis des § 1 Abs. 4 auf das Recht der BGB-Gesellschaft. Insbesondere die Regelungen zu den Beiträgen der Partner (§§ 706 f. BGB) und zur Gewinnverteilung (§§ 721 f. BGB) bedürfen näherer Betrachtung.

2. Beiträge der Partner (§ 1 Abs. 4 PartGG i. V. m. § 706 BGB)

79 Neben den beruflichen Leistungen (§ 6 Abs. 1 PartGG) können die Partner weitere Beiträge leisten. Ein Beitrag ist jede Leistung zur Förderung des gemeinsamen

159) Begr. zum RegE PartGG, BT-Drucks. 12/6152, S. 18.

160) Baumbach/Hopt-*Hopt*, HGB, § 110 Rz. 18; *Henssler*, PartGG, § 6 Rz. 65; Henssler/Strohn-*Hirtz*, GesR, § 6 PartGG Rz. 13.

161) Meilicke u. a.-*Meilicke*, PartGG, § 6 Rz. 6.

Zwecks.[162] Insbesondere in der Gründungsphase wird die Bildung eines Startkapitals erforderlich sein, um Büroräume, Inventar u. Ä. anzuschaffen.[163] Eine Verpflichtung dazu ergibt sich jedoch nur, soweit dies im Gesellschaftsvertrag vereinbart ist.[164]

80 Zulässig sind Bar- und Sacheinlagen, wobei sie im Zweifel für alle Partner in gleicher Höhe zu leisten sind (§ 706 Abs. 1 BGB). Das ist im Hinblick auf die Individualität der beruflichen Leistungen i. S. des § 6 Abs. 1 PartGG nicht für diese Art der Beiträge durchsetzbar,[165] jedoch zweifelsfrei bei Bar- und Sachleistungen.

81 **Sacheinlagen** müssen im Personengesellschaftsrecht nicht nach dem objektiven Verkehrswert bewertet werden. Eine Bewertung findet in der Praxis aber gleichwohl zumeist statt, etwa um eine Bezugsgröße für die Gewinnermittlung (§ 722 Abs. 1 BGB) zu schaffen oder Planungssicherheit hinsichtlich etwaiger Ertragsteuern zu haben.[166] Da für die **Partnerschaft mit beschränkter Berufshaftung** nicht das Kapitalschutzsystem der GmbH oder AG übernommen wurde,[167] ist auch bei dieser Rechtsformvariante eine ordnungsgemäße Festsetzung der Sacheinlage i. S. der §§ 5 Abs. 4, 9c Abs. 1 Satz 2 GmbHG nicht zwingend. **Überbewertungen** können gleichwohl Ansprüche im Innenverhältnis auslösen, etwa wenn über den Wert einer Sache durch den Inferenten getäuscht wurde.

82 **Beitragsfähig** sind Beiträge sämtlicher Art, insbesondere dingliche Rechte, auch Immaterialgüterrechte sowie Sachgemeinschaften (z. B. Kanzleien) oder Know-how.[168] Zudem können über die beruflichen Leistungen (§ 6 Abs. 1 PartGG) hinaus Dienstleistungen versprochen werden (§ 706 Abs. 3 BGB), wie etwa die Erstellung und Pflege einer internen Datenbank.

83 Es kommt zudem vielfach vor, dass Partner der Partnerschaft **Gegenstände zur Nutzung überlassen**, z. B. Fahrzeuge, Büroräume oder Bibliotheken. In diesem Fall muss unterschieden werden, ob es sich um eine Beitragspflicht aus dem Gesellschaftsvertrag handelt, so dass die Gegenleistung also – mangels abweichender Regelungen – durch die Gewinnausschüttung erfolgt, oder ob der Partner der Gesellschaft wie ein Dritter gegenübertritt und mit ihr einen eigenständigen Gebrauchsüberlassungsvertrag abschließt, aus dem sich auch eine Vergütung ergeben kann.[169]

---

162) *K. Schmidt*, GesR, § 20 II 1a; Staudinger-*Habermeier*, BGB, § 705 Rz. 2; *Ulmer* in: MünchKomm-BGB, § 705 Rz. 2.

163) Meilicke u. a.-*Meilicke*, PartGG, § 6 Rz. 6.

164) *Ulmer/Schäfer* in: MünchKomm-BGB, § 706 Rz. 1 und § 6 PartGG Rz. 43.

165) Vgl. Meilicke u. a.-*Meilicke*, PartGG, § 6 Rz. 10 ff.

166) Zu Letzterem Meilicke u. a.-*Meilicke*, PartGG, § 6 Rz. 9.

167) Eingehend *Römermann/Praß*, NZG 2012, 601, 606 ff.

168) Allg. M.; s. nur *K. Schmidt*, GesR, § 20 II 2; Soergel-*Hadding*, BGB, § 706 Rz. 7; *Ulmer/Schäfer* in: MünchKomm-BGB, § 706 Rz. 10.

169) Meilicke u. a.-*Meilicke*, PartGG, § 6 Rz. 8.

84 Liegt eine Beitragsverpflichtung nach dem Partnerschaftsvertrag vor, so ist weiter zu unterscheiden:

- Die Einbringung kann dem Werte nach (**quoad sortem**) geschehen, so dass der Gegenstand zur Verfügung gestellt werden muss, als handelte es sich um Gesellschaftseigentum;[170]
- denkbar ist zudem eine mietähnliche Gebrauchsüberlassung der Sache (**quoad usum**), bei welcher der Gesellschafter nur die Gebrauchsmöglichkeit eröffnen muss.[171] Derartige Gestaltungen dürften insbesondere bei der **Partnerschaft mit beschränkter Berufshaftung** zunehmend anzutreffen sein, da im Insolvenzfall die nur zur Nutzung überlassenen Gegenstände aufgrund des Aussonderungsrechts nicht in die Haftungsmasse der Partnerschaft fallen.

85 Ob das **Aussonderungsrecht bei der PartG mbB** in diesem Fall jedoch uneingeschränkt gilt, ist fraglich. Durch das MoMiG wurde in **§ 135 Abs. 3 InsO** eine Regelung geschaffen, wonach die zur Nutzung überlassenen Gegenstände nicht der Verfügungsgewalt des Insolvenzverwalters entzogen werden, indem der Gesellschafter den Aussonderungsanspruch geltend macht. Diese Norm gilt nach allgemeiner Auffassung allerdings nur für die Gesellschafter von Kapitalgesellschaften, Genossenschaften und atypischen Personengesellschaften, bei denen keine natürliche Person persönlich haftet.[172] Für die Partnerschaft, bei der die Partner persönlich nach § 8 Abs. 1 PartGG für die Geschäftsverbindlichkeiten haften, findet § 135 Abs. 3 InsO insoweit keine Anwendung. Der Gesetzgeber konnte bei der Schaffung des MoMiG allerdings noch nicht die PartG mbB im Blick haben. In der Beschlussempfehlung des BT-Rechtsausschusses zum MoMiG wird darauf verwiesen, dass die Regelung des § 135 Abs. 3 InsO im Hinblick auf die gesellschaftsrechtliche Treuepflicht und die Zweckbestimmung des Insolvenzverfahrens gerechtfertigt ist.[173] Auch bei der PartG mbB ist aber aus diesen Gründen (unabhängig davon, ob sie dogmatisch überzeugen) die Einschränkung des Aussonderungsrechts gerechtfertigt, so dass § 135 Abs. 3 InsO analog für die PartG mbB gilt.

86 Die **Beitragsleistung** erfolgt zugunsten der Partnerschaft. Eigentümerin der eingebrachten Sachen quoad dominum wird die Partnerschaft; des Weiteren ist sie forderungsberechtigt hinsichtlich der versprochenen Dienstleistungen.

3. Beitragserhöhungen (§ 1 Abs. 4 PartGG i. V. m. § 707 BGB)

87 Beitragserhöhungen setzen eine **Grundlage im Partnerschaftsvertrag** voraus. Dies kann in der Weise erfolgen, dass der Partnerschaftsvertrag schon beim Zustandekommen Regelungen zu Nachschüssen enthält oder dass der Vertrag später – im Grundsatz einstimmig (§ 6 Abs. 3 Satz 2 PartGG i. V. m. § 119 Abs. 1 HGB) –

---

170) Vgl. BGH, Urt. v. 25.3.1965 – II ZR 203/62, WM 1965, 744; Urt. v. 15.6.2009 – II ZR 242/08, ZIP 2009, 1809 = DStR 2009, 2015, m. Anm. *Berninger*, DStR 2010, 874.

171) Zur Abgrenzung s. ferner Staudinger-*Habermeier*, BGB, § 706 Rz. 6 ff.; *Ulmer/Schäfer* in: MünchKomm-BGB, § 706 Rz. 12 ff.

172) Begr. zum RegE MoMiG, BT-Drucks. 16/6140, S. 56 f.; *Haas*, ZInsO 2007, 617, 627; *Habersack*, ZIP 2007, 2145, 2147; *Hirte*, ZInsO 2008, 689, 694.

173) Bericht und Beschlussempfehlung des RA zum RegE MoMiG, BT-Drucks. 16/9737, S. 59.

abgeändert wird. Anderenfalls sind die Partner zu Nachschüssen nicht verpflichtet. Es handelt sich dabei um ein allgemeines verbandsrechtliches „Grundrecht".[174)]

88 In ganz außergewöhnlichen Fällen kann die **Treuepflicht** dazu verpflichten, in eine Beitragserhöhung einzuwilligen.[175)] Dafür reicht aber nicht schon, dass die Partnerschaft sanierungsbedürftig ist.[176)] Grundlagen für Nachschusspflichten finden sich daher in der Regel nur in speziellen Klauseln im Partnerschaftsvertrag. So können Nachschüsse etwa gefordert werden, wenn die Partner keine der Höhe nach festgelegten Beiträge versprochen haben, sondern entsprechend ihrer Beteiligung an der Gesellschaft das Erforderliche zur Erreichung des Gesellschaftszwecks beitragen wollen.[177)] Voraussetzung ist jedoch stets, dass die Nachschusspflicht in objektiv bestimmbarer Weise ausgestaltet ist.[178)]

89 In der vielbeachteten Entscheidung **„Sanieren oder Ausscheiden"**[179)] hat der BGH eine faktische Nachschusspflicht für zulässig erachtet. Sie entstand dadurch, dass die Gesellschafterversammlung einer insolventen Gesellschaft per Mehrheitsbeschluss festgelegt hatte, dass ein Gesellschafter sich entweder an einer Kapitalerhöhung zu beteiligen hatte oder aus der Gesellschaft ausscheiden musste (was nach § 739 BGB dazu führt, dass der ausgeschiedene Gesellschafter für den Fehlbetrag anteilig aufkommen muss). Zwar würde der hier gegenständliche Beschluss wegen der Kernbereichslehre an sich die Zustimmung der ausscheidenden Gesellschafter voraussetzen. Der BGH nimmt jedoch an, dass die Gesellschafter im konkreten Fall zur Zustimmung verpflichtet waren. Das gelte insbesondere, weil sie durch ihr Ausscheiden nicht schlechter gestellt würden als im Fall der Liquidation. Anders ist die Rechtslage, wenn der Beschluss über Nachschüsse nach dem Gesellschaftsvertrag zwingend einstimmig gefasst werden muss. Unabhängig von einer etwaigen Zustimmungspflicht besteht dann keine Nachschusspflicht, wenn keine Einstimmigkeit erreicht wird.[180)]

4. Gewinnverteilung (§ 1 Abs. 4 PartGG i. V. m. §§ 721 f. BGB)

90 Streitigkeiten über die Gewinnverteilung sind häufig. Diesbezügliche Regelungen machen daher zumeist einen wesentlichen Teil des Partnerschaftsvertrages aus.

91 Mangels abweichender Regelungen kann ein Partner im Zweifel am Schluss jedes Geschäftsjahres (§ 721 Abs. 2 BGB) Ausschüttung seines Gewinnanteils verlangen. Die **Gewinnermittlung** kann auf Grundlage einer Einnahme-Überschussrechnung

174) Zurückgehend auf *Wiedemann*, GesR, Bd. I, § 7 IV 1a; s. *Ulmer/Schäfer* in: MünchKomm-BGB, § 707 Rz. 1.

175) BGH, Urt. v. 4.7.2005 – II ZR 354/03, ZIP 2005, 1455, 1456 f.; BGH, Urt. v. 19.10.2009 – II 240/08, NJW 2010, 65 (Sanieren oder Ausscheiden); *Ulmer* in: MünchKomm-BGB, § 705 Rz. 232 f.: Die Änderung muss zumutbar und mit Rücksicht auf das bestehende Gesellschaftsverhältnis erforderlich sein.

176) BGH, Urt. v. 23.1.2006 – II ZR 306/04, ZIP 2006, 562 = NJW-RR 2006, 827; *K. Schmidt*, GesR, § 5 IV 5b; *Ulmer/Schäfer* in: MünchKomm-BGB, § 707 Rz. 1.

177) BGH, Urt. v. 4.7.2005 – II ZR 354/03, ZIP 2005, 1455, 1457.

178) St. Rspr. seit BGH, Urt. v. 24.11.1975 – II ZR 89/74, BGHZ 66, 82, 85; vorher schon RG, Urt. v. 29.10.1915 – II 137/15, RGZ 87, 261, 265 f.

179) BGH, Urt. v. 19.10.2009 – II 240/08, NJW 2010, 65 = NZI 2009, 907, m. Anm. *Römermann*.

180) BGH, Urt. v. 25.1.2011 – II ZR 122/09, ZIP 2011, 768 = NJW 2011, 1667.

nach § 4 Abs. 3 EStG erfolgen;[181] die Gewinnfeststellung erfolgt im Zweifel durch einstimmigen Beschluss der Partner. Soweit nichts anderes vereinbart ist, erhält dann jeder Partner den gleichen Anteil am Gewinn; das gilt ohne Rücksicht auf die Art und Größe der individuellen Beiträge (§ 722 Abs. 1 BGB).

92 Diese gesetzlich vorgegebenen Grundsätze werden oftmals als unzureichend empfunden. In der Praxis lassen sich schon seit mehreren Jahren **unterschiedliche Modelle** zur Gewinnverteilung finden, die je nach den Gegebenheiten der Partnerschaft gewählt werden. Die einzelnen Vergütungssysteme unterscheiden sich nach dem Anknüpfungspunkt für die Gewinnberechnung. Typischerweise sind anzutreffen:[182]

- **Fester Prozentsatz vom Gewinn**, der zumeist je nach Alter und Kanzleizugehörigkeit berechnet wird.
- **Wie bei einer GmbH** (vgl. § 29 Abs. 3 Satz 1 GmbHG) knüpft die Gewinnverteilung an die Gesellschaftsanteile an.[183]
- **Merit Based**: Die Gewinnverteilung ist abhängig vom persönlichen Partnerumsatz ggf. auch vom Aquiseerfolg u. Ä.
- **Lockstep**: Die Vergütung erfolgt auf Grundlage eines Punktesystems. Punkte können für näher bestimmte Arten von Leistungen gesammelt werden und werden am Ende des Abrechnungszeitraums in Geld umgerechnet.

93 **Auszahlungen** nur **zum Ende eines Geschäftsjahres** sind eher unüblich. Typischerweise lassen sich die Partner laufend eine „Geschäftsführervergütung“ zahlen, die eine Vorauszahlung auf den Gewinn darstellt.[184] Überschüssige Gewinne werden oftmals (in Teilen) thesauriert.

G. Berufsrechtliche Vorgaben zur Geschäftsführung

I. Allgemeines

94 Ohne dass § 6 PartGG darauf noch ausdrücklich verweist, haben die Gesellschafter etwaige Restriktionen hinsichtlich der Geschäftsführung zu beachten, welche die Berufsrechte regeln. Diese sind im Folgenden dargestellt.

II. Steuerberater

95 Voraussetzung für die Anerkennung einer Partnerschaft als **Steuerberatungsgesellschaft** ist gemäß § 50 Abs. 1 Satz 1 und Abs. 2 StBerG, dass die Geschäftsführer Steuerberater sind, wobei neben Steuerberatern auch Rechtsanwälte, Wirtschaftsprüfer, vereidigte Buchprüfer und Steuerbevollmächtigte Geschäftsführer sein können. Mit Genehmigung der zuständigen Steuerberaterkammer können gemäß § 50

181) Das folgt aus dem fehlenden Verweis auf die §§ 120 ff. HGB Meilicke u. a.-*Meilicke*, PartGG, § 6 Rz. 17, 20; *Seibert*, DB 1994, 2381, 2382; *Ulmer/Schäfer* in: MünchKomm-BGB, § 6 PartGG Rz. 44.

182) Vgl. *Heussen*, AnwBl. 2007, 169, 171; *Hirtz*, AnwBl. 2008, 82, 85; s. ferner Dombek u. a.-*Dombek*, Die Anwaltssozietät, § 1 Rz. 63.

183) Formulierungsbeispiel bei Dombek u. a.-*Dombek*, Die Anwaltssozietät, § 1 Rz. 57 (§§ 3, 8 Abs. 1).

184) *Ulmer/Schäfer* in: MünchKomm-BGB, § 6 PartGG Rz. 47.

Abs. 3 StBerG zusätzlich besonders befähigte Personen Geschäftsführer sein. Die Zahl der anderen Geschäftsführer nach § 50 Abs. 2 und 3 StBerG darf die Zahl der geschäftsführenden Steuerberater nicht übersteigen, § 50 Abs. 4 StBerG. Darüber hinaus enthält **§ 25 Abs. 1 BOStB** die Aussage, dass die Stimmen der Steuerberater ausschlaggebend sind, wenn in einer interprofessionellen Gesellschaft bei der Willensbildung keine Einigung erzielt werden kann. Haben andere Personen als Steuerberater Einzelvertretungsbefugnis, so müssen Regelungen zur Geschäftsführungsbefugnis im Innenverhältnis vorgesehen sein, die eine verantwortliche Führung der Gesellschaft durch Steuerberater gewährleisten, § 25 Abs. 3 Satz 2 BOStB.

III. Wirtschaftsprüfer, vereidigte Buchprüfer

96 Voraussetzung für die Anerkennung einer Partnerschaft als Wirtschaftsprüfungsgesellschaft ist es, dass die Mehrheit der Geschäftsführer zugelassene Abschlussprüfer sind, § 28 Abs. 1 Satz 1 WPO. Daneben können gemäß § 28 Abs. 2 WPO auch vereidigte Buchprüfer, Steuerberater und Rechtsanwälte sowie mit Genehmigung der Wirtschaftsprüferkammer besonders befähigte sonstige Personen Geschäftsführer sein. Die Zahl der geschäftsführenden Wirtschaftsprüfer muss größer sein als die Zahl der Geschäftsführer aus anderen Berufen. Wenn es nur zwei Geschäftsführer gibt, muss einer von ihnen Wirtschaftsprüfer sein. Für die Geschäftsführung durch Berufsangehörige, die über eine ausländische Berufsqualifikation verfügen, gilt § 28 Abs. 3 WPO.

IV. Ärzte

97 Ärzte dürfen sich nur in solchen Berufsausübungsgemeinschaften zusammenschließen, die die eigenverantwortliche, medizinisch unabhängige und nicht gewerbliche Berufsausübung gewährleisten (§ 18 Abs. 2 Satz 1 MBO-Ä 2011). Der Arzt hat stets zu gewährleisten, dass die ärztlichen Berufspflichten eingehalten werden. Bei einer medizinischen **Kooperationsgemeinschaft** muss der Partnerschaftsvertrag gemäß § 23b Abs. 1 Satz 4 lit. a bis c MBO-Ä 2011 u. a. gewährleisten, dass

- die eigenverantwortliche und selbständige Berufsausübung der Ärztin oder des Arztes gewahrt ist,
- die Verantwortungsbereiche der Partner gegenüber den Patienten getrennt bleiben und
- medizinische Entscheidungen, insbesondere über Diagnostik und Therapie, ausschließlich der Arzt trifft, sofern nicht der Arzt nach seinem Berufsrecht den in der Gemeinschaft selbständig tätigen Berufsangehörigen eines anderen Fachberufs solche Entscheidungen überlassen darf.

98 Auch wenn man im Bereich der Partnerschaft überhaupt die Vereinbarung von Mitgeschäftsführung zulassen will (siehe dazu oben Rz. 34 ff.), dann wird dies bei einer interprofessionellen Zusammenarbeit eines Arztes mit Angehörigen anderer Berufe aufgrund der genannten beruflichen Bestimmungen regelmäßig ausgeschlossen sein.

V. Zahnärzte

99 Bei einer Partnerschaft mit Zahnärzten ist die eigenverantwortliche, medizinisch unabhängige und nicht gewerbliche Berufsausübung jedes Berufsangehörigen zu wahren, §§ 16 Abs. 1 Satz 1, 17 Abs. 1 Satz 1 MBO-ZÄ. Die Vereinbarung von Mitgeschäftsführung ist, soweit es sich nicht um ungewöhnliche Geschäftsführungsmaßnahmen handelt, mit diesem Gebot unvereinbar.

VI. Hauptberuflich Sachverständige

100 Der Sachverständige hat gemäß § 9 Abs. 1 Muster-SVO seine Aufgaben unabhängig, gewissenhaft, unparteiisch und weisungsfrei zu erfüllen. Nach § 9 Abs. 2 Nr. 1 Muster-SVO ist es dem Sachverständigen insbesondere untersagt, Weisungen zu berücksichtigen, die das Ergebnis des Gutachtens und die hierfür maßgeblichen Feststellungen verfälschen können. Ferner darf er gemäß § 9 Abs. 2 Nrn. 3 bis Muster-SVO keine Gutachten in eigener Sache oder für Objekte und Leistungen seines Dienstherrn oder Arbeitgebers erstatten, sich oder Dritten keine für seine Sachverständigentätigkeit außer der gesetzlichen oder vertraglich vereinbarten Vergütung Vorteile versprechen oder gewähren lassen und i. R. seiner Gutachtertätigkeit keine begutachteten Gegenstände gegen Entgelt zum Verkauf vermitteln oder selbst ankaufen.

§ 7

Wirksamkeit im Verhältnis zu Dritten; rechtliche Selbständigkeit; Vertretung

(1) Die Partnerschaft wird im Verhältnis zu Dritten mit ihrer Eintragung in das Partnerschaftsregister wirksam.

(2) § 124 des Handelsgesetzbuchs ist entsprechend anzuwenden.

(3) Auf die Vertretung der Partnerschaft sind die Vorschriften des § 125 Abs. 1 und 2 sowie der §§ 126 und 127 des Handelsgesetzbuchs entsprechend anzuwenden.*)

(4) [1]Die Partnerschaft kann als Prozess- oder Verfahrensbevollmächtigte beauftragt werden. [2]Sie handelt durch ihre Partner und Vertreter, in deren Person die für die Erbringung rechtsbesorgender Leistungen gesetzlich vorgeschriebenen Voraussetzungen im Einzelfalle vorliegen müssen, und ist in gleichem Umfang wie diese postulationsfähig. [3]Verteidiger im Sinne der §§ 137 ff. der Strafprozessordnung ist nur die für die Partnerschaft handelnde Person.)**

(5) Für die Angabe auf Geschäftsbriefen der Partnerschaft ist § 125a Absatz 1 Satz 1, Absatz 2 des Handelsgesetzbuchs mit der Maßgabe entsprechend anzuwenden, dass bei einer Partnerschaft mit beschränkter Berufshaftung auch der von dieser gewählte Namenszusatz im Sinne des § 8 Absatz 4 Satz 3 anzugeben ist.*)**

Die Vorschriften des **HGB**, auf die § 7 Abs. 2 und 3 PartGG Bezug nehmen, lauten:

§ 37a (Angaben auf Geschäftsbriefen)

[(1) – *in § 125a Abs. 2 HGB nicht in Bezug genommen und für die Partnerschaft daher grundsätzlich nicht anwendbar* – Auf allen Geschäftsbriefen des Kaufmanns gleichviel welcher Form, die an einen bestimmten Empfänger gerichtet werden, müssen seine Firma, die Bezeichnung nach § 19 Abs. 1 Nr. 1, der Ort seiner Handelsniederlassung, das Registergericht und die Nummer, unter der die Firma in das Handelsregister eingetragen ist, angegeben werden.]

(2) Der Angaben nach Absatz 1 bedarf es nicht bei Mitteilungen oder Berichten, die im Rahmen einer bestehenden Geschäftsverbindung ergehen und für die üblicherweise Vordrucke verwendet werden, in denen lediglich die im Einzelfall erforderlichen besonderen Angaben eingefügt zu werden brauchen.

(3) Bestellscheine gelten als Geschäftsbriefe im Sinne des Absatzes 1. Absatz 2 ist auf sie nicht anzuwenden.

(4) Wer seiner Pflicht nach Absatz 1 nicht nachkommt, ist hierzu von dem Registergericht durch Festsetzung von Zwangsgeld anzuhalten. § 14 Satz 2 gilt entsprechend.

---

*) § 7 Abs. 3 geändert durch ERJuKoG v. 10.12.2001, BGBl. I 2001, 3422.

**) § 7 Abs. 4 eingefügt durch Art. 2 des 2. FGOÄndG v. 19.12.2000, BGBl. I 2000, 1757.

***) Eingefügt als § 7 Abs. 4 durch Gesetz v. 22.6.1998, BGBl. I 1998, 1474. § 7 Abs. 5 neu gefasst durch Gesetz v. 15.7.2013, BGBl. I 2013, 2386.

§ 124 (Rechtliche Selbständigkeit; Zwangsvollstreckung in Gesellschaftsvermögen)

(1) Die offene Handelsgesellschaft kann unter ihrer Firma Rechte erwerben und Verbindlichkeiten eingehen, Eigentum und andere dingliche Rechte an Grundstücken erwerben, vor Gericht klagen und verklagt werden.

(2) Zur Zwangsvollstreckung in das Gesellschaftsvermögen ist ein gegen die Gesellschaft gerichteter vollstreckbarer Schuldtitel erforderlich.

§ 125 (Vertretung der Gesellschaft)

(1) Zur Vertretung der Gesellschaft ist jeder Gesellschafter ermächtigt, wenn er nicht durch den Gesellschaftsvertrag von der Vertretung ausgeschlossen ist.

(2) Im Gesellschaftsvertrage kann bestimmt werden, daß alle oder mehrere Gesellschafter nur in Gemeinschaft zur Vertretung der Gesellschaft ermächtigt sein sollen (Gesamtvertretung). Die zur Gesamtvertretung berechtigten Gesellschafter können einzelne von ihnen zur Vornahme bestimmter Geschäfte oder bestimmter Arten von Geschäften ermächtigen. Ist der Gesellschaft gegenüber eine Willenserklärung abzugeben, so genügt die Abgabe gegenüber einem der zur Mitwirkung bei der Vertretung befugten Gesellschafter.

(3) …

§ 125a (Angaben auf Geschäftsbriefen)

(1) Auf allen Geschäftsbriefen der Gesellschaft gleichviel welcher Form, die an einen bestimmten Empfänger gerichtet werden, müssen die Rechtsform und der Sitz der Gesellschaft, das Registergericht und die Nummer, unter der die Gesellschaft in das Handelsregister eingetragen ist, angegeben werden. …

(2) Für Vordrucke und Bestellscheine ist § 37a Abs. 2 und 3, für Zwangsgelder gegen die zur Vertretung der Gesellschaft ermächtigten Gesellschafter oder deren organschaftliche Vertreter und die Liquidatoren ist § 37a Abs. 4 entsprechend anzuwenden.

§ 126 (Umfang der Vertretungsmacht)

(1) Die Vertretungsmacht der Gesellschafter erstreckt sich auf alle gerichtlichen und außergerichtlichen Geschäfte und Rechtshandlungen einschließlich der Veräußerung und Belastung von Grundstücken sowie der Erteilung und des Widerrufs einer Prokura.

(2) Eine Beschränkung des Umfanges der Vertretungsmacht ist Dritten gegenüber unwirksam; dies gilt insbesondere von der Beschränkung, daß sich die Vertretung nur auf gewisse Geschäfte oder Arten von Geschäften erstrecken oder daß sie nur unter gewissen Umständen oder für eine gewisse Zeit oder an einzelnen Orten stattfinden soll.

(3) In betreff der Beschränkung auf den Betrieb einer von mehreren Niederlassungen der Gesellschaft finden die Vorschriften des § 50 Abs. 3 entsprechende Anwendung.

§ 127 (Entziehung der Vertretungsmacht)

Die Vertretungsmacht kann einem Gesellschafter auf Antrag der übrigen Gesellschafter durch gerichtliche Entscheidung entzogen werden, wenn ein wichtiger Grund vorliegt; ein solcher Grund ist insbesondere grobe Pflichtverletzung oder Unfähigkeit zur ordnungsgemäßen Vertretung der Gesellschaft.

Literatur: *Altmeppen*, Irrungen und Wirrungen um den täuschenden Rechtsformzusatz und seine Haftungsfolgen, NJW 2012, 2833; *Bayer/Imberger*, Nochmals: Die Rechtsformen freiberuflicher Tätigkeit, DZWIR 1995, 177; *Beck*, Der Referentenentwurf und der Regierungsentwurf zur Einführung einer Partnerschafsgesellschaft mit beschränkter Berufshaftung, DZWIR 2012, 447; *Beckmann*, Für eine Partnerschaft Freier Berufe, in: Festschrift für Detlef Kleinert, 1992, S. 210; *Beuthien*, Die Vorgesellschaft im Privatrechtssystem, ZIP 1996, 305 (Teil I), 360 (Teil II); *Bösert*, Das Gesetz über Partnerschaftsgesellschaften Angehöriger Freier Berufe (Partnerschaftsgesellschaftsgesetz – PartGG), ZAP Fach 15,

S. 137 (= ZAP 1994, 765); *Bösert*, Der Regierungsentwurf eines Gesetzes zur Schaffung von Partnerschaftsgesellschaften (Partnerschaftsgesellschaftsgesetz – PartGG), DStR 1993, 1332; *Burret*, Das Partnerschaftsgesellschaftsgesetz, WPK-Mitt. 1994, 201; *Carl*, Die Partnerschaftsgesellschaft – eine neue Rechtsform für die Freien Berufe, StB 1995, 173; *Coester-Waltjen*, Besonderheiten des neuen Partnerschaftsgesellschaftsgesetzes, Jura 1995, 666; *Gres*, Partnerschaftsgesetz für Freie Berufe – Gesetzesvorhaben mit Vorgeschichte, Der Selbständige, 12/1992, 6; *Gres*, Die neue Partnerschaftsgesellschaft, der freie beruf 6/1994, 23; *Hornung*, Partnerschaftsgesellschaft für Freiberufler, (Teil 1), Rpfleger 1995, 481 und (Teil 2), Rpfleger 1996, 1; *Kempter*, Das Partnerschaftsgesellschaftsgesetz, BRAK-Mitt. 1994, 122; *Knoll/Schüppen*, Die Partnerschaftsgesellschaft – Handlungszwang, Handlungsalternative oder Schubladenmodell, DStR 1995, 608 (Teil 1) und DStR 1995, 646 (Teil 2); *Krejci*, Gutachten: Partnerschaft, Verein, Konzern – Zur Harmonisierung und Modernisierung des Gesellschafts- und Unternehmensrechtes, in: Verhandlungen des 10. Österreichischen Juristentages, 1988, Bd. I/1; *Kupfer*, Freiberufler-Gesellschaften: Partnerschaft, Anwalts- und Ärzte-GmbH, KÖSDI 1995, 10130; *Lenz*, Die Partnerschaft – alternative Gesellschaftsform für Freiberufler, MDR 1994, 741; *Leutheusser-Schnarrenberger*, Partnerschaftsgesellschaftsgesetz – ab 1. Juli '95 in Kraft, der freie beruf 7–8/1994, 20; *Michalski*, Zum Regierungsentwurf eines Partnerschaftsgesellschaftsgesetzes, ZIP 1993, 1210; *Mittelsteiner*, Kommentierung zum PartGG, DStR 1994, Beiheft zu Heft 37, S. 37; *Neye*, Änderungen im Umwandlungsrecht nach den handels- und gesellschaftsrechtlichen Reformgesetzen in der 13. Legislaturperiode, DB 1998, 1649; *Reischmann*, Die Freiberufler-OHG von Ärzten ist noch mit vielen Fragezeichen versehen, Ärzte Zeitung vom 10.11.1994; *Römermann/Praß*, Die Partnerschaftsgesellschaft mit beschränkter Berufshaftung, NZG 2012, 601; *Römermann/Praß*, Die Partnerschaftsgesellschaft mit beschränkter Berufshaftung (PartG mbB) eine attraktive Rechtsform für Steuerberatungsgesellschaften?, Stbg 2012, 319; *Rösener*, Neue Rechtsform für Gemeinschaftspraxen – Partnerschaften, Deutsches Tierärzteblatt 1995, 418; *Schaub*, Das neue Partnerschaftsregister, NJW 1996, 625; *Schirmer*, Berufsrechtliche und kassenarztrechtliche Fragen der ärztlichen Berufsausübung in Partnerschaftsgesellschaften, MedR 1995, 341 (Teil 1) und MedR 1995, 383 (Teil 2); *Schmidt, K.*, Die Freiberufliche Partnerschaft, NJW 1995, 1; *Schmidt, K.*, Partnerschaftsgesetzgebung zwischen Berufsrecht, Schuldrecht und Gesellschaftsrecht, ZIP 1993, 633; *Schmidt, K.*, Der Partnerschaftsgesetzentwurf: Chance für eine überfällige Reform der Gesellschaft bürgerlichen Rechts, JBl 1988, 745; *Seibert*, Die Partnerschaft für die Freien Berufe, DB 1994, 2381; *Sommer*, Die neue Partnerschaftsgesellschaft – Eine zweckmäßige Rechtsform für Steuerberater?, DSWR 1995, 181; *Stuber*, Das Partnerschaftsgesellschaftsgesetz unter besonderer Berücksichtigung der Belange der Anwaltschaft, WiB 1994, 705; *Uwer/Roeding*, Wege in die Partnerschaftsgesellschaft mit beschränkter Berufshaftung, AnwBl 2013, 309; *Weyand*, Partnerschaftsgesellschaften als neue Organisationsform für die freiberufliche Praxis, INF 1995, 22.

Übersicht

A. Einführung

1 § 7 PartGG regelt das **Außenverhältnis der Partnerschaft.**[1] Sie entsteht gemäß § 7 Abs. 1 PartGG konstitutiv mit der Eintragung in das Partnerschaftsregister und ist damit nach Außen wirksam sowie gemäß § 7 Abs. 2 PartGG i. V. m. § 124 Abs. 1 HGB rechtsfähig. § 7 Abs. 3 und Abs. 4 PartGG regeln die organschaftliche Vertretung der Partnerschaft sowie die Vertretungsbefugnis und Postulationsfähigkeit der Partnerschaft im Rechtsverkehr, insb. im Prozess. Gemäß § 7 Abs. 5 PartGG gilt hinsichtlich der Geschäftsbriefe das Recht der OHG entsprechend.

B. Normentwicklung

2 Die beiden Entwürfe von 1971[2] und 1975[3] ließen die Partnerschaft wie nun auch § 7 Abs. 1 PartGG mit ihrer Eintragung wirksam werden. Demgegenüber orientierte sich der Entwurf von 1976 stärker an der Regelung des früheren § 123 HGB a. F.; insbesondere sollte danach die Gesellschaft bereits mit dem Beginn ihrer Tätigkeit wirksam werden.[4]

3 Die Entwürfe von **1971** und **1975** gestalteten die Partnerschaft außerdem als rechtsfähige Berufsgesellschaft, also als **juristische Person** aus,[5] wobei sie allerdings nach § 26 des Entwurfs von 1971 i. S. der Steuergesetze als freiberufliche Personengesellschaft gelten sollte.[6] Diese Konstruktion wurde im Entwurf von **1976** zugunsten einer Personengesellschaft verändert,[7] und auch im Gesetzgebungsverfahren

---

1) Die Kommentierung baut auf der seit der ersten Auflage von Herrn *Lutz Michalski* und Herrn *Volker Römermann* erstellten Kommentierung auf. Für ihr Einverständnis, die Kommentierung fortführen zu dürfen, sei an dieser Stelle gedankt.

2) § 2 Abs. 4 E 1971, BT-Drucks. VI/2047, S. 1.

3) § 5 Abs. 4 E 1975, BT-Drucks. 7/4089, S. 3.

4) § 14 E 1976, BT-Drucks. 7/5402, S. 6.

5) § 1 Abs. 1 E 1971, BT-Drucks. VI/2047, S. 1; § 1 Abs. 1 Satz 1 E 1975, BT-Drucks. 7/4089, S. 3.

6) § 26 E 1971, BT-Drucks. VI/2047, S. 4; vgl. *Beckmann* in: FS Kleinert, S. 210.

7) § 1 Abs. 1 Satz 1 E 1976, BT-Drucks. 7/5402, S. 4.

des PartGG stand bereits seit dem **Neun-Punkte-Katalog** des Bundeswirtschaftsministeriums vom November 1991 fest, dass eine Personengesellschaft geschaffen werden sollte, die Trägerin von Rechten und Pflichten sein kann, ohne jedoch die vollständige Rechtssubjektivität einer juristischen Person zu besitzen.[8]

4 Durch Art. 11 Nr. 2 HRefG vom 22.6.1998[9] wurde mit Wirkung ab 1.7.1998 als neuer Absatz 4 des § 7 PartGG eine Verweisung auf die ebenfalls neu gefassten Bestimmungen des § 125a Abs. 1 Satz 1, Abs. 2 HGB eingefügt. Dadurch wurden die für die Personenhandelsgesellschaften geltenden Informationspflichten bei der Verwendung von Geschäftsbriefen auf die Partnerschaft erstreckt; für Sozietäten in Rechtsform der GbR gelten sie hingegen nicht.[10]

5 Nachdem das Gesetz über elektronische Register und Justizkosten für Telekommunikation[11] mit Wirkung zum 15.12.2001 eine allgemeine Pflicht zur Anmeldung der Vertretungsverhältnisse und deren Eintragung im Partnerschaftsregister eingeführt hatte, konnte durch dasselbe Gesetz aus § 7 Abs. 3 PartGG der frühere Verweis auf § 125 Abs. 4 HGB a. F. gestrichen werden. Zum 1.1.2001 trat der neue § 7 Abs. 4 PartGG in Kraft, welcher eine umfassende Vertretungsbefugnis vor allen Gerichten und Behörden mit Ausnahme der Strafverteifigung regelt; der frühere Absatz 4 (Geschäftsbriefe) wurde zum neuen § 7 Abs. 5 PartGG. Diese durch das Zweite Gesetz zur Änderung der FGO und anderer Gesetze[12] vorgenommene Änderung stellte eine Reaktion auf die Rechtsprechung dar, die Partnerschaften die Postulationsfähigkeit vor den FG versagt hatte.[13] Danach erfolgte noch eine Änderung des § 7 Abs. 5 PartGG durch das Gesetz zur Einführung einer Partnerschaftsgesellschaft mit beschränkter Berufshaftung und zur Änderung des Berufsrechts der Rechtsanwälte, Patentanwälte, Steuerberater und Wirtschaftsprüfer.[14] Ergänzt wurde, dass auch PartG mbB ihren Namenszusatz nach § 8 Abs. 4 Satz 3 PartGG auf Geschäftsbriefen angeben müssen.

C. Wirksamkeit der Partnerschaft (§ 7 Abs. 1 PartGG)

I. Bedeutung

6 Die **konstitutive Wirkung** der Eintragung im Partnerschaftsregister schafft ein formales **Abgrenzungskriterium** zur GbR, von der die Partnerschaft sonst mangels einer Verschiedenheit des Gesellschaftszwecks oder Unternehmensumfangs nicht

8) Punkt 1 des Katalogs, vgl. *Beckmann* in: FS Kleinert, S. 210, 214; *Gres*, Der Selbständige, 12/1992, 6.

9) Gesetz zur Neuregelung des Kaufmanns- und Firmenrechts und zur Änderung anderer handels- und gesellschaftsrechtlicher Vorschriften (HRefG) vom 22.6.1998, BGBl. I, 1474.

10) Begr. RegE HRefG, BR-Drucks. 340/97, S. 81; *Ulmer/Schäfer* in: MünchKomm-BGB, § 7 PartGG Rz. 23.

11) Gesetz über elektronische Register und Justizkosten für Telekommunikation (ERJuKoG) v. 10.12.2001, BGBl. I, 3422.

12) Zweites Gesetz zur Änderung der Finanzgerichtsordnung und anderer Gesetze (2. FGOÄndG) v. 19.12.2000, BGBl. I, 1757.

13) BFH, Beschl. v. 26.2.1999 – XI R 66/97, NJW 1999, 2062, 2063 = BStBl. II 1999, 363 sowie BFH, Urt. v. 9.6.1999 – I R 6/99, NJW 1999, 3655, 3656 = BStBl. II 1999, 666.

14) Gesetz v. 15.7.2013, BGBl. I 2013, 2386.

unterschieden werden könnte.[15] Insbesondere wurde nicht – wie noch in dem Gesetzentwurf von 1976 – auf § 123 HGB a. F. verwiesen,[16] so dass die bloße freiberufliche Betätigung niemals zur Begründung einer Partnerschaft ausreichen kann. Dies wurde von Seiten des Gesetzgebers bewusst so geregelt, da die existierenden freiberuflichen GbRs sonst bei Erreichen einer gewissen Größe automatisch zu Partnerschaften und damit dem Regime des PartGG unterworfen würden.[17] Diesen **Rechtsformzwang** trachtete der Gesetzgeber zu vermeiden.[18]

II. Konstitutivwirkung

7 Die Rechtsträgerstellung der Partnerschaft wird (erst) mit der Eintragung begründet. Die „Wirksamkeit" ist absolut; unbedeutend ist daher die Kenntnis eines Dritten von der Eintragung.[19] § 7 Abs. 1 PartGG findet für den Eintritt eines neuen Partners analoge Anwendung. Er gilt Dritten gegenüber erst als Partner, wenn er in das **Partnerschaftsregister** eingetragen ist.[20] Vor der Eintragung kann er jedoch unter Umständen als „Scheinpartner" zu behandeln sein.[21]

8 § 7 Abs. 1 PartGG gilt nicht (erneut), wenn aus einer regulären Partnerschaft eine **PartG mbB** entstehen soll. Das bedeutet, die PartG mbB entsteht in diesem Fall nicht erst mit der Eintragung des (neuen) Namenszusatzes „PartG mbB" o. Ä. in das Partnerschaftsregister. Vielmehr besteht sie bereits, wenn die konstitutive Voraussetzung des § 8 Abs. 4 PartGG erfüllt ist,[22] also eine entsprechende Berufshaftpflichtversicherung abgeschlossen und unterhalten wird.[23] Die Eintragung des Namenszusatzes hat dann nur noch **deklaratorische Bedeutung**. Allerdings können sich die Partner erst auf die Haftungsbeschränkung berufen, wenn die Eintragung erfolgt ist (§ 5 Abs. 2 PartGG i. V. m. § 15 Abs. 2 Satz 1 HGB);[24] denn hierbei handelt es sich um eine eintragungspflichtige Tatsache (§ 4 Abs. 3 PartGG).

9 Die weiteren Wirkungen der konstitutiven Eintragung nach § 7 Abs. 1 PartGG sind fraglich. Umstritten ist insoweit, ob eine Gesellschaft, die als Partnerschaft im

---

15) Begr. RegE, BT-Drucks. 12/6152, S. 16; *Bösert*, ZAP Fach 15, S. 137, 149; Feuerich/Weyland-*Vossebürger*, BRAO, § 7 PartGG Rz. 1; *Henssler*, PartGG, § 7 Rz. 2; Henssler/Prütting-*Henssler*, BRAO, § 7 PartGG Rz. 1; *Ulmer/Schäfer* in: MünchKomm-BGB, § 7 PartGG Rz. 3.

16) Absatz 1 ist allerdings nur eine sprachlich verbesserte Version des § 123 Abs. 1 HGB; vgl. *K. Schmidt*, ZIP 1993, 633, 642, m. Fn. 93.

17) *Bösert*, DStR 1993, 1332, 1334; *Stuber*, WiB 1994, 705, 708; *Weyand*, INF 1995, 22, 25.

18) *Bösert*, ZAP Fach 15, S. 137, 149.

19) Vgl. Baumbach/Hopt-*Hopt*, HGB, § 123 Rz. 3, 5; *K. Schmidt* in: MünchKomm-HGB, § 123 Rz. 6

20) *Henssler*, PartGG, § 7 Rz. 6; Meilicke u. a.-*Meilicke*, PartGG, § 7 Rz. 35.

21) Zur Rechtsfigur des Scheinpartners s. *Römermann*, § 8 Rz. 43 ff.

22) *Römermann/Praß*, NZG 2012, 601, 603; *Römermann/Praß*, Stbg 2012, 319, 324; ebenso *Beck*, DZWIR 2012, 447, 448.

23) Anders als noch in den Entwürfen ist die zutreffende Firmierung nach § 8 Abs. 4 Satz 3 keine konstitutive Voraussetzung für die PartG mbB, vgl. Beschlussempfehlung und Bericht des RA, BT-Drucks. 17/13944, S. 15 = Anhang, S. 404.

24) *Römermann/Praß*, NZG 2012, 601, 603; *Römermann/Praß*, Stbg 2012, 319, 324; ebenso *Uwer/Roeding*, AnwBl 2013, 309, 311; **a. A.** *Beck*, DZWIR 2012, 447, 448.

Partnerschaftsregister eingetragen ist, auch dann nach Außen als Partnerschaft anzusehen ist, wenn sie nicht freiberuflich tätig ist.

10 Die **h. M.**[25] vertritt die Auffassung, dass eine eingetragene Partnerschaft trotz der Registereintragung als GbR oder gar als OHG anzusehen sei, falls der Unternehmensgegenstand sich in Wirklichkeit nicht auf eine freiberufliche, sondern vielmehr auf eine sonstige, insbesondere vollkaufmännische Tätigkeit richte (sog. **Scheinpartnerschaft**). Diese Auffassung ist **abzulehnen**, da sie die insoweit grundlegenden Unterschiede zwischen den Personenhandelsgesellschaften und der Partnerschaft nicht hinreichend würdigt. Die Partnerschaft entsteht als solche durch die Eintragung und sie geht grundsätzlich durch Löschung unter.[26] Falls sie tatsächlich nicht freiberuflichen, sondern gewerblichen Aktivitäten nachgeht, dann kann dies nicht – wie etwa im Recht der Personenhandelsgesellschaften außerhalb des Registerverfahrens – dazu führen, dass geltend gemacht würde, es handele sich in Wirklichkeit um eine zu Unrecht eingetragene **OHG** oder GbR.[27] Die Frage, ob eine Registereintragung in das Partnerschaftsregister zu Recht oder zu Unrecht erfolgt ist, ändert nichts an dem Umstand, dass die Partnerschaft durch die einmal geschehene Eintragung entstanden ist und fortdauert. Die Rechtslage ist insoweit wegen Absatz 1 sowie § 1 Abs. 1 Satz 2 PartGG (die Partnerschaft übt **kein Handelsgewerbe** aus) eine grundlegend andere als diejenige der Personenhandelsgesellschaften gemäß §§ 5, 105, 123 HGB. Sie ist hinsichtlich der hier diskutierten Streitfrage eher vergleichbar mit derjenigen der juristischen Personen. Eine **Umwandlung von Rechts wegen**[28] **findet** bei der Partnerschaft **nicht statt**. Falls daher gegenüber einer Partnerschaft geltend gemacht werden sollte, dass sie tatsächlich gewerblich tätig ist, dann ist dies **gesellschaftsrechtlich** zunächst folgenlos. **Steuerrechtlich** bedeutet es hingegen, dass die Einnahmen der Gesellschaft nicht das Privileg der freiberuflichen Einkünfte genießen (siehe *Zimmermann*, § 1 Rz. 38).

11 Das von der h. M. öfters vorgebrachte Argument, dass auch die Fiktion des § 5 HGB, wonach eine als Kaufmann eingetragene Person auch ein Handelsgewerbe betreibe, nur gelte, wenn überhaupt ein Gewerbe betrieben werde,[29] und daher auch eine als OHG eingetragene Gesellschaft tatsächlich eine GbR sein könne,[30] führt nicht weiter. Weder in § 7 PartGG noch an einer anderen Stelle des Gesetzes wird § 5 HGB für entsprechend anwendbar erklärt;[31] gemäß § 1 Abs. 4 PartGG gelten subsidiär die Vorschriften des BGB, nicht diejenigen des HGB.

---

25) Henssler/Prütting-*Henssler*, BRAO, § 7 PartGG Rz. 3 (jedoch Rückgriff auf die Rechtsfigur des „Kaufmanns kraft Rechtsscheins" möglich); Meilicke u. a.-*Meilicke*, PartGG, § 7 Rz. 38; *Ulmer/Schäfer* in: MünchKomm-BGB, § 7 PartGG Rz. 8; Henssler/Strohn-*Hirtz*, GesR, § 7 PartGG Rz. 7; *Salger* in: MünchHdb. GesR, Bd. 1, § 38 Rz. 6; Ebenroth/Boujong/Joost-*Seibert*, HGB, 1. Aufl., § 7 PartGG Rz. 1.

26) Eine Klarstellung im Gesetz vermisst *K. Schmidt*, NJW 1995, 1, 7.

27) Vgl. *K. Schmidt*, ZIP 1993, 633, 642.

28) Vgl. Baumbach/Hopt-*Hopt*, HGB, Vor § 105 Rz. 23.

29) So die Rspr. des BGH, Urt. v. 19.5.1960 – II ZR 72/59, BGHZ 32, 307, 313 ff.

30) Etwa Feuerich/Weyland-*Vossebürger*, BROA, § 7 PartGG Rz. 3.

31) Vgl. zur Anwendbarkeit des § 5 HGB *Kempter*, BRAK-Mitt. 1994, 122, 123; *Knoll/Schüppen*, DStR 1995, 608, 646, 650; zur rechtspolitischen Kritik noch *Vorauflage*, 1995, § 7 Rz. 3.

12 Ungeachtet dessen kann eine nicht freiberuflich tätige, und demnach **fehlerhaft eingetragene** Partnerschaft nach § 395 FamFG von Amts wegen oder auf Antrag der berufsständischen Organe aus dem Register gelöscht werden.[32] **Mängel** bei den **formellen Anmeldungsvoraussetzungen** (insb. § 5 Abs. 2 PartGG i. V. m. § 12 HGB) werden durch die Eintragung hingegen geheilt.[33]

III. Vorgesellschaft

13 Vor der Eintragung besteht die Partnerschaft wegen § 7 Abs. 1 PartGG als solche nicht. Dies gilt in vergleichbarer Weise wie für die juristischen Personen,[34] wo nach der Lehre von der **Vorgesellschaft**[35] der Rechtsträger bereits mit der Errichtung durch Abschluss des Gesellschaftsvertrages entsteht, aber erst durch die Eintragung die vollständige Rechtsposition erwirbt. Dazwischen durchläuft die Gesellschaft ein **Durchgangsstadium**, das eigenen Regeln unterliegt, von der endgültigen Gesellschaftsform aber bereits in erheblichem Maße beeinflusst wird. In diesem Vorstadium kann die Gesellschaft – und insoweit gilt für die Partnerschaft grundsätzlich nichts anderes – als Unternehmen bereits im Rechtsverkehr auftreten, Rechte erwerben und Verbindlichkeiten eingehen.[36] Die früher schematisch vorgenommene Einordnung in eine der gesetzlichen Gesellschaftstypen – zumeist die GbR – ist inzwischen weitgehend der Erkenntnis gewichen, dass die Vorgesellschaft grundsätzlich der zu gründenden Gesellschaft entspricht und daher auch die für sie geltenden Normen anzuwenden sind, soweit diese nicht gerade die Rechtsfähigkeit voraussetzen oder sonst mit der Beschränkung auf das Gründungsstadium nicht vereinbar sind.[37]

14 Für den Bereich der freiberuflichen Gesellschaft ist aus dieser Lehre zu folgern, dass ab dem Zeitpunkt des Abschlusses des schriftlichen **Partnerschaftsvertrages** nach § 3 eine **Vorpartnerschaft** existiert, auf die die Regeln über die Partnerschaft bereits weitgehende Anwendung finden.[38] Hinsichtlich der durch eine Vorgesellschaft aufgeworfenen Fragen unterscheidet sich die Vorpartnerschaft nicht grundsätzlich von den anderen bekannten Typen von Vorgesellschaften,[39] ohne dass dies

---

32) Henssler/Prütting-*Henssler*, BRAO, § 7 PartGG Rz. 3; Meilicke u. a.-*Meilicke*, PartGG, § 7 Rz. 38; *Ulmer/Schäfer* in: MünchKomm-BGB, § 7 PartGG Rz. 8 f.

33) *Ulmer/Schäfer* in: MünchKomm-BGB, § 7 PartGG Rz. 7.

34) § 11 Abs. 1 GmbHG, § 41 Abs. 1 Satz 1 AktG, § 13 GenG.

35) Vgl. nur *Hirte*, Kapitalgesellschaftsrecht, Rz. 2.7 ff.; Roth/Altmeppen-*Roth*, GmbHG, § 11 Rz. 38 ff. m. w. N.; ferner *Beuthien*, ZIP 1996, 305 ff.; 360 ff.

36) Vgl. *K. Schmidt*, NJW 1995, 1, 4.

37) Grundlegend BGH, Urt. v. 12.7.1956 – II ZR 218/54, BGHZ 21, 242, 246; ferner *G. Hueck*, GesR, § 35 II 2, S. 337 m. w. N.

38) Grds. wie hier *Gail/Overlack*, Anwaltsgesellschaften, Rz. 126 **a. A.** Meilicke u. a.-*Meilicke*, PartGG, § 7 Rz. 4 (für die Anwendbarkeit des § 7 Abs. 4 PartGG aber Rz. 39); *Stuber*, WiB 1994, 705, 707 f.; *Lenz*, MDR 1994, 741, 743; *Schaub*, NJW 1996, 625, 627; *Schirmer*, MedR 1995, 341, 345; *Coester-Waltjen*, Jura 1995, 666; *Feddersen/Meyer-Landrut*, PartGG, § 4 Rz. 8; Wirkungen im Innenverhältnis kraft Parteiwillens zulassend *Ulmer/Schäfer* in: MünchKomm-BGB, § 7 PartGG Rz. 4 f.; Henssler/Strohn-*Hirtz*, GesR, § 7 PartGG Rz. 4; Henssler/Prütting-*Henssler*, BRAO, § 7 PartGG Rz. 2; *Henssler*, PartGG, § 7 Rz. 10.

39) *Michalski*, ZIP 1993, 1210, 1213.

einer besonderen gesetzlichen Regelung bedurft hätte.[40] Keine Bedenken bestehen insbesondere gegen die **Anwendung der §§ 1 Abs. 4, 6 und 9 PartGG**. Über § 1 Abs. 4 PartGG sind im Stadium vor Eintragung der Partnerschaft die Regeln der **GbR** anwendbar, soweit diese nicht durch bereits dann anzuwendende Vorschriften, wie z. B. § 6 PartGG, verdrängt werden.[41] Auch wird man analog **§ 7 Abs. 2 PartGG** bereits die Klage oder auch Vollstreckung gegen die Partnerschaft in Gründung zulassen müssen, soweit sie als solche nach außen aufgetreten ist.[42] Für Handlungen der Vorgesellschaft haften sämtliche Partner gesamtschuldnerisch wie bei der GbR.[43]

15 Nicht anwendbar ist insbesondere die Haftungsbeschränkung nach **§ 8 Abs. 2 bzw. Abs. 4 PartGG**, da dieses Privileg nur der eingetragenen und damit für den Rechtsverkehr durch das Partnerschaftsregister transparenten Partnerschaftsgesellschaft zukommen soll.[44] Auch **§ 2 Abs. 1 PartGG** kann keine Anwendung finden, da die Partnerzusätze für eingetragene Partnerschaften reserviert sein sollen.

16 In dem Zeitraum zwischen der (vor-)vertraglichen Einigung der Partner über die Gründung einer Gesellschaft und dem Abschluss des schriftlichen Partnerschaftsvertrages nach § 3 PartGG liegt das Stadium der **Vorgründungsgesellschaft**. Diese ist eine GbR mit dem Ziel der gemeinsamen Gründung einer Partnerschaft. Sie endet mit Abschluss des Partnerschaftsvertrages wegen Zweckerreichung (§ 726 BGB). Verbindlichkeiten der Vorgründungsgesellschaft gehen nicht automatisch auf die Vorgesellschaft bzw. die Partnerschaft über. Denkbar ist jedoch eine rechtsgeschäftliche Übertragung im Wege der Schuldübernahme, § 415 BGB.[45]

IV. Umwandlung

1. Reguläre Partnerschaft

17 Bei Inkrafttreten des PartGG war lediglich die identitätswahrende Umwandlung einer GbR in eine Partnerschaftsgesellschaft oder umgekehrt unproblematisch möglich. Hinsichtlich der übrigen Gesellschaftsformen gab es konstruktive Schwierigkeiten, die vor allem dadurch begründet waren, dass das Umwandlungsgesetz (UmwG) keine Regelung über die Umwandlung von und in Partnerschaften enthielt, da der Gesetzgeber des PartGG hierfür zunächst kein Bedürfnis gesehen hatte.[46] Nachdem dieses Bedürfnis zwischenzeitlich – nicht zuletzt aufgrund der zunehmenden

---

40) Vgl. Begr. RegE, BT-Drucks. 12/6152, S. 16.

41) Zutreffend *Kempter*, BRAK-Mitt. 1994, 122, 123; wohl auch *Knoll/Schüppen*, DStR 1995, 608, 611; i. E. ähnlich *Feddersen/Meyer-Landrut*, PartGG, § 4 Rz. 7, § 7 Rz. 1; *Lenz*, MDR 1994, 741, 743; *Stuber*, WiB 1994, 705, 707 f.; *K. Schmidt*, ZIP 1993, 633, 642; vgl. *K. Schmidt*, JBl 1988, 745, 754; *Bayer/Imberger*, DZWIR 1995, 177, 179 f.; *Gail/Overlack*, Anwaltsgesellschaften, S. 6.

42) A. A. *Salger* in: MünchHdb. GesR, Bd. 1, § 38 Rz. 26; vgl. *K. Schmidt*, JBl 1988, 745, 754; *K. Schmidt*, ZIP 1993, 633, 642.

43) Begr. RegE, BT-Drucks. 12/6152, S. 16; *Burret*, WPK-Mitt. 1994, 201, 205.

44) *Ulmer/Schäfer* in: MünchKomm-BGB, § 7 PartGG Rz. 6.

45) Vgl. BGH, Urt. v. 7.5.1984 – II ZR 276/83, BGHZ 91, 148.

46) Begr. RegE, BT-Drucks. 12/6152, S. 9; *Bösert*, DStR 1993, 1332, 1336; *Bösert*, ZAP Fach 15, S. 137; *Seibert*, DB 1994, 2381, 2382.

Anzahl freiberuflicher Kapitalgesellschaften – erkannt worden war, wurden durch das Erste Gesetz zur Änderung des Umwandlungsgesetzes vom 22.7.1998 Bestimmungen in das UmwG eingefügt, die nunmehr den Übergang zwischen Partnerschaften und den anderen Rechtsformen sowie Umwandlungen von Partnerschaften im Übrigen umfassend regeln. Maßgebliche Regelungen sind seither die §§ 45a bis 45e UmwG (Verschmelzung unter Beteiligung von Partnerschaftsgesellschaften) sowie die §§ 225a bis 225c UmwG (Formwechsel von Partnerschaftsgesellschaften).

18 Durch § 7 Abs. 1 PartGG wird ein **identitätswahrender Rechtsformwechsel** – wie bereits aus § 2 Abs. 2 Halbs. 2 PartGG folgt[47] – nicht ausgeschlossen.[48] **GbRs** werden durch Registereintragung zur Partnerschaft, ohne dass es der Liquidation der alten und der Vermögensübertragung auf die neue Gesellschaft bedürfte.[49] Das „gemeinschaftliche Vermögen" der GbR wird mit der Eintragung automatisch zum Vermögen der Partnerschaft.[50] Bei vorhandenem **Grundstücksvermögen** bedarf es der Richtigstellung im Grundbuch, dass nunmehr nicht die GbR Eigentümer des Grundstücks ist, sondern die Partnerschaft.[51] In diesem Fall kann auf die Angaben zu den Gesellschaftern nach § 47 Abs. 2 Satz 1 GBO verzichtet werden. Die Umwandlung einer Partnerschaft in eine GbR geschieht ebenfalls im Wege des identitätswahrenden Rechtsformwechsels, indem die Partner dies beschließen und den Beschluss zur Eintragung im Partnerschaftsregister und damit zur Löschung der Gesellschaft anmelden.[52] Spezielle Umwandlungsvorschriften waren daher insoweit nicht erforderlich.[53] Titel gegen die GbR können nach der „Umwandlung" analog § 727 ZPO gegen die Partnerschaft umgeschrieben werden.[54]

19 Die **Verschmelzung** ist gemäß § 45a UmwG nur möglich, wenn die Voraussetzungen des § 1 Abs. 1 und 2 PartGG eingehalten werden, also die Teilhaber natürliche Personen und Freiberufler sind. Die Berufsrechte sind zu beachten, wie § 45a Satz 2 UmwG durch einen Verweis auf § 1 Abs. 3 PartGG ausdrücklich klarstellt. Um die persönlichen Anforderungen an die Partner sicherzustellen, schreibt § 45b Abs. 1 UmwG vor, dass der Verschmelzungsvertrag die in § 3 Abs. 2 Nr. 2 PartGG erwähnten Angaben enthalten muss. Ein Verschmelzungsbericht ist demgegenüber gemäß § 45c UmwG nur erforderlich, falls es Partner gibt, die gemäß § 6 Abs. 2

47) *Seibert*, Die Partnerschaft, S. 50.

48) Begr. RegE, BT-Drucks. 12/6152, S. 9; *Bösert*, DStR 1993, 1332, 1336, m. Fn. 38; *Knoll/Schüppen*, DStR 1995, 608, 646, 650; *Kupfer*, KÖSDI 1995, 10130, 10137; *Michalski*, ZIP 1993, 1210, 1213; *Seibert*, DB 1994, 2381, 2382; *Seibert*, Die Partnerschaft, S. 50;.

49) Begr. RegE, BT-Drucks. 12/6152, S. 9; *Bösert*, DStR 1993, 1332, 1336; *Gres*, der freie beruf 6/94, 23, 24; *Leutheusser-Schnarrenberger*, der freie beruf 7–8/94, 20, 22 f.; zum RefE noch a. A. *K. Schmidt*, ZIP 1993, 633, 638.

50) *Bösert*, ZAP Fach 15, S. 137, 146; *Kupfer*, KÖSDI 1995, 10130, 10137.

51) Vgl. *Bösert*, ZAP Fach 15, S. 137, 146; Feuerich/Weyland-*Vossebürger*, BRAO, § 7 PartGG Rz. 13 jew. m. w. N. zur Rspr.

52) *Kupfer*, KÖSDI 1995, 10130, 10138.

53) Begr. RegE, BT-Drucks. 12/6152, S. 9; *Bösert*, DStR 1993, 1332, 1336; *Bösert*, ZAP Fach 15, S. 137, 146; näher zu rechtlichen Konstruktion vor der Änderung des UmwG im Jahre 1998 noch Vorauflage, 1995, § 7 Rz. 7 f.

54) *Ulmer/Schäfer* in: MünchKomm-BGB, § 7 PartGG Rz. 11.

PartGG von der Geschäftsführung ausgeschlossen sind; sie sind entsprechend § 42 UmwG zu unterrichten. Grundsätzlich bedarf der Verschmelzungsbeschluss gemäß § 45d Abs. 1 UmwG der Einstimmigkeit. Der Partnerschaftsvertrag kann Abweichendes regeln, jedoch darf kein geringeres Quorum als drei Viertel der abgegebenen Stimmen festgelegt werden, § 45d Abs. 2 UmwG. Die widersprechenden Partner haben das Austrittsrecht nach § 29 UmwG und das Veräußerungsrecht nach § 33 UmwG; die Möglichkeit, nach dem Widerspruch eine Kommanditgesellschafterstellung einzunehmen, wie es bei Personenhandelsgesellschaften zulässig ist (§ 43 Abs. 2 Satz 3 UmwG), besteht nicht.[55]

20 Bei der **Spaltung** ergeben sich keine weiteren Besonderheiten. Die Partnerschaft kann als aufnehmender und übertragender Rechtsträger daran beteiligt sein.[56] Die anwendbaren Vorschriften ergeben sich aus der unter Rz. 26 abgedruckten Tabelle. Wie auch bei der Verschmelzung ist bei einer aufgelösten Gesellschaft eine Spaltung jedoch ausgeschlossen, wenn eine andere Art der Auseinandersetzung vereinbart ist.[57] Im Übrigen ist auch bei der Spaltung darauf zu achten, dass danach nur Personen i. S. des § 1 Abs. 1 und 2 PartGG an der Partnerschaft beteiligt sind (§§ 125 Satz 1, 45a Satz 2 UmwG).[58] Gläubigerschutz wird durch die §§ 133, 134 UmwG hergestellt.

21 Der **Formwechsel** kann nur in die Rechtsformen einer GmbH, einer AG, einer KGaA oder einer eingetragenen Genossenschaft erfolgen, § 225a UmwG. Es gelten gemäß § 225c UmwG im Wesentlichen die Vorschriften zum Formwechesel der Personenhandelsgesellschaft (§§ 214 ff. UmwG). Die Begründung des Regierungsentwurfes[59] hebt hervor, dass sich bei größenmäßig wachsenden Partnerschaften mit erhöhtem Kapitalbedarf sowie bei überregionaler und interprofessioneller Zusammenarbeit ein Bedürfnis ergeben könne, in die Rechtsformen etwa der GmbH oder gar der AG zu wechseln. Die Personenhandelsgesellschaften sind ausgeschlossen, zumal sie den Betrieb eines Handelsgewerbes voraussetzen. Ein Beschluss, wonach die Parterschaft in eine andere Rechtsform als eine Kapitalgesellschaft oder eingetragene Genossenschaft formwechselnd umgewandelt werden soll, ist nichtig und nicht durch Eintragung in das Handelsregister zu heilen.[60]

22 Umgekehrt ist ein **Formwechsel einer Kapitalgesellschaft** in eine Partnerschaft nach § 228 Abs. 2 Satz 1 UmwG möglich, wenn im Zeitpunkt seines Wirksamwerdens, also zum Zeitpunkt der Eintragung in das Partnerschaftsregister (§§ 198 Abs. 2 Satz 2, 202 Abs. 1 UmwG) alle Anteilsinhaber des formwechselnden Rechtsträgers natürliche Personen sind, die einen freien Beruf ausüben. Die Vorschriften

55) Begr. RegE, BT-Drucks. 13/8808, S. 13; *Neye*, DB 1998, 1649, 1651; Semler/Stengel-*Ihrig*, UmwG, § 45d Rz. 3.

56) Einen Überblick über die verschiedenen Möglichkeiten der Spaltung gibt Semler/Stengel-*Ihrig*, UmwG, Anh. § 137 Rz. 34 ff.

57) Für die Spaltung: §§ 125 Abs. 1, 45e, 39 UmwG; für die Verschmelzung: §§ 45e, 39 UmwG.

58) S. – auch zum Fall der nicht verhältniswahrenden Spaltung – Semler/Stengel-*Ihrig*, UmwG, Anh. § 137 Rz. 38.

59) Begr. RegE, BT-Drucks. 13/8808, S. 8.

60) Selmer/Stengel-*Ihrig*, UmwG, § 225a Rz. 6.

der Berufsrechte bleiben unberührt, § 228 Abs. 2 Satz 2 UmwG i. V. m. § 1 Abs. 3 PartGG. Partnerschaften, welche die Voraussetzungen nach § 228 Abs. 2 UmwG nicht erfüllen, dürfen nicht eingetragen werden. Geschieht dies dennoch, so entsteht nach hier vertretener Ansicht (oben Rz. 10) gleichwohl eine Partnerschaft, nach anderer Ansicht eine GbR oder OHG,[61] die vom Registergericht gemäß § 395 FamFG aus dem Register gelöscht werden kann.

23 Sog. **Anwachsungsmodelle** (§ 738 Abs. 1 Satz 1 BGB), also unechte Umwandlungen mit dem Ergebnis eines Formwechsels sind zwar nicht per se unzulässig[62] (§ 1 Abs. 4 PartGG verweist auch auf § 738 Abs. 1 Satz 1 BGB), sie sehen sich in ihren typischen Konstellationen allerdings oftmals nicht überwindbaren Hürden durch § 1 Abs. 1 Satz 3 PartGG und die Berufsrechte ausgesetzt. Ein Anwachsungsmodell würde etwa derart ablaufen, dass eine bestehende Gesellschaft (anderer Rechtsform) als Gesellschafter in die Partnerschaft aufgenommen wird, ihr Vermögen als Einlage einbringt und danach austritt, so dass ihr Anteil am Gesellschaftsvermögen gemäß § 728 Abs. 1 Satz 1 BGB den anderen Gesellschaftern zuwächst. Da es allerdings – verfassungsrechtlich bedenklich – unzulässig ist, dass sich Gesellschaften an einer Partnerschaft beteiligen (§ 1 Abs. 1 Satz 3 PartGG sowie teilweise die Berufsrechte, z. B. § 59a BRAO), kann auf diese Spielart nicht zurückgegriffen werden. Sofern die Berufsrechte dies nicht verbieten, wäre jedoch das Modell zulässig, wonach eine (dafür neu gegründete) Partnerschaft in eine bestehende GbR eintritt, woraufhin die (übrigen) GbR-Gesellschafter austreten, damit das Gesellschaftsvermögen der Partnerschaft zuwächst.

2. PartG mbB

24 Die PartG mbB ist **vom UmwG nicht erwähnt**. Da die PartG mbB jedoch eine Rechtsformvariante der regulären Partnerschaft ist, richtet sich ihre Umwandlung nach den Regelungen des UmwG zur Partnerschaft, nur dass für ein „Erreichen" der PartG mbB zusätzlich erforderlich ist, dass die Voraussetzung des § 8 Abs. 4 Satz 1 PartGG erfüllt wird.[63] Die Umwandlung in eine PartG mbB hat daher gedanklich **zweistufig** zu erfolgen. Auf der ersten Stufe entsteht eine reguläre Partnerschaft als aufnehmender Rechtsträger nach den unter Rz. 17 ff. dargestellten Vorgaben. Auf der zweiten Stufe muss die Voraussetzung des § 8 Abs. 4 Satz 1 PartGG erfüllt werden, es muss also eine Haftpflichtversicherung i. S. des § 8 Abs. 4 Satz 1 PartGG abgeschlossen und unterhalten werden. Trotz dieser Zweistufigkeit wird es zulässig sein, dass sich die Umwandlungsbeschlüsse und -berichte bereits auf die Umwandlung konkret in eine PartG mbB beziehen.[64] Es erscheint als unnötige Förmelei, dass die Umwandlung zunächst in eine reguläre Partnerschaft erfolgt und danach die Partner erneut zusammentreten müssen, um die (weitere) „Umwandlung" in eine PartG mbB zu beschließen und durchzuführen.

---

61) Meilicke u. a.-*Meilicke*, PartGG, § 7 Rz. 38; Selmer/Stengel-*Ihrig*, UmwG, § 228 Rz. 49.

62) So auch – allerdings im Übrigen unkritisch – Breithaupt/Ottersbach-*Breithaupt*, Kompendium Gesellschaftsrecht, § 1 Rz. 29.

63) Umfassend zur Umwandlung einer Anwalts-Kapitalgesellschaft in eine PartG mbB *Uwer/Roeding*, AnwBl 2013, 309, 312 f.

64) Davon gehen offenbar auch *Uwer/Roeding*, AnwBl 2013, 309, 313 aus.

Da die PartG mbB nicht erst mit der Eintragung in das Partnerschaftsregister (§ 4 Abs. 3 PartGG), sondern bereits mit der Erfüllung der Voraussetzungen nach § 8 Abs. 4 PartGG entsteht,[65] ist die **Eintragung des Namenszusatzes i. S. von § 8 Abs. 4 Satz 3** PartGG **keine Voraussetzung**, damit die Umwandlung vollzogen ist.

25 Die Umwandlung einer regulären Partnerschaft in eine PartG mbB[66] erfolgt nicht nach Maßgabe des UmwG. Insbesondere findet kein Formwechsel statt. Erforderlich ist ein Beschluss der Partnerversammlung, kraft dessen die „Umwandlung" in eine PartG mbB sowie die Änderung des Namens nach Maßgabe des § 8 Abs. 4 Satz 3 PartGG beschlossen wird. Nach Abschluss der entsprechenden Haftpflichtversicherung kann dann die Anmeldung und Eintragung der Namensänderung gemäß §§ 3 Abs. 2 Nr. 1, 5 Abs. 1 PartGG i. V. m. §§ 4 Abs. 1 Satz 3, 7 Abs. 5 PartGG erfolgen.

V. Übersicht zu den Umwandlungsmöglichkeiten

26 Die nachfolgenden Tabellen zeigen die Umwandlungsmöglickeiten bei Verschmelzung, Spaltung sowie Formwechsel auf.[67]

1. Verschmelzung und Spaltung

a) Partnerschaft = übertragender Rechtsträger

	Anwendbare Vorschriften (UmwG)	
	Verschmelzung (§§ 2–38)	Spaltung (§§ 123–137)
auf PersonenhandelsG	§§ 39–45, §§ 45a–e	§§ 125, 135
auf PartnerschaftsG	§§ 45a–e	§§ 125, 135
auf GmbH	§§ 45a–e, §§ 46–59	§§ 125, 135, 138–140
auf AG/KGaA	§§ 45a–e, §§ 60–78	§§ 125, 135, 141–146
auf e. G.	§§ 45a–e, §§ 79–98	§§ 125, 135, 147 f.
auf e. V./wirtsch. Verein	nein (§ 3 Abs. 2, § 99)	nein (§ 149 Abs. 2)
auf gen. Prüfungsverband	nein (§ 105)	nein (§ 150)
auf VVaG	nein (§ 109)	nein (§ 151)
auf natürliche Person	nein (§ 3 Abs. 2)	nein (§ 3 Abs. 2)

65) *Römermann/Praß*, NZG 2012, 601, 603; *Römermann/Praß*, Stbg 2012, 319, 324; ebenso *Beck*, DZWIR 2012, 447.

66) Vgl. dazu auch *Uwer/Roeding*, AnwBl. 2013, 309, 311.

67) Die tabellarischen Übersichten waren abgedruckt in der Begr. zum RegE 1. UmwÄndG, BT-Drucks. 13/8808, S. 9. Sie wurden auf heutigen Rechtsstand gebracht.

b) Partnerschaft = übernehmender oder neuer Rechtsträger*)

	Anwendbare Vorschriften (UmwG)	
	Verschmelzung (§§ 2–38)	Spaltung (§§ 123–137)
von PersonenhandelsG	§§ 39–45, §§ 45a–e	§§ 125, 135
von PartnerschaftsG	§§ 45a–e	§§ 125, 135
von GmbH	§§ 45a–e, §§ 46–59	§§ 125, 135, 138–140
von AG/KGaA	§§ 45a–e, §§ 60–78	§§ 125, 135, 141–146
von e. G.	§§ 45a–e, §§ 79–98	§§ 125, 135, 147 f.
von e. V./wirtsch. Verein	§§ 45a–e, § 99–104 a	§§ 125, 135
von gen. Prüfungsverband	nein (§ 105)	nein (§ 150)
von VVaG	nein (§ 109)	nein (§ 151)
von natürlicher Person	nein (§ 3 Abs. 2)	nein (vgl. § 152)

*) Alle Anteilsinhaber der übertragenden Rechtsträger müssen natürliche Personen und Freiberufler sein. Ausnahme möglich bei nicht verhältniswahrender Spaltung. Eine Ausgliederung auf eine Partnerschaftsgesellschaft ist nicht möglich.

2. Formwechsel

Partnerschaft = formwechselnder Rechtsträger			Partnerschaft = Rechtsträger neuer Rechtsform*)	
	Anwendbare Vorschriften (§§ 190–213 UmwG)			Anwendbare Vorschriften (§§ 190–213 UmwG)
in GbR	nein (§ 190 Abs. 2, § 225 a)		aus GbR	nein (§ 190 Abs. 2, § 191 Abs. 1), aber nach PartGG
in PersonenhandelsG	nein (§ 190 Abs. 2, § 225 a)		aus PersonenhandelsG	nein (§ 190 Abs. 2, § 214 Abs. 1)
in GmbH	§ 225 a–c		aus GmbH	§§ 226, 228–237
in AG/KGaA	§ 225 a–c		aus AG/KGaA	§§ 226 f., 228–237
in e. G.	§ 225 a–c		aus e. G.	nein (§ 258 Abs. 1)
in e. V./wirtsch. Verein	nein (§ 225 a)		aus e. V./wirtsch. Verein	nein (§ 272 Abs. 1)
in VVaG	nein (§ 225 a)		aus VVaG	nein (§ 291 Abs. 1)
in Körperschaft/Anstalt öR	nein (§ 225 a)		aus Körperschaft/Anstalt öR	nein (§ 301 Abs. 1)

*) Alle Anteilsinhaber des formwechselnden Rechtsträgers müssen Freiberufler sein.

VI. Weitere Vorgaben der Berufsrechte zur Aufnahme der Tätigkeit durch die Partnerschaft

1. Überblick

27 Über die Bestimmung des § 1 Abs. 3 PartGG sind für Partnerschaften die allgemeinen berufsrechtlichen Vorschriften hinsichtlich der Aufnahme der Tätigkeit zu beachten. Zu Beginn der Partnerschaft bestehen für einige Berufe insoweit Anzeigepflichten (hierzu Rz. 28); Sonderregeln gelten auch für Steuerberatungs- und Wirtschaftsprüfungsgesellschaften (hierzu Rz. 29).

2. Anzeigepflichten

28 Die Berufsrechte schränken gemäß § 1 Abs. 3 PartGG die Zusammenschlussmöglichkeiten ihrer Berufsangehörigen zum Teil ein. Soweit die Gründung und Eintragung einer Partnerschaft zulässig ist, sehen einzelne Berufsrechte Anzeigepflichten insbesondere gegenüber der jeweils zuständigen Berufskammer vor (zu den Einzelheiten der berufsrechtlichen Anzeigepflichten siehe *Zimmermann*, § 5 Rz. 39 ff.).

3. Steuerberatungs- und Wirtschaftsprüfungsgesellschaften

29 Nach § 49 Abs. 1 StBerG, § 27 Abs. 1 WPO können Partnerschaften als Steuerberatungs- oder Wirtschaftsprüfungsgesellschaften anerkannt werden. Für die erforderliche Anerkennung (siehe § 32 Abs. 3 Satz 1 StBerG, § 1 Abs. 3 Satz 1 WPO) müssen die in den §§ 50 f. StBerG, § 28 WPO genannten Bedingungen erfüllt sein. Eine unbefugte Bezeichnung als eine solche Gesellschaft stellt eine Ordnungswidrigkeit dar, die mit einer Geldbuße bis zu 5.000 € (§ 161 Abs. 2 StBerG) bzw. 10.000 € (§ 133 Abs. 2 WPO) geahndet werden kann.

D. Rechtliche Selbständigkeit (§ 7 Abs. 2 PartGG)

30 Eines der wichtigsten seit jeher mit dem Gedanken der Schaffung einer Partnerschaft für die Angehörigen freier Berufe verfolgten **Anliegen** war die Überwindung eines der entscheidenden Mängel der GbR nach dem früheren Stand der BGH-Rechtsprechung vor dem Urteil vom 28.1.2001,[68] nämlich der fehlenden **Rechtsfähigkeit**, und damit insbesondere der fehlenden **Parteifähigkeit** im Prozess[69] sowie der fehlenden Grundbuchfähigkeit[70]. Gleichzeitig wollten die Gesetzesverfasser die Rechtsform der juristischen Person nicht verwenden, da diese zum Teil als für freie Berufe grundsätzlich nicht geeignet empfunden wurde.[71] Um die – mittlerweile überholte – dogmatische Diskussion um die (Teil-)Rechtsfähigkeit von Gesamt-

68) BGH, Urt. v. 29.1.2001 – II ZR 331/00, BGHZ 146, 341 = ZIP 2001, 330 = DB 2001, 423, m. Anm. *Römermann*, dazu EWiR 2001, 341 *(Prütting)*.

69) Mittlerweile vom BGH anerkannt durch Urt. v. 29.1.2001 – II ZR 331/00 BGHZ 146, 341 = ZIP 2001, 330 = DB 2001, 423, m. Anm. *Römermann*, dazu EWiR 2001, 341 *(Prütting)*.

70) Mittlerweile vom BGH anerkannt durch Beschl. v. 4.12.2008 – V ZB 74/08, NJW 2009, 594 = NZG 2009, 137 = ZIP 2009, 66; der Gesetzgeber hat darauf mit der Schaffung von § 47 Abs. 2 GBO und § 899a BGB reagiert, BGBl. I 2009, 2713, welche am 18.8.2009 in Kraft getreten sind.

71) Kritisch *Burret*, WPK-Mitt. 1994, 201, 203, der für die Ausgestaltung als speziell freiberufliche juristische Person plädiert hatte.

handsgemeinschaften zu vermeiden,[72] wurde für die Partnerschaft durch den Verweis auf § 124 HGB die rechtliche Verselbständigung der Gesellschaft positiv festgelegt.[73] Damit sollte die Partnerschaft im praktischen Ergebnis als Rechtssubjekt und Träger des Gesellschaftsvermögens der **juristischen Person** weitgehend **angenähert** werden,[74] was in der Tat einen **praktischen Vorteil** im Vergleich zu der früheren Handhabung bei den GbR darstellte.[75] Gleichwohl handelt es sich um eine **Personengesellschaft**,[76] ohne dass man sie dogmatisch als Rechtsform eigener Art ansehen müsste.[77]

31 Nach Anerkennnung der Rechts- und Grundbuchfähigkeit der (Außen-)GbR ist die **praktische Bedeutung** der Vorschrift des § 7 Abs. 2 PartGG **sehr gering.**[78] Nachdem gemäß § 47 Abs. 2 Satz 1 GBO bei einer GbR auch die Gesellschafter im Grundbuch eingetragen werden müssen, besteht durch den Verweis auf § 124 HGB in § 7 Abs. 2 PartGG jedoch nach wie vor eine Vereinfachung, da nicht jeder Aus- und Eintritt von Partnern kostenpflichtig in das Grundbuch eingetragen werden muss.[79]

32 Die Partnerschaft ist taugliche Inhaberin eingetragener und angemeldeter **Marken.** Bei der Schaffung des Markenrechtsreformgesetzes war eine Formulierung gewählt worden, die die Partnerschaft mit umfasst.

33 Die Selbständigkeit der Partnerschaft hat den Vorteil für die **Gläubiger** der Gesellschaft, dass sie mittels eines gegen die Partnerschaft gerichteten **Titels** in das Gesellschaftsvermögen vollstrecken können, § 124 Abs. 2 HGB.[80] Andererseits genügt ein gegen die Gesellschafter gerichteter Titel selbst dann nicht zur Vollstreckung in das Partnerschaftsvermögen, wenn sämtliche Partner betroffen sind.[81]

34 Die **Partnerschaft** ist selbst **Vertragspartner** der Behandlungs-, Mandatsverträge usw., nicht etwa die einzelnen Gesellschafter.[82] Wie inzwischen im Zusammenhang mit der Freiberufler-GmbH mehrfach höchstrichterlich entschieden wurde,

---

72) Begr. RegE, BT-Drucks. 12/6152, S. 9; *Kempter*, BRAK-Mitt. 1994, 122, 123; *Lenz*, MDR 1994, 741, 743; *Seibert*, Die Partnerschaft, S. 44; *Seibert*, DB 1994, 2381, 2382.

73) Begr. RegE, BT-Drucks. 12/6152, S. 9; krit. hierzu *Stuber*, WiB 1994, 705, 708.

74) Begr. RegE, BT-Drucks. 12/6152, S. 9; *Bösert*, ZAP Fach 15, S. 137, 149; *Burret*, WPK-Mitt. 1994, 201, 205; *Kempter*, BRAK-Mitt. 1994, 122, 123 f.; *Kupfer*, KÖSDI 1995, 10130, 10131; *Rösener*, Deutsches Tierärzteblatt 1995, 418; *Seibert*, Die Partnerschaft, S. 44; *Seibert*, DB 1994, 2381, 2382; *Sommer*, DSWR 1995, 181; *Stuber*, WiB 1994, 705, 708.

75) So auch *Burret*, WPK-Mitt. 1994, 201, 203; vgl. *Mittelsteiner*, DStR 1994, Beihefter zu Heft 37, S. 38.

76) So auch *K. Schmidt*, ZIP 1993, 633, 635 f.; *Sommer*, DSWR 1995, 181; unklar *Stuber*, WiB 1994, 705, 708.

77) **A. A.** unter wohl unzutreffender Berufung auf *K. Schmidt*: *Kempter*, BRAK-Mitt. 1994, 122, 123.

78) *Ulmer/Schäfer* in: MünchKomm-BGB, § 7 PartGG Rz. 12.

79) Vgl. noch zur alten Rechtslage *Henssler* bei Reischmann, Ärzte-Zeitung v. 10.11.1994; *Seibert*, DB 1994, 2381, 2383 in Fn. 23.

80) Vgl. *Kempter*, BRAK-Mitt. 1994, 122, 124.

81) Meilicke u. a.-*Meilicke*, PartGG, § 7 Rz. 17.

82) *Seibert*, DB 1994, 2381, 2382; *Seibert*, Die Partnerschaft, S. 53; *K. Schmidt*, ZIP 1993, 633, 644; *K. Schmidt*, NJW 1995, 1, 5.

kann sich eine Gesellschaft durchaus auch zu Leistungen, z. B. ärztlicher oder anwaltlicher Art, verpflichten, ohne selbst über eine entsprechende Approbation oder Zulassung zu verfügen.[83] Es müssen dann lediglich die konkreten Leistungen durch einen zur Berufsausübung befähigten Angestellten oder Gesellschafter erbracht, also die vertraglichen Verpflichtungen durch sie mit Wirkung für die Partnerschaft erfüllt werden.[84] Die Gesellschaft als solche übt den Beruf nicht aus und benötigt aus diesem Grunde auch keine Zulassung.[85] Die **kassenärztliche Vereinigung** muss der Partnerschaft allerdings eine Genehmigung erteilen, dass die Abrechnung über die Partnerschaft erfolgen kann.[86]

35 Für die **PartG mbB** gilt nichts Abweichendes. Auch sie ist **keine juristische Person**, obwohl im Haftungsfall die ansonsten für die juristischen Personen typische Trennung von Gesellschaftsvermögen und Privatvermögen eintritt.[87] Der Gesetzgeber wollte gerade die Kombination von „steuerlich transparenter" Personengesellschaft und Haftungsbeschränkung;[88] im Übrigen gilt nach wie vor der Grundsatz, dass die Partner einer PartG mbB für die Verbindlichkeiten der Partnerschaft **persönlich haften**, § 8 Abs. 1 PartGG. Es tritt nach § 8 Abs. 4 PartGG nur eine Haftungsbeschränkung bei **beruflichen Fehlern** ein.

E. Vertretung (§ 7 Abs. 3 PartGG)

I. Arten und Ausschluss der Vertretungsmacht (§ 125 Abs. 1 und 2 HGB)

36 Grundsätzlich besitzen sämtliche Partner **Alleinvertretungsmacht** gemäß § 125 Abs. 1 HGB. Damit entspricht das Außenverhältnis der Situation, wie sie durch die Alleingeschäftsführung nach § 6 Abs. 3 Satz 2 PartGG i. V. m. § 114 Abs. 1, § 115 Abs. 1 HGB auch für das Innenverhältnis angeordnet ist: Es gilt das **Prinzip der Selbstorganschaft.**[89] Aus diesem Prinzip folgt insbesondere, dass organschaftliche Vertreter i. S. der §§ 125 ff. HGB nur die Partner selbst sein können; insbesondere ist es nicht möglich, sämtliche Partner von der Vertretung auszuschließen.[90] Das Prinzip der Selbstorganschaft wird nur in Fällen der Liquidation oder der Bestellung eines Notvertreters durchbrochen.[91]

37 Wie sich aus **§ 125 Abs. 1 HGB** ergibt, können allerdings einzelne Partner durch den Partnerschaftsvertrag von der **Vertretungsbefugnis ausgeschlossen** werden. Da ein Ausschluss von der für die **Berufsausübung** erforderlichen **Geschäftsführungsbefugnis** nach § 6 Abs. 2 PartGG ausscheidet, kann dies dazu führen, dass in einem solchen Fall ein Partner zwar zur Erfüllung der vertraglichen (beruflichen) Verpflich-

---

83) BGH, Urt. v. 25.11.1993 – I ZR 281/91, BGHZ 124, 224, 226 = NJW 1994, 786 = ZIP 1994, 381, dazu EWiR 1994, 785 *(Kleine-Cosack)*; BayObLG, Beschl. v. 24.11.1994 – 3Z BR 115/94, ZIP 1994, 1868, 1870, dazu EWiR 1995, 151 *(Kleine-Cosack)*.

84) Vgl. *K. Schmidt*, ZIP 1993, 633, 644; *Schirmer*, MedR 1995, 341, 342, 349 ff.

85) Grundsätzlich anders *Krejci* in: Verhandlungen des 10. ÖJT, Bd. I/1, S. 33 f., zur Rechtslage in Österreich.

86) Vgl. auch *Reischmann*, Ärzte-Zeitung v. 10.11.1994.

87) Ausführlich *Römermann/Praß*, NZG 2012, 601, 606.

88) Begr. RegE, BT-Drucks. 17/10487, S. 11 = Anhang, S. 387 f.

89) Begr. RegE, BT-Drucks. 12/6152, S. 16.

90) Baumbach/Hopt-*Hopt*, HGB, § 125 Rz. 7.

91) Meilicke u. a.-*Meilicke*, PartGG, § 7 Rz. 25.

tungen verpflichtet, aber nicht notwendig zum Abschluss solcher Verträge berechtigt ist.[92] Dies stößt auf erhebliche **berufsrechtliche Bedenken**, da es dann nicht der Freiberufler selbst ist, der über die Annahme oder Ablehnung eines ihm angetragenen Auftrags entscheidet, sondern ein anderer vertretungsbefugter Partner. Bereits die Begründung des Regierungsentwurfs verweist aus diesem Grunde auf die Möglichkeit der Berufsrechte nach § 1 Abs. 3 PartGG, derartige Beschränkungen zu untersagen, sofern sie im Widerspruch zu den Prinzipien des Rechts des jeweiligen Berufs stehen.[93]

38 Hiervon wurde ausdrücklich noch kein Gebrauch gemacht, auch ohne eine ausdrückliche berufsrechtliche Vorschrift wird man in begründeten Einzelfällen allerdings bereits aus den Grundsätzen **freiberuflicher Unabhängigkeit** und Eigenverantwortlichkeit folgern müssen, dass auch bei einem (grundsätzlich zwar zulässigen) Ausschluss von der Vertretung der Partnerschaft nach § 125 Abs. 1 HGB jedenfalls dort eine Vertretungsbefugnis besteht, wo sich die Ausübung der Berufstätigkeit der Partner selbst im Verhältnis zu Dritten als Vertretung der Gesellschaft darstellt,[94] so etwa bei der Prozessführung durch einen Anwalt. Ein Ausschluss der Vertretungsmacht ist in diesen Fällen **unwirksam**, da die Zustimmung des betroffenen Partners gemäß § 125 Abs. 1 HGB nach § 134 BGB i. V. m. den genannten berufsrechtlichen Grundsätzen, die etwa in § 1 BRAO zum Ausdruck kommen, nichtig ist.

39 **Nach a. A.** soll demgegenüber jeder Partner einen Anspruch auf eine Bevollmächtigung zur Vornahme der für die aktive Berufsausübung erforderlichen Maßnahmen haben, welcher aus § 6 Abs. 2 PartGG abgeleitet werden könne.[95] Wenn aber ohnehin Einigkeit besteht, dass der Partner in diesem Fall vertretungsbefugt sein muss, ist unverständlich, warum man (ggf. zulasten des Vertragspartners) den unsichereren Weg über eine erst noch einzuräumende Vollmacht gehen sollte. Überzeugender ist der hier gewählte Ansatz.

40 Außer einem Ausschluss von der Vertretungsmacht kann der Partnerschaftsvertrag auch noch die **Gesamtvertretung** der Gesellschaft anordnen, **§ 125 Abs. 2 Satz 1 HGB.**[96] Die zur Gesamtvertretung berechtigten Partner können einzelne unter ihnen zur Alleinvornahme **bestimmter Geschäfte** oder Arten von Geschäften ermächtigen (§ 125 Abs. 2 Satz 2 HGB), also nicht im gesamten Umfang ihrer Vertretungsmacht.[97] Parallel zur Diskussion, ob die freiberufliche Unabhängigkeit die Gesamtgeschäftsführung untersagt (siehe *Praß*, § 6 Rz. 34 ff.), ist auch die Ge-

---

92) *K. Schmidt*, ZIP 1993, 633, 644; Begr. RegE, BT-Drucks. 12/6152, S. 16.

93) Begr. RegE, BT-Drucks. 12/6152, S. 16; ähnlich *K. Schmidt*, ZIP 1993, 633, 644; *Mittelsteiner*, DStR 1994, Beihefter zu Heft 37, S. 38.

94) Vgl. Begr. RegE, BT-Drucks. 12/6152, S. 16; ebenso Henssler/Strohn-*Hirtz*, GesR, § 7 PartGG Rz. 16; wohl auch Henssler/Prütting-*Henssler*, BRAO, § 7 PartGG Rz. 6; *Henssler*, PartGG, § 6 Rz. 38 ff.; **a. A.** insbesondere Meilicke u. a.-*Meilicke*, PartGG, § 7 Rz. 27; *Ulmer/Schäfer* in: MünchKomm-BGB, § 7 PartGG Rz. 18 m. w. N.

95) Meilicke u. a.-*Meilicke*, PartGG, § 7 Rz. 27; *Ulmer/Schäfer* in: MünchKomm-BGB, § 7 PartGG Rz. 18.

96) Vgl. *Mittelsteiner*, DStR 1994, Beihefter zu Heft 37, S. 38.

97) Baumbach/Hopt-*Hopt*, HGB, § 125 Rz. 17 m. w. N.

samtvertretung berufsrechtlich unbedenklich und für ungewöhnliche Geschäfte durchaus sinnvoll (siehe auch Rz. 57).

41 Die Vertretungsmacht der Partner und deren Änderungen sind von sämtlichen Partnern zur **Eintragung in das Partnerschaftsregister** anzumelden (§ 4 Abs. 1 Satz 2 PartGG). Solange eine von der Einzelvertretung abweichende Regelung nicht im Register eingetragen ist, kann der gutgläubige Rechtsverkehr von der Einzelvertretungsbefugnis der Partner ausgehen, § 5 Abs. 2 PartGG i. V. m. § 15 HGB.[98]

42 § 125 Abs. 3 HGB, welcher die sog. **gemischte Gesamtvertretung**[99] durch einen Gesellschafter zusammen mit einem Prokuristen regelt, findet wegen der **Unzulässigkeit der Erteilung** einer **Prokura** für die Partnerschaft keine Anwendung (dazu *Römermann*, Einf. Rz. 83, 85). Dies schließt natürlich die Erteilung dauerhafter und umfassender **Vollmachten** nicht aus, wobei solche Vollmachten an der registerrechtlichen Publizität und dem entsprechenden Vertrauensschutz nicht teilnehmen.[100] Auch **§ 125a HGB** über die Angaben auf **Geschäftsbriefen** bei Unternehmen, bei denen kein Gesellschafter eine natürliche Person ist, ist nicht anwendbar, da es in der Partnerschaft gemäß § 1 Abs. 1 Satz 3 PartGG nur natürliche Personen als Partner geben kann.

II. Umfang der Vertretungsmacht (§ 126 HGB)

43 Die Vertretungsmacht umfasst gemäß § 126 Abs. 1 HGB sämtliche **gerichtlichen und außergerichtlichen** Geschäfte und Rechtshandlungen, auch wenn diese außerhalb des Gesellschaftszwecks nach § 3 Abs. 2 Nr. 3 PartGG liegen, z. B. also auch gewerbliche Geschäfte.[101] Aus Gründen des **Verkehrsschutzes**[102] ist eine gegenständliche Beschränkung der Vertretungsbefugnis im Partnerschaftsvertrag oder durch Beschluss der Partner unwirksam, § 126 Abs. 2 HGB. Nur wenn sich **verschiedene Standorte** der Partnerschaft durch eine verschiedene Namensführung oder örtliche Zusätze zum Partnerschaftsnamen nach außen sichtbar unterscheiden, soll entsprechend § 126 Abs. 3 HGB i. V. m. der ansonsten für die Partnerschaft nicht anzuwendenden Vorschrift des **§ 50 Abs. 3 HGB**[103] eine Beschränkung der Vertretungsbefugnis auf die Niederlassung möglich sein.[104] Die Erwähnung der Prokura in § 126 Abs. 1 HGB ist für den Bereich des PartGG ohne Be-

98) Henssler/Strohn-*Hirtz*, GesR, § 7 PartGG Rz. 18; Meilicke u. a.-*Meilicke*, PartGG, § 7 Rz. 30.

99) Dazu Baumbach/Hopt-*Hopt*, HGB, § 125 Rz. 19.

100) *Carl*, StB 1995, 173, 178; Meilicke u. a.-*Meilicke*, PartGG, § 7 Rz. 25; *Schaub*, NJW 1996, 625, 626; *K. Schmidt*, NJW 1995, 1, 5.

101) Vgl. Baumbach/Hopt-*Hopt*, HGB, § 126 Rz. 1.

102) Begr. RegE, BT-Drucks. 12/6152, S. 16; Baumbach/Hopt-*Hopt*, HGB, § 126 Rz. 5.

103) § 50 Abs. 3 HGB: „Eine Beschränkung der Prokura auf den Betrieb einer von mehreren Niederlassungen des Geschäftsinhabers ist Dritten gegenüber nur wirksam, wenn die Niederlassungen unter verschiedenen Firmen betrieben werden. Eine Verschiedenheit der Firmen im Sinne dieser Vorschrift wird auch dadurch begründet, dass für eine Zweigniederlassung der Firma ein Zusatz beigefügt wird, der sie als Firma der Zweigniederlassung bezeichnet."

104) *Henssler*, PartGG, § 7 Rz. 34; Henssler/Prütting-*Henssler*, BRAO, § 7 PartGG Rz. 5.

deutung, da dort keine Prokura erteilt werden kann (näher *Römermann*, Einf. Rz. 83, 85).[105)]

III. Insichgeschäfte und Missbrauch der Vertretungsmacht

44 Gemäß § 181 BGB ist es einem Partner grundsätzlich nicht gestattet, einen Vertrag zwischen sich selbst und der von ihm vertretenen Gesellschaft zustande zu bringen.[106)] Das **Insichgeschäft** kann jedoch durch Beschluss der übrigen Partner genehmigt werden. Ferner ist es möglich, Geschäftsführer pauschal von § 181 BGB zu befreien. Dies ist (deklaratorisch) im **Partnerschaftsregister** einzutragen (§ 4 Abs. 1 Satz 2 PartGG).

45 Handelt der Vertreter innerhalb seiner nach Außen wirkenden Vertretungsmacht, missachtet hierbei aber die sich aus dem Innenverhältnis ergebenden Einschränkungen, so kann auf die Grundsätze des **Missbrauchs der Vertretungsmacht** zurückgegriffen werden.[107)] Willenserklärungen des Vertreters werden bei kollusivem Zusammenwirken zwischen Vertreter und Drittem[108)] sowie evident pflichtwidrigem Handeln des Vertreters zum Nachteil der Partnerschaft[109)] dieser nicht zugerechnet.

IV. Entzug der Vertretungsmacht (§ 127 HGB)

46 Parallel zu der entsprechenden Regelung bei der Geschäftsführung nach § 6 Abs. 3 Satz 2 PartGG i. V. m. § 117 HGB kann auch die Vertretungsmacht bei Vorliegen eines **wichtigen Grundes** statt in dem praktikableren Beschlussverfahren[110)] gemäß § 127 HGB nur durch eine **gerichtliche Entscheidung** entzogen werden,[111)] natürlich vorbehaltlich einer empfehlenswerten abweichenden Bestimmung im Partnerschaftsvertrag. Wie bei der Geschäftsführung, so stellt sich auch für die Vertretung die Frage, ob ein dauerhafter Entzug möglich ist (näher § 6 Rz. 40 ff.).[112)] Wenn dem einzigen vertretungsberechtigten Partner die Vertretungsmacht entzogen wird, führt dies automatisch zur Gesamtvertretung der übrigen Partner.[113)]

---

105) *Feddersen/Meyer-Landrut*, PartGG, § 7 Rz. 6.

106) Vgl. BGH, Urt. v. 19.4.1971 – II ZR 98/68, BGHZ 56, 97, 101 = NJW 1971, 1355, 1356 (GmbH).

107) Vgl. *K. Schmidt*, NJW 1995, 1, 5 m. w. N.

108) Vgl. RG, Urt. v. 30.6.1904 – VI 485/03, RGZ 58, 356 f.; RG, Urt. v. 20.10.1930 – VI 763/29, RGZ 130, 131, 142; RG, Urt. v. 1.7.1932 – V 63/32, RGZ 136, 359, 360.

109) Vgl. BGH, Urt. v. 30.11.1995 – II ZR 113/94, NJW 1996, 589, 590 = ZIP 1996, 68; BGH, Urt. v. 14.3.1988 – II ZR 211/87, NJW 1988, 2241, 2242 f.; BGH, Urt. v. 5.12.1983 – II ZR 56/82, NJW 1984, 1461, 1462 = ZIP 1984, 310; BGH, Urt. v. 5.11.2003 – VIII ZR 218/01, NJW-RR 2004, 247, 248; BGH, Urt. v. 19.5.1980 – II ZR 241/79, WM 1980, 953, 954 f.

110) Vgl. *Michalski*, ZIP 1993, 1210, 1213.

111) Begr. RegE, BT-Drucks. 12/6152, S. 16.

112) Vgl. *Hornung*, Rpfleger 1996, 1, 3; diese Frage bejahend Meilicke u. a.-*Meilicke*, PartGG, § 7 Rz. 31.

113) Vgl. Baumbach/Hopt-*Hopt*, HGB, § 127 Rz. 2 m. w. N.

V. Zurechnung von Organhandeln und Wissen

47 Pflichtverletzungen des Geschäftsführers werden der Partnerschaft analog § 31 BGB zugerechnet.[114] Gleiches gilt bei unerlaubten Handlungen.[115] Das Wissen des Vertreters wird der Partnerschaft analog § 166 BGB zugerechnet.[116] Es kommt gemäß § 166 Abs. 2 BGB nur dann nicht auf das Wissen des Vertreters an, wenn dieser auf Weisung wissender Partner gehandelt hat; denn dann ist deren Wissen maßgebend.

VI. Vorgaben der Berufsrechte hinsichtlich der Vertretung

1. Steuerberater, Steuerbevollmächtigte

48 Gemäß § 55 Abs. 2 BOStB muss bei den als Steuerberatungsgesellschaft anerkannten Partnerschaften mindestens ein (vertretungsberechtigter) Partner i. S. des PartGG seine berufliche Niederlassung am Sitz der Partnerschaft oder in dessen Nahbereich haben. Bei Steuerberatungsgesellschaften, die gemäß der Überleitungsvorschrift des § 155 Abs. 4 StBerG noch kapitalmäßig oder in anderer Weise von den nach heutigem Berufsrecht nicht mehr sozietätsfähigen Personen beeinflusst werden können, haben Steuerberater, die vertretungsberechtigte Partner sind, gemäß § 55 Abs. 5 BOStB besonders sorgfältig darauf zu achten, dass ihnen die Unabhängigkeit und Freiheit zu pflichtgemäßem Handeln nicht genommen wird. Die Partner haben gemäß § 55 Abs. 8 BOStB auf die Einhaltung der Grundsätze über die Vertretung der Gesellschaft im Partnerschaftsvertrag hinzuwirken. Nach § 57 Abs. 1 BOStB müssen Steuerberatungsgesellschaften von Steuerberatern verantwortlich geführt werden. Eine Steuerberatungsgesellschaft wird gemäß § 57 Abs. 3 Satz 1 BOStB vertreten

- durch einen zur Alleinvertretung oder zur Einzelvertretung berechtigten Steuerberater,
- durch mehrere zur gemeinschaftlichen Vertretung berechtigte Steuerberater oder
- durch einen Steuerberater mit dem Recht zur gemeinschaftlichen Vertretung mit einem Partner i. S. des PartGG, der nicht Steuerberater ist; im letzten Fall muss der Steuerberater zur Einzelvertretung berechtigt sein.

49 Andere Personen als Steuerberater dürfen gemäß § 57 Abs. 4 Satz 1 BOStB eine Steuerberatungsgesellschaft nicht allein vertreten.

50 Abweichend von den Bestimmungen des § 57 Abs. 2 BOStB kann bei Steuerberatungsgesellschaften, die zugleich **Wirtschaftsprüfungsgesellschaften oder Buchprüfungsgesellschaften** sind, gemäß § 57 Abs. 7 BOStB ein Wirtschaftsprüfer oder vereidigter Buchprüfer zur Einzelvertretung zugelassen werden, wenn auch einem Steuerberater, der nicht Wirtschaftsprüfer oder vereidigter Buchprüfer ist, Einzelvertretung zusteht.

---

114) Vgl. BGH, Urt. v. 24.2.2003 – II ZR 385/99, NJW 2003, 1445, 1446 f. = ZIP 2003, 664.
115) Vgl. BGH, Urt. v. 3.5.2007 – IX ZR 218/05, NJW 2007, 2490, 2491 f. = ZIP 2007, 1460.
116) Meilicke u. a.-*Meilicke*, PartGG, § 7 Rz. 24; vgl. allg. zur Wissenszurechnung BGH, Urt. v. 17.5.1995 – VIII ZR 70/94, NJW 1995, 2159 = ZIP 1995, 1082; BGH, Urt. v. 31.1.1996 – VIII ZR 297/94, NJW 1996, 1205 f. = ZIP 1996, 500 (KG).

2. Wirtschaftsprüfer, vereidigte Buchprüfer

51 Die **Anerkennung einer Partnerschaft** als Wirtschaftsprüfungsgesellschaft ist gemäß § 34 Abs. 1 Nr. 1 WPO **zurückzunehmen oder zu widerrufen**, wenn für die Person eines Partners nach § 20 WPO die Bestellung zum Wirtschaftsprüfer zurückgenommen oder widerrufen ist, es sei denn, dass jede Vertretungs- und Geschäftsführungsbefugnis dieser Person unverzüglich widerrufen oder entzogen ist. Die Anerkennung ist ferner gemäß § 34 Abs. 1 Nr. 3 WPO zurückzunehmen oder zu widerrufen, wenn ein Partner durch rechtskräftiges berufsgerichtliches Urteil aus dem Beruf ausgeschlossen oder einer der in § 28 Abs. 2 Satz 1, 2 und Abs. 3 WPO genannten Personen die Eignung zur Vertretung und Geschäftsführung einer Wirtschaftsprüfungsgesellschaft aberkannt ist, es sei denn, dass die Wirtschaftsprüfungsgesellschaft der Wirtschaftsprüferkammer nachweist, dass jede Vertretungs- und Geschäftsführungsbefugnis des Verurteilten unverzüglich widerrufen oder entzogen ist.

52 In beiden Fällen stellt sich die Frage, unter welchen Umständen noch von einer **unverzüglichen Entziehung** der Vertretungsbefugnis gesprochen werden kann. Das gesetzlich vorgesehene gerichtliche Entscheidungsverfahren nach § 7 Abs. 3 PartGG i. V. m. § 127 HGB kann sich sehr langwierig gestalten, so dass es sich immer empfiehlt, im **Partnerschaftsvertrag** die Möglichkeit eines Partnerbeschlusses vorzusehen. Wenn der Vertrag eine derartige Klausel nicht enthält, muss es berufsrechtlich genügen, wenn die übrigen Partner unverzüglich das gerichtliche Verfahren einleiten. Auf den Zeitpunkt der Entscheidung kann es nicht ankommen, da die Partner darauf regelmäßig keinen Einfluss haben.

F. Partnerschaft als Prozess- oder Verfahrensbevollmächtigte (§ 7 Abs. 4 PartGG)

53 Bei Inkrafttreten des PartGG war es nicht als notwendig angesehen worden, eine besondere Vorschrift für die Tätigkeit einer Partnerschaft als Prozess- oder Verfahrensbevollmächtigte vorzusehen. Man ging davon aus, dass es genügte, wenn die konkreten Leistungen durch Personen erbracht wurden, die hierzu befähigt sind (oben Rz. 34). Im Jahre 1999 entschied der **BFH**[117)] dann jedoch, dass sich eine rechtlich eigenständige (§ 7 Abs. 2 PartGG i. V. m. § 124 HGB) Partnerschaft im Gegensatz zu einer GbR nicht auf die Vertretungsbefugnis der handelnden Berufsträger berufen könne. Ihre **Postulationsfähigkeit** wurde abgelehnt. Der Gesetzgeber sah sich daraufhin zu einem raschen Eingreifen gezwungen, um praktische Schwierigkeiten der bis dahin bestehenden Rechtsanwalts- und Steuerberater-Partnerschaften zu vermeiden. Durch die Einfügung des neuen § 7 Abs. 4 PartGG (der frühere Absatz 4 wurde gleichzeitig zum neuen Absatz 5) wurde die Vertretungsbefugnis der Partnerschaft normiert.[118)] Diese Vorschrift korrespondierte mit dem ebenfalls neu gefassten, mittlerweile aber aufgehobenen und in § 62 FGO n. F.

---

117) BFH, Beschl. v. 26.2.1999 – XI R 66/97, NJW 1999, 2062, 2063 = BStBl. II 1999, 363 sowie BFH, Urt. v. 9.6.1999 – I R 6/99, NJW 1999, 3655, 3656 = = BStBl. II 1999, 666.

118) Zweites Gesetz zur Änderung der Finanzgerichtsordnung und anderer Gesetze (2. FGOÄndG) v. 19.12.2000, BGBl. I, 1757.

aufgegangenen[119)] § 62a Abs. 2 FGO, wonach Partnerschaften vor dem BFH vertretungsbefugt sind.

54 Durch § 7 Abs. 4 Satz 1 PartGG ist nun klargestellt, dass die Partnerschaft als **Prozess- bzw. Verfahrensbevollmächtigte** beauftragt werden kann, die wiederum durch ihre organschaftlichen oder rechtsgeschäftlichen Vertreter vertreten wird.[120)] Ob es sich um eine Prozess- oder um eine Verfahrensbevollmächtigung handelt, hängt von der jeweiligen Verfahrensart ab (Prozessbevollmächtigung etwa bei einer zivilrechtlichen Zahlungsklage, Verfahrensbevollmächtigung im einstweiligen Verfügungsverfahren). Dieser begrifflichen Unterscheidung kommt keine praktische Bedeutung zu.

55 Die konkreten rechtsbesorgenden **Leistungen** i. R. der Prozessvollmacht müssen **von Personen erbracht** werden, die hierzu befugt sind. Deren Befugnis ergibt sich insbesondere aus dem **Rechtsdiensleistungsgesetz (RDG)** sowie den **Verfahrensordnungen**. Selbstverständlich werden Unbefugte nicht einfach dadurch zur rechtlichen Vertretung ermächtigt, dass sie in der Rechtsform einer Partnerschaft tätig werden.

56 Soweit Personen handeln, die vor dem betreffenden Gericht postulationsfähig sind, erstreckt sich gemäß § 7 Abs. 4 Satz 2 PartGG deren **Postulationsfähigkeit** in gleichem Umfang auf die Partnerschaft. Bedeutung hat diese Vorschrift immer dann, wenn für die Vertretung überhaupt eine besondere Postulationsfähigkeit erforderlich ist, so etwa vor LG im Zivilprozess, vor OLG usw., nicht hingegen vor Behörden.

57 Besteht **Gesamtvertretung**, so ist fraglich, ob Verfahrenshandlungen der Partner nur wirksam sind, wenn sie sämtliche vertretungsberechtigte Partner vornehmen.[121)] Es empfiehlt sich, schon vertraglich gar nicht erst Gesamtvertretung für diese Fälle anzuordnen. Ansonsten ist es jedenfalls sicherer, die Verfahrenshandlungen von allen Partnern vornehmen zu lassen.

58 **Verteidiger** können niemals Gesellschaften sein, sondern immer nur einzelne (bis zu drei) natürliche Personen (§§ 137 ff. StPO). Durch § 7 Abs. 4 Satz 3 PartGG wird klargestellt, dass es insoweit nur auf die für die Partnerschaft handelnden Personen ankommt, so dass auch die Partnerschaft nicht Verteidiger sein kann.

G. Angaben auf Geschäftsbriefen (§ 7 Abs. 5 PartGG)

I. Normzweck

59 Die Vorschrift des § 7 Abs. 5 PartGG soll die Befriedigung des Informationsbedürfnisses im Geschäftsverkehr sicherstellen.[122)] Die erforderlichen Angaben auf den Geschäftsbriefen erleichtern die Suche in den verschiedenen Registern (hier:

---

119) Gesetz zur Neuregelung des Rechtsberatungsrechts (RBerNG) v. 12.12.2007, BGBl. I, 2840.

120) Zum Umfang deren Vertretungsmacht s. o. Rz. 43, 55 ff.

121) Dafür Meilicke u. a.-*Meilicke*, § 7 Rz. 40; ähnlich *Henssler*, PartGG, § 6 Rz. 50, jedoch eine „konkludente Ermächtigung zur Mandantsbearbeitung" annehmend; dagegen Henssler/Strohn-*Hirtz*, GesR, § 7 PartGG Rz. 20.

122) Vgl. zum Normzweck des § 125a HGB *K. Schmidt* in: MünchKomm-HGB, § 125a Rz. 2.

Partnerschaftsregister) und geben über die Angabe zur Rechtsform Aufschluss über die Haftungsverfassung. Die Information über den Sitz der Gesellschaft ist insbesondere wichtig für den postalischen Kontakt, aber auch ggf. für die Frage, wo die Gesellschaft verklagt werden kann.

II. Systematik

60 § 7 Abs. 5 PartGG ist nicht die einzige Vorschrift, die Berufsträger hinsichtlich der Angaben auf ihren Geschäftsbriefen zu beachten haben. Auch die **Berufsrechte** enthalten konkrete Bestimmungen.

61 Gemäß § 10 Abs. 1 Satz 1 BORA hat der **Rechtsanwalt** auf Briefbögen seine Kanzleianschrift anzugeben. Werden mehrere Kanzleien, eine oder mehrere Zweigstellen unterhalten, so ist gemäß § 10 Abs. 1 Satz 2 BORA für jeden auf den Briefbögen genannten Partner bzw. Mitarbeiter seine Kanzleiansschrift anzugeben. Gemäß § 10 Abs. 2 BORA müssen auf den Briefbögen auch bei Verwendung einer Kurzbezeichnung (§ 9 BORA) die Namen sämtlicher Gesellschafter mit mindestens einem ausgeschriebenen Vornamen aufgeführt werden. Gleiches gilt für Namen anderer Personen, die in einer Kurzbezeichnung gemäß § 9 BORA enthalten sind. Es muss mindestens eine der Kurzbezeichnung entsprechende Zahl von Gesellschaftern, Angestellten oder freien Mitarbeitern auf den Briefbögen namentlich aufgeführt werden. Außerdem sind bei beruflicher Zusammenarbeit mit Angehörigen anderer Berufe die jeweiligen Berufsbezeichnungen anzugeben, § 10 Abs. 3 BORA. Ausgeschiedene Kanzleiinhaber, Gesellschafter, Angestellte oder freie Mitarbeiter können auf den Briefbögen nur weitergeführt werden, wenn ihr Ausscheiden kenntlich gemacht wird, § 10 Abs. 4 BORA.

62 **Steuerberater** müssen gemäß § 9 Abs. 6 und 7 BOStB auf den Geschäftspapieren der Partnerschaft die Partner mit Namen und Berufsbezeichnungen aufführen. Dies gilt auch dann, wenn eine Kurzbezeichnung verwendet wird. Enthält die Bezeichnung der Partnerschaft weitere amtlich verliehene Berufs-, Fachberater- und Fachanwaltsbezeichnungen, müssen diese personenbezogen angegeben werden. Ausgeschiedene Partner und Praxisvorgänger dürfen auf den Geschäftspapieren weiter geführt werden, wenn ihr Ausscheiden kenntlich gemacht wird. Bei überörtlichen Partnerschaften muss auf den Geschäftspapieren angegeben werden, welcher Partner welche Berufsbezeichnung führt und wo sich seine berufliche Niederlassung befindet. Auf die in der Partnerschaft vertretenen Berufe (Steuerberater, Steuerbevollmächtigte, Rechts anwälte, Wirtschaftsprüfer, vereidigte Buchprüfer) darf auch dann hingewiesen werden, wenn nicht alle Berufe an allen Standorten vertreten sind.

63 **Ärzte** müssen gemäß § 18a Abs. 1 MBO-Ä die Namen und Arztbezeichnungen aller in der Gemeinschaft zusammengeschlossenen Ärzte sowie die Rechtsform ankündigen. Bei mehreren Praxissitzen ist jeder Praxissitz gesondert anzukündigen. Auch über angestellte Ärzte ist zu informieren. Die Fortführung des Namens eines nicht mehr berufstätigen, eines ausgeschiedenen oder verstorbenen Partners ist unzulässig.

III. Geschäftsbriefe, Bestellscheine und Vordrucke

64 Der **Begriff** des Geschäftsbriefs darf nicht wörtlich verstanden werden. Es geht nicht nur um den Postbrief, sondern um jede Mitteilung der Partnerschaft im geschäftlichen Bereich, die **Drittbezug** aufweist.[123] Das umfasst insbesondere auch Telefaxe, Emails, Rechnungen und Auftragsbestätigungen bzw. -ablehnungen. Über §§ 125a, 37a Abs. 3 HGB gelten auch **Bestellscheine**, also Formulare, die nicht vom Ersteller, sondern von der Gegenseite ausgefüllt werden,[124] als Geschäftsbriefe, denn in diesen Fällen ist das Informationsbedürfnis ebenfalls gegeben.

65 Zu unterscheiden von den Geschäftsbriefen sind die **Vordrucke** i. S. des § 37a Abs. 2 HGB, welche sich dadurch abgrenzen, dass sie nicht „an bestimmte Empfänger gerichtet" sind (siehe § 125a Abs. 1 HGB). Darunter fallen etwa Allgemeine Geschäftsbedingungen. Für Vordrucke gilt entsprechend § 125a Abs. 2 HGB die Erleichterung, dass die Angaben nach § 125a Abs. 1 HGB nicht gemacht werden müssen, wenn bereits eine – u. U. auch frühere[125] – geschäftliche Verbindung mit dem Empfänger besteht.

IV. Pflichtangaben auf Geschäftsbriefen an bestimmte Empfänger

66 Für Geschäftsbriefe gilt § 125a Abs. 1 Satz 1 HGB entsprechend. Auf den Briefbögen müssen angegeben werden:

- Die Rechtsform, also „Partnerschaft" oder „Partnerschaftsgesellschaft";
- der Sitz der Gesellschaft;
- das Registergericht (näher *Zimmermann,* § 4 Rz. 17 f.);
- die Nummer, unter der die Partnerschaft in das Partnerschaftsregister eingetragen ist.

67 Gemäß § 7 Abs. 5 PartGG ist müssen **PartG mbB** auf Geschäftsbriefen zudem den von ihnen gewählten Namenszusatz (dazu *Römermann,* § 8 Rz. 117) angeben, der auf ihre Rechtsform verweist. Die vom Bundestag beschlossene Fassung des § 7 Abs. 5 enthielt für PartG mbB noch einen Verweis auf § 8 Abs. 4 Nr. 2 PartGG. Diese Vorschrift fand sich noch im RegE,[126] sie wurde jedoch vom Rechtsausschuss des Bundestags[127] durch die Vorschrift des § 8 Abs. 4 Satz 3 PartGG ersetzt. Ergebnis war daher zunächst, dass die PartG mbB nicht dazu verpflichtet waren, über die Bezeichnung „Partnerschaft" bzw. „Partnerschaftsgesellschaft" hinaus Angaben zu ihrer Rechtsform zu machen. Der Verfasser hat den federführenden Rechtsausschuss sofort nach Veröffentlichung des BT-Beschlusses auf diesen redaktionellen Fehler hingewiesen, woraufhin ein **Berichtigungsverfahren**

---

123) Henssler/Strohn-*Steitz*, GesR, § 125a HGB, Rz. 4; *K. Schmidt* in: MünchKomm-HGB, § 125a Rz. 5 m. w. N.

124) *Krebs* in: MünchKomm-HGB, § 37a Rz. 11.

125) S. Henssler/Strohn-*Steitz*, GesR, § 125a HGB Rz. 7.

126) BT-Drucks. 17/10487, S. 4 = Anhang, S. 400.

127) Bericht und Beschlussempfehlung des RA, BR-Drucks. 17/13944, S. 5 = Anhang, S. 404.

nach § 122 Abs. 3 Satz 1 GOBT durchgeführt wurde. Im folgenden Gesetzgebungsverfahren wurde die nunmehr Gesetz gewordene Fassung berücksichtigt.[128)]

V. Zweigniederlassungen

68 § 7 Abs. 5 PartGG macht keine Angaben, wie Zweigniederlassungen auf Geschäftsbriefen anzugeben sind. Der Partnerschaft steht es insoweit grundsätzlich frei, überhaupt Angaben zu Zweigniederlassungen zu machen. Für **Rechtsanwälte** ergibt sich allerdings aus § 10 Abs. 1 Satz 2 BORA, dass sie dann, wenn sie in Zweigniederlassungen tätige Partner oder Mitarbeiter auf Geschäftsbriefen angeben, die Angaben nach § 10 Abs. 1 Satz 1 BORA (Rz. 61) auch für die Zweigniederlassung zu machen haben.[129)]

69 Ob Zweigniederlassungen auf ihren Briefbögen **Angaben zur Hauptniederlassung** machen müssen, ist im kaufmännischen Bereich (§ 37a Abs. 1 HGB) umstritten.[130)] § 37a Abs. 1 HGB gilt mangels Verweises in § 125a Abs. 2 HGB nicht für die Partnerschaft, so dass sich der Streit insoweit erübrigt. De lege lata gibt es keine Anweisung für Zweigniederlassungen der Partnerschaft, auf die Hauptniederlassung hinzuweisen. Aus § 2 Abs. 1 DL-InfoV ergibt sich allerdings, dass die Zweigniederlassung ihre Anschrift und ggf. die zuständige Berufskammer angeben muss.

VI. Rechtsfolgen eines Verstoßes

1. Zwangsgelder

70 § 7 Abs. 5 PartGG führt durch den Verweis auf Vorschriften des HGB eine Sanktion für den Fall ein, dass die Partnerschaft ihrer Verpflichtung zu ordnungsgemäßen Angaben auf den Geschäftsbriefen nicht nachkommt. Das zuständige Registergericht (dazu *Zimmermann,* § 4 Rz. 18) kann danach gegen die vertretungsbefugten Partner und im Stadium der Liquidation gegen die Liquidatoren Zwangsgelder festsetzen. Hierbei ist § 14 Satz 2 HGB entsprechend anzuwenden; die Höhe des im Einzelfall festgesetzten Zwangsgeldes darf den Betrag von 5.000 € also nicht überschreiten. Auf diese Vorschrift verweisen sowohl § 7 Abs. 5 PartGG i. V. m. §§ 125a Abs. 2, 37a Abs. 4 Satz 2 HGB als auch § 5 Abs. 2 PartGG.

71 Das **Verfahren** richtet sich nach den §§ 388 ff. FamFG.

2. Zivilrechtliche Folgen

72 **Falsche Angaben** auf Geschäftsbriefen können **Schadenersatzansprüche** gegen die Vertreter und (über § 31 BGB analog) die Partnerschaft auslösen. § 125a HGB ist

128) Berichtigung des Direktors des Bundestags v. 3.7.2013 zu BR-Drucks. 497/13.

129) Vgl. BGH, Urt. v. 16.5.2012 – I ZR 74/11, GRUR 2012, 1275, 1276 = NJW 2013, 314; **abw.** – stets Hinweis auf sämtliche Niederlassungen erforderlich – etwa Henssler/Prütting-*Henssler*, BRAO, § 27 Rz. 24.

130) S. nur *Krebs* in: MünchKomm-HGB, § 37a Rz. 7 m. w. N.

nach ganz h. M. **Schutzgesetz** i. S. des § 823 Abs. 2 BGB.[131)] Ferner kommt eine Haftung gemäß § 311 Abs. 2 i. V. m. § 280 Abs. 1 BGB (**c. i. c.**) in Betracht.[132)]

73 Grundsätzlich denkbar ist zudem eine **Rechtsscheinshaftung**, welche der BGH bei Täuschungen über die Rechtsform aus einer Analogie zu § 179 BGB herleitet.[133)] Die Vorschriften des § 8 Abs. 2 und 4 PartGG sorgen für eine Haftungskonzentration bzw. Haftungsbeschränkung, die sich zulasten eines Vertragspartners auswirken kann. Täuscht die Partnerschaft über ihre Rechtsform in der Weise, dass der **Eindruck einer GbR** ensteht, so haften die Partner daher wie die Gesellschafter einer GbR und können sich nicht auf die Haftungserleichterungen des § 8 Abs. 2 und 4 PartGG berufen. Auch die Gesellschafter einer **Partnerschaft mit beschränkter Berufshaftung** können sich nicht auf die Haftungsbeschränkung nach § 8 Abs. 4 PartGG berufen, wenn sie im Rechtsverkehr nicht auf die Rechtsform entsprechend den Vorgaben des § 8 Abs. 4 Satz 3 PartGG hinweisen, sondern nur den Rechtsformzusatz „Partnerschaft" angeben.[134)]

74 Schwieriger ist die Frage zu beurteilen, wie es sich auswirkt, dass über eine Rechtsform getäuscht wird, die eine – aus Sicht der Gläubiger – **ungünstigere Haftungsverfassung** hat, aber ggf. nach „mehr klingt". Denkbar ist etwa, dass sich eine Rechtsanwalts-Partnerschaft als **„Rechtsanwaltsgesellschaft"** bezeichnet (was wegen § 59c BRAO auf eine Anwalts-GmbH schließen lässt), eine reguläre Partnerschaft als „PartG mbB" oder eine Partnerschaft mit beschränkter Berufshaftung als **„PartG mbH"**[135)]. Wenn derart über die Rechtsform getäuscht wird, fragt sich, ob der Vertragspartner überhaupt einen **Vertrauensschaden** erleidet. Nimmt man die – keineswegs überzeugende – Rechtsprechung des BGH ernst, dann wäre ein Vertrauensschaden zu bejahen, wenn der Vertragspartner durch den unrichtigen Rechtsformzusatz von einer höheren Kreditwürdigkeit ausging und bei Kenntnis der wahren Rechtsform einen Vertrag mit der Partnerschaft gar nicht geschlossen hätte.[136)] Dieser Formel des BGH kann aber keineswegs gefolgt werden. Nach zutreffender Ansicht löst eine solche Täuschung höchstens Ansprüche nach § 311 Abs. 2 i. V. m. § 280 Abs. 1 BGB (c. i. c.) aus;[137)] im Übrigen kommt eine Anfechtung nach § 119 Abs. 2 BGB und § 123 Abs. 1 BGB in Betracht.[138)] Bei nüchterner Betrachtung kann kein allgemeines Vertrauen dahingegend bestehen, dass eine Freiberufler-GmbH per se

---

131) Henssler/Strohn-*Steitz*, GesR, § 125a HGB Rz. 16; *K. Schmidt* in: MünchKomm-HGB, § 125a Rz. 17 m. w. N.; **a. A.** Baumbach/Hopt-*Hopt*, HGB, § 125a Rz. 11.

132) Statt aller *K. Schmidt* in: MünchKomm-HGB, § 125a Rz. 17.

133) Vgl. BGH, Urt. v. 3.2.1975 – II ZR 128/73, BGHZ 64, 11, 16 f. = NJW 1975, 1166; BGH, Urt. v. 7.5.1984 – II ZR 276/83, BGHZ 91, 148, 152 = ZIP 1984, 950; BGH, Urt. v. 5.2.2007 – II ZR 84/05, NJW 2007, 1529 ff. = ZIP 2007, 908; BGH, Beschl. v. 22.2.2011 – II ZR 301/08, BeckRS 2011, 07102; BGH, Urt. v. 12.6.2012 – II ZR 256/11, NJW 2012, 2871 = ZIP 2012, 1659 = GmbHR 2012, 953, m. Anm. *Römermann*.

134) Ebenso *Uwer/Roeding*, AnwBl 2013, 309, 310.

135) Zur Unzulässigkeit der Abkürzung „mbH" Begr. RegE, BT Drucks. 17/10487, S. 16 = Anhang, S. 403; *Römermann/Praß*, NZG 2012, 601, 603.

136) BGH, Urt. v. 12.6.2012 – II ZR 256/11, NJW 2012, 2871, 2872 f. = ZIP 2012, 1659 = GmbHR 2012, 953, 954 f., m. Anm. *Römermann*.

137) *Altmeppen*, NJW 2012, 2833, 2837 f.

138) Vgl. *K. Schmidt* in: MünchKomm-HGB, § 125a Rz. 16 m. w. N.

kreditwürdiger ist als eine Partnerschaft oder eine PartG mbB. Erst Recht gilt das, wenn der Rechtsformzusatz „PartG mbH" gebraucht wird, da es diese Rechtsform genau genommen nicht gibt. Auch der Umstand, dass die Anwalts-GmbH ein Stammkapital erfordert, schafft bei zutreffender Ansicht keinen Vertrauensschutz, da das Vermögen unmittelbar nach der Eintragung aufgebraucht sein kann. Eine Vertauenshaftung scheidet daher in aller Regel aus.

75 Falsche Angaben auf Geschäftsbriefen können allerdings einen **wettbewerblichen Unterlassungsanspruch** nach §§ 8 Abs. 1, 4 Nr. 11 UWG begründen, sofern der Verstoß im Einzelfall geeignet ist, den Wettbewerb nicht unerheblich zu beeinträchtigen.[139)]

139) LG Bonn, Urt. v. 22.6.2006 – 14 O 50/06, Rz. 50 ff., juris; Henssler/Strohn-*Steitz*, GesR, § 125a HGB Rz. 18.

§ 8
Haftung für Verbindlichkeiten der Partnerschaft

(1) [1]Für Verbindlichkeiten der Partnerschaft haften den Gläubigern neben dem Vermögen der Partnerschaft die Partner als Gesamtschuldner. [2]Die §§ 129 und 130 des Handelsgesetzbuchs sind entsprechend anzuwenden.

(2) Waren nur einzelne Partner mit der Bearbeitung eines Auftrags befasst, so haften nur sie gemäß Absatz 1 Satz 1 für berufliche Fehler neben der Partnerschaft; ausgenommen sind Bearbeitungsbeiträge von untergeordneter Bedeutung.*)

(3) Durch Gesetz kann für einzelne Berufe eine Beschränkung der Haftung für Ansprüche aus Schäden wegen fehlerhafter Berufsausübung auf einen bestimmten Höchstbetrag zugelassen werden, wenn zugleich eine Pflicht zum Abschluss einer Berufshaftpflichtversicherung der Partner oder der Partnerschaft begründet wird.

(4) [1]Für Verbindlichkeiten der Partnerschaft aus Schäden wegen fehlerhafter Berufsausübung haftet den Gläubigern nur das Gesellschaftsvermögen, wenn die Partnerschaft eine zu diesem Zweck durch Gesetz vorgegebene Berufshaftpflichtversicherung unterhält. [2]Für die Berufshaftpflichtversicherung gelten § 113 Absatz 3 und die §§ 114 bis 124 des Versicherungsvertragsgesetzes entsprechend. [3]Der Name der Partnerschaft muss den Zusatz „mit beschränkter Berufshaftung“ oder die Abkürzung „mbB“ oder eine andere allgemein verständliche Abkürzung dieser Bezeichnung enthalten; anstelle der Namenszusätze nach § 2 Absatz 1 Satz 1 kann der Name der Partnerschaft mit beschränkter Berufshaftung den Zusatz „Part“ oder „PartG“ enthalten.)**

Die Vorschriften des **HGB**, auf die § 8 Abs. 1 PartGG Bezug nimmt, lauten:

§ 129 (Einwendungen des Gesellschafters)

(1) Wird ein Gesellschafter wegen einer Verbindlichkeit der Gesellschaft in Anspruch genommen, so kann er Einwendungen, die nicht in seiner Person begründet sind, nur insoweit geltend machen, als sie von der Gesellschaft erhoben werden können.

(2) Der Gesellschafter kann die Befriedigung des Gläubigers verweigern, solange der Gesellschaft das Recht zusteht, das ihrer Verbindlichkeit zugrunde liegende Rechtsgeschäft anzufechten.

(3) Die gleiche Befugnis hat der Gesellschafter, solange sich der Gläubiger durch Aufrechnung gegen eine fällige Forderung der Gesellschaft befriedigen kann.

(4) Aus einem gegen die Gesellschaft gerichteten vollstreckbaren Schuldtitel findet die Zwangsvollstreckung gegen die Gesellschafter nicht statt.

§ 130 (Haftung des eintretenden Gesellschafters)

(1) Wer in eine bestehende Gesellschaft eintritt, haftet gleich den anderen Gesellschaftern nach Maßgabe der §§ 128 und 129 für die vor seinem Eintritte begründeten Ver-

*) § 8 Abs. 2 neu gefasst durch Gesetz v. 22.7.1998, BGBl. I 1998, 1878, 1881.
**) § 8 Abs. 4 eingefügt durch Gesetz v. 15.7.2013, BGBl. I 2013, 2386.

bindlichkeiten der Gesellschaft, ohne Unterschied, ob die Firma eine Änderung erleidet oder nicht.

(2) Eine entgegenstehende Vereinbarung ist Dritten gegenüber unwirksam.

Die Vorschriften des **VVG**, auf die § 8 Abs. 4 PartGG Bezug nimmt, lauten:

§ 113 (Pflichtversicherung)

...

(3) Die Vorschriften dieses Abschnittes sind auch insoweit anzuwenden, als der Versicherungsvertrag eine über die vorgeschriebenen Mindestanforderungen hinausgehende Deckung gewährt.

§ 114 (Umfang des Versicherungsschutzes)

(1) Die Mindestversicherungssumme beträgt bei einer Pflichtversicherung, soweit durch Rechtsvorschrift nichts anderes bestimmt ist, 250.000 Euro je Versicherungsfall und eine Million Euro für alle Versicherungsfälle eines Versicherungsjahres.

(2) Der Versicherungsvertrag kann Inhalt und Umfang der Pflichtversicherung näher bestimmen, soweit dadurch die Erreichung des jeweiligen Zwecks der Pflichtversicherung nicht gefährdet wird und durch Rechtsvorschrift nicht ausdrücklich etwas anderes bestimmt ist. Ein Selbstbehalt des Versicherungsnehmers kann dem Dritten nicht entgegengehalten und gegenüber einer mitversicherten Person nicht geltend gemacht werden.

§ 115 (Direktanspruch)

(1) Der Dritte kann seinen Anspruch auf Schadensersatz auch gegen den Versicherer geltend machen,

1. wenn es sich um eine Haftpflichtversicherung zur Erfüllung einer nach dem Pflichtversicherungsgesetz bestehenden Versicherungspflicht handelt oder
2. wenn über das Vermögen des Versicherungsnehmers das Insolvenzverfahren eröffnet oder der Eröffnungsantrag mangels Masse abgewiesen worden ist oder ein vorläufiger Insolvenzverwalter bestellt worden ist oder
3. wenn der Aufenthalt des Versicherungsnehmers unbekannt ist.

Der Anspruch besteht im Rahmen der Leistungspflicht des Versicherers aus dem Versicherungsverhältnis und, soweit eine Leistungspflicht nicht besteht, im Rahmen des § 117 Abs. 1 bis 4. Der Versicherer hat den Schadensersatz in Geld zu leisten. Der Versicherer und der ersatzpflichtige Versicherungsnehmer haften als Gesamtschuldner.

(2) Der Anspruch nach Absatz 1 unterliegt der gleichen Verjährung wie der Schadensersatzanspruch gegen den ersatzpflichtigen Versicherungsnehmer. Die Verjährung beginnt mit dem Zeitpunkt, zu dem die Verjährung des Schadensersatzanspruchs gegen den ersatzpflichtigen Versicherungsnehmer beginnt; sie endet jedoch spätestens nach zehn Jahren von dem Eintritt des Schadens an. Ist der Anspruch des Dritten bei dem Versicherer angemeldet worden, ist die Verjährung bis zu dem Zeitpunkt gehemmt, zu dem die Entscheidung des Versicherers dem Anspruchsteller in Textform zugeht. Die Hemmung, die Ablaufhemmung und der Neubeginn der Verjährung des Anspruchs gegen den Versicherer wirken auch gegenüber dem ersatzpflichtigen Versicherungsnehmer und umgekehrt.

§ 116 (Gesamtschuldner)

(1) Im Verhältnis der Gesamtschuldner nach § 115 Abs. 1 Satz 4 zueinander ist der Versicherer allein verpflichtet, soweit er dem Versicherungsnehmer aus dem Versicherungsverhältnis zur Leistung verpflichtet ist. Soweit eine solche Verpflichtung nicht besteht, ist in ihrem Verhältnis zueinander der Versicherungsnehmer allein verpflichtet. Der Ver-

sicherer kann Ersatz der Aufwendungen verlangen, die er den Umständen nach für erforderlich halten durfte.

(2) Die Verjährung der sich aus Absatz 1 ergebenden Ansprüche beginnt mit dem Schluss des Jahres, in dem der Anspruch des Dritten erfüllt wird.

§ 117 (Leistungspflicht gegenüber Dritten)

(1) Ist der Versicherer von der Verpflichtung zur Leistung dem Versicherungsnehmer gegenüber ganz oder teilweise frei, so bleibt gleichwohl seine Verpflichtung in Ansehung des Dritten bestehen.

(2) Ein Umstand, der das Nichtbestehen oder die Beendigung des Versicherungsverhältnisses zur Folge hat, wirkt in Ansehung des Dritten erst mit dem Ablauf eines Monats, nachdem der Versicherer diesen Umstand der hierfür zuständigen Stelle angezeigt hat. Dies gilt auch, wenn das Versicherungsverhältnis durch Zeitablauf endet. Der Lauf der Frist beginnt nicht vor Beendigung des Versicherungsverhältnisses. Ein in den Sätzen 1 und 2 bezeichneter Umstand kann dem Dritten auch dann entgegengehalten werden, wenn vor dem Zeitpunkt des Schadensereignisses der hierfür zuständigen Stelle die Bestätigung einer entsprechend den Rechtsvorschriften abgeschlossenen neuen Versicherung zugegangen ist. Die vorstehenden Vorschriften dieses Absatzes gelten nicht, wenn eine zur Entgegennahme der Anzeige nach Satz 1 zuständige Stelle nicht bestimmt ist.

(3) In den Fällen der Absätze 1 und 2 ist der Versicherer nur im Rahmen der vorgeschriebenen Mindestversicherungssumme und der von ihm übernommenen Gefahr zur Leistung verpflichtet. Er ist leistungsfrei, soweit der Dritte Ersatz seines Schadens von einem anderen Schadensversicherer oder von einem Sozialversicherungsträger erlangen kann.

(4) Trifft die Leistungspflicht des Versicherers nach Absatz 1 oder Absatz 2 mit einer Ersatzpflicht auf Grund fahrlässiger Amtspflichtverletzung zusammen, wird die Ersatzpflicht nach § 839 Abs. 1 des Bürgerlichen Gesetzbuchs im Verhältnis zum Versicherer nicht dadurch ausgeschlossen, dass die Voraussetzungen für die Leistungspflicht des Versicherers vorliegen. Satz 1 gilt nicht, wenn der Beamte nach § 839 des Bürgerlichen Gesetzbuchs persönlich haftet.

(5) Soweit der Versicherer den Dritten nach den Absätzen 1 bis 4 befriedigt und ein Fall des § 116 nicht vorliegt, geht die Forderung des Dritten gegen den Versicherungsnehmer auf ihn über. Der Übergang kann nicht zum Nachteil des Dritten geltend gemacht werden.

(6) Wird über das Vermögen des Versicherers das Insolvenzverfahren eröffnet, endet das Versicherungsverhältnis abweichend von § 16 erst mit dem Ablauf eines Monats, nachdem der Insolvenzverwalter diesen Umstand der hierfür zuständigen Stelle angezeigt hat; bis zu diesem Zeitpunkt bleibt es der Insolvenzmasse gegenüber wirksam. Ist eine zur Entgegennahme der Anzeige nach Satz 1 zuständige Stelle nicht bestimmt, endet das Versicherungsverhältnis einen Monat nach der Benachrichtigung des Versicherungsnehmers von der Eröffnung des Insolvenzverfahrens; die Benachrichtigung bedarf der Textform.

§ 118 (Rangfolge mehrerer Ansprüche)

(1) Übersteigen die Ansprüche auf Entschädigung, die auf Grund desselben Schadensereignisses zu leisten ist, die Versicherungssumme, wird die Versicherungssumme nach folgender Rangfolge, bei gleichem Rang nach dem Verhältnis ihrer Beträge, an die Ersatzberechtigten ausgezahlt:

1. für Ansprüche wegen Personenschäden, soweit die Geschädigten nicht vom Schädiger, von einem anderen Versicherer als dessen Haftpflichtversicherer, einem Sozialversicherungsträger oder einem sonstigen Dritten Ersatz ihrer Schäden erlangen können;
2. für Ansprüche wegen sonstiger Schäden natürlicher und juristischer Personen des Privatrechts, soweit die Geschädigten nicht vom Schädiger, einem anderen Versicherer

als dessen Haftpflichtversicherer oder einem Dritten Ersatz ihrer Schäden erlangen können;

3. für Ansprüche, die nach Privatrecht auf Versicherer oder sonstige Dritte wegen Personen- und sonstiger Schäden übergegangen sind;
4. für Ansprüche, die auf Sozialversicherungsträger übergegangen sind;
5. für alle sonstigen Ansprüche.

(2) Ist die Versicherungssumme unter Berücksichtigung nachrangiger Ansprüche erschöpft, kann sich ein vorrangig zu befriedigender Anspruchsberechtigter, der bei der Verteilung nicht berücksichtigt worden ist, nachträglich auf Absatz 1 nicht berufen, wenn der Versicherer mit der Geltendmachung dieses Anspruchs nicht gerechnet hat und auch nicht rechnen musste.

§ 119 (Obliegenheiten des Dritten)

(1) Der Dritte hat ein Schadensereignis, aus dem er einen Anspruch gegen den Versicherungsnehmer oder nach § 115 Abs. 1 gegen den Versicherer herleiten will, dem Versicherer innerhalb von zwei Wochen, nachdem er von dem Schadensereignis Kenntnis erlangt hat, in Textform anzuzeigen; zur Fristwahrung genügt die rechtzeitige Absendung.

(2) Macht der Dritte den Anspruch gegen den Versicherungsnehmer gerichtlich geltend, hat er dies dem Versicherer unverzüglich in Textform anzuzeigen.

(3) Der Versicherer kann von dem Dritten Auskunft verlangen, soweit sie zur Feststellung des Schadensereignisses und der Höhe des Schadens erforderlich ist. Belege kann der Versicherer insoweit verlangen, als deren Beschaffung dem Dritten billigerweise zugemutet werden kann.

§ 120 (Obliegenheitsverletzung des Dritten)

Verletzt der Dritte schuldhaft die Obliegenheit nach § 119 Abs. 2 oder 3, beschränkt sich die Haftung des Versicherers nach den §§ 115 und 117 auf den Betrag, den er auch bei gehöriger Erfüllung der Obliegenheit zu leisten gehabt hätte, sofern der Dritte vorher ausdrücklich und in Textform auf die Folgen der Verletzung hingewiesen worden ist.

§ 121 (Aufrechnung gegenüber Dritten)

§ 35 ist gegenüber Dritten nicht anzuwenden.

§ 122 (Veräußerung der von der Versicherung erfassten Sache)

Die §§ 95 bis 98 über die Veräußerung der versicherten Sache sind entsprechend anzuwenden.

§ 123 (Rückgriff bei mehreren Versicherten)

(1) Ist bei einer Versicherung für fremde Rechnung der Versicherer dem Versicherungsnehmer gegenüber nicht zur Leistung verpflichtet, kann er dies einem Versicherten, der zur selbständigen Geltendmachung seiner Rechte aus dem Versicherungsvertrag befugt ist, nur entgegenhalten, wenn die der Leistungsfreiheit zu Grunde liegenden Umstände in der Person dieses Versicherten vorliegen oder wenn diese Umstände dem Versicherten bekannt oder infolge grober Fahrlässigkeit nicht bekannt waren.

(2) Der Umfang der Leistungspflicht nach Absatz 1 bestimmt sich nach § 117 Abs. 3 Satz 1; § 117 Abs. 3 Satz 2 ist nicht anzuwenden. § 117 Abs. 4 ist entsprechend anzuwenden.

(3) Soweit der Versicherer nach Absatz 1 leistet, kann er beim Versicherungsnehmer Rückgriff nehmen.

(4) Die Absätze 1 bis 3 sind entsprechend anzuwenden, wenn die Frist nach § 117 Abs. 2 Satz 1 und 2 noch nicht abgelaufen ist oder der Versicherer die Beendigung des Versicherungsverhältnisses der hierfür zuständigen Stelle nicht angezeigt hat.

§ 124 (Rechtskrafterstreckung)

(1) Soweit durch rechtskräftiges Urteil festgestellt wird, dass dem Dritten ein Anspruch auf Ersatz des Schadens nicht zusteht, wirkt das Urteil, wenn es zwischen dem Dritten und dem Versicherer ergeht, auch zugunsten des Versicherungsnehmers, wenn es zwischen dem Dritten und dem Versicherungsnehmer ergeht, auch zugunsten des Versicherers.

(2) Ist der Anspruch des Dritten gegenüber dem Versicherer durch rechtskräftiges Urteil, Anerkenntnis oder Vergleich festgestellt worden, muss der Versicherungsnehmer, gegen den von dem Versicherer Ansprüche auf Grund des § 116 Abs. 1 Satz 2 geltend gemacht werden, diese Feststellung gegen sich gelten lassen, es sei denn, der Versicherer hat die Pflicht zur Abwehr unbegründeter Entschädigungsansprüche sowie zur Minderung oder zur sachgemäßen Feststellung des Schadens schuldhaft verletzt.

(3) Die Absätze 1 und 2 sind nicht anzuwenden, soweit der Dritte seinen Anspruch auf Schadensersatz nicht nach § 115 Abs. 1 gegen den Versicherer geltend machen kann.

Literatur: *Ahlers*, Die GmbH als Zusammenschluß Angehöriger freier Berufe zur gemeinsamen Berufsausübung, in: Festschrift für Heinz Rowedder, 1994, S. 1; *Appel*, Gesellschaftsvertrag einer Partnerschaft, Stbg 1995, 203; *Arnold*, Die Tragweite des § 8 Abs. 2 PartGG vor dem Hintergrund der Haftungsverfassung der Gesellschaft bürgerlichen Rechts, BB 1996, 597; *Arnold/Dötsch*, Persönliche Haftung für Altschulden beim Eintritt in eine GbR, DStR 2003, 1398; *Bank*, Die LLP – eine attraktive Alternative für deutsche Anwaltssozietäten?, BB-Spezial 3/2010 zu H. 49, 4; *Bayer/Imberger*, Nochmals: Die Rechtsformen freiberuflicher Tätigkeit, DZWIR 1995, 177; *Bayer/Imberger*, Die Rechtsformen freiberuflicher Tätigkeit, DZWIR 1993, 309; *Beckmann*, Für eine Partnerschaft Freier Berufe, in: Festschrift für Detlef Kleinert, 1992, S. 210; *Beckmann*, Ringen um das Partnerschaftsgesetz für Freie Berufe, der freie beruf 4/1992, 19; *Bellstedt*, Die Rechtsanwalts-GmbH, AnwBl 1995, 573; *Böhringer*, Das neue Partnerschaftsgesellschaftsgesetz, BWNotZ 1995, 1; *Borgmann/Haug*, Anwaltshaftung, 3. Aufl., 1995; *Bösert*, Das Gesetz über Partnerschaftsgesellschaften Angehöriger Freier Berufe (Partnerschaftsgesellschaftsgesetz – PartGG), ZAP Fach 15, S. 137 (= ZAP 1994, 765); *Bösert*, Der Regierungsentwurf eines Gesetzes zur Schaffung von Partnerschaftsgesellschaften (Partnerschaftsgesellschaftsgesetz – PartGG), DStR 1993, 1332; *Boxberg*, Neues Recht für Mitglieder der nicht ärztlichen assistierenden Heilberufe, Physikalische Therapie 1994, 452; *Bunte*, Mandatsbedingungen der Rechtsanwälte und das AGB-Gesetz, NJW 1981, 2657; *Burhoff*, Mandatsbedingungen der Steuerberater und AGB-Gesetz, NWB Fach 30, S. 833 (= NWB 1992, 717); *Burret*, Das Partnerschaftsgesellschaftsgesetz, WPK-Mitt. 1994, 201; *Busse*, Die personelle Haftungsbegrenzung in der Steuerberater-Sozietät gemäß § 67a Abs. 2 StBerG, DStR 1995, 738; *Canaris*, Zinsberechnungs- und Tilgungsverrechnungsklauseln bei Annuitätendarlehen, NJW 1987, 609; *Carl*, Die Partnerschaftsgesellschaft – eine neue Rechtsform für die Freien Berufe, StB 1995, 173; *Coester-Waltjen*, Besonderheiten des neuen Partnerschaftsgesellschaftsgesetzes, Jura 1995, 666; *Deutsch*, Haftungsfreistellung von Arzt oder Klinik und Verzicht auf Aufklärung durch Unterschrift des Patienten, NJW 1983, 1351; *Deutsches Steuerberaterinstitut e. V.*, Steuerberater-Handbuch 1994; *Driesen*, Partnerschaftsgesellschaft – „GmbH" für freie Berufe?, GmbHR 1993, R 25; *Eigner*, Die Beschränkung der persönlichen Gesellschafterhaftung bei Gesellschaft bürgerlichen Rechts und Partnerschaft, 2004 (Diss., 2003, Bd. 19 der Schriften der Deutschen Notarrechtlichen Vereinigung); *v. Falkenhausen*, Brauchen die Rechtsanwälte ein Partnerschaftsgesellschaftsgesetz?, AnwBl 1993, 479; *Funke*, Der Regierungsentwurf zur Rechtsanwalts-GmbH, AnwBl 1998, 6; *Gerlt*, Der Gesetzentwurf zur Anwalts-GmbH: ein Abschreckungsversuch?, MDR 1998, 259; *Gilgan*, Auswirkungen des Partnerschafts-Gesellschaftsgesetzes auf die Angehörigen des steuerberatenden Berufs, Stbg 1995, 28; *Glenk*, Die Rechtsanwalts-GmbH; INF 1995, 691 (Teil I), 718 (Teil II); *Goez*, Neue Möglichkeiten der Haftungsbeschränkung für Steuerberater, INF 1994, 623; *Gres*, Die neue Partnerschaftsgesellschaft, der freie beruf 6/1994, 23; *Grunewald*, Anwaltshaftung bei gemeinschaftlicher Berufsausübung, ZAP Fach 23, S. 551; *Gummert*, Zur Zulässigkeit einseitiger Haftungsbeschränkungen auf das Vermögen der BGB-Außengesellschaft, ZIP 1993, 1063; *Gummert*, Haftung und Haftungsbeschränkung bei der BGB-Außengesellschaft, Diss. 1991; *Hahn/Naumann*, Rechts- und Auslegungsfragen der Haftungskonzentration nach § 8 Abs. 2 PartGG, WM 2012, 1756; *Henssler*, Die „Limited Liability Partnership" des US-amerikanischen Rechts, in: Festschrift für Herbert Wiedemann, 2002, S. 906; *Henssler*, Die gesetzliche Regelung der Rechtsanwalts-GmbH, NJW 1999, 241; *Henssler*, Rechtsanwalts-GmbH oder Partnerschaft?, ZAP Fach 23, S. 285 (= ZAP 1997, 861); *Henssler*, Die Haftung der Rechtsanwälte und Wirtschaftsprüfer, AnwBl 1996, 3; *Henssler*, Rezension zur 1. Auflage des Kommentars zum PartGG von Michalski/Römermann, GmbHR 1995, 756; *Henssler*, Neue Formen anwaltlicher Zusammenarbeit – Anwalts-GmbH und Partnerschaft im Wettbewerb der Gesellschaftsformen, DB 1995, 1549; *Henssler*, Die Haftung der Partnerschaft und ihrer Gesellschafter, in: Festschrift für Ralf Vieregge, 1995, S. 361; *Henssler*, Anwaltsgesellschaften, NJW 1993, 2137; *Herber*, Das neue Haftungsrecht der Schiffahrt, 1989; *Hornung*, Partnerschaftsgesellschaft für Freiberufler (Teil 2), Rpfleger 1996, 1; *Hornung*, Partnerschaftsgesellschaft für Freiberufler (Teil 1), Rpfleger 1995, 481; *Heyers*, Scheinsozietät und Scheinsozii, DStR 2013, 813; *v. d. Horst*, Grundlagen und Umfang der Haftung des Steuerberaters und Möglichkeiten der Haftungsbeschränkung, DStR 1995, 2027; *Jawansky*, Haftung und Vertrauensschutz bei Berufsausübung in der Partnerschaftsgesellschaft, DB 2001, 2281; *Jawansky.*, Haftung und Haftungskonzentration bei der Partnerschaftsgesellschaft, 1997; *Jawansky.*, Wohin geht die Haftung bei der Partnerschaftsgesellschaft?, DNotZ 1997, 938; *Jürgenmeyer*, Berufsrechtliche Diskriminierungen der interprofessionell tätigen Rechtsanwälte, BRAK-Mitt. 1995, 142; *Kempter*, Das Partnerschaftsgesellschaftsgesetz, BRAK-Mitt. 1994, 122; *Kilian*, Die limited liability partnership – Eine neue Gesellschaftsform im britischen Recht, NZG 2000, 1008; *Knoll/Schüppen*, Die Partnerschaftsgesellschaft – Handlungszwang, Handlungsalternative oder Schubladenmodell, DStR 1995, 608, 646; *Kögel*, Unternehmerische BGB-Gesellschaft: Möglichkeiten und Risiken der Haftungsbeschränkung bei Verträgen, DB 1995, 2201; *Koller*, Die Wirksamkeit formularmäßiger Haftungsfreizeichnungsklauseln zwischen Schadensausgleich und Schadensprävention, ZIP 1986, 1089; *Krieger*, Partnerschaftsgesellschaftsgesetz, MedR 1995, 95; *Kupfer*, Freiberufler-Gesellschaften: Partnerschaft, Anwalts- und Ärzte-GmbH, KÖSDI 1995, 10130; *Lenz*, Die Partnerschaft – alternative Gesellschaftsform für Freiberufler, MDR 1994, 741; *Leutheusser-Schnarrenberger*, Maßgeschneiderte Gesellschaftsform für Freie Berufe, recht 4/95, S. 61; *Leutheusser-Schnarrenberger*, Partnerschaftsgesellschaftsgesetz – ab 1. Juli '95 in Kraft, der freie beruf 7–8/1994, 20; *Leutheusser-Schnarrenberger*, Ein wichtiger Tag für die Freien Berufe, AnwBl 1994, 334; *Lichtner/Korfmacher*, Das Dritte Gesetz zur Änderung der Wirtschaftsprüferordnung, WPK-Mitt. 1994, 207; *Lüke*, Partnerschaftsgesellschaft, JuS 1995, 847; *Lux*, Generelle Haftungsprivilegien von Sozien?, NJW 2003, 2806; *Mahnke*, Das Partnerschaftsgesellschaftsgesetz, WM 1996, 1029; *Michalski*, Zum Regierungsentwurf eines Partnerschaftsgesellschaftsgesetzes, ZIP 1993, 1210; *Mittelsteiner*, Kommentierung zum PartGG, DStR 1994, Beihefter zu Heft 37, S. 37; *Nerlich*, Anwaltssozietäten in Europa, AnwBl 1994, 529; *Niebling*, Haftungsbeschränkung für Rechtsanwälte trotz AGB-Richtlinie – zugleich ein Beitrag zu § 8 PartGG, AnwBl 1996, 20; *Prüssmann/Rabe*, Seehandelsrecht, 3. Aufl., 1992; *Puttfarken*, Beschränkte Reederhaftung – Das anwendbare Recht, 1991; *Rösener*, Neue Rechtsform für Gemeinschaftspraxen – Partnerschaften, Deutsches Tierärzteblatt 1995, 418; *Saller*, Rechtliche Grundlagen der BGB-Gesellschaft im Hinblick auf die Möglichkeiten einer Haftungsbegrenzung, DStR 1995, 183; *Sandberger/Müller-Graff*, Die rechtliche Form freiberuflicher Zusammenarbeit, ZRP 1975, 1; *Schirmer*, Berufsrechtliche und kassenarztrechtliche Fragen der ärztlichen Berufsausübung in Partnerschaftsgesellschaften, MedR 1995, 341 (Teil 1), MedR 1995, 383 (Teil 2); *Schmidt, K.*, Die Freiberufliche Partnerschaft, NJW 1995, 1; *Schmidt, K.*, Partnerschaftsgesetzgebung zwischen Berufsrecht, Schuldrecht und Gesellschaftsrecht, ZIP 1993, 633; *Schmidt, K.*,

Der Partnerschaftsgesetzentwurf: Chance für eine überfällige Reform der Gesellschaft bürgerlichen Rechts, JBl 1988, 745; *Schnittker/Leicht*, Rechtsformwahl bei Anwaltssozietäten, BB 2010, 2975; *Schulze-Wilk*, Neues Gesetz sichert Status der Freien Berufe, zm 84, Nr. 13 vom 1.7.1994; *Schroeder*, Die „Gesellschaft bürgerlichen Rechts mit Haftungsbeschränkung" – eine sinnvolle Gestaltungsvariante?, DStR 1992, 507; *Segelken*, Kapitänsrecht, 2. Aufl., 1974; *Seibert*, Aktuelle Änderungen des Partnerschaftsgesellschaftsgesetzes – Neue Haftungsregelung für Freiberufler, BRAK-Mitt. 1998, 210; *Seibert*, Das neue Partnerschaftsgesellschaftsgesetz, BuW 1995, 100; *Seibert*, Die Partnerschaft für die Freien Berufe, DB 1994, 2381; *Seibert*, Zum neuen Entwurf eines Partnerschaftsgesellschaftsgesetzes, AnwBl 1993, 155; *Siepmann*, Die Partnerschaftsgesellschaft im Zivil- und Steuerrecht, FR 1995, 601; *Sommer*, Die neue Partnerschaftsgesellschaft – Eine zweckmäßige Rechtsform für Steuerberater?, DSWR 1995, 181; *Sotiropoulos*, Partnerschaftsgesellschaft: Haftung der Partner und Haftungsbeschränkungswege, ZIP 1995, 1879; *Späth*, Grenzen formularmäßiger Haftungshöchstsummenbeschränkungen im Steuerberatervertrag, INF 1995, 469; *Späth*, Zulassung von Haftungsbeschränkungs- und Haftungsbegrenzungsvereinbarungen durch das Sechste Gesetz zur Änderung des Steuerberatungsgesetzes, Stbg 1994, 449; *Stuber*, Das Partnerschaftsgesellschaftsgesetz unter besonderer Berücksichtigung der Belange der Anwaltschaft, WiB 1994, 705; *Taupitz*, Das Berufsrisiko des Arztes: Entwicklung, Steuerung und Risikominimierung, MedR 1995, 475; *Taupitz*, Die Partnerschaft als neue Kooperationsform für Ärzte, Arztrecht 1995, 123; *Ulmer/Habersack*, Die Haftungsverfassung der Partnerschaftsgesellschaft, in: Festschrift für Hans Erich Brandner, 1996, S. 151; *Vorbrugg/Salzmann*, Überregionale Anwaltskooperationen, AnwBl 1996, 129; *Wellensiek*, Anwaltshaftung und Risikomanagement, in: Festschrift für Hans Erich Brandner, 1996, S. 727; *Wellkamp*, Risikobegrenzung in der Unternehmer-BGB-Gesellschaft, NJW 1993, 2715; *Graf v. Westphalen*, Anwaltliche Haftungsbeshränkung im Widerstreit mit der Verbraucherschutzrichtlinie, ZIP 1995, 546; *Weyand*, Partnerschaftsgesellschaften als neue Organisationsform für die freiberufliche Praxis, INF 1995, 22; *Wiedemann*, Rechtsverhältnisse der BGB-Gesellschaften zu Dritten, WM-Sonderbeilage 4/1994; *Wüst*, Ausbaubedürfnisse im Gesellschaftsrecht, JZ 1989, 270.

Speziell zu § 8 Abs. 2 n. F.: *Gerlt*, Der Gesetzentwurf zur Anwalts-GmbH: Ein Abschreckungsversuch?, MDR 1998, 259; *Henssler*, Rechtsanwalts-GmbH oder Partnerschaft?, ZAP Fach 23, S. 285 (= ZAP 1997, 861); *Henssler*, Der Gesetzentwurf zur Regelung der Rechtsanwalts-GmbH, ZIP 1997, 1481; *Römermann*, Der neue Regierungsentwurf zum AnwaltsGmbH-Gesetz, NZG 1998, 81; *Römermann*, Anwalts-GmbH als „theoretische Variante" zur Partnerschaft?, GmbHR 1997, 530; *Römermann/Spönemann*, Gesellschaftsformen für Rechtsanwälte – Berufsrecht, Gesellschaftsrecht, Steuerrecht, NZG 1998, 15.

Speziell zu § 8 Abs. 4: *Beck*, Der Referentenentwurf und der Regierungsentwurf zur Einführung einer Partnerschaftsgesellschaft mit beschränkter Berufshaftung, DZWIR 2012, 447; *Dahns*, Vorschläge für eine Reform der anwaltlichen Haftung, NJW-Spezial 2011, 574; *Filges*, Die PartG mbB – gut, aber es geht besser, BRAK-Mitt. 2012, 45; *Gladys*, Die Partnerschaftsgesellschaft mit beschränkter Berufshaftung, DStR 2012, 2249; *Grunewald*, Die Partnerschaftsgesellschaft mit beschränkter Berufshaftung – sinnvolle Ergänzung des PartGG oder systemwidrige Privilegierung einiger Weniger?, ZIP 2012, 1115; *Hellwig*, Haftpflichtversicherung statt Handelndenhaftung bei der Partnerschaftsgesellschaft, NJW 2011, 1557; *Kreße*, Die neue Partnerschaftsgesellschaft mit beschränkter Berufshaftung im Kontext der Rechtsanwaltshaftung, NJ 2013, 45; *Lauering*, Auf dem Weg zur Partnerschaftsgesellschaft mit beschränkter Berufshaftung, ZIP 2012, 1112; *Lohbeck*, Die geplante Partnerschaftsgesellschaft mit beschränkter Berufshaftung, JSE 2013, 5; *Posegga*, Die Partnerschaftsgesellschaft mit beschränkter Berufshaftung als neue Organisationsform, DStR 2012, 611; *Römermann*, PartG mbB – die anwaltliche Rechtsform der Zukunft?!, AnwBl 2012, 288; *Römermann*, Die PartG mbB – eine neue attraktive Rechtsform für Freiberufler, NJW 2013, 2305; *Römermann/Praß*, Die Partnerschaftsgesellschaft mit beschränkter Berufshaftung, NZG 2012, 601, 602; *Römermann/Praß*, Die Partnerschaftsgesellschaft mit beschränkter Berufshaftung (PartG mbB) eine attraktive Rechtsform für Steuerberatungsgesellschaften?, Stbg 2012, 319; *Ruppert*, Partnerschaftsgesellschaft mit beschränkter Berufshaftung – Ende gut, alles gut?, DStR 2013, 1623; *Uwer/Roeding*, Partnerschaftsgesellschaft mit beschränkter Berufshaftung kommt, AnwBl 2013, 483; *Uwer/Roeding*, Wege in die Partnerschaftsgesellschaft mit beschränkter Berufshaftung, AnwBl 2013, 309; *Salger*, Beschränkte Berufshaftung, DB 2012, 1794; *Schmidt-Keßeler*, Die Partnerschaftsgesellschaft mit beschränkter Berufshaftung (PartG mbB) – eine Option für Steuerberater?, DStZ 2012, 741; *Schüppen*, Wider die LLP, für rechtspolitische Plausibilität – es bleibt viel zu tun bei der Änderung des PartGG, BB 2012, 783; *Seibert*, Die Partnerschaftsgesellschaft mit beschränkter Berufshaftung (PartGmbB), DB 2013, 1710; *Werner*, Die neue Partnerschaftsgesellschaft mit beschränkter Berufshaftung (PartG mbB), StBW 2013, 715; *Wertenbruch*, Die Innenhaftung bei der Partnerschaftsgesellschaft mbB, NZG 2013, 1006.

Übersicht

A. Normentwicklung

I. Frühere Gesetzesentwürfe

1 Die Regelung der Haftung und ihrer Begrenzung kann auf eine wechselvolle Geschichte zurückblicken.[1] Der Entwurf von **1971** hatte eine **gesetzliche Haftungsbeschränkung** für die Berufsausübung auf 500.000 DM für jeden Schadensfall festgelegt und eine Versicherungspflicht der Partnerschaft in gleicher Höhe angeordnet.[2] Abweichende Vereinbarungen waren gemäß § 9 Abs. 2 des Entwurfs möglich. Für sonstige Geschäfte sollten die Partner persönlich als Gesamtschuldner bis zu 30.000 DM haften, soweit keine Befriedigung von der Gesellschaft erlangt werden konnte.[3] Diese Bestimmungen waren dazu gedacht, die Haftung der Angehörigen freier Berufe „auf ein vernünftiges Maß zu beschränken".[4]

2 Wesentlich zurückhaltender zeigte sich der **Entwurf von 1975**. Nach ihm sollte es grundsätzlich bei der **unbeschränkten Haftung** der Partnerschaft für die fehlerhafte Berufsausübung bleiben, soweit nicht die alleinige Haftung eines Partners im **Einzelfall** (also nicht durch Allgemeine Geschäftsbedingungen) schriftlich vereinbart war.[5] Der Partnerschaft stand sodann ein ausdrücklich geregeltes Rückgriffsrecht gegen den Partner zu, der den Schaden zu vertreten hatte, § 10 Abs. 1 Satz 2 des Entwurfs von 1975. Die Gesellschaft war zum Abschluss einer Haftpflichtversicherung in einer vom jeweiligen Berufsrecht zu bestimmenden Höhe verpflichtet; auf diese Summe war die Haftung der Partnerschaft im Falle von Fahrlässigkeit beschränkt, soweit nichts anderes im Einzelfall vereinbart wurde.[6] Eine Haftungsbegrenzung hinsichtlich der sonstigen Geschäfte findet sich in dem Entwurf von 1975 nicht mehr.

3 Bei der Behandlung des Entwurfs im Rechtsausschuss des Deutschen Bundestages wurden dann sämtliche die Haftungsbegrenzung betreffenden Passagen gestrichen; der **Entwurf von 1976** ordnete die gesamtschuldnerische Haftung sämtlicher Partner für die Gesellschaftsverbindlichkeiten ohne die Möglichkeit einer abweichen-

---

1) Ausführlich zur Regelung der Haftungsbegrenzung in den früheren Gesetzentwürfen und zur Diskussion in der Literatur *Schwenter-Lipp*, S. 200 ff.; vgl. ferner *Bayer/Imberger*, DZWIR 1995, 177, 178; *Beckmann*, der freie beruf 4/1992, 19 ff.

2) § 9 Abs. 1 und 3 E 1971, BT-Drucks. VI/2047, S. 2.

3) § 10 E 1971.

4) Begr. zum E 1971, BT-Drucks. VI/2047, S. 6.

5) § 10 Abs. 1 Satz 1 E 1975, BT-Drucks. 7/4089, S. 4.

6) § 10 Abs. 2, 3 E 1975.

den Regelung im Partnerschaftsvertrag an.[7] Man verstand damals das Problem der Haftungsbegrenzung als ein allgemeines schuldrechtliches Phänomen und nahm daher an, es würde gegen das Gebot der Gleichbehandlung verstoßen, den (in einer Partnerschaft zusammengeschlossenen) Angehörigen freier Berufe derartige Möglichkeiten einzuräumen, Handwerkern oder Gewerbetreibenden aber nicht. Es wird nicht zuletzt diese Kehrtwende gewesen sein, die den Gesetzentwurf schließlich als im Vergleich zur GbR nicht wirklich anders und daher für die Angehörigen freier Berufe uninteressant erscheinen ließ, so dass der Entwurf aufgrund der einsetzenden Ablehnung durch die freiberuflichen Organisationen schließlich im Bundesrat scheiterte.

II. Das Gesetzgebungsverfahren des PartGG

4 Auch während des Gesetzgebungsverfahrens des PartGG wurde die Frage der Haftungsbeschränkung noch kontrovers diskutiert. Während der Sondierungen des Bundeswirtschaftsministeriums im Jahre 1991 waren sich die Organisationen der freien Berufe weitgehend darin einig, dass die Haftung der Partnerschaft in irgendeiner Form beschränkt oder beschränkbar sein sollte; hinsichtlich der genauen Ausgestaltung wurden jedoch **verschiedene Modelle** diskutiert.[8] Nach einem in der Sitzung vom 17.6.1991 erstmalig erwähnten Vorschlag der Arbeitsgruppe der freiberuflichen Organisationen sollte die Haftung unterteilt werden in die **berufsspezifische (Kern-)Tätigkeit** ohne Haftungsbeschränkung oder aber mit einer durch eine Haftpflichtversicherung abgedeckten hohen Haftungssumme von mindestens 500.000 DM und in die sog. **unternehmerischen Hilfs- und Nebengeschäfte** mit einem der GmbH ähnlichen Haftungsrahmen. Die mit der endgültigen Meinungsbildung betraute sog. **Redaktionsgruppe** griff diesen Vorschlag auf und sah die Haftungsbeschränkung auch für die Haupttätigkeit vor. Neben dem Partnerschaftsvermögen und einer Haftpflichtversicherung sollten die Partner danach persönlich noch mit mindestens 100.000 DM haften. Für die Hilfsgeschäfte gab es keinerlei Haftungsbeschränkung mehr. Dieses Modell wurde dann allerdings nach der internen Beratung im **Bundesverband der Freien Berufe** ebenfalls noch verändert. Die Unterscheidung zwischen Haupt- und Hilfstätigkeit wurde aufgegeben und die von der Redaktionsgruppe vorgesehene Haftungsregelung für die gesamte Tätigkeit übernommen.

5 Im **Bundesjustizministerium** wurden daraufhin gemeinsam mit dem Bundesministerium für Wirtschaft weiter die möglichen Varianten für eine Haftungsbeschränkung diskutiert.[9] Es wurde erwogen, die Partner persönlich unbeschränkt nur noch für die Schäden einstehen zu lassen, welche sie durch eine eigene schuldhafte Pflichtverletzung verursachen. In allen übrigen Fällen sollte noch die Partnerschaft allein haften. Hierdurch sollte das Risiko der an der konkreten Fallbearbeitung nicht beteiligten Gesellschafter begrenzt und so „das spezifische Kooperationsrisiko auf-

7) § 18 Abs. 1 E 1976, BT-Drucks. 7/5402, S. 6; zu den Gründen *Wüst*, JZ 1989, 270, 277; RA zum E 1976, BT-Drucks. 7/5413, S. 2; *Beckmann* in: FS Kleinert, S. 210, 212.

8) Zum Folgenden ausführlich *Beckmann* in: FS Kleinert, S. 210, 214 f. und *Beckmann*, der freie beruf 4/1992, 19, 24 f., unter Bezug auf Punkt 8 des Neun-Punkte-Kataloges.

9) Zum Folgenden eingehend *Beckmann* in: FS Kleinert, S. 210, 216 f.

gefangen“[10] werden, auf der anderen Seite das „Prinzip“ der **persönlichen unbeschränkten Haftung** des Freiberuflers aufrechterhalten bleiben.[11] Nach diesem Modell hafteten die Partner persönlich nur dann, wenn die Partnerschaft nicht mehr leistungsfähig war. Als problematisch wurde angesehen, festzulegen,

> „wie der persönlich handelnde Partner bestimmt wird, wer hierfür die Beweislast trägt und wie die Konkurrenz der Ansprüche gegenüber Partnerschaft und persönlich haftendem Partner ausgestaltet ist. Im Bundesjustizministerium ... (hielt) man dieses Problem für lösbar.“[12]

6 Der **Referentenentwurf**[13] enthielt schließlich mit nur geringen Abweichungen bereits die Regelung, wie sie später als Absatz 2 verabschiedet wurde. Auch im **Rechtsausschuss** des Deutschen Bundestages war die konkrete Ausgestaltung der Haftungsfrage noch Gegenstand eingehender Diskussionen; es wurden mehrere Varianten geprüft.[14] Schließlich entschied man sich für die Fassung des Regierungsentwurfs, insbesondere deswegen, da diese als strukturell den Neufassungen der parallel im Bundestag behandelten berufsrechtlichen Regelungen der Haftungsbeschränkung ähnlich angesehen wurde.[15] In der abschließenden Debatte im Deutschen Bundestag wurde die Ansicht geäußert, dass man beobachten werde, ob die Möglichkeiten einer Haftungskonzentration in der Praxis ausreichten; sollte dies nicht der Fall sein, werde man in der darauf folgenden (13.) Legislaturperiode über eine entsprechende Novellierung nachdenken müssen.[16]

7 Verabschiedet wurde schließlich die folgende Fassung des Absatzes 2, die am **1.7.1995** in Kraft getreten ist:

> „(2) Die Partner können ihre Haftung gemäß Absatz 1 Satz 1 für Ansprüche aus Schäden wegen fehlerhafter Berufsausübung auch unter Verwendung vorformulierter Vertragsbedingungen auf den von ihnen beschränken, der innerhalb der Partnerschaft die berufliche Leistung zu erbringen oder verantwortlich zu leiten und zu überwachen hat.“

8 Die ursprüngliche Fassung sah sich von Anfang an **heftiger Kritik** ausgesetzt, die im Wesentlichen auf folgenden Überlegungen beruhte:[17]

- Die Haftungsbeschränkung war nicht institutionell, also gesellschaftsrechtlich, sondern vertragsrechtlich ausgestaltet. In einem gesellschaftsrechtlichen Gesetz ist dies systemwidrig.
- Die Vertragslösung war praxisfern, da die Partner zu Beginn jedes einzelnen Mandates mit dem Auftraggeber eine neue Haftungsbegrenzungsvereinbarung

---

10) *Beckmann* in: FS Kleinert, S. 210, 216 f.

11) *Bösert*, DStR 1993, 1332, 1336.

12) *Beckmann* in: FS Kleinert, S. 210, 217.

13) § 15 RefE, ZIP 1993, 153, 156.

14) *Leutheusser-Schnarrenberger*, der freie beruf 7–8/1994, 20, 22.

15) *Leutheusser-Schnarrenberger*, der freie beruf 7–8/1994, 20, 22; RA zum RegE PartGG, BT-Drucks. 12/7642, S. 12.

16) So der Abgeordnete *Gres*, Sten. Ber. Plenarprotokoll 12/230, 20017 (A); so auch *Gres*, der freie beruf 6/1994, 23, 24.

17) Ausführlich die Vorauflage, § 8 Rz. 7–9, 16–83.

abschließen mussten. Nicht zuletzt wegen der negativen psychologischen Auswirkungen wurde diese Möglichkeit kaum in die Praxis umgesetzt.

- Die Partner konnten ihr persönliches Risiko nicht mit hinreichender Sicherheit begrenzen, da die Haftungsbeschränkung stets davon abhing, dass auch jeder der übrigen Partner stets Haftungsvereinbarungen mit den Auftraggebern traf.
- Für die Rechtsanwälte als eine der wesentlichen Berufsgruppen, die für eine Partnerschaft in Betracht kommen, war die Haftungsbegrenzung nicht möglich. Wegen des Berufsrechtsvorbehalts in § 1 Abs. 3 PartGG war nämlich für sie die strengere Vorschrift des § 51a BRAO vorrangig (lex specialis) und führte nach richtiger – allerdings umstrittener – Auffassung[18] zur Unanwendbarkeit des Absatzes 2.
- Die Regelung des Absatzes 2 war mit einer Fülle von Detail-Auslegungsproblemen belastet.

9 Die Bundesregierung hat diese Kritik aufgenommen und es findet sich bereits im Referentenentwurf[19] zum AnwaltsGmbH-Gesetz ein **Vorschlag zur Neufassung** des Absatzes 2 mit dem am 19.6.1998 im Bundestag verabschiedeten Text. Bereits der Referentenentwurf[20] und auch die textgleiche Fassung des Regierungsentwurfs[21] sind in der Literatur durchweg positiv aufgenommen worden.

10 Das **Gesetzgebungsverfahren** war hingegen wiederum von Kontroversen geprägt. Die Stellungnahme des Bundesrates[22] zum Gesetzentwurf der Bundesregierung[23] fiel negativ aus. Der Bundesrat empfahl, von einer Änderung des PartGG ganz abzusehen. Er verwies auf ein angebliches „Prinzip der Personengesellschaft, dass alle Gesellschafter mit ihrem Vermögen für die Schulden der Gesellschaft haften."[24] Abgesehen davon, sei die vorgesehene Regelung unklar. Insbesondere sei nach dem Wortlaut nicht sicher, dass alle Partner persönlich hafteten, wenn z. B. ein angestellter Rechtsanwalt ein Mandat selbständig bearbeitet habe und kein Partner mit der Bearbeitung befasst war. Unklar sei auch die Ausnahme für Bearbeitungsbeiträge von untergeordneter Bedeutung. Entgegen der Auffassung der Regierungsbegrün-

---

18) So die Vorauflage, § 8 Rz. 75 ff.; *Römermann*, Entwicklungen und Tendenzen, S. 138 f.; *Michalski/Römermann*, Vertrag der Partnerschaftsgesellschaft, Rz. 343 f.; dem folgend *Gail/Overlack*, Anwaltsgesellschaften, Rz. 342; *Gilgan*, Stbg 1995, 28, 30; *Schirmer*, MedR 1995, 341, 351; diese Auffassung wurde durch den RefE zum AnwaltsGmbH-Gesetz zunächst bestätigt, näher *Römermann*, GmbHR 1997, 530, 536; a. A. jedoch im Anschluss an die ursprüngliche Gesetzesbegründung die h. Lit., vgl. nur *Ulmer/Schäfer* in: MünchKomm-BGB, § 8 PartGG Rz. 2; *Seibert*, DB 1994, 2381, 2384; *Eigner*, Beschränkung der persönlichen Gesellschafterhaftung, S. 369 f.

19) Insoweit abgedruckt bei *Römermann*, GmbHR 1997, 530, 536.

20) *Römermann*, GmbHR 1997, 530, 536; *Henssler*, ZIP 1997, 1481, 1489 f.; *Henssler*, ZAP Fach 23, S. 285, 292 f.

21) *Römermann*, NZG 1998, 81, 83; *Gerlt*, MDR 1998, 259, 263.

22) Stellungnahme des BRats zum RegE AnwaltsGmbH-Gesetz, BT-Drucks. 13/9820, S. 23, 25 f.

23) Begr. zum RegE AnwaltsGmbH-Gesetz, BT-Drucks. 13/9820 m. Einzelbegründung zu Art. 6 auf S. 21 f.

24) Stellungnahme des BRats zum RegE AnwaltsGmbH-Gesetz, BT-Drucks. 13/9820, S. 23, 25.

dung sei bspw. die konsiliarische Beteiligung eines Partners in der Regel nicht von untergeordneter Bedeutung. Im Übrigen sollte es nach Ansicht des Bundesrates nicht die Aufgabe des geschädigten Mandanten sein, herauszufinden, welcher Partner hafte und welcher nicht.

11 In ihrer Gegenäußerung verwies die Bundesregierung darauf, dass es ein Prinzip der unbeschränkten persönlichen Haftung aller Gesellschafter einer Personengesellschaft nicht gebe, wie schon die Kommanditgesellschaft beweise. Die Umstellung der Haftungsregelung sei erforderlich und geeignet, den Druck der Freiberufler in eine GmbH abzumildern.

12 Zur Schaffung der **PartG mbB** durch das Gesetz zur Einführung einer Partnerschaftsgesellschaft mit beschränkter Berufshaftung und zur Änderung des Berufsrechts der Rechtsanwälte, Patentanwälte, Steuerberater und Wirtschaftsprüfer[25] siehe unten Rz. 71 ff.

B. Bedeutung

13 Die **Bedeutung des § 8 Abs. 2 PartGG** ist erheblich, sowohl im Hinblick auf die Partnerschaft als auch in ihren Auswirkungen auf das Gesellschaftsrecht insgesamt. Die institutionelle Handelndenhaftung ist ein für das deutsche Gesellschaftsrecht vollkommen neues Haftungsmodell. Es tritt zwischen die unbeschränkte persönliche Haftung aller Gesellschafter wie in der GbR[26] und OHG und die Haftungsbeschränkung allein auf das Gesellschaftsvermögen wie in der GmbH und AG. Am ehesten lässt sich die Haftung in der Partnerschaft mit derjenigen der KG vergleichen. Insoweit besteht der grundlegende Unterschied darin, dass die Person des persönlich haftenden Gesellschafters (Komplementär) bei der KG von vornherein feststeht, während sie sich bei der Partnerschaft aus den konkreten Umständen des Einzelfalls ergibt.

14 Für die Partnerschaft bedeutet das neue Haftungsmodell im Vergleich zu der bis 1998 geltenden Regelung eine einschneidende **Verbesserung**, die zu einer praxisgerechten und einfach handhabbaren Lösung der drängenden Haftungsfrage führt. Die Partnerschaft, die bis dahin kaum nennenswerte Vorteile gegenüber der GbR aufzuweisen vermochte, hat nun an Attraktivität gewonnen und eine wesentlich stärkere Akzeptanz durch die freien Berufe erlangt als früher. Gleichwohl ruft § 8 Abs. 2 PartGG zahlreiche Auslegungsfragen auf. Schon im Hinblick auf wesentliche Grundprobleme des Absatzes 2 kann nach wie vor keine Einigkeit erzielt werden.

15 Nicht zuletzt auch die andauernde Kritik an der Vorschrift des § 8 Abs. 2 PartGG[27] hat den Gesetzgeber dazu bewogen, in § 8 Abs. 4 PartGG mit der PartG mbB eine gänzlich neue Möglichkeit der Haftungsbeschränkung zu schaffen. Die Bedeutung dieser Rechtsformvariante ist mangels Erfahrungswerten kaum einschätzbar. Sicher

---

25) BGBl. I 2013, Nr. 38, S. 2386.

26) Gegen eine Anwendbarkeit des Absatzes 2 auf GbR jüngst BGH, Urt. v. 10.5.2012 • IX ZR 125/10, ZIP 2012, 1413 = NJW 2013, 2435, 2442, m. insoweit zust. Anm. *Grunewald*; **a. A.** etwa Henssler/Strohn-*Hirtz*, GesR, § 8 PartGG Rz. 1.

27) Vgl. *Dahns*, NJW-Spezial 2011, 574 f.; *Hellwig*, NJW 2011, 1557 ff.

ist aber, dass viele Berufsträger auf eine derartige Haftungsbegrenzung gehofft haben. Die PartG mbB dürfte vor allem für mittelständische Kanzleien attraktiv sein. Zwar wollte der Gesetzgeber mit der PartG mbB einen Gegenentwurf zur LLP schaffen,[28] also Großkanzleien davon abbringen, diese Rechtsform zu gebrauchen. Diejenigen anwaltlichen Großkanzleien, die heutzutage in der Rechtsform der LLP betrieben werden, werden aber höchstwahrscheinlich nicht in eine PartG mbB umwandeln. Das liegt oftmals schon an dem faktischen Zwang der internationalen „Mutter", die eine international bekannte Rechtsform nach dem Recht des jeweiligen Gesellschaftssitzes verlangt. Außerdem ignorieren diese Kanzleien die – für deutsche Niederlassungen – von der LLP eventuell ausgehenden Haftungsgefahren[29] schon seit Jahren (zum Teil bewusst, zum Teil ohne Problembewusstsein) und werden insoweit keinen Anlass zur Veränderung sehen. Für mittelständische Kanzleien, die sich die spezielle Haftpflichtversicherung für eine PartG mbB leisten können und wollen, ist ein „upgrade" ihrer Partnerschaft in eine PartG mbB aber klar von Vorteil. Je nachdem, was die Versicherung kosten wird, dürfte in naher Zukunft ein deutlicher Zuwachs dieser Rechtsformvariante zu verzeichnen sein.

C. Grundsätzlich gesamtschuldnerische Haftung (§ 8 Abs. 1 PartGG)

I. Wortlaut

16 Gemäß § 8 Abs. 1 Satz 1PartGG, der der Bestimmung des § 128 Satz 1 HGB nachgeformt ist,[30] haften die Partner für Verbindlichkeiten der Partnerschaft **neben dem Gesellschaftsvermögen** als Gesamtschuldner. Die Formulierung ist insoweit – im Unterschied zu § 128 HGB – dogmatisch nicht ganz exakt, als nicht das Vermögen der Partnerschaft, sondern vielmehr die Partnerschaft als Rechtssubjekt mit ihrem Vermögen haftet.[31] Sie ist andererseits klarer als der Wortlaut der §§ 750 ff. BGB, da sich die Haftungssituation bei der Partnerschaft aus dem Gesetz ablesen lässt.[32]

II. Verbindlichkeiten

17 § 8 Abs. 1 PartGG gilt für **Verbindlichkeiten jeder Art**, gleich aus welchem Rechtsgrund, so z. B. aus Vertrag, ungerechtfertigter Bereicherung, Delikt, Steuerschulden usw.[33] Die Sondierungsgespräche im Vorfeld des Gesetzgebungsverfahrens hatten ergeben, dass die persönliche Haftung wegen derartiger allgemeiner Gesellschaftsschulden in der Regel kein drückendes Problem für die Freiberufler darstellen soll.[34] Das Verschulden von Mitarbeitern wird der Partnerschaft über § 278 BGB

28) Begr. RegE, BT-Drucks. 17/10487, S. 11 = Anhang, S. 387.

29) S. dazu Einl. Rz. 67.

30) *K. Schmidt*, NJW 1995, 1, 5; *Bösert*, ZAP Fach 15, S. 137, 146; *Lenz/Braun*, Partnerschaftsgesellschaftsvertrag, S. 11 in Fn. 28.

31) *Sotiropoulos*, ZIP 1995, 1879 mit Fn. 6; zustimmend *Eigner*, Beschränkung der persönlichen Gesellschafterhaftung, S. 331.

32) *Salger* in: MünchHdb. GesR, Bd. 1, § 43 Rz. 2.

33) Meilicke u. a.-*Graf v. Westphalen*, PartGG, § 8 Rz. 7; vgl. *Baumbach/Hopt*, HGB, § 128 Rz. 2.

34) *Salger* in: MünchHdb GesR, Bd. 1, § 43 Rz. 9.

zugerechnet.[35] Nur für Ansprüche aus Schäden wegen fehlerhafter **Berufsausübung** enthalten die Absätze 2 bis 4 **Sonderbestimmungen.** Für alle übrigen Verbindlichkeiten verbleibt es daher stets bei der gesamtschuldnerischen Partnerhaftung; dies betrifft z. B. Mietzinsen, Leasingraten, Arbeitsentgelte etc.[36] Abweichende Vereinbarungen mit dem Gläubiger sind natürlich möglich,[37] ebenso selbstverständlich scheidet eine gegenüber Dritten wirkende Vereinbarung nur der Partner untereinander aus.[38] Die Anwendung von Absatz 1 setzt aber in jedem Fall ein Auftragsverhältnis der Partnerschaft insgesamt voraus. Das ist bspw. dann nicht der Fall, wenn in einer Anwaltssozietät nur einer der Partner als Strafverteidiger beauftragt wurde.

III. Akzessorische Haftung der Partner

18 Die **Haftung der Partner** ist im Verhältnis zur Gesellschaft **akzessorisch.**[39] Der Begriff „Haftung" wird insoweit also in § 8 Abs. 1 Satz 1 PartGG je nach dem Kontext in zwei unterschiedlichen Bedeutungsvarianten gebraucht:[40] Im Zusammenhang mit der Partnerschaft als unmittelbare Haftung i. S. der Unterworfenheit unter den Vollstreckungszugriff und im Zusammenhang mit den Partnern i. S. von „Schuld" als akzessorische Gesellschafterverpflichtung.

19 Wie im Recht der OHG, so ergibt sich auch für die Partnerschaft der Streit zwischen der **Erfüllungstheorie** (die Gesellschafter sind grundsätzlich wie die Gesellschaft zur Leistung verpflichtet) und der **Haftungstheorie** (die Gesellschafter müssen hierfür nur finanziell einstehen).[41] Hier kommt allerdings die Besonderheit hinzu, dass die Vertragserfüllung häufig die Befähigung zur Ausübung des freien Berufs, insbesondere auch eine Zulassung voraussetzt. Bei interdisziplinären Partnerschaften scheidet in solchen Fällen die Erfüllung der vertraglichen Verpflichtung durch den einem anderen Beruf angehörenden Partner von vornherein aus.

20 Da zwischen der Gesellschaft und den Partnern keine echte **Gesamtschuld** i. S. der §§ 421 ff. BGB vorliegt, obliegt es der jeweiligen Prüfung, ob diese Bestimmungen anzuwenden sind.[42] Nicht anwendbar sind insbesondere die §§ 423, 425 und 426 BGB.[43] Die Partner untereinander sind hingegen stets Gesamtschuldner i. S. von §§ 421 ff. BGB.[44]

21 Aus der Akzessorietät der Partnerhaftung ergibt sich, dass dem Partner gegen die Inanspruchnahme wegen Verbindlichkeiten der Gesellschaft zunächst deren **Einwen-**

---

35) Begr. zum RegE PartGG, BT-Drucks. 12/6152, S. 17; *Weyand*, INF 1995, 22, 25 in Fn. 81.
36) *Seibert*, AnwBl 1993, 155, 157.
37) Baumbach/Hopt-*Hopt*, § 128 HGB Rz. 38.
38) Dies folgt bereits aus allgemeinen Grundsätzen, ohne dass es der Verweisung auf § 128 Satz 2 HGB – hierzu s. Baumbach/Hopt-*Hopt*, § 128 HGB Rz. 37 – bedurfte; § 18 Abs. 1 Satz 2 E 1976 hatte dies noch ausdrücklich so angeordnet, vgl. zu alledem *Stuber*, WiB 1994, 705, 708 in Fn. 55.
39) *Feddersen/Meyer-Landrut*, PartGG, § 8 Rz. 1.
40) Zutreffend *Eigner*, Beschränkung der persönlichen Gesellschafterhaftung, S. 331.
41) Vgl. Baumbach/Hopt-*Hopt*, § 128 HGB Rz. 8.
42) Baumbach/Hopt-*Hopt*, § 128 HGB Rz. 19.
43) Baumbach/Hopt-*Hopt*, § 128 HGB Rz. 20.
44) Baumbach/Hopt-*Hopt*, § 128 HGB Rz. 21.

dungen zustehen, **§ 129 Abs. 1 HGB**. Der Gesellschafter kann ferner nach **§ 129 Abs. 2 HGB** im Falle von Gestaltungsrechten,[45] insbesondere einer Anfechtungsmöglichkeit der Partnerschaft die Leistung verweigern. Gleiches gilt gemäß **§ 129 Abs. 3 HGB** bei einer Aufrechnungsmöglichkeit der Gesellschaft.

22 In **§ 129 Abs. 4 HGB** ist schließlich angeordnet, dass aus einem gegen die Partnerschaft gerichteten **Titel** nicht gegen die Partner vollstreckt werden kann; umgekehrt ist nach § 7 Abs. 2 PartGG i. V. m. § 124 Abs. 2 HGB für die Vollstreckung in das Partnerschaftsvermögen ein gegen die Gesellschaft gerichteter Schuldtitel erforderlich.

23 Eine **Haftungsverschärfung gegenüber** der Rechtslage bei der **GbR** bedeutete ursprünglich der Verweis auf **§ 130 HGB** in in § 8 Abs. 1 Satz 2 PartGG.[46] Danach hafteten nun auch **eintretende Partner** für die zuvor begründeten Verbindlichkeiten der Gesellschaft nach den Bestimmungen der §§ 128, 129 HGB. Die bei Inkrafttreten des PartGG h. A. hatte dies für die GbR anders gesehen. Für die Praxis ist dieser Unterschied seit der Entscheidung des BGH vom 7.4.2003,[47] wonach auch bei der GbR neu eintretende Gesellschafter für die vorher begründeten Verbindlichkeiten einzustehen haben, aufgehoben, auch wenn dort die Frage ausdrücklich offen gelassen worden ist, ob für Verbindlichkeiten aus beruflichen Haftungsfällen eine Ausnahme zu machen sei. Die Zurückhaltung bei dieser Frage dürfte eher darauf zurückzuführen sein, dass der erkennende II. Zivilsenat zwar für das Gesellschaftsrecht, jedoch nicht für das Anwaltshaftungsrecht zuständig ist, und man dem IX. Zivilsenat insoweit nicht vorgreifen wollte. Eine dogmatisch tragfähige Begründung für die Annahme einer solchen Ausnahme ist jedenfalls nicht erkennbar.[48]

24 Der Eintritt kann erfolgen durch Aufnahmevertrag, Erbgang (§ 9 Abs. 4 Satz 2 PartGG) oder Anteilsübertragung.[49] Auch diese Haftung kann nicht durch Vertrag unter den Gesellschaftern, wohl aber durch Vereinbarung mit dem Gläubiger begrenzt oder sogar ausgeschlossen werden.[50] Auch ohne Vereinbarung mit den Gläubigern kann allerdings für die neu eintretenden Partner insoweit eine Erleich-

---

45) Baumbach/Hopt-*Hopt*, § 129 HGB Rz. 9 f.

46) *Knoll/Schüppen*, DStR 1995, 608, 646, 647; *Bayer/Imberger*, DZWIR 1995, 177, 180; *Appel*, Stbg 1995, 203; *Sommer*, DSWR 1995, 181, 183; *v. d. Horst*, DStR 1995, 2027, 2028; *Henssler*, DB 1995, 1549, 1554; kritisch daher *Stuber*, WiB 1994, 705, 708; *Gerken*, Rpfleger 1995, 217, 218 (Urteilsanm.); vehement für eine Verallgemeinerung des Anwendungsbereichs des von ihm als „Integrationsnorm“ verstandenen § 130 HGB hingegen *K. Schmidt*, NJW 1995, 1, 5 f.

47) BGH, Urt. v. 7.4.2003 – II ZR 56/02, ZIP 2003, 899 = ZVI 2003, 273, dazu EWiR 2003, 513 *(Westermann)*.

48) Näher *Römermann*, BB 2003, 1084, 1087 (Urteilsanm.); *Arnold/Dötsch*, DStR 2003, 1398, 1402 f.; *Lux*, NJW 2003, 2806; so jetzt auch LG Berlin, Urt. v. 7.6.2007 – 37 O 13/07, juris.

49) *Feddersen/Meyer-Landrut*, PartGG, § 8 Rz. 2; vgl. Baumbach/Hopt-*Hopt*, HGB, § 130 Rz. 4.

50) Baumbach/Hopt-*Hopt*, HGB, § 130 Rz. 8 f.

terung geschaffen werden, als die übrigen Gesellschafter sie zumindest im Innenverhältnis von den Altschulden freistellen.[51)]

25 Da **§ 130 HGB** auf die Partnerschaft anwendbar ist, haftet ein Partner nach seinem Eintritt auch persönlich für die Fehler, die von anderen Partnern vor seinem Eintritt gemacht wurden, sofern der eintretende Partner danach i. S. des § 8 Abs. 2 PartGG mit dem Mandat befasst war. Nach der Rechtsprechung des BGH gilt das auch, wenn der eingetretene Partner die Situation nicht verschärft, sondern sogar versucht hat, den Fehler zu korrigieren.[52)]

26 Nicht anwendbar ist hingegen § 28 HGB. Treten demnach einer Partnerschaftsgesellschaft Partner bei, die zuvor mit anderen Partnern eine Sozietät/Praxis in der Rechtsform der GbR betrieben haben, haftet die Partnerschaftsgesellschaft höchstens auf Grund eines erklärten Schuldbeitritts, nicht jedoch entsprechend **§ 28 Abs. 1 HGB** für die die Altverbindlichkeiten eines aus der Sozietät/Praxis ausgeschiedenen Altpartners.[53)]

IV. Abdingbarkeit

27 Vereinbarungen mit Gläubigern über die Begrenzung der Haftung sind im Anwendungsbereich des § 8 Abs. 1 PartGG ohne weiteres möglich.[54)] Die Norm ist nicht zwingend. Eine lediglich im Partnerschaftsvertrag getroffene Regelung ist den Gläubigern gegenüber jedoch entsprechend § 128 Satz 2 HGB unwirksam.[55)]

D. Haftungskonzentration (§ 8 Abs. 2 PartGG)

I. Grundgedanken und Anliegen der Regelung

28 Nach Einschätzung der Bundesregierung ist angesichts der **Entwicklung zu größeren,** insbesondere auch **überörtlichen und internationalen** sowie **interprofessionellen Zusammenschlüssen** von Angehörigen freier Berufe die unbeschränkte persönliche Haftung einer Vielzahl von Partnern als Gesamtschuldner

> „nicht mehr sachgerecht. Es entspricht auch nicht der Verkehrserwartung, dass ein Partner, der mit einer Sache gar nicht betraut war, der von ihr vielleicht nicht einmal etwas gewusst hat und vielleicht sogar an einem anderen Ort praktiziert, immer und unbeschränkt mithaftet.“[56)]

29 Hierdurch wird dem Umstand Rechnung getragen, dass mit der zunehmenden Größe einer Sozietät die Möglichkeit des einzelnen Partners, auf die Arbeit der anderen Einfluss zu nehmen und sie zu kontrollieren oder zumindest einmal zu

---

51) Meilicke u. a.-*Graf v. Westphalen*, PartGG, § 8 Rz. 39; *Salger* in: MünchHdb GesR, Bd. 1, § 43 Rz. 4.

52) BGH, Urt. v. 19.11.2009 – IX ZR 12/09, NJW 2010, 1360 ff. = ZIP 2010, 124; s. dazu auch unten Rz. 41.

53) BGH, Urt. v. 23.11.2009 – II ZR 7/09, NJW 2010, 3720 f. = ZIP 2010, 2042.

54) *Eigner*, Beschränkung der persönlichen Gesellschafterhaftung, S. 332; *Ulmer/Schäfer* in: MünchKomm-BGB, § 8 PartGG Rz. 7.

55) *Ulmer/Schäfer* in: MünchKomm-BGB, § 8 PartGG Rz. 7.

56) So *Leutheusser-Schnarrenberger*, AnwBl 1994, 334, 335; vgl. auch *Seibert*, AnwBl 1993, 155, 156; *Seibert*, DB 1994, 2381, 2384; *Bösert*, ZAP Fach 15, S. 137, 147; *K. Schmidt*, NJW 1995, 1, 6; *Taupitz*, Arztrecht 1995, 123, 126.

kennen, immer weiter abnimmt.[57] Das mit den sehr hohen Anforderungen der Rechtsprechung an die Sorgfaltspflichten der Freiberufler in den letzten Jahren ständig gewachsene **Haftungsrisiko** wird nicht mehr durch die entsprechenden Honorare kompensiert, zumal häufig **Gebührenordnungen** existieren, die sich nicht am Haftungsrisiko, sondern an anderen Kriterien, wie etwa der Höhe des Streitwertes, orientieren.[58] Der Abschluss von Einzelversicherungen für ungewöhnliche Sonderrisiken sieht sich häufig mit der Schwierigkeit konfrontiert, den notwendigen Versicherungsschutz zu wirtschaftlich noch vertretbaren Prämiensätzen zu erhalten.[59] Diese gesamtschuldnerische Mithaftung ist ferner nach der Begründung des Regierungsentwurfes im Vergleich zu der Haftungssituation eines allein tätigen Freiberuflers nicht erforderlich.[60]

30 Aufgrund des Festhaltens an der Vorstellung, die freiberufliche Tätigkeit müsse stets eine **persönliche Haftung** des **Verantwortlichen** mit sich bringen, soll der konkret die Berufsausübung vollziehende Gesellschafter ggf. haftbar gemacht werden können. Die Haftungskonzentration auf den in der Angelegenheit selbst tätigen Freiberufler wird als **spezifisch freiberufliche Lösung** der Haftungsfrage betrachtet, da dies Ausfluss der dort regelmäßig persönlichen und eigenverantwortlichen Dienstleistung durch den einzelnen Partner sei.[61] Zudem wird die Haftung nach § 8 Abs. 2 PartGG vom BGH als **„verschuldensunabhängige Handelndenhaftung"** verstanden, da die Haftung danach lediglich an das Merkmal der „Befassung", nicht aber an das Merkmal des „beruflichen Fehlers" anknüpft.[62]

31 Der in der Gesellschaft **verantwortliche Partner** musste nach der ursprünglichen Gesetzesfassung **genannt** werden. Diese Regelung, die während des Gesetzgebungsverfahrens aus verschiedenen Gründen nicht unwidersprochen geblieben war,[63] wurde gewählt, da die Haftungskonzentration auf den **tatsächlich handelnden Partner** ohne dessen Benennung zu praktischen Schwierigkeiten führt.[64] Der geschädigte Mandant weiß dann nämlich unter Umständen erst nach mehreren Gerichtsinstanzen, wer der verantwortliche Gesellschafter war. Die **„unzumutbaren Prozessrisiken"**[65] sollten vermieden werden, indem die Identität des Verantwortlichen durch dessen gewillkürte Bezeichnung zweifelsfrei festgestellt werden könnte.[66]

---

57) *Ahlers* in: FS Rowedder, S. 1, 11.

58) *Lichtner/Korfmacher*, WPK-Mitt. 1994, 207, 218 f.; *Ahlers* in: FS Rowedder, S. 1, 11; *Seibert*, DB 1994, 2381, 2384.

59) *Ahlers* in: FS Rowedder, S. 1, 11; *Schwenter-Lipp*, S. 36; vgl. *Lenz*, MDR 1994, 741, 774; näher zur Versicherbarkeit von Haftungsrisiken *Koller*, ZIP 1986, 1089, 1093.

60) Begr. zum RegE PartGG, BT-Drucks. 12/6152, S. 17; *Schulze-Wilk*, zm 84, Nr. 13, v. 1.7.1994, S. 1448; *Seibert*, AnwBl 1993, 155, 156.

61) *Seibert*, AnwBl 1993, 155, 156; ähnlich *Kempter*, BRAK-Mitt. 1994, 122, 124; *Schulze-Wilk*, zm 84, Nr. 13, v. 1.7.1994, S. 1448; *Leutheusser-Schnarrenberger*, recht 4/95, S. 61.

62) BGH, Urt. v. 19.11.2010 – IX ZR 12/09, NJW 2010, 1360, 1362 = ZIP 2010, 124; so auch *Ulmer/Schäfer* in: MünchKomm-BGB, § 8 PartGG Rz. 21.

63) *BRAK*, Stellungnahme zum RefE PartGG, S. 9; *Michalski*, ZIP 1993, 1210, 1213.

64) Zum Folgenden vgl. *Seibert*, AnwBl 1993, 155, 156 f; *K. Schmidt*, ZIP 1993, 633, 648.

65) *K. Schmidt*, ZIP 1993, 633, 648.

66) *Seibert*, AnwBl 1993, 155, 157; *K. Schmidt*, ZIP 1993, 633, 648.

32 Der **Gesetzgeber** hat dann aber ziemlich rasch erkannt, dass die ursprüngliche Haftungsregelung den **Bedürfnissen der Praxis** nicht entsprechen konnte. Der Aspekt, den Auftraggeber vor Prozessrisiken aufgrund mangelnder eigener Kenntnis des handelnden Partners zu schützen, ist im Gesetzgebungsverfahren des Jahres 1998 hinter die praktischen Anliegen der Freiberufler zurückgestellt worden. Lediglich der Bundesrat hob in seiner insgesamt ablehnenden Stellungnahme die Bedeutung des Schutzes der Auftraggeber noch einmal hervor.[67] Die insoweit recht ausführliche Begründung des Regierungsentwurfs[68] legt hingegen die verschiedenen Möglichkeiten des geschädigten Auftraggebers dar, sich Gewissheit über die Person des haftenden Partners zu verschaffen.

II. Haftung für berufliche Fehler

33 Die Partner können nur **ihre Haftung**, d. h. also die persönliche unbeschränkte Gesellschafterhaftung auf den Verantwortlichen konzentrieren; an der Haftung des Partnerschaftsvermögens ändert sich hingegen durch die Haftungsbeschränkung nach § 8 Abs. 2 PartGG nichts.[69] Die Neufassung des Absatzes 2 bringt dies in ihrem Wortlaut klar zum Ausdruck („... neben der Partnerschaft"). Es kann auch nur um Ansprüche der Klienten aus **Schäden wegen fehlerhafter Berufsausübung** („berufliche Fehler") gehen. Dies bezieht sich auf die Haftung der Partner aufgrund von Fehlern bei ihrer freiberuflichen Tätigkeit, worunter insbesondere sämtliche **vertraglichen Ansprüche** der Auftraggeber fallen, „also solche, die auf Unmöglichkeit, Verzug, positiver Vertragsverletzung oder Gewährleistungsrecht beruhen, wobei auch Ansprüche von Dritten, soweit sie in den Schutzbereich des Vertrages einbezogen sind, ebenso erfasst sind wie Pflichtverletzungen bei den Vertragsverhandlungen."[70]

34 Die Begründung des Regierungsentwurfes führt sodann weiter aus: „Einbezogen sind aber auch deliktische Verbindlichkeiten der Partnerschaft infolge von Handlungen, die ein Partner in Ausführung der ihm zustehenden Verrichtungen (§ 31 BGB analog) begeht."[71] Die entsprechende Anwendung des **§ 31 BGB** bedeutete bei Inkrafttreten des § 8 Abs. 2 PartGG eine wesentliche **Haftungsverschärfung** gegenüber dem Recht der freiberuflichen GbR, bei der die Rechtsprechung dies bis dahin trotz kritischer Stimmen im Schrifttum abgelehnt hatte.[72] Inzwischen wendet der BGH[73] § 31 BGB allerdings auch auf die GbR an, so dass die Unterschiede insoweit beseitigt sind. Bedeutung hat dies insbesondere für Angehörige der Heil-

---

67) Stellungnahme des BRats zum RegE AnwaltsGmbH-Gesetz, BT-Drucks. 13/9820, S. 26.

68) Begr. zum RegE AnwaltsGmbH-Gesetz, BT-Drucks. 13/9820, S. 22.

69) Begr. zum RegE PartGG, BT-Drucks. 12/6152, S. 17; *Mittelsteiner*, DStR 1994, Beihefter zu Heft 37, S. 39; ähnlich die geplante Regelung der *EG-Kommission*, Konsultationsdokument, S. 21.

70) Begr. zum RegE PartGG, BT-Drucks. 12/6152, S. 18.

71) Begr. zum RegE PartGG, BT-Drucks. 12/6152, S. 18.

72) BGH, Urt. v. 30.6.1066 – VII ZR 23/65, BGHZ 45, 311, 312; *Stuber*, WiB 1994, 705, 709; Baumbach/Hopt-*Hopt*, HGB, § 124 Rz. 25; vgl. zum Ganzen auch *Henssler*, PartGG, § 8 Rz. 15 ff. und 59.

73) BGH, Urt. v. 24.2.2003 – II ZR 385/99, ZIP 2003, 664 = NJW 2003, 1445, 1446; BGH, Urt. v. 3.5.2007 – IX ZR 218/05, NJW 2007, 2490 ff. = ZIP 2007, 1460.

berufe, da sich dort ein Behandlungsfehler regelmäßig als Verletzung des Körpers auswirkt und zur Haftung nach § 823 BGB führt.[74)]

35 § 8 Abs. 2 PartGG greift auch ein, soweit der geschädigte Auftraggeber aufgrund **mehrerer Anspruchsgrundlagen** – Vertrag und Delikt – vorgeht. In diesem Fall konzentriert sich also auch die deliktische Haftung auf den handelnden Partner.[75)]

III. Befassung nur einzelner Partner

1. Befassung mit der Bearbeitung eines Auftrags

36 **Auftrag** ist das Vertragsverhältnis, das die Grundlage für die freiberufliche Tätigkeit bildet. Bei Ärzten ist dies bspw. der Behandlungsvertrag, bei Steuerberatern das Mandat. Es geht nicht um den „Auftrag" i. S. der §§ 662 ff. BGB.[76)]

37 Unter der **Befassung** mit der Bearbeitung eines Auftrags ist jede Mitwirkungshandlung im weitesten Sinne zu verstehen.[77)] Die Neufassung des § 8 Abs. 2 PartGG vermeidet damit die früheren Auslegungsschwierigkeiten, wonach konkret festgestellt werden musste, ob ein Partner die Leistung selbst erbracht oder geleitet oder überwacht haben würde. Auf derartige Differenzierungen kommt es jetzt nicht mehr an. Die berufliche Befassung ist daher in verschiedenen Ausprägungen denkbar. Neben der eigenen Wahrnehmung des Auftrags z. B. durch das persönliche Gespräch mit einem Patienten oder die eigenhändige Untersuchung und Operation besteht die Möglichkeit der überwachenden Delegation der Auftragserfüllung an Mitarbeiter der Partnerschaft.[78)] Entscheidend ist die **tatsächliche Befassung** mit der Bearbeitung. Dies ergibt sich aus dem insoweit klaren Wortlaut der Vorschrift.

38 Demgegenüber versteht die – wohl noch – h. L.[79)] in Anlehnung an die Begründung des Regierungsentwurfs zur Neufassung des § 8 Abs. 2 PartGG unter der Befassung auch den Fall, dass der Partner nach der **internen Zuständigkeitsverteilung** die Bearbeitung oder Überwachung hätte vornehmen müssen.[80)] Das ist **unzutreffend.**[81)] Die frühere Fassung des Absatzes 2 hatte noch auf denjenigen Partner abgestellt, der innerhalb der Partnerschaft die Leistung „zu erbringen oder verantwortlich zu leiten und zu überwachen hat." Diese Formulierung hatte damals Auslegungsschwierigkeiten heraufbeschworen, wonach der Partner zu bestimmten

---

74) *Henssler*, DB 1995, 1549, 1554; *Taupitz*, MedR 1995, 475, 479; *Schirmer*, MedR 1995, 341, 351 f.

75) *Schirmer*, MedR 1995, 341, 351 f.

76) *Eigner*, Beschränkung der persönlichen Gesellschafterhaftung, S. 345.

77) Ebenso *Hahn/Naumann*, WM 2012, 1756, 1758; *Henssler*, PartGG, § 8 Rz. 64.

78) Zur Überwachung näher *Eigner*, Beschränkung der persönlichen Gesellschafterhaftung, S. 347 f.

79) *Jawansky*, DB 2001, 2281, 2282; *Grunewald*, ZAP Fach 23, S. 551, 555; *Seibert*, BRAK-Mitt. 1998, 210, 211; *Henssler* in: FS Wiedemann, S. 906, 929.

80) Begr. zum RegE AnwaltsGmbH-Gesetz, BT-Drucks. 13/9820, S. 21; dagegen bereits für den RefE *Römermann*, GmbHR 1997, 530, 536.

81) Der hier vertretenen Meinung unter ausführlicher Auseinandersetzung mit den vorgebrachten Argumenten folgend *Eigner*, Beschränkung der persönlichen Gesellschafterhaftung, S. 348 ff. So nunmehr auch OLG Hamm, Urt. v. 14.2.2010 – 28 U 151/09, MDR 2010, 900 = BeckRS 2010, 07867.

sein sollte, in dessen Zuständigkeit die Bearbeitung gefallen wäre.[82] Die neue Gesetzesfassung vermeidet derartige Probleme, indem nicht die allgemeine Zuständigkeit, sondern die **konkrete Bearbeitung** entscheidet. Die gegenteilige Auffassung der Regierungsbegründung sieht sich mit verschiedenen Problemen konfrontiert. Die Haftung würde danach teilweise nicht aus dem Gesetz, sondern aus einer internen Zuständigkeitsverteilung der Partner resultieren. Praktische Schwierigkeiten bereiten die Darlegung und der Beweis derartiger interner Vereinbarungen durch den geschädigten Auftraggeber.

39 Dies gilt auch dann, wenn man die Darlegungs- und Beweislast den Partnern auferlegt, die sich auf die Haftungskonzentration berufen,[83] weil der Kläger zunächst einmal irgendetwas vortragen muss und mangels schriftlichen Geschäftsverteilungsplans stets das Risiko läuft, dass der jeweils beklagte Partner den Entlastungsbeweis führen kann. Die theoretisch denkbare vorherige Durchsetzung eines Auskunftsanspruchs gegen die Partnerschaft[84] bedeutet schon wegen der damit zwangsläufig verbundenen Zeitverzögerung eine erhebliche Erschwerung der Realisierung einer Forderung des Auftraggebers. Richtigerweise tritt somit entgegen der Ansicht der Gesetzesverfasser bei fehlender Bearbeitung durch einen der Partner nicht etwa eine Haftungskonzentration auf den ein, der die Bearbeitung hätte vornehmen müssen, sondern es haften **sämtliche Partner**. Wenn nämlich keine tatsächliche Bearbeitung festzustellen ist, dann waren gerade nicht nur konkrete einzelne Partner mit der Wahrnehmung des Auftrags befasst. Unter diesen Umständen kommt § 8 Abs. 2 PartGG nicht zur Anwendung.

40 Ebenfalls abzulehnen ist die teilweise vertretene Auffassung, wonach solche Partner von der persönlichen Haftung nach § 8 Abs. 2 PartGG ausgeschlossen seien, die für die Bearbeitung des jeweiligen Auftrags nicht über die **erforderliche Qualifikation** verfügen. Begründet wird diese Sichtweise damit, dass von diesen Partnern eine Mitwirkung nicht erwartet werden könne.[85] Da es aber ausschließlich auf die tatsächliche Befassung mit dem Auftrag ankommt, ist unerheblich, ob der Partner für die Bearbeitung des Auftrags geeignet ist.[86]

41 Der **BGH** hat entschieden, dass ein Partner, der mit der Bearbeitung eines Auftrags befasst ist, auch für **vor seinem Eintritt** in die Partnerschaft begangene berufliche Fehler eines anderen mit dem Auftrag befassten Partners haftet, selbst wenn er sie nicht mehr korrigieren kann.[87] Der Wortlaut des § 8 Abs. 2 PartGG gebe nichts her für eine Auslegung des Inhalts, dass ein Partner, der selbst keinen beruflichen Fehler zu verantworten habe, nicht hafte. Der Begriff des „Befasstseins" könne

82) Näher die Vorauflage, § 8 Rz. 42 ff.

83) So das Gegenargument bei *Jawansky*, DB 2001, 2281, 2282; wie hier dagegen *Eigner*, Beschränkung der persönlichen Gesellschafterhaftung, S. 349.

84) Dafür *Jawansky*, Haftung und Haftungskonzentration, S. 54 ff.; *Jawansky*, DNotZ 1997, 938, 941; wie hier aber *Eigner*, Beschränkung der persönlichen Gesellschafterhaftung, S. 349 f.

85) *Ulmer/Schäfer* in: MünchKomm-BGB, § 8 PartGG Rz. 23.

86) Zutreffend *Hahn/Naumann*, WM 2012, 1756, 1758; i. Erg. ebenso Meilicke u. a.-*Graf v. Westphahlen*, § 8 PartGG Rz. 67.

87) BGH, Urt. v. 19.11.2010 – IX ZR 12/09, NJW 2010, 1360 ff. = ZIP 2010, 124.

nicht mit einem kausalen Element verknüpft werden.[88] Auf eine schadenskausale Beteiligung des Partners am konkreten Bearbeitungsfehler komme es nicht an. Sogar ein Partner, der den beruflichen Fehler nicht begangen, sondern vielmehr die Situation zu retten versucht hatte, haftet demnach persönlich, wenn er irgendwie mit dem Mandat – etwa durch den Rettungsversuch – „befasst" war. Diese Auffassung des BGH lässt sich mit dem Wortlaut der Vorschrift durchaus vereinbaren, steht aber in einem krassen Widerspruch zum Sinn – jeder Partner möge für seinen Wirkungs- und Einflussbereich haften.[89]

2. Nur einzelne Partner

42 Voraussetzung für die Anwendung des § 8 Abs. 2 PartGG ist die Individualisierbarkeit einzelner Partner bei der Bearbeitung eines Auftrags. Eine Individualisierung ist nicht möglich, wenn **sämtliche Partner** mit der Bearbeitung befasst waren oder auch, wenn **kein Partner** den Auftrag bearbeitet hat. Insoweit sind mehrere Fallgestaltungen denkbar. Nachdem die Partnerschaft den Auftrag übernommen hat, können Angestellte, deren Tätigkeit keinem der Partner exakt zuzuordnen ist, mit der Angelegenheit befasst gewesen sein oder es kann nicht mehr geklärt werden, ob und wer den Auftrag bearbeitet hat oder es ist überhaupt nichts mehr unternommen worden. In all diesen Fällen entfällt die Möglichkeit der Haftungskonzentration.[90]

3. Scheinpartner

43 Das OLG München[91] hatte über einen Fall zu entscheiden, bei dem auf dem **Briefbogen** einer Partnerschaft von Patent- und Rechtsanwälten neben den Partnern **unterschiedslos** weitere Berufsträger, also Angestellte und freie Mitarbeiter, aufgeführt waren. Der Klägerin ging es um die berufsrechtliche Zulässigkeit dieses Auftretens. In einem **obiter dictum** nahm das Gericht aber auch zur haftungsrechtlichen Situation Stellung. Nach seiner Auffassung haftet ein handelnder Nicht-Partner neben dem Vermögen der Partnerschaft nach den Grundsätzen der Rechtsscheinhaftung.[92]

44 Die Entscheidung ist aus mehreren Gründen **abzulehnen**. Zunächst soll darauf hingewiesen werden, dass für die zur GbR gefestigte Rechtsprechung zur „Scheinsozietät" bei Gesellschaftsformen, die in ein mit öffentlichem Glauben versehenes **Register** eingetragen werden, kein Raum ist.[93] Anders als bei einer GbR kann sich der Verkehr über die Partner einer Partnerschaft im Partnerschaftsregister informieren und darf sich auf die dortige Eintragung berufen.

88) Ebenso *Jawansky*, DB 2001, 2281, 2283.

89) *Römermann/Praß*, NZG 2012, 601, 602; ebenso *Lohbeck*, JSE 2013, 5, 12.

90) Zustimmend *Eigner*, Beschränkung der persönlichen Gesellschafterhaftung, S. 357 f.

91) OLG München, Urt. v. 18.1.2001 – 29 U 2962/00, NJW-RR 2001, 1358, dazu EWiR 2002, 129 *(Posegga)*.

92) So seither auch die h. M., s. nur *Henssler*, PartGG, § 8 Rz. 44 ff. m. w. N.

93) So auch *Heyers*, DStR 2013, 813; a. A. *Ulmer/Schäfer* in: MünchKomm-BGB, § 8 PartGG Rz. 11; *Eigner*, Beschränkung der persönlichen Gesellschafterhaftung, S. 359; Henssler/Strohn-*Hirtz*, GesR, § 8 PartGG Rz. 12; *Henssler*, PartGG, § 8 Rz. 47.

45 Stellt sich bei näherer Prüfung im Partnerschaftsregister oder durch Angabe der Partner heraus, dass **nur Nicht-Partner** mit der Angelegenheit befasst waren, dann haften sämtliche Partner neben der Partnerschaft (siehe oben Rz. 39).[94] Es ist kein Grund dafür erkennbar, warum der Rechtsschein einer Partnerstellung zu einer Einschränkung der persönlichen Haftung gegenüber den übrigen Fällen der Befassung keines Partners führen sollte.

4. Bearbeitungsbeiträge von untergeordneter Bedeutung

46 Zweifelsfragen sind durch den zweiten Halbsatz der Regelung vorprogrammiert, wonach Bearbeitungsbeiträge von untergeordneter Bedeutung hiervon ausgenommen sein sollen. Hiermit ist der Fall gemeint, dass die Bearbeitung i. R. der Partnerschaft nicht in einer Hand liegt, sondern **mehrere Partner** daran mitwirken. Derjenige, der nur einen untergeordneten Beitrag leistet, soll dann nicht haften. Was aber ist ein Beitrag von untergeordneter Bedeutung? Wenn bspw. der als Sachbearbeiter tätige Rechtsanwalt wegen **Krankheit** einen Verhandlungstermin nicht wahrnehmen kann und sein Sozius aus Versehen einen falschen Antrag stellt, handelt es sich um einen entscheidenden Leistungsbestandteil, dem man kaum das Prädikat „von untergeordneter Bedeutung“ zuerkennen kann.[95] Der **BGH** geht davon aus, dass ein Beitrag von untergeordneter Bedeutung jedenfalls dann nicht mehr vorliegt, sofern eine inhaltliche Befassung mit dem Mandat erfolgte, bei der der Partner konkrete **Sachentscheidungen** getroffen hat.[96] Eine klare Abgrenzung ist aber auch nach dieser „Formel“ nicht möglich.

47 Wenn ein berufliches Fehlverhalten zu einem **Schaden** führt, den der Mandant geltend macht, indiziert dies bereits die Wichtigkeit der Handlung i. R. der Auftragsbearbeitung. Die Vorschrift des § 8 Abs. 2 Halbs. 2 PartGG wird daher wohl nur in wenigen Einzelfällen eine praktische Anwendung erfahren. Aufgrund des Ausnahmecharakters dieser Bestimmung ist dies allerdings vertretbar. Soweit in der Literatur die Auffassung vertreten wird, ein Bearbeitungsbeitrag, der den Berufsfehler selbst mit gesetzt habe, könne „niemals von untergeordneter Bedeutung sein“,[97] geht dies zu weit. Vermeintlich „kleine“ Ursachen können „große“ Wirkung haben, und so ist es auch im Recht der Partnerschaft nicht ausgeschlossen, dass ein Beitrag insgesamt von untergeordneter Bedeutung ist und gleichwohl zu einem Schaden führt.

48 **Beispiel:** Ein Rechtsanwalt hat einen fristwahrenden Schriftsatz fertig gestellt und bittet einen seiner Partner, ihn zu faxen. Dieser zieht eine falsche Fax-Nummer heran, so dass der Schriftsatz nicht rechtzeitig eingeht und hierdurch ein Schaden entsteht. Eine Wiedereinsetzung in den vorigen Stand wird nicht gewährt, da das Handeln des Partners dem Mandanten zuzurechnen ist. Die bloße Suche nach der Fax-Nummer des Gerichts und das Absenden an die falsche Fax-Nummer sind Be-

94) Wie hier *Eigner*, Beschränkung der persönlichen Gesellschafterhaftung, S. 360 f.

95) Bei einer Urlaubsvertretung, bei welcher keine eigene substantielle Bearbeitung erfolgt, wird teilweise von Beiträgen untergeordneter Bedeutung ausgegangen, *Hahn/Naumann*, WM 2012, 1756, 1760 m. w. N.

96) BGH, Urt. v. 19.11.2009 – IX ZR 12/09, NJW 2010, 1360, 1362 = ZIP 2010, 124.

97) So Ebenroth/Boujong/Joost-*Seibert*, HGB, 1. Aufl., § 8 PartGG Rz. 9; *Hahn/Naumann*, WM 2012, 1756, 1761.

arbeitungsbeiträge von untergeordneter Bedeutung, die hier zu dem Schaden geführt haben.

49 Eine Streitfrage ist bereits frühzeitig im Hinblick auf die konsiliarische, also nur **beratende Beiziehung eines Partners** durch den eigentlich sachbearbeitenden Partner aufgetreten. Die Begründung des Regierungsentwurfs nennt diese Beiziehung als Beispiel für einen Beitrag von untergeordneter Bedeutung.[98)] Der Bundesrat hält diese Auffassung in seiner Stellungnahme nicht für überzeugend: „Gerade die Heranziehung eines Konsiliarius dürfte in der Regel Gewicht haben.“[99)] In der Literatur[100)] wird die beratende Beiziehung als untergeordneter Beitrag angesehen, da sonst ein kontraproduktiver Anreiz geschaffen werde, auf die kanzleiinterne Sichtung und Kontrolle zu verzichten. Für die eigene **Stellungnahme** ist davon auszugehen, dass die Beiziehung eines beratenden Partners bereits begrifflich zur Voraussetzung hat, dass es einen eigentlichen Sachbearbeiter gibt. Dieser Sachbearbeiter zeichnet nach außen hin für den Beitrag verantwortlich, indem er bspw. einen Schriftsatz unterzeichnet und dadurch die Verantwortung für dessen Inhalt übernimmt. Im Vergleich hierzu hat die interne Beratung nur einen Unterstützungscharakter und somit unabhängig von ihrem Inhalt und ihrem gesellschaftsinternen Stellenwert eine untergeordnete Bedeutung (zur Berücksichtigung des Maßes an Verantwortung als Kriterium siehe noch unten zu Rz. 52).

50 Die Bedeutung eines Bearbeitungsbeitrages stellt sich häufig erst im Nachhinein heraus. Zu fragen ist daher, ob für die Anwendung des § 8 Abs. 2 PartGG auf die **ex-post-Betrachtung** (in der Konsequenz also: durch das erkennende Gericht) abzustellen ist oder auf die Situation, wie sie sich dem handelnden Partner vor dem und im Moment der Maßnahme (ex ante) dargestellt hat.

- Die ex-post-Betrachtung geht von dem durch den Bearbeitungsbeitrag entstandenen Schaden aus, ist also erfolgsorientiert; die ex-ante-Sicht bewertet die Handlungsweise als solche ohne unmittelbare Einbeziehung der eingetretenen Folgen. Weder der Gesetzeswortlaut noch die Materialien geben für die Beurteilung dieser Frage etwas her.
- Die Zielsetzung der neuen Fassung des § 8 Abs. 2 PartGG, den Partnern eine einfache Haftungskonzentration zu ermöglichen, spricht eher für eine **ex-ante-Betrachtung.**

51 Andererseits darf der **Schutz des geschädigten Auftraggebers** nicht vollständig vernachlässigt werden. Es kann sich also nicht zu seinen Lasten auswirken, wenn der handelnde Partner sich der Tragweite seiner Maßnahme nicht bewusst ist und meint, er trage nur marginal zur Bearbeitung bei, obwohl er einen folgenschweren Fehler begeht. Im Regelfall wird in diesem Fall der Partner haften, zumal er sich zumeist vor seiner Handlung über die mögliche Konsequenzen kundig machen kann und muss.

---

98) Begr. zum RegE AnwaltsGmbH-Gesetz, BT-Drucks. 13/9820, S. 21.

99) Stellungnahme des BRats zum RegE AnwaltsGmbH-Gesetz, BT-Drucks. 13/9820, S. 26.

100) *Henssler*, ZIP 1997, 1481, 1490; **a. A.** Henssler/Strohn-*Hirtz*, GesR, § 8 Rz. 19; *Hahn/Naumann*, WM 2012, 1756, 1760; differenzierend *Ulmer/Schäfer* in: MünchKomm-BGB, § 8 PartGG Rz. 27.

52 Ein von *Eigner*[101] unternommener Versuch einer abstrakten Definition des „Bearbeitungsbeitrages von untergeordneter Bedeutung" will für die Bestimmung des Gewichts des Bearbeitungsbeitrages auf das **Maß an Verantwortung** abstellen, „die der zu Rate Gezogene im Verhältnis zum Auftraggeber und zu seinem sachbearbeitenden Partner für den konkreten Auftrag übernimmt". Bei einer detaillierten Auskunft soll danach ggf. auch der Konsiliarius haften. Das überzeugt im Ergebnis nicht, da der nur intern zu Rate gezogene Berufsträger nicht nach außen in Erscheinung tritt und er daher nur gegenüber dem erkennbar befassten Berufsträger in die Verantwortung genommen werden will. Unabhängig von dieser einzelnen Konstellation ist dem Ausgangsgedanken insoweit zu folgen, als ein mit hoher Verantwortung verbundener Bearbeitungsbeitrag in der Regel nicht von untergeordneter Bedeutung sein wird.

5. Auskunftsanspruch des Auftraggebers

53 Wenn der geschädigte Auftraggeber nicht weiß, welcher Partner seine Angelegenheit bearbeitet hat, steht ihm ein Auskunftsanspruch aus dem zugrunde liegenden Vertragsverhältnis zu. Insoweit haften **sämtliche Partner** neben der Partnerschaft nach § 8 Abs. 1 PartGG gesamtschuldnerisch, da es nicht um Fehler in der Berufsausübung geht.

54 Sofern die Partnerschaft eine **falsche Person** als handelnden Partner benannt hat, haftet sie für den Schaden, der dem Auftraggeber daraus entsteht. Dies können insbesondere die Kosten eines verlorenen Prozesses gegen den vermeintlich haftenden Partner sein. Auch insoweit haften neben der Gesellschaft sämtliche Partner, da keine fehlerhafte Berufsausübung vorliegt.[102]

55 Falls die fehlende oder fehlerhafte Benennung des verantwortlichen Partners durch die Partnerschaft auf einen **Organisationsverschulden** beruht, haftet die Partnerschaft aus diesem Gesichtspunkt, z. B. wegen mangelnder interner Dokumentation nach § 50 BRAO.

6. Festlegung des „befassten Partners" durch Vereinbarung

56 Legen die Partnerschaft und der Auftraggeber im Wege der Vereinbarung namentlich fest, wer „befasster Partner" ist, so ist wie folgt zu unterscheiden:[103] Handelt es sich bei dem tatsächlich i. S. des § 8 Abs. 2 PartGG allein „befassten" Partner um denjenigen, der auch allein in der Vereinbarung benannt wird, so ist dessen Erwähnung rein **deklaratorisch**, und er haftet persönlich sowohl aufgrund Gesetzes als auch aufgrund der Vereinbarung.

57 Anders ist die Situation, wenn die tatsächliche von der vertraglichen Konstellation **abweicht**, d. h. ein oder mehrere ganz andere Partner als die in der Vereinbarung genannten sind befasst oder es besteht jedenfalls teilweise ein Unterschied. In diesem Fall haften die tatsächlich **befassten** Partner aufgrund von **§ 8 Abs. 2 PartGG**, der insoweit nicht abdingbar ist. Die **benannten** Partner haften – allein – aufgrund

101) *Eigner*, Beschränkung der persönlichen Gesellschafterhaftung, S. 352 ff. (Zitat auf S. 357).
102) Begr. zum RegE AnwaltsGmbH-Gesetz, BT-Drucks. 13/9820, S. 22.
103) Vgl. hierzu *Eigner*, Beschränkung der persönlichen Gesellschafterhaftung, S. 350 ff.

der Vereinbarung, die erkennbar dazu dient, sie als persönlich haftende Personen zu bestimmen.[104)]

IV. Prozessuales

58 Der geschädigte Auftraggeber sollte seinen Schaden in jedem Fall gegenüber der Partnerschaft geltend machen. Die Unterbrechung der **Verjährung** gegenüber der Partnerschaft wirkt auch gegenüber den Partnern.[105)]

59 Sofern der Auftraggeber nicht weiß, welcher Partner die Angelegenheit bearbeitet hat, kann er neben der Schadensersatzklage gegen die Partnerschaft eine Auskunftsklage erheben (sofern außergerichtlich Auskunft verweigert wurde) und sodann jedenfalls im ersten Rechtszug im Wege der subjektiven **Klageerweiterung** den mit der Bearbeitung befassten Partner persönlich in Anspruch nehmen.[106)] Die Auskunftsklage kann gleichzeitig gegen die Partnerschaft und die Partner gerichtet werden. Im Falle der Ungewissheit über den sachbearbeitenden Partner kann der geschädigte Auftraggeber im Schadensersatzprozess gegen die Partnerschaft den Partnern den Streit verkünden, so dass diese das Ergebnis des Prozesses gemäß § 74 Abs. 3 ZPO gegen sich gelten lassen müssen.

V. Interner Ausgleich der Partner

60 Das Gesetz verzichtet auf eine gesetzliche Regelung des internen Ausgleichs, da dies der **Vereinbarung** der Partner untereinander überlassen bleiben sollte.[107)] Sofern nichts Abweichendes geregelt ist, gilt nach dem Gesetz Folgendes:

61 Nach § 110 Abs. 1 HGB i. V. m. § 6 Abs. 3 Satz 2 PartGG kann der persönlich haftende Partner Ersatz der von ihm für **erforderlich** gehaltenen **Aufwendungen** verlangen (siehe dazu *Praß*, § 6 Rz. 75). Dies umfasst grundsätzlich auch die Bezahlung von Verbindlichkeiten der Gesellschaft, zu denen auch solche aus über § 31 BGB analog zurechenbarem Fehlverhalten eines Partners gehören.[108)] Sofern der Partner aus dem Gesellschaftsvermögen keine Befriedigung erlangen kann, stehen ihm gemäß § 426 BGB im Innenverhältnis Ausgleichsansprüche gegen die übrigen Partner zu.[109)]

62 **Erforderlich** sind aber nicht solche Aufwendungen, die erst durch die fehlerhafte Bearbeitung einer Angelegenheit, also durch ein Verschulden des handelnden und dann im Außenverhältnis in Anspruch genommenen Partners verursacht werden. Falls sich somit der Klient mit einer solchen Regressforderung an den verantwortli-

---

104) **Abw.** (Haftung nach § 8 Abs. 2 PartGG) *Hahn/Naumann*, WM 2012, 1756, 1758 f.; *Henssler*, PartGG, § 8 Rz. 76 (Ausn.: erkennbares rein informatorisches Tätigwerden als Ansprechpartner); Henssler/Strohn-*Hirtz*, GesR, § 8 PartGG Rz. 20.

105) Begr. zum RegE AnwaltsGmbH-Gesetz, BT-Drucks. 13/9820, S. 22.

106) Begr. zum RegE AnwaltsGmbH-Gesetz, BT-Drucks. 13/9820, S. 22.

107) Begr. zum RegE PartGG, BT-Drucks. 12/6152, S. 17 f.; *Kupfer*, KÖSDI 1995, 10130, 10135 hält eine vertragliche Regelung für „geboten"; Vorschlag für eine Vertragsklausel bei *Appel*, Stbg 1995, 203, 206; *Lenz/Braun*, Partnerschaftsgesellschaftsvertrag, S. 13 in § 9 V des Mustervertrags mit Fn. 35.

108) Baumbach/Hopt-*Hopt*, HGB, § 110 Rz. 10, § 128 Rz. 25.

109) *Ulmer/Schäfer* in: MünchKomm-BGB, § 8 PartGG Rz. 11; *v. d. Horst*, DStR 1995, 2027, 2028.

chen, d. h. also den **schuldhaft handelnden Partner** wendet, hat dieser keine Rückgriffsmöglichkeit gegen die Gesellschaft und auch keine Ausgleichsansprüche gegen die im Außenverhältnis (zum Klienten) ebenfalls verantwortlichen Partner.[110] Wenn der geschädigte Mandant hingegen Schadensersatz bei einem der als verantwortlich benannten Partner einfordert, welcher selbst nicht den Schadensfall verursacht hat, so kann dieser nach § 110 Abs. 1 HGB Ausgleich von der Gesellschaft verlangen,[111] sobald er gezahlt hat; vorher hat er auch einen Freistellungsanspruch gegen den Partner, der den Schaden verursacht hat.

63 Soweit die **Gesellschaft** auf eine berechtigte Schadensersatzforderung hin zahlt, kann sie bei Verschulden eines Partners gegen diesen **Rückgriff** gemäß § 1 Abs. 4 PartGG i. V. m. § 708 BGB nehmen.[112]

64 In allen Fällen ist für das interne Verhältnis **§ 708 BGB** zu beachten, wonach für die Haftung auf die eigenübliche Sorgfalt abzustellen ist; bei den meisten freien Berufen sind allerdings auch hierfür die Maßstäbe entsprechend der beruflichen Qualifikation hoch anzusetzen.

E. Haftungsbeschränkung auf einen Höchstbetrag (Haftungsdeckelung, § 8 Abs. 3 PartGG)

I. Normentwicklung

65 Der Gesetzentwurf von **1971** hatte in seinem § 9 Abs. 1 die Haftung der Partnerschaft aus Fehlern bei der Berufsausübung auf 500.000 DM je Schadensfall begrenzt.[113] Zugleich wurde durch § 9 Abs. 3 des Entwurfs eine dementsprechende **Haftpflichtversicherung** der Gesellschaft vorgeschrieben, wobei die näheren Einzelheiten einer Rechtsverordnung vorbehalten waren, § 9 Abs. 4 des Entwurfs. Der Entwurf aus dem Jahre **1975** nahm die generelle Haftungsbegrenzung nicht mehr auf, beließ es aber bei einer Versicherungspflicht der Partnerschaft für Schäden aus fehlerhafter Berufsausübung, wobei die jeweilige Mindestversicherungssumme durch die zuständigen Berufskammern festgesetzt werden sollte.[114] Nach den Änderungen im Rechtsausschuss, welche zu dem Entwurf von **1976** führten, fanden sich Vorschriften zur Haftungsbeschränkung oder zu einer Haftpflichtversicherung nicht mehr. Dieser Verzicht geschah aus der Überlegung heraus, dass die mit einer Haftpflichtversicherung gekoppelte summenmäßige Haftungsbeschränkung nur zugunsten gesellschaftlich in der Partnerschaft organisierter Freiberufler eine willkürliche Diskriminierung der einzeln tätigen Angehörigen freier Berufe darstellen würde, welche die gleichen mit dem Haftungsrisiko behafteten Tätigkeiten ausübten wie ihre Kollegen in der Gesellschaft.[115]

---

110) So auch *Ulmer/Schäfer* in: MünchKomm-BGB, § 8 PartGG Rz. 12; **a. A.** *Siepmann*, FR 1995, 601, 602.

111) *Weyand*, INF 1995, 22, 26.

112) Begr. zum RegE PartGG, BT-Drucks. 12/6152, S. 18; *Hornung*, Rpfleger 1996, 1, 4.

113) E 1971, BT-Drucks. VI/2047, S. 2.

114) §§ 5 Abs. 2, 10 Abs. 2–5 E 1975, BT-Drucks. 7/4089, S. 3 f.

115) *Wüst*, JZ 1989, 270, 277; ausführlich *Sandberger/Müller-Graff*, ZRP 1975, 1, 4.

II. Systematik und Bedeutung

66 Die Vorschrift bildet einen **Fremdkörper im Gesellschaftsrecht.**[116] Eine eigene Regelung trifft sie nicht. Ihrem Charakter nach könnte die Norm allenfalls eine Ermächtigungsgrundlage für den Bundesgesetzgeber und die Landesgesetzgeber darstellen, eine Regelung der in § 8 Abs. 3 PartGG bezeichneten Art zu treffen. Dafür fehlt es jedoch an einer Gesetzgebungskompetenz, soweit sich die Bestimmung an die Landesgesetzgeber wendet,[117] und an einer Notwendigkeit, soweit sie sich an den Bundesgesetzgeber selbst richtet. Durch § 8 Abs. 3 PartGG wird den Gesetzgebern weder etwas ermöglicht noch etwas untersagt.[118] Entgegen der Begründung des Regierungsentwurfs ist auch nicht ersichtlich, wie Absatz 3 bewirken könnte, dass nur noch der formelle Gesetzgeber eine Haftungsbeschränkung zulässt,[119] so dass die Rechtszersplitterung durch divergierendes Satzungs- und Kammerrecht vermieden würde. Soweit bislang Möglichkeiten einer solchen Rechtsetzung unterhalb des formellen Gesetzes bestanden, bleiben diese durch das PartGG unberührt. Auch für eine wirkungslose Klarstellung ist entgegen der Auffassung der Gesetzesverfasser[120] kein Bedarf erkennbar.

67 Die Bestimmung kann daher allenfalls einen Anstoß für die Berufsrechte geben,[121] unter Einführung einer Versicherungspflicht die gleichzeitige Haftungsbegrenzung auf eine Höchstsumme ausdrücklich zuzulassen. Eine solche Möglichkeit entspräche in der Tat einem dringenden Bedürfnis vieler freier Berufe, da dort sehr hohen Schadensrisiken häufig eine Beschränkung der Honorare durch das jeweilige Gebührenrecht gegenübersteht.[122] Mit dem Ausschluss der persönlichen Haftung ab einem bestimmten Schadensbetrag korrespondiert zum Schutze des Klienten die Pflicht zum Abschluss einer **Haftpflichtversicherung.**[123] Da sich die in § 1 Abs. 2 PartGG aufgeführten freien Berufe häufig völlig verschiedenen Haftungsrisiken ausgesetzt sehen, hat sich der Gesetzgeber dazu entschlossen, die Höhe der Mindestversicherungssumme der Regelung durch die **Berufsrechte** zu überlassen.[124] Die

---

116) Ähnlich *K. Schmidt*, NJW 1995, 1, 6; *Feddersen/Meyer-Landrut*, PartGG, § 8 Rz. 11; *Eigner*, Beschränkung der persönlichen Gesellschafterhaftung, S. 373 ff.

117) Zu diesem Adressatenkreis s. die Begr. zum RegE PartGG, BT-Drucks. 12/6152, S. 18; vgl. *Schirmer*, MedR 1995, 341, 345.

118) So bereits *K. Schmidt*, ZIP 1993, 633, 648; vgl. Begr. zum RegE PartGG, BT-Drucks. 12/6152, S. 18; krit. auch *Ulmer/Schäfer* in: MünchKomm-BGB, § 8 PartGG Rz. 33 f.

119) Begr. zum RegE PartGG, BT-Drucks. 12/6152, S. 18; so auch *Feddersen/Meyer-Landrut*, PartGG, § 8 Rz. 11.

120) Begr. zum RegE PartGG, BT-Drucks. 12/6152, S. 18; *Bösert*, ZAP Fach 15, S. 137, 148.

121) *Kempter*, BRAK-Mitt. 1994, 122, 125; *Seibert*, DB 1994, 2381, 2384; *Seibert*, BuW 1995, 100, 102; vgl. auch *Henssler*, PartGG, § 8 Rz. 97: „überflüssige Anregung".

122) Begr. zum RegE PartGG, BT-Drucks. 12/6152, S. 18; *Bösert*, ZAP Fach 15, S. 137, 148; für Tierärzte vgl. *Rösener*, Deutsches Tierärzteblatt 1995, 418, 419; für Ärzte *Taupitz*, MedR 1995, 475, 481.

123) Begr. zum RegE PartGG, BT-Drucks. 12/6152, S. 18; vgl. hierzu bereits *Michalski*, Das Gesellschafts- und Kartellrecht, 279 ff.; *Michalski*, ZIP 1993, 1210, 1214.

124) Begr. zum RegE PartGG, BT-Drucks. 12/6152, S. 18; *Burret*, WPK-Mitt. 1994, 201, 206; so auch der Vorschlag der *BRAK*, Stellungnahme zum RefE PartGG, S. 8; *Seibert*, DB 1994, 2381, 2384; *Bösert*, DStR 1993, 1332, 1338; ebenso das Gesetz über die französische société civile professionnelle, hierzu *Schwenter-Lipp*, S. 184.

durch Gesetz umgesetzte Regelung soll einer Haftungsbegrenzung wie in der GmbH praktisch gleichstehen.[125)]

68 Bislang ist der **Gesetzgeber** dieser Anregung für die verschiedenen Berufsrechte kaum gefolgt. Die parallel zum PartGG im Bundestag behandelten Änderungsgesetze für die Berufsrechte der Rechtsanwälte, Patentanwälte, Steuerberater und Wirtschaftsprüfer enthalten bereits ähnliche Bestimmungen[126)] (siehe dazu unten Rz. 121 ff.). Ob diese Vorschriften allerdings mit Blick auf § 8 Abs. 3 PartGG geschaffen wurden,[127)] muss bezweifelt werden. Dort wird nämlich die Möglichkeit einer Haftungsbegrenzung nicht nur den, in einer Partnerschaft zusammengeschlossenen Berufsangehörigen eingeräumt, sondern sämtlichen Freiberuflern, ob sie nun in einer Einzelpraxis oder in einer Gesellschaft tätig sind. Im Hinblick auf das **Gleichbehandlungsgebot** erscheint dies regelmäßig auch als die einzige rechtlich tragfähige Möglichkeit,[128)] wie bereits die Gesetzgebungsgeschichte des Entwurfs von 1975/76 lehrt (siehe oben Rz. 3).

69 Man wird § 8 Abs. 4 PartGG i. V. m. den berufsrechtlichen Regelungen zur Berufshaftpflichtversicherung der PartG mbB als eine Regelung nach dem Geist des § 8 Abs. 3 PartGG ansehen können,[129)] auch wenn hier die Haftung der Partner nicht auf einen Höchstbetrag begrenzt, sondern vollständig ausgeschlossen wird. Der Höchstbetrag ist so gesehen „null". Der Gesetzgeber hat sich bei der Schaffung dieser Vorschriften nicht auf die „Ermächtigungsgrundlage" nach Absatz 3 berufen, sie zudem als solche bestehen lassen. Auch durch die mangelnde Bezugnahme bei der Schaffung des § 8 Abs. 4 PartGG wird die Überflüssigkeit des Absatzes 3 deutlich. Absatz 4 folgt nicht der Anregung des Absatzes 3, Absatz 3 hat (auch) insoweit nichts bewirkt.

III. Mögliche Inhalte berufsgesetzlicher Neuregelungen

70 Durch Bundes- oder Landesgesetz kann jeweils **einzelnen Berufen** die Möglichkeit einer Haftungsbeschränkung eröffnet werden. Die Regelung soll also jeweils berufsspezifisch erfolgen. Die Haftungsbeschränkung umfasst nur Schäden aus fehlerhafter Berufsausübung, so dass sonstige Verbindlichkeiten hiervon unberührt bleiben. Das Berufsgesetz muss den **Höchstbetrag**, auf den die Angehörigen des freien Berufs durch Vereinbarung mit dem Klienten ihre Haftung beschränken können, selbst bestimmen, darf also nicht eine Ermächtigung z. B. an berufsrechtliche Satzungen erteilen.[130)] Wie bereits erwähnt (siehe oben Rz. 67), gelten diese Einschränkungen natürlich nur unter der Voraussetzung, dass sich auch die Landesgesetzgeber genau an die Vorgaben des § 8 Abs. 3 PartGG halten, ohne dass das PartGG jedoch grundsätzlich in ihre verfassungsmäßigen Kompetenzen eingreifen könnte. Bei einer Haftungsvorschrift durch Gesetz handelt es sich zwingend um eine **Pflichtversicherung** i. S. der §§ 158b ff. VVG, so dass der Haftpflichtversi-

125) *Seibert*, DB 1994, 2381, 2384; *Seibert*, BuW 1995, 100, 102.
126) *Bösert*, ZAP Fach 15, S. 137, 148.
127) So für die BRAO *Kempter*, BRAK-Mitt. 1994, 122, 125.
128) So auch *Schirmer*, MedR 1995, 341, 344 f.; vgl. ferner *K. Schmidt*, NJW 1995, 1, 6.
129) So offenbar auch *Uwer/Roeding*, AnwBl 2013, 309.
130) *Bösert*, ZAP Fach 15, S. 137, 148.

cherer grundsätzlich unabhängig vom Vertragsverhältnis zum Versicherten dem geschädigten Klienten haftet.[131] Die Versicherungspflicht trifft nach Wahl der Partner entweder diese selbst, wobei dann allerdings sämtliche Partner zum Abschluss einer derartigen Haftpflichtversicherung verpflichtet sind, oder aber die Gesellschaft als solche. Eine Versicherung sowohl durch die Partner als auch durch die Partnerschaft wurde nicht für erforderlich gehalten.[132] Gemäß § 1 Abs. 3 PartGG ist das Berufsgesetz natürlich nicht daran gehindert, **weitergehende Voraussetzungen** an eine Haftungsbegrenzung der Höhe nach zu stellen.

F. Partnerschaftsgesellschaft mit beschränkter Berufshaftung (§ 8 Abs. 4 PartGG)

I. Normentwicklung

71 Mit Bearbeitungsstand vom 3.2.2012 hatte das Bundesjustizministerium einen **Referentenentwurf** für ein Gesetz zur Einführung einer Partnerschaftsgesellschaft mit beschränkter Berufshaftung und zur Änderung des Berufsrechts der Rechtsanwälte, Patentanwälte und Steuerberater vorgelegt.[133] Zentrales Anliegen des Entwurfes war es, mit der „Partnerschaftsgesellschaft mit beschränkter Berufshaftung" kurz: „PartG mbB", eine „deutsche Alternative zur Limited Liability Partnership (LLP)"[134] zu schaffen. Der Entwurf enthielt bereits wesentliche Regelungen der schließlich Gesetz gewordenen Fassung. Die Haftung für berufliche Fehler sollte nach einem neu einzufügenden § 8 Abs. 4 PartGG-RefE auf das Gesellschaftsvermögen beschränkt sein, wenn

1. die Partnerschaft eine zu diesem Zweck durch Gesetz begründete Berufshaftpflichtversicherung unterhält und
2. ihr Name den Zusatz „mit beschränkter Berufshaftung" oder eine allgemein verständliche Abkürzung dieser Bezeichnung enthält.

72 Obwohl dieser Entwurf insgesamt sehr positiv bewertet wurde,[135] enthielt er einige **Unstimmigkeiten.**[136] Insbesondere war problematisch, dass Voraussetzung für die Versicherung einer Steuerberatungs-PartG mbB keine bestimmte Mindestversiche-

131) Begr. zum RegE PartGG, BT-Drucks. 12/6152, S. 18.

132) Begr. zum RegE PartGG, BT-Drucks. 12/6152, S. 18; *Burret*, WPK-Mitt. 1994, 201, 206; krit. *Gilgan*, Stbg 1995, 28, 30, der zum Schutz der Klienten für eine Versicherungspflicht sowohl der Partnerschaft als auch der einzelnen Partner plädiert; umstritten war diese Frage auch in Frankreich für die société civile professionnelle; vgl. *Schwenter-Lipp*, S. 183.

133) Als pdf abrufbar unter: http://gesetzgebung.beck.de/node/1019015. Im Folgenden nur „RefE PartG mbB".

134) RefE PartG mbB, S. 1, 10.

135) Vgl. bereits die ersten Stellungnahmen von *Römermann*, AnwBl 2012, 288 ff.; *Posegga*, DStR 2012, 611 ff.; ferner die Stellungnahmen der Berufskammern und Berufsverbände *BRAK*, Stellungnahme Nr. 13/2012, abrufbar unter: www.brak.de; *BStBK*, Stellungnahme zum RefE PartG mbB v. 14.3.2012, abrufbar unter: www.bstbk.de; *WPK*, Stellungnahme zum RefE v. 15.3.2012, abrufbar unter: www.wpk.de; *DAV*, Stellungnahme zum RefE PartG mbB v. 15.3.2012, abrufbar unter: www.anwaltverein.de; *DNotV*, Stellungnahme zum RefE PartG mbB v. 14.3.2012, abrufbar unter: www.dnotv.de; insgesamt zurückhaltender *DRB*, Stellungnahme Nr. 11/12, abrufbar unter: www.drb.de; generell kritisch aber vor allem *Grunewald*, ZIP 2012, 1115 ff.

136) Dazu umfassend *Römermann/Praß*, NZG 2012, 601 ff.

rungssumme, wie nach § 51a BRAO-RefE, § 45a PAO-RefE, sondern die **„Angemessenheit“ der Versicherungssumme** (§ 67 Satz 1 StBerG) war. Das bedeutete, dass die Steuerberater-Partnerschaft sich nur dann auf das Haftungsprivileg nach § 8 Abs. 4 PartGG-RefE berufen konnte, wenn ihre Versicherung nach dem Verständnis von § 67 StBerG angemessen war. Damit ging eine erhebliche Rechtsunsicherheit einher, denn im Vorfeld kann eigentlich nie genau vorhergesehen werden, ob die Versicherung angemessen ist. Schließlich weiß ein Freiberufler nicht, welches Mandat er morgen hat und wie hoch das Schadensrisiko tatsächlich ist. Die Konsequenz war, dass eine Steuerberatungs-PartG nie genau gewusst hätte, ob sie im konkreten Einzelfall mit der Haftungsbeschränkung einer PartG mbB gehaftet hätte.[137)]

73 Weitere Probleme ergaben sich dadurch, dass die Berufshaftpflichtversicherung als **„freiwillige Versicherung“** und damit nicht als Pflichtversicherung i. S. des § 113 VVG[138)] ausgestaltet war.[139)] Das führte dazu, dass § 117 VVG bei unveränderter Verabschiedung keine Anwendung gefunden hätte. Die Leistungspflicht der Versicherung blieb also bei einer Obliegenheitsverletzung (z. B. verspätete Schadensmeldung) oder bei Verzug der Partnerschaft nicht qua Gesetz gegenüber dem Geschädigten bestehen. Vielmehr hätte die Versicherung vertraglich gegenüber der Partnerschaft festlegen können, dass sie von der Leistung gänzlich frei wird.[140)] In diesem Fall wäre die Haftung auf das Vermögen der PartG mbB beschränkt gewesen, ohne dass die Versicherung hätte leisten müssen.

74 Der **Regierungsentwurf** vom 15.8.2012[141)] griff diese Probleme noch nicht auf und wich nur geringfügig vom Referentenentwurf ab.[142)] Vor allem wurde eine Änderung des § 51 Abs. 3 DVStB aufgenommen, wonach Steuerberater, die Partner einer PartG mbB sind, keine eigenständige Berufshaftpflichtversicherung neben der Haftpflichtversicherung der PartG mbB unterhalten müssten. Diese Änderung ging auf eine Forderung der Bundessteuerberaterkammer (BStBK) zurück.[143)] Zudem wurde in § 8 Abs. 4 Nr. 2 Halbs. 2 PartGG-RegE klargestellt, dass der Name der Partnerschaft mit beschränkter Berufshaftung anstelle der Namenszusätze nach § 2 Abs. 1 Satz 1 PartGG den Zusatz „Part“ oder „PartG“ enthalten kann. Bedauerlicherweise wurde zudem das Bestreben aufgegeben, dass Rechtsanwälte – so wie jetzt schon Steuerberater und Wirtschaftsprüfer – ihre Haftung für sämtliche Fälle

---

137) *Römermann/Praß*, NZG 2012, 601, 605; kritisch daher auch Empfehlung der BRat-Ausschüsse, BR-Drucks. 309/1/12; *Posegga*, DStR 2012, 611, 614 f.; *Schmidt-Keßeler*, DStZ 2012, 741 ff.

138) RefE PartG mbB, S. 17.

139) *Römermann/Praß*, NZG 2012, 601, 604; ebenfalls kritisch *Hartung*, Stellungnahme zum RegE PartG mbB v. 31.10.2012, S. 13 f., abrufbar unter: www.bundestag.de.

140) Vgl. *Langheid* in: MünchKomm-VVG, Bd. II, § 104 Rz. 29.

141) BT-Drucks. 17/10487 = Anhang, S. 387 ff.

142) Vgl. zu den Änderungen *Römermann/Praß*, Stbg 2012, 319 ff.

143) *BStBK*, Stellungnahme v. 14.3.2012 zum RefE PartG mbB, abrufbar unter: www.bstbk.de; krit. dazu (auf Grundlage des RegE PartG mbB) *Römermann/Praß*, Stbg 2012, 319, 323 f.; *Gladys*, DStR 2012, 2249, 2250.

der Fahrlässigkeit und nicht nur für Fälle „einfacher" Fahrlässigkeit durch AGB dürften begrenzen können.[144)]

75 Am 7.11.2012 fand eine öffentliche **Anhörung des Rechtausschusses** unter Ladung mehrerer Sachverständiger statt.[145)] Auch in dieser Sitzung wurden die bereits dargelegten Problempunkte des Regierungsentwurfs diskutiert. Die daraus hervorgegangene **Beschlussempfehlung und der Bericht des Rechtsausschusses**[146)] enthielten entsprechende Änderungen. So wurde in § 8 Abs. 4 Satz 2 PartGG-E die Regelung aufgenommen, dass für die Berufshaftpflichtversicherung der PartG mbB § 113 Abs. 3 VVG und die §§ 114 bis 124 VVG entsprechend gelten.[147)] Es wurden also die Regelungen zur Pflichtversicherung trotz des weiterhin „freiwilligen Charakters" der PartG mbB-Versicherung für anwendbar erklärt. Damit wurde insbesondere erreicht, dass die Versicherung im Falle einer Obliegenheitsverletzung oder bei Verzug der PartG mbB nicht von ihrer Leistung frei wird. Um den Schutz der Gläubiger im Übrigen zu gewährleisten, wurde die noch im Regierungsentwurf vorgesehene Möglichkeit gestrichen, dass die Versicherung einer Rechts- oder Patentanwalts-PartG mbB bei einer wissentlichen Pflichtverletzung von der Leistungspflicht frei werden kann (§ 51a Abs. 1 Satz 2 BRAO verweist nicht mehr auf § 51 Abs. 3 Nr. 1 BRAO). Außerdem wurde durch Änderung des § 67 StBerG bestimmt, dass bei Abschluss einer Berufshaftpflichtversicherung mit einer Mindestversicherungssumme i. H. von 1 Mio. € die Haftungsbeschränkung bestehen bleibt, auch wenn sich im Nachhinein herausstellt, dass die Versicherungssumme nicht „angemessen" i. S. von § 67 Abs. 1 StBerG war. Schließlich wurde die Pflicht der Partnerschaft zur Führung eines bestimmten Rechtsformzusatzes (etwa: PartG mbB) nicht mehr als konstitutive Voraussetzung für die PartG mbB, sondern nur noch als „reine Firmenvorschrift"[148)] ausgestaltet.

II. Überblick

76 Nach § 8 Abs. 4 Satz 1 PartGG soll für Verbindlichkeiten der Partnerschaft aus Schäden wegen fehlerhafter Berufsausübung den Gläubigern nur das Gesellschaftsvermögen haften, wenn die Partnerschaft **eine zu diesem Zweck durch Gesetz vorgegebene Berufshaftpflichtversicherung** unterhält.

- Spezielle Regelungen zur Berufshaftpflichtversicherung der PartG mbB finden sich in **§ 51a BRAO** und **§ 45a PAO**. Für PartG mbB von Rechts- und Patentanwälten ist danach eine Mindestversicherungssumme i. H. von 2,5 Mio. € vorgesehen.
- Außerdem haben Wirtschaftsprüfer gemäß **§ 54 Abs. 1 WPO** und Steuerberater gemäß **67 Abs. 1 und 2 StBerG** die Möglichkeit, sich in einer PartG mbB zusammenzuschließen. Für diese PartG mbB gelten hinsichtlich der Ausgestal-

---

144) Vgl. zu diesem Bestreben noch *Römermann*, AnwBl 2012, 288, 290; *Salger*, DB 2012, 1794, 1796 f.; *Schüppen*, BB 2012, 783, 785.

145) Stellungnahmen der Sachverständigen abrufbar unter www.bundestag.de.

146) BT-Drucks. 17/13944 = Anhang, S. 393 ff.

147) Dies war nicht zuletzt auch durch einen Änderungsantrag der SPD-Fraktion gefordert worden, BT-Drucks. 17/13944, S. 13 f. = Anhang, S. 394 f.

148) Beschlussempfehlung und Bericht des RA, BT-Drucks. 17/13944, S. 15 = Anhang, S. 404.

tung ihrer Berufshaftpflichtversicherung die allgemeinen Maßgaben für Steuerberatungs- und Wirtschaftsprüfungsgesellschaften. Steuerberatungs-PartG mbB haben damit die Pflicht zur *angemessenen* Versicherung (§§ 72 Abs. 1, 67 Abs. 1 StBerG, § 51 DVStB), allerdings müssen sie, um die Voraussetzungen des § 8 Abs. 4 PartGG sicher zu erfüllen, mindestens eine Berufshaftpflichtversicherung unterhalten, deren Mindestversicherungssumme 1 Mio. € beträgt. Außerdem muss die Jahreshöchstleistung für alle in einem Versicherungsjahr verursachten Schäden mindestens 4 Mio. € betragen (§ 67 Abs. 2 StBerG, § 52 Abs. 4 DVStB). Wirtschaftsprüfer-PartG mbB haben eine Berufshaftpflichtversicherung zu unterhalten, deren Mindestversicherungssumme für den einzelnen Versicherungsfall den in § 323 Abs. 2 Satz 1 HGB bezeichneten Umfang (1 Mio. € pro Prüfung) beträgt.

77 **Bislang** steht die PartG mbB damit **nur den von diesen Normen betroffenen Berufsgruppen offen**. Der Gesetzgeber hat jedoch die Möglichkeit, durch Änderungen der anderen Berufsrechte die PartG mbB für andere Berufsgruppen zu öffnen.[149)]

78 Ohne dass dies eine Voraussetzung für die Haftungsbeschränkung ist,[150)] muss außerdem der Name der Partnerschaft den **Zusatz** „mit beschränkter Berufshaftung" oder die Abkürzung „mbB" oder eine andere allgemein verständliche Abkürzung dieser Bezeichnung enthalten; auch das Wort „Partnerschaft" darf durch „Part" oder „PartG" abgekürzt werden.

III. Rechtsnatur der PartG mbB

79 Die PartG mbB ist eine Rechtsformvariante der Partnerschaft und damit eine Personengesellschaft. Durch die Haftungsbeschränkung gemäß § 8 Abs. 4 PartGG wird sie nicht zur juristischen Person oder zur Körperschaft.[151)] Die PartG mbB bleibt vielmehr eine Partnerschaft, bei der nur für bestimmte Verbindlichkeiten das Gesellschaftsvermögen als alleinige Haftungsmasse von dem Vermögen der Gesellschafter separiert wird.[152)] Der Gesetzgeber wollte gerade die Kombination von „steuerlich transparenter" Personengesellschaft und Haftungsbeschränkung erreichen,[153)] auch wenn nicht ganz klar ist, warum eine Personengesellschaft eine höhere Transparenz bei den Steuern aufweisen soll als eine Kapitalgesellschaft.

IV. Entstehung der PartG mbB

80 Aus dem Wortlaut des § 8 Abs. 4 Satz 1 PartGG ergibt sich, dass die PartG mbB bereits mit der „Unterhaltung" einer entsprechenden Berufshaftpflichtversicherung entsteht. Nach zutreffender Auffassung hat die **Eintragung** in das Partnerschaftsregister (vgl. § 4 Abs. 3 PartGG) demnach allein **deklaratorische Bedeutung**.

149) Für eine allgemeine Öffnung hatte sich demgegenüber *Hirte*, Stellungnahme zum RegE PartG mbB, S. 18, abrufbar unter: www.bundestag.de, ausgesprochen.

150) Beschlussempfehlung und Bericht des RA, BT-Drucks. 17/13944, S. 15 = Anhang, S. 404; zur Rechtsscheinhaftung s. aber *Praß*, § 7 Rz. 73.

151) Ausführlich dazu *Römermann/Praß*, NZG 2012, 601, 606.

152) Vgl. Begr. RegE PartG mbB, BT-Drucks. 17/10487, S. 11 = Anhang, S. 387 f.; *BRAK*, Stellungnahme Nr. 13/2012, S. 5.

153) Begr. RegE PartG mbB, BT-Drucks. 17/10487, S. 11 = Anhang, S. 387 f.

Allerdings können sich die Partner auf die Haftungsbeschränkung erst berufen, wenn die Eintragung im Partnerschaftsregister erfolgt (§ 5 Abs. 2 PartGG i. V. m. § 15 Abs. 2 Satz 1 HGB).[154)] Eine deklaratorische Eintragung kommt freilich nur bei bereits bestehenden Partnerschaften in Betracht, die ein „upgrade" zur PartG mbB erreichen wollen. Wird eine Partnerschaft als PartG mbB neu gegründet, ist sie erst mit ihrer Eintragung nach § 7 Abs. 1 PartGG wirksam. Zur Umwandlung in eine PartG mbB siehe *Praß*, § 7 Rz. 24 f.

V. Die Berufshaftpflichtversicherung der PartG mbB

1. Voraussetzungen der Berufshaftpflichtversicherung

81 Die Berufshaftpflichtversicherung ist eine **eigenständige Versicherung der Partnerschaft**, die „freiwillig" und damit **keine Pflichtversicherung** i. S. des § 113 VVG ist.[155)] Grundsätzlich unberührt bleibt damit die Pflichtversicherung der Partner aufgrund des eigenen Berufsrechts (für Rechtsanwälte etwa § 51 BRAO). Eine Ausnahme besteht jedoch für Steuerberater. Nach § 51 Abs. 3 i. V. m. Abs. 2 DVStB genügen sie ihrer persönlichen Versicherungspflicht, wenn die sich aus der Berufstätigkeit ergebenden Haftpflichtgefahren für Vermögensschäden durch die Versicherung der PartG mbB gedeckt und sie ausschließlich für die Partnerschaft tätig sind.

82 Die Versicherung muss laut § 8 Abs. 4 Satz 1 PartGG von der Partnerschaft **„unterhalten"** werden. Sie muss demnach nicht zwingend in jedem Fall eingreifen, z. B. bei Vorsatz,[156)] aber der Versicherungsvertrag muss wirksam sein und der Versicherungsschutz muss nach versicherungsrechtlichen Grundsätzen zum Zeitpunkt der schädigenden Handlung[157)] bestehen.

2. Rechtsanwälte

83 Konkrete Vorgaben zur Berufshaftpflichtversicherung einer Rechtsanwalts-PartG mbB macht § 51a Abs. 1 und 2 BRAO. Diese Vorschrift lautet:

> (1) Die Berufshaftpflichtversicherung einer Partnerschaftsgesellschaft mit beschränkter Berufshaftung (§ 8 Absatz 4 des Partnerschaftsgesellschaftsgesetzes) muss die Haftpflichtgefahren für Vermögensschäden decken, die sich aus der Beratung und Vertretung in Rechtsangelegenheiten ergeben. § 51 Absatz 1 Satz 2, Absatz 2, 3 Nummer 2 bis 5 und Absatz 5 bis 7 ist entsprechend anzuwenden. Zuständig ist die Rechtsanwaltskammer am Sitz der Gesellschaft.
>
> (2) Die Mindestversicherungssumme beträgt 2.500.000 Euro für jeden Versicherungsfall. Die Leistungen des Versicherers für alle innerhalb eines Versicherungsjahres verursachten Schäden können auf den Betrag der Mindestversicherungssumme, vervielfacht mit der Zahl der Partner, begrenzt werden. Die Jahreshöchstleistung für alle in einem Versicherungsjahr verursachten Schäden muss sich jedoch mindestens auf den vierfachen Betrag der Mindestversicherungssumme belaufen.

---

154) *Römermann/Praß*, NZG 2012, 601, 603; dem folgend *Lohbeck*, JSE 2013, 5, 19; *Uwer/Roeding*, AnwBl 2013, 309, 311; **a. A.** *Beck*, DZWIR 2012, 447, 448.

155) Begr. RegE PartG mbB, BT-Drucks. 17/10487, S. 14 = Anhang, S. 398.

156) Begr. RegE PartG mbB, BT-Drucks. 17/10487, S. 14 = Anhang, S. 402. Da § 51a Abs. 1 Satz 2 BRAO nicht auf § 51 Abs. 3 Nr. 1 BRAO verweist, ist hingegen ein Haftungsausschluss bei Ansprüchen wegen einer wissentlichen Pflichtverletzung nicht gestattet

157) Begr. RegE PartG mbB, BT-Drucks. 17/10487, S. 14 = Anhang, S. 402.

84 Die Vorschriften des § 51a Abs. 1 und 2 BRAO sind im Wesentlichen den Vorschriften des § 59j Abs. 1 und 2 BRAO zur **Berufshaftpflichtversicherung der Anwalts-GmbH** nachgebildet.[158)] Die Haftpflichtversicherung muss sich genauso wie dort nur auf diejenigen Tätigkeiten beziehen, die **anwaltsspezifisch** sind, also im Wesentlichen aus den §§ 1 bis 3 BRAO hergeleitet werden können.[159)] Die Versicherung muss für gesetzliche Haftpflichtansprüche privatrechtlichen Inhalts eintreten, also für **Schadensersatzansprüche**, die aus dem Gesetz herzuleiten sind. Nicht versichert werden müssen vertragliche Erfüllungsansprüche, etwa auf Prozessvertretung, Herausgabe von Akten oder Auszahlung von anvertrauten Vermögenswerten. Aus § 51a Abs. 1 Satz 2 i. V. m. § 51 Abs. 1 Satz 2 BRAO ergibt sich außerdem, dass die Versicherung nur Vermögensschäden umfassen muss, also keine Personenschäden.

85 Gemäß § 51a Abs. 1 Satz 2 i. V. m. § 51 Abs. 1 Satz 2 BRAO muss die Versicherung bei einem im Inland zum Geschäftsbetrieb **befugten Versicherungsunternehmen** zu den nach Maßgabe des VVG eingereichten AVB genommen werden und sich auch auf solche Vermögensschäden erstrecken, für die der Rechtsanwalt nach **§ 278 oder § 831 BGB** einzustehen hat.

86 Gemäß § 51a Abs. 1 Satz 2 i. V. m. § 51 Abs. 3 Nr. 2 bis 5 BRAO kann die Haftung der Versicherung **ausgeschlossen** werden für Ersatzansprüche aus Tätigkeiten über in anderen Staaten eingerichtete oder unterhaltene Kanzleien oder Büros, für Ersatzansprüche aus Tätigkeiten im Zusammenhang mit der Beratung und Beschäftigung mit außereuropäischem Recht, für Ersatzansprüche aus Tätigkeiten der PartG mbB vor außereuropäischen Gerichten sowie für Ersatzansprüche wegen Veruntreuung durch Personal, Angehörige oder Sozien der PartG mbB. Da § 51a Abs. 1 Satz 2 BRAO nicht auf § 51 Abs. 3 Nr. 1 BRAO verweist, ist hingegen ein Haftungsausschluss bei Ansprüchen wegen einer **wissentlichen Pflichtverletzung** nicht gestattet (siehe dazu unten Rz. 110).

87 § 51a Abs. 2 BRAO schreibt als **Mindestversicherungssumme** 2,5 Mio. € für jeden Versicherungsfall vor. Die Mindestversicherungssumme ist überhöht,[160)] allerdings ist der Bereich des verfassungswidrigen Übermaßes wohl noch nicht erreicht. Die gleich hohe Mindestversicherungssumme der Anwalts-GmbH verstößt nach Auffassung des BVerfG weder gegen Art. 12 Abs. 1 noch gegen Art. 3 Abs. 1 GG.[161)] § 51a Abs. 3 BRAO enthält eine **Ermächtigungsgrundlage**, aufgrund derer das BMJ ermächtigt wird, die Mindestversicherungssumme abweichend festzusetzen. Davon wurde noch kein Gebrauch gemacht.

88 Die Versicherung kann ihre Haftung gemäß § 51a Abs. 2 Sätze 2 und 3 BRAO auf den Betrag der Mindestversicherungssumme, vervielfacht mit der Zahl der Partner, **begrenzen**, jedoch muss sich die Jahreshöchstleistung für alle in einem Versiche-

---

158) *Begr.* RegE PartG mbB, BT-Drucks. 17/10487, S. 15 = Anhang, S. 407.

159) Vgl. auch zum Folgenden *Römermann* in: BeckOK-BORA, § 59j BRAO Rz. 1 ff.

160) Vgl. *Römermann/Praß*, NZG 2012, 601, 605; zur Paralleldiskussion bei der Anwalts-GmbH *Henssler*, NJW 1999, 241, 244; *Gerlt*, MDR 1998, 259, 262; dagegen *Funke*, AnwBl 1998, 6.

161) BVerfG, Kammer-Beschl. v. 22.2.2001 – 1 BvR 337/00, MDR 2001, 778 ff.

rungsjahr verursachten Schäden **mindestens** auf den vierfachen Betrag der Mindestversicherungssumme belaufen. Diese Regelung wurde von Seiten der Versicherungswirtschaft **kritisiert**, da die Risiken für die Versicherer aufgrund der Vielzahl der Partner in größeren PartG mbB derart hoch seien, dass Versicherungsschutz für die PartG mbB nicht zu wirtschaftlich vernünftigen Konditionen erreichbar sei.[162)] Stattdessen wurde vorgeschlagen, dass die Versicherer ihre Leistungen auf das Jahr gesehen auf einen bestimmten Höchstbetrag (z. B. des zehnfachen Betrages der Mindestversicherungssumme) sollten begrenzen können. Der Gesetzgeber ist dieser Forderung indes zu Recht nicht nachgekommen. Schließlich ist die Versicherung bei einer PartG mbB nicht höher belastet, als wenn jeder einzelne Partner allein mit der für die PartG mbB festgelegten Mindestversicherungssumme versichert wäre. Da die Versicherungen sich im Übrigen sehr nahe an den Versicherungskonditionen der Freiberufler-GmbH orientieren werden und diese Gesellschaften auch zu vertretbaren Konditionen versichert werden, dürften die Versicherungskonditionen für eine PartG mbB keine unüberwindbare Hürde darstellen. Eine summenmäßige Begrenzung der Jahreshöchstsumme ginge zudem zu Lasten der Gläubiger.

3. Patentanwälte

89 Die Vorgaben für die Berufshaftpflichtversicherung der Patentanwalts-PartG mbB ergeben sich aus § 45a PAO. Diese Vorschrift **entspricht inhaltlich § 51a BRAO**, so dass auf die diesbezüglichen Ausführungen (siehe Rz. 83 ff.) verwiesen werden kann.

4. Steuerberater

90 Für die Berufshaftpflichtversicherung von Steuerberatungs-PartG mbB gilt gemäß § 67 Abs. 1 StBerG, dass sie gegen die sich aus ihrer Berufstätigkeit ergebenden Haftpflichtgefahren **angemessen** versichert sein müssen.

91 Um jedoch zu verhindern, dass der Angemessenheitsvorbehalt nach § 67 Abs. 1 StBerG zur Unsicherheit darüber führt, ob die Partnerschaft hinsichtlich eines konkreten Schadensfalles die Voraussetzungen nach § 8 Abs. 4 PartGG erfüllt (siehe oben Rz. 72), wurde durch die Beschlussempfehlungen des Rechtsausschusses folgender **§ 67 Abs. 2 StBerG** geschaffen:

> „Partnerschaftsgesellschaften mit beschränkter Berufshaftung erfüllen die Voraussetzungen nach § 8 Absatz 4 Satz 1 des Partnerschaftsgesellschaftsgesetzes, wenn sie eine Berufshaftpflichtversicherung unterhalten, deren Mindestversicherungssumme eine Million Euro beträgt. Die Leistungen des Versicherers für alle innerhalb eines Versicherungsjahres verursachten Schäden können auf den Betrag der Mindestversicherungssumme, vervielfacht mit der Zahl der Partner, begrenzt werden. Die Jahreshöchstleistung für alle in einem Versicherungsjahr verursachten Schäden muss jedoch mindestens vier Millionen Euro betragen."

162) *Gesamtverband der Deutschen Versicherungswirtschaft*, Stellungnahme zum RefE PartG mbB v. 15.3.2012, S. 6 ff., abrufbar unter: www.gdv.de; ebenso *BRAK*, Stellungnahme Nr. 13/2012, S. 5; *BStBK*, Stellungnahme zum RefE PartG mbB v. 14.3.2012, S. 3; ebenso die Befürchtung von *Filges*, BRAK-Mitt. 2012, 45.

92 Die Versicherungssumme der Steuerberatungs-PartG mbB ist aufgrund des Angemessenheitsvorbehaltes **einzelfallabhängig.** Bei der Ermittlung der „angemessenen Versicherungssumme" sind vor allem Art, Umfang und Zahl der Aufträge und die Zahl der Mitarbeiter zu berücksichtigen.[163)] Die konkrete Ermittlung der Versicherungssumme ist jedoch äußerst schwierig, zumal sich diese Faktoren täglich ändern können. Die schärfste **Sanktion** für eine nicht „angemessene" Versicherung, nämlich der Widerruf der Anerkennung, ist jedoch wegen § 67 Abs. 2 StBerG ausgeschlossen, sofern die Versicherungssumme bei (mindestens) 1 Mio. € liegt. Eine berufsgerichtliche Ahnung nach § 89 StBerG wegen unangemessener Versicherungssumme bleibt gleichwohl möglich.[164)] Ist eine Versicherungssumme von unter 1 Mio. € „angemessen", so darf auch eine niedrigere Versicherung (mindestens aber 250.000 €, § 52 Abs. 1, 4 DVStB) gewählt werden; das Risiko, das Haftungsprivileg nach § 8 Abs. 4 PartGG nicht in Anspruch nehmen zu können, wenn sich später herausstellt, dass die Versicherungssumme doch höher hätte sein müssen, werden aber vermutlich kaum Steuerberater eingehen wollen.

93 Die Möglichkeiten der **Haftungsbegrenzung** in § 67 Abs. 2 Sätze 2 und 3 StBerG entsprechen § 51a Abs. 2 Sätze 2 und 3 BRAO, siehe dazu Rz. 88. Die Jahreshöchstleistung der Versicherung muss dem Betrag der Mindestversicherungssumme vervielfacht um die Zahl der Partner entsprechen, mindestens jedoch 4 Mio. € betragen. § 67 Abs. 2 StBerG steht insoweit in Widerspruch zur Regelung des § 52 Abs. 4 DVStB. Nach dieser Vorschrift muss die Jahreshöchstleistung mindestens 4 Mio. € betragen, ohne dass eine Vervielfachung um die Zahl der Partner vorgeschrieben wäre. Die Regelung des § 67 Abs. 2 StBerG genießt aber aufgrund der Spezialität und wegen ihrer Höherrangigkeit Vorrang.[165)]

94 Die Vorschriften des § 67 Abs. 1 und 2 StBerG werden **konkretisiert** in § 51 DVStB. Nach § 51 Abs. 1 Satz 2 DVStB müssen Steuerberatungs-PartG mbB sich gegen die sich aus ihrer Berufstätigkeit ergebenden Haftpflichtgefahren für Vermögensschäden versichern und die Versicherung während der Dauer ihrer Anerkennung aufrechterhalten. Der Versicherungsschutz muss sich auch auf solche Vermögensschäden erstrecken, für die der Versicherungsnehmer nach § 278 oder § 831 BGB einzustehen hat (§ 51 Abs. 1 Satz 3 DVStB). Nach § 51 Abs. 3 i. V. m. Abs. 2 DVStB genügen Partner einer Steuerberatungs-PartG mbB ihrer persönlichen Versicherungspflicht, wenn die sich aus der Berufstätigkeit ergebenden Haftpflichtgefahren für Vermögensschäden durch die Versicherung der PartG mbB gedeckt sind und ausschließlich für die Partnerschaftsgesellschaft tätig sind.

5. Wirtschaftsprüfer, vereidigte Buchprüfer

95 Nach § 54 Abs. 1 WPO sind Wirtschafsprüfungs-PartG mbB verpflichtet, eine Berufshaftpflichtversicherung zur Deckung der sich aus ihrer Berufstätigkeit ergebenden Haftpflichtgefahren für Vermögensschäden abzuschließen und die Versicherung während der Dauer ihrer Bestellung oder Anerkennung aufrechtzuerhalten. Die **Mindestversicherungssumme** für den einzelnen Versicherungsfall muss den in

---

163) *Gehre/Koslowski*, StBerG, § 67 Rz. 13.

164) Vgl. *Gehre/Koslowski*, StBerG, § 89 Rz. 18.

165) *Ruppert*, DStR 2013, 1623, 1626.

§ 323 Abs. 2 Satz 1 HGB bezeichneten Umfang (1 Mio. € pro Prüfung) betragen. Eine Begrenzung der Versicherungssumme auf einen Jahreshöchstbetrag existiert für Wirtschaftsprüfer nicht.[166)]

96 Gemäß § 54 Abs. 3 WPO ist die Wirtschaftsprüferkammer (WPK) dazu **ermächtigt**, i. R. der Berufssatzung die näheren Bestimmungen über den Versicherungsinhalt, Regelungen über zulässige Versicherungsausschlüsse wie etwa für Ersatzansprüche bei wissentlicher Pflichtverletzung, den Versicherungsnachweis, das Anzeigeverfahren und die Überwachung der Versicherungspflicht zu treffen.

6. Besonderheiten bei interprofessionellen PartG mbB

97 Von den derzeit in Deutschland tätigen Partnerschaften sind viele interprofessionell.[167)] Da für die verschiedenen Berufsgruppen verschiedene Anforderungen an die Berufshaftpflichtversicherung gelten, stellt sich das Problem, welche berufsrechtlichen Voraussetzungen für die interprofessionelle Partnerschaft Anwendung finden.

98 Der Rechtsausschuss des Bundestages hat hervorgehoben, dass für interprofessionelle PartG mbB stets **das strengste Berufsrecht** gilt.[168)] Das folgt in der Tat aus allgemeinen berufsrechtlichen Grundsätzen.[169)]

99 Ist hinsichtlich des Schadensrisikos einer PartG mbB eine Versicherungssumme von über 2,5 Mio. € angemessen, so stellt das Berufsrecht der Steuerberater die strengsten Anforderungen an die Versicherungssumme der Berufshaftpflichtversicherung. Der Angemessenheitsvorbehalt (§ 67 Abs. 1 StBerG) erstreckt sich in diesem Fall auf die gesamte PartG mbB. Das gilt allerdings dann nicht, wenn die PartG mbB zugleich als Wirtschaftsprüfungsgesellschaft oder Buchprüfungsgesellschaft anerkannt ist. Denn nach § 54 Abs. 1 DVStB wird der Versicherungspflicht der Steuerberatungs-PartG mbB auch mit einer nach § 54 WPO vorgeschriebenen Berufshaftpflichtversicherung genügt. Schließen sich aber etwa nur Rechtsanwälte und Steuerberater in einer PartG mbB zusammen, so gilt der Angemessenheitsvorbehalt mit der „Privilegierung" des § 67 Abs. 2 Satz 1 StBerG, wobei sich die dort genannte Mindestversicherungssumme wegen § 51a Abs. 2 Satz 1 BRAO von 1 Mio. € auf 2,5 Mio. € erhöht.

100 PartG mbB, die Wirtschaftsprüfer als Partner haben, dürfen zudem keine Jahreshöchstsumme mit der Versicherung vereinbaren, da § 54 Abs. 1 Satz 2 WPO eine unmaximierte Deckung (jedenfalls i. H. von 1 Mio. €) verlangt.[170)]

---

166) *Schüppen*, BB 2012, 783, 786.

167) Die *WPK*, Stellungnahme zum RefE PartG mbB v. 15.3.2012, S. 4 schätzt die Prozentzahl auf 90 %. Das erscheint indes zu viel.

168) Beschlussempfehlung und Bericht des RA, BT-Drucks. 17/13944, S. 15 = Anhang, S. 405; eine derartige Klarstellung im Gesetz fordernd *BRAK*, Stellungnahme Nr. 13/2012, S. 5 und *DAV*, Stellungnahme zum RefE PartG mbB v. 15.3.1012, S. 4; für eine einheitliche Regelung der berufsrechtlichen Anforderungen hingegen *Römermann/Praß*, NZG 2012, 601, 605; *Salger*, DB 2012, 1794, 1796.

169) Statt aller *Gladys*, DStR 2012, 2249, 2252.

170) *Gladys*, DStR 2012, 2249, 2252.

101 Einen weiteren Unterschied gibt es hinsichtlich der Möglichkeit, die Einstandspflicht der Versicherung wegen **wissentlicher Pflichtverletzung** auszuschließen.

- Bei der Rechtsanwalts- und Patentanwalts-PartG mbB ist ein Versicherungsausschluss wegen wissentlicher Pflichtverletzung unzulässig.
- Bei Steuerberatern und Wirtschaftsprüfern dagegen bleibt es auch im Fall der PartG mbB bei der Regelung, dass die Versicherung die Haftung für Ersatzansprüche wegen wissentlicher Pflichtverletzung ausschließen kann (§ 53a Abs. 1 Nr. 1 DVStB, § 4 Abs. 1 Nr. 1 WPBHV).[171)]

Da die Regelung für Rechts- und Patentanwälte strenger ist, gilt sie für interprofessionelle PartG mbB.[172)]

102 Die Rechtslage bei interprofessionellen PartG mbB ist damit nach wie vor **unbefriedigend** geregelt. Durch den Grundsatz, dass stets das strengste Berufsrecht gilt, wird für PartG mbB, denen Anwälte, Steuerberater und Wirtschaftsprüfer angehören, ein Paket von Vorgaben geschnürt, welches für das Schadensrisiko einer kleinen bis mittelständischen Kanzlei oftmals viel zu umfassend ist.

7. Folgen einer zu niedrigen Versicherungssumme

103 Dass die Versicherungssumme zu niedrig ist, kann in zwei Konstellationen problematisch werden:

- Die Versicherungssumme erfüllt zwar die Voraussetzungen des Berufsrechts, **deckt** aber **den Schaden nicht vollständig**: In diesem Fall haftet für den Fehlbetrag das Gesellschaftsvermögen. Eine persönliche Haftung der Partner scheidet grundsätzlich aus. Bei vorsätzlich zum Nachteil der Gläubiger zu niedrig abgeschlossener Versicherung kann ggf. eine persönliche Haftung nach § 826 BGB in Betracht kommen. Diese Fälle dürften aber die absolute Ausnahme bleiben (siehe aber zur Existenzvernichtungshaftung Rz. 115 f.). Im Übrigen dürfte den meisten PartG mbB daran gelegen sein, stets für eine ausreichende Deckung zu sorgen, da ein Zugriff auf das Gesellschaftsvermögen zumeist dem Untergang der Partnerschaft gleichkommt.[173)]
- Die Versicherungssumme **erfüllt nicht die Voraussetzungen des Berufsrechts**: In diesem Fall besteht schon gar keine PartG mbB. Damit haften die Partner nach § 8 Abs. 1 und 2 PartGG;[174)] § 59j Abs. 4 BRAO gilt nicht entsprechend.[175)]
- Der zuletzt genannte Fall ist für Steuerberater weiter zu nuancieren: Nach § 67 Abs. 2 StBerG genügt 1 Mio. € in jedem Fall, um die Voraussetzungen des § 8 Abs. 4 PartGG zu erfüllen. Soweit sich diese Deckung als unangemessen niedrig herausstellt, kommt dennoch eine berufsrechtliche Sanktion eines Versto-

171) *Ruppert*, DStR 2013, 1623, 1627.
172) So in der Tendenz auch *Ruppert*, DStR 2013, 1623, 1627.
173) Vgl. *Seibert*, DB 2013, 1710, 1712.
174) Vgl. *Uwer/Roeding*, AnwBl 2012, 309, 310 m. w. N.
175) *Posegga*, DStR 2012, 611, 613.

ßes gegen § 67 Abs. 1 StBerG in Betracht; zivilrechtliche Auswirkungen dürften sich indes daraus nicht ergeben.

8. Vorlage einer Versicherungsbescheinigung

104 Gemäß § 4 Abs. 3 PartGG muss der **Anmeldung einer PartG mbB** eine Versicherungsbescheinigung gemäß § 113 Abs. 2 VVG beigefügt sein. Der Versicherer muss der PartG mbB danach unter Angabe der Versicherungssumme bescheinigen, dass eine Versicherung i. S. des § 8 Abs. 4 Sätze 1 und 2 PartGG besteht (siehe dazu *Zimmermann*, § 4 Rz. 34 ff.). Diese Versicherungsbescheinigung müssen **Steuerberatungs-PartG mbB** nach § 55 Abs. 3 i. V. m. Abs. 1 DVStB, die eine Anerkennung als Steuerberatungsgesellschaft erlangen wollen, auch mit der Anmeldung zum Partnerschaftsregister der Steuerberaterkammer vorlegen. **Rechtsanwalts- und Patentanwalts-PartG mbB** müssen nicht zugelassen werden, der Zusammenschluss in einer PartG mbB ist den Berufskammern jedoch anzuzeigen. Zur Unterrichtung der Kammer muss die Berufshaftpflichtversicherung dazu verpflichtet werden, der Kammer den Beginn, die Beendigung und zwischenzeitliche Änderungen der Versicherung anzuzeigen (§ 51 Abs. 6 Satz 1 BRAO; § 45 Abs. 6 Satz 1 PAO).[176)]

9. Auskunftsansprüche

105 Zur Berufshaftpflichtversicherung der PartG mbB bestehen nach § 67 Abs. 4 StBerG, § 54 Abs. 2 WPO, § 51a Abs. 1 Satz 2 i. V. m. § 51 Abs. 6 Satz 2 BRAO, § 45a Abs. 1 Satz 2 i. V. m. § 45a Abs. 6 Satz 2 WPO **Auskunftsansprüche**. Die zuständige Kammer erteilt danach Dritten zur Geltendmachung von Schadensersatzansprüchen auf Antrag Auskunft über den Namen, die Adresse und die Versicherungsnummer der Berufshaftpflichtversicherung soweit kein überwiegendes schutzwürdiges Interesse an der Nichterteilung der Auskunft vorliegt. Von einem überwiegenden Interesse soll etwa dann auszugehen sein, wenn ein Anspruch nach dem Vorbringen des Mandanten schon nicht einmal im Bereich des Möglichen liegt.[177)] Das überzeugt indes ebenso wenig wie das Tatbestandsmerkmal des schutzwürdigen Interesses überhaupt. Der Freiberufler hat generell kein auch nur theoretisch erkennbares Interesse daran, zu verhindern, dass ein Anspruchsteller seine Versicherung erfährt und mit ihr korrespondiert. Ein Nachteil kann dem Freiberufler dadurch nicht entstehen.

VI. Anwendungsbereich der Haftungsbeschränkung

106 Voraussetzung der Haftungsbeschränkung nach § 8 Abs. 4 PartGG ist zunächst, dass der **Mandatsvertrag mit der Partnerschaft** abgeschlossen wurde. Kommt ein Mandatsverhältnis direkt zwischen einem Partner und dem Mandanten zustande, so haftet der Partner unbeschränkt persönlich. Anders als nach § 8 Abs. 2 PartGG greift die Haftungsbeschränkung aber auch, wenn ein **Mitarbeiter** einen beruflichen Fehler macht und dieses Tätigwerden nicht dem Verantwortungsbereich eines oder mehrerer Partner zugerechnet werden kann.

---

176) Zum Ganzen auch *Gladys*, DStR 2012, 2259, 2251.

177) VG Stuttgart, Urt. v. 17.6.2008 – 6 K 399/08, BeckRS 2008, 37445.

107 Die Haftungsbeschränkung gilt nicht – wie etwa bei der GmbH oder der LLP[178] – für sämtliche Verbindlichkeiten der PartG mbB, sondern nur für Verbindlichkeiten aus **Schäden „wegen fehlerhafter Berufsausübung"**. Die Haftungsbeschränkung greift demnach nur bei Verbindlichkeiten, für welche die Haftungskonzentration nach § 8 Abs. 2 PartGG wirkt.[179] Ausgenommen sind Verbindlichkeiten etwa aus Kauf-, Miet- und Arbeitsverträgen, die keinen konkreten Mandatsbezug aufweisen.[180] Unverändert besteht für die Partner das Risiko, dass an anderen Kanzleistandorten zahlreiche Anschaffungen, wie Fahrzeuge, Kanzleiräume, EDV-Anlagen gemacht und Anstellungsverträge eingegangen werden und dass sie für die Verbindlichkeiten aus den entsprechenden Verträgen persönlich einzustehen haben.[181]

108 Die Haftungsbeschränkung gilt demgegenüber für sämtliche Verbindlichkeiten aus konkret mandatsbezogenen Geschäftsbesorgungs-, Dienst- und Werkverträgen einschließlich der vorvertraglichen Pflichtverletzungen, ferner sind Ansprüche aus Verträgen mit Schutzwirkung zugunsten Dritter erfasst (siehe oben Rz. 33).

109 Die Haftungsbeschränkung gilt grundsätzlich auch für die **deliktische Haftung**. Jedoch ist hier wie folgt zu differenzieren:

- Wird die deliktische Handlung (i. R. der Berufsausübung) nach § 31 BGB analog der Gesellschaft zugerechnet,[182] dann haftet das Gesellschaftsvermögen, und zwar gesamtschuldnerisch neben dem handelnden Partner.[183]
- Findet eine Zurechnung hingegen nicht statt, so haftet nur der Partner unbeschränkt persönlich. In jedem Fall ergibt sich bei deliktischen Handlungen eine persönliche Haftung des Partners. Das spielt vor allem dann eine Rolle, wenn die Versicherung nicht leistet, etwa weil die deliktische Handlung vorsätzlich erfolgte.

VII. Einstandspflicht der Versicherung bei Wissentlichkeit, Obliegenheitsverletzungen und Verzug

110 Der Versicherungsschutz für Ersatzansprüche wegen **wissentlicher Pflichtverletzung** kann nicht ausgeschlossen werden, da § 51a Abs. 1 Satz 2 BRAO nicht auf § 51 Abs. 3 Nr. 1 BRAO bzw. § 45a Abs. 1 Satz 2 PAO nicht auf § 45 Abs. 3 Nr. 1 PAO verweist. „*Wissentlich*" bedeutet, dass der Anwalt die Pflichten gekannt und sich bewusst darüber hinweggesetzt hat.[184] Ein Ausschluss der Haftung wäre bei Anwendbarkeit des § 51 Abs. 3 Nr. 1 BRAO bzw. § 45 Abs. 3 Nr. 1 PAO dann

178) Ausführlich dazu *Kilian*, NZG 2000, 1008, 1010 ff.; darauf verweist auch *Grunewald*, ZIP 2012, 1115, 1117.

179) RefE PartG mbB, S. 10; *Kreße*, NJ 2013, 45, 49.

180) *Römermann*, NJW 2013, 2305, 2309; kritisch insoweit *Schüppen*, BB 2012, 783, 784: „Die Zielsetzung des Angebots einer gleichwertigen Alternative zur LLP wird mit diesem Konzept verfehlt."; zudem *Kreße*, NJ 2013, 45, 49: „echter Nachteil der PartG mbB gegenüber der LLP." Diese Lösung hingegen befürwortend *Lohbeck*, JSE 2013, 5, 18.

181) So auch RefE PartG mbB, S. 16.

182) Zur Anwendbarkeit von § 31 BGB analog (auf die GbR) BGH v. 24.2.2003 – II ZR 385/99, NJW 2003, 1445, 1446 = ZIP 2003, 664; vgl. ferner Begr. zum RegE PartGG, BT-Drucks. 12/6152, S. 18.

183) RG v. 24.4.1922 – 677/21 Vl, JW 1924, 1155, 1156 f.

184) Vgl. BGH, Urt. v. 28.9.2005 – IV ZR 255/04, NJW 2006, 289, 291.

möglich gewesen, wenn der Pflichtverstoß wissentlich war. Der Gesetzgeber sah hier eine **Schutzlücke**, da es für einen Haftungsausschluss wegen Wissentlichkeit nicht darauf ankommt, ob neben dem Pflichtverstoß auch der Schadenseintritt wissentlich war.[185)] In der (untypischen) Konstellation, dass eine wissentliche Pflichtverletzung vorliegt, aber der Schadenseintritt nicht gewollt war, hätte es dazu kommen können, dass die Versicherung wegen der Wissentlichkeit von der Leistung frei wird und der handelnde Partner nicht persönlich haftet, da der Tatbestand des § 823 BGB nicht (vollständig) erfüllt ist. Es verbliebe dann nur das (zumeist kaum vorhandene) Gesellschaftsvermögen als Haftungsmasse. Diese Konsequenz wollte der Gesetzgeber vermeiden. Ein Ausschluss der Haftung wegen Vorsatzes (bezogen auf Pflichtverletzung und Schaden) ist jedoch weiterhin möglich, § 103 VVG.[186)]

111 Eine weitere (noch in den Entwürfen enthaltene, siehe dazu Rz. 73) Schutzlücke soll dadurch geschlossen werden, dass § 8 Abs. 4 Satz 2 PartGG die §§ 113 Abs. 3, 114 bis 124 VVG für entsprechend anwendbar erklärt. Damit wird die Berufshaftpflichtversicherung der PartG mbB zu einer **faktischen Pflichtversicherung** nach den §§ 113 ff. VVG, ohne eine Pflichtversicherung zu sein (siehe oben Rz. 75). Wären die Vorschriften der §§ 113 Abs. 3, 114 bis 124 VVG nicht anwendbar, so könnte es dazu kommen, dass die Versicherung bei Verzug der PartG mbB mit ihren Versicherungsprämienzahlungen oder bei Obliegenheitsverletzungen (verspätete Schadensmeldung) von der Leistung frei wird. Für den Mandanten bestünde dann kein Versicherungsschutz, nur weil die PartG mbB ihre Pflichten und Obliegenheiten aus dem Versicherungsvertrag nicht erfüllt hat. Die Haftungsbeschränkung nach § 8 Abs. 4 PartGG würde aber greifen.[187)] Durch die entsprechende Anordnung der §§ 113 Abs. 3, 114 bis 124 VVG (**„Rechtsfolgenverweisung"**)[188)] wird erreicht, dass der Versicherer zur Leistung an den Geschädigten verpflichtet bleibt, selbst wenn im Verhältnis vom Versicherer zum Versicherungsnehmer Pflicht- oder Obliegenheitsverletzungen vorliegen. Dies ordnet die Vorschrift des **§ 117 Abs. 1 VVG** an. Mit der Befriedigung des Gläubigers kommt es zu einem Übergang der Forderung des Dritten auf den Versicherer (§ 117 Abs. 5 VVG). Wie bei bei der Pflichtversicherung trägt damit die Versicherung im Falle der Obliegenheitsverletzung Insolvenzrisiko hinsichtlich der Partnerschaft und der Partner.[189)]

112 Weitere Folge ist, dass dem Geschädigten der **Direktanspruch nach § 115 VVG** zusteht. Den Geschädigten treffen damit jedoch auch die **Obliegenheiten nach § 119 VVG.**

---

185) Beschlussempfehlung und Bericht des RA, BT-Drucks. 17/13944, S. 15 = Anhang, S. 404.

186) *Uwer/Roeding*, AnwBl 2013, 483.

187) Beschlussempfehlung und Bericht des RA, BT-Drucks. 17/13944, S. 15 = Anhang, S. 404; vorher bereits *Römermann/Praß*, NZG 2012, 601, 604.

188) Beschlussempfehlung und Bericht des RA, BT-Drucks. 17/13944, S. 15 = Anhang, S. 404.

189) Vgl. BT-Drucks. 16/3945, S. 50.

VIII. Persönliche Haftung der Partner trotz der Haftungsbeschränkung

1. Pfändung und Überweisung eines Innenanspruchs

113 Wie im Recht der GmbH oder der AG ist denkbar, dass als Folge der Inanspruchnahme der Partnerschaft wegen eines beruflichen Fehlers ein **Innenanspruch**[190] der Partnerschaft gegen die Partner entsteht. Denn die Gesellschafter sind gegenüber der Gesellschaft zur Schadensabwendung, also zum Schutz des Gesellschaftsvermögens vor unnötigen Zugriffen verpflichtet.[191] Praktisch relevant wird dies in den Fällen, in welchen die Versicherung objektiv zu niedrig abgeschlossen wurde oder es zu einem vermeidbaren Zugriff auf das Gesellschaftsvermögen kommt, weil ein Partner vorsätzlich einen beruflichen Fehler macht. Ein daraus resultierender Schaden der Partnerschaft muss ersetzt werden (§ 280 BGB i. V. m. dem Gesellschaftsvertrag), und es ist zulässig, dass sich ein Gläubiger, welcher an sich nur auf das Gesellschaftsvermögen zugreifen kann, den Anspruch der PartG mbB gegen den Partner pfändet und sich überweisen lässt (§ 835 ZPO). Auf diese Weise kann er versuchen, die Haftungsmasse um das Vermögen der Partner zu erweitern.[192]

114 Zu beachten ist aber, dass hinsichtlich dieses (Innen-)Anspruch über § 1 Abs. 4 PartGG die Aussage der §§ 708, 277 BGB gilt.[193] Partner haben demnach nur für diejenige Sorgfalt einzustehen, welche sie in eigenen Angelegenheiten anzuwenden pflegen (**diligentia quam in suis**). Vorsätzliches Verhalten haben die Partner jedoch stets zu vertreten. Die Haftung für Fahrlässigkeit kann hingegen im Gesellschaftsvertrag grundsätzlich ausgeschlossen werden.[194]

2. Existenzvernichtungshaftung

115 Da das Gesellschaftsvermögen der PartG mbB nicht wie bei einer GmbH oder einer AG gebunden ist, könnten Partner auf die Idee kommen, die PartG mbB unmittelbar vor einem Zugriff auf das Gesellschaftsvermögen noch schnell leer zu räumen, indem die Partner eine weitere Gesellschaft gründen und sämtliches Vermögen auf diese übertragen. Dazu dürfte es zumeist dann kommen, wenn die Versicherung den Schaden nicht ausreichend deckt und damit nur noch das Gesellschaftsvermögen als Haftungsmasse zur Verfügung steht.

116 Aufgrund des **situativen Haftungsansatzes** des Gesetzgebers bei der PartG mbB[195] drängt sich die Frage auf, ob hier die spezialgesetzlich ungeregelte, aber von der Rechtsprechung im Kapitalgesellschaftsrecht anerkannte Existenzvernichtungshaf-

190) S. zu den Innenansprüchen ausführlich auch *Wertenbruch*, NZG 2013, 1006, 1007 f. – insbesondere mit dem zutreffenden Hinweis, dass Nachschussansprüche nach § 735 BGB bei der PartG mbB stets konkludent ausgeschlossen sind.

191) Vgl. BGH v. 14.1.1980 – II ZR 218/78, NJW 1980, 1628.

192) Zur Möglichkeit, dass die Versicherung auch diesen Schaden deckt, *Seibert*, DB 2013, 1710, 1713.

193) A. A. *Wertenbruch*, NZG 2013, 1006, 1007 f.

194) Statt vieler *Schöne* in: BeckOK-BGB, Stand: 1.2.2012, § 708 Rz. 3.

195) Dazu umfassend *Römermann/Praß*, NZG 2012, 601, 606 ff.; dem folgend *Lohbeck*, JSE 2013, 5, 20.

tung (Fallgruppe des § 826 BGB)[196] als situative Ausschüttungssperre greift. Diese Frage ist zu bejahen.[197] Denn mit dem Eintritt des Schadens aufgrund eines beruflichen Fehlers dient das Gesellschaftsvermögen, wie § 8 Abs. 4 PartGG zum Ausdruck bringt, vorrangig und als einzige Haftungsmasse der Befriedigung der Gläubiger und ist insoweit – mit dem Vermögen einer Kapitalgesellschaft vergleichbar – „zweckgebunden".[198] Die Partner trifft insoweit eine Rücksichtnahmepflicht gegenüber dem geschädigten Gläubiger als Korrelat zur Haftungsbeschränkung.[199] Folge ist, dass der Gesellschaft ein Innenanspruch auf Ausgleich des entzogenen Vermögens zusteht, aber natürlich nur, wenn der **Eingriff mit Schädigungsvorsatz** erfolgte.

IX. Name der PartG mbB

117 Der Name der Partnerschaft muss als Rechtsformzusatz „Partnerschaft" oder „Partnerschaftsgesellschaft", jeweils „mit beschränkter Berufshaftung" oder einer allgemein verständlichen Abkürzung enthalten. Anders als etwa bei der Unternehmergesellschaft (haftungsbeschränkt) ist demnach **keine starre Vorgabe** für Rechtsformzusatz gemacht worden. Bei der Bildung einer Abkürzung haben die Partner grundsätzlich freie Wahl, jedoch dürfen die Worte Partnerschaft und Partnerschaftsgesellschaft nur als „Part" oder „PartG" abgekürzt werden. Am gebräuchlichsten dürfte die Abkürzung „PartG mbB" sein.[200] Unzulässig soll die Abkürzung „PartG mbH" sein, da dies auf eine umfassende Haftungsbeschränkung für sämtliche Verbindlichkeiten hindeute.[201] Interessant ist, dass zahlreiche Medienberichte in den Jahren 2012/13[202] und teilweise auch rechtswissenschaftliche Stellungnahmen zur Gesetzesreform[203] aber genau diese Abkürzung gebrauchen. Sicher unzulässig wären etwa die Abkürzungen „PmbB" und „PmbH".

118 Nach der Entwurfsfassung war die richtige Firmierung noch konstitutive Voraussetzung für die PartG mbB.[204] Die Gesetz gewordene Regelung des § 8 Abs. 4 Satz 3 PartGG ist nur noch als **„reine Firmenvorschrift"** zu verstehen.[205] Der Namenszusatz muss auf den Geschäftsbriefen verwendet werden (§ 7 Abs. 5 PartGG

196) Zur heute geltenden inhaltlichen Ausgestaltung der Existenzvernichtungshaftung BGH, Urt. v. 16.7.2007 – II ZR 3/04, BGHZ 173, 246 = NZG 2007, 667 = ZIP 2007, 1552 *(Trihotel)*.

197) Ausführlicher *Römermann/Praß*, NZG 2012, 601, 607 f.; zustimmend *Werner*, StBW 2013, 715, 718.

198) Vgl. BGH, Urt. v. 16.7.2007 – II ZR 3/04, Rz. 25, BGHZ 173, 246 = NZG 2007, 667, 670 = ZIP 2007, 1552 *(Trihotel)*.

199) BGH, Urt. v. 16.7.2007 – II ZR 3/04, Rz. 25, BGHZ 173, 246 = NZG 2007, 667, 670 = ZIP 2007, 1552 *(Trihotel)*.

200) So auch der Vorschlag der Begr. RegE PartG mbB, BT-Drucks. 17/10487, S. 14 = Anhang, S. 403.

201) Begr. RegE PartG mbB, BT-Drucks. 17/10487, S. 14 = Anhang, S. 403; zustimmend *Posegga*, DStR 2012, 611, 613; a. A. *Hirte*, Stellungnahme zum RegE PartG mbB, S. 14, abrufbar unter: www.bundestag.de.

202) S. etwa die Überschrift bei Beck-Online: gesetzgebung.beck.de/news/partnerschaftsgesellschaft-mbh-partgg.

203) Etwa Deutscher Richterbund, Stellungnahme zum RegE PartG mbB v. 10/2012, S. 1 ff.

204) Krit. insoweit *Lauering*, ZIP 2012, 1112, 1115; *Salger*, DB 2012, 1794, 1796.

205) Beschlussempfehlung und Bericht des RA, BT-Drucks. 17/13944, S. 15 = Anhang, S. 404.

i. V. m. § 125a Abs. 1 Satz 1 HGB). Zu den Verstößen gegen die zutreffende Firmierung, insb. zur Rechtsscheinhaftung siehe *Praß*, § 7 Rz. 73 f.

X. Insolvenzantragspflicht und Gesellschafterdarlehen

119 Für die Geschäftsführer der PartG mbB gilt nicht die Insolvenzantragspflicht nach § 15a Abs. 1 InsO. Diese Vorschrift erfasst tatbestandlich („Gesellschaft ohne Rechtspersönlichkeit, bei der keine natürliche Person persönlich haftet") nicht die PartG mbB.[206] Denn die Partner haften im Grundsatz über § 8 Abs. 1 PartGG als natürliche Personen (vgl. § 1 Abs. 1 Satz 3 PartGG) unbeschränkt persönlich. Die Haftungsbeschränkung nach § 8 Abs. 4 PartGG greift – als Ausnahme von Absatz 1 – nur für die Fälle der Berufshaftung.

120 Im Ergebnis gilt daher für die PartG mbB auch nicht die Subordination von Gesellschafterdarlehn (§ 39 Abs. 1 Nr. 5 i. V. m. § 39 Abs. 2 Satz 1 InsO). Zur Geltung des § 135 Abs. 3 InsO siehe *Praß*, § 6 Rz. 85.

G. Berufsrechtliche Haftungsregelungen

I. Haftungsbeschränkungsmöglichkeiten

1. Verhältnis der Berufsrechte zu § 8 Abs. 2 PartGG

121 Nach der **früheren Gesetzesfassung** (bis 1998) enthielt § 8 Abs. 2 PartGG eine Möglichkeit der vertraglichen Haftungskonzentration auf den verantwortlichen Partner, ähnlich wie sie in manchen Berufsrechten vorgesehen ist. Da Absatz 2 an den Abschluss einer solchen Vereinbarung geringere Anforderungen stellte als etwa § 51a BRAO, war das Verhältnis dieser Vorschriften zueinander äußerst streitig.[207] Dieser Meinungsstreit wurde durch die Neufassung des § 8 Abs. 2 PartGG erledigt.

122 Auch nach dieser **Neufassung** stellt sich allerdings das Problem des Anwendungsvorranges, zu dem es bislang keine Gerichtsentscheidung und erstaunlich wenige Stimmen in der Literatur gibt.[208] Sowohl § 8 Abs. 2 PartGG als auch der in der Praxis besonders bedeutsame § 51a Abs. 2 BRAO enthalten nämlich auf der Rechtsfolgenseite eine Beschränkung der Haftung auf einzelne Partner. Sie unterscheiden sich vor allem in der Art und Weise, wie diese Haftungsbeschränkung herbeigeführt wird: Als gesetzliche Handelndenhaftung nach § 8 Abs. 2 PartGG oder als Resultat einer Vereinbarung mit dem Auftraggeber nach § 51a Abs. 2 BRAO.

123 Die Situation ist insoweit die gleiche, als wenn eine Partnerschaft aus Nichtanwälten, für die also § 51a Abs. 2 BRAO keine Anwendung findet, den „befassten Partner" durch Vereinbarung festlegen will (siehe dazu bereits oben Rz. 56). Zwischen der „Befassung" i. S. des § 8 Abs. 2 PartGG und der „Bearbeitung" i. S. des § 51a Abs. 2 BRAO besteht insoweit kein relevanter Unterschied. Die bearbeitenden Partner

206) Begr. RegE PartG mbB, BT-Drucks. 17/10487, S. 14 = Anhang, S. 401; *BRAK*, Stellungnahme Nr. 13/2012, S. 3; *Seibert*, DB 2013, 1710, 1711; krit. dazu *Römermann/Praß*, NZG 2012, 601, 608; *Hirte*, Stellungnahme zum RegE PartG mbB, S. 9, abrufbar unter: www.bundestag.de. Anders ist wohl die Rechtslage bei der LLP, so *Schnittker/Leicht*, BB 2010, 2975; krit. *Bank*, BB-Special 3/2010 zu H. 49, 4 m. w. N.

207) *Eigner*, Beschränkung der persönlichen Gesellschafterhaftung, S. 369 f. m. umfassenden N. zum Streitstand.

208) Vgl. *Eigner*, Beschränkung der persönlichen Gesellschafterhaftung, S. 370 ff.

haften nach § 8 Abs. 2 PartGG ohnehin aufgrund Gesetzes. Sie nach § 51a Abs. 2 BRAO in einer Vereinbarung zu benennen, ist möglich, haftungsrechtlich aber bei Übereinstimmung der handelnden mit den benannten Partnern folgenlos. Andere als die bearbeitenden Partner können auch auf Grundlage des § 51a Abs. 2 BRAO nicht benannt werden.

124 Die Haftung des handelnden Partners kann also in keinem Fall vertraglich ausgeschlossen werden. Falls eine Partnerschaft mit dem Auftraggeber eine im Berufsrecht vorgesehene **Haftungsbegrenzung** wie bspw. nach § 51a Abs. 2 BRAO vereinbart, gilt somit im Ergebnis Folgendes: Unabhängig von dem Inhalt dieser Vereinbarung haftet jedenfalls der handelnde Partner nach Absatz 2. Zusätzlich kommt eine persönliche Haftung des Partners in Betracht, der in der Haftungskonzentrationsabrede namentlich bezeichnet wurde. Diese Haftung ergibt sich aus der Vereinbarung selbst oder – falls der Auftraggeber von der eigenen Tätigkeit des Partners in seiner Angelegenheit ausgehen musste – ggf. aus Rechtsscheingesichtspunkten. Dieses Ergebnis lässt sich im Übrigen ergänzend auf die Erwägung stützen, dass der Vorrang des § 8 Abs. 2 PartGG bei interprofessionellen Sozietäten zu einem Gleichlauf der Haftung und damit zu überzeugenden Ergebnissen führt.[209)]

125 Unberührt bleiben berufsrechtliche Haftungsbeschränkungsmöglichkeiten, die nicht auf persönlich haftende Partner, sondern auf sonstige Umstände abstellen. So ist bspw. die anwaltliche Partnerschaft nicht gehindert, gemäß § 51a Abs. 1 BRAO eine Höchstsumme der Haftung mit dem Mandanten zu vereinbaren.

2. Rechtsanwälte

126 Rechtsanwälten steht in § 52 BRAO (früher § 51a BRAO) eine Möglichkeit der Haftungskonzentration offen. Die Vorschrift lautet:

> „§ 52 Vertragliche Begrenzung von Ersatzansprüchen
>
> (1) Der Anspruch des Auftraggebers aus dem zwischen ihm und dem Rechtsanwalt bestehenden Vertragsverhältnis auf Ersatz eines fahrlässig verursachten Schadens kann beschränkt werden:
>
> 1. durch schriftliche Vereinbarung im Einzelfall bis zur Höhe der Mindestversicherungssumme;
>
> 2. durch vorformulierte Vertragsbedingungen für Fälle einfacher Fahrlässigkeit auf den vierfachen Betrag der Mindestversicherungssumme, wenn insoweit Versicherungsschutz besteht.
>
> Für Berufsausübungsgemeinschaften gilt Satz 1 entsprechend.
>
> (2) Die Mitglieder einer Sozietät haften aus dem zwischen ihr und dem Auftraggeber bestehenden Vertragsverhältnis als Gesamtschuldner. Die persönliche Haftung auf Schadensersatz kann auch durch vorformulierte Vertragsbedingungen beschränkt werden auf einzelne Mitglieder einer Sozietät, die das Mandat im Rahmen ihrer eigenen beruflichen Befugnisse bearbeiten und namentlich bezeichnet sind. Die Zustimmungserklärung zu einer solchen Beschränkung darf keine anderen Erklärungen enthalten und muss vom Auftraggeber unterschrieben sein."

---

209) *Eigner*, Beschränkung der persönlichen Gesellschafterhaftung, S. 373.

3. Patentanwälte

127 Patentanwälte haben aufgrund § 45b PAO eine Möglichkeit zur Haftungsbeschränkung. Diese berufsrechtliche Vorschrift ist praktisch wortgleich mit der der für Rechtsanwälte geltenden Norm des § 52 BRAO, so dass auf die dortigen Ausführungen verwiesen wird.

4. Steuerberater, Steuerbevollmächtigte

128 Nach § 67a StBerG besteht eine ähnliche Möglichkeit der Haftungskonzentration wie bei Rechtsanwälten.[210)]

„§ 67a Vertragliche Begrenzung von Ersatzansprüchen

(1) ... [nahezu wortgleich mit § 52 BRAO, aber in Abs. 1 Satz 1 Nr. 2 ohne die Einschränkung, für Fälle einfacher Fahrlässigkeit']

(2) Die persönliche Haftung auf Schadensersatz kann durch vorformulierte Vertragsbedingungen beschränkt werden auf die Mitglieder einer Sozietät, die das Mandat im Rahmen ihrer eigenen beruflichen Befugnisse bearbeiten und namentlich bezeichnet sind. Die Zustimmungserklärung zu einer solchen Beschränkung darf keine anderen Erklärungen enthalten und muß vom Auftraggeber unterschrieben sein."

5. Wirtschaftsprüfer, vereidigte Buchprüfer

129 § 54a Abs. 1 WPO eröffnet Wirtschaftsprüfern grundsätzlich dieselben Haftungsbeschränkungsmöglichkeiten wie bei Steuerberatern und Rechtsanwälten. Für die gesetzlich vorgeschriebene Jahresabschlussprüfung ergibt sich eine allgemeine Haftungsbegrenzung bereits aus § 323 Abs. 2 HGB.[211)]

„§ 54a Vertragliche Begrenzung von Ersatzansprüchen

(1) ...

(2) Die persönliche Haftung von Sozietätspartnern (§ 44b) auf Schadensersatz kann auch durch vorformulierte Vertragsbedingungen auf einzelne namentlich bezeichnete Mitglieder der Sozietät beschränkt werden, die die vertragliche Leistung erbringen sollen."

II. Berufshaftpflichtversicherung

1. Rechtsanwälte

130 Nach § 51 Abs. 1 Satz 1 BRAO ist jeder Rechtsanwalt verpflichtet, zur Deckung der sich aus seiner Berufstätigkeit ergebenden Haftpflichtgefahren für Vermögensschäden eine Berufshaftpflichtversicherung abzuschließen. Der Umfang der Versicherungspflicht wird in § 51 Abs. 1 Satz 2, Abs. 2 und 3 BRAO näher bestimmt. Die Mindestversicherungssumme beträgt gemäß § 51 Abs. 4 Satz 1 BRAO 250.000 € für jeden Versicherungsfall.

2. Patentanwälte

131 Patentanwälte sind gemäß § 45 PAO zum Abschluss und zur Unterhaltung einer Berufshaftpflichtversicherung mit einer Mindestversicherungssumme von 250.000 € verpflichtet.

---

210) Näher *Busse*, DStR 1995, 738 ff.; *Goez*, INF 1994, 623, 624; *Späth*, Stbg 1994, 449 ff.

211) Näher *Lichtner/Korfmacher*, WPK-Mitt. 1994, 207, 218 f.

3. Steuerberater, Steuerbevollmächtigte

132 Gemäß § 67 Abs. 1 StBerG, § 42 Abs. 1 Satz 1 BOStB müssen sich selbständige Steuerberater und Steuerbevollmächtigte gegen die sich aus ihrer Berufstätigkeit ergebenden Haftpflichtgefahren angemessen versichern. § 42 Abs. 1 Satz 2 und 3 BOStB erstreckt die Versicherungspflicht auf angestellte und als freie Mitarbeiter tätige Steuerberater. Die Angestellten sind danach in die Versicherung ihres Arbeitgebers, die freien Mitarbeiter in die Versicherung ihres Auftraggebers einzuschließen. Die Einzelheiten des Inhalts des Versicherungsvertrages und der Versicherungspflicht sind in den §§ 51 bis 57 DVStB geregelt. Nach § 52 Abs. 1 DVStB beträgt die Mindestversicherungssumme für den einzelnen Versicherungsfall 250.000 €. Soweit ein versicherungspflichtiger Steuerberater zugleich als Wirtschaftsprüfer oder vereidigter Buchprüfer bestellt ist, wird der Versicherungspflicht nach § 54 DVStB auch mit einer diesen Berufen vorgeschriebene Berufshaftpflichtversicherung genügt.

4. Wirtschaftsprüfer, vereidigte Buchprüfer

133 Selbständige Wirtschaftsprüfer und als Wirtschaftsprüfungsgesellschaften anerkannte Partnerschaften sind gemäß § 54 Abs. 1 Satz 1 WPO verpflichtet, eine Berufshaftpflichtversicherung zur Deckung der sich aus ihrer Berufstätigkeit ergebenden Haftpflichtgefahren für Vermögensschäden abzuschließen und die Versicherung während der Dauer ihrer Bestellung oder Anerkennung aufrechtzuerhalten. Die Mindestversicherungssumme liegt gemäß § 54 Abs. 1 Satz 2 WPO i. V. m. § 323 Abs. 2 Satz 1 HGB bei 1 Mio. €. Nach § 17 Abs. 2 der Berufssatzung der Wirtschaftsprüferkammer (WPK) soll in den Fällen, in denen keine gesetzliche Haftungsbegrenzung besteht, die gemäß § 54 WPO abzuschließende und aufrechtzuerhaltende Berufshaftpflichtversicherung über die Höhe der Mindestversicherung hinausgehen, wenn Art und Umfang der Haftungsrisiken des Wirtschaftsprüfers oder vereidigten Buchprüfers dies erfordern. Jede wesentliche Änderung des Versicherungsvertragsverhältnisses ist gemäß § 17 Abs. 1 der Berufssatzung der zuständigen obersten Landesbehörde und der WPK unverzüglich anzuzeigen.

5. Ärzte

134 Gemäß § 21 MBO-Ä 2011 ist der Arzt verpflichtet, sich gegen Haftungsansprüche i. R. seiner beruflichen Tätigkeit zu versichern.

6. Tierärzte

135 Der Tierarzt hat sich gemäß § 28 MBO-TÄ gegen Haftpflichtansprüche i. R. seiner tierärztlichen Tätigkeit hinreichend zu versichern.

7. Hauptberufliche Sachverständige

136 Der Sachverständige soll nach § 14 Abs. 2 der Muster-SVO eine Haftpflichtversicherung in angemessener Höhe abschließen. Die Höhe der Versicherungssumme muss sich gemäß Nummer 14.14 der Richtlinien nach dem Umfang seiner Inanspruchnahme oder dem durchschnittlichen Wert der von ihm begutachteten Objekte richten.

§9

Ausscheiden eines Partners; Auflösung der Partnerschaft

(1) Auf das Ausscheiden eines Partners und die Auflösung der Partnerschaft sind, soweit im Folgenden nichts anderes bestimmt ist, die §§ 131 bis 144 des Handelsgesetzbuchs entsprechend anzuwenden.

(2) *(aufgehoben)**)

(3) Verliert ein Partner eine erforderliche Zulassung zu dem Freien Beruf, den er in der Partnerschaft ausübt, so scheidet er mit deren Verlust aus der Partnerschaft aus.

(4) [1]Die Beteiligung an einer Partnerschaft ist nicht vererblich. [2]Der Partnerschaftsvertrag kann jedoch bestimmen, dass sie an Dritte vererblich ist, die Partner im Sinne des § 1 Abs. 1 und 2 sein können. [3]§ 139 des Handelsgesetzbuchs ist nur insoweit anzuwenden, als der Erbe der Beteiligung befugt ist, seinen Austritt aus der Partnerschaft zu erklären.

Die Vorschriften des **HGB**, auf die § 9 Abs. 1 PartGG Bezug nimmt, lauten:

§ 131 (Auflösungsgründe)

(1) Die offene Handelsgesellschaft wird aufgelöst:

1. durch den Ablauf der Zeit, für welche sie eingegangen ist;
2. durch Beschluß der Gesellschafter;
3. durch die Eröffnung des Insolvenzverfahrens über das Vermögen der Gesellschaft;
4. durch gerichtliche Entscheidung.

(2) Eine offene Handelsgesellschaft, bei der kein persönlich haftender Gesellschafter eine natürliche Person ist, wird ferner aufgelöst:

1. mit der Rechtskraft des Beschlusses, durch den die Eröffnung des Insolvenzverfahrens mangels Masse abgelehnt worden ist;
2. durch die Löschung wegen Vermögenslosigkeit nach § 394 des Gesetzes über das Verfahren in Familiensachen und in den Angelegenheiten der freiwilligen Gerichtsbarkeit.

Dies gilt nicht, wenn zu den persönlich haftenden Gesellschaftern eine andere offene Handelsgesellschaft oder Kommanditgesellschaft gehört, bei der ein persönlich haftender Gesellschafter eine natürliche Person ist.

(3) Folgende Gründe führen mangels abweichender vertraglicher Bestimmung zum Ausscheiden eines Gesellschafters:

1. Tod des Gesellschafters
2. Eröffnung des Insolvenzverfahrens über das Vermögen des Gesellschafters,
3. Kündigung des Gesellschafters,
4. Kündigung durch den Privatgläubiger des Gesellschafters,
5. Eintritt von weiteren im Gesellschaftsvertrag vorgesehenen Fällen,
6. Beschluss der Gesellschafter,

*) § 9 Abs. 2 aufgehoben durch HRefG v. 22.6.1998, BGBl. I 1998, 1474.

Der Gesellschafter scheidet mit dem Eintritt des ihn betreffenden Ereignisses aus, im Falle der Kündigung aber nicht vor Ablauf der Kündigungsfrist.

§ 132 (Kündigung eines Gesellschafters)

Die Kündigung eines Gesellschafters kann, wenn die Gesellschaft für unbestimmte Zeit eingegangen ist, nur für den Schluß eines Geschäftsjahrs erfolgen; sie muß mindestens sechs Monate vor diesem Zeitpunkte stattfinden.

§ 133 (Auflösung durch gerichtliche Entscheidung)

(1) Auf Antrag eines Gesellschafters kann die Auflösung der Gesellschaft vor dem Ablaufe der für ihre Dauer bestimmten Zeit oder bei einer für unbestimmte Zeit eingegangenen Gesellschaft ohne Kündigung durch gerichtliche Entscheidung ausgesprochen werden, wenn ein wichtiger Grund vorliegt.

(2) Ein solcher Grund ist insbesondere vorhanden, wenn ein anderer Gesellschafter eine ihm nach dem Gesellschaftsvertrag obliegende wesentliche Verpflichtung vorsätzlich oder aus grober Fahrlässigkeit verletzt oder wenn die Erfüllung einer solchen Verpflichtung unmöglich wird.

(3) Eine Vereinbarung, durch welche das Recht des Gesellschafters, die Auflösung der Gesellschaft zu verlangen, ausgeschlossen oder diesen Vorschriften zuwider beschränkt wird, ist nichtig.

§ 134 (Gesellschaft auf Lebenszeit; fortgesetzte Gesellschaft)

Eine Gesellschaft, die für die Lebenszeit eines Gesellschafters eingegangen ist oder nach dem Ablaufe der für ihre Dauer bestimmten Zeit stillschweigend fortgesetzt wird, steht im Sinne der Vorschriften der §§ 132 und 133 einer für unbestimmte Zeit eingegangenen Gesellschaft gleich.

§ 135 (Kündigung durch den Privatgläubiger)

Hat ein Privatgläubiger eines Gesellschafters, nachdem innerhalb der letzten sechs Monate eine Zwangsvollstreckung in das bewegliche Vermögen des Gesellschafters ohne Erfolg versucht ist, auf Grund eines nicht bloß vorläufig vollstreckbaren Schuldtitels die Pfändung und Überweisung des Anspruchs auf dasjenige erwirkt, was dem Gesellschafter bei der Auseinandersetzung zukommt, so kann er die Gesellschaft ohne Rücksicht darauf, ob sie für bestimmte oder unbestimmte Zeit eingegangen ist, sechs Monate vor dem Ende des Geschäftsjahrs für diesen Zeitpunkt kündigen.

§§ 136–138 *(aufgehoben)*

§ 139 (Fortsetzung mit den Erben)

(1) Ist im Gesellschaftsvertrage bestimmt, daß im Falle des Todes eines Gesellschafters die Gesellschaft mit dessen Erben fortgesetzt werden soll, so kann jeder Erbe sein Verbleiben in der Gesellschaft davon abhängig machen, daß ihm unter Belassung des bisherigen Gewinnanteils die Stellung eines Kommanditisten eingeräumt und der auf ihn fallende Teil der Einlage des Erblassers als seine Kommanditeinlage anerkannt wird.

(2) Nehmen die übrigen Gesellschafter einen dahingehenden Antrag des Erben nicht an, so ist dieser befugt, ohne Einhaltung einer Kündigungsfrist sein Ausscheiden aus der Gesellschaft zu erklären.

(3) Die bezeichneten Rechte können von dem Erben nur innerhalb einer Frist von drei Monaten nach dem Zeitpunkt, in welchem er von dem Anfalle der Erbschaft Kenntnis erlangt hat, geltend gemacht werden. Auf den Lauf der Frist finden die für die Verjährung geltenden Vorschriften des § 210 des Bürgerlichen Gesetzbuchs entsprechende Anwendung. Ist bei dem Ablaufe der drei Monate das Recht zur Ausschlagung der Erbschaft noch nicht verloren, so endigt die Frist nicht vor dem Ablaufe der Ausschlagungsfrist.

(4) Scheidet innerhalb der Frist des Absatzes 3 der Erbe aus der Gesellschaft aus oder wird innerhalb der Frist die Gesellschaft aufgelöst oder dem Erben die Stellung eines Kommanditisten eingeräumt, so haftet er für die bis dahin entstandenen Gesellschaftsschulden nur nach Maßgabe der die Haftung des Erben für die Nachlaßverbindlichkeiten betreffenden Vorschriften des bürgerlichen Rechtes.

(5) Der Gesellschaftsvertrag kann die Anwendung der Vorschriften der Absätze 1 bis 4 nicht ausschließen; es kann jedoch für den Fall, daß der Erbe sein Verbleiben in der Gesellschaft von der Einräumung der Stellung eines Kommanditisten abhängig macht, sein Gewinnanteil anders als der des Erblassers bestimmt werden.

§ 140 (Ausschließung eines Gesellschafters)

(1) Tritt in der Person eines Gesellschafters ein Umstand ein, der nach § 133 für die übrigen Gesellschafter das Recht begründet, die Auflösung der Gesellschaft zu verlangen, so kann vom Gericht anstatt der Auflösung die Ausschließung dieses Gesellschafters aus der Gesellschaft ausgesprochen werden, sofern die übrigen Gesellschafter dies beantragen. Der Ausschließungsklage steht nicht entgegen, daß nach der Ausschließung nur ein Gesellschafter verbleibt.

(2) Für die Auseinandersetzung zwischen der Gesellschaft und dem ausgeschlossenen Gesellschafter ist die Vermögenslage der Gesellschaft in dem Zeitpunkte maßgebend, in welchem die Klage auf Ausschließung erhoben ist.

§§ 141, 142 *(aufgehoben)*

§ 143 (Anmeldung von Auflösung und Ausscheiden)

(1) Die Auflösung der Gesellschaft ist von sämtlichen Gesellschaftern zur Eintragung in das Handelsregister anzumelden. Dies gilt nicht in den Fällen der Eröffnung oder der Ablehnung der Eröffnung des Insolvenzverfahrens über das Vermögen der Gesellschaft (§ 131 Abs. 1 Nr. 3 und Abs. 2 Nr. 1). In diesen Fällen hat das Gericht die Auflösung und ihren Grund von Amts wegen einzutragen. Im Falle der Löschung der Gesellschaft (§ 131 Abs. 2 Nr. 2) entfällt die Eintragung der Auflösung.

(2) Absatz 1 Satz 1 gilt entsprechend für das Ausscheiden eines Gesellschafters aus der Gesellschaft.

(3) Ist anzunehmen, daß der Tod eines Gesellschafters die Auflösung oder das Ausscheiden zur Folge gehabt hat, so kann, auch ohne daß die Erben bei der Anmeldung mitwirken, die Eintragung erfolgen, soweit einer solchen Mitwirkung besondere Hindernisse entgegenstehen.

§ 144 (Fortsetzung nach Insolvenz der Gesellschaft)

(1) Ist die Gesellschaft durch die Eröffnung des Insolvenzverfahrens über ihr Vermögen aufgelöst, das Verfahren aber auf Antrag des Schuldners eingestellt oder nach der Bestätigung eines Insolvenzplans, der den Fortbestand der Gesellschaft vorsieht, aufgehoben, so können die Gesellschafter die Fortsetzung der Gesellschaft beschließen.

(2) Die Fortsetzung ist von sämtlichen Gesellschaftern zur Eintragung in das Handelsregister anzumelden.

Literatur: *Bayer/Imberger*, Nochmals: Die Rechtsformen freiberuflicher Tätigkeit, DZWIR 1995, 177; *Beckmann*, Für eine Partnerschaft Freier Berufe, in: Festschrift für Detlef Kleinert, 1992, S. 210; *Bösert*, Das Gesetz über Partnerschaftsgesellschaften Angehöriger Freier Berufe (Partnerschaftsgesellschaftsgesetz – PartGG), ZAP Fach 15, S. 137 (= ZAP 1994, 765); *Bösert*, Der Regierungsentwurf eines Gesetzes zur Schaffung von Partnerschaftsgesellschaften (Partnerschaftsgesellschaftsgesetz – PartGG), DStR 1993, 1332; *Burret*, Das Partnerschaftsgesellschaftsgesetz, WPK-Mitt. 1994, 201; *Dauner-Lieb*, Abfindungsklauseln bei Personengesellschaften, ZHR 158 (1994), 271; *Dauner-Lieb*, Angemessenheitskontrolle privatautonomer Selbstbindung des Gesellschafters? Die Rechtsprechung des BGH zu Abfindungsklauseln und Schutzgemeinschaftsverträgen, GmbHR 1994, 836; *Ebenroth/Lorz*, Das Unternehmertestament als Bestandteil umfassender Nachfolgeplanung – Teil III: Gestaltung der Nachfolge in Gesellschaftsanteile, WiB 1995, 689; *Haack*, Renaissance der Abfindung zum Buchwert? Die neue Rechtsprechung des BGH zur Buchwertklausel, GmbHR 1994, 437; *Heydn*, Die erbrechtliche Nachfolge in Anteile an Partnerschaftsgesellschaften, ZEV 1998, 161; *Heydn*, Die erbrechtliche Nachfolge in Anteile an Partnerschaftsgesellschaften, 1999; *Hülsmann*, Anwaltssozietät: Rechtsprechungsreport zu Austrittsfolgen, NZG 2001, 625; *Karsten*, Die Partnerschaft im Spannungsfeld von Gesellschafts- und Berufsrecht, Diss., 2001; *Kempter*, Das Partnerschaftsgesellschaftsgesetz, BRAK-Mitt. 1994, 122; *Knoll/Schüppen*, Die Partnerschaftsgesellschaft – Handlungszwang, Handlungsalternative oder Schubladenmodell, DStR 1995, 608 und 646; *Kupfer*, Freiberufler-Gesellschaften: Partnerschaft, Anwalts- und Ärzte-GmbH, KÖSDI 1995, 10130; *Lenz*, Die Partnerschaft – alternative Gesellschaftsform für Freiberufler, MDR 1994, 741; *Leutheusser-Schnarrenberger*, Die Partnerschaftsgesellschaft – nationale und EG-rechtliche Bestrebungen zu einem Sondergesellschaftsrecht für die freien Berufe, in: Festschrift für Herbert Helmrich, 1994, S. 677; *Mahnke*, Das Partnerschaftsgesellschaftsgesetz, WM 1996, 1029; *Michalski*, Zum Regierungsentwurf eines Partnerschaftsgesellschaftsgesetzes, ZIP 1993, 1210; *Michalski*, Gesellschaftsrechtliche Gestaltungsmöglichkeiten zur Perpetuierung von Unternehmen, 1980; *Michalski*, Nachfolgeregelungen in Personengesellschaften, DB 1980, Beilage Nr. 5; *Müller, Gerd*, Die Buchwertklausel – ein Dauerthema, ZIP 1995, 1561; *Rasner*, Abfindungsklauseln bei Personengesellschaften, ZHR 158 (1994), 292; *Römermann*, Praxisverkauf und Praxisbewertung bei Freiberuflern – ein (scheinbar) unlösbares Problem, NJW 2012, 1694; *Römermann*, Auflösung und Abspaltung bei Analtssozietäten, NJW 2007, 2209; *Römermann*, Namensfortführung in der Freiberufler-Sozietät und Partnerschaft, NZG 1998, 121; *Römermann/Schröder*, Die Bewertung von Anwaltskanzleien, NJW 2003, 2709; *Schirmer*, Berufsrechtliche und kassenarztrechtliche Fragen der ärztliche Berufsausübung in Partnerschaftsgesellschaften, MedR 1995, 341, 343; *Schmidt, K.*, Die Freiberufliche Partnerschaft, NJW 1995, 1; *Schmidt, K.*, Partnerschaftsgesetzgebung zwischen Berufsrecht, Schuldrecht und Gesellschaftsrecht, ZIP 1993, 633; *Schmidt, K.*, „Übernahmerecht“ und „Übernahmeprozeß“ nach § 142 HGB, in: Festschrift für Gerhard Frotz, 1993, S. 401; *Sistermann*, Steuerliche Behandlung der Rechtsnachfolge bei Freiberufler-Gesellschaften, ZEV 1998, 166; *Stuber*, Das Partnerschaftsgesellschaftsgesetz unter besonderer Berücksichtigung der Belange der Anwaltschaft, WiB 1994, 705; *Weyand*, Partnerschaftsgesellschaften als neue Organisationsform für die freiberufliche Praxis, INF 1995, 22.

Übersicht

A. Geschichte

1 Die **früheren Entwürfe** regelten die mit dem Ausscheiden von Partnern und der Auflösung der Gesellschaft zusammenhängenden Fragen in weit ausführlicherer Weise. Bereits der Entwurf von **1971** nannte die zur Auflösung einer Partnerschaft führenden Gründe in seinen §§ 13 und 14 abschließend, um so – ähnlich wie der später Gesetz gewordene Absatz 2 – gegenüber dem Recht der OHG eine **Strukturverfestigung** der neuen Gesellschaftsform herbeizuführen.[1] Dieses System wurde in den Entwürfen von 1975[2] und 1976[3] weitgehend beibehalten und stand auch für das PartGG von Anfang an nach der Festlegung im Neun-Punkte-Katalog vom November 1991 fest.[4] Die Entwürfe gingen insoweit sogar noch weiter als Absatz 2 a. F., da nach dem Ausscheiden des vorletzten Partners der einzige verbliebene Gesellschafter die Partnerschaft noch bis zu einem Jahr allein fortführen konnte, also als eine **Einmann-Partnerschaft.**[5] Der Verlust der Berufszugehörigkeit zog bereits nach den früheren Entwürfen automatisch das Ausscheiden aus der Gesellschaft nach sich.[6] Im Falle des Todes eines Partners sollte dessen Beteiligung an der Gesellschaft nach den Entwürfen aus den Jahren 1971 und 1975 **nicht vererblich** sein;[7] gemäß § 21 Abs. 3 des Entwurfs von 1976 konnten Partner und – nach einer entsprechenden Regelung im Partnerschaftsvertrag – Dritte, die die beruflichen Voraussetzungen für eine Mitgliedschaft erfüllten, erben.[8]

2 Für den Fall des **Ausscheidens** eines Partners trafen die früheren Entwürfe Regelungen der **Abfindung.** So hieß es in § 19 Abs. 1 Satz 2 des Entwurfs von 1971:

> „Das Abfindungsguthaben errechnet sich – vorbehaltlich einer anderen Regelung im Partnerschaftsvertrag – aus dem Anteil des Ausscheidenden am Vermögen und dem anteiligen inneren Wert der Partnerschaft."

3 Der nachfolgende Gesetzentwurf aus dem **Jahre 1975** verzichtete in seinem § 19 Abs. 1 Satz 2 auf die Beteiligung am inneren Wert der Gesellschaft. Der **Entwurf von 1976** berechnete die Abfindung schließlich als den Betrag,

> „den ein Dritter aufwenden würde, wenn er anstelle des ausgeschiedenen Partners in die Partnerschaft eintreten würde."[9]

---

1) E 1971, BT-Drucks. VI/2047, S. 2 f.
2) §§ 13 und 14 E 1975, BT-Drucks. 7/4089, S. 4.
3) §§ 22–24 E 1976, BT-Drucks. 7/5402, S. 7 f.; hierzu vgl. *Schwenter-Lipp*, S. 232.
4) *Beckmann* in: FS Kleinert, S. 210, 214.
5) § 12 E 1971 und 1975, § 24 Abs. 2 E 1976; so auch noch § 20 Abs. 2 RefE, hierzu näher *Seibert*, Die Partnerschaft, S. 47 f.
6) § 15 Abs. 2 E 1971 und 1975; § 21 Abs. 1 E 1976.
7) § 15 Abs. 3 Sätze 2 und 3 E 1971 und 1975; so auch noch Punkt 4 des Neun-Punkte-Katalogs v. November 1991, vgl. *Beckmann* in: FS Kleinert, S. 210, 214.
8) Hierzu *Schwenter-Lipp*, S. 232.
9) § 19 Abs. 4 Satz 1 E 1976, ähnlich dessen §§ 20 Abs. 2 Satz 1, 21 Abs. 1 Satz 2; vgl. *Schwenter-Lipp*, S. 230 f.

4 Bereits der **Neun-Punkte-Katalog** des Bundeswirtschaftsministeriums vom November 1991 zog es gegenüber den früheren Gesetzentwürfen für das PartGG vor, die Regelung der Abfindung ganz dem Gesellschaftsvertrag zu überlassen.[10] Der Referentenentwurf war davon zwar wieder abgegangen zugunsten eigenständiger Regelungen; diese haben aber schon während des Gesetzgebungsverfahrens eher für Verwirrung gesorgt und wurden daher bereits im Regierungsentwurf aufgegeben.[11]

5 Die **Auflösung** der Gesellschaft wie auch die **Ausschließung** einzelner Partner regelten die früheren Entwürfe eigenständig, aber inhaltlich in einer den §§ 133 und 140 HGB ähnlichen Weise, wobei jeweils eine gerichtliche Entscheidung herbeigeführt werden musste.[12]

6 Durch das Handelsrechtsreformgesetz vom 22.6.1998 wurde § 9 Abs. 2 PartGG mit Wirkung vom 1.7.1998 aufgehoben, da diese Vorschrift früher im Wesentlichen den Inhalt des neuen § 131 Abs. 2 HGB hatte. Aufgrund der Verweisung auf § 131 HGB in Absatz 1 erübrigte sich eine inhaltlich identische Vorschrift im PartGG.

B. Das Prinzip: „Ausscheiden statt Auflösung“ (§ 9 Abs. 1 PartGG)

I. Allgemeines

7 § 9 Abs. 1 PartGG verweist auf eine Reihe von Vorschriften des HGB, deren Geltung dann aber durch spezielle Regelungen in § 9 Abs. 3 und 4 PartGG für die Partnerschaft zum Teil abbedungen oder modifiziert wird. Im Folgenden werden die Bestimmungen des HGB nicht geschlossen, sondern vielmehr dem Sinnzusammenhang entsprechend bei dem zugehörigen Absatz des § 9 behandelt. Absatz 2 enthielt bei Inkrafttreten des PartGG eine wesentliche **Strukturverfestigung** der Partnerschaft gegenüber der damaligen Rechtslage bei freiberuflichen Gesellschaften bürgerlichen Rechts und der OHG.[13] Anders als nach den §§ 723 ff. BGB und den §§ 131 ff. HGB a. F. (vor dem 1.7.1998) sollte im Bereich des PartGG von Anfang an der Grundsatz „Ausscheiden statt Auflösung“ gelten.[14] Dadurch wurde weitgehend nur die bei den meisten Personengesellschaften übliche **Praxis der Vertragsgestaltung** kodifiziert (siehe § 138 HGB a. F.).[15] Diese Übung hatte sich entwickelt, da sich das Konzept des HGB-Gesetzgebers, nach welchem die – so unterstellte man – sehr persönliche Verbindung der Gesellschafter sich durch den Fortfall eines von ihnen zu einer wesentlich anderen umgestaltete, in der gesellschaftsrechtlichen Praxis als verfehlt herausgestellt hatte.[16] Anders als etwa Absatz 1 i. V. m. §§ 133, 140 HGB a. F. hatte der Gesetzgeber in dem damaligen

10) Punkt 4 des Kataloges, vgl. *Beckmann* in: FS Kleinert, S. 210, 214.

11) *Seibert*, Die Partnerschaft, S. 47.

12) §§ 13 Nr. 5, 14, 16 E 1971 und 1975; §§ 19, 22 E 1976.

13) Begr. zum RegE PartGG, BT-Drucks. 12/6152, S. 20; *Burret*, WPK-Mitt. 1994, 201, 206; *Bösert*, DStR 1993, 1332, 1334; *Bösert*, ZAP Fach 15, 137, 150.

14) Begr. zum RegE PartGG, BT-Drucks. 12/6152, S. 20; *Bösert*, DStR 1993, 1332, 1334 f.; *Bösert*, ZAP Fach 15, S. 137, 150; *Seibert*, Die Partnerschaft, S. 48.

15) Begr. zum RegE PartGG, BT-Drucks. 12/6152, S. 20; *Stuber*, WiB 1994, 705, 709; *Bösert*, ZAP Fach 15, S. 137, 150; *Knoll/Schüppen*, DStR 1995, 608, 646, 649.

16) Begr. zum RegE PartGG, BT-Drucks. 12/6152, S. 20; *Bösert*, DStR 1993, 1332, 1334; *Bösert*, ZAP Fach 15, S. 137, 150.

Absatz 2 somit für einen Teilbereich eine veraltete und unangemessene Regelung im Recht der Personenhandelsgesellschaften für die Partnerschaft korrigiert.[17] Durch das Handelsrechtsreformgesetz vom 22.6.1998 wurde eine allgemeine Anpassung an die veränderten Umstände vorgenommen, so dass die isolierte Regelung in Absatz 2 gestrichen werden konnte.

II. Ausscheiden

8 § 9 Abs. 1 PartGG i. V. m. § 131 Abs. 3 HGB regelt für die dort ausdrücklich aufgezählten Fälle, dass mit dem Eintritt eines bestimmten Ereignisses lediglich der davon betroffene Partner ausscheidet. Daraus folgt gleichzeitig, dass dann die Partnerschaft unter den **verbleibenden** Gesellschaftern **fortgesetzt** wird.[18]

1. Tod eines Partners

9 Gemäß § 9 Abs. 1 PartGG i. V. m. § 131 Abs. 3 Nr. 1 HGB führt der Tod eines Gesellschafters zu dessen Ausscheiden aus der Partnerschaft. Zu den Rechtsfolgen des Ausscheidens und den Gestaltungsmöglichkeiten einer Nachfolge im Partnerschaftsvertrag siehe eingehend unten Rz. 25 ff.

2. Eröffnung des Insolvenzverfahrens über das Vermögen eines Partners

10 Das Ausscheiden des betroffenen Partners bei Eröffnung des Insolvenzverfahrens über sein Vermögen ergibt sich aus § 9 Abs. 1 PartGG i. V. m. § 131 Abs. 3 Nr. 2 HGB. Die **Abweisung des Insolvenzantrages** mangels Masse führt hingegen nicht automatisch zum Ausscheiden. Abhilfe kann der **Partnerschaftsvertrag** schaffen, indem er die Ablehnung des Insolvenzverfahrens über das Vermögen eines Partners ebenfalls zum Ausscheidensgrund bestimmt.[19] Auch ohne vertragliche Regelung soll dieser Umstand jedenfalls den Ausschluss des Partners entsprechend § 140 HGB rechtfertigen.[20]

11 Der **Insolvenzverwalter** kann den Abfindungsanspruch des ausgeschiedenen Partners für dessen Gläubiger geltend machen, verwerten und verteilen.[21]

3. Kündigung eines Partners

12 Die Regelung des § 9 Abs. 1 PartGG i. V. m. § 131 Abs. 3 Nr. 3 HGB betrifft nur die **ordentliche Kündigung** durch einen Gesellschafter nach der hier gemäß § 9 Abs. 1 PartGG entsprechend anwendbaren Vorschrift des § 132 HGB, also in Abweichung von § 131 Nr. 6 Alt. 1 HGB. Die außerordentliche Kündigung ist nur als Auflösungsklage möglich, § 9 Abs. 1 PartGG i. V. m. **§ 133 HGB**.[22] Dies dürfte

---

17) Begr. zum RegE PartGG, BT-Drucks. 12/6152, S. 20; *Bösert*, DStR 1993, 1332, 1334; *Bösert*, ZAP Fach 15, S. 137, 149 f.

18) Begr. zum RegE PartGG, BT-Drucks. 12/6152, S. 20; *Kempter*, BRAK-Mitt. 1994, 122, 124.

19) Begr. zum RegE PartGG, BT-Drucks. 12/6152, S. 20.

20) Begr. zum RegE PartGG, BT-Drucks. 12/6152, S. 20 mit Verweis auf BGH, Urt. v. 8.10.1979 – II ZR 257/78, BGHZ 75, 178, 181 = ZIP 1980, 44, wo allerdings nur ganz allgemein davon die Rede ist, dass es den Gesellschaften überlassen bleiben soll, welche Folgerungen sie aus dem Vermögensverfall eines Gesellschafters ziehen wollen.

21) Begr. zum RegE PartGG, BT-Drucks. 12/6152, S. 20.

22) Baumbach/Hopt-*Hopt*, HGB, § 132 Rz. 1; wohl a. A. *K. Schmidt*, NJW 1995, 1, 4.

häufig unangemessen sein, da es zumeist nicht den Interessen der Mitglieder entspricht, dass der außerordentlich kündigende Partner wegen § 133 Abs. 2 HGB die Gesellschaft zerstört. Der **Partnerschaftsvertrag** kann Abhilfe schaffen, indem er die außerordentliche Kündigung der normalen Gesellschafterkündigung insoweit gleichstellt.[23] Gleichzeitig kann vorgesehen werden, dass bestimmte Umstände stets als wichtiger Grund anzusehen sind.

4. Kündigung durch den Privatgläubiger eines Partners

13 Die Voraussetzungen für die nicht durch den Partnerschaftsvertrag abdingbare[24] Kündigung durch einen Privatgläubiger sind in **§ 135 HGB** geregelt. Neben dem Privatgläubiger steht ein solches Kündigungsrecht in Analogie zu § 135 HGB auch dem **Nachlassverwalter**, dem Nachlassinsolvenzverwalter sowie dem Testamentsvollstrecker zu.[25] Das Ausscheiden des betroffenen Partners folgt aus § 9 Abs. 1 PartGG i. V. m. § 131 Abs. 3 Nr. 4 HGB.

5. Eintritt vertraglich vorgesehener Fälle

14 Gemäß § 9 Abs. 1 PartGG i. V. m. § 131 Abs. 3 Nr. 5 HGB führt der Eintritt weiterer, vertraglich vorgesehener Fälle zum Ausscheiden eines Partners.

6. Beschluss der Gesellschafter

15 Die Partner können gemäß § 9 Abs. 1 PartGG i. V. m. § 131 Abs. 3 Nr. 6 HGB das Ausscheiden eines von ihnen beschließen. Sofern dies gegen den Willen des betroffenen Gesellschafters geschieht, wird man stets einen **wichtigen Grund** fordern müssen. Im Partnerschaftsvertrag können Sachverhalte, bei deren Vorliegen ein wichtiger Grund regelmäßig gegeben sein soll, näher umschrieben werden.[26] Unzulässig ist jedoch eine Klausel, nach welcher ein Partner bereits bei Vorliegen eines sachlichen Grundes ausgeschlossen werden kann.[27] Einen wichtigen Grund kann es bspw. darstellen, wenn ein Partner seine aktive Mitarbeit in der Partnerschaft einstellt (siehe hierzu näher *Zimmermann*, § 1 Rz. 8 ff.),[28] es sei denn, dieses ist ihm durch eine abweichende Vereinbarung mit den übrigen Gesellschaftern gestattet worden.

7. Ausschließung eines Partners (§ 140 HGB)

16 Gemäß Absatz 1 findet § 140 HGB auch auf die Partnerschaft Anwendung. Danach können die übrigen Partner bei Vorliegen eines **wichtigen Grundes** in der Person eines Gesellschafters anstatt der Auflösungsklage nach § 133 HGB die Ausschließungsklage erheben.

---

23) *Seibert*, Die Partnerschaft, S. 46 f.; *Bösert*, DStR 1993, 1332, 1334; *Bösert*, ZAP Fach 15, S. 137, 149; nach dem Vorschlag der *BRAK*, Stellungnahme zum RefE PartGG, S. 10, sollte dies bereits in Absatz 2 so geregelt werden.

24) *Baumbach/Hopt-Hopt*, HGB, § 135 Rz. 14.

25) *Baumbach/Hopt-Hopt*, HGB, § 135 Rz. 3.

26) Begr. zum RegE PartGG, BT-Drucks. 12/6152, S. 19.

27) LG Halle, Beschl. v. 20.1.2006 – 5 O 577/04, Rz. 75 ff., juris.

28) Begr. zum RegE PartGG, BT-Drucks. 12/6152, S. 19; *Burret*, WPK-Mitt. 1994, 201, 202; *Seibert*, Die Partnerschaft, S. 51.

III. Auflösung

17 Mangels abweichender Regelungen in § 9 Abs. 1 PartGG i. V. m. § 131 Abs. 3 HGB bleibt es bei den in § 131 Abs. 1 HGB genannten **Auflösungsgründen**:

- Der **Ablauf der Zeit**, für welche die Partnerschaft eingegangen wurde, § 131 Abs. 1 Nr. 1 HGB. Falls die Partnerschaft nach dem Ablauf der für ihre Dauer vorgesehenen Zeit fortgesetzt wird, steht sie gemäß § 134 HGB i. S. der §§ 132 und 133 HGB einer für unbestimmte Zeit eingegangenen Gesellschaft gleich. Dies gilt im Übrigen auch für eine auf die Lebenszeit eines Partners eingegangene Partnerschaft.
- Der **Partnerbeschluss**, § 131 Abs. 1 Nr. 2 HGB.
- Die Eröffnung des **Insolvenzverfahrens** über das **Vermögen der Partnerschaft**, § 131 Abs. 1 Nr. 3 HGB. Falls nach der Auflösung der Partnerschaft das Insolvenzverfahren auf Antrag des Schuldners eingestellt (§§ 212, 213 InsO) oder nach der Bestätigung eines Insolvenzplans, der den Fortbestand der Gesellschaft vorsieht, aufgehoben wurde, können die Partner gemäß § 144 Abs. 1 HGB die **Fortsetzung** der Partnerschaft beschließen; die Fortsetzung ist zur Eintragung in das Partnerschaftsregister anzumelden, § 144 Abs. 2 HGB.
- Die **gerichtliche Entscheidung**, § 131 Abs. 1 Nr. 4 HGB. Gemeint ist nach h. M.[29] nur § 133 HGB. Danach kann anstelle einer außerordentlichen Kündigung nur die Auflösungsklage durch einen Gesellschafter erhoben werden, sofern ein **wichtiger Grund** vorliegt, d. h. die Fortsetzung der Gesellschaft muss für den betroffenen Partner unzumutbar sein.[30] Zudem gilt nach der Rechtsprechung der Verhältnismäßigkeitsgrundsatz, so dass dem Austritt oder der Ausschließung des betroffenen Gesellschafters Vorrang vor der Auflösung der Partnerschaft zukommt, sofern dies – wiederum i. R. des Zumutbaren – möglich ist.[31] Die gerichtliche Entscheidung über die Klage ist ein Gestaltungsurteil mit ex nunc-Wirkung.[32]

IV. Anmeldung zur Eintragung

18 Sämtliche Partner haben die Auflösung der Partnerschaft wie auch das Ausscheiden eines Partners zur Eintragung in das Partnerschaftsregister anzumelden, **§ 143 Abs. 1 und 2 HGB**. Auf den Grund für das Ausscheiden kommt es nicht an, so dass auch die Ausschließung nach § 140 HGB angemeldet werden muss.[33] Für den Fall der Eröffnung des Insolvenzverfahrens über das Vermögen der Partnerschaft gilt dies nicht, da nach § 2 Abs. 2 PartGG i. V. m. **§ 32 Satz 1 HGB** eine Eintragung bereits von Amts wegen erfolgt.[34] Im Fall des Todes eines Partners kann die Eintragung nach § 143 Abs. 3 HGB auch ohne Mitwirkung der ansonsten ebenfalls

---

29) Baumbach/Hopt-*Hopt*, HGB, § 131 Rz. 15 m. w. N.
30) Vgl. LG Halle, Beschl. v.20.1.2006 – 5 O 577/04, Rz. 94 ff., juris.
31) Begr. zum RegE PartGG, BT-Drucks. 12/6152, S. 19; Baumbach/Hopt-*Hopt*, HGB, § 133 Rz. 6.
32) *G. Hueck*, GesR, § 17 I 5, S. 142.
33) Baumbach/Hopt-*Hopt*, HGB, § 143 Rz. 2.
34) Vgl. die Begr. zum RegE PartGG, BT-Drucks. 12/6152, S. 19.

anmeldepflichtigen[35] Erben vorgenommen werden, soweit dieser Mitwirkung besondere Hindernisse entgegenstehen. Ist nach dem Ausscheiden nur noch ein Partner in der Partnerschaft vorhanden, so wird das Ausscheiden nicht eingetragen, denn in diesem Fall kommt es zu einer Vollbeendigung der Gesellschaft ohne Liquidation.[36] Die Anmeldung und Eintragung erfolgt dann nur noch bezüglich dieses Umstandes.

C. Verlust der Zulassung (§ 9 Abs. 3 PartGG)

19 Aus dem Charakter der Partnerschaft als Zusammenschluss von Freiberuflern zur gemeinsamen Berufsausübung nach § 1 Abs. 1 Satz 1 PartGG folgt, dass der Partner, der seine Zugehörigkeit zu einem freien Beruf verliert, aus der Gesellschaft ausscheiden muss.[37] Während **frühere Gesetzentwürfe** dies so in dieser Allgemeinheit formuliert und das Ausscheiden des Partners mit dem Erlöschen der **Berufszugehörigkeit** angeordnet hatten,[38] stellt § 9 Abs. 3 PartGG allein auf die erforderliche **Berufszulassung** ab.

20 Angehörige freier Berufe, für die es eine **solche Zulassung nicht gibt**, können daher nicht kraft Gesetzes ausscheiden.[39] Für sie kann es allenfalls im Verhältnis zu ihren Partnern eine gesellschaftsrechtliche Verpflichtung geben, aus der Partnerschaft auszuscheiden.[40] Das **Berufsrecht** determiniert somit auch i. R. des § 9 Abs. 3 PartGG die wesentlichen Voraussetzungen für eine Partnerschaft. Die Vorschrift des Absatzes 3 selbst ist berufsrechtlicher Natur, da es gesellschaftsrechtlich unproblematisch wäre, auch nicht mehr einem bestimmten Beruf angehörigen Personen die Mitgliedschaft zu ermöglichen.[41]

21 Maßgeblich ist die Zulassung zu dem Beruf, den der betroffene Partner **in der Gesellschaft ausübt**. Dieser ergibt sich aus dem Partnerschaftsvertrag (§ 3 Abs. 2 Nr. 2 PartGG) und auch aus der entsprechenden Eintragung im Partnerschaftsregister (§ 5 Abs. 1 PartGG). Falls ein Gesellschafter **mehrere Berufe** i. R. der Partnerschaft ausübt, bleibt der Verlust einer Zulassung insoweit grundsätzlich ohne Auswirkungen.[42] Der frühere Rechtsanwalt und Steuerberater verbleibt also nach dem Verlust der Anwaltszulassung zunächst von Gesetzes wegen als Steuerberater in der Partnerschaft. Wenn die Partner allerdings vereinbart hatten, dass er als Rechtsanwalt tätig werden sollte, kann diese berufliche Veränderung zu einer Ausschließung aus wichtigem Grunde führen.[43] Die Änderung muss in jedem Fall

35) Baumbach/Hopt-*Hopt*, HGB, § 143 Rz. 3.
36) KG Berlin, Beschluss v. 3.4.2007 – 1 W 305/06, Rz. 5 ff., ZIP 2007, 1505.
37) Vgl. *Burret*, WPK-Mitt. 1994, 201, 206; *Feddersen/Meyer-Landrut*, PartGG, § 9 Rz. 5.
38) § 15 Abs. 2 E 1971, BT-Drucks. VI/2047, S. 3; § 15 Abs. 2 Satz 1 E 1975, BT-Drucks. 7/4089, S. 4; § 21 Abs. 1 Satz 1 E 1976, BT-Drucks. 7/5402, S. 7.
39) Begr. zum RegE PartGG, BT-Drucks. 12/6152, S. 20; *Knoll/Schüppen*, DStR 1995, 608, 646, 650; *Karsten*, S. 102.
40) Meilicke u. a.-*Hoffmann*, PartGG, § 9 Rz. 22.
41) Vgl. *Knoll/Schüppen*, DStR 1995, 608, 646, 649: „... eigenartige und neue Verknüpfung von Gesellschaftsrecht und Berufsrecht."
42) So auch *Karsten*, S. 101.
43) *Salger* in: MünchHdb. GesR, Bd. 1, § 44 Rz. 29.

zum Partnerschaftsregister angemeldet werden.[44] Wenn sich der Verlust der einzigen Zulassung eines Partners abzeichnet, kann er daher unter Anpassung des Partnerschaftsvertrages einen weiteren zulassungsfreien Beruf hinzunehmen und so die Rechtsfolge des § 9 Abs. 3 PartGG vermeiden. Beispielsweise kann ein ehemals eingetragener Architekt nach dem Verlust dieser Berufsbezeichnung im Wesentlichen dieselben Dienstleistungen danach als freier Ingenieur erbringen.[45] Hierbei sind allerdings gemäß § 1 Abs. 3 PartGG die zahlreichen berufsrechtlichen Verbote interprofessioneller Zusammenarbeit zu beachten.

22 Unter dem **Verlust der Zulassung** ist nur der endgültige, rechts- oder bestandskräftige Verlust gemeint,[46] **nicht** nur eine **Aufhebung** oder das Ruhen nach der Übertragung eines öffentlichen Amtes[47] oder in den Fällen des § 6 BÄO.[48] Beispielsfälle sind etwa der Entzug der ärztlichen Approbation,[49] die Rücknahme oder der Widerruf der Zulassung zur Rechtsanwaltschaft,[50] die Löschung der Eintragung in die Architektenliste oder der Verzicht auf eine Berufszulassung (gegebenenfalls um einem Entzug zuvorzukommen).[51]

23 Die Möglichkeit der Beibehaltung des Partnerstatus trotz der vorübergehenden Untätigkeit des betroffenen Gesellschafters i. R. der Partnerschaft zeigt, dass die h. M., nach der Partner nur **aktive** Angehörige freier Berufe sein können, verfehlt ist (siehe dazu *Zimmermann*, § 1 Rz. 8 ff.). Das Gesetz kennt insoweit nur das **formelle Kriterium** der Zulassung, ohne dass es auf eine etwaige aktive Berufstätigkeit ankäme.[52] Unhaltbar ist daher die von Teilen der Literatur vertretene Auffassung, wonach § 9 Abs. 3 PartGG lediglich eine Bestätigung dessen sein soll, dass die Partnereigenschaft stets die aktive Mitarbeit voraussetzte.[53]

24 Da sich die Verfahren bis zum rechtskräftigen Entzug einer Berufszulassung wegen des Instanzenweges unter Umständen als sehr langwierig erweisen können, kann es zweckmäßig sein, im **Partnerschaftsvertrag** vorzusehen, dass ein von einem derartigen Verfahren betroffener Partner bereits zu einem früheren Zeitpunkt, z. B. nach der Entscheidung der Zulassungsbehörde, ausscheidet oder ausgeschlossen werden kann.[54] Auch ohne eine solche Vertragsklausel kann sich die Tatsache eines solchen Verfahrens allerdings bereits als wichtiger Grund erweisen, der den Ausschluss ermöglicht.

---

44) *Feddersen/Meyer-Landrut*, PartGG, § 9 Rz. 5.
45) *Salger* in: MünchHdb. GesR, Bd. 1, § 44 Rz. 30; Meilicke u. a.-*Hoffmann*, PartGG, § 9 Rz. 26.
46) *Weyand*, INF 1995, 22, 26.
47) Begr. zum RegE PartGG, BT-Drucks. 12/6152, S. 20; *Lenz*, MDR 1994, 741, 744; *Knoll/Schüppen*, DStR 1995, 608, 646, 649; so noch ausdrücklich § 15 Abs. 2 Satz 2 E 1975, BT-Drucks. 7/4089, S. 4.
48) Begr. zum RegE PartGG, BT-Drucks. 12/6152, S. 20; *Kupfer*, KÖSDI 1995, 10130, 10132.
49) *Schirmer*, MedR 1995, 341, 343.
50) Vgl. BGH, Beschl. v. 21.2.2013 – AnwZ (Brfg) 68/12, juris.
51) *Salger* in: MünchHdb. GesR, Bd. 1, § 44 Rz. 27.
52) So zutreffend *Knoll/Schüppen*, DStR 1995, 608, 646, 649.
53) *Bayer/Imberger*, DZWIR 1995, 177, 179.
54) *Salger* in: MünchHdb. GesR, Bd. 1, § 44 Rz. 27.

D. Vererblichkeit der Beteiligung (§ 9 Abs. 4 PartGG)

I. Voraussetzungen

25 Da nach § 9 Abs. 1 PartGG i. V. m. § 131 Abs. 3 Nr. 1 HGB der Tod eines Partners nicht zur Auflösung der Gesellschaft führt, würde normalerweise dessen Erbe kraft Erbfolge zum Nachfolger in der Partnerstellung.[55] Dieser Grundsatz wird der **Interessenlage** bei einer Partnerschaft nicht gerecht: Zum einen setzt diese nach § 1 Abs. 1 PartGG anders als etwa eine Personenhandelsgesellschaft eine ganz bestimmte berufliche Qualifikation als Grundbedingung für die Mitgliedschaft voraus, zum anderen entspricht es generell im Bereich der Personengesellschaften einem Bedürfnis, den Einfluss der übrigen Gesellschafter auf die Person eines in die Mitgliedstellung einrückenden Erben zu sichern.[56]

26 Diesen Anforderungen entspricht § 9 Abs. 4 PartGG, indem er in seinem ersten Satz den **Grundsatz der Unvererblichkeit** der Beteiligung an einer Partnerschaft aufstellt. Es gibt also nach der gesetzlichen Ausgestaltung grundsätzlich keine Nachfolge von Erben in die Partnerstellung. Den Erben trafen schon nach der früheren Regelung (§ 9 Abs. 1 PartGG i. V. m. § 137 HGB a. F.) keine Übergangspflichten wie etwa die vorläufigen Fortführungspflichten, zumal der nicht berufsqualifizierte Erbe hierzu regelmäßig gar nicht in der Lage wäre.

27 § 9 Abs. 4 PartGG lässt dann in Satz 2 die **Vererblichkeit** unter den **Voraussetzungen** zu, dass

- der **Partnerschaftsvertrag** dies bestimmt – damit ist der Einfluss der sonstigen Partner gewahrt – und
- als Erbe nur solche **Personen** in Betracht kommen, die nach § 1 Abs. 2 Satz 1 und 3 sowie Abs. 2 PartGG Partner sein können.

28 Zu beachten ist § 1 Abs. 3 PartGG, wonach hier die Vererblichkeit durch besondere **berufsrechtliche** Regelung ausgeschlossen oder beschränkt werden kann. Daraus folgt insbesondere, dass die Partnerstellung nur für solche freien Berufe i. S. des § 1 Abs. 2 PartGG vererblich gestellt werden kann, die mit den bereits in der Partnerschaft vertretenen Berufen kompatibel (sozietätsfähig) sind, da es sonst durch den Erbfall zu unzulässigen interprofessionellen Partnerschaften kommen könnte.[57] Bei einem solchen Fall hätten die bisherigen Partner nach einer Auffassung stets einen wichtigen Grund zur Hinauskündigung des nicht sozietätsfähigen Erben.[58] § 1 Abs. 3 PartGG stellt allerdings ein gesetzliches Verbot dar, so dass der Erbe schon nicht Partner wird.

---

55) Begr. zum RegE PartGG, BT-Drucks. 12/6152, S. 21.

56) *Kempter*, BRAK-Mitt. 1994, 122, 124; Begr. zum RegE PartGG, BT-Drucks. 12/6152, S. 21.

57) Meilicke u. a.-*Hoffmann*, PartGG, § 9 Rz. 44.

58) *Salger* in: MünchHdb. GesR, Bd. 1, § 44 Rz. 44.

II. Gestaltungsmöglichkeiten im Partnerschaftsvertrag

29 Den Partnern stehen grundsätzlich die aus dem Recht der Personengesellschaften bekannten Möglichkeiten[59)] der Vertragsgestaltung zur Verfügung:[60)]

1. Einfache Nachfolgeklausel

30 Die Partnerschaft wird anstelle des verstorbenen Gesellschafters mit dessen **sämtlichen Erben** fortgesetzt, wobei die Beteiligung im Wege der Einzel- oder Sonder (rechts)nachfolge als Anteil an der Beteiligung des Verstorbenen für jeden Erben-Gesellschafter i. H. seiner Erbquote vererbt wird.[61)] Nach dem Wortlaut des § 9 Abs. 4 Satz 2 PartGG muss bereits im **Partnerschaftsvertrag** festgelegt werden, dass als Nachfolger nur Personen, die partnerschaftsfähig sind, in Betracht kommen.[62)] Eine solche Bedingung ist i. R. der einfachen Nachfolgeklausel zulässig.[63)] So kann bspw. in dem Partnerschaftsvertrag von Rechtsanwälten zur Voraussetzung für den Eintritt eines Erben in die Gesellschaft die Zulassung zur Anwaltschaft gemacht werden. Über § 1 Abs. 3 PartGG sind auch die jeweiligen **berufsrechtlichen Vorschriften**, insbesondere zur Möglichkeit interprofessioneller Zusammenschlüsse zu beachten.[64)]

31 Sollten mehrere Erben über die erforderliche Qualifikation verfügen, so wird es sich häufig anbieten, durch weitergehende **organisationsrechtliche Bestimmungen im Partnerschaftsvertrag** einer Zersplitterung der Gesellschaftsanteile und der damit verbundenen Gefährdung der Einheit der Unternehmensführung vorzubeugen. Hierfür kommen insbesondere in Betracht:[65)]

- Der Ausschluss (eines Teils) der Erben von der sonstigen Geschäftsführung gemäß § 6 Abs. 2 PartGG,
- der Ausschluss von der Vertretungsbefugnis,
- Beschränkungen des Stimmrechts der Erben in der Partnerversammlung; Verpflichtung der Erben zur Abstimmung durch Vertreter (Vertreterklausel).[66)]

---

59) Von einer erbrechtlichen Nachfolgeregelung rät *Stuber*, Partnerschaftsgesellschaft, S. 71 wegen der auf enge Zusammenarbeit ausgelegten Gesellschaftsstruktur grundsätzlich ab.

60) Hierzu ausführlich *Michalski*, Gesellschaftsrechtliche Gestaltungsmöglichkeiten, S. 147 ff.; *Michalski/Römermann*, Vertrag der Partnerschaftsgesellschaft, Rz. 257 ff.

61) BGH, Urt. 10.2.1977 – II ZR 120/75, BGHZ 68, 225, 235; *Michalski*, Gesellschaftsrechtliche Gestaltungsmöglichkeiten, S. 151 ff. m. w. N.; vgl. hierzu und zum Folgenden auch ausführlich *Michalski*, DB 1980, Beilage Nr. 5; *Ebenroth/Lorz*, WiB 1995, 689, 690.

62) So auch die Begr. zum RegE PartGG, BT-Drucks. 12/6152, S. 21.

63) Baumbach/Hopt-*Hopt*, HGB, § 139 Rz. 11.

64) Vgl. *Kempter*, BRAK-Mitt. 1994, 122, 124.

65) Zu den Einzelheiten näher *Michalski*, Gesellschaftsrechtliche Gestaltungsmöglichkeiten, S. 157 ff.

66) Hinsichtlich der Vertreterklausel sind die Einzelheiten sehr str.; vgl. hierzu *Michalski*, Gesellschaftsrechtliche Gestaltungsmöglichkeiten, S. 171 ff.

2. Qualifizierte Nachfolgeklausel

32 An die Stelle des verstorbenen Partners treten kraft Sondererbfolge einer oder mehrere, jedoch **nicht alle Erben.**[67)] Je nach der Gestaltung im **Partnerschaftsvertrag** kann z. B. der Erbe mit einem seiner Erbquote entsprechenden Anteil an der Beteiligung Gesellschafter werden, während den Miterben ein Abfindungsanspruch zufällt. Möglich ist auch, dass er mit dem ganzen Anteil des Verstorbenen dessen Vollrechtsnachfolge in die Gesellschaft antritt. Seine Miterben erhalten dann keine Abfindung, sondern sind allein auf ihre erbrechtlichen Ansprüche gegen den Nachfolger verwiesen.[68)] Auch bei der qualifizierten Nachfolgeklausel ist die Erfüllung der berufsrechtlichen Voraussetzungen Bedingung für den Eintritt. Insoweit gilt das unter Rz. 30 f. Gesagte entsprechend. Der Partnerschaftsvertrag kann natürlich weitergehende Voraussetzungen für die Nachfolge festlegen.[69)]

3. Erbrechtliche Eintrittsklausel

33 Der verstorbene Partner scheidet mit seinem Tode aus und seine Beteiligung wächst zunächst den übrigen Gesellschaftern zu (siehe § 738 Abs. 1 Satz 1 BGB), während die Erben lediglich einen Abfindungsanspruch erhalten.[70)] Die **partnerschaftsfähigen Erben** erhalten jedoch sämtlich oder teilweise das **Recht, einseitig** ihren **Eintritt** in die Partnerschaft **zu erklären**. Mit dem Eintritt wandelt sich der jeweilige Abfindungsanspruch i. H. der Erbquote des Eintretenden in einen Anteil an der Gesellschaft um. Im Einzelnen sehr umstritten sind die Zulässigkeit und die Voraussetzungen einer durch den Erblasser begründeten **Eintrittsverpflichtung** für den oder die Erben.[71)] Die Eintrittsklausel kann ein interessantes Gestaltungsinstrument für die Konstellation sein, dass der Erbe und vorgesehene Nachfolger in den Gesellschaftsanteil die erforderliche berufliche Qualifikation erst noch erwerben muss und dann innerhalb einer gewissen Frist nach dem Erbfall seinen Eintritt erklären kann.[72)]

4. Gesellschaftsrechtliche Eintrittsklausel

34 Hierdurch wird einem **Dritten**, der nicht Erbe ist, das Eintrittsrecht eingeräumt.[73)] Rechtlich ist diese Konstruktion als Vertrag zugunsten Dritter zu betrachten, zum Teil auch bereits als bindendes Vertragsangebot der Partner an den Begünstigten.[74)] Da der Dritte kein Erbe ist, handelt es sich hierbei streng genommen nicht um eine Frage der Vererblichkeit der Partnerstellung.

---

67) Vgl. die Begr. zum RegE PartGG, BT-Drucks. 12/6152, S. 21; *Heydn*, ZEV 1998, 161, 165; *Ebenroth/Lorz*, WiB 1995, 689, 691 f. auch unter steuerrechtlichem Aspekt.

68) Eingehend hierzu *Michalski*, Gesellschaftsrechtliche Gestaltungsmöglichkeiten, S. 186 ff.

69) *Lenz*, MDR 1994, 741, 744.

70) *Michalski*, Gesellschaftsrechtliche Gestaltungsmöglichkeiten, S. 199 f.

71) Eingehend *Michalski*, Gesellschaftsrechtliche Gestaltungsmöglichkeiten, S. 201 ff.

72) *Heydn*, ZEV 1998, 161, 164.

73) Näher – auch zur steuerrechtlichen Behandlung – *Ebenroth/Lorz*, WiB 1995, 689, 692 f.

74) Baumbach/Hopt-*Hopt*, HGB, § 139 Rz. 51.

5. Rechtsgeschäftliche Nachfolgeklausel

35 Der Erblasser überträgt **unter Lebenden** seine Beteiligung auf einen **Dritten** unter der aufschiebenden Bedingung seines Todes.[75] Da mit dem Todesfall die Partnerstellung automatisch auf den Dritten übergeht, dieser also in alle Rechte und Pflichten des Erblassers eintritt, ohne selbst Erbe zu sein oder über die Ausschlagungsmöglichkeiten eines Erben zu verfügen, ist diese Konstruktion nach ganz h. M. nur unter Mitwirkung des Dritten möglich.[76] Dies kann bspw. dann der Fall sein, wenn der Nachfolger ein Mitgesellschafter des Erblassers ist. Wie bei der gesellschaftsrechtlichen Eintrittsklausel, so liegt auch hier keine Vererbung der Partnerstellung im eigentlichen Sinne vor.

III. Austrittsrecht nach § 139 HGB

36 § 9 Abs. 1 PartGG scheint insgesamt auf § 139 HGB zu verweisen, der die Fortsetzung einer OHG mit den Erben eines Gesellschafters regelt. Da diese Bestimmung aber wegen der Unzulässigkeit einer Kommandit-Partnerschaft in weiten Teilen unanwendbar ist,[77] findet sich in § 9 Abs. 3 Satz 3 PartGG die Anordnung einer modifizierten Verweisung insoweit, als der Erbe der Beteiligung seinen Austritt aus der Partnerschaft erklären kann. Dies setzt also voraus, dass der Partnerschaftsvertrag eine **einfache oder qualifizierte Nachfolgeklausel** enthielt und mindestens ein Erbe die Bedingung der Partnerschaftsfähigkeit erfüllte, so dass er die Nachfolge als Gesellschafter antreten könnte.

37 Da dies alles lediglich auf einer **Vereinbarung des Erblassers** mit den übrigen **Partnern ohne** eine direkte rechtsgeschäftliche **Beteiligung des Erben** beruht, räumt ihm das Gesetz nun die Möglichkeit ein, sich durch eine Erklärung von der ihm ohne sein Zutun zugefallenen Mitgliedschaft loszusagen. Jeder Erbe hat danach das Recht, **ohne** Einhaltung einer **Kündigungsfrist** sein Ausscheiden aus der Partnerschaft zu erklären, § 139 Abs. 2 HGB. Dieses Recht ist **binnen drei Monaten** ab Kenntnis von der Erbschaft auszuüben, wobei die Frist jedoch nicht vor der Frist zur Ausschlagung der Erbschaft enden kann, § 139 Abs. 3 HGB. Im Falle des Ausscheidens **haftet** der Erbe nur als solcher für die Altschulden bis zum Erbfall und für die Neuschulden bis zum Austritt als Nachlassverbindlichkeiten mit der Möglichkeit der Haftungsbeschränkung nach §§ 1967 ff. BGB, § 139 Abs. 4 HGB.[78] Gemäß § 139 Abs. 5 HGB kann der Partnerschaftsvertrag das Austrittsrecht des Erben nicht erschweren oder gar ausschließen.

E. Rechtsfolgen bei Auflösung und Ausscheiden

I. Anwachsung und Abfindung

38 Im Gegensatz zu früheren Gesetzentwürfen trifft das PartGG hinsichtlich der Anwachsung und Abfindung keine eigenständige Regelung, sondern verweist über

75) *Ebenroth/Lorz*, WiB 1995, 689, 693.

76) Baumbach/Hopt-*Hopt*, HGB, § 139 Rz. 57 f.

77) *Burret*, WPK-Mitt. 1994, 201, 206; *K. Schmidt*, NJW 1995, 1, 5; vgl. die entsprechende Kritik während des Gesetzgebungsverfahrens, z. B. *BRAK*, Stellungnahme zum RefE PartGG, S. 11.

78) Baumbach/Hopt-*Hopt*, HGB, § 139 Rz. 48; *K. Schmidt*, NJW 1995, 1, 5.

§ 1 Abs. 4 PartGG auf das Recht der GbR, insbesondere also **§ 738 BGB.**[79] Dies gilt unterschiedslos für sämtliche Fälle des § 9 PartGG. Demnach wächst der Anteil des Ausscheidenden den übrigen Partnern zu (§ 738 Abs. 1 Satz 1 BGB). Diese sind verpflichtet, dem Ausscheidenden die von ihm der Partnerschaft überlassenen Gegenstände zurückzugeben, ihn von den gemeinschaftlichen Schulden zu befreien und ihm als **Abfindung** das (fiktive) Auseinandersetzungsguthaben, den Abfindungsanspruch, zu zahlen (§ 738 Abs. 1 Satz 3 BGB).[80] Dessen Berechnung richtet sich nach allgemeinen personengesellschafts-rechtlichen Grundsätzen, ebenso wie die Zulässigkeit und Wirksamkeit von die Höhe der Abfindung beschränkenden Klauseln im Partnerschaftsvertrag.[81]

39 Grundsätzlich ist entgegen dem Wortlaut des § 738 Abs. 1 Satz 2 BGB nicht vom Liquidations-, sondern vom **Fortführungswert** einschließlich des good will der Partnerschaft auszugehen.[82] Der Gesamtwert der Kanzlei ergibt sich aus einer Addition des Substanzwertes und des sog. Praxiswertes.[83] Der **Substanzwert** setzt sich aus dem Wert des Inventars (Büroeinrichtung einschließlich der Bibliothek der Kanzlei etc.) und aus den Forderungen der Kanzlei u. a. gegen ihre Mandanten einschließlich der Summe der nicht abgerechneten Gebühren (halbfertige Leistungen) zusammen. Die Ermittlung des Praxiswertes einer **Rechtsanwaltssozietät** ist mit erheblichen Schwierigkeiten verbunden, zumal es sich hierbei praktisch um die Ermittlung eines immateriellen Wertes verbunden mit einer „Zukunftsprognose“ handelt.

40 Ein mathematisch exaktes Verfahren für eine solche Bewertung existiert nicht. Welches **Bewertungsverfahren** „das richtige Verfahren“ darstellt, ist umstritten. In der Praxis hat sich allerdings das **Umsatzverfahren** durchgesetzt.[84] Nach diesem Verfahren wird der durchschnittliche Umsatz der letzten drei Jahre (das letzte Jahr doppelt gewichtet) als Wertbestimmungsfaktor zu Grunde gelegt. Mehrere Komponenten spielen bei der Ermittlung des Bewertungsfaktors eine Rolle, bspw. die Kostenstruktur, das Bestehen der Sozietät am Markt, die Umsatzentwicklung, die Mandantenstruktur bzw. ob Dauermandanten für eine dauerhafte Mandatierung sorgen, die Ausstattung der Kanzleiräume und das Erscheinungsbild der Gesellschaft insgesamt. In der Praxis folgt daraus nicht selten ein bedeutender Beurteilungsspielraum dessen, der im konkreten Fall die Bewertung vorzunehmen hat.

41 Im Übrigen hat sich eine umfangreiche kautelarjuristische Praxis im Bereich der **Abfindungsklauseln** entwickelt.[85] Ein völliger Ausschluss jeglicher Abfindung

79) Ausführlich *Heydn*, ZEV 1998, 161 f.; ferner *Kempter*, BRAK-Mitt. 1994, 122, 124; Begr. zum RegE PartGG, BT-Drucks. 12/6152, S. 20; *Lenz*, MDR 1994, 741, 744, 746; *Weyand*, INF 1995, 22, 26.

80) *G. Hueck*, GesR, 1991, § 10 II 2; Baumbach/Hopt-*Hopt*, HGB, § 138 Rz. 13 ff.; ausführlich zum Ganzen *Römermann*, NJW 2007, 2209, 2213 f.

81) Begr. zum RegE PartGG, BT-Drucks. 12/6152, S. 20.

82) Baumbach/Hopt-*Hopt*, HGB, § 138 Rz. 21.

83) Näher zur Bewertung von Anwaltskanzleien *Römermann/Schröder*, NJW 2003, 2709; *Römermann*, NJW 2012, 1694.

84) Vgl. auch Empfehlung der *BRAK*, BRAK-Mitt 2004, 222.

85) Näher m. umfangreichen N. *Maciejewski* in: Dombek/Ottersbach/Schulze zur Wiesche, Die Anwaltssozietät, S. 239 ff.; vgl. *Seibert*, Die Partnerschaft, S. 47.

kann nur für den Fall des Todes wirksam vereinbart werden;[86] darüber hinaus gebieten § 723 Abs. 3 BGB, § 133 Abs. 3 HGB eine grundsätzliche Nichtigkeit von Abreden, durch die das Kündigungsrecht eines Partners faktisch in unzulässiger Weise beschränkt werden würde.[87] Ob eine unzulässige Beschränkung vorliegt, ist jeweils gesondert für den Einzelfall zu ermitteln. Dies gilt insbesondere für die häufig in Personengesellschaftsverträgen anzutreffende **Buchwertklausel**.[88] Insoweit mag allerdings aufgrund des persönlichen Arbeitseinsatzes der Angehörigen freier Berufe die Teilhabe am künftigen Ertragswert nicht in gleichem Maße wie bei Handelsgesellschaften als zwingend angesehen werden.[89] Da die Summe der Vermögensgegenstände (Büro-, Praxiseinrichtung etc.) regelmäßig weit unter dem Ertragswert liegt, bedarf es zu dessen Ermittlung zumeist einer sachverständigen Begutachtung.[90]

42 Der **BGH** unterwirft den Inhalt von abfindungsbeschränkenden Klauseln einer eingehenden Prüfung. Inwiefern eine gesellschaftsvertragliche Beschränkung im Einzelfall zulässig ist, hängt entscheidend von dem Verhältnis zwischen dem tatsächlichen Anteilswert einerseits und dem gesellschaftsvertraglich geschuldeten Abfindungsbetrag andererseits ab. Nach der Rechtsprechung des BGH sind abfindungsbeschränkende Klauseln unter Berücksichtigung der Grundsätze von **Treu und Glauben** zu korrigieren, wenn sie zu Lasten des ausscheidenden Gesellschafters zu einer erheblich hinter dem wahren Anteilswert zurückbleibenden Abfindung führen. Gleiches gilt, wenn die Abfindungsbeschränkung den davon betroffenen Gesellschafter **sittenwidrig** benachteiligt oder seine in § 723 Abs. 3 BGB verbriefte Freiheit unangemessen einschränkt, die Gesellschaftsbeteiligung zu kündigen.[91]

43 Sozietätsanteile werden zuweilen **unentgeltlich** übertragen in der Erwartung, bei Ausscheiden des „beschenkten“ Partners keine Abfindung zahlen zu müssen. („naked in, naked out“). Der BGH vertritt allerdings die Auffassung, dass ein Gesellschafter aus seiner Stellung als Schenker keine besonderen gesellschaftlichen Privilegien herleiten kann, sondern die Rechtsposition des Beschenkten so, wie sie begründet ist, respektieren muss.[92] Der Beschenkte ist kein „Gesellschafter zweiter Klasse“.[93] Die einzige Ausnahme bildet eine kurzzeitige **„Probe-Partnerschaft“**.[94]

86) Baumbach/Hopt-*Hopt*, HGB, § 138 Rz. 34; BGH, Urt. v. 22.11.1956 – II ZR 222/55, BGHZ 22, 186, 194; vgl. im Zusammenhang mit der Partnerschaft *K. Schmidt*, NJW 1995, 1, 4.

87) Baumbach/Hopt-*Hopt*, HGB, § 138 Rz. 36; *G. Hueck*, GesR, § 16 III.

88) Näher *G. Hueck*, GesR, § 16 III; Baumbach/Hopt-*Hopt*, HGB, § 138 Rz. 36; zur Rspr. des BGH *Müller*, ZIP 1995, 1561.

89) So *K. Schmidt*, NJW 1995, 1, 4.

90) *Salger* in: MünchHdb. GesR, Bd. 1, § 44 Rz. 48.

91) *Hülsmann*, NZG 2001, 625, 627.

92) BGH, Urt. v. 9.1.1989 – II ZR 83/88, ZIP 1989, 770 = NJW 1989, 2685.

93) BGH, Urt. v. 16.12.1960 – II ZR 162/59, BGHZ 34, 80, 83 = NJW 1961, 504; BGH, Urt. v. 9.1.1989 – II ZR 83/88, ZIP 1989, 770 = NJW 1989, 2685.

94) S. BGH, Urt. v. 8.3.2004 – II ZR 165/02, ZIP 2004, 903 = NJW 2004, 2013; dazu *K. Schmidt*, NJW 2005, 2801, 2803.

44 Neben der Abfindung hat der ausscheidende Gesellschafter gemäß § 1 Abs. 4 PartGG i. V. m. § 732 BGB einen Anspruch auf **Rückgabe der Gegenstände,** die er der Partnerschaft zur Benutzung überlassen hatte.[95)]

45 Der ausscheidende Partner ist zudem an den zum Zeitpunkt des Ausscheidens noch schwebenden Geschäften zu beteiligen.[96)] Hierfür steht ihm ein Auskunftsrecht nach § 1 Abs. 4 PartGG i. V. m. § 740 Abs. 2 BGB zu.

II. Fortführung der Sozietätsbezeichnung

46 Enthält der Name der Partnerschaft den Namen eines Partners, so kann der Partner wegen seines Namensrechts (§ 12 BGB) seinen Namen „mitnehmen", indem er ihn in seiner neuen Kanzlei wieder führt und der bisherigen Gesellschaft die Fortführung untersagt. Das hindert die übrigen Partner indes nicht daran, den Namen des Ausgeschiedenen etwa in der Randspalte des Briefbogens mit einem Hinweis auf das Ende der Zusammenarbeit aufzulisten: „Rechtsanwalt Max Müller (bis 3/2007)" (vgl. § 10 Abs. 4 BORA). Falls der frühere Partner jedoch inzwischen anderweitig aktiv ist, verlangt der BGH zusätzlich diese Angabe auf dem Briefbogen der ehemaligen Sozien.[97)]

47 Es kommt häufig vor, dass der namensgebende Partner schon im **Sozietätsvertrag** die Fortführung seines Namens über sein Ausscheiden hinaus gestattet. Teilweise wird insoweit auch nach dem Grund der Beendigung der beruflichen Tätigkeit unterschieden (Tod, Ruhestand, Berufsaufgabe). Das Berufsrecht macht insoweit keine Vorgaben mehr.

48 Vorsicht ist allerdings geboten bei späteren Veränderungen einer eventuell verwendeten **Kurzbezeichnung.** Das Einverständnis des namensgebenden Partners gilt im Zweifel nur für eine unveränderte Fortführung, nicht für eine Umstellung der Namensreihenfolge oder Ähnliches.[98)]

49 Wird die Sozietät **aufgelöst,** so verlieren die Sozien etwaige bis dahin bestehende Namensnutzungsrechte. Bei der Bildung von zwei „Nachfolgegesellschaften" kann also ggf. keine die bisherige „Firma" fortführen.[99)]

III. Aufteilung von Mandaten

50 Berufsrechtliche Regelungen zur Aufteilung von Mandaten sind spärlich und inkonsistent. Nach § 32 BORA, § 26 Abs. 1 BOStB gilt bei der Auflösung einer Partnerschaft folgendes **Stufenverhältnis:**

- In erster Linie dürfen sich die Partner selbst über die Mandatsverteilung bei Auflösung der Sozietät verständigen. Die Mandanten müssen bei dieser Variante also nicht vorher befragt werden. Allerdings können sie natürlich jederzeit

---

95) *Salger* in: MünchHdb. GesR, Bd. 1, § 44 Rz. 46.

96) *Salger* in: MünchHdb. GesR, Bd. 1, § 44 Rz. 47.

97) BGH, Urt. v. 17.4.1997 – I ZR 219/94, ZIP 1997, 1763 = NZG 1998, 144, mit krit. Bespr. *Römermann*, NZG 1998, 121.

98) BayObLG, Beschl. v. 26.11.1997 – 3Z BR 279/97, NZG 1998, 148, m. Bespr. *Römermann*, NZG 1998, 121.

99) OLG Hamm, Urt. v. 31.3.1998 – 4 U 21/98, NZG 1998, 591, m. Anm. *Römermann*.

das Mandat kündigen. Wenn sie mit der Fortsetzung durch einen der früheren Sozien nicht einverstanden sind, können sie ihm also schlicht das Mandat entziehen und es dem anderen früheren Sozius übertragen.

- Einigen sich die Partner nicht untereinander, so ist jeder Auftraggeber darüber zu befragen, welcher Partner künftig das Mandat erhalten soll. Wenn sich die bisherigen Partner über die Art der Befragung nicht einigen, hat die Befragung in einem gemeinsamen Rundschreiben zu erfolgen.
- Kommt eine Verständigung (ggf. auch nach Vermittlungsversuch der Kammer) über ein solches Rundschreiben nicht zustande, darf jeder der bisherigen Partner von sich aus durch ein sachlich gehaltenes Schreiben einseitig die Entscheidung der Auftraggeber einholen.

51 In der Praxis gelingt eine harmonische Mandatsverteilung durch die Sozien regelmäßig nicht. Dann sollte ein neutral informierendes, gemeinsames Rundschreiben versandt werden, das dem Mandanten die **Rückantwort** möglichst einfach macht: zum Ankreuzen und mit beigefügtem Freiumschlag. Erst nachdem die übrigen Partner ein gemeinsames Rundschreiben verweigert haben, sollte – ebenso sachlich und nüchtern – die einseitige Mandantenbefragung vorgenommen werden.

52 Bei dem **Ausscheiden eines oder einzelner Partner** aus der ansonsten fortbestehenden Gesellschaft gilt bei Rechtsanwälten die genannte Regelung mit der Maßgabe, dass der Ausscheidende nicht sämtliche Mandanten befragen darf, sondern nur solche, „mit deren laufenden Sachen er zum Zeitpunkt seines Ausscheidens befasst oder für die er vor seinem Ausscheiden regelmäßig tätig war“, § 32 Abs. 2 Satz 1 BORA. Auch wenn der ausscheidende Sozius danach keine Mandantenbefragung vornehmen darf, soll jedenfalls nach § 32 Abs. 2 Satz 2 BORA sein „Recht, das Ausscheiden aus der Sozietät allen Mandanten bekannt zu geben, … unberührt“ bleiben. Dadurch soll der Ausscheidende in die Lage versetzt werden, die **Mithaftung** während des laufenden Mandats wirksam für die Zukunft **zu beenden**, insoweit also auch jeden Rechtsschein gegenüber dem Mandanten zu zerstören.

IV. Aktenverteilung

53 Sozietätstrennungen sind häufig von einem Kampf um Akten geprägt. Berufsrechtliche Regeln zum Verbleib der Akten bei einer Trennung fehlen. Ein **„Mitnahmerecht“** des ausscheidenden Partners lässt sich aus dem allgemeinen Zivilrecht nicht herleiten. In der Praxis wird oftmals im Vorfeld einer Trennung nächtens kopiert – in Dateiform, was aber zumeist gut nachvollzogen werden kann, oder klassisch mittels Fotokopierer. Es kommt jedoch auch vor, dass Akten in einer „Nacht- und Nebel-Aktion“ mitgenommen werden. Das ist zwar zumeist unzulässig, taktisch kann dieses Vorgehen aus Sicht des Ausscheidenden aber durchaus Sinn machen. Getreu dem Motto „Wer die Akte hat, hat sie“ ist es für die verbleibenden Sozien nämlich prozessual schier unmöglich, die Akten kurzfristig zurückzubekommen.

V. Büroräume und Telefonnummer

54 Fordert ein Partner nach der Auflösung bzw. dem Ausscheiden die Weiternutzung der Büroräume, so stellen sich insoweit primär **mietrechtliche Fragen**. Hat die Sozietät als solche den Mietvertrag abgeschlossen oder waren es die Sozien? Löst

sich die Sozietät auf, so haften während des Liquidationsstadiums alle Sozien für den Mietzins, aber auch ihr Nutzungsrecht bleibt grundsätzlich erhalten. Gelegentlich bilden sich dann „Büros im Büro" durch eine Art „Trennung von Tisch und Bett" in derselben Wohnung.

55 Die Berufsrechte schweigen zu diesem Problembereich. Gemäß § 32 Abs. 1 Satz 4 BORA darf der ausscheidende Sozius am bisherigen Kanzleisitz lediglich einen **Hinweis** auf seinen Umzug für ein Jahr anbringen.[100)]

56 Streit entbrennt nicht selten über die Fortführung der bisherigen **Partnerschafts-Rufnummer**. Die zutreffende Lösung dieses Problems dürfte sein: Jeder Sozius ist im Liquidationsstadium zur Mitwirkung an der Kündigung des Telekommunikationsvertrags über die Telefonleitung verpflichtet. Für die daraufhin frei werdende Rufnummer gilt das Prinzip: „Wer zuerst kommt, mahlt zuerst".

100) Zu praktischen den Problemen dieser Vorschrift *Römermann*, NJW 2007, 2209, 2212.

§ 10

Liquidation der Partnerschaft; Nachhaftung

(1) Für die Liquidation der Partnerschaft sind die Vorschriften über die Liquidation der offenen Handelsgesellschaft entsprechend anwendbar.

(2) Nach der Auflösung der Partnerschaft oder nach dem Ausscheiden des Partners bestimmt sich die Haftung der Partner aus Verbindlichkeiten der Partnerschaft nach den §§ 159, 160 des Handelsgesetzbuchs.

Die Vorschriften des **HGB**, auf die § 10 Abs. 1 und 2 PartGG Bezug nimmt, lauten:

§ 145 (Notwendigkeit der Liquidation)

(1) Nach der Auflösung der Gesellschaft findet die Liquidation statt, sofern nicht eine andere Art der Auseinandersetzung von den Gesellschaftern vereinbart oder über das Vermögen der Gesellschaft das Insolvenzverfahren eröffnet ist.

(2) Ist die Gesellschaft durch Kündigung des Gläubigers eines Gesellschafters oder durch die Eröffnung des Insolvenzverfahrens über das Vermögen eines Gesellschafters aufgelöst, so kann die Liquidation nur mit Zustimmung des Gläubigers oder des Insolvenzverwalters unterbleiben; ist im Insolvenzverfahren Eigenverwaltung angeordnet, so tritt an die Stelle der Zustimmung des Insolvenzverwalters die Zustimmung des Schuldners.

(3) Ist die Gesellschaft durch Löschung wegen Vermögenslosigkeit aufgelöst, so findet eine Liquidation nur statt, wenn sich nach der Löschung herausstellt, daß Vermögen vorhanden ist, das der Verteilung unterliegt.

§ 146 (Bestellung der Liquidatoren)

(1) Die Liquidation erfolgt, sofern sie nicht durch Beschluß der Gesellschafter oder durch den Gesellschaftsvertrag einzelnen Gesellschaftern oder anderen Personen übertragen ist, durch sämtliche Gesellschafter als Liquidatoren. Mehrere Erben eines Gesellschafters haben einen gemeinsamen Vertreter zu bestellen.

(2) Auf Antrag eines Beteiligten kann aus wichtigen Gründen die Ernennung von Liquidatoren durch das Gericht erfolgen, in dessen Bezirke die Gesellschaft ihren Sitz hat; das Gericht kann in einem solchen Falle Personen zu Liquidatoren ernennen, die nicht zu den Gesellschaftern gehören. Als Beteiligter gilt außer den Gesellschaftern im Falle des § 135 auch der Gläubiger, durch den die Kündigung erfolgt ist. Im Falle des § 145 Abs. 3 sind die Liquidatoren auf Antrag eines Beteiligten durch das Gericht zu ernennen.

(3) Ist über das Vermögen eines Gesellschafters das Insolvenzverfahren eröffnet und ist ein Insolvenzverwalter bestellt, so tritt dieser an die Stelle des Gesellschafters.

§ 147 (Abberufung von Liquidatoren)

Die Abberufung von Liquidatoren geschieht durch einstimmigen Beschluß der nach § 146 Abs. 2 und 3 Beteiligten; sie kann auf Antrag eines Beteiligten aus wichtigen Gründen auch durch das Gericht erfolgen.

§ 148 (Anmeldung der Liquidatoren)

(1) Die Liquidatoren und ihre Vertretungsmacht sind von sämtlichen Gesellschaftern zur Eintragung in das Handelsregister anzumelden. Das gleiche gilt von jeder Änderung in den Personen der Liquidatoren oder in ihrer Vertretungsmacht. Im Falle des Todes eines Gesellschafters kann, wenn anzunehmen ist, daß die Anmeldung den Tatsachen entspricht, die Eintragung erfolgen, auch ohne daß die Erben bei der Anmeldung mitwirken, soweit einer solchen Mitwirkung besondere Hindernisse entgegenstehen.

(2) Die Eintragung gerichtlich bestellter Liquidatoren sowie die Eintragung der gerichtlichen Abberufung von Liquidatoren geschieht von Amts wegen.

(3) (weggefallen)

§ 149 (Rechte und Pflichten der Liquidatoren)

Die Liquidatoren haben die laufenden Geschäfte zu beendigen, die Forderungen einzuziehen, das übrige Vermögen in Geld umzusetzen und die Gläubiger zu befriedigen; zur Beendigung schwebender Geschäfte können sie auch neue Geschäfte eingehen. Die Liquidatoren vertreten innerhalb ihres Geschäftskreises die Gesellschaft gerichtlich und außergerichtlich.

§ 150 (Mehrere Liquidatoren)

(1) Sind mehrere Liquidatoren vorhanden, so können sie die zur Liquidation gehörenden Handlungen nur in Gemeinschaft vornehmen, sofern nicht bestimmt ist, daß sie einzeln handeln können.

(2) Durch die Vorschrift des Absatzes 1 wird nicht ausgeschlossen, daß die Liquidatoren einzelne von ihnen zur Vornahme bestimmter Geschäfte oder bestimmter Arten von Geschäften ermächtigen. Ist der Gesellschaft gegenüber eine Willenserklärung abzugeben, so findet die Vorschrift des § 125 Abs. 2 Satz 3 entsprechende Anwendung.

§ 151 (Unbeschränkbarkeit der Befugnisse)

Eine Beschränkung des Umfanges der Befugnisse der Liquidatoren ist Dritten gegenüber unwirksam.

§ 152 (Bindung an Weisungen)

Gegenüber den nach § 146 Abs. 2 und 3 Beteiligten haben die Liquidatoren, auch wenn sie vom Gerichte bestellt sind, den Anordnungen Folge zu leisten, welche die Beteiligten in betreff der Geschäftsführung einstimmig beschließen.

§ 153 (Unterschrift)

Die Liquidatoren haben ihre Unterschrift in der Weise abzugeben, daß sie der bisherigen, als Liquidationsfirma zu bezeichnenden Firma ihren Namen beifügen.

§ 154 (Bilanzen)

Die Liquidatoren haben bei dem Beginne sowie bei der Beendigung der Liquidation eine Bilanz aufzustellen.

§ 155 (Verteilung des Gesellschaftsvermögens)

(1) Das nach Berichtigung der Schulden verbleibende Vermögen der Gesellschaft ist von den Liquidatoren nach dem Verhältnisse der Kapitalanteile, wie sie sich auf Grund der Schlußbilanz ergeben, unter die Gesellschafter zu verteilen.

(2) Das während der Liquidation entbehrliche Geld wird vorläufig verteilt. Zur Deckung noch nicht fälliger oder streitiger Verbindlichkeiten sowie zur Sicherung der den Gesellschaftern bei der Schlußverteilung zukommenden Beträge ist das Erforderliche zurückzubehalten. Die Vorschriften des § 122 Abs. 1 finden während der Liquidation keine Anwendung.

(3) Entsteht über die Verteilung des Gesellschaftsvermögens Streit unter den Gesellschaftern, so haben die Liquidatoren die Verteilung bis zur Entscheidung des Streites auszusetzen.

§ 156 (Rechtsverhältnisse der Gesellschafter)

Bis zur Beendigung der Liquidation kommen in bezug auf das Rechtsverhältnis der bisherigen Gesellschafter untereinander sowie der Gesellschaft zu Dritten die Vorschriften des zweiten und dritten Titels zur Anwendung, soweit sich nicht aus dem gegenwärtigen Titel oder aus dem Zwecke der Liquidation ein anderes ergibt.

§ 157 (Anmeldung des Erlöschens; Geschäftsbücher)

(1) Nach der Beendigung der Liquidation ist das Erlöschen der Firma von den Liquidatoren zur Eintragung in das Handelsregister anzumelden.

(2) Die Bücher und Papiere der aufgelösten Gesellschaft werden einem der Gesellschafter oder einem Dritten in Verwahrung gegeben. Der Gesellschafter oder der Dritte wird in Ermangelung einer Verständigung durch das Gericht bestimmt, in dessen Bezirke die Gesellschaft ihren Sitz hat.

(3) Die Gesellschafter und deren Erben behalten das Recht auf Einsicht und Benutzung der Bücher und Papiere.

§ 158 (Andere Art der Auseinandersetzung)

Vereinbaren die Gesellschafter statt der Liquidation eine andere Art der Auseinandersetzung, so finden, solange noch ungeteiltes Gesellschaftsvermögen vorhanden ist, im Verhältnisse zu Dritten die für die Liquidation geltenden Vorschriften entsprechende Anwendung.

§ 159 (Ansprüche gegen einen Gesellschafter)

(1) Die Ansprüche gegen einen Gesellschafter aus Verbindlichkeiten der Gesellschaft verjähren in fünf Jahren nach der Auflösung der Gesellschaft, sofern nicht der Anspruch gegen die Gesellschaft einer kürzeren Verjährung unterliegt.

(2) Die Verjährung beginnt mit dem Ende des Tages, an welchem die Auflösung der Gesellschaft in das Handelsregister des für den Sitz der Gesellschaft zuständigen Gerichts eingetragen wird.

(3) Wird der Anspruch des Gläubigers gegen die Gesellschaft erst nach der Eintragung fällig, so beginnt die Verjährung mit dem Zeitpunkte der Fälligkeit.

(4) Der Neubeginn der Verjährung und ihre Hemmung nach § 204 des Bürgerlichen Gesetzbuchs gegenüber der aufgelösten Gesellschaft wirken auch gegenüber den Gesellschaftern, die der Gesellschaft zur Zeit der Auflösung angehört haben.

§ 160 (Haftung des ausscheidenden Gesellschafters; Fristen; Haftung als Kommanditist)

(1) Scheidet ein Gesellschafter aus der Gesellschaft aus, so haftet er für ihre bis dahin begründeten Verbindlichkeiten, wenn sie vor Ablauf von fünf Jahren nach dem Ausscheiden fällig und daraus Ansprüche gegen ihn in einer in § 197 Abs. 1 Nr. 3 bis 5 des Bürgerlichen Gesetzbuchs bezeichneten Art festgestellt sind oder eine gerichtliche oder behördliche Vollstreckungshandlung vorgenommen oder beantragt wird; bei öffentlich-rechtlichen Verbindlichkeiten genügt der Erlass eines Verwaltungsakts. Die Frist beginnt mit dem Ende des Tages, an dem das Ausscheiden in das Handelsregister des für den Sitz der Gesellschaft zuständigen Gerichts eingetragen wird. Die für die Verjährung geltenden §§ 204, 206, 210, 211 und 212 Abs. 2 und 3 des Bürgerlichen Gesetzbuches sind entsprechend anzuwenden.

(2) Einer Feststellung in einer in § 197 Abs. 1 Nr. 3 bis 5 des Bürgerlichen Gesetzbuchs bezeichneten Art bedarf es nicht, soweit der Gesellschafter den Anspruch schriftlich anerkannt hat.

(3) … .

Literatur: *Bösert*, Der Regierungsentwurf eines Gesetzes zur Schaffung von Partnerschaftsgesellschaften (Partnerschaftsgesellschaftsgesetz – PartGG), DStR 1993, 1332; *Burret*, Das Partnerschaftsgesellschaftsgesetz, WPK-Mitt. 1994, 201; *Eckert*, Begrenzung der Nachhaftung ausgeschiedener Gesellschafter, RdA 1994, 215; *Henssler*, Neue Formen anwaltlicher Zusammenarbeit – Anwalts-GmbH und Partnerschaft im Wettbewerb der Gesellschaftsformen, DB 1995, 1549; *Hornung*, Partnerschaftsgesellschaft für Freiberufler (Teil 1), Rpfleger 1995, 481 und (Teil 2), Rpfleger 1996, 1; *Kainz*, Nachhaftungsbegrenzungsgesetz, DStR 1994, 620; *Kollbach*, Die Neuregelung der Nachhaftung ausgeschiedener Gesellschafter, GmbHR 1994, 164; *Lieb*, Zum Entwurf eines Nachhaftungsbegrenzungsgesetzes, GmbHR 1992, 561; *Mahnke*, Das Partnerschaftsgesellschaftsgesetz, WM 1996, 1029; *Michalski*, Zum Regierungsentwurf eines Partnerschaftsgesellschaftsgesetzes, ZIP 1993, 1210; *Mittelsteiner*, Kommentierung zum PartGG, DStR 1994, Beihefter zu Heft 37, S. 37; *Nitsche*, Das neue Nachhaftungsbegrenzungsgesetz – Vertragsübergang kraft Gesetzes?, ZIP 1994, 1919; *Reichold*, Das neue Nachhaftungsbegrenzungsgesetz, NJW 1994, 1617; *Schmidt, K.*, Partnerschaftsgesetzgebung zwischen Berufsrecht, Schuldrecht und Gesellschaftsrecht, ZIP 1993, 633; *Seibert*, Nachhaftungsbegrenzungsgesetz – Haftungsklarheit für den Mittelstand, DB 1994, 461; *Stuber*, Das Partnerschaftsgesellschaftsgesetz unter besonderer Berücksichtigung der Belange der Anwaltschaft, WiB 1994, 705.

Übersicht

A. Liquidation (§ 10 Abs. 1 PartGG)

I. Überblick

1 Während die **früheren Gesetzentwürfe** die Abwicklung der Partnerschaft noch umfangreich selbst geregelt hatten, beschränkte sich nach heftiger Kritik im Gesetzgebungsverfahren[1] erstmals der Regierungsentwurf auf eine **Globalverweisung** auf die **§§ 145–158 HGB**. Die knappe Regelung dürfte der zu erwartenden praktischen Bedeutung der Vorschriften eher entsprechen.[2] Neben den Bestimmungen des HGB sind bei der Partnerschaft aufgrund des § 1 Abs. 3 PartGG auch berufsrechtliche Regelungen zu beachten.

II. Voraussetzungen für die Liquidation

2 Nach der **Auflösung der Partnerschaft** gibt es mehrere Möglichkeiten für die weitere Entwicklung, die zunächst zu prüfen sind, bevor im zuletzt genannten Fall die Liquidation erfolgt:

- Nach der Eröffnung **des Insolvenzverfahrens** über das Vermögen der Partnerschaft folgt zunächst dieses Verfahren und erst nach dessen Abschluss eine Auseinandersetzung, sofern dann noch Vermögen vorhanden ist, oder die Fortsetzung der Partnerschaft nach § 9 Abs. 1 PartGG i. V. m. § 144 HGB.
- Wenn **einer von zwei** allein vorhandenen Partnern **stirbt und der andere ihn beerbt**, entfällt eine Auseinandersetzung.[3]
- Im Fall des § 9 Abs. 1 PartGG i. V. m. § 140 Abs. 1 Satz 2 HGB übernimmt der letzte verbliebene „Partner" das gesamte Partnerschaftsvermögen.

1) *K. Schmidt*, ZIP 1993, 633, 645; *BRAK*, Stellungnahme zum RefE PartGG, S. 13 f.; *Michalski*, ZIP 1993, 1210, 1214.
2) *Seibert*, Die Partnerschaft, S. 48.
3) Baumbach/Hopt-*Hopt*, HGB, § 145 Rz. 1.

- Der **Partnerschaftsvertrag** kann im Übrigen eine bestimmte Art der Auseinandersetzung bestimmen.[4] Dann finden allerdings gemäß § 158 HGB im Verhältnis zu Dritten die Vorschriften über die Liquidation entsprechende Anwendung, solange noch ungeteiltes Partnerschaftsvermögen vorhanden ist.[5]
- Sofern keiner der vorstehenden Fälle vorliegt, findet gemäß § 145 Abs. 1 HGB die **Liquidation** statt.

3 Die Vorschriften der **§ 145** Abs. 2, **§ 146** Abs. 2 Satz 2 und Abs. 3 HGB sowie **§ 148** Abs. 1 Satz 3 **HGB** basieren sämtlich auf der Annahme, dass die **Ereignisse**

- **Tod** eines Partners,
- Eröffnung des **Insolvenzverfahrens** über das Vermögen eines Partners und
- Kündigung durch den **Privatgläubiger** eines Partners

zur **Auflösung** der Partnerschaft führen. Dies ist bei der Partnerschaft wegen § 9 Abs. 1 PartGG i. V. m. § 131 Abs. 2 HGB nur dann der Fall, wenn der **Partnerschaftsvertrag** ausnahmsweise einmal eine solche Rechtsfolge ausdrücklich anordnet.[6]

III. Bestellung und Abberufung der Liquidatoren

4 Nach **§ 146 Abs. 1 Satz 1 HGB** sind grundsätzlich sämtliche Gesellschafter gemeinsam die sog. **geborenen Liquidatoren.** Die Partner können aber durch Beschluss oder aber bereits im Partnerschaftsvertrag diese Funktion nur einzelnen unter ihnen oder gar dritten Personen übertragen,[7] wobei im letzteren Fall die berufsrechtlichen Voraussetzungen besondere Bedeutung gewinnen. Auf Antrag eines Beteiligten ernennt das zuständige Gericht[8] aus wichtigem Grunde einen Liquidator (§ 146 Abs. 2 HGB). Im Gegensatz zu den früheren Gesetzentwürfen[9] bestimmt das PartGG nicht ausdrücklich, dass der **Abwickler** über eine entsprechende **berufliche Qualifikation** als Angehöriger eines freien Berufes verfügen muss. Dies zu regeln, bleibt vielmehr nach § 1 Abs. 3 PartGG den **Berufsrechten** überlassen.

5 Zu den **Pflichten des Abwicklers** gehört gemäß § 149 HGB insbesondere die Abwicklung der laufenden Geschäfte; dies umfasst auch die Aufnahme neuer Tätigkeiten, die hierfür oder für die Erhaltung des Partnerschaftsvermögens erforderlich sind.[10] Zu den Geschäften der Partnerschaft gehören vor allem die bereits geschlossenen **Mandats- oder Behandlungsverträge.** Die für deren Wahrnehmung erforderlichen Leistungen können nach den jeweiligen berufsrechtlichen Vorschrif-

---

4) BGH, Beschl. v. 11.5.2009 – II ZR 210/08, ZIP 2009, 1376 = NJW 2009, 2205 (dort Auseinandersetzungsvereinbarung); hierzu näher Baumbach/Hopt-*Hopt*, HGB, § 145 Rz. 8 ff.
5) Begr. zum RegE PartGG, BT-Drucks. 12/6152, S. 22.
6) Begr. zum RegE PartGG, BT-Drucks. 12/6152, S. 22; *Burret*, WPK-Mitt. 1994, 201, 206.
7) *Salger* in: MünchHdb. GesR, Bd. 1, § 38 Rz. 9.
8) Durch den Rechtspfleger, vgl. Art. 3; Begr. zum RegE PartGG, BT-Drucks. 12/6152, S. 23.
9) § 21 Abs. 2 Satz 2 E 1971, BT-Drucks. VI/2047, S. 3 f., und E 1975, BT-Drucks. 7/4089, S. 5; § 27 Abs. 2 Satz 3 E 1976, BT-Drucks. 7/5402, S. 8.
10) Baumbach/Hopt-*Hopt*, HGB, § 149 Rz. 6.

ten nur von Personen erbracht werden, die über die entsprechende Zulassung und Qualifikation verfügen.[11)]

6 Daher bestimmen einige **Berufsrechte**, dass die Abwicklung der Praxis eines Angehörigen des freien Berufs ausschließlich durch einen Angehörigen desselben Berufs erfolgen kann, so z. B. § 55 Abs. 1 Satz 1 BRAO für **Rechtsanwälte**.[12)] In solchen Fällen sind die Partner und das Gericht gebunden. Andere Berufsrechte stellen Regeln ohne Ausschließlichkeitscharakter auf, wie etwa der über § 54 Abs. 4 StBerG auch für Steuerberatungsgesellschaften und damit ebenfalls für solche Partnerschaften anwendbare § 70 Abs. 1 Satz 1 StBerG, demzufolge die Berufskammer zum Abwickler einer **Steuerberaterkanzlei** einen Steuerberater oder Steuerbevollmächtigten bestellen „kann".[13)] Sofern für die Liquidation einer **interprofessionellen Partnerschaft** mehrere Berufskompetenzen erforderlich sind, können mehrere Abwickler aus den verschiedenen Berufen bestellt werden. Möglich ist auch, nur einen Abwickler zu bestellen, der sich dann, sofern er nicht selbst über die notwendigen Mehrfachqualifikationen verfügt, für die praktische Abwicklung der Hilfe von Angehörigen der entsprechenden Berufe bedienen muss.

7 Das Gericht hat bei der Bestellung nach § 146 Abs. 2 HGB den berufsrechtlichen Erfordernissen Rechnung zu tragen.[14)] Auch die Partner werden diese Umstände bei einer Entscheidung nach § 146 Abs. 1 HGB gebührend berücksichtigen müssen, da andernfalls die Abwicklung der spezifisch freiberuflichen Geschäfte an den berufsrechtlichen Voraussetzungen scheitert.[15)] Die **Abberufung** der Liquidatoren vollzieht sich gemäß § 147 HGB durch einstimmigen Beschluss der nach § 146 Abs. 2 und 3 HGB Beteiligten oder auf Antrag eines Beteiligten aus wichtigem Grunde durch das Gericht. Liquidatoren können ihr Amt grundsätzlich jederzeit niederlegen, es sei denn, sie sind durch einen Vertrag mit der Gesellschaft gebunden. Dies wird bei Dritten eher der Fall sein als wenn die Partner persönlich das Liquidationsamt übernehmen.[16)]

8 Nach § 148 HGB ist die Bestellung sowie jede personelle Veränderung der Liquidatoren zur **Eintragung in das Partnerschaftsregister** anzumelden; im Falle der Bestellung oder Abberufung durch das Gericht geschieht die Eintragung von Amts wegen. Die Eintragung ist deklaratorisch.[17)]

IV. Vertretungsmacht der Liquidatoren

9 Durch § 150 Abs. 1 HGB wird für den Regelfall eine **Gesamtvertretungsmacht** der Liquidatoren vorgeschrieben. Dies entspricht häufig nicht den Erfordernissen der Partnerschaft, zumal die Ausübung eines freien Berufs zur Abwicklung der laufenden Mandatsverhältnisse der Gesellschaft häufig eine Einzelvertretungsbefugnis vo-

11) Begr. zum RegE PartGG, BT-Drucks. 12/6152, S. 22.

12) Abwickler kann allerdings auch eine andere Person sein, welche die Befähigung zum Richteramt besitzt.

13) Dazu *Mittelsteiner*, DStR 1994, Beihefter zu Heft 37, S. 39; *Bösert*, DStR 1993, 1332, 1338.

14) Begr. zum RegE PartGG, BT-Drucks. 12/6152, S. 22; *Hornung*, Rpfleger 1996, 1, 6.

15) Begr. zum RegE PartGG, BT-Drucks. 12/6152, S. 22.

16) *Salger* in: MünchHdb. GesR, Bd. 1, § 44 Rz. 10.

17) *Salger* in: MünchHdb GesR, Bd. 1, § 44 Rz. 10.

raussetzt. Es kann daher ratsam sein, z. B. in dem vor der Auflösung bestehenden Umfang den Partnern, die nun als Abwickler tätig werden, weiterhin **Einzelvertretungsmacht** einzuräumen.[18] Die Befugnis zur Einzelgeschäftsführung kann nach § 6 Abs. 2 PartGG in Bezug auf die Berufsausübung ohnehin nicht ausgeschlossen werden; dies gilt auch während der Liquidation, zumal nach § 150 Abs. 1, § 156 HGB der Zweck der Abwicklung die Fortsetzung der freiberuflichen Tätigkeit gebietet.[19] Die Einzelvertretungsmacht ist gemäß § 10 Abs. 1 PartGG i. V. m. § 150 Abs. 1 HGB in das Partnerschaftsregister einzutragen.

10 Die Befugnisse der Liquidatoren können gemäß **§ 151 HGB** Dritten gegenüber nicht wirksam beschränkt werden. Im Innenverhältnis sind sie jedoch nach § 152 HGB an einstimmige Weisungen der Beteiligten gebunden. Hinsichtlich des Auftretens nach außen hin bei Zeichnung der Unterschrift bestimmt § 153 HGB, dass die Liquidatoren dem Namen der Partnerschaft mit dem Abwicklungszusatz (z. B. i. L.) ihren persönlichen Namen hinzuzufügen haben.

V. Innenverhältnis

11 **§ 154 HGB** regelt die Pflicht der Abwickler, zu Beginn (Eröffnungsbilanz) sowie bei der Beendigung der Liquidation (Schlussbilanz) eine **Bilanz** aufzustellen. Hinsichtlich der Eröffnungsbilanz ist diese Vorschrift auf die Partnerschaft jedoch nicht anwendbar.[20] Auch die aufgelöste Partnerschaft unterfällt nicht der Pflicht zur Jahresrechnungslegung nach §§ 238, 242 HGB.[21] Lediglich die Schlussbilanz ist bei der Partnerschaft – wie bei der BGB-Gesellschaft – erforderlich, um die zu verteilenden Überschüsse feststellen zu können.[22] Das nach der Berichtigung der Schulden verbleibende Vermögen ist gemäß **§ 155 Abs. 3 HGB** unter den Partnern zu verteilen.

12 Falls **Streit über die Verteilung** des Vermögens entsteht, haben die Abwickler die Verteilung bis zur Entscheidung darüber auszusetzen, § 155 Abs. 3 HGB. Die Rechtsverhältnisse der Partner untereinander richten sich gemäß § 156 HGB grundsätzlich nach den Vorschriften der **§§ 109 bis 130b HGB.** Diese Bestimmungen gelten für die Partnerschaft allerdings nur, soweit das PartGG auf sie Bezug nimmt und sie nicht von partnerschaftsspezifischen Sonderregelungen verdrängt werden;[23] über den zu engen Wortlaut des § 156 HGB hinaus sind noch weitere Vorschriften aus dem HGB anwendbar.[24] Das betrifft insbesondere die Regelungen zum Innenverhältnis der OHG (§§ 109 ff. HGB).

---

18) Begr. zum RegE PartGG, BT-Drucks. 12/6152, S. 22; vgl. *Seibert*, Die Partnerschaft, S. 48.

19) Begr. zum RegE PartGG, BT-Drucks. 12/6152, S. 22; a. A. *Ulmer/Schäfer* in: MünchKomm-BGB, § 10 PartGG Rz. 12.

20) H. M.; für eine Erforderlichkeit der Liquidationseröffnungsbilanz allerdings Ebenroth/Boujong/Joost-*Seibert*, HGB, 1. Aufl., § 10 PartGG Rz. 1 und *Ulmer/Schäfer* in: MünchKomm-BGB, § 10 PartGG Rz. 10, jeweils m. w. N. zu den unterschiedlichen Auffassungen.

21) Begr. zum RegE PartGG, BT-Drucks. 12/6152, S. 22.

22) *Salger* in: MünchHdb. GesR, Bd. 1, § 44 Rz. 7; Meilicke u. a.-*Hoffmann*, PartGG, § 10 Rz. 2.

23) Begr. zum RegE PartGG, BT-Drucks. 12/6152, S. 22.

24) Übersicht bei Baumbach/Hopt-*Hopt*, HGB, § 156 Rz. 2 ff.

VI. Nach Beendigung der Liquidation

13 Nach der Beendigung der Liquidation haben die Abwickler das **Erlöschen des Partnerschaftsnamens** zur Eintragung in das Partnerschaftsregister anzumelden, § 157 Abs. 1 HGB. Notfalls ist gemäß § 2 Abs. 2 PartGG i. V. m. § 31 Abs. 2 Satz 2 HGB die Eintragung des Erlöschens von Amts wegen durch das Gericht vorzunehmen.[25] Die Bücher und Papiere der Gesellschaft werden einem Partner zur **Aufbewahrung** übergeben. Über den zu engen Wortlaut des § 157 Abs. 2 Satz 1 HGB hinaus muss es auch zulässig sein, die Unterlagen auf mehrere Gesellschafter zu verteilen. Dies bietet sich insbesondere an, wenn nach Abwicklung einer interprofessionellen Partnerschaft z. B. der Rechtsanwalt die Prozessakten und der Steuerberater die Akten aus dem Steuerberatungsbereich aufbewahren. Bei der Weitergabe der Papiere an Dritte gemäß § 157 Abs. 2 Satz 1 Alt. 2 HGB ist darauf zu achten, dass hierdurch nicht eine etwaige **Schweigepflicht** eines Partners verletzt wird.

B. Nachhaftung (§ 10 Abs. 2 PartGG)

14 Für die Haftung der Partner nach Auflösung der Partnerschaft sowie für die Haftung eines Gesellschafters nach seinem Ausscheiden verweist § 10 Abs. 2 PartGG auf die §§ 159 und 160 HGB in der Fassung des **Nachhaftungsbegrenzungsgesetzes** vom 18.3.1994.[26] Hierdurch wird zunächst klargestellt, dass jeder Partner auch nach seinem Ausscheiden aus der Gesellschaft weiterhin nach Maßgabe des § 8 PartGG haftet;[27] auch ändert sich selbstverständlich nichts am Fortbestehen einer etwaigen Haftungskonzentration nach § 8 Abs. 2 PartGG.[28] Gegenüber den Gesellschaften bürgerlichen Rechts ergibt sich durch § 10 Abs. 2 PartGG keine Veränderung, da die Rechtsprechung auch dort bereits früher die §§ 159 und 160 HGB entsprechend angewandt hatte.[29] Lediglich § 160 Abs. 3 HGB ist für die Partnerschaft ohne Bedeutung, da es keine Kommanditpartnerschaft gibt.[30]

15 Nach **§ 159 Abs. 1 HGB** verjähren Ansprüche gegen einen Partner grundsätzlich spätestens nach fünf Jahren, sofern nicht aus anderen Gründen eine **kürzere Verjährung** zugunsten der Partnerschaft eingreift. Eine solche kürzere Verjährung wurde früher zum Teil durch die **Berufsrechte** angeordnet, so etwa durch § 51b BRAO a. F. für Ansprüche auf Schadensersatz gegenüber einem **Rechtsanwalt** (drei Jahre) und durch § 68 StBerG a. F. gegenüber einem **Steuerberater** oder Steuerbevollmächtigten (drei Jahre). Demgegenüber normierte § 51a Satz 1 WPO a. F. – wie § 159 Abs. 1 HGB – bereits früher die fünfjährige Verjährungsfrist für Schadensersatzansprüche gegen einen **Wirtschaftsprüfer**. Diese speziellen Normen

---

25) Begr. zum RegE PartGG, BT-Drucks. 12/6152, S. 22.

26) Gesetz zur zeitlichen Begrenzung der Nachhaftung von Gesellschaftern (Nachhaftungsbegrenzungsgesetz – NachhBG) v. 18.3.1994, BGBl. I, 560; hierzu *Kollbach*, GmbHR 1994, 164; *Seibert*, DB 1994, 461; *Reichold*, NJW 1994, 1617; *Kainz*, DStR 1994, 620; *Eckert*, RdA 1994, 215; *Lieb*, GmbHR 1992, 561; *Nitsche*, ZIP 1994, 1919.

27) Begr. zum RegE PartGG, BT-Drucks. 12/6152, S. 22; *Burret*, WPK-Mitt. 1994, 201, 206.

28) Begr. zum RegE PartGG, BT-Drucks. 12/6152, S. 22 f.

29) BGH, Urt. v. 10.2.1992 – II ZR 54/91, ZIP 1992, 695 = JZ 1992, 1128; *Stuber*, WiB 1994, 705, 710; *Henssler*, DB 1995, 1549, 1554.

30) *Feddersen/Meyer-Landrut*, PartGG, § 10 Rz. 6.

sind mit Wirkung zum 15.12.2004 gestrichen worden.[31] Nunmehr gilt auch für die genannten Berufe die **allgemeinen Vorschriften** der §§ 195, 199 BGB. Danach verjähren Ansprüche gegen die Gesellschaft grundsätzlich innerhalb von drei Jahren ab Kenntnis des Anspruchsberechtigten, spätestens aber nach zehn Jahren. Durch § 10 Abs. 2 PartGG i. V. m. § 159 Abs. 1 HGB wird nun speziell für die Rechtsform der Partnerschaft eine Höchstgrenze auf fünf Jahre gesetzt, unabhängig von einer etwaigen Kenntnis. Im Ergebnis beträgt die Verjährung also bei Kenntnis des Anspruchsberechtigten drei Jahre, maximal aber kenntnisunabhängig fünf Jahre.

16 Die **Verjährung beginnt** gemäß § 159 Abs. 2 HGB mit dem Tage der Eintragung der Auflösung der Partnerschaft in das Register des für den Sitz der Gesellschaft zuständigen Gerichts, es sei denn, der Anspruch wird erst nach der Eintragung fällig, § 159 Abs. 3 HGB.

17 Auch insoweit beinhalteten die **Berufsrechte** teilweise Sonderregelungen. Z. B. begann die Verjährung von Schadensersatzansprüchen gegen **Rechtsanwälte**, **Steuerberater** und **Wirtschaftsprüfer** grundsätzlich in dem Zeitpunkt, in welchem der Anspruch entstand, § 51b BRAO a. F., § 68 StBerG a. F., § 51a Satz 1 WPO a. F. Diese Sonderregelungen sind zum 15.12.2004 entfallen (siehe Rz. 15).

18 Bei **Dauerschuldverhältnissen** haftet der Partner nur für solche Ansprüche, die bis zum ersten ordentlichen Kündigungstermin nach dem Ausscheiden entstanden sind. Dies gilt sowohl für § 159 HGB als auch im Bereich des § 160 HGB.[32] Da Mandats- und Behandlungsverträge regelmäßig ohne Einhaltung einer Frist gekündigt werden können, ergeben sich für die Partner insoweit zumeist keine speziellen Haftungsprobleme.[33]

---

31) Gesetz zur Anpassung von Verjährungsvorschriften an das Gesetz zur Modernisierung des Schuldrechts v. 9.12.2004, BGBl. I, 3214.

32) Str.; vgl. *Baumbach/Hopt*, HGB, § 128 Rz. 33.

33) *Stuber*, WiB 1994, 705, 710.

§ 11

Übergangsvorschriften*)

(1) [1]Den Zusatz „Partnerschaft“ oder „und Partner“ dürfen nur Partnerschaften nach diesem Gesetz führen. [2]Gesellschaften, die eine solche Bezeichnung bei Inkrafttreten dieses Gesetzes in ihrem Namen führen, ohne Partnerschaft im Sinne dieses Gesetzes zu sein, dürfen diese Bezeichnung noch bis zum Ablauf von zwei Jahren nach Inkrafttreten dieses Gesetzes weiterverwenden. [3]Nach Ablauf dieser Frist dürfen sie eine solche Bezeichnung nur noch weiterführen, wenn sie in ihrem Namen der Bezeichnung „Partnerschaft“ oder „und Partner“ einen Hinweis auf die andere Rechtsform hinzufügen.

(2) [1]Die Anmeldung und Eintragung einer dem gesetzlichen Regelfall entsprechenden Vertretungsmacht der Partner und der Abwickler muss erst erfolgen, wenn eine vom gesetzlichen Regelfall abweichende Bestimmung des Partnerschaftsvertrages über die Vertretungsmacht angemeldet und eingetragen wird oder wenn erstmals die Abwickler zur Eintragung angemeldet und eingetragen werden. [2]Das Registergericht kann die Eintragung einer dem gesetzlichen Regelfall entsprechenden Vertretungsmacht auch von Amts wegen vornehmen. [3]Die Anmeldung und Eintragung des Geburtsdatums bereits eingetragener Partner muss erst bei einer Anmeldung und Eintragung bezüglich eines der Partner erfolgen.**)

(3) Die Landesregierungen können durch Rechtsverordnung bestimmen, dass Anmeldungen und alle oder einzelne Dokumente bis zum 31. Dezember 2009 auch in Papierform zum Partnerschaftsregister eingereicht werden können. Soweit eine Rechtsverordnung nach Satz 1 erlassen wird, gelten die Vorschriften über die Anmeldung und die Einreichung von Dokumenten zum Partnerschaftsregister in ihrer bis zum Inkrafttreten des Gesetzes über elektronische Handelsregister und Genossenschaftsregister sowie das Unternehmensregister vom 10. November 2006 (BGBl. I S. 2553) am 1. Januar 2007 geltenden Fassung. Die Landesregierungen können durch Rechtsverordnung die Ermächtigung nach Satz 1 auf die Landesjustizverwaltungen übertragen.***)

Literatur: *Bärwaldt/Schabacker*, Darf sich nur noch die Partnerschaftsgesellschaft „und Partner“ nennen?, MDR 1997, 114; *Bösert*, Das Gesetz über Partnerschaftsgesellschaften Angehöriger Freier Berufe (Partnerschaftsgesellschaftsgesetz – PartGG), ZAP Fach 15, S. 137 (= ZAP 1994, 765); *Burret*, Das Partnerschaftsgesellschaftsgesetz, WPK-Mitt. 1994, 201; *Clausnitzer*, Das Firmenrecht in der Rechtsprechung (2000 bis 2009), DNotZ 2010, 345; *Hülsmann*, Welche Gesellschafter sind heute noch „Partner“?, NJW 1998, 35; *Kempter*, Das Partnerschaftsgesellschaftsgesetz, BRAK-Mitt. 1994, 122; *Kögel*, „Partner“-Zusätze in Firmennamen – eine aktuelle Bestandsaufnahme, Rpfleger 2007, 590; *Kögel*, Der Namensbestandteil „und Partner“ – Monopol der Partnerschaftsgesellschaften?, Rpfleger 1996, 314; *Leutheusser-Schnarrenberger*, Maßgeschneiderte Gesellschaftsform

---

*) Überschrift geändert durch ERJuKoG v. 10.12.2001, BGBl. I 2001, 3422.

**) § 11 Abs. 2 neu eingefügt durch ERJuKoG v. 10.12.2001, BGBl. I 2001, 3422.

***) § 11 Abs. 3 eingefügt durch Gesetz v. 10.11.2006, BGBl. I 2006, 2553.

für Freie Berufe, recht 4/95, S. 61; *Mayr*, Partnerschaft oder GmbH?, MittBayNot 1996, 61; *Mittelsteiner*, Kommentierung zum PartGG, DStR 1994, Beihefter zu Heft 37, S. 37; *Neye*, Das Gesetz zur Änderung des Umwandlungsgesetzes, des Partnerschaftsgesellschaftsgesetzes und anderer Gesetze, ZAP-Fach 15, S. 257 (= ZAP 1998, 989); *Ring*, Reservierung der Zusätze "Partnerschaft" sowie "und Partner" für die Partnerschaft nach dem PartGG?, DZWIR 1996, 463; *Röh*, Zusatz „und Partner“: Reservierung für die Partnerschaftsgesellschaft?, DB 1996, 2426; *Schirmer*, Berufsrechtliche und kassenarztrechtliche Fragen der ärztlichen Berufsausübung in Partnerschaftsgesellschaften, MedR 1995, 341 (Teil 1), 383 (Teil 2); *Schmidt, K.*, Die Freiberufliche Partnerschaft, NJW 1995, 1; *Schüppen*, OLG Frankfurt aM – Zulässigkeit der Firmierung einer Kapitalgesellschaft mit Zusatz „und Partner“, WiB 1996, 786; *Schwarz*, Die Publizität der Vertretungsmacht des Vorstandes und der Liquidatoren eines Vereins, NZG 2002, 1033; *Seibert*, Gesellschaften mit „Partner-Zusatz“ – Änderungen zum 1. Juli 1997, ZIP 1997, 1046; *Seibert*, Die Partnerschaft für die Freien Berufe, DB 1994, 2381; *Servatius*, Zur Eintragung organschaftlicher Vertretungsmacht ins Handelsregister, NZG 2002, 456; *Weber/Jacob*, Exklusivität der Bezeichnungen „Partnerschaft“, „und Partner“ für Partnerschaften, ZGR 1998, 142; *Wertenbruch*, Die Bezeichnung „und Partner“ außerhalb der Partnerschaft, ZIP 1996, 1776; *Wolff*, Firmierung mit Zusätzen wie „Partner des Kunden GmbH“, GmbHR 2007, 1032; *Wolff*, Firmierung der GmbH mit partnerschaftlichem Zusatz: Gestaltungsgrenzen und Folgen ihrer Überschreitung, GmbHR 2006, 303.

Übersicht

A. Überblick

1 § 11 Abs. 1 PartGG **monopolisiert** seit dem 1.7.1997 die **Zusätze „Partnerschaft“** sowie – in der bisherigen Praxis weitaus bedeutsamer – **„und Partner“** für die Partnerschaft i. S. des § 1 Abs. 1 Satz 1 PartGG. Zweck dieser Norm ist, der Gefahr einer Verwechslung der freiberuflichen Partnerschaft mit GbR oder anderen Kooperationsformen von Angehörigen freier Berufe oder Gewerbetreibenden vorzubeugen.[1] Insofern stellt § 11 Abs. 1 Satz 1 PartGG das Spiegelbild zu § 2 PartGG dar.[2] Gesetzgebungstechnisch wäre eine Verortung dieser Vorschrift in § 2 PartGG sinnvoller gewesen, statt diese in einer Übergangsregelung zu „verstecken“. Der Begriff des **Namens** in § 11 Abs. 1 Satz 2 PartGG ist als Oberbegriff zu verstehen, welcher auch die handelsrechtliche Firma mit einschließt.[3]

2 Im Verlauf des Gesetzgebungsverfahrens bestanden aufgrund der Namensgarantie verfassungsrechtliche Bedenken gegen ein die bereits existierenden anderen Gesellschaften bindendes Verbot, ihren hergebrachten Partnerzusatz weiterhin im Namen zu führen. Dem wurde Rechnung getragen, indem an die Stelle eines Verbots die

1) Begr. RegE PartGG, BT-Drucks. 12/6152, S. 23.
2) OLG Frankfurt/M., Beschl. v. 11.11.2004 – 20 W 321/04, Rpfleger 2005, 264 = DB 2005, 99; *Wolff*, GmbHR 2006, 303, 304; *Lamsa*, EWiR 2010, 371 (Urteilsanm.); *Henssler*, PartGG, § 11 Rz. 5.
3) *Seibert*, Die Partnerschaft, S. 50; *Schäfer* in: MünchKomm-BGB, § 11 PartGG Rz. 7.

Erlaubnis zur Namensfortführung mit der Verpflichtung eines **Rechtsformzusatzes** trat. Hierdurch genießen die bisherigen Gesellschaftsbezeichnungen weitgehenden **Bestandsschutz.**[4)] Der Bundesrat hatte aus Gründen des Bestandsschutzes sowie der Unterscheidbarkeit zur GbRs dafür plädiert, der neuen Gesellschaftsform den obligatorischen Zusatz „Partnerschaftsgesellschaft“ aufzuerlegen,[5)] dies war aber wegen der erwarteten Akzeptanzschwierigkeiten auf Ablehnung gestoßen.[6)]

3 Aufgrund des Zwanges für andere Gesellschaften, einen Rechtsformzusatz einzuführen, sind die **verfassungsrechtlichen Bedenken** zwar nicht vollständig beseitigt, angesichts der relativ geringen Erheblichkeit dieses Eingriffs in das Recht am eingerichteten und ausgeübten (Gewerbe-)Betrieb wird man aber insgesamt die Verfassungskonformität bejahen müssen.[7)] Mittlerweile hat die Rechtsprechung[8)] die Verfassungskonformität der Vorschrift bejaht. Es sei nicht ersichtlich, welche Verfassungsnorm dadurch verletzt sein sollte, dass deren Verwendung für andere neu gegründete oder unbenannte Gesellschaftsformen ausgeschlossen sein soll. Eine nach Art. 14 GG gegen einen Eingriff in den eingerichteten und ausgeübten Gewerbebetrieb geschützte Rechtsposition bestehe bei neu gegründeten Gesellschaften ohnehin nicht. Die Entscheidung des KG Berlin[9)] lässt insoweit die Frage offen, ob etwas anderes in Fällen der Gründung einer Tochtergesellschaft zu gelten habe, deren Muttergesellschaft zur Fortführung des Zusatzes aufgrund der Übergangsvorschrift berechtigt ist.

4 Gegen die Monopolisierung des Partnerzusatzes sind in der Literatur[10)] ferner **europarechtliche Bedenken** geltend gemacht worden. Vor dem Hintergrund der Niederlassungsfreiheit stelle es eine unzulässige Diskriminierung dar, wenn sich inländische Zweigniederlassungen oder Tochtergesellschaften ausländischer Unternehmen keinen Partnerzusatz zulegen dürften. Das KG Berlin hat in einer ausführlich begründeten Entscheidung die Europarechtskonformität der Norm damit verteidigt, dass sie durch hinreichende Gründe des Allgemeinwohls gerechtfertigt sei, insbesondere durch die Notwendigkeit der Durchsetzung des Begriffs als Rechtsformzusatz im Rechtsverkehr.[11)]

---

4) Begr. RegE PartGG, BT-Drucks. 12/6152, S. 23; *Kempter*, BRAK-Mitt. 1994, 122, 124.

5) Stellungnahme des BRats zum RegE PartGG, BT-Drucks. 12/6152, S. 26.

6) *Seibert*, Die Partnerschaft, S. 49.

7) So auch *Burret*, WPK-Mitt. 1994, 201, 204; *Weber/Jacob*, ZGR 1998, 142, 149; a. A. *Mayr*, MittBayNot 1996, 61, 63; *Röh*, DB 1996, 2426; *Ring*, Partnerschaftsgesellschaft, § 11 PartGG Rz. 10, *Ring*, DZWIR 1996, 463, 464.

8) BGH, Beschl. v. 24.10.2012 – AnwZ (Brfg) 14/12, AnwBl 2013, 146; KG, Beschl. v. 27.4.2004 – 1 W 180/02, ZIP 2004, 1645 = GmbHR 2004, 1024, dazu EWiR 2005, 41 *(Mankowski)*; OLG Frankfurt/M., Beschl. v. 11.11.2004 – 20 W 321/04, Rpfleger 2005, 264 = DB 2005, 99; AGH Nordrhein-Westfalen, Urt. v. 2.12.2011 – 2 AGH 9-12/11, BRAK-Mitt. 2012, 182.

9) KG, Beschl. v. 27.4.2004 – 1 W 180/02, ZIP 2004, 1645 = GmbHR 2004, 1024, dazu EWiR 2005, 41 *(Mankowski)*.

10) *Schüppen*, WiB 1996, 786; *Schüppen*, EWiR 1996, 947 (Urteilsanm.); *Lamsa*, EWiR 2010, 371, 372 (Urteilsanm.).

11) KG Berlin, Beschl. v. 27.4.2004 – 1 W 180/02, ZIP 2004, 1645 = GmbHR 2004, 1024, 1025.

5 Gegen die durch § 11 PartGG „erzwungene **Dominanz** des Partnerschaftsgesellschaftsgesetzes" wurde in der Literatur zum Teil Kritik geäußert.[12] *Seibert* hat demgegenüber die auch von ihm konstatierte „Usurpation" des Partnerzusatzes durch die Partnerschaftsgesellschaft mit dem Argument verteidigt, diese sei die spezielle Rechtsform für den freien Beruf und könne daher die traditionelle Bezeichnung für freiberufliche Kooperationen für sich in Anspruch nehmen.[13] Die teilweise geäußerte Ansicht, wegen der geringen praktischen Bedeutung der Partnerschaftsgesellschaft seine eine Monopolisierung bedenklich,[14] kann nicht überzeugen. Ohne die Regelung des § 11 Abs. 1 Satz 1 PartGG besteht kein Schutz zugunsten der Partnerschaft.[15]

6 Auch aus der Perspektive des **Berufsrechts** ist die unzulässige Verwendung des Partnerzusatzes problematisch. So ist die Anwaltschaft verpflichtet, ihre Außendarstellung, zu der auch das Kanzleischild und die Briefbögen gehören, nach den Vorgaben des § 43b BRAO zu richten. Eine entsprechend falsche Verwendung des Partnerzusatzes führt demnach auch zu einem berufsrechtlichen Verstoß.[16] Daraus ergibt sich neben der registerrechtlichen auch eine standesrechtliche Prüfung.[17]

7 Durch das Gesetz über elektronische Register und Justizkosten für Telekommunikation[18] wurde mit Wirkung zum 15.12.2001 **§ 11 Abs. 2 PartGG** neu eingefügt. Diese Vorschrift ist im Zusammenhang zu sehen mit den gleichzeitig neu gefassten §§ 4 Abs. 1 Satz. 2, 5 Abs. 1 PartGG, wonach seitdem auch das Geburtsdatum und die Vertretungsmacht der Partner anzumelden und im Partnerschaftsregister einzutragen sind. In § 11 Abs. 2 PartGG findet sich insoweit eine Übergangsvorschrift für die bereits vorher eingetragenen Partnerschaften. Satz 1 des Absatzes 2 entspricht der korrespondierenden Übergangsvorschrift des Art. 52 EGHGB.

8 Mit Umstellung des Partnerschaftsregisters auf die elektronische Führung wurde zum Jahre 2007 durch das EHUG[19] die Übergangsvorschrift des **§ 11 Abs. 3 PartGG** eingefügt.

---

12) *Burret*, WPK-Mitt. 1994, 201, 204; kritisch auch *K. Schmidt*, NJW 1995, 1, 5.

13) *Seibert*, Die Partnerschaft, S. 49; ähnlich *Leutheusser-Schnarrenberger*, recht 4/95, S. 61.

14) *Mayr*, MittBayNot 1996, 61, 63; *Jäger*, DStR 1996, 1820, 1821 (Urteilsanm.); *Bärwaldt/Schabacker*, MDR 1997, 114; *Kögel*, Rpfleger 2007, 590, 593; *Clausnitzer*, DNotZ 2010, 345, 360.

15) *Wertenbruch*, ZIP 1996, 1776, 1778; ähnlich *Hülsmann*, NJW 1998, 35, 37.

16) AGH Hamm, Beschl. v. 2.6.2000 – 2 ZU 4/00, BRAK-Mitt. 2000, 260; AGH Nordrhein-Westfalen, Urt. v. 2.12.2011 – 2 AGH 9-12/11, BRAK-Mitt. 2012, 182; BGH, Beschl. v. 24.10.2012 – AnwZ (Brfg) 14/12, AnwBl 2013, 146.

17) Offengelassen für die Rechtsanwaltsgesellschaft im Hinblick auf § 59k BRAO BGH, Beschl. v. 13.1.2003 – AnwZ (B) 15/02, NJOZ 2003, 1108.

18) Gesetz über elektronische Register und Justizkosten für Telekommunikation (ERJuKoG) v. 10.12.2001, BGBl. I 2001, 3422.

19) Gesetz über elektronische Handelsregister und Genossenschaftsregister sowie das Unternehmensregister (EHUG) v. 10.11.2006, BGBl. I 2006, 2553.

B. Partnerschaftsname (§ 11 Abs. 1 PartGG)

I. Rechtslage bis zum 30.6.1997

9 Gesellschaften, die bereits am 1.7.1995 einen Partnerzusatz im Namen führten, durften diese Bezeichnung bis zum 30.6.1997 in gleicher Weise weiterhin verwenden. Es gab daher keine nach außen hin erkennbare **Unterscheidungsmöglichkeit** zwischen diesen anderweitigen Zusammenschlussformen und einer Partnerschaft.

10 **Neue Gesellschaften** mit einem Partnerzusatz dürfen seit dem 1.7.1995 nur noch in der Rechtsform einer Partnerschaft gegründet werden (näher zu der über diese Frage entstandenen Kontroverse unten Rz. 19).

II. Rechtslage seit dem 1.7.1997

11 Nach Ablauf der zweijährigen Übergangsfrist für bereits vor dem 1.7.1995 bestehende Gesellschaften ist seit dem 1.7.1997 zwingend die zusätzliche Führung der anderen Rechtsform im Namen erforderlich. Für **GmbH, AG** und **KGaA** ergeben sich **keine Konsequenzen**, da diese Gesellschaften ohnehin verpflichtet sind, die Bezeichnung der Rechtsform in der Firma zu führen, § 4 Satz 1 GmbHG, §§ 4, 279 Abs. 1 und Abs. 2 AktG.

12 Im Gegensatz hierzu genügte für **GbR, OHG** und **KG** früher der Zusatz „und Partner" (für die OHG und KG siehe § 19 Abs. 1 und 2 HGB a. F.).[20] Diese Gesellschaften sind seit dem 1.7.1997 verpflichtet, entweder ihren Partnerzusatz aufzugeben oder die Rechtsform explizit anzugeben.[21] Für die Personenhandelsgesellschaften ergibt sich diese Verpflichtung seit dem Inkrafttreten des Handelsrechtsreformgesetzes (HRefG) vom 22.6.1998 zudem aus § 19 Abs. 1 Nr. 2 und Nr. 3 HGB. Seit dem 1.7.1998 müssen offene Handelsgesellschaften demnach die Bezeichnung „offene Handelsgesellschaft" oder eine allgemein verständliche Abkürzung (insbesondere „OHG") in der Firma führen; für Kommanditgesellschaften gilt Entsprechendes.

13 Lediglich die GbR unterliegt keinem Zwang zur Angabe der Rechtsform.[22] Soweit eine solche Gesellschaft mit Partnerzusatz unter den namensrechtlichen Bestandsschutz nach § 11 Abs. 1 Satz 3 PartGG fällt, bieten sich Hinweise wie etwa „Gesellschaft bürgerlichen Rechts", „BGB-Gesellschaft" oder auch „GbR" an.[23] Der Zusatz „GbR" genügt.[24] Das Wort „Sozietät" genügt nicht,[25] da darunter auch die Partnerschaft fällt.

14 Falls diese Kennzeichnung entgegen § 11 Abs. 1 Satz 3 PartGG nicht geschieht, kann gemäß § 37 Abs. 1 HGB das Partnerschaftsregistergericht[26] oder auch – in

20) Vgl. *Mittelsteiner*, DStR 1994, Beihefter zu Heft 37, S. 39.

21) *Seibert*, DB 1994, 2381, 2383; *Seibert*, ZIP 1997, 1046, 1047; *Bösert*, ZAP Fach 15, S. 137, 144.

22) *Heidinger* in: MünchKomm-HGB, § 19 Rz. 45.

23) Begr. RegE § 11 PartGG, BT-Drucks. 12/6152, S. 23; Meilicke u. a.-*Wolff*, PartGG, § 11 Rz. 13; Kuhls u. a.-*Maxl*, StBerG, § 56 Rz. 79.

24) BGH, Beschl. v. 13.1.2003 – AnwZ (B) 15/02, NJOZ 2003, 1108, 1110.

25) AGH Hamm, Beschl. v. 2.6.2000 – 2 ZU 4/00, BRAK-Mitt. 2000, 260; Kuhls u. a.-*Maxl*, StBerG, § 56 Rz. 79.

26) *K. Schmidt*, NJW 1995, 1, 5.

das Handelsregister eingetragene Unternehmen betreffend – das Handelsregistergericht gegen den unzulässigen Firmengebrauch einschreiten. Die Gerichte können – ggf. auf Anregung der berufsständischen Organe, § 380 Abs. 1 Nr. 4 FamFG – im **Firmenmissbrauchsverfahren**[27] nach den § 392 Abs. 1 i. V. m. Abs. 2, §§ 388 bis 391 FamFG die Unterlassung erzwingen. Bleibt auch dies ohne Erfolg, kann das Gericht zur Amtslöschung nach § 395 FamFG schreiten.[28] § 395 FamFG gibt – im Vergleich zur veralteten Regelung des FGG – auch den berufsständischen Organen ein Antragsrecht.[29] Bei einem unzulässig geführten Zusatz ist der Name vollständig zu löschen,[30] auch wenn lediglich durch die Löschung dieses Zusatzes der Namen im Übrigen zulässig wäre.[31] Eine Löschung kann unterbleiben, wenn i. R. der Ermessensausübung das private Interesse an der Beibehaltung des Namens das öffentliche Interesse an der Durchsetzung des Firmenrechts überwiegt.[32]

15 Das Führen eines Partnerzusatzes durch ein Unternehmen, das tatsächlich ein **Handelsgewerbe** betreibt, wird in der Regel zudem einen **Wettbewerbsverstoß**, insbesondere i. S. des § 3 UWG, darstellen.[33] Wird bei einer Handelsgesellschaft (nach dem 1.7.1995) versehentlich zu Unrecht ein Zusatz „und Partner" eingetragen, so kann dieser Zusatz im Verfahren nach § 395 FamFG von Amts wegen wieder gelöscht werden.[34] Eine analoge Anwendung des § 11 Abs. 1 Satz 3 PartGG kommt in diesem Fall nicht in Betracht.

16 Der **Bestandsschutz** eines Unternehmens, das bereits am 1.7.1995 einen Partnerzusatz geführt hat und sich einen Rechtsformzusatz zugelegt hat, geht durch eine **Umfirmierung** nicht in jedem Fall verloren. So hat das BayObLG[35] entschieden, dass sich eine „x & Partner Werbeagentur GmbH" in „x und Partner Communication GmbH" umbenennen dürfe. Durch die bloße Änderung dieses die Branchenzugehörigkeit kennzeichnenden Sachzusatzes werde der sog. **Firmenkern** nämlich nicht berührt.[36] Bezieht sich jedoch die Änderung auf die Gesellschafternamen in der Firma, so stellt dies die Aufgabe der alten und die Bildung einer neuen Firma dar. Dadurch kann sich die Gesellschaft nicht mehr auf den Bestandsschutz be-

27) Hierzu *Krafka/Kühn*, Registerrecht, Rz. 2389 ff.

28) Baumbach/Hopt-*Hopt*, HGB, § 37 Rz. 8.

29) Begr. RA z. RegE § 395 FamFG, BT-Drucks. 16/9733, S. 298; Keidel-*Heinemann*, FamFG, § 395 Rz. 2.

30) OLG Hamm, Beschl. v. 8.7.1959 – 15 W 230/59, NJW 1959, 1973; BayObLG, Beschl. v. 5.1.1971 – BReg. 2 Z 22/71, BayObLGZ 1971, 329 = NJW 1972, 957; OLG Saarbrücken, Beschl. v. 13.10.1975 – 5 W 123/75, OLGZ 1976, 33.

31) KG Berlin, Beschl. v. 8.8.1955 – 1 W 2250/55, NJW 1955, 1926; Keidel-*Heinemann*, FamFG, § 395 Rz. 15; *Bumiller/Harders*, FamFG, § 395 Rz. 16.

32) OLG Frankfurt/M., Beschl. v. 3.8.2005 – 20 W 111/05, ZIP 2006, 340 = NJW-RR 2006, 44.

33) Meilicke u. a.-*Wolff*, PartGG, § 11 Rz. 19; *Henssler*, PartGG, § 11 Rz. 12; als irreführende Werbung *Ring*, DZWIR 1996, 462, 464 (Urteilsanm.).

34) OLG Schleswig, Beschl. v. 19.1.2000 – 2 W 200/99, NZG 2000, 424 = NJW-RR 2000, 1639.

35) BayObLG, Beschl. v. 19.2.2003 – 3Z BR 17/03, ZIP 2003, 1295 = NZG 2003, 477.

36) LG Köln, Beschl. v. 6.9.1998 – 87 T 29/98, GmbHR 1999, 411 = MittRhNotK 1998, 373; BayObLG, Beschl. v. 19.2.2003 – 3Z BR 17/03, ZIP 2003, 1295 = NZG 2003, 477; *Schäfer* in: MünchKomm-BGB, § 11 PartGG Rz. 9; *Henssler*, PartGG, § 11 Rz. 9.

rufen.[37] Ferner soll die Aufnahme eines bisher nicht bestehenden Sachzusatzes[38] ebenso zulässig sein wie die Hereinnahme der den Zusatz „Partner“ enthaltenen Firma der Muttergesellschaft in die der Tochtergesellschaft.[39]

17 Im Falle einer **Verschmelzung** ist § 18 Abs. 3 Satz 3 UmwG und im Falle eines **Formwechsels** § 200 Abs. 1, Abs. 4 Satz 3 UmwG zu beachten. Durch die Verweisung in beiden Normen u. a. auf § 11 PartGG wollte der Gesetzgeber sicherstellen, dass der Bestandsschutz im Hinblick auf Gesellschaften, die bereits vor dem 1.7.1995 in ihrem Namen einen „Partner“-Zusatz führten, auch bei einer Umwandlung gewahrt bleibt.[40] Nach der gesetzgeberischen Intention und Teilen der Literatur soll es dabei darauf ankommen, ob der betroffene Rechtsträger eine Phase als Partnerschaft durchlebte.[41] Diese Einschränkung ist jedoch nicht nachvollziehbar. Damit wird die Wirkung des Bestandsschutzes, den § 11 Abs. 1 Satz 3 PartGG uneingeschränkt gewährleistet, reduziert. Eine Folge, die auch das OLG Frankfurt/M. nicht anerkennt, das bei einem Formwechsel von einer OHG mit der Firma „V & Partner“ zur „V & Partner GmbH“ keine Zwischenphase als Partnerschaft fordert.[42]

18 Bei einer **Veräußerung** des Unternehmens findet § 11 Abs. 1 Satz 2 und 3 PartGG keine Anwendung. Eine Fortführung des „Partner“-Zusatzes ist durch den Erwerber nicht nach § 2 Abs. 2 Satz 1 PartGG i. V. m. § 22 HGB möglich.[43]

III. Bedeutung für die Neugründung anderer Gesellschaftsformen

19 Kurze Zeit nach Inkrafttreten des PartGG ist eine Kontroverse darüber aufgetreten, ob § 11 Abs. 1 Satz 1 PartGG nur für den Bereich der Partnerschaften Wirkung entfaltet oder ob diese Vorschrift es darüber hinaus Gesellschaftern aller anderen Rechtsformen untersagt, einen Partnerzusatz in der Firma zu verwenden.

---

37) OLG Stuttgart, Beschl. v. 21.3.2000 – 8 W 154/99, ZIP 2000, 1108 = NJW-RR 2000, 1128, dazu EWiR 2000, 581 (*Ring*).

38) Für den neuen Zusatz „Steuerberatungsgesellschaft“ LG München I, Beschl. v. 19.2.1998 – 17 HK T 1711/98, MittBayNot 1998, 270.

39) LG Koblenz, Beschl. v. 14.5.2003 – 3 HK T 1/03, RNotZ 2003, 464 = MittBayNot 2004, 203, m. Anm. *Westermeier*.

40) Begr. RegE Art. 1 UmwGÄndG, BT-Drucks. 13/8808, S. 11 und S. 15; OLG Frankfurt/M., Beschl. v. 19.2.1999 – 20 W 72/99, BB 1999, 554 = NJW 1999, 2285, dazu EWiR 1999, 417 (*Seibert*); Lutter-*Decher*, UmwG, § 200 Rz. 12; *Henssler*, PartGG, § 11 Rz. 10, der von einer Umwandlung „unter Beteiligung einer Partnerschaft“ ausgeht.

41) Begr. RegE Art. 1 UmwGÄndG, BT-Drucks. 13/8808, S. 11 und S. 15; Lutter-*Bork*, UmwG, § 18 Rz. 8; Meilicke u. a.-*Wolff*, PartGG, § 11 Rz. 16.

42) OLG Frankfurt/M., Beschl. v. 19.2.1999 – 20 W 72/99, BB 1999, 554 = NJW 1999, 2285, dazu EWiR 1999, 417 (*Seibert*); ebenso ohne Einschränkung *Neye*, ZAP 1998, 989, 991; Lutter-*Decher*, UmwG, § 200 Rz. 12; Henssler/Strohn-*Heidinger*, GesR, § 18 UmwG Rz. 19; Henssler/Strohn-*Drinhausen/Keinath*, GesR, § 200 UmwG Rz. 5; Kallmeyer-*Marsch-Barner*, UmwG, § 18 Rz. 15.

43) OLG Karlsruhe, Beschl. v. 5.12.1997 – 11 Wx 83/97, NJW 1998, 1160 = NZG 1998, 179, m. Anm. *Römermann*; a. A. *Henssler*, PartGG, § 11 Rz. 11; *Schäfer* in: MünchKomm-BGB, § 11 PartGG Rz. 10.

Das OLG Frankfurt/M.[44] vertrat die Auffassung, dass die Neueintragung einer GmbH mit der Firma „X und Partner" nach wie vor gestattet werden müsse, da die GmbH ohnehin zur Angabe ihrer Rechtsform gezwungen sei, so dass keine Verwechslungsgefahr bestehen könne. § 11 Abs. 1 PartGG diene aber, wie sich aus Satz 3 ergebe, lediglich der Vermeidung möglicher Verwechslungen.

20 Dieser Ansicht ist das BayObLG[45] entgegengetreten. Das Gericht argumentiert mit dem klaren Wortlaut des § 11 Abs. 1 Satz 1 PartGG, wonach der Partnerzusatz unabhängig von einer etwaigen Verwechslungsgefahr für die Partnerschaft monopolisiert sei. Der BGH[46] hat schließlich auf Vorlage des BayObLG dessen Rechtsauffassung bestätigt. Für die Praxis steht damit fest, dass bei einer Neugründung ausschließlich Partnerschaften die in den §§ 2 Abs. 1, 11 PartGG genannten Namenszusätze „und Partner" bzw. „Partnerschaft" in ihrer Bezeichnung führen dürfen.

21 Das Verbot eines Partnerzusatzes für andere Gesellschaftsformen als eine Partnerschaft erstreckt sich über den Wortlaut des § 11 Abs. 1 PartGG hinaus auf alle **verwechslungsfähigen Bezeichnungen**, bspw.[47]

- bloßer Zusatz „Partner" ohne Verknüpfung durch „und", „+", „&" o. Ä.,
- abweichende Groß-/Kleinschreibung wie „partner",
- Verwendung der englischen Pluralform „partners",
- Verwendung der weiblichen Form „und Partnerin" oder „und Partnerinnen".[48]

22 In der Literatur wurde die Frage aufgeworfen, ob auch der Begriff **„Partnership"** als englische Form von „Partnerschaft" der Regelung des § 11 Abs. 1 PartGG unterfällt. Anerkannt ist in der Rechtsprechung zumindest, dass die englische Bezeichnung „partners" erfasst sei.[49] Unabhängig von der europarechtlichen Dimension dieser Frage,[50] ist eine zu große Nähe zur „Partnerschaft" zu verneinen. Für die

---

44) OLG Frankfurt/M., Beschl. v. 20.5.1996 – 20 W 121/96, BB 1996, 1681 = WiB 1996, 785, m. Anm. *Schüppen* = WuB II C. § 6 GmbHG 1.96 (= WuB 1996, 1049), m. Anm. *Michalski* = ZIP 1996, 1082, m. Anm. *Wertenbruch*, S. 1776 = DB 1996, 1402, m. Anm. *Röh*, S. 2426, dazu EWiR 1996, 759 (*Seibert*) = DZWIR 1996, 462, m. Anm. *Ring* = MDR 1996, 920, m. Anm. *Bärwaldt/Schabacker*, MDR 1997, 115.

45) BayObLG, Beschl. v. 2.8.1996 – 3Z BR 73/96, NJW 1996, 3016 = ZIP 1996, 1702, m. Anm. *Wertenbruch*, S. 1776 = DB 1996, 2025, m. Anm. *Röh*, S. 2426, dazu EWiR 1996, 947 (*Schüppen*) = DZWIR 1996, 460, m. Anm. *Michalski* = MDR 1996, 1251, m. Anm. *Bärwaldt/Schabacker*, MDR 1997, 115; zustimmend *Schäfer* in: MünchKomm-BGB, § 11 PartGG Rz. 5.

46) BGH, Beschl. v. 21.4.1997 – II ZB 14/96, BGHZ 135, 257 = ZIP 1997, 11094 = WiB 1997, 752, m. Anm. *Römermann*, dazu EWiR 1997, 715 *(Bärwaldt/Schabacker)*; dazu *Hülsmann*, NJW 1998, 35; aus der neueren Rspr. OLG Karlsruhe, Beschl. v. 5.12.1997 – 11 Wx 83/97, NJW 1998, 1160 = MDR 1998, 608.

47) Vgl. KG Berlin, Beschl. v. 27.4.2004 – 1 W 180/02, ZIP 2004, 1645 = GmbHR 2004, 1024, 1026, dazu EWiR 2005, 41 *(Mankowski)*.

48) S. o. *Zimmermann*, § 2 Rz. 12; KG Berlin, Beschl. v. 27.4.2004 – 1 W 180/02, ZIP 2004, 1645 = GmbHR 2004, 1024, dazu EWiR 2005, 41 *(Mankowski)*; *Henssler*, PartGG, § 2 Rz. 11.

49) KG Berlin, Beschl. v. 27.4.2004 – 1 W 180/02, ZIP 2004, 1645 = GmbHR 2004, 1024, dazu EWiR 2005, 41 *(Mankowski)*; OLG Frankfurt/M., Beschl. v. 11.11.2004 – 20 W 321/04, Rpfleger 2005, 264 = DB 2005, 99.

50) *Mankowski*, EWiR 2005, 41, 42 (Urteilsanm.); *Kögel*, Rpfleger 2007, 590, 592.

Rechtsprechung ist „partners" nur deshalb unzulässig, weil sich diese von der deutschen Version lediglich durch das zusätzliche „s" unterscheide, sich also der prägende Bestandteil des Rechtsformzusatzes nicht ändere.[51] Dies ist jedoch bei „Partnership" nicht der Fall, da der Begriff „Partner" hier nur einen Teil des Wortes ausmacht.

23 Die Verwendung des **Familiennamens** „Partner" ist dann zulässig, wenn sich dieser Charakter aus dem Zusammenhang ergibt, z. B. durch das Voranstellen eines Vornamens.[52]

24 Vom Verbot des § 11 Abs. 1 PartGG sollen jedoch **Wortkombinationen** ausgenommen sein, die den Bestandteil „Partner" enthalten. Nach einer Entscheidung des OLG München ist eine Firma zulässig, die die Formulierung „GV-Partner" beinhaltet, wobei die Abkürzung „GV" für „Großverbraucher" steht.[53] Allerdings ist es bedenklich, lediglich darauf abzustellen, ob eine Wortverbindung besteht. Im konkreten Fall war das Wort „Partner" nicht in ein einziges Wort eingebunden, sondern lediglich mit einem Bindestrich verbunden und stand somit trotzdem für den Verkehr im Mittelpunkt der Kombination. Ferner führt die Zulässigkeit von Wortverbindungen zu noch größerer Unsicherheit. Zwar mögen Bezeichnungen wie „IT-Partner"[54] oder „Retail Partner Network"[55] für die konkreten Verkehrskreise eindeutig sein.

25 Anders sieht es jedoch bei einer GbR – zumal wenn der Rechtsformzusatz fehlt – mit der Bezeichnung „Müller Rechtsanwalts-Partner" aus, was nach der obigen Rechtsprechung zulässig wäre. Hier wird nicht mehr klar, ob es sich um eine Partnerschaftsgesellschaft oder ein Unternehmen handelt, das sich an Rechtsanwälte wendet. Gerade durch solch eine undifferenzierte Verwendung des Begriffes „Partner" wird der Gesetzeszweck unterlaufen, einer Verwechselungsgefahr vorzubeugen.[56] Auch der eindeutige Wortlaut des § 11 Abs. 1 Satz 1 PartGG spricht für eine Sperrung zugunsten der Partnerschaftsgesellschaft.[57] Da spielt es dann auch keine Rolle, ob der Zusammenhang eine Verwechselung ausschließen könnte.[58] Dies wird noch verstärkt durch die Rechtsprechung des BGH, die davon ausgeht, dass das Wort „und" keinen kennzeichnenden Charakter aufweist.[59]

26 Weiterhin ist darauf hinzuweisen, dass durch die Zulässigkeit des Begriffes „Partner" **bei anderen Rechtsträgern** entgegen § 11 Abs. 1 Satz 1 PartGG das Regel-Ausnahme-Verhältnis zwischen Satz 1 und Satz 3 umgekehrt werden würde. Die

---

51) KG, Beschl. v. 27.4.2004 – 1 W 180/02, ZIP 2004, 1645, 1647 = GmbHR 2004, 1024, dazu EWiR 2005, 41 *(Mankowski)*.

52) *Wolff*, GmbHR 2007, 1032, 1033; ablehnend *Kögel*, Rpfleger 1996, 314, 317.

53) OLG München, Beschl. v. 14.12.2006 – 31 Wx 89/06, ZIP 2007, 770 = NJW-RR 2007, 761.

54) Ablehnend LG Stuttgart, Beschl. v. 27.1.1999 – 4 KfH T 1/99, n. v.

55) LG Frankenthal, Beschl. v. 5.6.2003 – 2 HK T 3/03, teilweise abgedruckt in *Kögel*, Rpfleger 2007, 590, 591.

56) Begr. RegE § 11 PartGG, BT-Drucks. 12/6152, S. 23.

57) *Seibert*, EWiR 1996, 759, 760 (Urteilsanm.); *Lenz*, MDR 1997, 861 (Urteilsanm.); tendenziell auch *Henssler*, PartGG, § 11 Rz. 6.

58) *Wolff*, GmbHR 2007, 1032, 1033.

59) BGH, Beschl. v. 21.4.1997 – II ZB 14/96, BGHZ 135, 257 = ZIP 1997, 1109.

Monopolisierung bestimmter Begriffe kraft Gesetzes ist im Übrigen nichts Neues, wie ein Blick z. B. auf § 39 Abs. 1 KWG für die Bezeichnung „Bank“ zeigt.

C. Weitere Registerinhalte (§ 11 Abs. 2 PartGG)

27 Seit dem 15.12.2001 gilt mit § 11 Abs. 2 PartGG eine weitere Übergangsvorschrift im Hinblick auf neu eingeführte Bestandsteile des Registerinhalts. Diese wurde durch das Gesetz über elektronische Register und Justizkosten für Telekommunikation (ERJuKoG)[60] geschaffen und entspricht inhaltlich dem Art. 52 EGHGB.[61]

I. Vertretungsmacht

28 Am 15.12.2001 war zu prüfen, ob die Vertretungsmacht bei der jeweiligen Partnerschaft dem **gesetzlichen Regelfall** (§ 7 PartGG) entsprach oder nicht. Im Fall einer **Abweichung** mussten die Vertretungsverhältnisse sofort zur Eintragung im Partnerschaftsregister angemeldet werden.

29 Entsprach die Vertretungsmacht am 15.12.2001 dem gesetzlichen Regelfall, so musste gemäß § 11 Abs. 2 Satz 1 PartGG zunächst **keine nachträgliche Anmeldung** erfolgen.[62] Diese Anmeldung ist durch Absatz 2 Satz 1 nur bei Eintritt **folgender Fälle** vorgesehen:

- Eine vom gesetzlichen Regelfall abweichende Bestimmung des Partnerschaftsvertrags über die Vertretungsmacht wird angemeldet und eingetragen.
- Erstmals werden die Abwickler angemeldet und eingetragen.

30 Auch ohne Anmeldung kann das Registergericht gemäß § 11 Abs. 2 Satz 2 PartGG **von Amts wegen** eine dem gesetzlichen Regelfall entsprechende Vertretungsmacht vornehmen. Dies wird bspw. dann erfolgen, wenn die Vertretungsverhältnisse automatisch im elektronischen Register eingetragen werden oder wenn bei unterschiedlicher Vertretungsmacht der Partner und einer nur partiellen Eintragung Verwirrung für den Rechtsverkehr droht.[63]

II. Geburtsdatum

31 Bei einer nachträglichen Anmeldung, die sich auf einen Partner bezieht, sind gleichzeitig die Geburtsdaten sämtlicher Partner zur Eintragung im Partnerschaftsregister anzumelden.[64]

---

60) Gesetz über elektronische Register und Justizkosten für Telekommunikation (ERJuKoG) v. 10.12.2001, BGBl. I 2001, 3422.

61) Begr. RegE Art. 4 ERJuKoG, BT-Drucks. 14/6855, S. 21; *Schäfer* in: MünchKomm-BGB, § 11 PartGG Rz. 15.

62) S. hierzu für ein Beispiel Begr. RegE Art. 3 ERJuKoG, BT-Drucks. 14/6855, S. 20 f.; *Schwarz*, NZG 2002, 1033, 1039.

63) *Schäfer* in: MünchKomm-BGB, § 11 PartGG Rz. 16; zur Frage der Auswirkungen einer unrichtigen Eintragung von Amts wegen *Servatius*, NZG 2002, 456, 457.

64) *Schäfer* in: MünchKomm-BGB, § 11 PartGG Rz. 17; *Henssler*, PartGG, § 11 Rz. 18; Meilicke u. a.-*Wolff*, PartGG, § 11 Rz. 21.

D. Übergangsvorschrift des § 11 Abs. 3 PartGG

32 Durch das EHUG[65] wurde es wegen der Umstellung auf die elektronische Registerführung zur Vermeidung unbilliger Härten notwendig, Anmeldungen zum Register auch in Papierform für eine Übergangszeit zuzulassen. Dafür wurde den Landesregierungen die Ermächtigung zum Erlass entsprechender Rechtsverordnungen erteilt. Die Regelung, die inhaltlich der des Art. 61 Abs. 1 EGHGB entspricht, wurde zum 1.1.2010 wirkungslos.

65) Gesetz über elektronische Handelsregister und Genossenschaftsregister sowie das Unternehmensregister (EHUG) v. 10.11.2006, BGBl. I 2006, 2553.

Anhang

Materialien in synoptischer Zusammenstellung

Im Folgenden werden die Materialien zum Gesetz zur Einführung einer Partnerschaftsgesellschaft mit beschränkter Berufshaftung und zur Änderung des Berufsrechts der Rechtsanwälte, Patentanwälte, Steuerberater und Wirtschaftsprüfer vom 15.7.2013, BGBl. I 2013 vom 18.7.2013, S. 2386, abgedruckt. Zunächst werden die allgemeine Begründung des Regierungsentwurfs[1] einschließlich Stellungnahme des Bundesrates[2] und Gegenäußerung der Bundesregierung[3] und anschließend der Bericht und die allgemeine Begründung des Rechtsausschusses[4] dokumentiert. Im Anschluss werden die einzelnen Neuregelungen abgedruckt, denen jeweils die Einzelbegründung aus dem Regierungsentwurf und – soweit vorhanden – die Stellungnahme des Bundesrates, die Gegenäußerung der Bundesregierung sowie die Einzelbegründung aus der Beschlussempfehlung des Rechtsausschusses angefügt sind. Die Originalfundstellen sind jeweils angegeben. Die Textfassungen von Regierungsentwurf und Rechtsausschuss sind nur dann wiedergegeben, wenn sie Unterschiede zum Gesetz gewordenen Text enthalten.

Begründung

Begründung RegE
BT-Drucks. 17/10487, S. 11 ff.

A. Allgemeiner Teil

I. Inhalt, Zielsetzung und Notwendigkeit des Entwurfs

In dem Gesetzentwurf wird das Partnerschaftsgesellschaftsgesetz (PartGG) hinsichtlich beruflicher Fehler für eine Beschränkung der Haftung auf das Vermögen der Gesellschaft geöffnet.

Das Haftungskonzept der Partnerschaftsgesellschaft wird von Angehörigen Freier Berufe zum Teil als nicht befriedigend empfunden. Zwar wird mit der Partnerschaftsgesellschaft eine Rechtsform angeboten, die unter anderem den Vorteil einer transparenten Besteuerung mit einer Haftungskonzentration nach § 8 Absatz 2 PartGG verbindet. Jedoch stößt die Haftungskonzentration auf Handelnde zumindest dort auf praktische Schwierigkeiten, wo Partnerschaftsge-

---

1) Regierungsentwurf eines Gesetzes zur Einführung einer Partnerschaftsgesellschaft mit beschränkter Berufshaftung und zur Änderung des Berufsrechts der Rechtsanwälte, Patentanwälte, Steuerberater und Wirtschaftsprüfer, BT-Drucks. 17/10487 v. 15.8.2012.

2) Stellungnahme des Bundesrats v. 6.7.2012 zu dem Gesetzentwurf der Bundesregierung, BT-Drucks, 17/10487 Anlage 3.

3) Gegenäußerung der Bundesregierung zu der Stellungnahme des Bundesrates, BT-Drucks, 17/10487 Anlage 4.

4) Beschlussempfehlung und Bericht des Rechtsausschusses (6. Ausschuss) zu dem Gesetzentwurf der Bundesregierung – Drucksache 17/10487 –, BT-Drucks. 17/13944 v. 12.6.2013.

sellschaften eine gewisse Größenordnung überschreiten und Aufgaben von Teams innerhalb der Partnerschaftsgesellschaft bearbeitet werden. Die aufgrund unterschiedlicher Spezialisierung miteinander arbeitenden Partnerinnen und Partner können die Arbeitsbeiträge der anderen weder inhaltlich noch dem Umfang nach vollständig überblicken und verantworten. Im Bereich von anwaltlichen Kanzleien zeichnet sich daher ein Trend zum Rechtsformwechsel zur Limited Liability Partnership (LLP) nach englischem Recht ab. Angesichts der Rechtsprechung des Europäischen Gerichtshofs zur Niederlassungsfreiheit (Centros, Überseering, Inspire Art) bestehen keine rechtlichen Bedenken, wenn eine Rechtsform aus einem anderen Rechtskreis gewählt wird, obgleich der Tätigkeitsschwerpunkt in Deutschland liegt. Jedoch soll eine deutsche Alternative zur LLP geboten werden. Dabei soll die Möglichkeit einer weiter gehenden Haftungsbeschränkung auf das Vermögen der Partnerschaft als bisher aber nur hinsichtlich der Haftung aus beruflichen Fehlern bestehen, da Gläubigerinteressen hier durch eine Haftpflichtversicherung berücksichtigt werden können.

Durch das Gesetz wird für Angehörige Freier Berufe die Möglichkeit geschaffen, sich für eine Partnerschaftsgesellschaft mit beschränkter Berufshaftung zu entscheiden, wenn bestimmte Voraussetzungen vorliegen. Hierzu wird im PartGG selbst eine Haftungsbeschränkung geschaffen. Die bisherige „normale" Partnerschaftsgesellschaft wird neben der Möglichkeit einer Partnerschaftsgesellschaft mit beschränkter Berufshaftung weiterbestehen.

Regelungen zur Berufshaftpflichtversicherung und zu eventuellen Pflichten gegenüber Berufskammern sind den jeweiligen Berufsgesetzen vorbehalten.

Mit dem vorliegenden Gesetzentwurf werden Regelungen zur Berufshaftpflichtversicherung der Partnerschaftsgesellschaft mit beschränkter Berufshaftung für Rechtsanwältinnen und Rechtsanwälte (Artikel 2, Änderung der Bundesrechtsanwaltsordnung, BRAO) und für Patentanwältinnen und Patentanwälte (Artikel 3, Änderung der Patentanwaltsordnung, PAO) vorgeschlagen.

Im Steuerberatungsgesetz (StBerG; Artikel 6) und in der Verordnung zur Durchführung der Vorschriften über Steuerberater, Steuerbevollmächtigte und Steuerberatungsgesellschaften (DVStB; Artikel 7) werden die Änderungen im PartGG insoweit nachvollzogen, als die Partnerschaftsgesellschaft als Rechtsform nunmehr ausdrücklich in den Anwendungsbereich der Regelungen zur Berufshaftpflichtversicherung (§ 67 StBerG, § 51 DVStB) einbezogen wird, und zwar sowohl die bisherige Form der Partnerschaftsgesellschaft mit Handelndenhaftung als auch die neue Form der Partnerschaftsgesellschaft mit beschränkter Berufshaftung nach § 8 Absatz 4 PartGG-E.

Von einer Anhebung der Mindestversicherungssumme bei der Berufshaftpflichtversicherung speziell für Partnerschaftsgesellschaften mbB wird im Berufsrecht der steuerberatenden Berufe abgesehen. Sie ist weder aus berufsrechtlichen noch aus Gründen des Verbraucherschutzes erforderlich. Nach § 67 Satz 1 StBerG muss – anders als es zum Beispiel § 51 Absatz 1 Satz 1 BRAO vorsieht – die abgeschlossene Berufshaftpflichtversicherung angemessen sein. Damit soll sichergestellt werden, dass die Ersatzansprüche Geschädigter auf jeden Fall erfüllt werden können. Dies bedeutet, dass im Einzelfall zum Beispiel eine Steuerberaterpraxis mit besonders hohen Haftungsrisiken verpflichtet ist, die Berufshaftpflichtversicherung zu einer höheren Versicherungssumme als der in § 52 DVStB vorgesehenen Mindestversicherungssumme abzuschließen. Daher lassen sich über den Angemessenheitsvorbehalt die Fälle sachgerecht lösen, bei denen im Einzelfall ein erheblich erhöhtes Haftungsrisiko besteht. Zudem zieht eine Verletzung der Verpflichtung zum Abschluss einer angemessenen Berufshaftpflichtversicherung eine erhebliche Sanktion, nämlich den Widerruf der Bestellung zum Steuerberater (§ 46 Absatz 2 Nummer 3 StBerG), nach sich.

In der Wirtschaftsprüferordnung (WPO, Artikel 8) wird die Partnerschaftsgesellschaft mit beschränkter Berufshaftung in den Anwendungsbereich der Regelungen zur Berufshaftpflichtversicherung (§ 54 WPO) einbezogen.

Außerdem sollen mehrere Vorschriften des patentanwaltlichen Berufsrechts (Artikel 4 und 5) und des Rechtsdienstleistungsgesetzes (Artikel 9) an das Abkommen vom 21. Juni 1999 zwischen der Schweizerischen Eidgenossenschaft einerseits und der Europäischen Gemeinschaft und ihren Mitgliedstaaten andererseits über die Freizügigkeit (BGBl. 2001 II S. 810; BGBl. 2002 II S. 16092) angepasst werden.

II. Gesetzgebungskompetenz

Die Gesetzgebungskompetenz des Bundes folgt aus Artikel 74 Absatz 1 Nummer 1 des Grundgesetzes (Artikel 1: „bürgerliches Recht“), aus Artikel 74 Absatz 1 Nummer 1 des Grundgesetzes (Artikel 2, 10: „Rechtsanwaltschaft“; Artikel 3 bis 7, 9 und 10: „Rechtsberatung“) sowie Artikel 74 Absatz 1 Nummer 11 in Verbindung mit Artikel 72 Absatz 2 des Grundgesetzes (Artikel 8: „Recht der Wirtschaft“). Eine bundesgesetzliche Regelung ist zur Wahrung der Rechts- und Wirtschaftseinheit erforderlich und liegt im gesamtstaatlichen Interesse. Wirtschaftseinheit bedeutet auch die Geltung gleicher rechtlicher Bedingungen für wirtschaftliche Betätigung. Bei regional unterschiedlichen Haftungsregelungen einer Partnerschaftsgesellschaft würden ungleiche Bedingungen geschaffen. Zudem erwartet der Rechtsverkehr die Partnerschaftsgesellschaft als standardisierte und gleichmäßig ausgestaltete Gesellschaftsform, die im gesamten Bundesgebiet tätig werden kann. Regional unterschiedliche Haftungsmodelle der Partnerschaftsgesellschaft können unzumutbare Behinderungen im länderübergreifenden Rechtsverkehr schaffen und dadurch die wirtschaftliche Tätigkeit einer Partnerschaftsgesellschaft regional begrenzen.

III. Vereinbarkeit mit dem Recht der Europäischen Union und völkerrechtlichen Verträgen

Der Gesetzentwurf ist mit dem Recht der Europäischen Union und völkerrechtlichen Verträgen, die die Bundesrepublik Deutschland geschlossen hat, vereinbar.

IV. Gesetzesfolgen

1. Nachhaltigkeitsaspekte

Der Gesetzentwurf berührt keine Aspekte einer nachhaltigen Entwicklung im Sinne der nationalen Nachhaltigkeitsstrategie.

2. Haushaltsausgaben ohne Erfüllungsaufwand

Es entstehen keine Haushaltsausgaben ohne Erfüllungsaufwand.

3. Erfüllungsaufwand

a) Erfüllungsaufwand für Bürgerinnen und Bürger

Für die Bürgerinnen und Bürger entsteht durch die beabsichtigten Regelungen kein Erfüllungsaufwand.

b) Erfüllungsaufwand für die Wirtschaft

Wird von der Möglichkeit Gebrauch gemacht, von einer bestehenden „normalen“ Partnerschaftsgesellschaft in eine Partnerschaftsgesellschaft mit beschränkter Berufshaftung zu wechseln, so ist auch der Name, mithin der Partnerschaftsvertrag der Gesellschaft zu ändern. Die hierfür voraussichtlich anfallenden Kosten sind nicht bezifferbar, weil nicht abzuschätzen ist, wie viele Partnerschaftsgesellschaften von der Möglichkeit Gebrauch machen werden. Im Einzelfall dürften die Kosten für eine Anmeldung der Namensänderung und Einreichung der Versicherungsbescheinigung durch den Notar beim Partnerschaftsregister und die Registergebühr etwa 140 Euro betragen. Bei der Neugründung einer Partnerschaftsgesellschaft mit beschränkter Berufshaftung besteht beim Erfüllungsaufwand kein Unterschied zur Neugründung einer herkömmlichen Partnerschaftsgesellschaft.

Wird von der Möglichkeit einer Haftungsbeschränkung für berufliche Fehler über eine Partnerschaftsgesellschaft mbB Gebrauch gemacht, sind entsprechende Versicherungsprämien zu zahlen. Es entstehen Mehrkosten, soweit im jeweiligen Berufsrecht über erhöhte Mindestversicherungssummen eine erweiterte Versicherungspflicht vorgeschrieben wird und die betreffende Gesellschaft nicht zuvor schon freiwillig entsprechend versichert war.

Für rechtsanwaltliche Partnerschaften mbB soll die Mindestversicherungssumme je Versicherungsfall 2,5 Mio. Euro an Stelle von 250.000 Euro betragen (§ 51a Absatz 2 BRAO-E, Artikel 2 Nummer 1). Dadurch erhöht sich die jährlich zu zahlende Versicherungsprämie je Anwältin bzw. Anwalt von rund 750 Euro auf rund 2.500 Euro. Die hierdurch entstehenden Gesamtkosten hängen davon ab, wie viele bestehende und neu gegründete Partnerschaftsgesellschaften von der Möglichkeit der neu eröffneten gesellschaftsrechtlichen Haftungsbeschränkung Gebrauch machen werden. Das kann nur geschätzt werden. Wenn zum Beispiel 20 Prozent der am 1. Januar 2011 bestehenden 2.789 rechtsanwaltlichen Partnerschaftsgesellschaften (BRAK-Mitgliederstatistik) in eine Partnerschaftsgesellschaft mbB wechseln würden und man davon ausgeht, dass jeder dieser Gesellschaften durchschnittlich zehn Berufsangehörige angehören, ergäben sich rechnerisch zunächst Mehrkosten von rund 10 Mio. Euro. Tatsächlich entstünden jedoch – wahrscheinlich deutlich – niedrigere Mehrkosten, weil viele Anwaltsgesellschaften bereits heute über einen Versicherungsschutz verfügen, der oberhalb der Mindestversicherungssumme liegt. Geht man davon aus, dass die Hälfte der betroffenen Gesellschaften bereits heute einen erhöhten Versicherungsschutz besitzt, belaufen sich die Mehrkosten auf 5 Mio. Euro. Der Mehrbelastung durch erhöhte Versicherungsprämien steht das durch die Versicherung abgedeckte Haftpflichtrisiko gegenüber, das wirtschaftlich die erhöhte Kostenbelastung ausgleicht.

Auch für Patentanwältinnen und Patentanwälte, bei denen ebenfalls eine auf 2,5 Mio. Euro erhöhte Mindestversicherungssumme für die Partnerschaftsgesellschaft mbB vorgeschlagen wird (§ 45a Absatz 2 Satz 1 PAO-E; Artikel 3 Nummer 1), ergeben sich Mehrkosten bei den Versicherungsprämien. Hierdurch entstehen wie bei den Rechtsanwältinnen und Rechtsanwälten erhöhte Kosten für Versicherungsprämien von rund 1.750 Euro je Patentanwältin bzw. Patentanwalt und Jahr. Die insgesamt für die Wirtschaft entstehenden Mehrkosten sind angesichts der niedrigen Zahl der Berufsangehörigen gering.

Es werden zudem drei neue Informationspflichten begründet:

Zur Anmeldung einer Partnerschaftsgesellschaft mit beschränkter Berufshaftung ist nach § 4 Absatz 3 PartGG-E die Einreichung von Versicherungsunterlagen erforderlich. Die hierfür voraussichtlich anfallenden Kosten sind nicht bezifferbar, weil nicht abzuschätzen ist, wie viele Gesellschaften von der Möglichkeit Gebrauch machen werden. Im Einzelfall dürften diese jedoch marginal sein.

§ 51a Absatz 1 Satz 2 BRAO-E in Verbindung mit § 51 Absatz 6 Satz 1 BRAO sieht vor, dass Versicherungsunternehmen, bei denen rechtsanwaltliche Partnerschaftsgesellschaften mbB ihre Haftpflichtversicherung halten, verpflichtet werden sollen, der zuständigen Rechtsanwaltskammer den Beginn und die Beendigung des Versicherungsvertrages sowie dessen Änderungen mitzuteilen, soweit durch diese der Versicherungsschutz beeinträchtigt wird. Hierdurch werden für die Versicherer voraussichtlich jährliche Kosten in Höhe von rund 840 Euro verursacht, die sich wie folgt berechnen lassen: Die Kosten je Mitteilung belaufen sich bei einer Standardzeit von 15 Minuten und einem Lohnsatz von rund 28 Euro je Stunde auf rund sieben Euro. Bei angenommenen 600 rechtsanwaltlichen Partnerschaftsgesellschaften mbB und der weiteren Annahme, dass bei einer Partnerschaftsgesellschaft mbB alle fünf Jahre eine Mitteilung gemacht werden muss, ergeben sich hieraus für 120 Meldungen jährlich rechnerische Kosten für die Versicherungsunternehmen von 840 Euro.

Gemäß § 45a Absatz 1 Satz 2 in Verbindung mit § 45 Absatz 6 Satz 1 PAO sollen Versicherungsunternehmen, bei denen patentanwaltliche Partnerschaftsgesellschaften mbB ihre Haftpflichtversicherung halten, verpflichtet werden, der Patentanwaltskammer den Beginn und die Beendigung des Versicherungsvertrages sowie dessen für den Versicherungsschutz bedeutsame Änderungen mitzuteilen. Bei einer sehr niedrigen Fallzahl entstehen hierdurch nur geringe Gesamtkosten.

c) Erfüllungsaufwand für die Verwaltung

Für die Gerichtsverwaltungen, die das Handels- und das Partnerschaftsgesellschaftsregister führen, entsteht zusätzlicher Erfüllungsaufwand, soweit bestehende nicht registerpflichtige Berufsgesellschaften aus Anlass dieses Gesetzes die Partnerschaft wählen oder soweit bereits registrierte Berufsgesellschaften in die Partnerschaftsgesellschaft mbB wechseln oder (aus der GmbH) umwandeln. Soweit dagegen künftig statt einer bestehenden, eintragungspflichtigen Form die neue Form der Partnerschaftsgesellschaft mbB genutzt wird, entsteht für die Verwaltung kein zusätzlicher Erfüllungsaufwand, weil sich der Aufwand bei der Eintragung in das Register für die verschiedenen Rechtsformen nicht unterscheidet.

Für die Rechtsanwaltskammern, die Patentanwaltskammer, die Steuerberaterkammern und die Wirtschaftsprüferkammern entsteht Erfüllungsaufwand durch die Verpflichtung, Bürgerinnen und Bürgern zur Geltendmachung von Schadensersatzansprüchen Auskünfte zur Berufshaftpflichtversicherung der Partnerschaftsgesellschaft zu erteilen (§ 51a Absatz 1 Satz 2 BRAO-E in Verbindung mit § 51 Absatz 6 Satz 2 BRAO, Artikel 2 Nummer 1; § 45a Absatz 1 Satz 2 PAO-E in Verbindung mit § 45 Absatz 6 Satz 2 PAO, Artikel 3 Nummer 1; § 67 Satz 3 StBerG-E, Artikel 6 Nummer 3 Buchstabe b; § 54 Absatz 2 WPO-E, Artikel 8 Nummer 1 Buchstabe b).

3. Weitere Kosten

Auswirkungen auf das Preisniveau, insbesondere auf das Verbraucherpreisniveau, sind nicht zu erwarten.

4. Auswirkungen von gleichstellungspolitischer Bedeutung

Auswirkungen von gleichstellungspolitischer Bedeutung sind nicht zu erwarten; allerdings wird von Freiberuflerinnen vorgetragen, dass die Partnerschaft mbB gerade auch denjenigen Freiberuflerinnen die Übernahme einer Partnerstellung mit einem überschaubaren Risiko ermögliche, die nicht Vollzeit arbeiten.

Begründung Rechtsausschuss
BT-Drucks. 17/13944, S. 13 f.

Bericht der Abgeordneten Dr. Stephan Harbarth, Christoph Strässer, Marco Buschmann, Jens Petermann und Ingrid Hönlinger

I. Überweisung

Der Deutsche Bundestag hat die Vorlage auf **Drucksache 17/10487** in seiner 195. Sitzung am 27. September 2012 beraten und an den Rechtsausschuss zur federführenden Beratung und an den Finanzausschuss zur Mitberatung überwiesen.

II. Stellungnahme des mitberatenden Ausschusses

Der **Finanzausschuss** hat die Vorlage auf Drucksache 17/10487 in seiner 144. Sitzung am 12. Juni 2013 beraten und empfiehlt mit den Stimmen der Fraktionen der CDU/CSU und FDP gegen die Stimmen der Fraktionen SPD, DIE LINKE. und BÜNDNIS 90/DIE GRÜNEN die Annahme des Gesetzentwurfs.

III. Beratungsverlauf und Beratungsergebnisse im federführenden Ausschuss

Der Rechtsausschuss hat die Vorlage in seiner 92. Sitzung am 26. September 2012 anberaten und beschlossen, eine öffentliche Anhörung durchzuführen, die er in seiner 101. Sitzung am 7. November 2012 durchgeführt hat. An dieser Anhörung haben folgende Sachverständige teilgenommen:

Claudia Dittberner	Rechtsanwältin, Berlin, Bundesverband der Freien Berufe (BFB)
Prof. Dr. Barbara Grunewald	Universität zu Köln, Lehrstuhl für Bürgerliches Recht und Wirtschaftsrecht, Rechtswissenschaftliche Fakultät
Markus Hartung	Rechtsanwalt, Berlin
Prof. Dr. iur. Heribert Hirte, LL. M. (Berkeley)	Universität Hamburg, Fakultät für Rechtswissenschaft
Lothar Jünemann	Stellvertretender Vorsitzender des Deutschen Richterbundes, Vorsitzender Richter am Landgericht Berlin
Dr. Dieter Leuering	Rechtsanwalt, Bonn

Dr. Raoul Riedlinger	Vizepräsident der Bundessteuerberaterkammer, Berlin
Prof. Dr. Carsten Schäfer	Universität Mannheim, Institut für Unternehmensrecht, Ordinarius für Bürgerliches Recht, Handels- und Gesellschaftsrecht.

Hinsichtlich des Ergebnisses der Anhörung wird auf das Protokoll der 101. Sitzung am 7. November 2012 mit den anliegenden Stellungnahmen der Sachverständigen verwiesen.

Der **Rechtsausschuss** hat den Gesetzentwurf auf Drucksache 17/10487 in seiner 139. Sitzung am 12. Juni 2013 abschließend beraten und empfiehlt mit den Stimmen der Fraktionen der CDU/CSU und FDP gegen die Stimmen der Fraktionen SPD und BÜNDNIS 90/DIE GRÜNEN bei Stimmenthaltung der Fraktion DIE LINKE. dessen Annahme in der aus der Beschlussempfehlung ersichtlichen Fassung. Die vorgeschlagenen Änderungen entsprechen einem Änderungsantrag, den die Fraktionen der CDU/CSU und FDP im Rechtsausschuss eingebracht haben und der mit den Stimmen der Fraktionen CDU/CSU, FDP und BÜNDNIS 90/DIE GRÜNEN bei Stimmenthaltung der Fraktionen SPD und DIE LINKE. angenommen wurde.

Im Verlaufe der Beratungen hat die Fraktion der SPD folgenden Änderungsantrag gestellt:

Der Ausschuss wolle beschließen:

Artikel 1 Nr. 3 wird wie folgt gefasst:

‚3. Dem § 8 wird folgender Absatz 4 angefügt:

„(4) Für Verbindlichkeiten der Partnerschaft aus Schäden wegen fehlerhafter Berufsausübung haftet den Gläubigern nur das Gesellschaftsvermögen, wenn die Partnerschaft eine zu diesem Zweck durch Gesetz vorgegebene Berufshaftpflichtversicherung unterhält und wenn die Partnerschaft dem Auftraggeber vor Übernahme des Auftrags schriftlich offenlegt, inwieweit diese Versicherung im laufenden Jahr bereits in Anspruch genommen wurde. Für die Berufshaftpflichtversicherung gelten § 113 Absatz 3 und die §§ 114 bis 124 des Versicherungsvertragsgesetzes entsprechend. Der Name der Partnerschaft muss den Zusatz „mit beschränkter Berufshaftung“ oder die Abkürzung „mbB“ oder eine andere allgemein verständliche Abkürzung dieser Bezeichnung enthalten; anstelle der Namenszusätze nach § 2 Absatz 1 Satz 1 kann der Name der Partnerschaft mit beschränkter Berufshaftung den Zusatz „Part“ oder „PartG“ enthalten.“‘

Begründung

Die Partnerschaft mit beschränkter Berufshaftung haftet gegenüber ihren Mandanten für Beratungsfehler nur mit dem Gesellschaftsvermögen. Im Übrigen ist jeder Mandant auf die Leistungen aus der Berufshaftpflicht angewiesen. Nach den Regelungen des Gesetzes kann diese Berufshaftpflicht auf eine Haftungshöchstsumme pro Jahr beschränkt sein. Ist diese Höchstsumme im laufenden Jahr – im Extremfall vollständig – bereits in Anspruch genommen worden, haftet die Partnerschaft nur noch mit ihrem Gesellschaftsvermögen. Dessen u. U. sehr begrenzten Umfang können die Mandanten in Ermangelung irgendwelcher Transparenzpflichten der Partnerschaftsgesellschaft mit begrenzter Berufshaftung nicht einschätzen. Ist bei der Partnerschaftsgesellschaft nichts zu holen, bleibt der Mandant trotz Beratungsfehler dann auf seinem Schaden sitzen, auch wenn die Partnerschaftsgesellschaft im laufenden Jahr oder auch in Folgejahren hohe Gewinne einstreicht.

Zumindest muss deshalb gegenüber jedem Mandanten vor Vertragsschluss offengelegt werden, ob und inwieweit die Jahreshöchstsumme der Berufshaftpflicht im laufenden Jahr bereits in Anspruch genommen wurde.

Dieser Änderungsantrag wurde mit den Stimmen der Fraktionen CDU/CSU, FDP und DIE LINKE. gegen die Stimmen der Fraktionen SPD und BÜNDNIS 90/DIE GRÜNEN abgelehnt.

Im Verlauf der Beratungen führte die **Fraktion der FDP** aus, mit dem Gesetzentwurf zur Einführung der Rechtsform der Partnerschaft mit beschränkter Berufshaftung (PartG mbB) und dem Änderungsantrag der Koalitionsfraktionen der CDU/CSU und FDP werde für die Anwaltschaft – insbesondere auch für kleine und mittelständische Kanzleien, die Verfahren mit hohen Streitwerten betreuten – eine zeitgemäße Gesellschaftsform zur Verfügung gestellt. Die bei Kanzleiübergängen, der zunehmenden Spezialisierung der Anwaltstätigkeit sowie dem Vordringen der Limited Liability Partnership (LLP) englischen Rechts auf den deutschen Anwaltsmarkt entstehenden Probleme würden mit den Gesetzentwurf gelöst. Zugleich werde der Gläubigerschutz durch eine Abwendung von der häufig unsicheren persönlichen Haftung des Handelnden und durch die Einführung eines verlässlichen Haftpflichtversicherungsschutzes deutlich gestärkt. Von der Möglichkeit zur Gründung sogenannter „Anwalts-GmbHs" sei in der Praxis kaum Gebrauch gemacht worden. Die GmbH sei demnach keine Alternative zur PartG mbB. Im Übrigen machte die Fraktion deutlich, dass der Verweis auf das Recht der GmbH häufig mit der Kritik verbunden werde, die PartG mbB laufe auf eine nicht gewollte Ökonomisierung des Anwaltsberufes hinaus. Unabhängig von der Frage wie man eine solche mögliche Entwicklung einschätze, sei aber richtig, dass vielmehr die mit der Rechtsform der GmbH verbundene Eigenschaft als Formkaufmann zu einer verstärkten Orientierung des Anwalts auf wirtschaftliches Handeln führen könne.

Die **Fraktion BÜNDNIS 90/DIE GRÜNEN** betonte die Stellung des Rechtsanwalts als Organ der Rechtspflege; der Anwalt sei kein Gewerbetreibender. Die mit dem Gesetzentwurf verbundene Ökonomisierung der Anwaltschaft sehe sie trotz der Unterstützung des Gesetzentwurfs durch die anwaltlichen Berufsverbände kritisch. Für die Einführung der Rechtsform der PartG mbB gebe es keine Notwendigkeit. Das geltende Recht biete ausreichende Möglichkeiten, existenzgefährdende Risiken auszuschließen. Das Gesellschaftsrecht stelle mit der GmbH bereits eine ausreichende Rechtsform zur Verfügung, um die Haftung zu beschränken. Anders als bei der PartG mbB vorgesehen, stünden der Haftungsprivilegierung im GmbH-Recht angemessene Pflichten, wie die Bilanzpflicht, gegenüber. Hinsichtlich der bei der Umwandlung einer bestehenden Sozietät in eine GmbH gelegentlich auftretenden Schwierigkeiten bei der Anfangsbilanzierung könne man zwar über eine Regelung nachdenken, die Einführung einer neuen Rechtsform gehe aber weit über das notwendige Maß hinaus. Zudem komme die Gründung der PartG mbB für kleine Unternehmen häufig nicht in Betracht, da die zu erwartenden sehr hohen Versicherungsprämien für diese kaum leistbar seien. Das Gesetz biete keine Lösung für verschiede Freie Berufe, da der Anwendungsbereich des Gesetzes auf bestimmte Berufsgruppen limitiert sei. Aus rechtssystematischer Sicht sei der Gesetzentwurf problematisch, weil er zu einer weiteren Zersplitterung des Gesellschaftsrechts beitrage. Der Änderungsantrag der Koalitionsfraktionen bringe zwar wichtige Änderungen gehe aber nicht weit genug. Den Änderungsantrag der Fraktion der SPD unterstütze sie.

Die **Fraktion der CDU/CSU** unterstrich, gerade für kleine und mittelständische Sozietäten biete der Gesetzentwurf eine Alternative zu dem seit einigen Jahren anhaltenden Trend zur Gründung von LLPs. Der im Partnerschaftsgesellschaftsgesetz (PartGG) bereits angelegte Grundgedanke, dass derjenige nicht haften solle, der keine Fehler mache, sei durch die BGH-Rechtsprechung in Frage gestellt. Die ursprüngliche Regelungsidee werde mit dem vorliegenden Gesetzentwurf konsequent zu Ende gedacht. Für die Fraktion der CDU/CSU sei die Zustimmung nur möglich, weil durch die vorgesehene Versicherungslösung Geschädigte in den allermeisten Fällen besser gestellt seien als bisher. Der von der Fraktion der SPD vorgelegte Änderungsantrag erscheine zunächst bedenkenswert. Bei näherer Betrachtung erweise er sich aber als handwerklich nicht hinreichend durchdacht. Von der Anmeldung eines Schadens bei der Versicherung durch den Versicherungsnehmer bis zur endgültigen Entscheidung über das Vorliegen eines Haftungsfalls vergehe regelmäßig sehr viel mehr Zeit als die im Änderungsantrag genannten zwölf Monate. Schließlich erlaube die gewählte Regelungstechnik die Öffnung der Rechtsform der PartG mbB auch für andere Freie Berufe. Wünschenswert seien Änderungen im Berufsrecht, um die Rechtsform auch für andere Freiberufler zu öffnen.

Die **Fraktion der SPD** stellte fest, der Gesetzentwurf sei aus ihrer Sicht nicht verabschiedungsreif, weil dadurch eine weitere Zersplitterung des Gesellschaftsrechts drohe, ohne dass hinreichend dargelegt sei, dass die Ausbreitung von LLPs tatsächlich in dem behaupteten Maße erfolge. Die Rechtsform der GmbH biete auch für Freiberufler ausreichende Möglichkeiten. Dem Vorteil der Haftungsbeschränkung auf das Betriebsvermögen stehe keine Bilanzierungspflicht gegenüber. Der Gesetzentwurf privilegiere zudem nur wenige Berufsgruppen der Freien Berufe. Kleine und mittelständische Unternehmen würden von der Rechtsform der PartG mbB nur selten Gebrach machen können, weil die Haftpflichtversicherung für sie in der Regel zu teuer sei. Zwar könne langfristig über eine vorsichtige Öffnung des Gesellschaftrechts nachgedacht werden. Dabei müsse eine Regelung für den Fall gefunden werden, dass das Haftungsvolumen bereits ausgeschöpft sei.

Die **Fraktion DIE LINKE.** brachte ihre grundsätzliche Ablehnung gegen den Gesetzentwurf zum Ausdruck, weil diesem das falsche Bild von einem Wettbewerb der Rechtsordnungen zugrunde liege. Das gelte auch für den Änderungsantrag der Fraktion der SPD. Sie kritisierte die Vermengung von personen- mit kapitalgesellschaftsrechtlichen Regelungen. Wenn man Handlungsbedarf sähe, wäre daher eine grundsätzliche Änderung des Gesellschaftsrechts der richtige Weg. Regelungsbedarf sei aber nicht ersichtlich. Der Aufwand zur Gründung einer PartG mbB sei zudem für kleine Partnerschaften zu hoch. In den Änderungsantrag seien die guten Ergebnisse der öffentlichen Anhörung nicht in ausreichendem Maße eingeflossen.

IV. Zur Begründung der Beschlussempfehlung

Im Folgenden werden lediglich die vom Rechtsausschuss empfohlenen Änderungen gegenüber der ursprünglichen Fassung des Gesetzentwurfs erläutert. Soweit der Ausschuss die unveränderte Annahme des Gesetzentwurfs empfiehlt, wird auf die jeweilige Begründung auf Drucksache 17/10487 verwiesen.

Gesetzestext

Gesetz zur Einführung einer Partnerschaftsgesellschaft mit beschränkter Berufshaftung und zur Änderung des Berufsrechts der Rechtsanwälte, Patentanwälte, Steuerberater und Wirtschaftsprüfer

Der Bundestag hat das folgende Gesetz beschlossen:

Artikel 1

Änderung des Partnerschaftsgesellschaftsgesetzes

Das Partnerschaftsgesellschaftsgesetz vom 25. Juli 1994 (BGBl. I S. 1744), das zuletzt durch Artikel 22 des Gesetzes vom 23. Okto-

ber 2008 (BGBl. I S. 2026) geändert worden ist, wird wie folgt geändert:

Nummer 1

1. Dem § 4 wird folgender Absatz 3 angefügt:

„(3) Der Anmeldung einer Partnerschaft mit beschränkter Berufshaftung nach § 8 Absatz 4 muss eine Versicherungsbescheinigung gemäß § 113 Absatz 2 des Gesetzes über den Versicherungsvertrag beigefügt sein."

Text RegE

Artikel 1
Änderung des Partnerschaftsgesellschaftsgesetzes

Das Partnerschaftsgesellschaftsgesetz vom 25. Juli 1994 (BGBl. I S. 1744), das zuletzt durch Artikel 22 des Gesetzes vom 23. Oktober 2008 (BGBl. I S. 2026) geändert worden ist, wird wie folgt geändert:

1. Dem § 4 wird folgender Absatz 3 angefügt:

„(3) Der Anmeldung einer Partnerschaft mit beschränkter Berufshaftung nach § 8 Absatz 4 muss eine Versicherungsbescheinigung gemäß § 113 Absatz 2 des Gesetzes über den Versicherungsvertrag beigefügt sein."

Begründung RegE
BT-Drucks. 17/10487, S. 13

B. Besonderer Teil

Zu Artikel 1 (Änderung des Partnerschaftsgesellschaftsgesetzes – PartGG)

Zu Nummer 1 (Einfügung von § 4 Absatz 3 – neu)

Die Vorschrift bestimmt den Inhalt der Anmeldung der Partnerschaft beim Partnerschaftsregister. Sie ist um die erforderliche Versicherungsbescheinigung zu ergänzen. Bei der Berufshaftpflichtversicherung handelt es sich um eine freiwillige Versicherung, deshalb ist ein ausdrücklicher Verweis auf die Vorschrift des § 113 Absatz 2 des Gesetzes über den Versicherungsvertrag (VVG) erforderlich. Nach § 113 Absatz 2 VVG muss die Bescheinigung die Versicherungssumme und die der Versicherung zugrunde liegende (hier: berufsrechtliche) Rechtsvorschrift enthalten. Das erleichtert die Prüfung durch das Registergericht, das nur zu prüfen hat, ob die berufsrechtlich vorgesehene Mindestversicherungssumme erreicht ist. Sieht die berufsrechtliche Regelung eine Mindestversicherungssumme und im Übrigen eine „angemessene" Versicherung vor, so prüft das Registergericht auch hier lediglich, ob die Mindestversicherungssumme erreicht ist. Ob die Versicherung im Übrigen dann angemessen ist, bleibt das Risiko der Partner.

Fassung Rechtsausschuss

Artikel 1
Änderung des Partnerschaftsgesellschaftsgesetzes

Das Partnerschaftsgesellschaftsgesetz vom 25. Juli 1994 (BGBl. I S. 1744), das zuletzt durch Artikel 22 des Gesetzes vom 23. Oktober 2008 (BGBl. I S. 2026) geändert worden ist, wird wie folgt geändert:

1. unverändert

Nummer 2

Gesetzestext

2. § 7 Absatz 5 wird wie folgt gefasst:

„(5) Für die Angabe auf Geschäftsbriefen der Partnerschaft ist § 125a Absatz 1 Satz 1, Absatz 2 des Handelsgesetzbuchs mit der Maßgabe entsprechend anzuwenden, dass bei einer Partnerschaft mit beschränkter Berufshaftung auch der von dieser gewählte Namenszusatz im Sinne des § 8 Absatz 4 Satz 3 anzugeben ist.“

Text RegE

2. § 7 Absatz 5 wird wie folgt gefasst:

„(5) Für die Angabe auf Geschäftsbriefen der Partnerschaft ist § 125a Absatz 1 Satz 1, Absatz 2 des Handelsgesetzbuchs mit der Maßgabe entsprechend anzuwenden, dass bei einer Partnerschaft mit beschränkter Berufshaftung auch der von dieser gewählte Namenszusatz im Sinne des § 8 Absatz 4 Nummer 2 anzugeben ist.“

Begründung RegE *BT-Drucks. 17/10487, S. 13*

Zu Nummer 2 (Neufassung von § 7 Absatz 5 – neu)

Für die Partnerschaftsgesellschaft mit beschränkter Berufshaftung als Variante der Partnerschaftsgesellschaft ist klarzustellen, dass der die Haftungsbeschränkung kenntlich machende Namenszusatz zu den Angaben gehört, die nach § 125 Absatz 1 Satz 1 des Handelsgesetzbuchs (HGB) auf den Geschäftsbriefen anzugeben sind.

Fassung Rechtsausschuss

2. unverändert

Nummer 3

Gesetzestext

3. Dem § 8 wird folgender Absatz 4 angefügt:

„(4) Für Verbindlichkeiten der Partnerschaft aus Schäden wegen fehlerhafter Berufsausübung haftet den Gläubigern nur das Gesellschaftsvermögen, wenn die Partnerschaft eine zu diesem Zweck durch Gesetz vorgegebene Berufshaftpflichtversicherung unterhält. Für die Berufshaftpflichtversicherung gelten § 113 Absatz 3 und die §§ 114 bis 124 des Versicherungsvertragsgesetzes entsprechend. Der Name der Partnerschaft muss den Zusatz „mit beschränkter Berufshaftung“ oder die Abkürzung „mbB“ oder eine andere allgemein verständliche Abkürzung dieser Bezeichnung enthalten; anstelle der Namenszusätze nach § 2 Absatz 1 Satz 1 kann der

Name der Partnerschaft mit beschränkter Berufshaftung den Zusatz „Part" oder „PartG" enthalten."

Text RegE

3. Dem § 8 wird folgender Absatz 4 angefügt:

„(4) Für Verbindlichkeiten der Partnerschaft aus Schäden wegen fehlerhafter Berufsausübung haftet den Gläubigern nur das Gesellschaftsvermögen, wenn

1. die Partnerschaft eine zu diesem Zweck durch Gesetz vorgegebene Berufshaftpflichtversicherung unterhält und

2. ihr Name den Zusatz „mit beschränkter Berufshaftung" oder die Abkürzung „mbB" oder eine andere allgemein verständliche Abkürzung dieser Bezeichnung enthält; anstelle der Namenszusätze nach § 2 Absatz 1 Satz 1 kann der Name der Partnerschaft mit beschränkter Berufshaftung den Zusatz „Part" oder „PartG" enthalten."

Begründung RegE
BT-Drucks. 17/10487, S. 13 ff.

Zu Nummer 3 (Einfügung von § 8 Absatz 4 – neu)

Durch § 8 Absatz 2 des PartGG in der Fassung des Gesetzes zur Änderung des Umwandlungsgesetzes, des Partnerschaftsgesellschaftsgesetzes und anderer Gesetze vom 22. Juli 1998 (BGBl. I S. 1878) wurde eine Handelndenhaftung eingeführt, die sich in der Praxis gut bewährt hat. Diese Beschränkung der Berufshaftung auf den oder auf einzelne Partner, die mit der Bearbeitung eines Auftrages befasst sind, hat sich insbesondere bei den kleineren oder mittelgroßen Partnerschaftsgesellschaften bewährt, wo Mandate mit starkem Personenbezug zu einzelnen Partnerinnen oder Partnern bestehen und die Tätigkeitsbereiche der Partnerinnen und Partner gut voneinander abgrenzbar sind. Für diese Partnerschaften wird auch in Zukunft die Handelndenhaftung nach § 8 Absatz 2 die angemessene Form einer Haftungsbeschränkung sein. Die Partnerschaftsgesellschaft wurde durch sie dem Modell der Kommanditgesellschaft angenähert, in der nur einer oder wenige Gesellschafter persönlich haften, die übrigen aber nicht, mit der Besonderheit, dass die Handelndenhaftung nach § 8 Absatz 2 „wechselnde Komplementäre" kennt.

Dieses Haftungsbeschränkungsmodell stößt allerdings an praktische Grenzen, wo Partnerschaftsgesellschaften eine gewisse Größenordnung überschreiten und große und komplexe Aufträge oder Mandate von Teams bearbeitet werden. Immer dann also, wenn in die Bearbeitung eines Auftrags Arbeitsbeiträge von verschiedenen Partnerinnen oder Partnern mit unterschiedlichen Spezialisierungen oder aus unterschiedlichen Freien Berufen einfließen, wird die Benennung einer handelnden Person im Sinne des § 8 Absatz 2 künstlich. Denn diese Partnerin oder dieser Partner kann im Zweifel die Arbeitsbeiträge der anderen weder inhaltlich noch dem Umfang nach vollständig überblicken und verantworten. Vor allem aber verliert die Haftungsbeschränkung an Rechtssicherheit. Es ist deshalb bei Anwaltskanzleien, nicht nur bei anwaltlichen Großkanzleien, ein Trend zum Wechsel in die Limited Liability Partnership (LLP) nach englischem Recht entstanden. Mit der Wahl dieser Rechtsform wurde die Hoffnung verbunden, die transparente Besteuerung der Personengesellschaft und andere Vorteile der Personengesellschaft beibehalten zu können, zugleich aber eine Haftungsbeschränkung wie bei einer Kapitalgesellschaft auf das Gesellschaftsvermögen zu erreichen und die Anwendbarkeit des britischen Deliktsrechts auf deutschem Boden zu vermeiden. Ob diese Erwartung zutrifft, mag dahinstehen. Jedenfalls ist der Wechsel freiberuflicher Gesellschaften in eine ausländische Rechtsform (unter Beachtung der dann geltenden Rechtsregeln) in einem gemeinsamen Markt nichts Vorwerfbares und ein Ausdruck des Wettbewerbs der Systeme. Freilich deckt ein solcher Trend eine Regelungslücke oder ein Regelungsdefizit im deutschen Recht auf.

Dieses Bedürfnis der Praxis soll mit dem neuen Absatz 4 beantwortet werden. Die Vorschrift sieht eine Haftungsbeschränkung nur für Verbindlichkeiten der Partnerschaft vor. Dem liegt der Lebenssachverhalt zugrunde, dass Partnerschaftsgesellschaften Auftrags- oder Mandatsverträge mit ihren Kundinnen oder Kunden abschließen und nicht die Partnerinnen oder Partner selbst. Wenn einzelne Partnerinnen oder Partner neben ihrer Tätigkeit in der Partnerschaft Mandate oder Aufträge im eigenen Namen annehmen, so fallen hieraus resultierende Verbindlichkeiten nicht unter die Haftungsbeschränkungsregelung des Absatzes 4. Ebenso wenig erfasst die Regelung deliktische Ansprüche, die sich gegen die handelnden Partnerinnen oder Partner unmittelbar richten. Die Vorschrift betrifft ferner nur Verbindlichkeiten der Gesellschaft aus Schäden wegen fehlerhafter Berufsausübung. Nicht erfasst von der Haftungsbeschränkung sind also alle anderen Verbindlichkeiten der Gesellschaft, insbesondere aus Miet- oder Arbeitsverträgen. Wegen der insoweit unbeschränkten persönlichen Haftung der Partner besteht für die PartG mbB keine Insolvenzantragspflicht nach § 15a Absatz 1 Satz 2 der Insolvenzordnung. Die Beschränkung nur auf die Verbindlichkeiten aus Berufshaftung erklärt sich aus der gesetzlichen Kompensation dieser Haftungsbeschränkung durch eine Haftpflichtversicherung. Die Haftung für Verbindlichkeiten aus Arbeits-, Miet-, Leasing- und anderen schuldrechtlichen Verträgen lässt sich nicht sinnvoll durch eine Haftpflichtversicherung abdecken. Das Restrisiko einzelner Partnerinnen oder Partner, bei einer – gegebenenfalls durch einen Haftungsfall wegen eines beruflichen Fehlers herbeigeführten – Insolvenz der Partnerschaft noch für Mietschulden der Partnerschaft einstehen zu müssen, ist allerdings gering: Es besteht letztlich nur, wenn der Gesellschaftsvertrag für einen Fortsetzungsbeschluss eine Mehrheitsentscheidung ausreichen lässt, ausreichend Partnerinnen und Partner die Fortsetzung der insolventen Partnerschaft beschließen und die Insolvenzverwalterin oder der Insolvenzverwalter deshalb den Mietvertrag nicht kündigt und wenn anschließend nur noch mit Verlust gewirtschaftet wird. Im Übrigen kommt bei langfristigen Mietverträgen auch eine Haftungsbeschränkung durch Einzelvereinbarung in Betracht und ist auch durchaus üblich.

Aufgrund gesetzlicher Anordnung haftet nur die Gesellschaft mit ihrem Vermögen; die Haftungsbeschränkung erfolgt also durch Gesetz und zwar durch das PartGG selbst, nicht durch die Berufsrechte. Die gesamtschuldnerische Mithaftung der Partnerinnen und Partner gemäß § 8 Absatz 1 Satz 1 gilt in diesem Fall nicht. Da die akzessorische Haftung mit der Regelung abgeschnitten ist, haftet die einzelne Partnerin oder der einzelne Partner auch dann nicht persönlich für die Gesellschaftsschulden, wenn die vorgeschriebene Haftsumme der Versicherung im konkreten Fall überschritten ist oder die Versicherung wegen grober Fahrlässigkeit oder wegen Vorsatz im Einzelfall nicht eintritt. Das Bestehen der vorgegebenen Versicherung ist Voraussetzung für die gesetzliche Haftungsbeschränkung, nicht die Deckung des Schadens. Es kann dann eine unmittelbare Haftung Handelnder nach allgemeinem Deliktsrecht eingreifen.

Voraussetzung dafür, dass für diese Verbindlichkeiten nur die Gesellschaft haftet, ist zunächst, dass durch Gesetz eine speziell auf den § 8 Absatz 4 zugeschnittene Berufshaftpflichtversicherung vorgesehen wird. Diese Berufshaftpflichtversicherung wird nicht durch das PartGG selbst begründet, dies soll den jeweiligen Berufsgesetzen vorbehalten bleiben. Dies können bundes- aber auch landesrechtliche Berufsgesetze sein. Konzeptionell steht die Partnerschaft mit beschränkter Berufshaftung daher allen Freien Berufen zur Verfügung. Besteht für einen Berufszweig noch kein Berufsrecht oder enthält ein Berufsrecht keine Regelung zur speziellen Berufshaftpflichtversicherung, besteht die Möglichkeit, ein Berufsrecht mit einer entsprechenden Regelung zu schaffen. Wegen des Parlamentsvorbehalts bedarf es im PartGG keiner zusätzlichen Anordnung, dass eine solche Berufshaftpflichtversicherung der Höhe nach auch „angemessen" zu sein habe. Bei der erwähnten Berufshaftpflichtversicherung handelt es sich um eine freiwillige Versicherung für die Haftpflicht wegen fehlerhafter Berufsausübung, nicht um eine Pflichtversicherung. Weitere Voraussetzung für die Haftungsbeschränkung ist, dass die Partnerschaft eine solche für sie berufsrechtlich vorgesehene Versicherung auch „unterhält", das heißt dass diese Versicherung abgeschlossen worden ist und im Moment der schädigenden Handlung Versicherungsschutz besteht.

Letzte Voraussetzung für die Haftungsbeschränkung ist, dass der Name der Partnerschaft den besonderen Zusatz „mit beschränkter Berufshaftung" oder eine allgemein verständliche Abkürzung enthält, die auf die beschränkte Haftung hinweisen. Für die Erfüllung dieses gesetzlichen Tatbestandsmerkmals ist die Eintragung des Namenszusatzes in das Partnerschaftsregister ausreichend. Die Pflicht zur Eintragung des Namens der Partnerschaft und gegebenenfalls mit dem besonderen auf die Haftungsbeschränkung hinweisenden Zusatz in das Partnerschaftsregister ergibt sich aus allgemeinen Vorschriften (§§ 3 Absatz 2 Nummer 1, 5 Absatz 1 PartGG) und war daher nicht zusätzlich in § 8 Absatz 4 PartGG-E aufzunehmen. Als gesetzlich festgeschriebene allgemein verständliche Abkürzung des Zusatzes „mit beschränkter Berufshaftung" ist „mbB" aufgeführt. Die Abkürzung „mbH" besticht zwar durch allgemeine Bekanntheit, ist aber nicht ganz korrekt, weil zu weitgehend. Diese zu weitgehende Warnwirkung kann auf eine Täuschung des Rechtsverkehrs hinauslaufen, nämlich wenn Gläubigerinnen oder Gläubiger anderer als auf Berufsfehlern beruhender Ansprüche – zum Beispiel Angestellte oder Vermieterinnen oder Vermieter – das Signal „mbH" so auffassen, dass die Haftung allgemein beschränkt ist und deshalb von einer Geltendmachung ihrer Ansprüche absehen. Die auf die Haftungsbeschränkung hinweisenden Zusätze können mit den beiden Rechtsformzusätzen aus § 2 Absatz 1 Satz 1 PartGG kombiniert werden. Darüber hinaus soll es ermöglicht werden, dass eine Partnerschaft mit beschränkter Berufshaftung auch als „PartGmbB" oder „PartmbB" auftreten kann, so dass anstelle der Rechtsformzusätze aus § 2 Absatz 1 Satz 1 PartGG auch die Abkürzung „Part" oder „PartG" gewählt werden kann. Wird der Namenszusatz von der Partnerschaft nicht in jeder konkreten Situation geführt oder wird die sich daraus ergebende Haftungsbeschränkung nicht deutlich genug zum Ausdruck gebracht, so ist diese Situation nach den allgemeinen Regeln zu lösen, die gelten, wenn eine haftungsbeschränkte Gesellschaft im Rechtsverkehr über ihre Haftungsbeschränkung täuscht.

Mit der Einführung der neuen Möglichkeit einer Haftungsbeschränkung auf das Gesellschaftsvermögen wird es zwei Varianten der Partnerschaftsgesellschaft geben. Es gibt z. B. Freie Berufe, die bisher nicht über ein eigenes gesetzliches Berufsrecht verfügen. Für diese kann die neue Haftungsbeschränkungsregelung noch nicht wirksam werden. Es ist aber auch möglich, dass ein bestehendes Berufsrecht diese Möglichkeit nicht aufgreift und keine Berufshaftpflichtversicherung normiert. Es ist ferner möglich, dass ein Berufsrecht eine Berufshaftpflichtversicherung vorgesehen hat, eine konkrete Partnerschaft aus guten Gründen diese Berufshaftpflichtversicherung aber nicht abschließt, sondern im traditionellen Haftungsregime der Partnerschaftsgesellschaft bleiben möchte. In all diesen Fällen wird die Partnerschaft mit dem herkömmlichen Namen und ohne Haftungszusatz als solche klar erkennbar sein.

Fassung Rechtsausschuss

3. Dem § 8 wird folgender Absatz 4 angefügt:

„(4) Für Verbindlichkeiten der Partnerschaft aus Schäden wegen fehlerhafter Berufsausübung haftet den Gläubigern nur das Gesellschaftsvermögen, wenn **die Partnerschaft eine zu diesem Zweck durch Gesetz vorgegebene Berufshaftpflichtversicherung unterhält. Für die Berufshaftpflichtversicherung gelten § 113 Absatz 3 und die §§ 114 bis 124 des Versicherungsvertragsgesetzes entsprechend. Der Name der Partnerschaft muss den Zusatz „mit beschränkter Berufshaftung" oder die Abkürzung „mbB" oder eine andere allgemein verständliche Abkürzung dieser Bezeichnung enthalten; anstelle der Namenszusätze nach § 2 Absatz 1 Satz 1 kann der Name der Partnerschaft mit beschränkter Berufshaftung den Zusatz „Part" oder „PartG" enthalten."**

1. entfällt

2. entfällt

Begründung Rechtsausschuss *BT-Drucks. 17/13944, S. 15*

Zu Nummer 3 (Einfügung von § 8 Absatz 4 – neu)

Die bisherige Nummer 1 wird Satz 1.

Die Berufshaftpflichtversicherung ist nicht als Pflichtversicherung im Sinne der §§ 113 ff. des Versicherungsvertragsgesetzes (VVG) ausgestaltet. Wird eine Berufshaftpflichtversicherung zum Zweck der Haftungsbeschränkung unterhalten, so führt dies dazu, dass die Haftungsbeschränkung unabhängig davon eintritt, ob den Versicherer im konkreten Fall eine Leistungspflicht trifft. Das erscheint für diejenigen Fälle unbillig, in denen der Versicherer nachträglich von seiner Leistungspflicht frei wird, weil der Versicherte mit der Prämienzahlung in Verzug ist oder eine Obliegenheit verletzt hat. Dies wird durch die Einfügung des Satzes 2 behoben. Durch die Rechtsfolgenverweisung auf den für Pflichtversicherungen geltenden § 113 Absatz 3 und die §§ 114 bis 124 VVG gilt insbesondere § 117 Absatz 1 VVG entsprechend. Danach bleibt die Verpflichtung des Versicherers auch im Falle des nachträglichen Freiwerdens gegenüber dem Versicherten „in Ansehung des Dritten bestehen". Das Bestehen des Anspruchs wird somit zu Gunsten des Geschädigten fingiert. Soweit der Versicherer den Dritten nach § 117 Absatz 1 VVG befriedigt, geht die Forderung des Dritten gegen den Versicherungsnehmer gemäß § 117 Absatz 5 VVG auf den Versicherer über.

Als zweite Bedingung für die Haftungsbeschränkung ist im Gesetzentwurf der Bundesregierung formuliert, dass der Name der Partnerschaft den Zusatz „mit beschränkter Berufshaftung" enthalten muss bzw. eine Abkürzung davon. Das besagt zwar lediglich, dass es erforderlich aber auch ausreichend ist, dass die Partnerschaft mit dem korrekten Zusatz im Partnerschaftsregister eingetragen ist. Gleichwohl ist es systematisch konsequenter, die Eintragung des Namens nur anzuordnen, nicht aber zur Bedingung der Haftungsbeschränkung zu machen. § 8 Absatz 4 Nummer 2 wird daher zu einem Satz 3, der als reine Firmenvorschrift ausgestaltet und nicht mit der Haftungsbeschränkung verknüpft ist.

Die Vorgaben zur Mindestversicherungssumme sind im jeweiligen Berufsrecht verortet. In der Diskussion ist die Frage der Mindestversicherungssumme in interprofessionellen Sozietäten aufgekommen. Der Gesetzentwurf der Bundesregierung hat davon Abstand genommen, eine ausdrückliche Regelung zu dieser Frage zu treffen. Dem liegt die Überlegung zugrunde, dass einem allgemeinen berufsrechtlichen Grundsatz zufolge im Falle von divergierenden berufsrechtlichen Anforderungen stets die strengsten gelten. Somit ist die höchste Mindestversicherungssumme maßgeblich.

Erwogen wurde auch, ob die Partnerschaftsgesellschaft einen strukturellen Nachteil gegenüber der Limited Liability Partnership (LLP) aufweist, weil nur die Partnerschaftsgesellschaft eintragungspflichtig sei. Jedoch sind auch inländische Zweigniederlassungen ausländischer freiberuflicher LLPs gemäß § 5 Absatz 2 des Partnerschaftsgesellschaftsgesetzes (PartGG), der auf § 13d Absatz 1 des Handelsgesetzbuchs verweist, eintragungspflichtig. Nach § 3 Absatz 2 Nummer 2 und § 5 Absatz 1 PartGG müssen diverse Angaben zu jedem Partner in das Register eingetragen werden. Gemäß § 5 Absatz 3 Satz 3 der Partnerschaftsregisterverordnung ist außerdem jede Änderung in den Personen der Partner einzutragen. Bei international tätigen LLPs wäre damit freilich ein erheblicher Aufwand nicht nur für die LLPs, sondern auch für die deutschen Gerichte verbunden. Die Vorschrift dient dem Schutz des inländischen Rechtsverkehrs. Daher genügt es nach Überzeugung des Rechtsausschusses, wenn nur die (auch) im Inland tätigen Partner eingetragen werden, und können die genannten Bestimmungen in diesem Sinne einschränkend ausgelegt werden.

Gesetzestext

Artikel 2

Änderung der Bundesrechtsanwaltsordnung

Die Bundesrechtsanwaltsordnung in der im Bundesgesetzblatt Teil III, Gliederungsnummer 303-8, veröffentlichten bereinigten Fassung, die zuletzt durch Artikel 7 Absatz 1 des Gesetzes vom 26. Juni 2013 (BGBl. I S. 1805) und durch Artikel 8 des Gesetzes vom 6. Dezember 2011 (BGBl. I S. 2515) geändert worden ist, wird wie folgt geändert:

Nummer 1

1. Nach § 51 wird folgender § 51a eingefügt:

„§ 51a

Berufshaftpflichtversicherung einer Partnerschaftsgesellschaft mit beschränkter Berufshaftung

(1) Die Berufshaftpflichtversicherung einer Partnerschaftsgesellschaft mit beschränkter Berufshaftung (§ 8 Absatz 4 des Partnerschaftsgesellschaftsgesetzes) muss die Haftpflichtgefahren für Ver-

mögensschäden decken, die sich aus der Beratung und Vertretung in Rechtsangelegenheiten ergeben. § 51 Absatz 1 Satz 2, Absatz 2, 3 Nummer 2 bis 5 und Absatz 5 bis 7 ist entsprechend anzuwenden. Zuständig ist die Rechtsanwaltskammer am Sitz der Gesellschaft.

(2) Die Mindestversicherungssumme beträgt 2.500.000 Euro für jeden Versicherungsfall. Die Leistungen des Versicherers für alle innerhalb eines Versicherungsjahres verursachten Schäden können auf den Betrag der Mindestversicherungssumme, vervielfacht mit der Zahl der Partner, begrenzt werden. Die Jahreshöchstleistung für alle in einem Versicherungsjahr verursachten Schäden muss sich jedoch mindestens auf den vierfachen Betrag der Mindestversicherungssumme belaufen.

(3) Das Bundesministerium der Justiz wird ermächtigt, durch Rechtsverordnung mit Zustimmung des Bundesrates nach Anhörung der Bundesrechtsanwaltskammer die Mindestversicherungssumme anders festzusetzen, wenn dies erforderlich ist, um bei einer Änderung der wirtschaftlichen Verhältnisse einen hinreichenden Schutz der Geschädigten sicherzustellen.“

Text RegE

Artikel 2
Änderung der Bundesrechtsanwaltsordnung

Die Bundesrechtsanwaltsordnung in der im Bundesgesetzblatt Teil III, Gliederungsnummer 303-8, veröffentlichten bereinigten Fassung, die zuletzt durch Artikel 8 des Gesetzes vom 6. Dezember 2011 (BGBl. I S. 2515) geändert worden ist, wird wie folgt geändert:

1. Nach § 51 wird folgender § 51a eingefügt:

„§ 51a

Berufshaftpflichtversicherung einer Partnerschaftsgesellschaft mit beschränkter Berufshaftung

(1) Die Berufshaftpflichtversicherung einer Partnerschaftsgesellschaft mit beschränkter Berufshaftung (§ 8 Absatz 4 des Partnerschaftsgesellschaftsgesetzes) muss die Haftpflichtgefahren für Vermögensschäden decken, die sich aus der Beratung und Vertretung in Rechtsangelegenheiten ergeben. § 51 Absatz 1 Satz 2, Absatz 2, 3 und 5 bis 7 ist entsprechend anzuwenden. Zuständig ist die Rechtsanwaltskammer am Sitz der Gesellschaft.

(2) Die Mindestversicherungssumme beträgt 2.500.000 Euro für jeden Versicherungsfall. Die Leistungen des Versicherers für alle innerhalb eines Versicherungsjahres verursachten Schäden können auf den Betrag der Mindestversicherungssumme, vervielfacht mit der Zahl der Partner begrenzt werden. Die Jahreshöchstleistung für alle in einem Versicherungsjahr verursachten Schäden muss sich jedoch mindestens auf den vierfachen Betrag der Mindestversicherungssumme belaufen.

(3) Das Bundesministerium der Justiz wird ermächtigt, durch Rechtsverordnung mit Zustimmung des Bundesrates nach Anhörung der Bundesrechtsanwaltskammer die Mindestversicherungssumme anders festzusetzen, wenn dies erforderlich ist, um bei einer Änderung der wirtschaftlichen Verhältnisse einen hinreichenden Schutz der Geschädigten sicherzustellen."

Begründung RegE
BT-Drucks. 17/10487, S. 15

Zu Artikel 2 (Änderung der Bundesrechtsanwaltsordnung – BRAO)

Zu Nummer 1

Der neue § 51a enthält die besonderen Regelungen über die Berufshaftpflichtversicherung, die für rechtsanwaltliche Partnerschaftsgesellschaften gelten sollen, bei denen die Haftung für Berufsfehler gemäß § 8 Absatz 4 PartGG-E auf das Gesellschaftsvermögen beschränkt ist (Artikel 1 Nummer 3). Der bisherige § 51a wird der neue § 52 (siehe Nummer 2).

Inhaltlich entspricht der neue § 51a bis auf eine dem § 59j Absatz 4 entsprechende Haftungsregelung weitgehend den Vorgaben für die Berufshaftpflichtversicherung von Rechtsanwaltsgesellschaften (Anwalts-GmbH) in § 59j. Die damit gegenüber der allgemeinen Regelung über die Berufshaftpflichtversicherung in § 51 von 250.000 Euro auf 2,5 Mio. Euro erhöhte Mindestversicherungssumme dient dem Schutz der Rechtsuchenden. Sie gleicht die fehlende persönliche Haftung aus (vgl. BVerfG, 1 BvR 337/00 vom 22. Februar 2001, NJW 2001, S. 1560).

Die Absätze 1 bis 3 der neuen Regelung entsprechen im Wesentlichen § 59j Absatz 1 bis 3.

Die abweichende Formulierung des Absatzes 1 folgt daraus, dass sich die Verpflichtung zum Abschluss und Aufrechterhalten der Versicherung bereits aus § 8 Absatz 4 PartGG-E ergibt; ohne die (freiwillige) erhöhte Haftpflichtversicherung entfällt die Haftungsbeschränkung, die sich aus § 8 Absatz 4 PartGG ergibt (vgl. Begründung zu § 8 Absatz 4 PartGG; Artikel 1 Nummer 3).

§ 51a Absatz 2 Satz 2 des Entwurfs weicht insofern von § 59j Absatz 2 Satz 2 ab, als der Multiplikator für die Ermittlung der Jahreshöchstleistung (die den Mindestversicherungsschutz von 2,5 Mio. Euro für jeden Versicherungsfall unberührt lässt) neben den Partnerinnen und Partnern nicht auch die Geschäftsführerinnen und Geschäftsführer umfassen soll, die nicht Partnerin oder Partner sind. Denn für die Partnerschaftsgesellschaft mbB als Personengesellschaft gilt der Grundsatz der Selbstorganschaft. Die Geschäftsführung obliegt deshalb grundsätzlich den Partnerinnen und Partnern. Der Bestellung von geschäftsführenden Organen bedarf es, anders als bei Kapitalgesellschaften, nicht. Deshalb sollen Geschäftsführerinnen und Geschäftsführer bei der Ermittlung der Jahreshöchstleistung unberücksichtigt bleiben. Die Zahl der Partner nach § 51a Absatz 2 Satz 2 des Entwurfs bestimmt sich nach der Zahl der im Partnerschaftsregister nach den §§ 3 Absatz 2 Nummer 2, 5 Absatz 1 PartGG eingetragenen Partner.

Eine Deckelung der Jahreshöchstleistung auf einen bestimmten Höchstbetrag, wie er vorgeschlagen worden ist, um die Versicherbarkeit zu gewährleisten, soll nicht erfolgen. Denn eine solche Deckelung, die zu einer Einschränkung des Versicherungsschutzes führen würde, ist nicht erforderlich. Es existieren mehrere zugelassene Rechtsanwaltsgesellschaften in Deutschland, die rund 50 bis 60 Gesellschafterinnen und Gesellschafter inklusive Geschäftsführerinnen und Geschäftsführer haben und die über den von § 59j geforderten Versicherungsschutz verfügen. Es ist daher davon auszugehen, dass auch große Partnerschaftsgesellschaften mbB den geforderten Versicherungsschutz am Markt erhalten.

Eine Regelung nach dem Muster des § 59j Absatz 4, der für die Anwalts-GmbH bei Versicherungsmängeln eine Ausfallhaftung der Gesellschafterinnen und Gesellschafter und der Geschäftsführerinnen und Geschäftsführer in Höhe des fehlenden Versicherungsschutzes anordnet, ist für die Partnerschaftsgesellschaft mit beschränkter Berufshaftung dagegen nicht erforderlich. Denn anders als bei der Anwalts-GmbH, bei der eine fehlende oder unzureichende Berufshaftpflichtversicherung nur zum Widerruf der Zulassung führt (§ 59h Absatz 3), führt ein Versicherungsmangel bei der Partnerschaftsgesellschaft mbB, die berufsrechtlich nicht zugelassen wird, sondern der Rechtsanwaltskammer lediglich anzuzeigen ist (vgl. § 12 der Berufsordnung der Rechtsanwälte, BORA), dazu, dass die Haftungsbeschränkung auf das Vermögen der Partnerschaftsgesellschaft automatisch entfällt und die persönliche Haftung der Partnerinnen und Partner gemäß § 8 Absatz 1, 2 PartGG eingreift. Auch ohne eine dem § 59j Absatz 4 entsprechende Haftungsregelung ist daher die persönliche Haftung der Verantwortlichen einer Partnerschaftsgesellschaft mbB im Falle einer fehlenden oder unzureichenden Berufshaftpflichtversicherung gewährleistet.

Fassung Rechtsausschuss

Artikel 2
Änderung der Bundesrechtsanwaltsordnung

Die Bundesrechtsanwaltsordnung in der im Bundesgesetzblatt Teil III, Gliederungsnummer 303-8, veröffentlichten bereinigten Fassung, die zuletzt durch Artikel 8 des Gesetzes vom 6. Dezember 2011 (BGBl. I S. 2515) geändert worden ist, wird wie folgt geändert:

1. Nach § 51 wird folgender § 51a eingefügt:

„§ 51a

Berufshaftpflichtversicherung einer Partnerschaftsgesellschaft mit beschränkter Berufshaftung

(1) Die Berufshaftpflichtversicherung einer Partnerschaftsgesellschaft mit beschränkter Berufshaftung (§ 8 Absatz 4 des Partnerschaftsgesellschaftsgesetzes) muss die Haftpflichtgefahren für Vermögensschäden decken, die sich aus der Beratung und Vertretung in Rechtsangelegenheiten ergeben. § 51 Absatz 1 Satz 2, Absatz 2, 3 **Nummer 2 bis 5** und **Absatz** 5 bis 7 ist entsprechend anzuwenden. Zuständig ist die Rechtsanwaltskammer am Sitz der Gesellschaft."

(2) unverändert

(3) unverändert ...

Begründung Rechtsausschuss
BT-Drucks. 17/13944, S. 15

Zu Artikel 2 (Änderung der Bundesrechtsanwaltsordnung)

Zu Nummer 1 (Einfügung von § 51a)

Die in § 51a Absatz 1 Satz 2 des Gesetzentwurfs der Bundesregierung vorgeschlagene Verweisung auf § 51 Absatz 3 Nummer 1 soll entfallen. Nach dieser Vorschrift kann der Versicherungsschutz für Ersatzansprüche wegen wissentlicher Pflichtverletzung ausgeschlossen werden. Infolge der Beschränkung der Haftung bei der Partnerschaftsgesellschaft mbB wären geschädigte Personen dann mit ihren vertraglichen Schadensersatzansprüchen auf das Gesellschaftsvermögen und im Übrigen auf deliktische Ansprüche gegen handelnde Personen angewiesen. Dabei würde eine (rechtliche) Schutzlücke entstehen: Der Versicherungsschutz entfiele bereits dann, wenn ein wissentlicher Pflichtverstoß vorliegt; darauf, ob auch der Schaden vom Vorsatz umfasst war, kommt es nicht an. Eine deliktische Haftung setzte demgegenüber regelmäßig voraus, dass der Vorsatz nicht nur die Handlung, sondern auch den Schaden umfasst. Der Versicherungsschutz könnte also in dieser besonderen Situation entfallen, ohne dass deliktische Ansprüche bestünden, die diesen Ausfall – gemeint ist das Nicht-Bestehen eines nicht auf das Gesellschaftsvermögen begrenzten Schadensersatzanspruchs – kompensieren würden. Um diese Schutzlücke zu schließen, soll die Verweisung auf § 51 Absatz 3 Nummer 1 in § 51a Absatz 1 Satz 2 des Gesetzentwurfs der Bundesregierung gestrichen werden. Es gilt dann die allgemeine Regelung des § 103 VVG, nach der der Haftpflichtversicherer erst dann von der Leistungspflicht befreit ist, wenn auch der Schaden vorsätzlich herbeigeführt worden ist. Die Änderung führt deshalb dazu, dass im Falle eines Leistungsausschlusses des Versicherers die beschriebene Schutzlücke nicht entstehen kann, weil in diesen Fällen stets deliktische Ansprüche gegen schädigende Personen bestehen.

Gesetzestext

Nummer 2

2. Der bisherige § 51a wird § 52 und dem Absatz 1 wird folgender Satz angefügt:

„Für Berufsausübungsgemeinschaften gilt Satz 1 entsprechend."

Text RegE

2. Der bisherige § 51a wird § 52 und dem Absatz 1 wird folgender Satz angefügt:

„Für Berufsausübungsgemeinschaften gilt Satz 1 entsprechend."

Begründung RegE
BT-Drucks. 17/10487, S. 15 f.

Zu Nummer 2 (Änderung des bisherigen § 51a)

Als Folge des neuen § 51a (oben Nummer 1) wird der bisherige § 51a, der die vertragliche Begrenzung von Ersatzansprüchen regelt, der neue § 52.

Der neue Satz 2 in Absatz 1 bestimmt, dass die Möglichkeit, Ersatzansprüche vertraglich zu begrenzen, auch für alle Berufsausübungsübungsgemeinschaften gilt. Der Begriff der Berufsausübungsgemeinschaft (vgl. § 49b Absatz 4 Satz 1) umfasst alle Fälle der gemeinschaftlichen Berufsausübung (§ 59a). Auch die Partnerschaftsgesellschaft mbB kann daher ihre Haftung nach Maßgabe des § 52 Absatz 1 Satz 1 vertraglich begrenzen. Die angeordnete entsprechende Anwendung bedeutet, dass die „Mindestversicherungssumme", auf die § 52 Absatz 1 Satz 1 verweist, in diesem Falle einer Partnerschaftsgesellschaft mbB 2,5 Mio. Euro beträgt. Eine Partnerschaftsgesellschaft mbB kann daher ihre Haftung durch eine Individualvereinbarung auf 2,5 Mio. Euro begrenzen und durch vorformulierte Vertragsbedingungen auf 10 Mio. Euro. Soweit Satz 2 auch Personengesellschaften mit persönlich haftenden Rechtsanwältinnen und Rechtsanwälten umfasst, die ihre Haftung bereits nach Satz 1 begrenzen können, hat die Regelung lediglich klarstellende Bedeutung.

Fassung Rechtsausschuss

2. unverändert

Gesetzestext

Nummer 3

3. In § 59j Absatz 1 werden die Wörter „§ 51 Abs. 1 bis 3 und 5 bis 7" durch die Wörter „§ 51 Absatz 1, 2, 3 Nummer 2 bis 5 und Absatz 5 bis 7" ersetzt.

Text RegE

[nicht enthalten]

Fassung Rechtsausschuss

3. In § 59j Absatz 1 werden die Wörter „§ 51 Abs. 1 bis 3 und 5 bis 7" durch die Wörter „§ 51 Absatz 1, 2, 3 Nummer 2 bis 5 und Absatz 5 bis 7" ersetzt.

Zu Nummer 3 – neu – (Änderung von § 59j)

Begründung Rechtsausschuss
BT-Drucks. 17/13944, S. 15

Die zu § 51a des Gesetzentwurfs der Bundesregierung (Nummer 1) beschriebene Schutzlücke besteht nach dem geltenden Recht auch bei der Rechtsanwalts-GmbH. Deshalb soll auch die Verweisung in § 59j Absatz 1 auf § 51 Absatz 3 Nummer 1 aus den in der Begründung zu § 51a des Gesetzentwurfs in der Ausschussfassung genannten Gründen gestrichen werden.

Nummer 4

Gesetzestext

4. In § 59m Absatz 2 wird die Angabe „51a Abs. 1, die § 52 Abs. 2, §" durch die Wörter „52 Absatz 1 Satz 1, die §§ 53," ersetzt.

Text RegE

3. In § 59m Absatz 2 wird die Angabe „51a Abs. 1, die § 52 Abs. 2, §" durch die Wörter „52 Absatz 1 Satz 1, die §§ 53," ersetzt.

Zu Nummer 3 (Änderung von § 59m Absatz 2)

Begründung RegE
BT-Drucks. 17/10487, S. 16

§ 59m benennt diejenigen Vorschriften der BRAO, die für zugelassene Rechtsanwaltsgesellschaften (§ 59c) sinngemäß gelten.

Die bisherige Verweisung auf § 51a Absatz 1 muss geändert werden, weil diese Vorschrift zur vertraglichen Begrenzung von Ersatzansprüchen mit dem vorliegenden Gesetzentwurf in den neuen § 52 Absatz 1 Satz 1 überführt wird (oben Nummer 2).

Die geltende Verweisung auf § 52 Absatz 2 kann entfallen, weil der Paragraf durch Artikel 4 Nummer 1a des Gesetzes vom 12. Dezember 2007 (BGBl. I S. 2840) mit Wirkung vom 1. Juli 2008 aufgehoben worden ist; die seinerzeit unterbliebene Anpassung des § 59m Absatz 2 soll nunmehr nachgeholt werden.

Neu ist die vorgeschlagene Verweisung auf § 53, der die Bestellung eines allgemeinen Vertreters regelt. Auch bei zugelassenen Rechtsanwaltsgesellschaften kann die Situation entstehen, dass eine Vertreterin oder ein Vertreter bestellt werden muss, etwa wenn die einzige Geschäftsführerin oder der einzige Geschäftsführer einer Ein-Personen-Rechtsanwalts-GmbH erkrankt. Dann muss insbesondere auch die Möglichkeit bestehen, dass die Rechtsanwaltskammer gemäß § 53 Absatz 5 eine Vertretung für eine führungslose Rechtsanwaltsgesellschaft bestellt, damit deren Mandate fortgeführt werden können. Die Liste der auf Rechtsanwaltsgesellschaften sinngemäß anzuwendenden Vorschriften soll daher um § 53 ergänzt werden.

Fassung Rechtsausschuss

4. unverändert

Nummern 5 und 6

Gesetzestext

5. In § 118a Absatz 2 Satz 2 wird die Angabe „(§§ 120, 163 Satz 3)" durch die Wörter „(§§ 120 und 163 Satz 6)" ersetzt.

6. In § 191b Absatz 3 Satz 1 wird die Angabe „§ 65 Nr. 1 und 3, §§“ durch die Angabe „Die §§ 65,“ ersetzt.

Text RegE

4. In § 118a Absatz 2 Satz 2 wird die Angabe „(§§ 120, 163 Satz 3)“ durch die Wörter „(§§ 120 und 163 Satz 6)“ ersetzt.

5. In § 191b Absatz 3 Satz 1 wird die Angabe „§ 65 Nr. 1 und 3, §§“ durch die Angabe „Die §§ 65,“ ersetzt.

Begründung RegE
BT-Drucks. 17/10487, S. 16

Zu Nummer 4 (Änderung von § 118a Absatz 2 Satz 2)

Bei der vorgeschlagenen Änderung handelt es sich um eine Korrektur, durch die eine fehlerhafte Verweisung angepasst wird. § 118a Absatz 2 Satz 2 verweist unter anderem auf § 163 Satz 3. Durch Artikel 1 Nummer 48 Buchstabe b des Gesetzes vom 30. Juli 2009 (BGBl. I S. 2449) wurde § 163 Satz 1 durch vier Sätze ersetzt. Dadurch wurde der frühere Satz 3 ohne inhaltliche Änderung zum jetzt geltenden Satz 6. Die deshalb erforderliche Anpassung der Verweisung des § 118a Absatz 2 Satz 2 von § 163 Satz 3 auf § 163 Satz 6 ist unterblieben und soll nunmehr nachgeholt werden.

Zu Nummer 5 (Änderung von § 191b Absatz 3 Satz 1)

Die vorgeschlagene Änderung des § 191b, der die Wahl der Mitglieder der Satzungsversammlung bei der Bundesrechtsanwaltskammer regelt, dient der Korrektur einer fehlerhaften Verweisung. § 191b Absatz 3 Satz 1 verweist unter anderem auf § 65 Nummer 1 und 3. § 65 Nummer 3 BRAO ist durch Artikel 1 Nummer 37a Buchstabe c des Gesetzes vom 26. März 2007 (BGBl. I S. 358) umnummeriert worden und jetzt die Nummer 2. Mit der vorgeschlagenen Verweisung auf den gesamten § 65 wird die Verweisung angepasst, ohne dass damit inhaltliche Änderungen verbunden sind.

Fassung Rechtsausschuss

5. unverändert

6. unverändert

Gesetzestext

Artikel 3

Änderung der Patentanwaltsordnung

Die Patentanwaltsordnung vom 7. September 1966 (BGBl. I S. 557), die zuletzt durch Artikel 7 Absatz 2 des Gesetzes vom 26. Juni 2013 (BGBl. I S. 1805) geändert worden ist, wird wie folgt geändert:

Nummern 1 und 2

1. Nach § 45 wird folgender § 45a eingefügt:

„§ 45a

Berufshaftpflichtversicherung einer Partnerschaftsgesellschaft mit beschränkter Berufshaftung

(1) Die Berufshaftpflichtversicherung einer Partnerschaftsgesellschaft mit beschränkter Berufshaftung (§ 8 Absatz 4 des Partner-

schaftsgesellschaftsgesetzes) muss die Haftpflichtgefahren für Vermögensschäden decken, die sich aus der Beratung und Vertretung in Rechtsangelegenheiten im Sinne des § 3 Absatz 2 und 3 ergeben. § 45 Absatz 1 Satz 2, Absatz 2, 3 Nummer 2 bis 5 und Absatz 5 bis 7 ist entsprechend anzuwenden.

(2) Die Mindestversicherungssumme beträgt 2.500.000 Euro für jeden Versicherungsfall. Die Leistungen des Versicherers für alle innerhalb eines Versicherungsjahres verursachten Schäden können auf den Betrag der Mindestversicherungssumme, vervielfacht mit der Zahl der Partner, begrenzt werden. Die Jahreshöchstleistung für alle in einem Versicherungsjahr verursachten Schäden muss sich jedoch mindestens auf den vierfachen Betrag der Mindestversicherungssumme belaufen.

(3) Das Bundesministerium der Justiz wird ermächtigt, durch Rechtsverordnung mit Zustimmung des Bundesrates nach Anhörung der Patentanwaltskammer die Mindestversicherungssumme anders festzusetzen, wenn dies erforderlich ist, um bei einer Änderung der wirtschaftlichen Verhältnisse einen hinreichenden Schutz der Geschädigten sicherzustellen."

2. Der bisherige § 45a wird § 45b und dem Absatz 1 wird folgender Satz angefügt:

„Für Berufsausübungsgemeinschaften gilt Satz 1 entsprechend."

Text RegE

Artikel 3
Änderung der Patentanwaltsordnung

Die Patentanwaltsordnung vom 7. September 1966 (BGBl. I S. 557), die zuletzt durch Artikel 12 des Gesetzes vom 6. Dezember 2011 (BGBl. I S. 2515) geändert worden ist, wird wie folgt geändert:

1. Nach § 45 wird folgender § 45a eingefügt:

„§ 45a

Berufshaftpflichtversicherung einer Partnerschaftsgesellschaft mit beschränkter Berufshaftung

(1) Die Berufshaftpflichtversicherung einer Partnerschaftsgesellschaft mit beschränkter Berufshaftung (§ 8 Absatz 4 des Partnerschaftsgesellschaftsgesetzes) muss die Haftpflichtgefahren für Vermögensschaden decken, die sich aus der Beratung und Vertretung in Rechtsangelegenheiten im Sinne des § 3 Absatz 2 und 3 ergeben. § 45 Absatz 1 Satz 2, Absatz 2, 3 und 5 bis 7 ist entsprechend anzuwenden.

(2) Die Mindestversicherungssumme beträgt 2.500.000 Euro für jeden Versicherungsfall. Die Leistungen des Versicherers für alle innerhalb eines Versicherungsjahres verursachten Schäden können auf den Betrag der Mindestversicherungssumme, vervielfacht mit der Zahl der

Partner begrenzt werden. Die Jahreshöchstleistung für alle in einem Versicherungsjahr verursachten Schäden muss sich jedoch mindestens auf den vierfachen Betrag der Mindestversicherungssumme belaufen.

(3) Das Bundesministerium der Justiz wird ermächtigt, durch Rechtsverordnung mit Zustimmung des Bundesrates nach Anhörung der Patentanwaltskammer die Mindestversicherungssumme anders festzusetzen, wenn dies erforderlich ist, um bei einer Änderung der wirtschaftlichen Verhältnisse einen hinreichenden Schutz der Geschädigten sicherzustellen."

2. Der bisherige § 45a wird § 45b und dem Absatz 1 wird folgender Satz angefügt:

„Für Berufsausübungsgemeinschaften gilt Satz 1 entsprechend."

Begründung RegE
BT-Drucks. 17/10487, S. 16

Zu Artikel 3 (Änderung der Patentanwaltsordnung – PAO)

Zu Nummer 1 (Einfügung von § 45a – neu)

Der neue § 45a regelt die Anforderungen an die Berufshaftpflichtversicherung für Partnerschaftsgesellschaften mit beschränkter Berufshaftung (§ 8 Absatz 4 PartGG-E), der Patentanwältinnen oder Patentanwälte angehören. Die vorgeschlagene Vorschrift entspricht § 51a BRAO-E. Auf die Begründung zu Artikel 2 Nummer 1 wird verwiesen.

Zu Nummer 2 (Änderung des bisherigen § 45a)

Als Folge des neuen § 45a (oben Nummer 1) wird der bisherige § 45a, der die vertragliche Begrenzung von Ersatzansprüchen regelt, der neue § 45b. Der neue Absatz 1 Satz 2 entspricht § 52 Absatz 1 Satz 2 BRAO-E. Auf die Begründung zu Artikel 2 Nummer 2 wird verwiesen.

Fassung Rechtsausschuss

Artikel 3

Änderung der Patentanwaltsordnung

Die Patentanwaltsordnung vom 7. September 1966 (BGBl. I S. 557), die zuletzt durch Artikel 12 des Gesetzes vom 6. Dezember 2011 (BGBl. I S. 2515) geändert worden ist, wird wie folgt geändert:

1. Nach § 45 wird folgender § 45a eingefügt:

„§ 45a

Berufshaftpflichtversicherung einer Partnerschaftsgesellschaft mit beschränkter Berufshaftung

(1) Die Berufshaftpflichtversicherung einer Partnerschaftsgesellschaft mit beschränkter Berufshaftung (§ 8 Absatz 4 des Partnerschaftsgesellschaftsgesetzes) muss die Haftpflichtgefahren für Vermögensschäden decken, die sich aus der Beratung und Vertretung in Rechtsangelegenheiten im Sinne des § 3 Absatz 2 und 3 ergeben. § 45 Absatz 1 Satz 2, Absatz 2, 3 **Nummer 2 bis 5** und **Absatz** 5 bis 7 ist entsprechend anzuwenden."

(2) unverändert

(3) unverändert

2. unverändert

Zu Artikel 3 (Änderung der Patentanwaltsordnung)

Begründung Rechtsausschuss *BT-Drucks. 17/13944, S. 16*

Zu Nummer 1 (Einfügung von § 45a)

In § 45a Absatz 1 Satz 2 soll die Verweisung auf § 45 Absatz 3 Nummer 1 gestrichen werden. Der Vorschlag entspricht dem Änderungsvorschlag zu § 51a der Bundesrechtsanwaltsordnung in der Entwurfsfassung (BRAO-E). Auf die Begründung zu Artikel 2 Nummer 1 wird verwiesen.

Nummern 3 und 4

Gesetzestext

3. In § 52j Absatz 1werden die Wörter „§ 45 Abs. 1 bis 3 und 5 bis 7" durch die Wörter „§ 45 Absatz 1, 2, 3 Nummer 2 bis 5 und Absatz 5 bis 7" ersetzt.

4. In § 52m Absatz 2 wird die Angabe „45a Abs. 1" durch die Wörter „45b Absatz 1 Satz 1, § 46" ersetzt.

Text RegE

3. In § 52m Absatz 2 wird die Angabe „45a Abs. 1" durch die Wörter „45b Absatz 1 Satz 1, § 46" ersetzt.

Begründung RegE *BT-Drucks. 17/10487, S. 16*

Zu Nummer 3 (Änderung von § 52m Absatz 2)

Die geänderte Verweisung auf § 45b Absatz 1 Satz 1 statt auf § 45a Absatz 1 ist eine Folgeänderung zu Nummer 2. Die neue, zusätzliche Verweisung auf § 46 entspricht der vorgeschlagenen Verweisung auf § 53 BRAO in § 59m Absatz 2 BRAO-E. Hierzu wird auf die Begründung zu Artikel 2 Nummer 3 verwiesen.

Fassung Rechtsausschuss

3. In § 52j Absatz 1 werden die Wörter „§ 45 Abs. 1 bis 3 und 5 bis 7" durch die Wörter „§ 45 Absatz 1, 2, 3 Nummer 2 bis 5 und Absatz 5 bis 7" ersetzt.

4. unverändert

Begründung Rechtsausschuss *BT-Drucks. 17/13944, S. 16*

Zu Nummer 3 – neu – (Änderung von § 52j)

Die zu § 51a BRAO-E (Artikel 2 Nummer 1) und § 45a (Nummer 1) beschriebene Schutzlücke besteht nach dem geltenden Recht auch bei der Patentanwalts-GmbH. Deshalb soll auch die Verweisung in § 52j Absatz 1 auf § 45 Absatz 3 Nummer 1 aus den in der Begründung zu § 51a BRAO-E genannten Gründen gestrichen werden.

Gesetzestext

[Artikel 4 und 5 RegE nicht enthalten]

Text RegE

Artikel 4
Änderung des Gesetzes über die Eignungsprüfung für die Zulassung zur Patentanwaltschaft

Das Gesetz über die Eignungsprüfung für die Zulassung zur Patentanwaltschaft vom 6. Juli 1990 (BGBl. I S. 1349, 1351), das zuletzt durch Artikel 13 des Gesetzes vom 6. Dezember 2011 (BGBl. I S. 2515) geändert worden ist, wird wie folgt geändert:

1. In § 1 Absatz 2 Satz 2 wird nach dem Wort „Union" das Wort „oder" durch ein Komma ersetzt, werden nach dem Wort „Wirtschaftsraum" die Wörter „oder der Schweiz" eingefügt und werden die Wörter „dem Mitgliedstaat oder Vertragsstaat" durch die Wörter „demjenigen der genannten Staaten" ersetzt.

2. In § 2 Satz 2 wird nach dem Wort „Union" das Wort „oder" durch ein Komma ersetzt und werden nach dem Wort „Wirtschaftsraum" die Wörter „oder der Schweiz" eingefügt.

3. Die Anlage wird wie folgt geändert:

a) Der Überschrift werden die Wörter „und der Schweiz" angefügt.

b) Nach der Zeile „– in Portugal: Agente oficial da propriedade industrial" wird folgende Zeile eingefügt:

„– in der Schweiz: Patentanwalt/conseil en brevets/consulente in brevetti/patent attorney".

Artikel 5
Änderung der Patentanwaltsausbildungs- und -prüfungsverordnung

In § 44 Absatz 2 Nummer 3 der Patentanwaltsausbildungs- und -prüfungsverordnung in der Fassung der Bekanntmachung vom 8. Dezember 1977 (BGBl. I S. 2491), die zuletzt durch Artikel 14 des Gesetzes vom 6. Dezember 2011 (BGBl. I S. 2515) geändert worden ist, werden nach dem Wort „Union" die Wörter „oder in" durch ein Komma ersetzt, werden nach dem Wort „Wirtschaftsraum" die Wörter „oder der Schweiz" eingefügt und werden die Wörter „in einem Mitgliedstaat oder Vertragsstaat" durch die Wörter „in einem dieser Staaten" ersetzt.

Begründung RegE
BT-Drucks. 17/10487, S. 16 f.

Zu Artikel 4 (Änderung des Gesetzes über die Eignungsprüfung für die Zulassung zur Patentanwaltschaft – PAZEignPrG)

Zu Nummer 1 (Änderung von § 1 PAZEignPrG)

Die Neuregelung soll den persönlichen Anwendungsbereich des PAZEignPrG auf Personen erweitern, die ihr Diplom, das sie für die Tätigkeit als Patentanwältin oder Patentanwalt qualifiziert, in der Schweiz erworben haben.

Grund für die Erweiterung ist die kürzlich erfolgte Neuregelung des Patentanwaltsberufs in der Schweiz sowie das Freizügigkeitsabkommen zwischen der Schweiz und der Europäischen Union vom 21. Juni 1999 (BGBl. II 2001 S. 810), das am 1. Juni 2002 in Kraft getreten ist (BGBl. II 2002 S. 16092).

Aufgrund des Freizügigkeitsabkommens nimmt die Schweiz am gemeinsamen System der EU zur Anerkennung von Diplomen teil, um Personen aus der Schweiz und den Mitgliedstaaten der Europäischen Union den wechselseitigen Zugang zum jeweiligen Rechtsmarkt zu ermöglichen. Dies ergibt sich aus Anhang III des Freizügigkeitsabkommens, wonach die Berufsqualifikationsrichtlinie 2005/36/EG des Europäischen Parlaments und des Rates vom 7. September 2005 auch zwischen Mitgliedstaaten der Europäischen Union und der Schweiz zur Anwendung gelangt (Beschluss Nummer 2/2011 vom 30. September 2011 des Gemischten Ausschusses EU-Schweiz, der mit Artikel 14 des Abkommens eingesetzt wurde, über die Änderung von Anhang III).

Der Patentanwaltsberuf in der Schweiz wurde durch das Bundesgesetz über die Patentanwältinnen und Patentanwälte (Patentanwaltsgesetz, PAG) mit Wirkung vom 1. Juli 2011 (Amtliche Sammlung des Bundesrechts AS 2011, 2259) neu geregelt. Wer in der Schweiz den Titel „Patentanwältin", „Patentanwalt", „conseil en brevets", „consulente in brevetti" oder „patent attorney" tragen will, muss gemäß Artikel 2 PAG über ausgewiesene Berufsqualifikationen verfügen (Nachweis eines natur- oder ingenieurwissenschaftlichen Hochschulabschlusses, Patentanwaltsprüfung und praktische Tätigkeit) und sich in das Schweizerische Patentanwaltsregister eintragen lassen. Der schweizerische Patentanwaltsberuf stellt damit einen reglementierten Beruf im Sinne von Artikel 1 der Berufsqualifikationsrichtlinie 2005/36/EG dar und soll deshalb in die geltenden Regelungen des PAZEignPrG aufgenommen werden, die die Anerkennung ausländischer reglementierter Patentanwaltsberufe betreffen.

Zu Nummer 2 (Änderung von § 2 PAZEignPrG)

Die Erweiterung dieser Vorschrift trägt ebenfalls dem Freizügigkeitsabkommen Rechnung.

Zu Nummer 3 (Änderung der Anlage zu § 1)

Die Erweiterung der Anlage trägt dem Freizügigkeitsabkommen Rechnung. Für die Schweiz werden die in Artikel 1 Absatz 1 Nummer 1 des Schweizerischen Patentanwaltsgesetzes genannten Berufsbezeichnungen in die Anlage aufgenommen.

Zu Artikel 5 (Änderung der Patentanwaltsausbildungs- und -prüfungsverordnung – PatAnwAPO)

§ 44 Absatz 2 PatAnwAPO nennt die Unterlagen, die dem Antrag auf Zulassung zur Eignungsprüfung als Patentanwalt (§ 1 ff. PAZEignPrG) beizufügen sind. Hierzu gehört ein Nachweis, dass die Antragstellerin oder der Antragsteller mehr als die Hälfte der Mindestausbildungszeit in Mitgliedstaaten der Europäischen Union oder anderen Vertragsstaaten des Abkommens über den Europäischen Wirtschaftsraum abgeleistet hat, oder eine Bescheinigung über eine mindestens dreijährige Berufsausübung in einem dieser Staaten. Aufgrund des Freizügigkeitsabkommens mit der Schweiz (siehe Begründung zu Artikel 4 Nummer 1) muss der Anwendungsbereich des § 44 Absatz 2 Nummer 3 PatAnwAPO auf Nachweise über eine Mindestausbildungszeit in der Schweiz oder eine Bescheinigung über eine mindestens dreijährige Berufsausübung in der Schweiz erweitert werden.

Fassung Rechtsausschuss

Artikel 4

Entfällt

Artikel 5

Entfällt

Begründung Rechtsausschuss
BT-Drucks. 17/13944, S. 16

Zu Artikel 4 – alt – (Änderung des Gesetzes über die Eignungsprüfung für die Zulassung zur Patentanwaltschaft)

Der Artikel entfällt. Die hier enthaltenen Änderungen wurden in das 2. Kostenrechtsmodernisierungsgesetz (Bundesratsdrucksache 381/13) übernommen, das der Deutsche Bundestag am 16. Mai 2013 beschlossen hat.

Zu Artikel 5 – alt – (Änderung der Patentanwaltsausbildungs- und -prüfungsordnung)

Der Artikel entfällt. Die hier enthaltenen Änderungen wurden in das 2. Kostenrechtsmodernisierungsgesetz (Bundesratsdrucksache 381/13) übernommen, das der Deutsche Bundestag am 16. Mai 2013 beschlossen hat.

Gesetzestext

Artikel 4

Änderung des Steuerberatungsgesetzes

Das Steuerberatungsgesetz in der Fassung der Bekanntmachung vom 4. November 1975 (BGBl. I S. 2735), das zuletzt durch Artikel 13 des Gesetzes vom 26. Juni 2013 (BGBl. I S. 1809) geändert worden ist, wird wie folgt geändert:

Nummern 1 bis 3

1. In § 3 Nummer 2 wird die Angabe „und 4“ gestrichen.

2. § 5 Absatz 3 wird wie folgt gefasst:

„(3) Die Finanzbehörden oder die Steuerberaterkammern haben der für das Strafverfahren, das Bußgeldverfahren oder ein berufsaufsichtliches Verfahren zuständigen Stelle ihnen bekannte Tatsachen mitzuteilen, die den Verdacht begründen, dass

1. Personen, die geschäftsmäßig Hilfe in Steuersachen leisten, entgegen § 132a Absatz 1 Nummer 2 des Strafgesetzbuches die Berufsbezeichnungen „Steuerberater", „Steuerbevollmächtigter", „Rechtsanwalt", „Wirtschaftsprüfer" oder „vereidigter Buchprüfer" führen,

2. Vereinigungen, die geschäftsmäßig Hilfe in Steuersachen leisten, entgegen § 161 dieses Gesetzes unbefugt die Bezeichnungen „Steuerberatungsgesellschaft", „Lohnsteuerhilfeverein", „Landwirtschaftliche Buchstelle" oder unbefugt den Zusatz „und Partner", „Partnerschaft" (§ 2 Absatz 1 Satz 1 des Partnerschaftsgesellschaftsgesetzes), „mit beschränkter Berufshaftung" oder jeweilige Abkürzungen (§ 8 Absatz 4 des Partnerschaftsgesellschaftsgesetzes) oder entgegen § 133 der Wirtschaftsprüferordnung die Bezeichnungen „Wirtschaftsprüfungsgesellschaft" oder „Buchprüfungsgesellschaft" führen.

§ 83 dieses Gesetzes und § 30 der Abgabenordnung stehen den Mitteilungen nicht entgegen."

3. § 67 wird wie folgt gefasst:

„§ 67

Berufshaftpflichtversicherung

(1) Selbstständige Steuerberater, Steuerbevollmächtigte und Partnerschaftsgesellschaften, auch solche mit beschränkter Berufshaftung nach § 8 Absatz 4 des Partnerschaftsgesellschaftsgesetzes, müssen gegen die aus ihrer Berufstätigkeit sich ergebenden Haftpflichtgefahren angemessen versichert sein.

(2) Partnerschaftsgesellschaften mit beschränkter Berufshaftung erfüllen die Voraussetzungen nach § 8 Absatz 4 Satz 1 des Partnerschaftsgesellschaftsgesetzes, wenn sie eine Berufshaftpflichtversicherung unterhalten, deren Mindestversicherungssumme eine Million Euro beträgt. Die Leistungen des Versicherers für alle innerhalb eines Versicherungsjahres verursachten Schäden können auf den Betrag der Mindestversicherungssumme, vervielfacht mit der Zahl der Partner, begrenzt werden. Die Jahreshöchstleistung für alle in einem Versicherungsjahr verursachten Schäden muss jedoch mindestens vier Millionen Euro betragen.

(3) Zuständige Stelle im Sinne des § 117 Absatz 2 des Versicherungsvertragsgesetzes ist die Steuerberaterkammer.

(4) Die Steuerberaterkammer erteilt Dritten zur Geltendmachung von Schadensersatzansprüchen auf Antrag Auskunft über den Na-

men, die Adresse und die Versicherungsnummer der Berufshaftpflichtversicherung des Steuerberaters, des Steuerbevollmächtigten, der Steuerberatungsgesellschaft oder der Partnerschaftsgesellschaft, soweit der Steuerberater, der Steuerbevollmächtigte, die Steuerberatungsgesellschaft oder die Partnerschaftsgesellschaft kein überwiegendes schutzwürdiges Interesse an der Nichterteilung der Auskunft hat."

Text RegE

Artikel 6
Änderung des Steuerberatungsgesetzes

Das Steuerberatungsgesetz in der Fassung der Bekanntmachung vom 4. November 1975 (BGBl. I S. 2735), das zuletzt durch Artikel 19 des Gesetzes vom 6. Dezember 2011 (BGBl. I S. 2515) geändert worden ist, wird wie folgt geändert:

1. In § 3 Nummer 2 wird die Angabe „und 4" gestrichen.

2. § 5 Absatz 3 wird wie folgt gefasst:

„(3) Die Finanzbehörden oder die Steuerberaterkammern haben der für das Strafverfahren, das Bußgeldverfahren oder ein berufsaufsichtliches Verfahren zuständigen Stelle ihnen bekannte Tatsachen mitzuteilen, die den Verdacht begründen, dass

1. Personen, die geschäftsmäßig Hilfe in Steuersachen leisten, entgegen § 132a Absatz 1 Nummer 2 des Strafgesetzbuches die Berufsbezeichnungen „Steuerberater", „Steuerbevollmächtigter", „Rechtsanwalt", „Wirtschaftsprüfer" oder „vereidigter Buchprüfer" führen,

2. Vereinigungen, die geschäftsmäßig Hilfe in Steuersachen leisten, entgegen § 161 dieses Gesetzes unbefugt die Bezeichnungen „Steuerberatungsgesellschaft", „Lohnsteuerhilfeverein", „Landwirtschaftliche Buchstelle" oder unbefugt den Zusatz „und Partner", „Partnerschaft" (§ 2 Absatz 1 Satz 1 des Partnerschaftsgesellschaftsgesetzes), „mit beschränkter Berufshaftung" oder jeweilige Abkürzungen (§ 8 Absatz 4 des Partnerschaftsgesellschaftsgesetzes) oder entgegen § 133 der Wirtschaftsprüferordnung die Bezeichnungen „Wirtschaftsprüfungsgesellschaft" oder „Buchprüfungsgesellschaft" führen.

§ 83 dieses Gesetzes und § 30 der Abgabenordnung stehen den Mitteilungen nicht entgegen."

3. § 67 wird wie folgt geändert:

a) In Satz 1 wird das Wort „und" durch ein Komma ersetzt und werden nach dem Wort „Steuerbevollmächtigte" die Wörter „und Partnerschaftsgesellschaften, auch solche mit beschränkter Berufshaftung nach § 8 Absatz 4 des Partnerschaftsgesellschaftsgesetzes," eingefügt.

b) Satz 3 wird wie folgt gefasst:

„Die Steuerberaterkammer erteilt Dritten zur Geltendmachung von Schadensersatzansprüchen auf Antrag Auskunft über den Namen, die Adresse und die Versicherungsnummer der Berufshaftpflichtversicherung des Steuerberaters, des Steuerbevollmächtigten, der Steuerberatungsgesellschaft oder der Partnerschaftsgesellschaft, soweit der Steuerberater, der Steuerbevollmächtigte, die Steuerberatungsgesellschaft oder die Partnerschaftsgesellschaft kein überwiegendes schutzwürdiges Interesse an der Nichterteilung der Auskunft hat.“

Begründung RegE
BT-Drucks. 17/10487, S. 17

Zu Artikel 6 (Änderung des Steuerberatungsgesetzes – StBerG)

Zu Nummer 1 (Änderung von § 3)

Die Streichung ist eine redaktionelle Änderung. Der Verweis auf die Nummer 4 geht „ins Leere“, da diese weggefallen ist.

Zu Nummer 2 (Änderung von § 5 Absatz 3)

Durch § 5 Absatz 3 StBerG wird den Finanzbehörden und den Steuerberaterkammern eine Unterrichtungspflicht dahingehend auferlegt, dass sie bereits beim Verdacht der unzulässigen Verwendung einer Berufsbezeichnung die für die Strafverfolgung oder Durchführung des Bußgeldverfahrens zuständigen Stellen zu unterrichten haben. Durch die Änderung der Vorschrift wird diese Verpflichtung auf die unzulässige Verwendung von Berufsbezeichnungen für Partnerschaftsgesellschaften oder Zusätzen bei Partnerschaftsgesellschaften erstreckt.

Zu Nummer 3 (Änderung von § 67)

Durch die Änderung wird die Verpflichtung zum Abschluss einer angemessenen Berufshaftpflichtversicherung auf die Partnerschaftsgesellschaften erstreckt.

Stellungnahme BRat
BT-Drucks. 17/10487, S. 21

Der Bundesrat hat in seiner 899. Sitzung am 6. Juli 2012 beschlossen, zu dem Gesetzentwurf gemäß Artikel 76 Absatz 2 des Grundgesetzes wie folgt Stellung zu nehmen:

Zu Artikel 6 (Änderung des Steuerberatungsgesetzes),

Zu Artikel 7 (Änderung der Verordnung zur Durchführung der Vorschriften über Steuerberater, Steuerbevollmächtigte und Steuerberatungsgesellschaften)

Der Bundesrat bittet, im weiteren Verlauf des Gesetzgebungsverfahrens zu prüfen, ob auch im Bereich der Steuerberater eine Mindestversicherungssumme für den einzelnen Versicherungsfall von 1 Mio. Euro für die Gründung einer Partnerschaftsgesellschaft mit beschränkter Berufshaftung eingeführt werden sollte.

Begründung

Der Verzicht auf die Erhöhung der allgemeinen Mindestversicherungssumme für die Berufshaftpflichtversicherung in der Berufsordnung für Steuerberater in Kombination mit dem Verweis auf das Angemessenheitskriterium in § 67 Satz 1 StBerG kann zu erhöhter Rechtsunsicherheit führen. Es besteht das Risiko, dass die Haftungsbeschränkung auf das Gesellschaftsvermögen einer Partnerschaftsgesellschaft mit beschränkter Berufshaftung nicht greift, wenn eine bestehende Versicherung beispielsweise von einem Gericht in einem Haftungsprozess als nicht angemessen und somit als unzureichend definiert werden würde. In einem solchen Falle würde die Haftungsbeschränkung auf das Gesellschaftsvermögen entfallen und die gesamtschuldnerische Haftung der Partner eintreten. Eine Mindestversicherungssumme, wie dies im Gesetzentwurf auch für die Berufsgruppe der Rechts- und Patentanwälte vorgesehen ist, könnte hier Klarheit bringen.

Gegenäußerung BReg
BT-Drucks. 17/10487, S. 22

Die Bundesregierung äußert sich zu der Stellungnahme des Bundesrates wie folgt:

Zu Artikel 6 (Änderung des Steuerberatungsgesetzes),

Zu Artikel 7 (Änderung der Verordnung zur Durchführung der Vorschriften über Steuerberater, Steuerbevollmächtigte und Steuerberatungsgesellschaften)

Die Bundesregierung hat die Frage geprüft und ist der Auffassung, dass eine Erhöhung der Mindestversicherungssumme für den einzelnen Versicherungsfall auf 1 Mio. Euro für die Gründung einer Partnerschaftsgesellschaft mit beschränkter Berufshaftung (PartG mbB) im Bereich des Steuerberatungsrechts zum jetzigen Zeitpunkt nicht erforderlich ist.

Es gibt keine Hinweise, dass das bisher im Steuerberatungsrecht geltende Prinzip der Verpflichtung zum Abschluss einer angemessenen Versicherung unter Beachtung der hierfür bestehenden Mindestversicherungssumme von 250.000 Euro nicht den Bedürfnissen der Praxis entspricht.

Die im Gesetzentwurf der Bundesregierung enthaltene Regelung, wonach auch die PartG mbB eine angemessene Berufshaftpflichtversicherung – mindestens 250.000 Euro – abzuschließen hat, andernfalls die Haftungsbeschränkung rückwirkend entfällt, entspricht der in der Praxis bewährten Pflicht eines „normalen" Steuerberaters (und Steuerberatungskapitalgesellschaften), eine angemessene Berufshaftpflichtversicherung abzuschließen. Jeder PartG mbB steht die Möglichkeit offen, ein höheres Haftungsrisiko durch Abschluss einer entsprechend höheren Versicherungssumme abzusichern. Sie kann damit dem Risiko des Wegfalls der Haftungsbeschränkung entgegenwirken.

Die Anhebung der Mindestversicherungssumme für PartG mbB (bei den Steuerberatern) auf 1 Mio. Euro würde insbesondere für kleinere Partnerschaften jenseits einer risikogerechten Anhebung der Mindestversicherungssumme liegen. Sie würde zu steigenden Versicherungskosten führen.

Fassung Rechtsausschuss

Artikel 4
Änderung des Steuerberatungsgesetzes

Das Steuerberatungsgesetz in der Fassung der Bekanntmachung vom 4. November 1975 (BGBl. I S. 2735), das zuletzt durch Artikel 19 des Gesetzes vom 6. Dezember 2011 (BGBl. I S. 2515) geändert worden ist, wird wie folgt geändert:

1. unverändert

2. unverändert

3. § 67 wird wie folgt **gefasst:**

„§ 67

Berufshaftpflichtversicherung

(1) Selbstständige Steuerberater, Steuerbevollmächtigte und Partnerschaftsgesellschaften, auch solche mit beschränkter Berufshaftung nach § 8 Absatz 4 des Partnerschaftsgesellschaftsgesetzes, müssen gegen die aus ihrer Berufstätigkeit sich ergebenden Haftpflichtgefahren angemessen versichert sein.

(2) Partnerschaftsgesellschaften mit beschränkter Berufshaftung erfüllen die Voraussetzungen nach § 8 Absatz 4 Satz 1 des Partnerschaftsgesellschaftsgesetzes, wenn sie eine Berufshaftpflichtversicherung unterhalten, deren Mindestversicherungssumme eine Million Euro beträgt. Die Leistungen des Versicherers für alle innerhalb eines Versicherungsjahres verursachten Schäden können auf den Betrag der Mindestversicherungssumme, vervielfacht mit der Zahl der Partner begrenzt werden. Die Jahreshöchstleistung für alle in einem Versicherungsjahr verursachten Schäden muss jedoch mindestens vier Millionen Euro betragen.

(3) Zuständige Stelle im Sinne des § 117 Absatz 2 des Versicherungsvertragsgesetzes ist die Steuerberaterkammer.

(4) Die Steuerberaterkammer erteilt Dritten zur Geltendmachung von Schadensersatzansprüchen auf Antrag Auskunft über den Namen, die Adresse und die Versicherungsnummer der Berufshaftpflichtversicherung des Steuerberaters, des Steuerbevollmächtigten, der Steuerberatungsgesellschaft oder der Partnerschaftsgesellschaft, soweit der Steuerberater, der Steuerbevollmächtigte, die Steuerberatungsgesellschaft oder die Partnerschaftsgesellschaft kein überwiegendes schutzwürdiges Interesse an der Nichterteilung der Auskunft hat.“

a) entfällt

b) entfällt

Begründung Rechtsausschuss *BT-Drucks. 17/13944, S. 16*

Zu Artikel 4 – neu – (Änderung des Steuerberatungsgesetzes)

Der Gesetzentwurf der Bundesregierung sah im Berufsrecht der steuerberatenden Berufe für die Partnerschaftsgesellschaft mit beschränkter Berufshaftung (mbB) hinsichtlich der Absicherung der Haftungsbeschränkung bei der Partnerschaftsgesellschaft und den Partnern keine Sonderregelung vor.

Von einer Anhebung der Mindestversicherungssumme bei der Berufshaftpflichtversicherung speziell für Partnerschaftsgesellschaften mbB wurde insoweit abgesehen, weil auch die Partnerschaftsgesellschaft mbB verpflichtet ist, ihre Berufshaftpflichtversicherung in angemessener Höhe abzuschließen (§ 67 Satz 1 des Steuerberatungsgesetzes – StBerG). Dem lag die Vorstellung zugrunde, dass durch den Angemessenheitsvorbehalt ein ausreichender Mandantenschutz sichergestellt ist, da im Fall einer nicht angemessen Berufshaftpflichtversicherung aufgrund der Regelung in § 8 Absatz 4 Nummer 1 PartGG-E die Haftungsbeschränkung rückwirkend entfällt und die Partner damit wieder persönlich für ihre Berufsfehler haften. Die Ersatzansprüche geschädigter Mandanten würden dadurch prinzipiell erfüllt. Andererseits schüfe diese Gesetzeslage wegen der Unbestimmtheit des Tatbestandsmerkmals „angemessen“ für die Berufsträger, die sich für den beruflichen Zusammenschluss in der Rechtsform der Partnerschaft mbB entschieden haben, Rechtsunsicherheit darüber, ob die Haftungsbeschränkung tatsächlich besteht oder nicht.

Um dem zu begegnen und dabei gleichzeitig einen hinreichenden Mandantenschutz zu gewährleisten, wird durch die nachfolgenden Änderungen im Steuerberatungsgesetz bestimmt, dass bei Abschluss einer Berufshaftpflichtversicherung mit einer erhöhten Mindestversicherungssumme von 1 Mio. Euro die Haftungsbeschränkung bestehen bleibt, auch wenn sich im Nachhinein herausstellt, dass die Versicherungssumme nicht „angemessen“ war. Hinzu kommt, dass der Steuerberater im Falle einer unzureichenden Berufshaftpflichtversicherung wie bisher schon mit berufsrechtlichen Sanktionen rechnen muss, die bis zum Widerruf der Bestellung zum Steuerberater (§ 46 Absatz 2 Nummer 3 StBerG) reichen können. Auch dies dient dem Mandantenschutz.

Zu Nummer 3 (Neufassung von § 67)

Durch die Änderung wird die Vorschrift in vier Absätze gegliedert.

Die Regelungen in den Absätzen 1, 3 und 4 bleiben gegenüber dem Gesetzentwurf der Bundesregierung unverändert.

Der neue Absatz 2 enthält die Regelungen zur erhöhten Mindestversicherungssumme bei Partnerschaftsgesellschaften mbB und die damit verbundene Rechtsfolge der Haftungsbeschränkung.

Die Haftung einer Partnerschaft mit beschränkter Berufshaftung für Verbindlichkeiten aus fehlerhafter Berufsausübung ist auf das Gesellschaftsvermögen begrenzt, wenn die Gesellschaft eine Berufshaftpflichtversicherung abschließt und aufrechterhält, deren Mindestversicherungssumme 1 Mio. Euro beträgt. Die Jahreshöchstleistung für alle in einem Versicherungsjahr verursachten Schäden muss mindestens 4 Mio. Euro betragen.

Die erhöhte Mindestversicherungssumme dient dem Schutz der Rechtsuchenden. Die betragsmäßig feste Mindestversicherungssumme von 1 Mio. Euro gewährleistet zudem Rechtssicherheit. Die Haftungsbeschränkung soll daher nicht davon abhängen, ob die Mindestversicherungssumme „angemessen" im Sinne von § 67 Absatz 1 StBerG-E ist. Berufsrechtliche Konsequenzen, für den Fall des Vorliegens eines nicht angemessenen Versicherungsschutzes, bleiben jedoch von der Regelung unberührt.

Nummer 4

Gesetzestext

4. Dem § 67a Absatz 1 wird folgender Satz angefügt:

„Für Berufsausübungsgesellschaften gilt Satz 1 entsprechend."

Text RegE

[nicht enthalten]

Fassung Rechtsausschuss

4. Dem § 67a Absatz 1 wird folgender Satz angefügt:

„Für Berufsausübungsgesellschaften gilt Satz 1 entsprechend."

Begründung Rechtsausschuss *BT-Drucks. 17/13944, S. 16*

Zu Nummer 4 – neu – (Änderung von § 67a)

Die Vorschrift regelt die Möglichkeit, den Anspruch auf Ersatz eines durch Steuerberater oder Steuerbevollmächtigte fahrlässig verursachten Schadens durch vertragliche Individualvereinbarungen oder vorformulierte Vertragsbestimmungen der Höhe nach zu begrenzen. Der neue Satz 2 in Absatz 1 bestimmt, dass die Möglichkeit, Ersatzansprüche vertraglich zu begrenzen, auch für Berufsausübungsgemeinschaften (z. B. Sozietäten) gilt.

Artikel 5

Gesetzestext

Änderung der Verordnung zur Durchführung der Vorschriften über Steuerberater, Steuerbevollmächtigte und Steuerberatungsgesellschaften

Die Verordnung zur Durchführung der Vorschriften über Steuerberater, Steuerbevollmächtigte und Steuerberatungsgesellschaften vom 12. November 1979 (BGBl. I S. 1922), die zuletzt durch Artikel 6 der Verordnung vom 11. Dezember 2012 (BGBl. I S. 2637) geändert worden ist, wird wie folgt geändert:

Nummer 1

1. § 51 wird wie folgt geändert:

a) Absatz 1 wird wie folgt gefasst:

„(1) Selbständige Steuerberater und Steuerbevollmächtigte sowie Steuerberatungsgesellschaften sind verpflichtet, sich gegen die sich aus ihrer Berufstätigkeit (§§ 33, 57 Absatz 3 Nummer 2 und 3 des Gesetzes) ergebenden Haftpflichtgefahren für Vermögensschäden zu versichern und die Versicherung während der Dauer ihrer Bestellung oder Anerkennung aufrechtzuerhalten. Satz 1 gilt sinngemäß für Partnerschaftsgesellschaften, auch solche mit beschränkter Berufshaftung nach § 8 Absatz 4 des Partnerschaftsgesellschaftsgesetzes. Der Versicherungsschutz muss sich auch auf solche Vermögensschäden erstrecken, für die der Versicherungsnehmer nach § 278 oder § 831 des Bürgerlichen Gesetzbuchs einzustehen hat."

b) Absatz 3 wird wie folgt gefasst:

„(3) Absatz 2 gilt sinngemäß auch für Steuerberater und Steuerbevollmächtigte, die ausschließlich als Angestellte nach § 58 des Gesetzes tätig sind, sowie für Partner einer Partnerschaftsgesellschaft mit beschränkter Berufshaftung nach § 8 Absatz 4 des Partnerschaftsgesellschaftsgesetzes, die ausschließlich für die Partnerschaftsgesellschaft tätig sind."

Text RegE

Artikel 7

Änderung der Verordnung zur Durchführung der Vorschriften über Steuerberater, Steuerbevollmächtigte und Steuerberatungsgesellschaften

Die Verordnung zur Durchführung der Vorschriften über Steuerberater, Steuerbevollmächtigte und Steuerberatungsgesellschaften vom 12. November 1979 (BGBl. I S. 1922), die zuletzt durch Artikel 20 des Gesetzes vom 6. Dezember 2011 (BGBl. I S. 2515) geändert worden ist, wird wie folgt geändert:

1. § 51 wird wie folgt geändert:

a) In Absatz 1 Satz 1 werden nach dem Wort „Steuerberatungsgesellschaften" die Wörter „und Partnerschaftsgesellschaften, auch solche mit beschränkter Berufshaftung nach § 8 Absatz 4 des Partnerschaftsgesellschaftsgesetzes," eingefügt.

b) Absatz 3 wird wie folgt gefasst:

„(3) Absatz 2 gilt sinngemäß auch für Steuerberater und Steuerbevollmächtigte, die ausschließlich als Angestellte nach § 58 des Gesetzes tätig sind, sowie für Partner einer Partnerschaftsgesellschaft mit beschränkter Berufshaftung nach § 8 Absatz 4 des Partnerschaftsgesellschaftsgesetzes, die ausschließlich für die Partnerschaftsgesellschaft tätig sind."

Begründung RegE
BT-Drucks. 17/10487, S. 17

Zu Artikel 7 (Änderung der Verordnung zur Durchführung der Vorschriften über Steuerberater, Steuerbevollmächtigte und Steuerberatungsgesellschaften)

Zu Nummer 1 (Änderung von § 51)

Durch die Änderung des § 51 Absatz 1 Satz 1 wird die Verpflichtung zum Abschluss einer Berufshaftpflichtversicherung auf die Partnerschaftsgesellschaft erstreckt. Die ausdrückliche Erwähnung der Partnerschaft mbB im Rahmen der berufsrechtlichen Regelung zur Mindesthaftpflichtsumme ist tatbestandliche Voraussetzung für das Eingreifen der Haftungsbeschränkung auf das Partnerschaftsvermögen, weshalb der Bezug auf § 8 Absatz 4 PartGG-E mit ausdrücklichem Zitat dieser Vorschrift unumgänglich ist. Die Partnerschaftsgesellschaft mit beschränkter Berufshaftung als Variante der Partnerschaftsgesellschaft unterfällt dem § 49 Absatz 1 StBerG.

Durch die Neufassung des Absatzes 3 werden nicht nur wie bisher die Steuerberaterinnen und Steuerberater und Steuerbevollmächtigten, die als Angestellte nach § 58 des Steuerberatungsgesetzes tätig sind von der Versicherungspflicht nach Absatz 1 freigestellt, sondern auch die Partnerinnen und Partner einer Partnerschaftsgesellschaft mit beschränkter Berufshaftung, wenn die Partnerschaftsgesellschaft selbst eine eigene Berufshaftpflichtversicherung unterhält.

Bei der Partnerschaftsgesellschaft mit beschränkter Berufshaftung ist Auftragnehmer die Gesellschaft selbst und nicht die Partnerinnen und Partner. Die Haftung für Schäden wegen fehlerhafter Berufsausübung ist nach § 8 Absatz 4 des Partnerschaftsgesellschaftsgesetzes auf das Gesellschaftsvermögen beschränkt. Für Verbindlichkeiten der Gesellschaft wegen beruflicher Fehler haften die Partnerinnen und Partner nicht persönlich. Die gesamtschuldnerische Mithaftung nach § 8 Absatz 1 Satz 1 des Partnerschaftsgesellschaftsgesetzes gilt in diesem Fall nicht. Folglich besteht auch keine Notwendigkeit, dass die Partnerinnen und Partner, die ausschließlich für die Partnerschaftsgesellschaft mit beschränkter Berufshaftung tätig sind, eine eigene Berufshaftpflichtversicherung abschließen müssen.

Stellungnahme BRat
BT-Drucks. 17/10487, S. 21

[Siehe S. 421 f.]

Gegenäußerung BReg
BT-Drucks. 17/10487, S. 22

[Siehe S. 422 f.]

Fassung Rechtsausschuss

Artikel 5

Änderung der Verordnung zur Durchführung der Vorschriften über Steuerberater, Steuerbevollmächtigte und Steuerberatungsgesellschaften

Die Verordnung zur Durchführung der Vorschriften über Steuerberater, Steuerbevollmächtigte und Steuerberatungsgesellschaften vom 12. November 1979 (BGBl. I S. 1922), die zuletzt durch Artikel **6 der Verordnung** vom **11.** Dezember **2012** (BGBl. I S. **2637**) geändert worden ist, wird wie folgt geändert:

1. § 51 wird wie folgt geändert:

a) Absatz 1 **wird wie folgt gefasst:**

„(1) Selbständige Steuerberater und Steuerbevollmächtigte sowie Steuerberatungsgesellschaften sind verpflichtet, sich gegen die sich aus ihrer Berufstätigkeit (§§ 33, 57 Absatz 3 Nummer 2 und 3 des Gesetzes) ergebenden Haftpflichtgefahren für Vermögensschäden zu versichern und die Versicherung während der Dauer ihrer Bestellung oder Anerkennung aufrechtzuerhalten. Satz 1 gilt sinngemäß für Partnerschaftsgesellschaften, auch solche mit beschränkter Berufshaftung nach § 8 Absatz 4 des Partnerschaftsgesellschaftsgesetzes. Der Versicherungsschutz muss sich auch auf solche Vermögensschäden erstrecken, für die der Versicherungsnehmer nach § 278 oder § 831 des Bürgerlichen Gesetzbuchs einzustehen hat.“

b) unverändert

Begründung Rechtsausschuss *BT-Drucks. 17/13944, S. 17*

Zu Artikel 5 – neu – (Änderung der Verordnung zur Durchführung der Vorschriften über Steuerberater, Steuerbevollmächtigte und Steuerberatungsgesellschaften)

Zu Nummer 1 (Änderung von § 51)

Durch die Neufassung des § 51 Absatz 1 wird die Verpflichtung zum Abschluss einer Berufshaftpflichtversicherung auf die Partnerschaftsgesellschaft erstreckt. Da Partnerschaftsgesellschaften weder bestellt werden noch einem Anerkennungsverfahren unterliegen, ist die in Satz 1 geregelte Verpflichtung zum Abschluss einer Berufshaftpflichtversicherung nur sinngemäß auf die Partnerschaftsgesellschaft anzuwenden.

Gesetzestext

Nummer 2

2. Dem § 52 wird folgender Absatz 4 angefügt:

„(4) Die Absätze 1 und 3 gelten für Partnerschaftsgesellschaften mit beschränkter Berufshaftung nach § 8 Absatz 4 des Partnerschaftsgesellschaftsgesetzes mit der Maßgabe, dass die Mindestversicherungssumme für den einzelnen Versicherungsfall eine Million Euro und die Jahreshöchstleistung für alle in einem Versicherungsjahr verursachten Schäden mindestens vier Millionen Euro betragen muss.“

[nicht enthalten]

Text RegE

2. Dem § 52 wird folgender Absatz 4 angefügt:

Fassung Rechtsausschuss

„(4) Die Absätze 1 und 3 gelten für Partnerschaftsgesellschaften mit beschränkter Berufshaftung nach § 8 Absatz 4 des Partnerschaftsgesellschaftsgesetzes mit der Maßgabe, dass die Mindestversicherungssumme für den einzelnen Versicherungsfall eine Million Euro und die Jahreshöchstleistung für alle in einem Versicherungsjahr verursachten Schäden mindestens vier Millionen Euro betragen muss.“

Zu Nummer 2 (Änderung von § 52)

Begründung Rechtsausschuss *BT-Drucks. 17/13944, S. 17*

In dem neu angefügten Absatz 4 wird bestimmt, dass, abweichend von der in Absatz 1 geregelten allgemein vorgesehenen Mindestversicherungssumme von 250.000 Euro, Partnerschaftsgesellschaften, bei denen die Haftung für Berufsfehler gemäß § 8 Absatz 4 PartGG-E auf das Gesellschaftsvermögen (Artikel 1 Nummer 3) beschränkt ist, eine Mindestversicherungssumme von 1 Mio. Euro für den einzelnen Versicherungsfall abschließen müssen. Weiterhin können Partnerschaftsgesellschaften mit beschränkter Berufshaftung (§ 8 Absatz 4 PartGG) die Jahreshöchstleistung für alle in einem Versicherungsjahr verursachten Schäden beschränken. Der Mindestbetrag der Jahreshöchstleistung muss jedoch, abweichend von Absatz 3, mindestens 4 Mio. Euro betragen.

Nummer 3

Gesetzestext

3. § 55 wird wie folgt geändert:

a) In der Überschrift werden die Wörter „vor der Bestellung“ gestrichen.

b) Folgender Absatz 3 wird angefügt:

„(3) Absatz 1 gilt sinngemäß für Partnerschaftsgesellschaften mit der Maßgabe, dass eine entsprechende Versicherungsbescheinigung mit der Anmeldung zum Partnerschaftsregister der Steuerberaterkammer, in deren Bezirk die Partnerschaftsgesellschaft ihren Sitz hat, vorzulegen ist.“

Text RegE

2. § 55 wird wie folgt geändert:

a) In der Überschrift werden die Wörter „vor der Bestellung“ gestrichen.

b) Folgender Absatz 3 wird angefügt:

„(3) Absatz 1 gilt sinngemäß für Partnerschaftsgesellschaften mit der Maßgabe, dass eine entsprechende Versicherungsbescheinigung mit der Anmeldung zum Partnerschaftsregister der Steuerberaterkammer, in deren Bezirk die Partnerschaftsgesellschaft ihren Sitz hat, vorzulegen ist."

Begründung RegE
BT-Drucks. 17/10487, S. 17

Zu Nummer 2 (Änderung von § 55)

Die Streichung der Wörter „vor der Bestellung" trägt dem Umstand Rechnung, dass es bei der einfachen Partnerschaft, die nicht als Steuerberatungsgesellschaft anerkannt ist, kein förmliches Anerkennungsverfahren gibt.

Durch die Anfügung von Absatz 3 soll die zuständige Steuerberaterkammer in die Lage versetzt werden, zu überprüfen, inwieweit die Partnerschaftsgesellschaft ihrer Verpflichtung zum Abschluss einer Berufshaftpflichtversicherung nachgekommen ist.

Fassung Rechtsausschuss

3. unverändert ...

Gesetzestext

Artikel 6

Änderung der Wirtschaftsprüferordnung

Die Wirtschaftsprüferordnung in der Fassung der Bekanntmachung vom 5. November 1975 (BGBl. I S. 2803), die zuletzt durch Artikel 7 Absatz 4 des Gesetzes vom 26. Juni 2013 (BGBl. I S. 1805) geändert worden ist, wird wie folgt geändert:

Nummern 1 und 2

1. § 54 wird wie folgt geändert:

a) In Absatz 1 Satz 1 wird nach dem Wort „Wirtschaftsprüfer" das Wort „und" durch ein Komma ersetzt und werden nach dem Wort „Wirtschaftsprüfungsgesellschaften" die Wörter „und Partnerschaftsgesellschaften mit beschränkter Berufshaftung nach § 8 Absatz 4 des Partnerschaftsgesellschaftsgesetzes" eingefügt.

b) Absatz 2 wird wie folgt gefasst:

„(2) Die Wirtschaftprüferkammer erteilt Dritten zur Geltendmachung von Schadensersatzansprüchen auf Antrag Auskunft über den Namen, die Adresse und die Versicherungsnummer der Berufshaftpflichtversicherung des Wirtschaftsprüfers oder der Wirtschaftsprüfungsgesellschaft, soweit der Wirtschaftsprüfer oder die Wirtschaftsprüfungsgesellschaft kein überwiegendes schutzwürdiges Interesse an der Nichterteilung der Auskunft hat."

2. Dem § 62b Absatz 1 wird folgender Satz angefügt:

„Falls im Zusammenhang mit einer Anfrage gemäß § 57 Absatz 9 Satz 5 eine Sonderuntersuchung durchgeführt wird, können andere Prüfungen bei den in § 57 Absatz 9 Satz 5 Nummer 1 genannten Unternehmen in die Sonderuntersuchungen gemäß Satz 1 einbezogen werden."

Text RegE

Artikel 8
Änderung der Wirtschaftsprüferordnung

Die Wirtschaftsprüferordnung in der Fassung der Bekanntmachung vom 5. November 1975 (BGBl. I S. 2803), die zuletzt durch Artikel 21 des Gesetzes vom 6. Dezember 2011 (BGBl. I S. 2515) geändert worden ist, wird wie folgt geändert:

1. § 54 wird wie folgt geändert:

a) In Absatz 1 Satz 1 wird nach dem Wort „Wirtschaftsprüfer" das Wort „und" durch ein Komma ersetzt und werden nach dem Wort „Wirtschaftsprüfungsgesellschaften" die Wörter „und Partnerschaftsgesellschaften mit beschränkter Berufshaftung nach § 8 Absatz 4 des Partnerschaftsgesellschaftsgesetzes" eingefügt.

b) Absatz 2 wird wie folgt gefasst:

„(2) Die Wirtschaftprüferkammer erteilt Dritten zur Geltendmachung von Schadensersatzansprüchen auf Antrag Auskunft über den Namen, die Adresse und die Versicherungsnummer der Berufshaftpflichtversicherung des Wirtschaftsprüfers oder der Wirtschaftsprüfungsgesellschaft, soweit der Wirtschaftsprüfer oder die Wirtschaftsprüfungsgesellschaft kein überwiegendes schutzwürdiges Interesse an der Nichterteilung der Auskunft hat."

2. Dem § 62b Absatz 1 wird folgender Satz angefügt:

„Falls im Zusammenhang mit einer Anfrage gemäß § 57 Absatz 9 Satz 5 eine Sonderuntersuchung durchgeführt wird, können andere Prüfungen bei den in § 57 Absatz 9 Satz 5 Nummer 1 genannten Unternehmen in die Sonderuntersuchungen gemäß Satz 1 einbezogen werden."

Begründung RegE
BT-Drucks. 17/10487, S. 17 f.

Zu Artikel 8 (Änderung der Wirtschaftsprüferordnung)

Zu Nummer 1

Zu Buchstabe a

Die ausdrückliche Aufnahme der Partnerschaftsgesellschaft mit beschränkter Berufshaftung (PartG mbB) in die berufsrechtlichen Regelungen zur Mindesthaftpflichtversicherungssumme ist tatbestandliche Voraussetzung für das Eingreifen der Haftungsbeschränkung auf das Partnerschaftsvermögen, weshalb der Bezug auf § 8 Absatz 4 PartGG-E mit ausdrücklichem Zitat dieser Vorschrift unumgänglich ist.

Die Mindestversicherungssumme für den einzelnen Versicherungsfall beträgt 1 Mio. Euro. Sie entspricht dem bisherigen Regelungsansatz des § 54 Absatz 1 der Wirtschaftsprüferordnung (WPO), wonach die Versicherungssumme sowohl für Wirtschaftsprüfer als auch für Wirtschaftsprüfungsgesellschaften – unabhängig von der Rechtsform – einheitlich auf 1 Mio. Euro festgesetzt ist. Die Regelung ist gemäß § 130

Absatz 1 und 2 WPO auf vereidigte Buchprüferinnen und Buchprüfer sowie Buchprüfungsgesellschaften entsprechend anzuwenden.

Die an der Haftungsbegrenzung des § 323 Absatz 2 Satz 1 HGB orientierte, einheitliche Mindestversicherungssumme erscheint auch für die neue PartG mbB angemessen. Soweit Wirtschaftsprüferinnen und Wirtschaftsprüfer oder Wirtschaftsprüfungsgesellschaften kapitalmarktorientierte Aktiengesellschaften prüfen und die höhere Haftungsgrenze von 4 Mio. Euro nach § 323 Absatz 2 Satz 2 HGB greift, ist davon auszugehen, dass sich die Gesellschaften – schon aus Selbstschutz – entsprechend höher versichern. Dies dürfte auch die Regelung des § 54a Absatz 1 Nummer 2 WPO nahe legen, wonach die vertragliche Haftung durch vorformulierte Vertragsbedingungen auf das Vierfache der Deckungssumme begrenzt werden kann, wenn insoweit Versicherungsschutz besteht.

Die Partnerschaftsgesellschaft mit beschränkter Berufshaftung als Variante der Partnerschaftsgesellschaft unterfällt § 27 Absatz 1 und § 43a Absatz 2 der Wirtschaftsprüferordnung.

Zu Buchstabe b

Die Neufassung des Absatz 2 zur Verpflichtung der Wirtschaftsprüferkammer zur Auskunft über die Berufshaftpflichtversicherung, soweit die Voraussetzungen vorliegen, passt die Vorschrift an die entsprechende bereits geltende Regelung in § 51 Absatz 6 Satz 2 der BRAO sowie an § 67 Satz 3 des StBerG-E (Artikel 6 Nummer 3 Buchstabe b) an.

Zu Nummer 2

Die Ergänzung dient der Klarstellung, dass in die Sonderuntersuchungen auch Mandate einbezogen werden können, die nicht Abschlussprüfungen bei Unternehmen von öffentlichem Interesse nach § 319a Absatz 1 Satz 1 HGB zum Gegenstand haben, soweit dies für bestimmte Fälle der Zusammenarbeit mit den zuständigen Aufsichtsstellen von Drittstaaten erforderlich ist.

Dies betrifft unter anderem Prüfungen bei in Deutschland ansässigen Tochterunternehmen ausländischer Konzerne, wenn die deutsche Tochter zum Beispiel als GmbH firmiert oder aufgrund ihrer (geringen) Größe nicht unter die deutschen Vorschriften über gesetzlich vorgeschriebene Abschlussprüfungen fällt, so dass der Abschluss (nur) für die Konzernrechnungslegung der ausländischen Muttergesellschaft erstellt und von einer deutschen Wirtschaftsprüfungsfirma testiert wird.

Fassung Rechtsausschuss

Artikel 6

unverändert

Gesetzestext

[Artikel 9 RegE nicht enthalten]

Artikel 9
Änderung des Rechtsdienstleistungsgesetzes

Das Rechtsdienstleistungsgesetz vom 12. Dezember 2007 (BGBl. I S. 2840), das zuletzt durch Artikel 16 des Gesetzes vom 6. Dezember 2011 (BGBl. I S. 2515) geändert worden ist, wird wie folgt geändert:

1. In § 10 Absatz 1 Satz 1 Nummer 3 wird nach dem Wort „Union" das Wort „oder" durch ein Komma ersetzt und werden nach dem Wort „Wirtschaftsraum" die Wörter „oder der Schweiz" eingefügt.

2. § 12 Absatz 3 Satz 3 wird wie folgt gefasst:

„Besitzt die Person eine Berufsqualifikation, die in einem anderen Mitgliedstaat der Europäischen Union, einem anderen Vertragsstaat des Abkommens über den Europäischen Wirtschaftsraum oder in der Schweiz erforderlich ist, um in dem Gebiet dieses Staates einen in § 10 Absatz 1 genannten oder einen vergleichbaren Beruf auszuüben, oder hat die Person einen solchen Beruf während der vorhergehenden zehn Jahre in Vollzeit zwei Jahre in einem der genannten Staaten ausgeübt, der diesen Beruf nicht reglementiert, so ist die Sachkunde unter Berücksichtigung dieser Berufsqualifikation oder Berufsausübung durch einen mindestens sechsmonatigen Anpassungslehrgang nachzuweisen."

3. § 15 wird wie folgt geändert:

a) In Absatz 1 Satz 1 wird nach dem Wort „Union" das Wort „oder" durch ein Komma ersetzt und werden nach dem Wort „Wirtschaftsraum" die Wörter „oder in der Schweiz" eingefügt.

b) In Absatz 2 Satz 2 Nummer 1 wird nach dem Wort „Union" das Wort „oder" durch ein Komma ersetzt und werden nach dem Wort „Wirtschaftsraum" die Wörter „oder in der Schweiz" eingefügt.

4. In § 18 Absatz 2 Satz 2 werden nach dem Wort „Union" die Wörter „, eines anderen Vertragsstaates des Abkommens über den Europäischen Wirtschaftsraum oder der Schweiz" eingefügt.

Begründung RegE
BT-Drucks. 17/10487, S. 18

Zu Artikel 9 (Änderung des Rechtsdienstleistungsgesetzes – RDG)

Die Änderungen der §§ 10, 12, 15 und 18 dienen der Anpassung des Rechtsdienstleistungsgesetzes an das Abkommen vom 21. Juni 1999 über die Freizügigkeit zwischen der Schweizerischen Eidgenossenschaft einerseits und der Europäischen Gemeinschaft und ihren Mitgliedstaaten andererseits (BGBl. 2001 II S. 810; BGBl. 2002 II S. 16092). Aufgrund dieses Freizügigkeitsabkommens nimmt die Schweiz am gemeinsamen System der EU zur Anerkennung von Diplomen teil, um Personen aus der Schweiz und den Mitgliedstaaten der EU den wechselseitigen Zugang zum jeweiligen Rechtsmarkt zu ermöglichen. Gemäß Anhang III des Freizügigkeitsabkommens ist die Berufsqualifikationsrichtlinie 2005/36/EG des Europäischen Parlaments und des Rates vom 7. September 2005 seit dem 1. November 2011 auch zwischen den Mitgliedstaaten der EU und der Schweiz anzuwenden (Beschluss Nummer 2/2011 vom 30. September 2011 des Gemischten Ausschusses EU-Schweiz, der mit Artikel 14 des Abkommens eingesetzt wurde, über die Änderung von Anhang III). Deshalb sollen die Vorschriften des RDG, die die Tätigkeit von Rechtsdienstleistern aus der Schweiz betreffen, wie folgt geändert werden:

Personen, denen eine Registrierung zur Erbringung von Rechtsdienstleistungen im schweizerischen Recht erteilt worden ist, sollen künftig – wie andere entsprechende Rechtsdienstleister aus Mitgliedstaaten der EU – befugt sein, nicht nur auf dem Gebiet des Rechts der Schweiz, sondern auch auf dem der EU und des EWR zu beraten (§ 10 Absatz 1 Satz 1 Nummer 3 zweiter Halbsatz RDG-E).

Für eine Registrierung in den Bereichen des § 10 Absatz 1 RDG sollen künftig auch Berufsqualifikationen, die in der Schweiz erworben worden sind, berücksichtigt werden (§ 12 Absatz 3 Satz 2 RDG-E). Der erforderliche Nachweis der Sachkunde wird danach in Übereinstimmung mit der anzuwendenden Richtlinie 2005/36/EG des Europäischen Parlaments und des Rates vom 7. September 2005 dadurch erleichtert, dass Antragstellerinnen und Antragsteller keine zweijährige Berufspraxis in Deutschland, sondern lediglich einen mindestens sechsmonatigen Anpassungslehrgang nachweisen müssen.

Auch Personen aus der Schweiz sollen künftig vorübergehende Rechtsdienstleistungen in den Registrierungsbereichen des § 10 RDG erbringen dürfen (§ 15 Absatz 1 Satz 1 RDG-E). Bei der erforderlichen Meldung in Deutschland müssen sie – neben den anderen geforderten Unterlagen – eine entsprechende Bescheinigung über ihre Tätigkeit in der Schweiz vorlegen (§ 15 Absatz 2 Satz 2 Nummer 1 RDG-E).

Die zuständigen Behörden in Deutschland leisten Amtshilfe, wenn zuständige Behörden aus anderen Mitgliedstaaten unter Berufung auf die Berufsqualifikationsrichtlinie 2005/36/EG des Europäischen Parlaments und des Rates vom 7. September 2005 hierum bitten (§ 18 Absatz 2 Satz 2 RDG). Diese Verpflichtung zur Amtshilfe soll künftig auch gegenüber den zuständigen Behörden in der Schweiz und in den anderen Vertragsstaaten des Abkommens über den EWR gelten (§ 18 Absatz 2 Satz 2 RDG-E).

Artikel 9

Fassung Rechtsausschuss

Entfällt

Begründung Rechtsausschuss
BT-Drucks. 17/13944, S. 17

Zu Artikel 9 – alt – (Änderung des Rechtsdienstleistungsgesetzes)

Der Artikel entfällt. Die hier enthaltenen Änderungen wurden in das 2. Kostenrechtsmodernisierungsgesetz (Bundesratsdrucksache 381/13) übernommen, das der Deutsche Bundestag am 16. Mai 2013 beschlossen hat.

Gesetzestext

Artikel 7

Änderung des Gesetzes zu dem Vertrag vom 18. Mai 1990 über die Schaffung einer Währungs-, Wirtschafts- und Sozialunion zwischen der Bundesrepublik Deutschland und der Deutschen Demokratischen Republik

Artikel 21 des Gesetzes zu dem Vertrag vom 18. Mai 1990 über die Schaffung einer Währungs-, Wirtschafts- und Sozialunion zwischen der Bundesrepublik Deutschland und der Deutschen Demokratischen Republik vom 25. Juni 1990 (BGBl. 1990 II S. 518), das durch Artikel 36 des Gesetzes vom 25. Juli 1991 (BGBl. I S. 1606) geändert worden ist, wird aufgehoben.

Text RegE

Artikel 10

Änderung des Gesetzes zu dem Vertrag vom 18. Mai 1990 über die Schaffung einer Währungs-, Wirtschafts- und Sozialunion zwischen der Bundesrepublik Deutschland und der Deutschen Demokratischen Republik

Artikel 21 des Gesetzes zu dem Vertrag vom 18. Mai 1990 über die Schaffung einer Währungs-, Wirtschafts- und Sozialunion zwischen der Bundesrepublik Deutschland und der Deutschen Demokratischen Republik vom 25. Juni 1990 (BGBl. 1990 II S. 518), der durch Artikel 36 des Gesetzes vom 25. Juli 1991 (BGBl. I S. 1606) geändert worden ist, wird aufgehoben.

Begründung RegE
BT-Drucks. 17/10487, S. 19

Zu Artikel 10 (Änderung des Gesetzes zu dem Vertrag vom 18. Mai 1990 über die Schaffung einer Währungs-, Wirtschafts- und Sozialunion zwischen der Bundesrepublik Deutschland und der Deutschen Demokratischen Republik)

Artikel 21 des Gesetzes zu dem Vertrag vom 18. Mai 1990 über die Schaffung einer Währungs-, Wirtschafts- und Sozialunion zwischen der Bundesrepublik Deutschland und der Deutschen Demokratischen Republik regelte die grenzüberschreitende Tätigkeit von Rechtsanwältinnen und Rechtsanwälten sowie Patentanwältinnen und Patentanwälten, die in der Deutschen Demokratischen Republik einschließlich Berlin (Ost) zugelassen waren. Nach der Wiedervereinigung ist die Regelung bedeutungslos und kann daher aufgehoben werden.

Fassung Rechtsausschuss

Artikel 7

unverändert

Gesetzestext

Artikel 8

Inkrafttreten

Dieses Gesetz tritt am Tag nach der Verkündung in Kraft.

Text RegE

Artikel 11
Inkrafttreten

Dieses Gesetz tritt am Tag nach der Verkündung in Kraft.

Begründung RegE
BT-Drucks. 17/10487, S. 19

Zu Artikel 11 (Inkrafttreten)

Die Vorschrift regelt das Inkrafttreten des Gesetzes.

Fassung Rechtsausschuss

Artikel 8
Inkrafttreten

Dieses Gesetz tritt am Tag nach der Verkündung in Kraft.

Stichwortverzeichnis

Stichwortverzeichnis